PHILIPPIKA
Altertumswissenschaftliche Abhandlungen
Contributions to the Study
of Ancient World Cultures

Herausgegeben von / Edited by
Joachim Hengstl, Elizabeth Irwin,
Andrea Jördens, Torsten Mattern,
Robert Rollinger, Kai Ruffing, Orell Witthuhn

161

2022
Harrassowitz Verlag · Wiesbaden

Markus Sachs

Betriebswirtschaftliches Denken und Handeln im antiken Rom

2022
Harrassowitz Verlag · Wiesbaden

Bis Band 60: Philippika. Marburger altertumskundliche Abhandlungen.

Bei diesem Werk handelt es sich um die überarbeitete Version der Dissertation, die im Mai 2021 unter dem gleichen Titel an der Carl von Ossietzky Universität Oldenburg eingereicht und am 13. Dezember 2021 verteidigt wurde.

Bibliografische Information der Deutschen Nationalbibliothek
Die Deutsche Nationalbibliothek verzeichnet diese Publikation in der Deutschen Nationalbibliografie; detaillierte bibliografische Daten sind im Internet über https://dnb.de/ abrufbar.

Bibliographic information published by the Deutsche Nationalbibliothek
The Deutsche Nationalbibliothek lists this publication in the Deutsche Nationalbibliografie; detailed bibliographic data are available on the internet at https://dnb.de/.

Informationen zum Verlagsprogramm finden Sie unter
https://www.harrassowitz-verlag.de/

Gedruckt auf alterungsbeständigem Papier.
Druck und Verarbeitung: Memminger MedienCentrum AG
Printed in Germany

ISSN 1613-5628 eISSN 2701-8091
ISBN 978-3-447-11870-5 eISBN 978-3-447-39292-1

iam provideo animo, velut qui proximis litori
vadis inducti mare pedibus ingrediuntur,
quidquid progredior, in vastiorem me altitudinem
ac velut profundum invehi et crescere paene opus,
quod prima quaeque perficiendo minui videbatur

Liv. XXXI, 1

Inhalt

Danksagung

Mein allerherzlichster Dank gilt Herrn Prof. Michael Sommer und Herrn Prof. Ulrich Fellmeth. Herr Prof. Sommer hat mir die Möglichkeit gegeben, das Thema betriebswirtschaftlichen Denkens und Handelns in der römischen Antike realisieren zu können, und mich unterstützt, einen interdisziplinären Ansatz zu verfolgen. Er hat mir über die letzten Jahre im regelmäßigen Austausch spannende Anregungen zur Gestaltung meines Themas und zum weiteren Verständnis des römischen Wirtschaftens gegeben. Ohne die motivierenden Gespräche mit ihm und seine Unterstützung hätte ich die Arbeit nicht abgeschlossen. Herrn Prof. Fellmeth danke ich gleichermaßen für die jahrelange Unterstützung, die Einführung und Anleitung in diesem Themengebiet, für eine Vielzahl eingehender Gespräche und mehrfache Anleitung zur Eingrenzung des Themas. Ohne ihn hätte ich den Einstieg in dieses Themengebiet nicht realisieren können.

Mein Dank geht ebenfalls an Dott.ssa Silvia Vilucchi, Leiterin des Museo Archeologico Nazionale Gaio Cilnio Mecenate in Arezzo. Sie hat mir ein anregendes Gespräch über die Entwicklung der Terra-Sigillata-Produktion des antiken Arretium und einen Gedankenaustausch zu betriebswirtschaftlichen Aspekten der arretinischen Werkstätten ermöglicht und weitergehende Literatur zum Thema eröffnet. In gleicher Weise bedanke ich mich bei Dr. Sabrina Marlier und Dr. David Djaoui vom Musée départemental Arles antique, mit denen ich einen erkenntnisreichen Austausch zur *dolia*-Schifffahrt hatte und meine Arbeit um wichtige Facetten ergänzen konnte.

Ich bedanke mich bei der Galleria degli Uffizi / Florenz, bei dem Servizio Cultura Turismo e Legalità und dem Museo Civico / Forlì, der Sopraintendenza speciale per i beni archeologici di Napoli e Pompei sowie dem Parco archeologico di Pompei sowie dem Deutschen Archäologischen Institut / Rom für die Überlassung der Bildrechte der betroffenen Abbildungen.

Ganz besonders bedanke ich mich bei meiner Frau Monika und meiner Tochter Melina für die jahrelange motivierende Unterstützung meiner Anstrengungen, für die Schaffung der nötigen zeitlichen Flexibilität und Freiräume, um dieses Thema erarbeiten zu können, für ihre Entbehrungen und die Bereitschaft, unsere Urlaube mit Museumsbesuchen und Wissenschaftsgesprächen verbinden zu können, und dafür, zum Schluss akribisch ein letztes Korrekturlesen vorgenommen und mir eine Alternative für eine nicht bereitgestellte Abbildung ermöglicht zu haben.

Und letztlich geht mein Dank auch an Reinhard Veser für seine unermüdliche Bereitschaft, meine Arbeit über die letzten Jahre immer wieder Korrektur gelesen und im Entstehen begleitet zu haben.

Bad Soden / Taunus, Juli 2022
Markus Sachs

1. Einleitung

1.1 Motivation und Untersuchungsgegenstand

Wer sich mit antiker römischer Wirtschaftsgeschichte auseinandersetzt, wird sehr schnell den Debatten zum Wirtschaftssystem der Zeit des Römischen Reiches begegnen[1], wird hören, dass es zur Zeit Roms wie auch der ganzen Antike keinen Begriff von Wirtschaft an sich gab[2], und wird den Diskussionen der letzten über hundert Jahre wieder nachspüren, die sich zwischen einer primitivistischen Ansicht über das Wirtschaften Roms und einer fortschrittlichen Einschätzung über die beobachtbaren wirtschaftlichen Prinzipien im römischen Wirtschaftssystem bewegen[3]. Wer sich so mit den Arbeiten der primitivistischen aber auch der fortschrittlichen Schule beschäftigt – deren Auseinandersetzungen hier nicht nochmal aufgeführt und wiederholt werden sollen[4] –, wird letztlich feststellen, dass die Debatte zur römischen Wirtschaftsgeschichte in weiten Teilen auf einer volkswirtschaftlichen Ebene geführt wurde – und weiter wird.

Doch bei all diesen Erkenntnissen über volkswirtschaftliche Einordnungen des römischen Wirtschaftens ist festzustellen, dass eine ausreichende Analyse des Wirtschaftsdenkens und entsprechender Praktiken im Wirtschaftshandeln des Einzelnen nicht existiert. Die moderne volkswirtschaftliche Analyse zur römischen Wirtschaft weist

1 Siehe dazu die Anfänge dieser Diskussionen im 19. Jahrhundert bei Theodor Mommsen („Römische Geschichte", 1857) und Max Weber („Die römische Agrargeschichte", 1891) und deren Gedanken zu einem kapitalistischen Wirtschaftssystem Roms oder die Beschreibung von Karl Marx über Rom als „Sklavenhaltergesellschaft", in der die Sklavenhaltung Grundlage der Wirtschafts- und Gesellschaftsordnung gewesen sei. Siehe auch Kap. 2.2.

2 Vgl. dazu Kolb (2008), der feststellt, dass generell in der Antike „die Wirtschaft niemals als eigenes Erkenntnisobjekt analysiert" wurde und „die Ökonomik (...) allenfalls eine Art Hilfsdisziplin der aus Politik und Ethik bestehenden ‚praktischen Philosophie'" darstellte (S. 4). Prägend für die Debatte der letzten vier Jahrzehnte war vor allem die Arbeit von Finley, der aus dem Fehlen eines Begriffes für „Wirtschaft" (S. Finley [1977] S. 12) und anderer für diesen Kontext relevanter Begriffe, aus dem Fehlen einer Diskussion über Wirtschaften und dem Fehlen einer Wirtschaftstheorie generell ein Fehlen des Verständnisses von wirtschaftlichen Zusammenhängen abgeleitet hat, das über die Reproduktion von Erfahrungswissen hinausgegangen wäre. Siehe auch Kap. 2.2.

3 Siehe dazu die Arbeiten der Primitivisten und Modernisten, von denen hier zuerst nur die beiden Vertreter Karl Bücher („Die Entstehung der Volkswirtschaft", Vortrag 1893) und Eduard Meyer („Die wirtschaftliche Entwicklung des Althertums", Vortrag 1895) als Protagonisten dieser Debatte sowie Finley (1977) und Rostovtzeff (1929) als bedeutendeste Vertreter dieser Debatte im 20. Jahrhundert genannt werden sollen.

4 Für eine Zusammenfassung der Primitivismus-Modernismus-Debatte, auch „Bücher-Meyer-Debatte" genannt, siehe u.a. Andreau (2010) S. 13–22, Flohr (2013) S. 6–8 oder Ruffing (2015).

marktwirtschaftliche Mechanismen wie eine freie Preisgestaltung nach[5], identifiziert, dass römische Wirtschaftshandelnde ein Verständnis über das Existieren eines Marktes zeigen[6], dokumentiert aber nicht, wie der Einzelne auf Basis dieses Verständnisses seine Marktaktivitäten plante und ausführte. Die volkswirtschaftliche Analyse liefert mehrere Ansätze zur Berechnung des italischen Bruttoinlandsprodukts, belegt, wie massiv dieses gerade zu Beginn der Kaiserzeit gestiegen war[7], und zeichnet ebenfalls nach, wie die Vertreter der römischen Elite in dieser Zeit Gewinne und Reichtum vorwiegend aus ihren Landwirtschaftsbetrieben erwarben[8], zeigt aber wiederum nicht, welche Strategien der Einzelne anwendete, um in einem offenbar prosperierenden Wirtschaftsumfeld tatsächlich Gewinne erzielen zu können. Die volkswirtschaftliche Analyse belegt am Beispiel des Weizenhandels, wie die teils staatliche, teils private Organisation zur Versorgung der Stadt Rom mit einer der wesentlichsten Ressourcen stattfand[9], zeichnet nach, auf welche Institutionen und gesellschaftlichen Übereinkünften sich der römische Seehändler verlassen konnte, um ein profitables Geschäft auszuführen[10], zeigt aber erneut nicht ausreichend – und das sei als drittes und an dieser Stelle letztes Beispiel angeführt –, welche Maßnahmen der einzelne Händler zur Steuerung seines Risikos ergriff.

Das Fehlen dieser Details und einer solch umfassenden Darstellung darüber ist Motivation für diese Arbeit. Ansätze dazu, diese weißen Flecken in den eher einer betriebswirtschaftlichen Sichtweise unterworfenen Fragestellungen zu beheben, finden sich in den Arbeiten namhafter altgeschichtlicher Autoren. Der Schweizer Althistoriker Jean-Jacques Aubert beschreibt, auf welcher rechtlichen Basis der *„Business Manager“* im antiken Rom agierte und welche Aktivitäten er ausüben konnte[11]. Er lässt in seiner Analyse aber vermissen, wie er mit diesen rechtlichen und organisatorischen Befähigungen

5 Siehe dazu u.a. Andreau (2000) S. 105–120 oder Temin (2013) Kapitel 5.

6 Siehe dazu Reinard (2016) über die Kommunikation um ökonomische Verhältnisse eines „abstrakten Marktes“, der dies u.a. in Band 2, S. 887–891 am Beispiel eines Papyrusbriefes des Serapion im römischen Ägypten an seinen Adressaten Potamon belegt.

7 Vgl. Saller (2002) als Analyse des Bruttoinlandsprodukts (BIP), der im Vergleich zu weiteren Arbeiten von Hopkins („Rome, Taxes, Rents, and Trade“. 1995/1996), Lo Cascio („GDP in Pre-Modern Agrarian Economies“, 2009) und Temin (2013) zwar unterschiedliche Werte dokumentiert, aber in der Tendenz doch vergleichbare Aussagen über das starke Ansteigen des BIP zu Beginn des Kaiserreichs und eines starken Abfallens im 3. Jh. n. Chr. trifft. Siehe auch Bowman, Wilson (2013) S. 1–32.

8 Mikl-Horke (1999) zeichnet den Erwerb von Reichtum durch die römische Oberschicht nach, der vorwiegend aus Grundbesitz stammte oder durch die Erledigung von Staatsdiensten erfolgte und für die Sicherung des sozialen Status der *familia* diente (siehe dort u.a. S. 101 f.).

9 Siehe dazu Temin (2013), der in Kapitel 5 die Verbindung der Märkte im Weizenhandel beschreibt. Siehe auch Rickman (1980) S. 261 ff., der den Weizenhandel im Römischen Kaiserreich dokumentiert und das Zusammenspiel mit staatlichen Institutionen dokumentiert.

10 Siehe u.a. Drexhage, Konen, Ruffing (2002) Kapitel 5.5 zur Wirtschaftlichkeit des Seetransports gegenüber dem Landtransport oder Temin (2013), der in Kapitel 5 basierend auf der Neuen Institutionenökonomie *social signaling*, Händlerverbände, Finanzierungsoptionen und gesetzliche Rahmenbedingungen beschreibt, die das Risiko der Händler reduzierten.

11 Siehe Aubert (1994).

ausgestattet letztlich Entscheidungen fällte. Der deutsche Historiker Wilhelm Kaltenstadler beschreibt die idealtypische Arbeitsorganisation und Führungssysteme, wie sie aus den Schriften der römischen Agrarautoren erkennbar sind[12]. Er lässt dabei aber mehreres vermissen: eine Entwicklungslinie zwischen den Standpunkten der Agrarautoren[13], eine Einordnung in weitere Disziplinen des Wirtschaftens, wie unter anderem strategische Planung, und letztlich eine ausreichende Einordung in das römische Wirtschaften außerhalb der Landwirtschaft. Der Althistoriker Dieter Flach wiederum beschreibt in seiner Darstellung der „*Römischen Agrargeschichte*" und des Betriebs der italischen Gutshöfe einzelne betriebswirtschaftliche Denkansätze[14], knüpft aber an keiner Stelle Verbindungen zwischen diesen punktuellen Feststellungen, die daher eher als begleitender Kommentar für den Leser der Schriften der Agrarautoren denn als Analyse für einen betriebswirtschaftlich interessierten Wirtschaftshistoriker anzusehen sind.

Letztlich beschränken sich alle vorliegenden betriebswirtschaftlichen Analysen auf Teilaspekte, die in keiner Arbeit zu einem umfassenden Bild über das Wirtschaften des einzelnen Wirtschaftsakteurs zusammengefügt werden und die in Summe auch nicht ein Gesamtverständnis betriebswirtschaftlichen Denkens und Handelns herzustellen vermögen. Die vorliegenden Analysen geben somit keine Antwort auf die eingangs nur kurz angerissenen Fragen nach den Techniken der Planung, den Strategien für Wachstum oder der Handhabung von Risiken. Für die Untersuchung betriebswirtschaftlicher Aspekte wird die Arbeit die bisherigen Ergebnisse dazu in Kapitel 2.2 noch einmal zusammenstellen, die einleitend erwähnte und mit einzelnen Aspekten kurz angerissene volkswirtschaftliche Debatte noch einmal aufgreifen und zusammenfassen, den notwendigen Perspektivwechsel von volkswirtschaftlicher Analyse zu einem betriebswirtschaftlichen Blick auf das Wirtschaften Roms verdeutlichen und die Lücken aufzeigen, die trotz der Verbindung der Ergebnisse dieser Arbeiten bestehen.

Beim Bestreben, solch ein umfassendes Bild zusammenzufügen, stellt sich zuerst die hermeneutische Frage, ob betriebswirtschaftliche Begrifflichkeiten überhaupt auf die Zeit der römischen Antike angewendet werden dürfen. Die vorliegende Arbeit wird diese Diskussion in Kapitel 3.4.1 ausführlich führen. Vorweggenommen sei, dass eine Reihe renommierter Autoren wie auch die oben genannten bereits einzelne dieser betriebswirtschaftlichen Begriffe in die Diskussion eingeführt haben[15] und damit die Debatte bedeutend vorangebracht haben. Dies sei Motivation genug, diesen Ansatz weiter zu verfolgen und zu versuchen, mit diesem Vorgehen weitere Erkenntnisse über das römische Wirtschaften zu gewinnen.

12 Siehe Kaltenstadler (1978).

13 Siehe dazu später u.a. die Darstellung der Entwicklungslinie zwischen den Arbeiten der Agrarautoren zum Gegenstand der Führungskonzeption in Kap. 5.4 dieser Arbeit.

14 Siehe Flach (1990), u.a. S. 142 zu den vertraglichen Absicherungsmechanismen des Cato bei der Vergabe einer Olivenernte.

15 Als Beispiele seien genannt: Kaltenstadler (1978) zum Begriff des Führungssystems, Kaltenstadler (1986) zum Begriff der Betriebsorganisation, Flohr (2013) zum Begriff des Arbeitsprozesses und Jakab (2009) zum Begriff des Risiko-Managements (beim Weinkauf).

Voraussetzung für diese Untersuchung ist jedoch auch, dass bestimmte Charakteristiken des Wirtschaftens existierten, die generell Voraussetzung sind für eine Untersuchung betriebswirtschaftlicher Zusammenhänge. So ließen sich betriebswirtschaftliche Prinzipien nur eingeschränkt in Zwangs- oder ausgeprägten Staatswirtschaften untersuchen. Daher benötigt eine Wirtschaft, für die betriebswirtschaftliche Aspekte untersucht werden könnten, ein Mindestmaß an „freiem" Wirtschaften: einen Betrieb, der ohne staatliche Steuerung auf einem „Markt" agieren kann. Die volkswirtschaftliche Debatte hat dazu relevante Kriterien wie zum Beispiel die Möglichkeit zu freier Preisbildung und Preisgestaltung, die freie Ansiedlung von Betrieben und die Möglichkeit zu Privateigentum an den Produktionsmitteln definiert[16]. Und für die Epoche der Römischen Republik und die Kaiserzeit bis ins dritte Jahrhundert lassen sich diese Charakteristiken nachweisen, wie ebenfalls in Kap. 2.2 dargestellt wird. Für die Zeit ab dem vierten Jahrhundert nach Christus treten dann bedeutende Einschränkungen für das Wirtschaften ein: unter anderem eine staatliche Preisregulierung und zwangswirtschaftliche Aspekte wie die Bindung der Bauern an feste Landstücke – ein Phänomen der römischen Wirtschaftsordnung, das als Kolonat bezeichnet wird. Die vorliegende Arbeit untersucht diese Rahmenbedingungen in Kapitel 4.1 genauer und wird sich als Ergebnis daraus auf die genannte Zeit vom Entstehen einer komplexen Wirtschaft Roms im 3. Jh. v. Chr. bis zum Ende des 3. Jh. n. Chr. beschränken.

Eine solche Betrachtung für die Zeit der Antike auf den gesamten geographischen Raum rund um das Mittelmeer zu beziehen, würde den Rahmen der Arbeit sprengen und umfangreicher Analysen unterschiedlicher Kulturbereiche bedürfen. Um eine sinnvolle Eingrenzung vorzunehmen, soll sich die Arbeit – ausgehend von Rom als Mittelpunkt der Untersuchung – räumlich auf diejenigen Wirtschaftsräume fokussieren, für die eine für den Untersuchungsgegenstand ausreichende und untereinander vergleichbare Quellenlage vorhanden ist. Auf der Basis reflektierender und aufeinander bezogener Quellen soll sich somit eine Entwicklungslinie für das Wirtschaftsdenken über den Betrachtungszeitraum hinweg nachzeichnen lassen. Da solche literarischen Quellen aus dem Kontext der Stadt Rom insbesondere mit den Schriften der sogenannten Agrarautoren vorliegen, bildet das Wirtschaften in der Stadt Rom und im italischen Kerngebiet den Ausgangspunkt der Untersuchung. Dabei ist der idealtypische Charakter dieser Quellengattung zu berücksichtigen. Die Untersuchung des Wirtschaftshandelns soll konsequenterweise ebenfalls von der Betrachtung dieses Wirtschaftsraums ausgehen und dort erweitert werden, wo weitere Quellen von außerhalb des italischen Kernlandes vergleichbar analysiert werden können – und die gegebenenfalls eingeschränkte Quellenlage des Kernlands sinnvoll erweitern. Quellen aus den römischen Provinzen mögen diese Erweiterung

16 Vgl. die Definition des Begriffes (freie) „Marktwirtschaft" in: Springer Gabler Verlag (Herausgeber), Gabler Wirtschaftslexikon nach Prof. Dr. Dirk Sauerland, online im Internet: http://wirtschaftslexikon.gabler.de/Archiv/5245/marktwirtschaft-v9.html. Unter diesem Begriff definiert Sauerland eine „Wirtschaftsordnung mit dezentraler Planung und Lenkung der wirtschaftlichen Prozesse, die über Märkte mittels des Preismechanismus koordiniert werden. (...)" und durch die „Dominanz des Privateigentums an Produktionsmitteln" gekennzeichnet ist.

ermöglichen, bedürfen jedoch auch einer entsprechenden Einordnung. Beispiele solcher Quellen sind umfangreiche archäologische Quellen aus den westlichen Provinzen Roms oder die zahlreichen Papyrus-Archive des römischen Ägyptens[17]. Auch wenn diese Überrest-Quellen weitestgehend kein reflektierendes Wirtschaftsdenken darstellen, können sie doch aber wichtige, meist punktuelle Hinweise für das praktische Wirtschaftshandeln im Römischen Reich geben. Die Übertragbarkeit der Aussagen dieser Quellen auf das Verständnis des Wirtschaftshandelns in Rom und im italischen Kernland muss dabei jedoch sorgsam geprüft werden. So muss das Wirtschaften in den westlichen Provinzen, insbesondere in Gallien und Spanien, auf seine im Laufe nur eines Jahrhunderts stark veränderte Rolle im Römischen Reich untersucht werden. Und gerade auch das Wirtschaften im römischen Ägypten muss im Kontext seines spezifischen, von dirigistischen Elementen geprägten Wirtschaftssystems, das oft als ptolemäische Wirtschaftsordnung[18] bezeichnet wird, betrachtet werden.

1.2 Erkenntnisinteresse und Neuansatz

Die Arbeit untersucht erstmals umfassend die Struktur betriebswirtschaftlichen Denkens und Handelns im antiken Rom und stellt dar, welche Mechanismen zugrunde lagen. Sie verwendet dazu Belege aus dem überlieferten Denken und dem nachvollziehbaren Handeln römischer Wirtschaftsakteure.

Die vorliegende Arbeit wird in Kapitel 3.1 auf Hinweise und Kommentierungen zum römischen Wirtschaften in den literarischen Quellen eingehen und die Wahrnehmung, Wertschätzung und Werthaltigkeit des Wirtschaftens in den Aussagen bedeutender zeitgenössischer Autoren darstellen. Vereinzelte Hinweise dafür findet man unter anderem bei Autoren wie Cicero oder Plinius d. J. Als ein Beispiel sei die ‚Kornrede' Ciceros aus der Schrift *in Verrem* („Reden gegen Verres") hier vorab benannt, in der er Praktiken der Steuerpacht erkennen lässt, deren Interpretation bezüglich des Wirtschaftsdenkens einer Einordnung in die politischen und sozialen Verhältnisse und die Absichten

17 Vgl. Philipp Leveau in Scheidel, Morris, Saller (2007) zur regionalen Entwicklung in den westlichen Provinzen.

18 Die Diskussion zum ptolemäischen Wirtschaftssystem bewegt sich zwischen einer Bewertung als von Rom übernommener Zentralwirtschaft der Ptolemäer und einer Wirtschaft mit staatlichen und auch freien beziehungsweise privatwirtschaftlichen Aspekten, siehe dazu die Darstellung bei Sita von Reeden (2015) S. 133, womit ein bedeutender Unterschied zur Wirtschaft im römischen Kernland dargestellt ist. Francesco De Martino (1991) verweist zum Beispiel darauf, dass die Ptolemäer nicht nur Zölle erhoben – wie der römische Staat – sondern eine „Zollpolitik" betrieben, die bewusster auf die Steuerung der Wirtschaft Einfluss nahm, s. S. 364, 3. Abs. Dominic Rathbone (2002) hat einen wesentlichen Beitrag dazu geleistet, das Verständnis und die Nutzbarkeit dieser Quellen voranzubringen und die über lange Zeit strikt ablehnende Haltung einer Vielzahl von Autoren zu entkräften.

dieser Anklageschrift bedürfen[19]. Ein weiteres und scheinbar übermächtiges Dokument zum römischen Wirtschaftsverständnis ist Ciceros Schrift *de officiis* („Vom pflichtgemäßen Handeln"), aus dem sich das „Spannungsverhältnis zwischen Gerechtigkeit und Nutzen"[20] ablesen lässt. Die Schrift eröffnet ein Spektrum zwischen philosophisch-moralischer Betrachtung und ökonomischen Prinzipien des täglichen Wirtschaftens, kurz gesagt zwischen den Kernfragen von Wirtschaftsethik[21]. Die Quellen werden als Einstieg genutzt, um Erkenntnisse über das Wirtschaftsdenken und dessen Techniken und Strukturen zu gewinnen. Auch einzelne der Briefe des jüngeren Plinius geben einen gewissen Einblick in das Wirtschaftsdenken eines dem Wirtschaften prinzipiell eher abgeneigten Intellektuellen und Politikers aus der römischen Oberschicht. Es ist zu berücksichtigen, dass Plinius d. J. nicht willentlich als Unternehmer agierte und wie viele seiner Standesgenossen eher auf Verstetigung seines Einkommens statt auf Wachstum orientiert war. Er ist damit ein geeignetes Beispiel für den von Columella, als einem der drei wichtigsten römischen Agrarautoren, beklagten Absentismus der römischen Gutsbesitzer seiner Zeit[22]. Trotzdem geben einzelne seiner Briefe wichtige Hinweise zum Wirtschaftsdenken, die im weiteren Verlauf der Arbeit analysiert und aufgegriffen werden[23]. Die Möglichkeit des Gewinns weiterer Erkenntnisse zum römischen Wirtschaftsdenken und seinen praktischen Ausgestaltungen soll daher mit Hilfe dieser Quellen genutzt werden.

Ein relevantes Bild des Wirtschaftsdenkens des einzelnen Wirtschaftsakteurs erschließt sich aber am lebendigsten, wenn der Wirtschaftende selbst über sein Wirtschaften spricht. Daher sollen die Schriften der römischen Agrarautoren in den Mittelpunkt dieses Untersuchungsteils gestellt werden. Dabei muss man den Standesdünkel dieser Schriften und weitere Prägungen dieser Literaturgattung in die Auswertung dieser Quellen mit einbeziehen, wie das in Kapitel 3.2.1 geschieht.

In Kapitel 4.2.1 sollen dann die Quellen der Agrarautoren mit ihrer eigenen Begrifflichkeit zu Wort kommen. Die offensichtlichen Anleitungen zum Wirtschaften und die Forderungen und Aufforderungen an den Landwirt zu einem rationalen Denken werden dargestellt und einer quellenkritischen Untersuchung hinsichtlich der Strukturierung und Formulierung von Wirtschaftsdenken unterzogen. In einem zweiten Schritt sollen

19 Vgl. Cic. Verr. II 3,18, zweite Rede, drittes Buch (‚Kornrede'). Beispielhaft sei an dieser Stelle auch bereits verwiesen auf relevante Äußerungen Ciceros zu den Praktiken der *publicani*, deren Spekulation und möglichen Pachtnachlass aus den Briefen an Atticus.

20 Hans Kloft in: Schefold (2001) S. 75, der anmerkt, dass in dem ethischen Diskurs von Ciceros *de officiis* „nicht mehr und nicht weniger zur Debatte stand als die traditionelle Grundlage der römischen Adelsherrschaft". Kloft lässt damit die Tendenz der Aussagen Ciceros erkennen und bemerkt, dass sich die „private Uneigennützigkeit zwar nicht gänzlich, aber doch in weiten Teilen der Nobilität verloren hatte", auch wenn Cicero noch das Lob dieser Uneigennützigkeit anführt (S. 80).

21 Vgl. Bertram Schefold in: Schefold (2001) S. 8.

22 Der Agrarautor Columella beklagt schon in der Einleitung und Motivation seiner Schrift (siehe I,pr,15–16), dass seine Standesgenossen und Gutsbesitzer häufig von ihren Landgütern abwesend seien und die Steuerungsaufgabe nicht wahrnähmen.

23 Die Forschung greift dazu u.a. immer wieder auf seine Briefe wie beispielsweise Brief 9,37 an Paulinus zurück, der die Gedanken des Plinius zum Umgang mit einer wirtschaftlichen Krisensituation seines Gutes darstellt.

anschließend zur Vertiefung der Analyse diese Quellen im Licht moderner Wirtschaftsbegrifflichkeiten betrachtet werden. Um das offensichtliche und im Rahmen historischer Arbeiten latente Risiko zu vermeiden, moderne Sichtweisen in den Kontext der Antike zu projizieren, wird die Anwendung moderner Begriffe mit der entsprechenden Vorsicht vorgenommen und in Kapitel 5.1 ein hermeneutischer Rahmen definiert, der es erlaubt, mit den strukturellen Mitteln der modernen Betriebswirtschaft das Verständnis des römischen Wirtschaftsakteurs über sein Denken und Handeln besser zu erforschen, ohne die Ergebnisse mit der Wahl dieser Mittel zu präjudizieren. Dass dazu stellenweise der Vergleich mit aktuellen Methoden hilfreich sein kann, betont auch der Althistoriker Hans Kloft[24]. Mit der Anwendung dieses sprachlichen Instrumentariums soll das Verständnis für das römische wirtschaftliche Denken und Handeln erweitert werden, wie dies in anderen aktuellen Arbeiten ebenfalls erkenntnisreich vorgenommen wird[25].

Kapitel 5.1 definiert dann einzelne Kompetenzbereiche des individuellen Wirtschaftens, die dazu dienen, der Analyse die nötige Struktur zu geben und einen tiefen Einblick in das Denken und Handeln des Einzelnen für einen wesentlichen Wirtschaftsbereich des römischen Gemeinwesens zu ermöglichen. Sie bilden den eigentlichen Untersuchungsgegenstand dieser Arbeit. Diese Quellen beschränken sich thematisch von ihrer Natur her auf die Landwirtschaft und geben erst einmal nur Erkenntnis über diesen einen Wirtschaftsbereich.

Ansatz der Arbeit ist dabei die konsequente Dekomposition des unternehmerischen Handelns in seine einzelnen Bestandteile entlang der definierten Struktur. Diese Zerlegung erlaubt eine gezielte Analyse der Handlungskompetenzen, die in der aktuellen Literatur so nirgends existiert. Sie ermöglicht insbesondere eine sinnvolle und nachvollziehbare Gegenüberstellung von Denken und Handeln. Dazu analysiert die Arbeit erstmals in einer gesamthaften Umschau die einzelnen Kompetenzen wie sie in den Wirtschaftsschriften der Agrarautoren aufzufinden sind.

Das Vorhandensein dieser einzelnen Kompetenzen in den Schriften der Agrarautoren wurde bisher nicht oder auf jeden Fall nicht ausreichend untersucht. Kaltenstadtlers Analyse über „Arbeitsorganisation und Führung“ ist eines der seltenen Beispiele, das eine solche konzentrierte Analyse beginnt, letztlich aber auch nicht umfassend durchführt oder ausreichend strukturiert.

Die Arbeit wird anschließend Ansätze darstellen, wie diese Einblicke auf das Wirtschaften weiterer Akteure und weiterer Wirtschaftsbereiche ausgeweitet werden können

---

24 Kloft (2006) S. 2 beschreibt die Debatte – gerade auch der deutschen – Nationalökonomen. Er hebt dabei den Frankfurter Wirtschaftswissenschaftler Bertram Schefold heraus.

25 Vgl. dazu zum Beispiel Warnking (2015), der in Kap. 4, S. 285 ff. eine Gewinn-und-Verlust-Rechnung auf den Seehandel der römischen Antike anwendet, die Wirtschaftlichkeit der Unternehmungen berechnet und anschließend (S. 380) dem römischen Seefahrer Handlungsempfehlungen zur wirtschaftlichen Durchführung seines Geschäftes gibt. Ebenso Droß-Krüpe (2011), die Organisationsformen und Spezialisierung in der Textilproduktion der römischen Kaiserzeit untersucht und Aspekte wie u.a. die Lagerhaltung in einem Abgleich mit modernen Just-in-time-Konzepten darstellt (S. 171). Grundlage ihrer Analyse sind die „traditionellen Gutenbergschen Produktionsfaktoren“ (S. 245).

(s. Kap. 3.3), und wird damit die Untersuchung zum Wirtschaftsdenken auf das Wirtschaftshandeln übertragen. Mit dieser Verknüpfung von Wirtschaftsdenken und Wirtschaftshandeln und der Gegenüberstellung von theoretischen Überlegungen und praktischer Ausübung soll die Arbeit eine Plausibilisierung der Feststellungen aus den schriftlichen Quellen durch Belege aus dem tatsächlichen Wirtschaftsleben erreichen. Zudem sollen die Untersuchungsergebnisse der Landwirtschaft anhand anderer Wirtschaftszweige und anderer Quellengattungen validiert werden. Dazu werden die aus den Schriften der Agrarautoren getroffenen Feststellungen archäologischen, juristischen, epigraphischen und papyrologisches Handlungsbelegen gegenübergestellt. Dabei ermöglichen es die in sich geschlossenen Sammlungen bestimmter Papyrus-Archive, die thematisch gruppierten Texte einzelner Gesetzesbereiche und auch die archäologischen Funde gleichgearteter Betriebe, den Versuch vorzunehmen, den an sich nicht reflektierenden Charakter dieser Quellengattungen durch den Abgleich mehrerer gleichgearteter Einzeldokumenten in Ansätzen auszugleichen.

Es ist bei dieser Untersuchung unerlässlich, auch einen Blick auf die herrschenden soziokulturellen Einflüsse zu werfen, denen das Wirtschaften unterworfen war. Diese Einflüsse sollen in dieser Arbeit mit dem Begriff der Wirtschaftskultur charakterisiert und vor dem Hintergrund der aktuellen Forschung beschrieben werden (s. Kap. 4.1). Dabei steht die Untersuchung der Wirtschaftskultur an sich und deren Entwicklung innerhalb der Epochen des Römischen Reiches nicht im Vordergrund. Vielmehr soll die Arbeit mit Hilfe dieses Verständnisses den eigentlichen Kern der Untersuchung, das Denken und Handeln des Einzelnen, seine Motivationen, seine Strukturen und seine Techniken in Kapitel 4.2.1 hervorzuheben und zu verstehen helfen. Es soll nicht versucht werden, im Rahmen dieser Arbeit einen Vergleich römischer Wirtschaftskultur gegen die soziokulturellen Einflüsse auf das Wirtschaften anderer Reiche und Epochen, etwa gegen die Wirtschaftskultur Griechenlands oder des ptolemäischen Ägyptens, vorzunehmen. Eine solche Untersuchung müsste Gegenstand einer eigenständigen Arbeit sein.

Dieser Blickwinkel der Wirtschaftskultur, des Wirtschaftsstils oder der Wirtschaftsmentalität wird als Begriff in der bisherigen Literatur zur römischen Wirtschaftsgeschichte, als Thema der Handlungen des einzelnen Wirtschaftsakteurs und als Instrument zur Analyse von Wirtschaftshandeln vereinzelt verwendet, wird oft jedoch wenig mit der inhaltlichen Analyse integriert. Für eine spezifischere Einordnung soll die Darstellung dieses Blickwinkels helfen, die relevanten Aspekte der Untersuchung hervorzuheben.

Somit richtet die vorliegende Arbeit den Fokus weg von volkswirtschaftlichen Betrachtungen hin auf den betriebswirtschaftlichen Kosmos. Sie nimmt Abstand von einem volkswirtschaftlich basierten Ausgangspunkt wie zum Beispiel der Analyse der Vernetzung der antiken Wirtschaft. Zudem gibt sie der betriebswirtschaftlichen Perspektive das nötige Gewicht und rückt Kausalitäten zurecht, wenn sie den von Vivenza gewählten Begriff einer „*economy rooted in jurisprudence*“[26] kritisch hinterfragt und darstellt, dass die

26 Vivenza (2012) S. 25+26.

römische Rechtsprechung immer – wertvolle – Leitplanken für das individuelle Handeln gegeben hat, welche aber als notwendige Steuerung dieses Handelns erst entstanden sind.

So bietet der Untersuchungsgegenstand der Arbeit, die Struktur betriebswirtschaftlichen Denkens und Handelns im antiken Rom in einer Gesamtschau aller relevanter Aspekte, einen neuen Ansatz zum Verständnis unternehmerischen Handelns im antiken Rom. Mit dem Interesse zu verstehen, wie antike Autoren dieses Wirtschaften sahen und wie dieses sich strukturierte und mit dem tatsächlichen Handeln verband, ermöglicht die Arbeit erstmals einen umfassenden Blick auf Wirtschaftsdenken und -handeln, auf unternehmerisches Denken und tatsächliches Handeln zu dieser Zeit.

2. Forschungsfrage und wissenschaftliche Einordnung

2.1 Forschungsfrage

Zur Erörterung des Untersuchungsgegenstands unternehmerischen Denkens und Handelns und der Gewinnung eines Gesamtverständnisses betriebswirtschaftlicher Vorgehensweisen soll die Forschungsfrage hier weiter konkretisiert werden. Die vorliegende Arbeit versucht, bewusste und unbewusste Denk- und Handlungsmuster betriebswirtschaftlicher und unternehmerischer Aktivität aufzudecken. Dies können zum einen bewusste Denk- und Handlungsmuster sein, deren Herleitung vom Autor oder Wirtschaftshandelnden begründet und reflektiert ist. Zum anderen stellt sich die Herausforderung, unbewusste Denk- und Handlungsmuster zu identifizieren, also durch Befangenheit, Voreingenommenheit oder kulturelle Rahmenbedingungen unbewusst geprägtes Denken in schriftlichen Quellen oder nachvollziehbares Handeln. Dazu wird untersucht, wie betriebswirtschaftliches und unternehmerisches Denken und Handeln von den Wirtschaftsakteuren wahrgenommen wurde, ob dieses Handeln durch den Einzelnen reflektiert wurde, ob sich vorausschauendes und systematisches Handeln entwickelte und sich Handlungsmuster ergaben, die zwischen den Handelnden übertragen und wiederverwendet wurden, und letztlich, ob diese Handlungsmuster als Methode römischen betriebswirtschaftlichen Handelns aufgefasst werden können (Abb. 1).

Für die Analyse dieses Erkenntnisprozesses wird zuerst mit Hilfe der zuvor benannten literarischen Quellen geprüft, ob der römische Wirtschaftsakteur sein Wirtschaften oder das Wirtschaften anderer Akteure bewusst wahrnahm und sein individuelles Wirtschaften gegebenenfalls reflektierte. In einem zweiten Schritt wird durch eine vergleichende Betrachtung anhand weiterer Quellengattungen geprüft, ob von bewussten Handlungsmustern gesprochen werden kann, welche die Wirtschaftsakteure verwendeten und einer gewissen Strukturierung folgten.

Erfahrungswissen ist dabei eine wichtige Komponente wirtschaftlicher Aktivität. Doch der Altphilologe Thorsten Fögen hebt den Hinweis des römischen Agrarschriftstellers Columella hervor, dass Landwirtschaft nicht durch bloßes Beobachten und Nachahmen erlernbar sei[1]. Die Aufnahme und Weiterverarbeitung erlebter oder übertragener Erfahrungen sind ein wesentliches Fundament wirtschaftlicher Aktivität. Jedoch ist diese Arbeit an der Weiterentwicklung und Weiternutzung solchen Erfahrungswissens interessiert. Es geht somit um die Nutzbarmachung dieser Erfahrungen, die sich in der schriftlichen oder der praktischen Übertragung dieses Wissens darstellen kann. Im

1 Fögen (2009) S. 163/164. Fögen spricht in diesem Zusammenhang von einem Schreibstil Columellas, der ein „Verfahren der Netzwerkstiftung und Personalisierung der Unterweisung“ anwendet (S. 187).

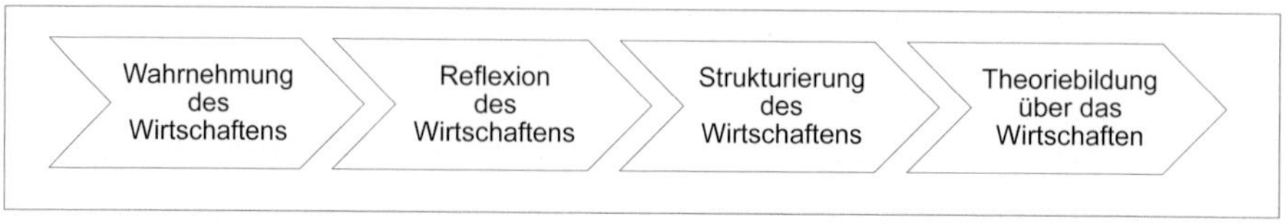

Abb. 1: Stufen des Erkenntnisprozesses wirtschaftlicher Aktivität (© Autor)

Umkehrschluss geht es somit nicht um die Sammlung vereinzelter Ratschläge, für die sich keine Weiternutzung nachweisen lässt. Ein Negativbeispiel solch unproduktiven Erfahrungswissens, das im Rahmen dieser Arbeit keinen Erkenntnisgewinn darstellt, sind die medizinischen Ratschläge für den wirtschaftlich aktiven Landwirt aus der landwirtschaftlichen Schrift Marcus Porcius Cato des Älteren. Er empfiehlt dem Landwirt als Adressat seiner Schrift teilweise heute abstrus klingende Heilmittel und Heilbehandlungen[2]. Diese finden in keiner der späteren römischen Schriften zur Agrarwirtschaft wesentliche Berücksichtigung und zeigen den geringen Wert solch unreflektierten „Wissens“. Somit sei noch einmal betont, dass reflektierte Quellen für den Untersuchungsgegenstand von höchster Relevanz sind und unreflektiertes Wissen lediglich als Korrektiv eingesetzt werden könnte. Es ist daher in der Betrachtung der Quellen generell von Interesse, ob methodisches Vorgehen existierte oder implizit vorhanden war und weitergegeben wurde.

In diesem Teil der Betrachtung interessiert auch die Frage, wie weit eine mögliche Strukturierung betriebswirtschaftlichen Wissens erfolgte und – weit darüber hinausgedacht – ob von einer Methodisierung oder Theoriebildung des Wirtschaftens gesprochen werden kann. Dabei ist die Grenze solch einer Untersuchung und möglicher Interpretationen sehr eng gezogen, wie nachfolgend in Kapitel 2.2 dargestellt wird, wenn ein umfassenderer Blick auf den Begriff der „Theorie der Ökonomie“ in der Antike geworfen und der heutige Stand der Literatur zu dieser Fragestellung vorgestellt wird.

Akteur solch zu untersuchenden Wirtschaftsdenkens und -handelns ist der einzelne Wirtschaftshandelnde. Er steht im Mittelpunkt der Untersuchung, zusammen mit seinen Denk- und Handlungsweisen über sein Wirtschaften. Es wird hier einleitend noch vom „Wirtschaftsakteur“ oder vom „Wirtschaftshandelnden“ als Umschreibung eines unternehmerisch handelnden Wirtschaftsakteurs gesprochen, solange nicht geklärt ist, ob der Begriff des Unternehmertums für die betrachtete Epoche Verwendung finden kann. Dieser Wirtschaftshandelnde unterscheidet sich zudem von der modernen Interpretation eines Unternehmers, welche heute oft nach dem amerikanischen Ökonomen Peter Drucker definiert wird. Er sieht relevantes Unternehmertum nicht dort, wo jemand zwar ein Risiko eingeht, aber letztlich „nur ein weiteres Ladengeschäft neben vielen anderen eröffnet“, sondern dort verortet, wo ein neues Geschäftsmodell zum Tragen kommt[3]. Stattdessen sind in dieser Arbeit sowohl solche Neuerfindungen als auch genauso die

2 Siehe u.a. Cato agr. 156–158.
3 Drucker (1985) S.10–12.

tägliche Planung und insbesondere die Strukturierung solcher Arbeit relevant, die man im modernen Verständnis mit dem Begriff des Managers verbinden würde. Auch ein Wirtschaftshandeln, das einfach nur reproduzierte, kann für die Beantwortung der Forschungsfrage von Relevanz sein: ein Produzent, der in seiner *taberna* Waren neben einer Vielzahl anderer Konkurrenten herstellte und verkaufte, Kleinstbetriebe, die zum Beispiel in den Provinzen rund um Legionslager entstanden und den Kern für heutige Städte wie Mainz oder Trier bildeten, der einzelne Handwerker oder Händler um diese Lager herum, der nur reproduzierte und ein einfaches Geschäft im sicheren Schutz der Legionen zur Sicherung seines persönlichen Auskommen ausübte[4], oder als letztes Beispiel ein Landwirt, der die vorgegebenen klassischen Handlungsarten anwendete.

Für die Forschungsfrage ist es relevant zu untersuchen, woran sich betriebswirtschaftliches Handeln konkret orientierte und welche wirtschaftskulturellen Prägungen dieses Handeln beeinflussten. Dabei ist ein Blick auf die Einflüsse aus der griechischen Welt oder von anderen – gerade handelsnahen und mit Rom in wirtschaftlichem Austausch stehenden – Kulturen, wie zum Beispiel den Karthagern, wertvoll, um zu zeigen, wie sich diese Einflüsse in Denken und Handeln zur Zeit Roms niedergeschlagen haben. Die Entwicklungsgeschichte der antiken Ökonomie wurde schon früh zum Beispiel von Fritz Heichelheim (1938), von Francesco De Martino (1991) oder aktuell wieder von Michael Sommer (2013) untersucht. Diese Werke untersuchen jedoch auch nur die Felder wirtschaftlichen Handelns, ziehen Parallelen zwischen Griechenland und Rom, untersuchen aber nicht die Methodik des Wirtschaftshandelns.

Erste Ansätze zur Darstellung ökonomischen Denkens, zumindest in Teilaspekten, finden sich bei Xenophon im 4. Jh. v. Chr. in seiner Schrift *Oikonomikos* und früher noch bei Hesiod um das Jahr 700 v. Chr. in seinem Lehrgedicht *Werke und Tage*[5]. Das Denken beider Autoren floß in Arbeiten späterer Autoren ein. Doch gehen auch diese Arbeiten nicht ein auf die Reflexion und Strukturierung des ökonomischen Denkens. Dies für die gesamte Antike oder etwa Griechenland und Rom gemeinsam darzustellen, würde den Rahmen dieser Arbeit sprengen. Daher beschränkt sich die vorliegende Arbeit auf das wirtschaftliche Denken und Handeln im antiken Rom – und prüft Einflüsse kritisch ohne deren Spezifika einzeln untersuchen zu können.

Letztlich ist aber zu betonen, dass es dieser Arbeit nicht um die Entstehungs- und Evolutionsgeschichte des ökonomischen Denkens bis hinein in die römische Zeit geht oder um die Frage, ob in römischer Zeit Wirtschaftshandelnde bestimmte Handlungsweisen begründet haben. Die Untersuchung der Vorgehensweisen, der Reflexion und Strukturierung des Wirtschaftshandeln in Rom geht vom Status quo aus und will diesen verstehen, beschreiben und erläutern.

Ebenso geht es der vorliegenden Arbeit nicht darum, identifiziertes ökonomisches Denken bestimmten gesellschaftlichen Gruppen von Wirtschaftshandelnden zuzuweisen

4 Vgl. hierzu beispielhaft die Darstellung des Vicus Saalburg in Moneta (2010) und des Aufbaus standardisierter Wirtschaftsgebilde im antiken Römischen Imperium sowie die Abhängigkeit der Wirtschaftsaktivitäten der Bewohner von den militärischen Anlagen.

5 Siehe Sommer (2013) S. 75.

um damit die Größe dieser Gruppen zu bestimmen und die Anzahl der Wirtschaftsakteure zu quantifizieren. Die Arbeit möchte ein schematisches Handeln identifizieren, das wiederkehrend zu finden ist und reproduzierend angewandt wurde. Über die Dokumentation von Einzelhandeln hinaus geht es bei dieser Bestandsaufnahme mehr um die Ausprägung des Handelns und Denkens in Rom. Um dies zu untersuchen, müssen relevante Bereiche betriebswirtschaftlicher Aktivität definiert und untersucht werden. Um dies zu ermöglichen, soll die beschriebene Unterteilung ökonomischen Handelns in einzelne Kompetenzbereiche vorgenommen werden. Als relevante Disziplinen bieten sich Bereiche wie personenorientierte Faktoren (wie der klassische Begriff des Unternehmertums) und sachorientierte Faktoren (wie die Bewältigung von einzelnen Herausforderungen und Veränderungen) an. Eine genaue Erarbeitung dieser Kompetenzbereiche erfolgt in Kapitel 5.1.

Dabei wird diese Arbeit dann untersuchen, wie eine Kompetenz des Wirtschaftens faktisch ausgeübt wurde – und welche Theorie, Prägung oder zumindest Methodik in diesem Kompetenzfeld erkennbar ist. Da nach der Zerlegung wirtschaftlicher Aktivität nachfolgend die Untersuchung unterschiedlicher Kompetenzbereiche vorgesehen ist, wird die Forschungsfrage so allgemein formuliert, dass sie in jedem Kompetenzbereich gestellt und beantwortet werden kann. Die Forschungsfrage findet sich somit im Kontext wirtschaftlicher Aktivität unterschiedlicher Kompetenzen, die in dieser Form bisher noch nicht untersucht wurde.

2.2 Heutiger Forschungsstand

Auch wenn die Struktur wirtschaftlicher Aktivität zu Beginn der modernen Forschung zur römischen Wirtschaftsgeschichte noch keine Rolle gespielt haben mag, soll die zuvor dargestellte Forschungsfrage in den aktuellen Forschungsstand der Literatur eingeordnet werden. Dazu wird hier einleitend dieser Stand zu Wirtschaftsdenken und -handeln im antiken Rom dargestellt. Beginnend von den Anfängen der modernen römischen Wirtschaftsgeschichte im 19. Jh., über den Verlauf der Diskussion im 20. Jh. und die Debatte der letzten Jahrzehnte sollen hier wesentliche Eckpunkte kurz rekapituliert werden.

2.2.1 Anfänge der modernen römischen Wirtschaftsgeschichte

In der wirtschaftsgeschichtlichen Forschung zum antiken Rom wird, systematisch erst seit Mitte des 19. Jahrhunderts, Wirtschaft im Allgemeinen vorwiegend mit Blick auf volkswirtschaftliche Aspekte untersucht. Anfänge dieser Diskussionen finden sich bereits im 19. Jahrhundert bei Theodor Mommsen[6]. Mommsen weist kapitalistische Strukturen im

6 Siehe Theodor Mommsen („Römische Geschichte“, 1857).

Wirtschaftssystem Roms nach und stellt den Kampf des Kapitals gegen die Arbeit in den Vordergrund der Wirtschaftsgeschichte Roms[7]. Karl Marx ordnet das römische Wirtschaften in den Kontext seiner Kapitalismustheorie und entlarvt die Feststellung eines Kapitalismus zur Zeit Roms als rein formale Übereinstimmung[8]. Er hebt die Bedeutung der Sklavenhaltung als Grundlage der römischen Wirtschafts- und Gesellschaftsordnung hervor. Er stellt Systemfragen, wenn er über Rom als „Sklavenhaltergesellschaft" spricht und diese Eigenschaft als eine wesentliche Prägung der römischen Wirtschaft bezeichnet, bevor sich daraus in späteren Jahrhunderten eine Feudalgesellschaft und schließlich der Kapitalismus seiner Definition entwickelt habe. De Martino bezeichnet die Wirtschaft Roms als System mit vorkapitalistischen Produktionsweisen[9]. Damit wendet sich De Martino ebenfalls gegen die kapitalistische Interpretation der römischen Wirtschaft[10] und stellt auch noch einmal fest, dass ihr entsprechende kapitalistische Instrumente fehlten: Schuldscheine, Versicherungen, Bankgeschäfte und die für den Kapitalismus im modernen Verständnis so charakteristische Maschinisierung[11].

Der deutsche Soziologe Max Weber[12] ordnet Ende des 19. Jh. das Wirtschaften Roms in die Logik eines neoklassischen Modells ein, welches die Idealtypen des *homo politicus* und des *homo oeconomicus* in den Mittelpunkt der Betrachtung stellt. Das Leben des Bürgers in der antiken Gesellschaft sei von kriegerischen Aktivitäten geprägt gewesen. Daher sah er den antiken Bürger als *homo politicus* an. Dieser sei somit rationalem ökonomischen Handeln weiter entfernt als zum Beispiel der Bürger der mittelalterlichen ständischen Gesellschaft. Als Konsequenz dieser Feststellung bezeichnet er die antike Stadt und somit auch Rom, das anzunehmende Zentrum der Wirtschaft im Reich, nicht als Produzenten- sondern als Konsumentenstadt, folglich also als unproduktiven Kern der römischen Wirtschaft, in der die Stadtbewohner nicht von Händlern abhängig werden wollten und den Handel daher selbst organisieren mussten.

Prägend für die Debatte zur antiken – und hier speziell zur römischen Wirtschaftsgeschichte – ist die als ‚Bücher-Meyer-Debatte' bezeichnete Kontroverse zwischen dem Nationalökonomen Karl Bücher und dem Althistoriker Eduard Meyer zu Ende des 19. Jh. Karl Bücher ordnete die antike Wirtschaft in ein Stufenmodell ein, nach dem in der Antike eine Hauswirtschaft als erste Wirtschaftsstufe vorherrschte, in der Güter in einer Produktionseinheit produziert und dort auch konsumiert wurden. Wirtschaft

7 Mommsen (2010) Kap. 12 Boden- und Geldwirtschaft. Mommsen sieht schon die Landwirtschaft Catos „durchdrungen vom Gift der Kapitalistenwirtschaft", die „mittels des Schuldzinses die Bodenrente den arbeitenden Bauern entzog und müßig zehrenden Rentiers in die Hände führte".

8 Siehe De Martino (1991) S. 247, 2. Abs.

9 Ebenda, S. 529, 1. Abs.

10 Ebenda, S. 363, 3. Abs.

11 Ebenda, S. 531, 2. Abs., siehe auch nachfolgend in Kap. 2.2 zum Begriff der ‚Industrialisierung'.

12 Max Weber („Die römische Agrargeschichte", 1891) siehe auch: Die sozialen Gründe des Untergangs der antiken Kultur. Nach einem populären Vortrag in der Akademischen Gesellschaft in Freiburg i.Br., 1896, in: Ders., Zur Sozial- und Wirtschaftsgeschichte des Altertums, hrsg. von Jürgen Deininger, Max Weber Gesamtausgabe Band 1/6, Schriften und Reden 1893–1908, Tübingen 2006.

entwickelte sich nach Büchers Modell im Mittelalter weiter zur Stadtwirtschaft und später zur Volkswirtschaft[13]. Wenn die Wirtschaft der Antike untersucht werden solle, müsse sie an anderen Kategorien als den zu seiner Zeit vorhandenen gemessen werden. Eduard Meyer hingegen führte Belege eines komplexen Wirtschaftens an und bezeichnete Rom als Staatswirtschaft. Er hielt Antike und Moderne durchaus für vergleichbar und unterstützte die Anwendung des Kapitalismusbegriffs auf Rom[14].

Diese mit ihren Hauptvertretern dieser Zeit hier bewusst nur kurz skizzierten Systemdebatten haben grundlegende Erkenntnisse über die römische Wirtschaft geliefert. Diese sind hier aber nur in geringem Maße von Interesse. In Bezug auf eine Systemsicht ist nur relevant, ob grundlegende marktwirtschaftliche Charakteristiken in der römischen Wirtschaft als gegeben angesehen werden können, auf deren Basis sich eigenständige Entscheidungen der Marktteilnehmer untersuchen lassen. Diese Fragestellung wurde in der dualistisch geprägten Debatte der folgenden Jahrzehnte ausgiebig geführt.[15]

2.2.2 Dualistische Debatte

Die Bücher-Meyer-Debatte entwickelte sich im 20. Jh. fort zur heute so bezeichneten Primitivismus-Modernismus-Debatte. Der russische Historiker Michael Rostovtzeff ist heute immer noch ein häufig zitierter Vertreter zur Vorstellung der modernistischen Sicht. Er veröffentlichte 1929 seine Arbeit zu „Gesellschaft und Wirtschaft im Römischen Kaiserreich", welche weiterhin häufig als Ausgangspunkt altgeschichtlicher Wirtschaftshistoriker referenziert wird. Rostovtzeff vertrat für die Blütezeit der römischen Wirtschaft im frühen Kaiserreich einen modernen und liberalistischen Standpunkt[16], der der römischen Wirtschaft Charakteristiken einer Marktwirtschaft zuspricht. Der französische Historiker Jean Andreau bemängelt, dass Rostovtzeff das Wesen einer Marktwirtschaft durch die bloße Existenz des umfangreichen römischen Handels als begründet

13 Zum Stufenmodell von Karl Bücher siehe Karl Bücher, Die Entstehung der Volkswirtschaft. 6 Vorträge, Tübingen 1893. Siehe auch die zusammenfassenden Darstellungen bei Andreau (2010) S. 13 ff.

14 Siehe Eduard Meyer, Die wirtschaftliche Entwickelung des Alterthums. Ein Vortrag, gehalten auf der dritten Versammlung deutscher Historikerin Frankfurt a.M. am 20. April 1895, Jena 1895 (Wiederabdruck in: Kleine Schriften 1910, 79–168). Zum Vergleich weiterer von Meyer als auf Rom anwendbarer Begriffe (wie u.a. den Begriff der Industrie) sei auf den weiteren Verlauf des hier vorliegenden Kapitels verwiesen.

15 Noch tiefer verwurzelt in der historischen Analyse ist die Untersuchung sozialwirtschaftlicher Aspekte, in der die Diskussion der Sozialreformen der Gracchen exemplarisch ist. Zur Diskussion der Reformen der Gracchen siehe u.a. Linke (2005), Bleiken (2012). Die Untersuchung solcher sozialwirtschaftlichen Maßnahmen sind hier nur am Rande von Relevanz, da sie auf soziale Entwicklungen mit politischen Forderungen reagierten, aber keine betriebswirtschaftliche Erkenntnis bieten.

16 De Martino (1991) S. 246. De Martino sieht Rostovtzeff generell als „überzeugten Verfechter des Liberalismus und der Herrschaft der gebildeten Eliten".

ansah, und kritisiert die fehlende Tiefe seiner Analyse[17]. Und tatsächlich lässt sich die Selbstverständlichkeit, mit der Rostovtzeff marktwirtschaftliche Strukturen voraussetzt, nur durch einzelne Feststellungen Rostovtzeffs über relevante Charakteristiken einer „freien Wirtschaft" oder eines „freizügigen Warenaustauschs"[18] erhärten. Dies ist zum Beispiel dann der Fall, wenn er die Möglichkeit zu freier Preisbildung und Preisgestaltung beschreibt, welche er den hauptstädtischen Bankiers attestiert, die diese bis zum Wucher ausgenutzt hätten. Es ist auch der Fall, wenn Rostovtzeff die freie Ansiedlung von Betrieben und die Möglichkeit zu Privateigentum an den Produktionsmitteln beschreibt, welche er mit den römischen Werkstätten dokumentiert, die die führende Produktionseinheit geblieben seien.[19]

Vergleichbar mit Rostovtzeff bekommt die primitivistische Sicht antiker Wirtschaft in den 1940er Jahren durch den ungarisch-österreichischen Wirtschaftshistoriker Karl Polanyi einen zentralen Vertreter und ein wirtschaftstheoretisches Fundament. Bezogen auf die antike (und vorkapitalistische) Wirtschaft prägt er den Begriff der „Einbettung" wirtschaftlichen Verhaltens in soziale und politische Institutionen[20] – im Gegensatz zu rationalen und autonomen Wirtschaftsprozessen kapitalistischer Wirtschaftssysteme – und spricht antiker Wirtschaft damit eigenständiges wirtschaftsrationales Handeln und einen effektiven Marktaustausch ab. Polanyi fokussierte diese Betrachtungsweise auf den Haushalt des Einzelnen, welcher zur Produktion für den Eigenverbrauch lebte. Folglich stellt Polanyi auch das „Fehlen preisbildender, interdependenter Märkte"[21] in den Mittelpunkt seiner Analyse. Dieses Denkkonstrukt wird in den 1970er Jahren durch den Cambridger Historiker Moses Finley verstärkt. Finley stellt in seiner Arbeit zur *„Ancient Economy"* sein Verständnis der Struktur der antiken Wirtschaft dar. Dabei beschreibt Finley die antike Wirtschaftsgeschichte übergreifend über die Zeit der gesamten Antike und sieht Rom nur als eine Ausprägung in dieser Gesamtheit. Er betont dabei zum einen den – für Griechenland und auch Rom – unbestrittenen Primat der Landwirtschaft. Als weiteres Merkmal der antiken Wirtschaft sieht er das Fehlen von Marktelementen als gegeben an. Eines seiner Hauptargumente, das im Rahmen der hier erarbeiteten Forschungsfrage von besonderem Interesse ist, ist das geringe Niveau „ökonomischer Rationalität" und das Fehlen einer ökonomischen Theorie. Er verweist zum einen darauf, dass Rom keinen Begriff von „Wirtschaft" hatte. Zum anderen behauptet er, dass wirtschaftliches Handeln in der antiken Wirtschaft nicht mehr als das Wiedergeben von Erfahrungswissen gewesen sei und althergebrachte Handlungsmuster nachgeahmt wurden[22]. Aus der Summe seiner Kritik soll lediglich dieser Aspekt im Rahmen der hier vorliegenden Arbeit noch einmal aufgegriffen werden. Ansonsten soll auf die Abarbeitung der Standpunkte Finleys, die weitestgehend überholt sind, verzichtet

17 Andreau (2010) S. 173.
18 Siehe Rostovtzeff (1929) S. 32.
19 Ebenda, S. 32–33.
20 Polanyi (1944).
21 Vgl. Kuchenbuch (2009) S. 199.
22 Finley (1977) S. 12, 1. und 2. Abs.

werden. Der deutsche Althistoriker Wilfried Nippel betont in seinem Portrait von Leben und Werk Finleys den Wert seines Werkes, der insbesondere in der Schaffung eines „Strukturmodells antiker Ökonomie“[23] bestehe, also der Einordnung des Wirtschaftens in die politische, soziale und kulturelle Struktur der römischen Gesellschaft und nicht in der Darstellung seiner Wirtschaftsgeschichte – was mit ein Grund dafür sei mag, dass Finley die Fortentwicklung des Wirtschaftens im Verlauf der römischen Geschichte nicht ausreichend erfasste.

Bei der Beschäftigung mit der Wirtschaft der Antike und des antiken Rom nehmen Rostovtzeff auf der einen, Finley und Polanyi auf der anderen Seite also immer noch zwei relevante Gegenpole ein, die in aktuellen Arbeiten trotz ihres Alters weiterhin als Bezugspunkte einer dualistisch geführten Debatte dienen. Es muss betont werden, dass sich die Debatte zur Wirtschaftsgeschichte der Antike und des antiken Rom über Jahrzehnte hinaus in dieser Art Modelldiskussion verloren hatte und im Rahmen der hier vorliegenden Arbeit nicht für die ein andere Seite Partei ergriffen oder eine Position in der Mitte gewählt werden soll. Stattdessen soll die Struktur von Wirtschaftsdenken und -handeln untersucht werden. Und für diese Darstellung kann ein Abgleich mit diesen beiden Polen hilfreich sein.

Die Einordnung in Wirtschaftssysteme und die Auseinandersetzung über dualistische Standpunkte dient insbesondere nur indirekt dem Untersuchungsgegenstand der hier vorliegenden Arbeit, auch wenn diese Debatte und die früheren Diskussionen wichtige Grundlinien zur Erforschung der antiken Wirtschaft gelegt haben. Auch die deutschen Althistoriker Hans-Joachim Drexhage, Heinrich Konen und Kai Ruffing sehen – unabhängig von einer Positionierung für den einen oder den anderen Standpunkt – einen eigenen Wert dieser Primitivismus-Modernismus-Debatte darin, dass zum Beispiel die Erforschung des Handels durch diese kontrapunktische Darstellung vorangetrieben wurde[24]. Doch ist festzuhalten, dass das Wirtschaften des Einzelnen in dieser dualistischen Debatte, wenn überhaupt, meist nur hinsichtlich der Arbeitsgebiete betrachtet wurde. Die Arbeiten von Autoren wie Heichelheim sind hier als Beispiele zu nennen, die eine detaillierte Bestandsaufnahme von vorhandenen Berufsgruppen geben und umfangreiche Listen von solchen Berufsgruppen anführen[25]. Zahlreiche Inschriften aus der Stadt Rom, seiner Provinzen, aber auch in den ägyptischen Papyri der römischen Zeit, belegen diese Vielfalt von Berufen[26]. Selten aber gehen diese praktischen Arbeiten auf Arbeitsmethoden ein und wenn dies der Fall ist, so steht meist punktuell nur die Analyse einer einzelnen archäologischen Stätte im Vordergrund.

---

23 Nippel, Wilfried „Moses I. Finley“, in: Raphael (2006) S. 69.

24 Drexhage, Konen, Ruffing (2002) S. 119, 1. Abs.

25 Heichelheim (1938).

26 Drexhage, Konen, Ruffing (2002) S. 241 f. gibt eine Auswahl von römischen Inschriften und verweist für die ägyptischen Papyri auf die Sammlung P. Oxy. 1–65 mit über 4000 Papyri.

2.2.3 Aktuelle Einordnungen

Die Forschung zur römischen Wirtschaft wurde aber in den letzten Jahrzehnten – wie im vorigen Kapitel 2.1 schon kurz angedeutet – bedeutend vertieft. Sie setzte schon ab den 80er Jahren des 20. Jh. neue Schwerpunkte. De Martino legte 1985, und damit mehr als zehn Jahre nach Finleys Essay von 1973, ein umfassendes Werk zur Wirtschaftsgeschichte Roms vor. Er befürwortet eine ausgewogene Bewertung, die primitivistische Themen verneint, aber auch modernen Deutungen eine Absage erteilt.

In seiner Folge haben moderne Autoren das Forschungsgebiet bedeutend weiter aufgespannt und einer umfassenderen Untersuchung zugeführt, die modernen Fragestellungen offener gegenübertritt. Der britische Althistoriker Peter Garnsey untersucht die Struktur des Weizenhandels. Er gewinnt dabei tiefere Erkenntnisse über die Anzahl der freien Händler, deren Handelsvolumen und ihren wirtschaftlichen Spielraum – kommt aber, wie auch in anderen seiner Untersuchungen[27], zu dem Schluss einer wenig entwickelten römischen Wirtschaft[28], in der der Weizenhändler nicht frei agieren konnte. Dabei ist der Weizenhandel ein für eine betriebswirtschaftliche Untersuchung aufgrund seiner Quellenlage attraktives aber trotzdem relativ ungeeignetes Untersuchungsgebiet, da die Grenze zu staatlichen Eingriffen – aus der Notwendigkeit zur Versorgung der römischen Metropole – anders als für andere Wirtschaftsbereiche vom römischen Staat sehr eng gezogen wurde. Der britische Historiker Keith Hopkins untersucht das römische Wirtschaften und das Zusammenspiel von einfachen Landbauern und römischer Elite genauer, wenn er sein ‚*Taxes and Trade*' Modell beschreibt, welches letztlich der römischen Wirtschaft aber auch einen einfachen und nicht auf freies Wirtschaften gerichteten Charakter bescheinigt[29]. Die hier aufgeführten Historiker zählen wegen ihrer thematischen Nähe zu Moses Finley zur sogenannten „Cambridger Schule", welche sich weiter stark an die Grundprinzipien von Max Weber und Karl Polanyi anlehnt.

Im Fokus der modernen Forschung stand jetzt auch das Wirtschaftshandeln des Individuums, die Kosten einer einzelnen Transaktion sowie eine Betrachtung des Zusammenspiels von Wirtschaft und Gesellschaft. Hierbei sind organisatorische und gesetzliche Einrichtungen aber auch gesellschaftliche Absprachen und Verständnisse von Relevanz. Insbesondere in den letzten Jahrzehnten des 20. Jh. wurde eine solch institutionenökonomische Betrachtung, die stark durch die Arbeiten des amerikanischen Ökonomen und Wirtschaftshistorikers Douglass North[30] vorangebracht wurde, verstärkt in die Analyse der antiken Wirtschaft eingebunden. Als einen beispielhaften Aspekt von Institutionen der antiken Wirtschaft führt Michael Sommer ‚Märkte' an und beschreibt „zwischen den

27 Vgl. Garnsey, Saller (1987) S. 43 f.
28 Peter Garnsey, Grain for Rome in: Garnsey, Hopkins, Whittaker (1983) ch. 10, S. 118–128.
29 Hopkins (1980). In einer späteren Arbeit zu seinem ‚*Taxes and Trade*' Modell beschreibt er jedoch auch den bedeutenden kumulativen Effekt der geringfügigen Veränderungen, siehe Hopkins (2018).
30 Siehe insb. North (1992) S. 3–12.

Märkten fluktuierende Preise“ und die daraus Nutzen ziehenden Akteure[31]. Und auch die römischen Agrarautoren Varro und Columella erwähnen und betonen die Bedeutung von Märkten für den eigenen Absatz[32]. Neben Preisen und Märkten sind Transaktionskosten ein weiterer Diskussionsgegenstand der vergangenen Jahre. Der amerikanische Wirtschaftshistoriker Peter Temin analysiert Transaktionskosten im Kontext römischen Seehandels. Diese seien durch das Existieren bestimmter Institutionen und entstehende Transportkosten bestimmt, könnten aber letztlich – abhängig von ihrer Zusammensetzung – den Handel positiv beeinflussen[33]. Auch Peter Fibinger Bang führt die Diskussion institutionenökonomischer Einflüsse auf den Bereich des römischen Rechtswesens, mittels dessen – vereinfacht dargestellt – die Transaktionskosten wirtschaftlicher Aktivität bedeutend reduziert und somit der Handel verstärkt werden konnte[34]. Er analysiert marktnahe Charakteristiken, stellt aber letztlich fest, dass für das antike Rom nicht von einer reinen Marktwirtschaft gesprochen werden könne, sondern dass marktbezogener Handel nur ein Element einer sehr komplexen Wirtschaft gewesen sei[35]. Die Anwendung der auch als ‚Neue Institutionenökonomie' bezeichneten Betrachtungsweise wird im Laufe dieser Arbeit wieder aufgenommen, um wesentliche Hinweise auf die Einflüsse in der römischen Wirtschaft darzustellen.

Es ist festzuhalten, dass mit der Neuen Institutionenökonomie einzelne Hinweise für ein besseres Verständnis der Struktur des römischen Wirtschaftens gefunden wurden, dass jedoch trotzdem keine wesentlichen strukturellen, betriebswirtschaftlichen Merkmale definiert werden konnten. Weitere Autoren wie Andreau haben wichtige Beiträge zu relevanten Branchen oder Tätigkeiten wie dem Bankwesen oder der Finanzierung vorgenommen. Andreau beschreibt in seiner Arbeit zur römischen Wirtschaft ebenfalls eine Rundschau unterschiedlichster Wirtschaftssektoren und Wirtschaftsbranchen. Eingebettet in die Analyse zur Entwicklung der Wirtschaft im Laufe der Jahrhunderte, verkörpert durch die Entwicklung der *villa* als Gutsbetrieb, beschreibt er die Entwicklung, ja die Transformation des Handels[36]. Genauso sieht er einzelne technische Fortschritte als gegeben. Bemerkenswert ist dabei seine Zusammenfassung, dass Finley ‚Schmetterlingssammler' verhöhnte, also Wissenschaftler, die einzeln herausstechende Beispiele antiker Wirtschaft überhöhten und verallgemeinerten, wobei Finley und andere tatsächlich aber den Wert der stetig steigenden Funde für die Entdeckung wachsender Komplexität der Wirtschaft anerkennen müssten. Er rät, vorsichtig mit neuen Quellen umzugehen. Jean-Jacques Aubert thematisiert in seiner einleitend bereits erwähnten Arbeit über „*Business Managers in Ancient Rome*“[37] die Einsetzung von Unternehmern

31 Sommer (2013) S. 96 mit Verweis auf die Satire *Metamorphosen* des Apuleius.

32 Varro rust. 1,16,3 beschreibt den die Bedeutung der Stadtnähe für den Absatz von Rosen und Colum. 3,2,1 die Rebenzucht in der Nähe einer Stadt.

33 Temin (2012) S. 59. Vergleiche auch die Arbeiten von Frier und Kehoe zur Bedeutung von Transaktionskosten in Scheidel, Morris, Saller (2007) S. 113–143.

34 Bang (2012) S. 198.

35 Bang (2012) S. 303.

36 Andreau (2010) S. 244.

37 Aubert (1994) S. 4.

und Managern (*institores*) und die legalen Mechanismen, die es erlauben, eine Unternehmung im Auftrag eines Prinzipals zu führen. Er beschränkt sich dabei jedoch auf diesen juristischen Aspekt und verweist selbst darauf, dass er nicht unternehmerisches Handeln und kreatives Agieren untersucht. Somit bleibt auch bei dieser Studie die Analyse kreativen Unternehmertums sowie seiner Bestandteile, Methodiken und Vorgehensweisen aus. Die Archäologin Margot Klee führt, als letztes hier anzuführendes Beispiel, eine Untersuchung des römischen Handwerks und streift dabei relevante Aspekte wie das Unternehmerbild oder die Organisation von (Handwerks-) Betrieben[38]. Die Studie fokussiert letztlich jedoch stark auf den technischen Aspekt des Handwerks und stellt ebenfalls kein übergreifendes Bild unternehmerischen Handelns dar.

2.2.4 Eckpunkte zur betriebswirtschaftlichen Betrachtung der römischen Wirtschaft

Um auf der Basis dieses Literaturstands die Betrachtung der Struktur wirtschaftlichen Denkens und Handelns im antiken Rom beginnen zu können, sollen hier aus dem zuvor beschriebenen Kosmos betriebswirtschaftlicher Feststellungen noch einmal die wesentlichen Eckpunkte betriebswirtschaftlicher Analyse für das antike Rom zusammengefasst werden. Es soll damit vermieden werden, sich im Rahmen der Arbeit noch einmal daran abzuarbeiten. Zudem erleichtert es, den Fokus richtig zu legen. Als solche Eckpunkte tatsächlich betriebswirtschaftlichen Handelns lassen sich in der heute bestehenden Literatur sechs Aspekte der antiken Wirtschaft ansehen, über die weitestgehend Konsens besteht.

a) Unternehmensbegriff
Bei der Analyse der römischen Betriebswirtschaft ist zuerst festzustellen, dass ein theoretisch formulierter Unternehmensbegriff im modernen Sinne nicht existierte. Der Betrieb oder eine Unternehmung bestand zumeist aus dem Besitz des Inhabers und war damit personenbezogen. Der französische Historiker Paul Veyne beschreibt diesen als *patrimonium* bezeichneten Besitz als für die Wirtschaft seinerzeit genauso wichtig wie heute der Begriff der „Firma" oder der „Aktiengesellschaft"[39]. Dieser primär für Landbesitz zutreffende Begriff gilt jedoch analog für Werkstätten unterschiedlicher Produktionen. Sie wurden mit dem Namen des Besitzers bezeichnet und deren Produkte – wie zum Beispiel Glas, Tonlampen, Keramik oder Amphoren – wurden mit einer Kennzeichnung des Herstellers beziehungsweise des Besitzers versehen, wie unter anderem die zahlreichen Funde gestempelter Amphoren eindrucksvoll zeigen[40]. Dies bietet der heutigen Forschung

38 Klee (2012).
39 Veyne (2015) S. 139.
40 Margot Klee erwähnt die anhand einer Namensprägung auf Glasscheiben identifizierte Glasproduktion des Caius Salvius Gratus. Siehe dazu Klee (2012) S. 84. Genauso führt zum Beispiel Huld-Zetsche (2014) S. 16 unterschiedliche Namensprägungen von sogenannten Firmalampen an.

die Gelegenheit, sie entsprechend erkennen, zeitlich einordnen und ihre Verbreitung im Reich identifizieren zu können. Nach dem Tod des Besitzers geht dessen Besitz inklusive eines Landguts oder einer Werkstatt auf den Nachfolger über. An Stellen, wo Spuren solchen Besitzes auf uns überliefert wurden, verlieren sich diese meist zu diesem Zeitpunkt. Nachweise dauerhafter Betriebe existieren vereinzelt und werden im Rahmen dieser Arbeit als hilfreiche Quellen aufgegriffen.

Mit Kapital ausgestattete Betriebe, die einem bestimmten Zweck dienten, lassen sich in einigen Fällen nachweisen. Ein solches Unternehmen mit einem definierten Unternehmenszweck existierte dort, wo kapitalintensive und risikoreiche Vorhaben betrieben wurden. Juristische Quellen belegen das Bestehen der *societates*, einfacher Personengesellschaften vergleichbar mit einer ‚Gesellschaft bürgerlichen Rechts' zu heutiger Zeit, die die Zusammenarbeit zweier oder mehrerer Personen regelten und denen man den Charakter zweckgebundener Unternehmungen zuschreiben könnte. Eindeutiger noch als ein eigenständiges Unternehmen zu erkennen sind die *societates publicanorum*. Diese sogenannten Publikanengesellschaften wurden oft von mehreren Eigentümern gegründet, um die relevanten Geldbeträge aufbringen zu können, mit denen das Recht auf eine Steuerpacht erworben werden konnte. Das schon früh zu Zeit der Republik bestehende Instrument der Staatspacht für Einzelaufträge (wie die Durchführung von öffentlichen Bauten oder die Abwicklung von Transporten) wurde – in Rom erstmals ca. im 2. Jh. v. Chr. – auf das lukrative Gebiet der Steuerpacht ausgeweitet. Die Publikanen waren damit berechtigt, den Tribut einer Provinz stellvertretend für staatliche Organe einzutreiben, mussten eine festgesetzte Summe an den Staat abführen, konnten aber überschüssige Eintreibungen als Gewinne einbehalten. Doch sowohl in der zeitgenössischen Betrachtung zahlreicher literarischer Überlieferungen als auch in der aktuellen Betrachtung werden diese *societates publicanorum* immer zuerst durch die übermäßig gewinnorientierte – oder direkter gesprochen die korrupte – Haltung der Publikanen und damit seiner Gesellschafter entlarvt und diskreditiert, bevor das Modell der Vergabe der Steuerpacht an private Akteure in der römischen Kaiserzeit durch die Beauftragung öffentlicher Verwalter abgelöst wurde[41].

Die Gründung solcher „Unternehmen" diente dazu, als Auftragnehmer ein Instrument zu haben, mit welchem dem römischen Staat eine Pachtsumme garantiert werden konnte[42]. Der deutsche Rechtshistoriker Andreas Fleckner betont in seiner Studie der körperschaftlichen Struktur dieser Gesellschaften, dass die „*societates publicanorum* von der Person ihrer Mitglieder unabhängiger und als Folge sehr viel beständiger als die *societas* in der Grundform" war[43]. Sie weist Strukturmerkmale einer modernen Unternehmung auf, wie die Trennung von Inhaberschaft und Leitung[44]. Der geschäftsführende Pächter agierte dabei als Repräsentant der Gesellschaft und handelte verbindlich

41 Vgl. den Hinweis von De Martino (1991) S. 160 auf Livius, welcher mit dem Erscheinen der Publikanen den „Verlust von Rechtmäßigkeit und Freiheit" beklagt.

42 Siehe De Martino (1991) S. 159 ff.

43 Fleckner (2010) S. 386.

44 Fleckner (2010) S. 293.

auch für die weiteren Beteiligten[45]. Die deutsche Wirtschaftswissenschaftlerin Ulrike Malmendier belegt darüber hinaus auch, dass die *societates publicanorum* über den Tod des Gesellschafters oder der Gesellschafter hinaus bestehen konnte[46]. Sie besitzen somit in Ansätzen einen personenunabhängigen oder eigenständigen Charakter. Fleckner geht in der Diskussion des Unternehmensbegriffes einen Schritt weiter, stellt die *societates publicanorum* durchaus berechtigt als „Antike Kapitalvereinigungen" dar. Er versucht aber auch, eine direkte Verbindungslinie und ein historisches Fundament der heutigen Aktiengesellschaften zu begründen[47]. Dies ist eine Verbindung, die bei aller Betonung der Bedeutung dieser Gesellschaften für die wirtschaftliche Analyse auf den Einzelfall bezogen bestätigt, im allgemeinen Bezug aber nicht unterstützt werden kann[48]. Sie erschließt sich zudem nicht, wenn man das Verschwinden dieser Gesellschaften und dieser Gesellschaftsform schon im frühen Kaiserreich zu Zeiten der höchsten Kapitalverfügbarkeit und des höchsten Investitionsbedarfes bedenkt.

Um andere Belege für dauerhafte und eigenständige Kapitalgesellschaften anzuführen, ließe sich das Beispiel römischer Unternehmen im Seehandel weiter untersuchen. Die Handelskorporationen, die heute zum Beispiel noch mit Resten prächtiger Mosaike im antiken Ostia identifiziert werden können, bildeten Vereinigungen, die vermutlich den römischen Seehandel einzelner zusammengeschlossener Besitzer organisierten. Der dauerhafte Aspekt dieser Zusammenschlüsse lässt sich vermuten, allerdings auf Basis unserer Quellen nicht belegen.

Daher muss man zusammenfassen, dass große, eigenständige und insbesondere personenunabhängige Kapitalgesellschaften nicht existierten und der Begriff eines Unternehmens, wie man es im modernen Sinne versteht, nicht vorhanden war. Diese Position findet in der heutigen Literatur – trotz einzelner abweichender Interpretationen – weitestgehend Konsens. Das Fehlen solcher Unternehmen und eines entsprechenden Unternehmensbegriffes hat die Wahrnehmung von Wirtschaft für den römischen Wirtschaftsakteur sicherlich beschränkt. Mit der Existenz dauerhafter Unternehmen hätte ein organisatorischer Rahmen vorgelegen, der eine Dauerhaftigkeit unternehmerischer Aktivität sichtbar gemacht und einen langfristigen Planungsaspekt von Wirtschaften verdeutlicht hätte. Dieser Sachverhalt verstellt aber nicht den Blick auf die vielleicht weniger langlaufenden wirtschaftlichen Aktivitäten römischen Wirtschaftens und ist vor dem Hintergrund der hier vorgesehenen Untersuchung irrelevant für die Frage nach der Strukturierung von wirtschaftlicher Aktivität.

45 Vgl. Malmendier (2002) S. 240 f. zur Diskussion und den unterschiedlichen Auslegungen über die Rolle des *manceps* beziehungsweise des *actors* als verantwortlicher Ansprechpartner der Gesellschaft gegenüber dem staatlichen Zensor und seine Handlungsvollmacht gegenüber den an der Gesellschaft mitbeteiligten *socii*.

46 Malmendier (2002) S. 244.

47 Fleckner (2010).

48 Siehe auch De Martino (1991) S. 160, Ende 1. Abs.

b) Theorie der Ökonomie

Eine volkswirtschaftliche Theorie der Ökonomie und etwa ein Herunterbrechen dieser Theorie auf das Handeln des Einzelnen existierte zur Zeit Roms wie in der ganzen Antike nicht – abgesehen von den wirtschaftsphilosophischen Schriften des antiken Griechenlands.

Wird dennoch nach antiken Schriften zum Wirtschaften gesucht, gehen aktuelle betriebswirtschaftliche Autoren wie zum Beispiel Gerhard Kolb[49] bei der Darstellung der Entstehung der Wirtschaftswissenschaft auf die griechischen Philosophen sowie auf Xenophon, den Autor philosophischer, historischer und eben auch wirtschaftlicher Arbeiten, ein. Aus dem römischen Kontext werden die Agrarautoren Cato, Varro und Columella vereinzelt erwähnt, die betriebswirtschaftliche Einzelfälle betrachtet haben, aber wiederum keinen Bezug zu einem gesamtwirtschaftlichen Bild darstellten. Im von Willi Albers herausgegebenen *Handwörterbuch der Wirtschaftswissenschaften* wird unter der Überschrift des „Lehrgeschichtlichen Überblicks" repräsentativ für die Mehrzahl aktueller Schriften zusammengefasst, dass „in der Blütezeit des Römischen Kaiserreichs sich zwar ein Wirtschaftsverkehr von weltwirtschaftlichem Ausmaß entwickelt (hat). Doch führte dies noch nicht zur Entstehung einer umfassenden Wirtschaftslehre. Die in der griechischen Zeit entstandenen Ansätze (wurden) einzig auf dem Gebiet der Agrarlehre fortgeführt"[50]. Autoren wie Gloria Vivenza begründen dies damit, dass die Griechen zwar theoretische Fundamente gelegt hätten, und nennt selbstverständlich Aristoteles als einen der relevanten Vertreter. In Gegensatz dazu hätten die Römer aber einen „praktischen Geist" besessen und das *valet quantum vendi potest* der Digesten im Sinn[51].

Die Mehrzahl der Autoren der Wirtschaftsgeschichte gehen bei der Beschreibung einer Theorie der Ökonomie meist nahtlos von den griechischen Philosophen ins Mittelalter oder die Neuzeit über und sehen keinen Anlass, die römische Antike in diesem Kontext tiefer zu behandeln. Repräsentativ dafür sei an dieser Stelle die Darstellung der *Geschichte der Betriebswirtschaftslehre* von Bernhard Bellinger angeführt, der im Kapitel zur Alten Geschichte von den Philosophen Aristoteles und Epikur direkt zu den Techniken und Verfahrensregeln des Mittelalters springt und arabische Quellen des 12. Jahrhunderts zur Preis- und Absatzpolitik behandelt[52].

Moderne Autoren der primitivistischen Schule betonen für die römische Epoche wie für die Antike insgesamt ein Fehlen der Erkenntnis grundlegender wirtschaftstheoretischer Zusammenhänge. Finley zitiert den bekannten modernen Ökonomen Schumpeter[53], der das Erkennen einfacher wirtschaftlicher Zusammenhänge – wie es laut Finley bei einigen antiken Autoren anzutreffen sei – als vorwissenschaftlich disqualifiziert.

49 Kolb (2008) S. 5.

50 Albers (1982) Band 9, S. 1.

51 Vivenza (2012) S. 26, 4. Abs.

52 Bellinger (1967) S. 97 verweist auf ein Buch von Ali Ad Dimisqi „Buch des Hinweises auf die Schönheiten des Handels und die Kenntnis der guten und schlechten Waren und die Fälschungen der Betrüger an ihnen".

53 Finley (1977) S. 10.

„Finley lehnte deshalb die Übertragung von Kategorien der modernen Nationalökonomie ab, zumal es in der Antike auch keine ökonomische Theorie gegeben habe, die etwas anderes als die Wiedergabe von Erfahrungswissen gewesen wäre“[54]. Die Feststellung über die Nutzung des Erfahrungswissens ist unbestritten, doch ist fraglich, ob das fehlende Erkennen wirtschaftlicher Zusammenhänge die Analyse der Wirtschaft mit modernen Mitteln verhindern sollte. Zudem verkennt Finley, wie auch andere Kritiker, wichtige Fortschritte, die jene Autoren erreicht haben. Denn eine einfache Kritik über die bloße Dokumentation von Erfahrungswissen ist an dieser Stelle aus zwei Gründen unbillig. Erstens muss die Bewertung – wie zuvor bereits dargestellt[55] – auf den Grad der Reflexion erweitert werden, da die Wissenschaftsforschung Erfahrungswissen als Grundlage und Bestandteil der Wissenschaft definiert. Zweitens ist diese Bewertung ungerechtfertigt, weil diese Reflexion wichtige Erkenntnisse in den Denkprozess der Agrarautoren und über römisches Wirtschaften gibt.

Unreflektiertes Erfahrungswissen kann als einfache Wiedergabe angesehen werden. Reflektiertes und strukturiertes Erfahrungswissen hingegen hat bereits einen Erkenntnisprozess durchschritten, der eine wichtige Basis und einen Bestandteil von Wissenschaft darstellt[56], und der die zuvor in Kapitel 2.1 formulierte Forschungsfrage zu beantworten hilft. Beispiele dieses Erkenntnisprozesses werden im weiteren Verlauf der Arbeit untersucht, wenn die Quellen der römischen Agrarautoren detaillierter betrachtet werden[57].

Letztlich muss hier aber auch im Sinne der Eingrenzung des Untersuchungsgegenstands festgehalten werden, dass eine ökonomische Theoriebildung, die über die Reflexion und Strukturierung von Erfahrungswissen hinausginge, in der römischen Antike nicht erfolgte. Der Ökonom Klaus Brockhoff zitiert Erich Gutenberg, der das Entstehen der Betriebswirtschaftslehre zu Anfang/Mitte des 20. Jh. mit dem Schritt von der Beschreibung einzelner Handelsbräuche hin zu einer Theoriebildung begründet[58]. Die römischen Agrarautoren haben ebensolche Handelsbräuche dokumentiert sowie teilweise reflektiert und strukturiert. Sie waren zudem, anders als vielleicht noch griechische Autoren, nicht an „philosophische und theologische Systeme“ gebunden, was Gutenberg als ein weiteres Hemmnis für die Herausbildung von Wirtschaftsdenken beschreibt[59], sondern verfassten ihre Schriften in einem säkularisierten, ständisch geprägten Kontext. Sie – und auch alle anderen römischen Autoren wirtschaftlicher Sachverhalte – haben aber letztlich eine Theoriebildung nicht vorgenommen. Wie dargestellt liefert die Reflexion weitergegebenen Erfahrungswissens aber – trotz des Fehlens einer Theoriebildung – eine wichtige Quelle für die Untersuchung wirtschaftlichen und hier vor allem betriebswirtschaftlichen Denkens.

54 Wilfried Nippel in: Raphael (2006) S. 69.
55 Siehe Abbildung 1.
56 Siehe dazu die Darstellung von Erfahrungswissen in Reichert, Fry, Heid, Steinemann (2000) S. 246.
57 Siehe zum Beispiel Kap. 5.3 zur strukturierten Planung.
58 Brockhoff (2002) S. 3, 2. Absatz.
59 Gutenberg (1957) S. 11, 2. Absatz.

c) Industrien

Ein weiterer Eckpunkt in der Diskussion über die Wirtschaft Roms ist die Frage, ob für die römische Produktion von einer Industrie gesprochen werden könne. Diese in erster Linie volkswirtschaftliche Frage hat jedoch direkte Auswirkung auf die betriebswirtschaftliche Organisationsstruktur etwaiger Industrien, so dass sie hier ebenfalls kurz erörtert werden soll. Die Industrienfrage geht schon zurück auf die zuvor erwähnte dualistische Debatte zwischen Bücher und Meyer. Da laut Bücher „die gesamte nationale Produktion in der häuslichen (Wirtschaftseinheit) enthalten war, (...) war es unmöglich, dass sich außerhalb des Hauses die einzelnen Produktionsarten zu selbständigen Industrien (...) entwickeln konnten“[60]. Der italienische Historiker Giuseppe Pucci überträgt die Marx'sche Kritik der fehlenden Einbindung eines freien Lohnproletariats und unzureichender Maschinisierung auf diese Industriendiskussion[61]. Im Gegensatz dazu argumentierte Meyer, es habe parallel existierende Produktionssysteme gegeben. Und auch wenn in der Folge Rostovtzeff durchgehend von „italischen Industrien“ sprach[62], ist es heute doch Konsens, dass es außerhalb einzelner Produktionszentren keine bedeutenden Industrien gab.

Auflösen könnte diesen Zwiespalt die Frage, wo die Grenzen einer Industrie zu ziehen sind und wie sich eine Industrie definiert. Doch es soll hier nicht gestritten werden, wo diese Definitionsgrenzen liegen oder wie weit die antike römische Wirtschaft die Definitionskriterien einer Industrie im heutigen Verständnis erfüllt haben mag. Die bedeutende Entwicklung einzelner Produktionszentren mit einer herausstechenden Größe der Produktionseinheiten ist auf der einen Seite anzuerkennen, genauso wie auf der anderen Seite eine fehlende Durchdringung der gesamten römischen Wirtschaft mit Produktionseinheiten der Größe der einsetzenden Industrialisierung in der Neuzeit zu bestätigen ist. Stattdessen ist für diese Untersuchung bedeutend, dass offenbar größere Ausprägungen von unternehmerischer Tätigkeit festzustellen sind. Diese lassen sich in einzelnen Produktionszweigen nachweisen. Sie bieten die Möglichkeit zur Gewinnung relevanter Erkenntnisse aus eben solch größeren Betriebseinheiten. Diese Möglichkeit besteht, ohne dabei wirtschaftlich kleineren Einheiten eine Relevanz für die betriebswirtschaftliche Analyse abzusprechen.

Solch umfangreichere Ausprägung von unternehmerischer Tätigkeit lässt sich in der Komplexität und Fortschrittlichkeit des Handels leichter finden, welche an sich aber nicht als Industrie beschrieben werden kann, trotzdem aber wesentliche Hinweise zur Untersuchung geben wird. Der reichsweite Handel ist zweifelsohne ein prägendes Charakteristikum der späteren römischen Wirtschaftsgeschichte und wurde in unterschiedlichen Formen lokalen Handels, komplexen – vielleicht kurzfristigen oder spontanen – Groß- und Fernhandels sowie Produzentenhandels organisiert[63]. Er verzweigte

60 Siehe De Martino (1991) S. 530.

61 Pucci (1973) S. 265, Punkt 4.

62 Siehe Rostovtzeff (1929), u.a. S. 60 f. Vergleiche zu dessen Zeit auch Gummerus (1918) „Die römische Industrie“ und seine Forderung zur Einordnung in ein nationalökonomisches Verständnis.

63 Fellmeth (2008).

sich weit in den gesamten Mittelmeerraum und teilweise darüber hinaus, gewann einen erheblichen Umfang[64] und verstetigte sich, was die Gründung von Kollegien der Kornhändler in Ostia zeigt. Er ist damit ebenso wie die einzelnen industrieähnlichen Produktionszentren im Römischen Reich ein erkenntnisreicher Ansatzpunkt für eine betriebswirtschaftliche Untersuchung.

d) Sklavenarbeit

Auch über den Sachverhalt einer maßgeblich auf der Arbeit von Sklaven beruhenden Wirtschaft soll hier Klarheit geschaffen werden. Dabei stellen die hohe Anzahl von Sklaven in der römischen Gesellschaft, deren Ausbeutung mit der Konsequenz der Sklavenaufstände im ersten Jh. v. Chr. und die Existenz von geketteteten Sklaven auch noch zur Zeit Columellas im ersten Jh. n. Chr. unbestrittene Fakten dar. Diese haben zu den Begriffsbildungen einer „Sklavenwirtschaft“[65], einer „Sklavenhaltergesellschaft“[66] und eines „*slave mode of production*“[67] geführt.

Unbestreitbar basierte das Wirtschaften im antiken Rom stark auf dem Einsatz von Sklaven. Sie waren vermeintlich billige Arbeitskräfte[68]. Doch in der Literatur wird über die Vorteile eines Sklaveneinsatzes gegenüber freier Arbeit durchaus diskutiert. Autoren wie der österreichische Althistoriker Walter Scheidel kalkulieren den Nutzen von Sklaven im Vergleich zu freier Arbeit und setzen dabei den Gedanken des rational wirtschaftlich denkenden Menschen, des *homo oeconomicus,* voraus[69]. Eine der weiteren (volkswirtschaftlichen) Fragestellung ist dabei, ob die starke Einbeziehung von Sklaven als billige Ressourcen in den Produktionsprozess negative Auswirkungen auf den Arbeitsmarkt hatte und ob dadurch eine Weiterentwicklung wirtschaftlicher Mechanismen negativ beeinträchtigt wurde. Diese Debatten sollen hier nicht geführt werden und auch keine entsprechenden Berechnungen angestellt werden. Aufgrund des langfristigen Betrachtungszeitraums, der Komplexität der Berechnung und fehlender Belege ist zu vermuten, dass der einzelne Wirtschaftsakteur keine genauen und langfristigen Berechnungen vornahm, sondern wie Cato Sklaven einsetzte und unproduktive Sklaven verkaufte, wenn er den kurzfristigen Nutzen der Arbeitsleistung nicht mehr erbracht sah[70]. Ergänzend muss man sagen, dass die Sklavenwirtschaft nicht den alleinigen Wirtschaftsmodus darstellte, der die gesamte Wirtschaft dominiert hätte, wie auch Aubert mit Verweis auf Descat betont[71].

---

64 Duncan-Jones (1990) S. 48 ff. Hierbei zeigt Duncan-Jones am Beispiel einer quantitativen Untersuchung die starke Verbreitung von Firmalampen – und davon abgeleitet den zugrundeliegenden Handel dieser Produkte.

65 Kolb (2002) S. 307.

66 Nach Marx, siehe De Martino (1991) S. 247, 2. Abs.

67 Siehe Scheidel (2012) S. 89.

68 Andreau (2010) S. 69 f. zum Thema von Produktionsfaktoren.

69 Siehe Scheidel (2012) S. 97 f. und S. 102, 2. Abs. Auch Gloria Vivenza führt die Debatte über die Effizienz freier Arbeit gegenüber Sklavenarbeit, siehe Vivenza (2012) S. 32, 5. Abs.

70 Cato agr. 2,7.

71 Andreau, Descat (2014).

Wichtig ist vielmehr, dass die starke Verbreitung des Einsatzes von Sklaven in der römischen Wirtschaft umfangreich belegt ist. Neben den Tätigkeiten als Haus- oder Feldsklaven, als Hauslehrer oder – hier weniger relevant – im öffentlichen Dienst arbeiteten Sklaven in betriebswirtschaftlich verantwortlichen Positionen als Verwalter von Landgütern, als Einzelhändler in den Städten oder als Aufseher in Manufakturen mittlerer Größe. Aubert beschreibt die rechtlichen Regularien zur Einsetzung von Sklaven als *Business Managers*[72] und den Prozess der *manumissio*, der Freilassung, sowie die Bedeutung von Freigelassenen für die römische Wirtschaft. Der Einsatz von Sklaven hat es den römischen Eliten also ermöglicht, Wohlstand zu erzeugen und zu festigen[73]. Konsens lässt sich in der betriebswirtschaftlichen Betrachtung des Einsatzes von Sklaven in der römischen Wirtschaft somit leicht erzielen, wenn man die hohe Durchdringung der römischen Wirtschaft mit Sklavenarbeit belegt und wenn man ebenfalls die hohe Bedeutung von Sklaven in diesem Gefüge anspricht. Sklaven können somit als „Produktionsfaktoren" angesehen werden[74]. Und Scheidel spricht vom „*growing access to slaves*"[75] wie von einem modernen Produktionsfaktor.

Genau diese als Konsens zu bezeichnende Betrachtungsweise über die starke Einbeziehung von Sklaven und die teilweise selbständige Durchführung von Aufgaben ermöglicht es somit in der hier vorgesehenen betriebswirtschaftlichen Betrachtung, die Untersuchung der Methoden des Wirtschaftens vorantreiben und die Struktur der Arbeit und des Wirtschaftens untersuchen zu können.

e) Technologische Innovationen

Als letzter Eckpunkt in der betriebswirtschaftlichen Betrachtung der römischen Wirtschaft ist die Ansicht zum Vorhandensein oder zum Fehlen technischer Innovationen innerhalb der römischen Wirtschaft darzustellen. Dabei ist zuerst einmal festzuhalten, dass ein Innovationsbegriff in der lateinischen Sprache nicht vorhanden war und offenbar der römischen Wirtschaft fehlte.

Autoren wie Finley sprechen in der Folge auch von einer Stagnation und einem Fehlen von technischem Fortschritt[76]. Doch diese Stagnationsthese wird heute „nahezu einhellig verworfen"[77]. Autoren wie der niederländische Historiker Henri Willi Pleket oder der italienische Historiker Lo Cascio sprechen sich gegen die These fehlender technischer Innovation aus. Letzterer bemüht wie andere Vertreter das Beispiel der Wassermühlen oder das Beispiel der gallischen Mähmaschine, das bei Plinius d. Ä. erwähnt wird[78], letztlich aber ein Einzelfall technischer Innovation in der Agrarliteratur geblieben ist. Ebenso wohlwollend interpretieren Autoren wie Silke Diederich[79] einzelne Hinweise wie Catos

72 Aubert (1994).
73 Siehe dazu auch Scheidel (2012) S. 107.
74 Andreau (2010) S. 69 f. zu Produktionsfaktoren.
75 Scheidel (2012) S. 104, 1. Abs.
76 Finley (1977).
77 Von Reeden (2015) S. 19–23.
78 Plin. nat. 18,72,296.
79 Diederich (2007) S. 13, 1. Abs.

Darstellung zum *torcularium*, der Weinpresse, als Beleg für Innovationsfreudigkeit. Letztlich ist aber festzuhalten, dass Innovation – wenn sie denn vorhanden gewesen sein sollte – nicht konsequent genutzt wurde und in Summe nur in sehr geringem Maße anzutreffen war.

Die Debatte hat konsequenterweise Gründe für das Fehlen oder die unzureichende Weiternutzung von Innovationen gesucht. Dabei wird immer wieder die Sklavenwirtschaft als mögliche Ursache diskutiert. Mit der Existenz der Sklavenwirtschaft wird oft die Abwesenheit technischer Innovationen begründet. Drexhage, Konen und Ruffing beispielsweise verweisen bei der Erläuterung einer sehr geringen Nutzung von Technologien auf die stattdessen gewählte Bereitstellung weiterer Arbeitskräfte[80]. Eine Gegenargumentation erfolgt dadurch, dass in den Provinzen ohne jedwede Sklaven oder mit nur geringem Sklavenanteil wie auch in Rom ebenfalls kein wesentlicher Innovationssprung stattfand[81].

Columella beschreibt die Einsatzplanung von Mensch und Maschine und kalkuliert Maschineneinsatz versus menschlichen Arbeitseinsatz. Dabei ist Sklavenarbeit der höhere Kostenfaktor, weswegen Maschinen in ausreichendem Maße beschafft werden sollen[82]. Dies widerspricht der These, dass die einfache Verfügbarkeit von Sklaven als billige Arbeitskräfte technische Innovationen verhindert hätten.

Als Konsens kann man aus dieser hier stark verkürzt nachgezeichneten Debatte sicher festhalten, dass es einen Mangel an technischem Fortschritt insbesondere in der Weiternutzung und dem Ausbau vorhandener Ansätze gab. Finley hebt die mangelnde Umsetzung technischer Innovationen in Produktivitätsgewinne hervor. Dies ist eine These, die weitestgehenden Konsens darstellt und nachfolgend noch einmal in den Kontext der weiteren Forschungen gestellt wird. Auf der anderen Seite muss man der Analyse einer technischen Stagnation widersprechen. Von Reeden argumentiert zurecht, dass es „nicht sinnvoll (ist), die europäische Industrialisierung als Folie für die Bewertung des technischen Fortschritts in der Antike heranzuziehen!“[83].

Zusammenfassend gesagt nimmt das Fehlen einer eindeutigen technischen Innovationskultur dem Untersuchungsgegenstand dieser Arbeit sicher einen bedeutenden Kreativitäts- und Wachstumsfaktor und damit auch Chancen für den Einzelnen, sich darüber zu differenzieren. Für die vorliegende Arbeit mag es aber den Blick auf das spezifisch römische Wirtschaftsdenken und -handeln gerade durch diesen Konsens weiter schärfen. Eine fehlende Innovationstriebfeder ist sicher kein Präjudiz dafür, dass die römische Wirtschaft in voller Gänze nicht mit modernem Wirtschaften vergleichbar gewesen sei.

80 Drexhage, Konen, Ruffing (2002) S. 251.

81 Siehe auch Vivenza (2012) S. 30, die diese Gleichung zwischen Sklavenarbeit und fehlender Innovation vorsichtig formulierend ablehnt.

82 Colum. 1,8,8.

83 Reden (2015) S. 117.

f) Individuelles Wirtschaften

Somit sind wesentliche Eckpunkte zum Verständnis der antiken römischen Wirtschaft definiert, die im Rahmen dieser Arbeit nicht noch einmal diskutiert werden sollen: ein Begriff des Unternehmens existierte nicht und unternehmerische Aktivität bezog sich auf das *patrimonium*, den Besitz von Privatpersonen, oder kurzzeitige kapitalgebundene Zusammenschlüsse; eine umfassende Theorie der Ökonomie existierte nicht, aber der Nutzen reflektierten Erfahrungswissens ist eine wichtige Basis zum Verständnis römischen Wirtschaftens; Industrien im Sinn von größeren Produktionsbereichen existierten nur vereinzelt lokal, bildeten aber erkenntnisreiche Ansatzpunkte betriebswirtschaftlicher Aktivität; Sklaven waren ein wesentlicher Teil der Wirtschaft und bildeten einen wichtigen Produktionsfaktor; und letztlich existierte eine Innovationskultur zur Zeit der römischen Antike nicht, wenn auch einzelne Schritte in technischem Fortschritt feststellbar sind. Somit sind mehrere als Konsens zu betrachtende betriebswirtschaftliche Feststellungen und Eckpunkte definiert. Trotzdem geben diese noch nicht den gewünschten Einblick in die Struktur betriebswirtschaftlichen Denkens und Handelns.

Diese kurze Zusammenstellung erlaubt es somit, im Weiteren den Fokus auf den eigentlichen Untersuchungsgegenstand zu schärfen, denn trotz dieser gemeinhin anerkannten betriebswirtschaftlichen Urteile über die antike Wirtschaft Roms ist in der heute bestehenden Literatur das individuelle Wirtschaften nicht umfassend untersucht. Bei allem weithin anerkannten „Was" (und welche Art Wirtschaft betrieben wurde) bleibt doch das „Wie" (und woran sich ein Individuum in seinem Wirtschaften orientierte) weitgehend unstrukturiert. Wie auch der Wirtschaftswissenschaftler Waldemar Wittmann beklagt, wird die „Mikroeinheit der Unternehmung in der Literatur relativ wenig betrachtet"[84]. Der Fokus der Arbeit muss sich daher im mit diesen Eckpunkten abgesteckten Raum auf die Kompetenzen des Wirtschaftens richten.

Relevanz für die Forschungsfrage haben somit die bisher nicht beantworteten Fragen nach der Struktur wirtschaftlichen Denkens und Handelns sowie den entsprechenden Handlungsweisen in ihrem wirtschaftlichen Kontext. Die Struktur wirtschaftlichen Denkens und Handelns und die Beschreibung, wie Denken und Handeln heute in der Literatur dargestellt werden, muss mit dieser Arbeit zuerst umfassend zusammengefasst werden. Die Arbeit soll Handlungsweisen des einzelnen Wirtschaftsakteurs und der Einzelunternehmung transparent machen (und gegenüber volkswirtschaftlichen Analysen eigenständig machen). Und letztlich müssen die Aspekte des Wirtschaftshandelns in einen Handlungskontext gesetzt werden und nicht weiter als einzelne Beobachtungen in der Literatur bestehen bleiben.

Um dies zu erreichen, soll versucht werden, das Instrumentarium der modernen Forschung auf die antike römische Wirtschaft anzuwenden, um die Analyse der einzelnen Denk- und Handlungsweisen kritisch zu reflektieren. Dies darf nicht geschehen, ohne eine eingehende Auseinandersetzung der modernen Begriffe mit den dahinterstehenden Konzepten und Theorien vorzunehmen[85]. Das nachfolgende Kapitel soll daher dieses

84 Wittmann (1982) S. 5.
85 Sommer (2013) S. 17.

Instrumentarium darstellen und diese Einordnung durchführen, um anwendbare Begriffe zu identifizieren, um keine impliziten Grundeinnahmen über das römische Wirtschaften in die Analyse einfließen zu lassen und um sich auch auf das konzeptionelle Denken der römischen Antike und die Charakteristik des römischen Wirtschaftens einzulassen[86].

2.3 Hypothese

Wie eingangs erwähnt, hat die moderne Forschung einen wesentlichen Beitrag dazu geleistet, die römische Wirtschaft und das römische Wirtschaftssystem unter volkswirtschaftlicher Betrachtung inzwischen als fortschrittlich oder dynamisch belegen zu können und von früheren primitivistischen Interpretationen Abstand zu nehmen. Diese Belege fehlen jedoch noch weitestgehend für eine betriebswirtschaftliche Betrachtung, was auffällt, wenn man für die Untersuchung des Denkens und Handelns des einzelnen Wirtschaftsakteurs umfassende und strukturierte Analysen heranzuziehen versucht. Die Arbeit soll daher eine Einordnung des individuellen betriebswirtschaftlichen Denkens und Handelns im Abgleich mit dynamischen Interpretationen und modernen Ansichten vornehmen, wie sie zuletzt von Peter Temin formuliert wurden. Dazu soll die Analyse Peter Temins über eine „moderne" römische Marktwirtschaft als Folie der Analyse dienen.

Peter Temin, als ein prominenter Vertreter der heutigen Forschung, versucht in seiner Arbeit zur „*Roman Market Economy*"[87] den Beweis zu führen, die römische Wirtschaft als tatsächliche Marktwirtschaft modernen Verständnisses zu belegen. Seine Beweisführung erfolgt unter anderem durch den Nachweis eines funktionierenden Arbeitsmarktes und zum Beispiel auch anhand des Nachweises eines einheitlichen und zusammenhängenden Marktes, der die Grundlage für einen marktgerechten Handel – wie dem von ihm als Beispiel gewählten Weizenhandel – darstellt[88].

Kritik an seiner Beweisführung äußern unter anderem bedeutende Historiker wie der Däne Peter Fibiger Bang und der Brite Neville Morley. Bang widerspricht der These eines vorhandenen einheitlichen Marktes und betont stattdessen den Einfluss staatlicher Zuweisungen auf das Funktionieren der sonstigen privatwirtschaftlich erscheinenden Transaktionen[89]. Morley unterstützt dieses Argument, wenn er den Zusammenhang von staatlichen und privaten Aktivitäten hervorhebt und eine einfache Ableitung der Existenz marktwirtschaftlicher Mechanismen aus der Warenverteilung verneint[90]. Sie stellen Temins Kategorisierung der römischen Wirtschaft als „römische Marktwirtschaft" in Frage oder lehnen sie sogar ab.

86 Vgl. ebenfalls Sommer (2013) S. 17.
87 Temin (2013).
88 Temin (2013).
89 Bang (2012a) S. 297, 2. Abs. ff.
90 Morley (2012) S. 310 f.

Letztlich ist für den Untersuchungsgegenstand dieser Arbeit jedoch gar nicht die Systemfrage entscheidend, ob die römische Wirtschaft eine Marktwirtschaft – oder wie Temin schreibt eine „römische" Marktwirtschaft – war und daher ein marktwirtschaftliches System herrschte. Wichtig für den Untersuchungsgegenstand dieser Arbeit ist, dass – wie Temin darstellt – marktwirtschaftliche Strukturen herrschten, welche als Basis für weitere Forschungen zu den wirtschaftlichen Handlungsweisen dienen. Im Rahmen der hier vorliegenden Arbeit soll daher Temins Beweisführung, die für die römische Volkswirtschaft Gültigkeit besitzt, auf das individuelle (Betriebs-) Wirtschaften übertragen werden.

Die hier vorliegende Arbeit verfolgt daher die Hypothese, dass das Existieren einer römischen Marktwirtschaft – wie Temin und weitere Autoren dies analysieren – auch ein „modernes" marktwirtschaftliches Denken und Handeln des Einzelnen bedingt. Damit könnte die Feststellung Temins zum Wirtschaftssystem auf das Denken und Handeln des Einzelnen übertragen werden! Zudem wäre eine weiter umfassende Darstellung der römischen Wirtschaft geschaffen, die das Bild der römischen Wirtschaft um den Aspekt individuellen Wirtschaftens erweiterte.

3. Quellen und Methodik

3.1 Quellen zum Wirtschaftsdenken in der römischen Literatur

Das Wirtschaftsdenken zur Zeit der Antike wird gemeinhin als begrenzt eingeschätzt. Das grundsätzliche Fehlen eines Begriffes für das, was man heute unter „Wirtschaft" versteht, wird als Indiz dafür verwendet. Tatsächlich existieren nur wenige Schriften, die einen gesamtwirtschaftlichen Blick auf die Geschehnisse ihrer Zeit werfen wie etwa Xenophons Πόροι, in dem er „Über die Staatseinkünfte" redet und in sechs kurzen Kapiteln (wirtschaftspolitische) Möglichkeiten des athenischen Staates zur Gewinnung von Finanzmitteln thematisiert.

Römische Autoren haben aus den Schriften des Artistoteles oder Xenophons einzelne Gedanken aufgegriffen, die wirtschaftliche Aspekte adressieren. Aristoteles thematisierte in der Ἠθικὰ Νικομάχεια neben unterschiedlichen Tugenden auch die Frage der Gerechtigkeit und speziell der Preisgerechtigkeit[1] als zentrales Element menschlichen Wirtschaftens. Diesen wirtschaftsethischen und philosophischen Aspekt greift Cicero auf, wenn er in seiner Schrift *de officiis* über ehrenhaftes Verhalten und nützliche Pflichten schreibt, ohne Wirtschaft als Begriff an sich zu behandeln. Diese Schrift stellt damit eine Quelle für die vorliegende Arbeit dar, die unter dem Blickwinkel von Wirtschaftsethik und Philosophie berücksichtigt werden kann[2]. Auch Seneca greift in seiner Schrift *de brevitate vitae* an den Freund Paulinus einzelne Gedanken des Aristoteles auf und plädiert für ein Leben, das der Philosophie, nicht der Wirtschaftstätigkeit gewidmet sein solle[3]. Dieses Denken hingegen wendet sich philosophischen Themen zu, nicht wirtschaftlichen – und ist folglich keine hilfreiche Quelle zum Wirtschaftsdenken.

Eine stärker betriebswirtschaftliche Sicht präsentiert die Schrift Οἰκονομικά zur „Haushaltung in Staat und Familie"[4], die Aristoteles zugeschrieben wurde – heute aber unstrittig als pseudoaristotelisch angesehen wird[5]. Er stellt hierin konkrete Überlegungen zur Ordnung des eigenen Haushalts – im Sinne eines Wirtschaftsbetriebes – an[6]. Vorläufer dieser Schrift und in vielen Aspekten prägender für römische Autoren war die

1 Vgl. Aristot. eth. Nic. V 8, 1133b.
2 Vgl. Schefold (2001) zur Einordnung dieser Schrift.
3 Vgl. Sen. brev. vit. 11,2 in dem er beschreibt, dass „das ganze Leben [...], sozusagen, eine Anlage [ist], die sich voll verzinst" (*tota, ut ita dicam, in reditu est*), übersetzt nach Franz Peter Waiblinger, s. Kap. 7.3.
4 Vgl. Aristot. oec.
5 Renate Zoepffel stellt in ihrer aktuellen Übersetzung die pseudoaristotelische Herkunft nicht mehr in Frage, siehe Zoepffel (2006).
6 Vgl. u.a. Kap. 5.1 zur Kategorisierung von Knechten, Aufsehern und Arbeitern.

Schrift Οἰκονομικός[7] Xenophons. Er hat das wohl erste Werk über die Führung einer Hauswirtschaft, des *οἶκος*, geschrieben und damit der abendländischen Kultur den Begriff der Ökonomie geschaffen – ohne selbst den abstrakten Begriff der Wirtschaft im Fokus zu haben. Diese Gedanken wurden von den römischen Agrarschriftstellern Cato, Varro und Columella aufgegriffen. Sie stellen in ihren Schriften ebenfalls den Betrieb eines Landgutes sowie unterschiedliche Einkommensarten dar. Ihre Arbeiten sind zudem in Umfang sowie in ihrer Abfolge und der nacheinander folgenden Referenzierung aufeinander eine der wichtigsten Quellen für das römische Wirtschaftsdenken des einzelnen Wirtschaftsakteurs[8] und bilden somit eine wesentliche Grundlage für die hier vorliegende Arbeit. Das nachfolgende Kapitel 3.2 dient der genaueren Vorstellungen dieser Schriften.

Über diese Quellen hinaus gibt es jedoch nur wenige Schriften, teilweise nur Textauszüge, die das Wirtschaftsdenken der römischen Antike direkt und ohne Spiegelung über die Intention eines Romans oder einer Komödie erkennen lassen. Sie alle lassen aber ebenfalls keinen eigenständigen Begriff von Wirtschaft erkennen. Ein Beispiel hierfür stellen die Briefwechsel des jüngeren Plinius dar, der sich in seiner Korrespondenz über den Einsatz seines Geldes, die Verwaltung seiner Landgüter und etwa den Umgang mit seinen Pächtern austauscht. Diese Quellen liefern eine Vielzahl von Einzelhinweisen und können ebenfalls der hier vorzunehmenden Untersuchung dienen.

Ergänzend kann festgestellt werden, dass die römischen Rechtstexte ein gutes Spiegelbild der römischen Wirtschaft darstellen. Da sie an sich jedoch keine Literatur sondern die Regelung des tatsächlichen Wirtschaftshandelns darstellen, soll erst nachfolgend in Kap. 3.3 darauf eingegangen werden.

3.2 Das Wirtschaftsdenken bei den Agrarschriftstellern

3.2.1 Einleitung zu den Agrarschriftstellern und weiteren Quellen

Die Schriften der römischen Agrarautoren sollen wie beschrieben für die Untersuchung des Wirtschaftsdenkens in der römischen Antike dienen. Ziel ist es, Erkenntnis über den ideengeschichtlichen Stand dieses Denkens zur jeweiligen Zeit der Erstellung zu gewinnen. Wie zuvor benannt lässt sich feststellen, dass aus der Zeit vor diesen Schriftstellern im Wesentlichen nur Xenophons Schrift Οἰκονομικός als Schrift mit wirtschaftlichem Fokus überliefert wurde. Xenophon diskutiert darin relevante Aspekte unternehmerischen Handelns, ausgehend von der Zielsetzung, Überschuss zu erzielen und das

7 Vgl. Xen. oec.

8 Das *Opus agriculturae* des spätrömischen Autors Rutilius Taurus Aemilianus Palladius aus dem 4. Jh. n. Chr. kann ebenfalls als Quelle angesehen werden, wird aber – wie nachfolgend noch genauer zu argumentieren sein wird – nicht wesentlich als Quelle der vorgesehenen Untersuchung dienen.

Haus zu vergrößern[9], und der Anweisung zu planvollem Handeln und Sorgfalt[10]. Es soll im Rahmen dieser Arbeit keine detaillierte Analyse dieser Schrift erfolgen und auch kein Vergleich mit den römischen Agrarschriften angestellt werden, wenn auch an einzelnen Stellen der Arbeit ein Bezug hergestellt wird. Bereits Xenophon steht mit seiner Schrift in einer Tradition griechischer Agrarautoren, wie nicht zuletzt aus den Einleitungen der römischen Agrarautoren erkennbar ist. Diese wiederum beziehen sich – neben einer Schrift des Karthagers Mago – zudem auf eine lange Reihe römischer Autoren (unter anderem Tremelius Scrofa, die beiden Saserna und Licinius Stolo[11]), deren Schriften leider nicht überliefert wurden. Somit ist das Werk Catos d. Ä. das erste erhaltene. Er verfasste circa 200 Jahre nach Xenophon eine Arbeit, die eine vergleichbare Abhandlung über den wirtschaftlichen Betrieb eines Landwirtschaftsguts darstellt. Er erstellte damit die erste überlieferte römische Agrarschrift wie generell auch die älteste lateinische Prosaschrift.

Silke Diederich bezeichnet die Werke der drei römischen Agrarautoren als eine „Art diachronischer Reihe“[12]. Diese erlaube es, „Wandel und Konstanten in Denken und Mentalität der römischen Landaristokratie und ihrer literarischen Manifestationen anhand eines konstanten Themas und ein und derselben Gattung zu untersuchen“[13]. Eine klar erkennbare Entwicklung in der Dokumentation der landwirtschaftlichen Vorgehensweisen von Cato über Varro bis zu Columella lässt eine eindeutige Methodisierung erkennen, die im Rahmen dieser Arbeit in die relevanten Kompetenzbereiche zerlegt werden soll. Dazu sollen die Autoren und ihre Werke einleitend kurz in den Kontext dieser Arbeit eingeordnet werden.

3.2.2 Cato d. Ä. – *De agri cultura*

Die Schrift *de agri cultura* stammt von Marcus Porcius Cato dem Älteren (234–149 v. Chr.), dem erfolgreichen Feldherrn und Politiker, der aus ritterlichem Stand und Geburt in Tusculum unweit von Rom den Aufstieg in die Nobilität erlangte und zuletzt das Amt des Censors begleitete. Er widmete sich in seinen späten Lebensjahren der Schriftstellerei und veröffentlichte wohl im Jahr 164 v. Chr. die Schrift *de agri cultura*[14].

Das Werk besteht aus einem Band mit 170 kurzen Kapiteln[15]. Schon W. D. Hooper beschreibt es als ein Werk mit „fehlender systematischer Anordnung“ und eher als

9 Xen. oec. 1,4, übersetzt nach Klaus Meyer, s. Kap. 7.3, vgl. auch Audring, Brodersen (2008) S. 18.

10 Xen. oec. 2,18.

11 Siehe Colum. 1,praef.,32 und Varro rust. 1,1,12 oder 1,2,22 oder 1,3,11.

12 Diachronie, als Bezeichnung der Sprachwissenschaft, deckt Sprachaspekte ab, die mehrere Zeiträume umfassen.

13 Diederich (2007) S. 4, 5. Abs.

14 Diederich (2007) S. 11, Fußnote 25. Diederich dokumentiert die Diskussion zur Datierung des Werkes und votiert bei diesem sicher in höherem Alter von Cato erstellten Werk für das Jahr 164 v. Chr. als Erscheinungsdatum.

15 Zur Problematik der Zählweise der Kapitel in Catos Werk siehe Froesch (2009) S. 255. Siehe Kap. 7.3 zur Handhabung im Rahmen dieser Arbeit.

„Notizbuch mit zufälligen Einträgen“, das sich als Anleitungsbuch an einen Verwalter richtet[16]. Auch Gummerus hat den Charakter einer Sammlung von Einzelkapiteln thematisiert und die „ungleichmäßige“[17] Sprache als Indiz für eine aus mehreren Texten zusammengestellte Arbeit verwendet. Catos Beschreibungen sind eine anschauliche Darstellung einzelner Praktiken für den Betrieb des Landguts, vom Ackerbau bis zur Führung des Haushalts und zum Einsatz von Arzneien. Dabei ist die Lehrmethode der Arbeit beschränkt „auf anschauliche und anwendungsnahe Anweisungen unter Verzicht auf Sacherklärungen und auf Reflexionen über Methodik oder Terminologie“[18].

Cato betrachtet relativ kleine Gutsgrößen, ein Ölgut von 240 *iugera*[19] und ein Weingut von 100 *iugera*, die mit einer geringen Anzahl von Sklaven und sofern nötig einigen freien Tagelöhnern betrieben wird.

Das Werk ist an Leser aus dem Kreis wohlhabender Landbesitzer gerichtet und beabsichtigt, diese zur Nachahmung der beschriebenen tugendhaften Arbeitsweisen aufzurufen. Diederich kennzeichnet das Werk als Schrift, das diesen Personen helfen soll, wenn sie neue Produktionsformen nutzen wollen[20]. Gerade dieser Charakter des Wandels, der entstanden ist in einer Zeit des landwirtschaftlichen Umbruchs[21], sowie der – wenn auch lose – Sammlungscharakter macht die Analyse dieses Werkes wertvoll für den Untersuchungsgegenstand dieser Arbeit.

3.2.3 Varro – *De re rustica*

Die Schrift *De re rustica* (auch als *rerum rusticarum libri tres* bezeichnet) stammt von Marcus Terentius Varro (116–27 v. Chr.) aus Reate, im heutigen Latium nicht weit von Rom. Er ist ein philosophisch gebildeter Schriftsteller unterschiedlicher Themen, der den *cursus honorum* bis zur Prätur verfolgte, bevor er sich der Schriftstellerei widmete. Sein Werk wurde im Jahr 37 v. Chr. erstellt.

Seine Schrift ist in drei Bücher zu Ackerbau, Viehzucht und Hoftierhaltung untergliedert, die in Form von Gesprächen mehrerer Teilnehmer gestaltet sind und von ihrem Umfang das Werk Catos übersteigen. Varro hat diese Schrift offenbar aus literarischen Studien zusammengestellt und nicht aus praktischer Erfahrung, was sich in dem gelehrten Stil seiner Ausführungen widerspiegelt. Diederich bezeichnet diese Bücher nicht zu Unrecht teilweise als theorielastig (Buch 1 zum Ackerbau), dann phasenweise praxisorientiert (Buch 2 zur Viehzucht) und in Ansätzen innovativ (Buch 3 zur Hoftierhaltung)[22].

---

16 Hooper (1934) S. xiii.
17 Gummerus () S. 15.
18 Diederich (2007) S. 15, 2. Abs.
19 Das *iugerum* (Joch) ist ein römisches Flächenmaß im Umfang von ca. 2500m2 oder etwa ¼ Hektar.
20 Diederich (2007) S. 12, 2. Abs.
21 Siehe hierzu nachfolgendes Kapitel 4.1.3 (Latifundien- und Handelswirtschaft seit dem 3. Jh. v. Chr.).
22 Diederich (2007) S. 23, 2. Abs.

Sein Werk ist umso praxisnäher, je profitabler und relevanter der Arbeitsbereich ist[23] und repräsentiert damit auch den Wandel der Zeit vom Übergang der Republik zum Kaiserreich[24]. Varro betrachtet unterschiedliche Gutsgrößen, von Betrieben im Maßstab Catos bis hin zu größeren Landgütern. Er scheint keinen Musterbetrieb im Sinn zu haben, der als Anschauungsobjekt gewählt wird. Der Betrieb erfolgt in seinen Darstellungen wie bei Cato durch Sklaven und teilweise durch freie Arbeiter.

Es richtet sich – auch wenn es seiner Frau Fundania gewidmet ist – wie Catos Werk an die landbesitzende Oberschicht und knüpft auch in seiner Form stark an Catos Werk an[25]. Es ist von seinem Naturell her eine stark moralisierende Schrift, da in der gewählten Dialogform unter anderem mit fiktiven Gesprächspartnern des römischen Adels, wie dem auch für sein Landwirtschaftwissen bekannten Tremelius Scrofa, gegenteilige Ansichten ausgetauscht und römische Moralvorstellungen reflektiert beziehungsweise vertreten werden. Nichtsdestotrotz darf dies nicht darüber hinwegtäuschen, dass die dargestellten Beschreibungen und Empfehlungen die Varros sind, auch wenn Empfehlungen, Rede und Gegenrede im Text unterschiedlichen Personen zugeschrieben werden. Dies ist als literarisches Mittel anzusehen, um das Thema lebendig zu gestalten, ist aber keine ausführliche Darstellung gegensätzlicher Positionen unterschiedlicher Protagonisten. Das Werk ist aus methodischer Sicht jedoch sehr geeignet für die vorliegende Arbeit, da Varro anders als Cato d. Ä. einen gewissen, laut Diederich sogar einen sehr hohen „Grad der Reflexion über Inhalt, Zweck und Methodik“[26] ansetzt.

3.2.4 Columella – *De re rustica*

Die Schrift *De re rustica* (auch als *rei rusticae libri duodecim* bezeichnet), gleichen Namens wie die Schrift Varros, wurde von Lucius Iunius Moderatus Columella (ca. 4 n. Chr. bis ca. 70 n. Chr.) verfasst, einem Militärtribun und späteren Schriftsteller der Kaiserzeit, der aus der Provinz Hispania stammte, aber einen Großteil seines Lebens in oder bei Rom lebte und seine Güter im Umland Roms betrieb. Seine genaueren Lebensumstände wie auch seine genauen Lebensdaten sind nicht bekannt. Es ist aber davon auszugehen, dass er umfangreiche landwirtschaftliche Praxis besaß und dass er das Werk zwischen den Jahren 60–65 n. Chr. verfasste[27].

Sein Werk besteht aus zwölf umfangreichen Bänden und stellt in der Reihe der Agrarschiften von Cato, Varro und Columella das bei Weitem umfangreichste dar, das alle Sachgebiete der Landwirtschaft enzyklopädisch[28] bearbeiten will. Anders als

23 Diederich (2007) S. 24, 3. Abs.
24 Siehe hierzu nachfolgendes Kapitel 4.1.3 (Latifundien- und Handelswirtschaft seit dem 3. Jh. v. Chr.).
25 Siehe Cardauns (2001) S. 21.
26 Diederich (2007) S. 25, 2. Abs.
27 Diederich (2007) S. 54, 2. Abs.
28 Gummerus (1906) S. 92.

Varro nutzt Columella seine offenbar umfangreichen eigenen Erfahrungen, die er für einen Landwirt als unabdingbar ansieht, weswegen ihn Gummerus als „Praktiker aus Prinzip“[29] bezeichnet. Columella betrachtet im Unterschied zu Cato und Varro Großbetriebe wie zum Beispiel ein Olivengut von 1500 *iugera* Größe. Er entfernt sich damit stark von den selbst betriebenen kleinen Landgütern Catos. Der Betrieb erfolgt in seinen Darstellungen durch eine große Anzahl von Sklaven ohne wesentlichen Einsatz weiterer freier Arbeiter. Für bestimmte Güter sieht Columella auch die Verpachtung an freie Pächter, *coloni*, vor.

Von Methodik und Intention stellt es ebenfalls und am deutlichsten ein Lehrbuch dar, das dem Leser als Anleitung dienen soll. Francesco De Martino verwendet bei seiner Darstellung der römischen Landwirtschaft und der damit verbundenen Probleme Columellas Schrift als Referenz, die erkennbar mache, wie sehr das Bemühen um eine Besserung der Verhältnisse und des Wissens über Landwirtschaft notwendig war – aber nur unzureichend gelang[30]. Das Werk richtet sich ebenfalls an die landbesitzende Elite. Diederich bezeichnet diese Leser als Investoren, denen in zwölf Bänden das Landwirtschaftswesen „detailliert dargelegt werden muss“[31]. Diederich stellt – mit Referenz auf den deutschen Althistoriker Burkhard Meißner – die Behauptung auf, dass dieses Buch eines „jener Handbücher (sei), wie sie in der Kaiserzeit Konjunktur haben, die einem Investor ein ‚Überblickswissen als Voraussetzung seiner Investitionsentscheidungen‘ vermitteln soll“[32].

Mit dieser Behauptung und diesem Vokabular dringen Meißner und Diederich schon tief in den Untersuchungsgegenstand der vorliegenden Arbeit ein. Die Unterschiedlichkeit dieser Position zu der zurückhaltenden Position De Martinos bedarf der Verifikation in den weiteren Kapiteln dieser Arbeit. Und gleichzeitig macht dieser Zwiespalt wieder das hermeneutische Problem der Anwendung moderner Begriffe bewusst, das bei dieser Untersuchung Berücksichtigung finden muss, wenn man bei der Analyse Columellas, wie auch anderer Autoren, mit modernen Begrifflichkeiten, wie hier der des Investors, nicht eine Intention in die Auslegung des Textes einflechten will, sondern diese Begriffe als Werkzeug für das Verständnis des Wirtschaftsdenkens nutzen will. Columellas Text ist ähnlich wie die zuvor genannten Texte durch das Spannungsfeld der Analyse, der Bedeutung der Begriffe und wegen des als Lehrbuch intendierten Charakters der Schrift hervorragend für die Analyse dieser Arbeit geeignet.

29 Gummerus (1906) S. 73.
30 Vgl. De Martino (1991) Kap. XX, u.a. S. 257, wenn er die Ansicht von Columellas Zeitgenossen über die Erschöpfung des Landbodens und dessen Bestrebungen zur rationellen Bewirtschaftung thematisiert.
31 Diederich (2007) S. 55, 2. Abs.
32 Diederich (2007) S. 55, 1. Abs. und Meißner (1999) S. 143.

3.3 Quellen zum Wirtschaftshandeln

Zielsetzung der vorliegenden Arbeit ist ein Abgleich von Wirtschaftsdenken und Wirtschaftshandeln. Nachdem die zuvor aufgezeigten Quellen vorwiegend dem Verständnis und der Analyse des Wirtschaftsdenkens dienen können und so gut wie kein literarisches Zeugnis über die Führung eines Betriebs außerhalb des landwirtschaftlichen Bereichs existiert, muss sich die Untersuchung des praktischen Wirtschaftshandelns – gerade außerhalb der Landwirtschaft – auf andere Quellengattungen beziehen.

Ein wesentliches Mittel dazu sind die umfangreichen epigraphischen Quellen der römischen Antike, vorwiegend bestehend aus Grabmälern einzelner Wirtschaftsakteure und den entsprechenden Inschriften, die teilweise detailreich das Leben aber auch das wirtschaftliche Wirken der entsprechenden Personen dokumentieren. Sie geben jeweils einen, meist alleinstehenden, Aspekt der Wirtschaftstätigkeit einer Person wieder, der gerade in der speziellen Situation eines Grabmals keine neutrale Sichtweise auf praktisches Wirtschaften darstellen kann. Die Arbeit wird versuchen, die entsprechende Einordnung und Bewertung vorzunehmen, um diese Hinweise den aus den literarischen Quellen gewonnenen Erkenntnissen des Wirtschaftsdenkens gegenüberstellen zu können.

Ein weiteres Mittel sind die ebenfalls umfangreichen archäologischen Funde römischen Wirtschaftshandelns, wie etwa die zahlreichen Schiffswracks und Amphoren, die es erlauben, die antiken Handelswege nachzuvollziehen, die aber im einzelnen auch Hinweise geben, um das Handelsgeschäft des einzelnen Akteurs nachzuvollziehen. Darüber hinaus können die archäologischen Funde und Befunde von Produktionsstätten für Keramik, Glas oder die beliebte Fischsoße *garum* hilfreich sein und auch einen Einblick in den Zusammenhang von Produktion und Handel liefern. Gerade letzterer stellt die Verbindung Roms und des italischen Kernlands mit den Provinzen her und muss vor dem Hintergrund des angestrebten Betrachtungsraums berücksichtigt werden.

Im vorigen Kapitel schon kurz erwähnt, sind auch und gerade die römischen Rechtstexte eine wichtige Quelle zum Verständnis römischen Wirtschaftens und sowohl ein Spiegel als auch eine Regulierung der praktischen Ausübung. Am besten erhalten sind die im 6. Jh. n. Chr. auf Veranlassung Kaiser Justinians in den *Digesten* zusammengestellen Rechtstexte. Diese Sammlung umfasst die Rechtstexte zu Privat- und Strafrecht römischer Juristen aus dem 1. Jh. v. Chr. bis zum 3. Jh. n. Chr. und somit dem für diese Arbeit relevanten Betrachtungszeitraum. Die in den Digesten zusammengestellten Juristen sind im Wesentlichen Gaius und Julian (beide 2. Jh.) sowie Paulus und Ulpian (beide 3. Jh.). Darüberhinaus können aber die Rechtstexte aus der gesamten Geschichte des römischen Rechts zur Untersuchung herangezogen werden[33].

Als eine weitere relevante Quellengattung können auch römische Wachstafeln und die Papyri der römischen Epoche dienen. Letztere stammen jedoch vorwiegend aus dem römischen Ägypten und nicht primär aus dem in dieser Arbeit betrachteten Gebiet. Die Wachstafeln aus dem Archiv der Sulpicii wurden 1959 in Murecine gefunden und geben

33 Für eine einführende Übersicht siehe Manthe (2007).

einen Einblick in die Geschäftstätigkeit der Geldverleihung und werden im weiteren Verlauf der Arbeit aufgegriffen[34]. Zu den bekanntesten und umfangreichsten Papyri-Archiven zählen sicher das Zenon-Archiv, die Papyrusfunde in Oxyrhynchos sowie das Heroninus-Archiv, oftmals Sammlungen unterschiedlicher, einzelner Papyri, die heute über die ganze Welt verteilt sind. Das Zenon-Archiv stammt aus dem 3. Jh. v. Chr. und somit aus vor-römischer, ptolemäischer Zeit aus dem Gebiet des antiken Philadelphia. Es stellt die Aufzeichnungen eines Sekretärs des Apollonios, eines Gutsbesitzers, dar und liefert einzelne Einblicke in das Wirtschaftsleben dieser Zeit[35], die für ein Verständnis der späteren ägyptischen Papyri hilfreich sein können. Es soll aber wegen der für diese Arbeit definierten zeitlichen Einordnung nicht wesentlich herangezogen werden. Die Papyri aus Oxyrhynchos, circa 180km südlich von Kairo, stellen eine umfangreiche Sammlung unterschiedlichster Texte dar: griechische Literatur, theologische Schriften, aber auch Alltagsschriften des Wirtschaftsverkehrs. Das Heroninus-Archiv stammt aus dem 3. Jh. n. Chr. und umfasst eine Sammlung von über 400 Papyri, die aus der Verwaltung eines Landguts im Arsinoe-Gau des römischen Ägyptens überblieben sind, in der Nähe des heutigen al-Fayyūm circa 100km südlich von Kairo. Die Korrespondenzen des Heroninos, eines *phrontistes* (Managers) eines Teils des ingesamt über mehrere Dörfer verteilten Landguts des Appianus, umfasst sowohl Anweisungsschreiben des Appianus an ihn als auch Buchführungen des Heroninus selbst[36]. Diese bieten für das römische Ägypten das wohl umfangreichste Archiv und auch für die Verwaltung eines Landguts zu römischer Zeit die wohl am besten dokumentierte Sammlung, da sie – anders als im italischen Kernland – auf Papyri erfolgte und sich so bis heute erhalten hat. Wo diese papyrologischen Quellen einen sinnvollen Bezug zum Wirtschaften in Rom und dem italischen Kernland herstellen lassen, sollen diese Dokumente ebenfalls für die Untersuchung herangezogen werden, auch wenn sie nicht direkt in den eingangs definierten geographischen Untersuchungsraum dieser Arbeit passen.

In Summe handelt es sich somit vielfach um Überrestquellen, um Einzelbelege und teilweise um Quellen, die weitestgehend kein reflektierendes Wirtschaftsdenken darstellen und nur indirekt eine Bewertung des Wirtschaftens zulassen, wie Rechtstexte, Romane und Satiren. In der Gegenüberstellung zu den teilweise stark strukturierten Texten der römischen Agrarautoren ergibt sich die Frage, wie damit ein Abgleich von Wirtschaftsdenken und -handeln erfolgen kann. Das folgende Kapitel soll daher die gewählte Forschungsmethode der hier vorliegenden Arbeit darlegen.

34 Siehe u.a. in Kap. 5.2.2.

35 Vgl. u.a. Rohde, Sommer (2016) S. 56 mit der Darstellung des Papyrus PSI IV 341 über das Angebot handwerklicher Dienste.

36 Siehe Rathbone (1991) S. 2 ff.

3.4 Forschungsmethode

3.4.1 Zur betriebswirtschaftlichen Begrifflichkeit in der alten Geschichte

Die hermeneutische Frage, ob betriebswirtschaftliche Begrifflichkeiten überhaupt auf die Zeit der römischen Antike angewendet werden dürfen, wurde eingangs bereits thematisiert. Es wurde kurz erwähnt, dass eine Reihe renommierter Autoren einzelne dieser betriebswirtschaftlichen Begriffe in die Diskussion eingeführt haben. Wilhelm Kaltenstadler untersucht die Schriften der römischen Agrarautoren und verwendet für die Beschreibung ihrer Texte die Begriffe des Führungssystems und der Betriebsorganisation[37]. Der niederländische Historiker Miko Flohr untersucht die römischen Walkereibetriebe und thematisiert insbesondere den Begriff des Arbeitsprozesses[38]. Und die ungarische Historikerin Éva Jakab untersucht den Begriff des Risiko-Managements bei der Untersuchung des Weinkaufs[39].

Es ist also durchaus nicht unüblich, in der Untersuchung betriebswirtschaftlicher Aspekte der römischen Wirtschaft die entsprechenden modernen betriebswirtschaftlichen Begriffe in Anwendung zu bringen. Dabei ist jedoch strikt zu unterscheiden zwischen der Anwendung dieser Begriffe als Analyseinstrument und der Auferlegung dieser Begriffe als Sprachelement. Den Begriff des Führungssystems als Analyseinstrument einzusetzen, wie dies Kaltenstadler in der Betrachtung der römischen Agrarschriften oder andere Autoren bei der Diskussion praktischer Beispiele aus der römischen Wirtschaft machen, kann helfen, bedeutende Erkentnisse über die Art und Weise der vorgesehenen oder praktizierten Führung von Arbeitern und Sklaven zu gewinnen. Den Begriff des Führungssystems einem der römischen Autoren zu unterstellen oder in den interpretierten Sprachgebrauch – und wie einzelne Übersetzer es machen – in die Textübertragung zu übernehmen, mag mit Problemen verbunden sein, wenn man vermeiden will, dass die selbst gewählten Begriffe nicht mißbräuchlich zur Bestätigung der eigenen Annahmen dienen.

In Kapitel 5.1 werden daher die in der hier vorliegenden Arbeit einzusetzenden betriebswirtschaftlichen Begriffe hergeleitet und auf ihre Anwendbarkeit für die Zeit und den Betrachtungsraum des antiken Rom untersucht, so dass damit ein hermeneutischer Rahmen definiert wird. Dieser erlaubt es, mit den dann gewählten und begründeten strukturellen Mitteln der modernen Betriebswirtschaft das Verständnis des römischen Wirtschaftsakteurs über sein Denken und Handeln in einzelnen Kompetenzen besser zu erforschen, ohne die Ergebnisse mit der Wahl dieser Mittel zu präjudizieren.

37 Siehe Kaltenstadtler (1978) und Kaltenstadler (1986).
38 Siehe Flohr (2013).
39 Siehe Jakab (2009).

3.4.2 Methodischer Ansatz

Die Arbeit untersucht zuerst die Schriften der Agrarschriftsteller Cato, Varro und Columella auf deren Wirtschaftsdenken hin. Um diese Quellen sinnvoll in den Kontext dieser Arbeit einordnen zu können, interessiert, ob bestimmte betriebswirtschaftliche Aspekte und Kompetenzen explizit sichtbar sind oder implizit hergeleitet werden können. Zudem ist von Interesse, ob die Sachverhalte dieser Lehrschriften tatsächlich belehrend oder eher nur beschreibend angeführt werden. Ein entsprechendes nach der *Sichtbarkeit* des Wirtschaftsdenkens und der *Lehrfunktion* der Schriften geordnetes Analysemodell zeigt vier Dimensionen der Wertung. Diese Einteilung soll helfen, relevante Erkenntnisse zum geplanten Untersuchungsgegenstand zu liefern und damit neue Fragen an die alten und von mehreren Autoren bereits untersuchten Quellen zu stellen.

Die vier Dimensionen haben – in der nachstehenden Reihenfolge – abnehmenden Wert für die vorliegende Arbeit:

- Explizite und belehrende Beschreibungen, wie zum Beispiel in Columellas Darstellung der Grundlagen von unternehmerischem Handeln[40]. Demnach wird der angehende Landwirt aufgefordert, mit dem nötigen Fachwissen eine rationale Führung seines Landguts zielstrebig zu betreiben, was eine der ergiebigsten Arten von Quellenstellen ist.
- Explizit sichtbare aber nur beschreibende Sachverhalte ohne Handlungsempfehlung, wie zum Beispiel in einem der Rechtstexte der Digesten (D. 19,2,25,6)[41], in denen der Jurist Gaius die Rechtsfolgen des Ernteverlusts beim Pachtvertrag erläutert. So habe der Pächter bei höherer Gewalt den Ernteverlust nicht zu verantworten, kleinere Einbußen aber hinzunehmen wie er auch besonders gute Ernten für sich behalten dürfe[42], womit klare Einordnungen geliefert werden ohne ein bestimmtes Handeln zu empfehlen.
- Implizite aber trotzdem belehrende Beschreibungen, wie zum Beispiel in den Briefen von Plinius d. J., in denen er das Ergebnis des Wirtschaftens seiner Landgüter – wie in den Klagen seiner Bauern über deren Vernachlässigung[43] – beschreibt und implizit eine an sich selbst aber auch an den Leser gerichtete Handlungsaufforderung stellt, aber nicht primär das Wirtschaftshandeln in den Vordergrund stellt, wodurch der

40 Siehe Colum. 1,1,1 *Qui studium agricolationi dederit, antiquissima sciat haec sibi advocanda: prudentiam rei, facultatem impendendi, voluntatem agendi.* Diese zentrale Aussage wird im weiteren Verlauf der Arbeit erneut aufgegriffen.

41 *vis maior, quam graeci θεου βιαν appellant, non debet conductori damnosa esse, si plus, quam tolerabile est, laesi fuerint fructus: alioquin modicum damnum aequo animo ferre debet colonus, cui immodicum lucrum non aufertur.*

42 Siehe Babusiaux (2014) S. 54 und auch Temin (2013) S. 119.

43 Siehe Plin. epist. 7,30,3 *accedunt querelae rusticorum, qui auribus meis post longum tempus suo iure abutuntur.* Sämtliche Übersetzungen der Briefe des jüngeren Plinius in dieser Arbeit nach Helmut Kasten, siehe Kap. 7.3.

Sachverhalt zur Nebensächlichkeit zu verkommen droht, aber interessante Hinweise liefert.
- Implizite und nur beschreibende Handlungen, wie zum Beispiel Plutarchs Beschreibung über die Auswahl von Personal aus seiner Biographie des Lebens Cato d. Ä.[44], womit nur ein indirekter Bezug zum Wirtschaftshandeln gezogen werden kann.

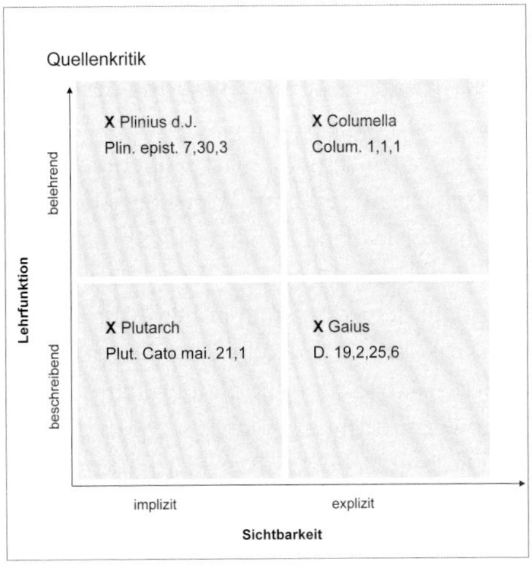

Abb. 2: Modell zur Quellenkritik (© Autor)

Dieses Modell soll eine Basis bilden, um Stellen unterschiedlicher Quellen vergleichbar zu machen und Fehlinterpretationen oder voreilige Schlüsse zu vermeiden und die Analyse damit zu objektivieren (Abb. 2).

Da sich diese Erkenntnisse auf den Bereich des Wirtschaftsdenkens beziehen, ist diese Analyse allein noch nicht ausreichend, um den Bereich von betriebswirtschaftlichem Denken und Handeln zu untersuchen. Daher konzentriert sich ein weiterer Hauptbestandteil der Arbeit auf einen zweiten Schritt: auf die Bezugsetzung des aus den Schriften der Agrarautoren erkennbaren Wirtschaftsdenkens zum erkennbaren Wirtschaftshandeln anderer Quellengattungen. Dies soll über die Identifikation der Handlungsmuster erfolgen, die aus den nachvollziehbaren Belegen des Wirtschaftshandelns gezogen und dem Wirtschaftsdenken gegenübergestellt werden können.

Um diesen Abgleich der ökonomischen Gedanken der Agrarschriften mit dem Wirtschaftshandeln aus Wirtschaftszweigen außerhalb der Landwirtschaft möglichst allgemeingültig zu gestalten, sollen die einzelnen Kompetenzbereiche des Wirtschaftsdenkens mit repräsentativen Beispielen aus einem möglichst weit gesteckten Spektrum der wichtigsten Branchen der römischen Wirtschaft gewählt werden. Die wichtigsten Branchen der römischen Wirtschaft beschreibt De Martino in seiner Geschichte der römischen Wirtschaft. Für die republikanische Zeit thematisiert er in den einzelnen Kapiteln seiner Arbeit die Landwirtschaft, den Handel, den Kredit – stellvertretend für das Bankgeschäft – und das Gewerbe. Und er kommt auf die gleichen vier Themenbereiche wieder zu sprechen, wenn er die Kapitel für die Kaiserzeit wählt: die Landwirtschaft, das Gewerbe, den Handel und den Geldumlauf. Diese Auswahl deckt sich mit der auch von Hans-Joachim Drexhage, Heinrich Konen und Kai Ruffing gewählten Kapitelauswahl ihrer Beschreibung der Wirtschaft im Römischen Reich vom 1. bis zum 3. Jh. n. Chr., in

44 Siehe Plut. Cato mai. 21,1, übersetzt nach Eduard Eyth, s. Kap. 7.3.

der sie die Landwirtschaft, das Handwerk, den Handel und als letztes Banken und sonstige Dienstleistungen bearbeiten. Dabei soll in der Untersuchung des praktischen Wirtschaftshandelns auf die Nutzung der Landwirtschaft zur Gegenüberstellung zum Wirtschaftsdenken verzichtet werden, da insbesondere Columella glaubhaft selbst praktische Erfahrung in seine Schrift eingebracht hat und außerdem Beispiele praktischer Landwirtschaft im Teil zum Wirtschaftsdenken bereits mit aufgenommen werden. Somit ist für die vorliegende Arbeit ein Rahmen der zu betrachtenden Branchen definiert.

Zwei andere wichtige Wirtschaftszweige seien hier noch benannt. Zum einen der Bergbau, der jedoch von hoher militärischer Bedeutung war und daher unter staatlicher Kontrolle stand. Er soll wegen des privatwirtschaftlichen Fokus der betriebswirtschaftlichen Analyse nicht in die Betrachtung einbezogen werden. Und genauso soll die staatliche Verwaltung als solches nicht in die Untersuchung mit einbezogen werden.

Da eine solche Analyse letztlich auch abhängig ist von zeitlichen, kulturellen und sozialen Rahmenbedingungen, werden diese im nachfolgenden Kapitel 4 dargestellt, welches sich der Untersuchung der Wirtschaftskultur und der Beschreibung der Wirtschaftshandelnden widmet, bevor anschließend die Untersuchung der Quellen beginnt.

4. Rahmenbedingungen der Untersuchung

4.1 Wirtschaftskultur

4.1.1 Bedeutung der Wirtschaftskultur für die Untersuchung

Als Einleitung für die weitere Untersuchung sollen die wirtschaftlichen Rahmenbedingungen zu den verschiedenen Zeiten des Römischen Reiches dargestellt werden und als Referenzrahmen für die folgenden Analysen dienen.

Bei der Analyse des Wirtschaftens wird in der volkswirtschaftlichen Literatur zuvorderst der Begriff des *Wirtschaftssystems* übergreifend verwendet. Der Begriff definiert unter anderem, welche Bedeutung und Freiheitsgrade der Markt, also der direkte Austausch zwischen den einzelnen Wirtschaftenden hat, welche Art und welches Ausmaß staatliche Planung hat und welche Organisation und Reglementierung des Wettbewerbs – zum Beispiel bei der Preisbildung – vorzufinden ist. Das Wirtschaftssystem eines Staates oder einer staatlichen Organisationseinheit leitet sich aus dem politischen Umfeld und dessen Herrschaftsstruktur ab. Somit definiert die Politik und im Speziellen die Wirtschaftspolitik eines Staates, welches Wirtschaftssystem vorherrscht. In Kapitel 2.2 wurden bereits die unterschiedlichen historischen Sichtweisen auf das Wirtschaftssystem Roms und die Schwierigkeit einer einheitlichen Sicht darauf vorgestellt. Tatsächlich wird der Begriff des Wirtschaftssystems in der wissenschaftlichen Diskussion eher zur Beschreibung eines idealtypischen Modells verwendet[1], und die Kategorisierungen in Planwirtschaft und Kapitalismus sind Ausprägungen unserer Zeit.

Neben dieser modellhaften Klassifizierung kann die Beschreibung einer realen Volkswirtschaft konkreter mit dem Begriff der *Wirtschaftsordnung* vorgenommen werden. Da die einzelnen Begriffe – wie auch Albers bemerkt[2] – in der wissenschaftlichen Literatur uneinheitlich gebraucht werden, soll hier die Intention der Nutzung dieses Begriffes deutlich herausgestellt werden. Eine Wirtschaftsordnung definiert, wie das Wirtschaften durch politische Entscheidungen, festgesetzte Rechtsnormen und eingesetzte Institutionen geordnet und organisiert wird. Dieser Aspekt der aktiven Organisation der Wirtschaft soll somit in dieser Arbeit mit diesem Begriff verbunden werden. Die als Neue

1 Siehe dazu Albers (1982) Band 4, S. 425 mit der Unterteilung des Wirtschaftssystems nach Sombart zum Beispiel in ‚Privatwirtschaft oder Gemeinwirtschaft', ‚Bedarfsdeckung oder Verkehrswirtschaft' und zum Beispiel ‚Individualbetriebe oder gesellschaftliche Betriebe'.

2 Albers (1982) Band 9, S. 329.

Institutionenökonomie bezeichnete Denkrichtung gibt diesen Aspekten besonderes Gewicht für das individuelle Handeln[3].

Durch diese Ordnung wird ein *Wirtschaftsprozess* geprägt, der in vielen Aspekten durch die genannten Vorgaben einen Rahmen erhält. Der prozesshafte Ablauf des einzelnen Wirtschaftens, welches durch Transaktionen vorgenommen wird, soll somit unter diesem Begriff verstanden werden.

Vor dem Hintergrund eines durch die Wirtschaftsordnung definierten Wirtschaftsprozesses kann schließlich – abhängig von sozialen, moralischen, religiösen oder ideologischen Prägungen – ein bestimmter *Wirtschaftsstil* Ausprägung finden. Willi Albers führt die Denkrichtungen von Müller-Armack und Seraphim auf[4], die zum Beispiel religiöse oder familiengebundene Einflüsse als Merkmale oder Einflussfaktoren des Wirtschaftsstils definieren. Der deutsche Althistoriker Karl Christ verwendet den Begriff des Wirtschaftsstils für die Wirtschaft des Römischen Kaiserreichs, deutet aber auch an, dass es ein Nebeneinander unterschiedlicher Stile gegeben habe und dass somit nicht vereinfacht von einem einzelnen Stil gesprochen werden könne[5]. Dieser Begriff verbindet somit das durch die Wirtschaftsordnung vorgegebene Wirtschaften und den faktischen Wirtschaftsprozess mit dem gesellschaftlich vorhandenen Umfeld. Dieser gesellschaftliche Bezug ist für die Analyse des individuellen Wirtschaftens eines Unternehmers besonders wichtig und soll daher in dieser Arbeit Bedeutung bekommen.

Um den Bezug zur gesellschaftlichen und kulturellen Prägung eines Unternehmers und seines Umfeldes deutlicher hervorzuheben und um der Bedeutung der Kultur für das individuelle Handeln des Unternehmers besseren Ausdruck zu verleihen, soll in dieser Arbeit der synonyme Begriff der *Wirtschaftskultur* verwendet werden. Eine Wirtschaftskultur ist keine klar abgrenzbare Beschreibung von Wirtschaften. Müller-Armack beschreibt, dass es mehrere Wirtschaftsstile – und somit Wirtschaftskulturen – zu gleicher Zeit nebeneinander geben könne[6]. Diese These ist eindeutig zu unterstützen, doch soll in den nachfolgenden Kapiteln versucht werden, den bedeutenden Ausprägungen der römischen Wirtschaftskultur und deren Wandel im Verlauf der Jahrhunderte einen Ausdruck zu geben. Dazu werden in dieser Arbeit unter dem Begriff der Wirtschaftskultur die kollektiven Handlungsmuster des Wirtschaftens verstanden, die vor dem Hintergrund der wirtschaftlichen Entwicklungen und sich ändernden Rahmenbedingungen im Römischen Reich zu untersuchen sind. Wie der deutsche Wirtschaftshistoriker Werner Abelshauser in einer Debatte über die „Kulturen der Weltwirtschaft“ darstellt, werden von den (Wirtschafts-) Teilnehmern „spezifische Denk- und Handlungsweisen“ verlangt und müssen „wirtschaftliche Organisationsmuster“ berücksichtigt werden[7].

---

3 Vgl. im weiteren Verlauf der Arbeit die Diskussion zur Neuen Institutionenökonomie, u.a. in Kap. 5.1. Siehe dabei insbesondere Droß-Krüpe, Föllinger, Ruffing (2016) zur kulturellen Prägung der antiken Wirtschaft unter Nutzung der Neuen Institutionenökonomik (NIÖ).

4 Albers (1982) Band 9, S. 346 f. Alfred Müller-Armack war deutscher Nationalökonom und Kultursoziologe. Hans-Jürgen Seraphim war deutscher Wirtschaftshistoriker.

5 Christ (1988) S. 1.

6 Wie oben, in: Albers (1982).

7 Abelshauser (2012) S. 28, 2. Abs.

Auch der Soziologe Michael Hölscher definiert die Dimensionen von Wirtschaftskultur in unserer Zeit analog: zum einen als die Einstellung zur übergeordnet vorhandenen Wirtschaftsordnung, zum anderen aber insbesondere als die individuellen Handlungsorientierungen (wie Leistungsorientierung oder das Vertrauen in die vorhandenen Institutionen)[8].

Die Untersuchung soll sich an dieser Stelle der Arbeit nur auf die Art der Wirtschaftskultur beziehen. Diese bestimmt die Ausprägungen des Wirtschaftsdenkens und -handelns (Abb. 3). Und diese sind im Folgenden Gegenstand einer detaillierten Analyse und werden in verschiedene Kompetenzbereiche von individuellem Wirtschaftsdenken und -handeln kategorisiert. Das Verständnis der Bestandteile der Wirtschaftskultur ist zeitlos Voraussetzung für die in dieser Arbeit stattfindende Analyse von individuellem Wirtschaftsdenken und -handeln und gilt auch für den Betrachtungszeitraum der römischen Antike. Autoren wie Jean Andreau bezeichnen diese Eingebundenenheit von Wirtschaftsdenken und -handeln in die Kultur der römischen Gesellschaft nach Polanyi als „*embeddedness*"[9].

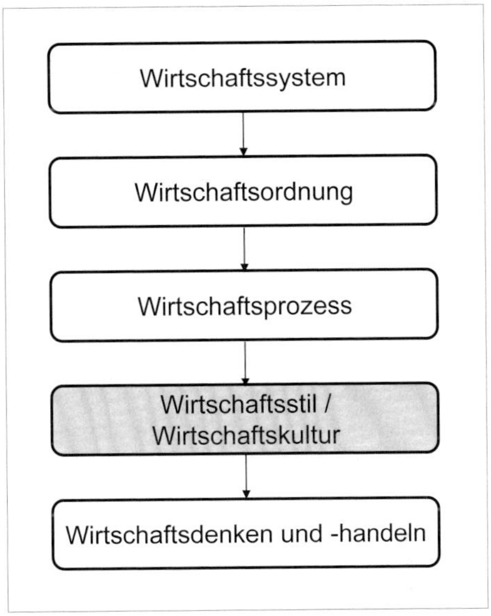

Abb. 3: Einordnung des Begriffes ‚Wirtschaftskultur' (© Autor)

Die Struktur dieser wirtschaftlichen Rahmenbedingungen wird nachfolgend gegliedert nach drei Perioden untersucht:

- für die agrarwirtschaftliche Periode seit der Entstehung Roms bis ins 3. Jh. v. Chr.
- für die Latifundien- und handelswirtschaftliche Periode seit dem 3. Jahrhundert v. Chr. bis zum Ende der Republik
- und für die Periode des „globalisierten" Wirtschaftsverkehrs im Römischen Kaiserreich bis ins 3. Jh. n. Chr.

Diese Perioden grenzen sich voneinander durch wesentliche politische und ebenfalls wirtschaftliche Ereignisse und Entwicklungen ab. Der Übergang von der agrarwirtschaftlichen Periode zur Latifundien- und handelswirtschaftlichen Periode ist politisch mit dem Ende der Punischen Kriege und mit dem Einsetzen des Zeitalters der Eroberungen, wirtschaftlich mit dem sich verstärkenden und aus dem italischen Kernland hinausreichenden

8 Hölscher (2006) S. 104.
9 Vgl. Kap. 2.2.

Handel definiert. Der Übergang von dieser Periode wiederum zur Periode des „globalisierten“ Wirtschaftsverkehrs begründet sich politisch mit dem Ende der Republik und dem beginnenden Kaiserreich, wirtschaftlich mit der sich entwickelnden ökonomischen Stabilität und der weiteren Ausweitung des Handels auf das gesamte Reich. Für diese Phasen wird ein weitestgehend freies Wirtschaften unterstellt, das im weiteren Verlauf der Arbeit noch genauer belegt werden soll.

Eine solche Periodisierung ist nicht unüblich in der Wirtschaftsliteratur über das antike Rom. Andreau[10] beschreibt die Einteilung der römischen Geschichte in fünf Perioden, die sich zuvorderst nach politischen Kriterien richten. Er führt dabei zuerst die Aufteilung in die ersten Jahrhunderte des archaischen Roms (8.–4. Jh. v. Chr.) und die Jahrhunderte der Eroberungen (4.–2. Jh. v. Chr.) an, die in dieser Arbeit als agrarwirtschaftliche Periode betrachtet werden, da – wie nachfolgend zu belegen sein wird – kein wesentlicher Fortschritt in den ausgeübten Wirtschaftsformen zu erkennen war. Des Weiteren führt er die Zeit der ausgehenden Republik (bis 31 v. Chr.) auf, die in dieser Arbeit als Phase der Latifundien- und Handelswirtschaft beschrieben wird. Abschließend definiert Andreau die Zeit des Imperiums (bis zum Ende der Herrschaft der Severer 235 n. Chr.) und die darauf folgende Phase der Spätantike (ab dem Übergang zu den Soldatenkaisern). Die Zeit des Imperiums wird in dieser Arbeit als Phase eines „globalisierten“ Wirtschaftsverkehrs betrachtet.

Einzelne Untersuchungen der vorliegenden Arbeit mögen punktuell in die Zeit der Spätantike hineinragen. Eine spezifische Analyse der Spätantike eignet sich jedoch nicht für den Untersuchungsgegenstand dieser Arbeit, da sich die Herrschaft des Staates auch über das Wirtschaften verstärkte. Die Geldwirtschaft wurde durch Inflation schon im ersten Jh. n. Chr. beeinträchtigt. Spätestens seit dem Höchstpreisedikt von Diokletian im Jahr 301 n. Chr. aber ist die Inflation für die Wirtschaft Roms prägend, so dass deren Untersuchung eine eigene Arbeit erlauben würde[11]. Das Phänomen der Inflation führte zu geringeren Kreditvergaben und allgemein zu einer Reduzierung der Geldwirtschaft, zu Zwangsmaßnahmen durch den Staat und neuen Steuern, die das freie Wirtschaften weiter belasteten, letztlich zu einer Rückkehr zur Agrarwirtschaft und einem Rückgang des Handels. Diese hier nur stichwortartig skizzierte Situation bewirkte, dass andere Wirtschaftsmechanismen als die in der als relativ frei zu bezeichnenden Zeit der vorherigen Jahrhunderte Relevanz gewannen. Schon der britische Historiker William E. Heitland schreibt Anfang des 20. Jahrhunderts, dass in der späten Kaiserzeit die ökonomische

10 Andreau (2010) S. 217.

11 Siehe dazu die Arbeiten von Jones (1974) S. 187 ff. zur „Inflation im Römischen Imperium“, Kloft (2006) S. 116 über die „Entmonetarisierung der Wirtschaft“, De Martino (1991) S. 399–406 zur „Die Krise des 3. Jh: der monetäre Aspekt“ und auch den aktuellen Beitrag von Gregor Weber (2003) über „Indikatoren für Inflation im Römischen Reich“. Bemerkenswert ist hier auch die Diskussion Gregor Webers darüber, ob ein Zeitgenosse im Römischen Reich die unzweifelhaft vorhandene Inflation feststellen konnte. Er weist darauf hin, dass ein Begriff für Inflation zu dieser Zeit nicht existierte (S. 53). Spätestens aber mit dem Höchstpreisedikt Diokletians und dessen Auswirkungen ist eine massive Preissteigerung – um den Begriff Inflation zu vermeiden – dann eine für jeden erkennbare Tatsache. Siehe dazu Meißner (2000).

Freiheit (und damit verbunden das Prinzip eines dem Eigentümer unterstehenden Sklaven, der *proprietary slavery*) endete und das Prinzip der Leibeigenschaft mit an das Land gebundenen unfreien Pächtern begann"[12]. Dabei stellt das Prinzip der *proprietary slavery* im antiken Rom durchaus keinen Widerspruch zum (ökonomischen) Freiheitsbegriff dar, wie in den folgenden Kapiteln dargestellt wird (s. Kap. 4.1.3 und 4.1.4).

Andreau verzichtet allerdings in seiner Darstellung der römischen Wirtschaft auf diese – von ihm selbst dargestellte – Periodisierung, da er viele Konstanten über die Jahrhunderte und Perioden hinweg erkennt und der Gefahr ausweichen möchte, diese Konstanten in seiner Analyse zu vernachlässigen[13]. Er verfolgt eine synchronische Analyse, die definierte ökonomische Bereiche über den Gesamtverlauf der römischen Geschichte hinweg untersucht.

Auch die – teilweise nicht mehr sehr aktuellen – Klassiker der Literatur zur antiken Wirtschaftsgeschichte erlauben sich einen übergreifenden Blick auf alle Perioden. Moses Finley betont, dass er in seiner Analyse der „antiken Wirtschaft" den Zeitraum zwischen 1000 v. Chr. und 500 n. Chr. untersucht[14]. Er hebt nur einen wesentlichen Wendepunkt am Übergang von 3. zum 2. Jh. v. Chr. hervor, den er als Ausdehnung der griechisch-römischen Welt in das Binnenland (des europäischen Kontinents) bezeichnet[15]. Michael Rostovtzeff gar fokussiert seine Untersuchung, die mit dem Erscheinungsjahr 1925 als eine der ersten spezifisch der Wirtschaftsgeschichte gewidmeten Analysen gilt, erst auf „Gesellschaft und Wirtschaft im Römischen Kaiserreich" mit einem Schwerpunkt auf die seiner Ansicht nach vernachlässigte Zeit des 2. und 3. Jh. n. Chr. Die Analyse der Wirtschaft der späten Republik integriert er lediglich in eine Untersuchung der Sozial- und Wirtschaftsgeschichte des Hellenismus[16].

Die vorliegende Arbeit vermeidet es mit der getroffenen Periodisierung, die römische Antike als eine wirtschaftlich homogene Epoche anzusehen, in der gerade die Wirtschaftskultur sich nicht geändert hätte. Den wesentlichen Entwicklungssprüngen würde damit nicht Rechnung getragen werden können. Mit der hier gewählten Periodisierung lässt sich hingegen die Evolution der Wirtschaftskultur in den nachfolgenden Kapiteln am besten darstellen und das Verständnis von Wirtschaftshandeln und -denken in dieser Form am einfachsten nachvollziehen.

4.1.2 Agrarwirtschaft seit der Entstehung Roms

In früher Zeit war die italische Wirtschaft zuerst von Viehzucht geprägt. Kennzeichnend ist, dass – wie Francesco De Martino nach einem Zitat Varros anführt – die über alle

12 Heitland (1921) S. 131 benennt die Prinzipien „proprietary slavery" und bezeichnet Leibeigenschaft als „predial serfdom".
13 Andreau (2010) S. 218.
14 Finley (1977) S. 22, 3. Abs.
15 Finley (1977) S. 26, 2. Abs.
16 Rostovtzeff (1929), Band I, S. VI.

Jahrhunderte im Lateinischen verwendete „Bezeichnung für Geld, *pecunia*, von *pecus*, Vieh, abgeleitet war, weil für Hirten in alter Zeit das Geld aus Vieh bestand“[17].

Aber die römische Ökonomie war „mit dem Beginn der latinischen Monarchie eine Wirtschaft im Übergang von der Viehzucht zum Ackerbau“[18]. Andreau[19] dokumentiert die Debatten von Barthold Niebuhr, Theodor Mommsen, Max Weber und André Piganiol, die unterschiedliche Ansichten darüber äußern, ob Ackerbau- oder Weidewirtschaft in den ersten Jahrhunderten Roms dominant waren – und unterstützt in seiner Analyse dann die Seite, die eine frühe Dominanz der Ackerbauwirtschaft vertritt. Der italienische Archäologe Gabriele Cifani beschreibt die Entstehung der römischen Wirtschaft von Viehzucht und Ackerbau, ihre Einbettung in die römische Gesellschaft und die gegenseitige Prägung von Wirtschaft und Gesellschaft[20].

Das entscheidende Ereignis in der wirtschaftlichen Entwicklung Roms sieht De Martino in der Einnahme von Veji[21] zu Beginn des 4. Jh. (396 v. Chr.), der etruskischen Stadt wenige Kilometer nordwestlich von Rom, die zuvor in langjährigen Auseinandersetzungen mit der jungen Römischen Republik stand. Rom erlangte mit dieser Eroberung ein weites und fruchtbares Gebiet, das die Grundlage für die Siedlungspolitik Roms bildete. Es ist plausibel, der Argumentation von Andreau und De Martino zu folgen und zu behaupten, dass Roms Bürger damit auf landwirtschaftliche Besiedlung und eben die Durchführung von Ackerbau als wirtschaftliche Basis festgelegt waren, ohne jedoch ein Verschwinden der Weidewirtschaft annehmen zu wollen. Im Weiteren sollen daher die Begriffe Agrar- und Landwirtschaft als Überbegriff beider Wirtschaftsformen verwendet werden.

Politisch bildeten die Landverteilungen den Gegenstand der sozialen und gesellschaftlichen Auseinandersetzungen; ökonomisch gesehen vertiefte sich die Bedeutung der Landwirtschaft als Grundfeste römischen Daseins. De Martino zitiert Cato[22], der schon sehr früh die Diskussion über Höchstgrenzen für Landvergaben bezeugt und damit die kritische Knappheit dieses Gutes bestätigt.

Mit der weiteren Kolonisation und der damit verbundenen Agrarpolitik wurde zum einen das Ziel verfolgt, „dem Bevölkerungsdruck ein Ventil zu öffnen“ und Agrarflächen bereitzustellen. Andererseits wurde dadurch die agrarwirtschaftliche Prägung der Gesellschaft weiter verstärkt[23]. Und auch dadurch, dass die Kolonisation sich zuerst noch nach Norditalien richtete[24], blieb die Gesellschaft agrarisch geprägt, konzentrierte sich mehr

17 De Martino (1991) S. 14.

18 De Martino (1991) S. 19. Der Begriff des „Beginns der latinischen Monarchie“ bezieht sich hier auf das 8. Jh. v. Chr.

19 Andreau (2010) S. 221 f. Andreau verweist dabei auf Varro als Vertreter der Theorie einer Weidewirtschaft (*De re rustica* 2,1) und Plinius d. Ä. als Vertreter der These des frühen Ackerbaus (*Naturalis historia*, 18,2,3).

20 Cifani (2020) S. 1. Siehe dort auch S. 235.

21 De Martino (1991) S. 40 Mitte.

22 De Martino (1991) S. 43 unten mit Verweis auf Cato.

23 De Martino (1991) S. 54, 2. Abs.

24 De Martino (1991) S. 57, 3. Abs.

auf das Binnenland und weniger auf Küstengebiete, die eine Verstärkung des Handelswesens hätten begünstigen können.

Die Wirtschaft der Zeit bis zur Wende zum dritten Jahrhundert v. Chr. war geprägt vom Tauschhandel und das Wirtschaftssystem bestand vorwiegend aus einer Subsistenzwirtschaft, die die Erstellung der Wirtschaftsgüter zum eigenen Konsum und zur Ernährung der *familia* anstrebte[25]. Erst als Rom später, vermutlich ab dem 2. Jh. v. Chr., mit der Zuteilung größerer Landparzellen an seine Bürger begann, „ergaben sich die Vorbedingungen für eine Wirtschaft, die auch den Verkauf ihrer Produkte im großen Stil zum Ziel hatte"[26] und damit eine strebsame, agile, auf Handel und Gewinn zielende Wirtschaftskultur begründen sollte.

Die Hauptprodukte dieser ersten hier gewählten und als agrarisch bezeichneten Periode waren Getreide und Produkte der Weidewirtschaft[27]. Sie waren Ergebnis dieses agrarisch und auf Subsistenzwirtschaft orientierten Wirtschaftssystems und einer zurückhaltenden, lokal orientierten Wirtschaftskultur. Im Gegensatz dazu stellte Wein und Öl bis ins 3. Jh. v. Chr. noch kein häufiges Handelsgut dar. So zitiert Plinius d. Ä. in seiner *Naturalis Historia* frühe griechische Autoren wie Hesiod und Theophrast oder den zeitgenössischen Autor Fenestella, die den Ölbaum in den frühen Jahrhunderten Roms als noch nicht für die Agrarwirtschaft relevant bezeichnet haben. Schon für das Jahr 249 v. Chr. und noch zu Beginn des 1. Jh. v. Chr. führt Plinius d. Ä. Hinweise auf weitestgehend stabile Preise für Öl an[28].

> *Urbis quidem anno DV Appio Claudio* (...) *olei librae duodenae assibus veniere, et mox anno DCLXXX M. Seius* (...) *aedilis curulis olei denas libras singulis assibus praestitit populo Romano per totum annum. Minus ea miretur, qui sciat post annos XXII* (...) *oleum provinciis Italiam misisse.*

> Im Jahr 505 der Stadt [249 v. Chr.] (...) kosteten zwölf Pfund Öl ein As, und später im Jahr 680 [74 v. Chr.] gewährte der kurulische Aedil M. Seius (...) dem römischen Volk das ganze Jahr hindurch zehn Pfund Öl für einen As. Darüber wird man sich wohl weniger wundern, wenn man weiß, dass 22 Jahre später (...) Italien Öl in die Provinzen geliefert hat. (...) Soweit war man damals noch zurück.

Plinius schließt dieser Passage aus seiner Naturgeschichte eine umfangreiche Darstellung der Nutzbarkeit der Ölpflanze an. Er verfolgt damit seine enzyplopädische Zielsetzung und gibt doch guten Beleg für die wirtschaftliche Nutzung und Kapazität dieser Frucht.

---

25 Bringmann (2010) S. 169. Siehe auch De Martino (1991) S. 55, 3. Abs., der das Beispiel des Manius Curius Dentatus anführt, der die (geringe) Größe von Landverteilungen damit rechtfertigt, dass sie ausreichten, um eine Familie zu ernähren. Siehe auch S. 57 unten.

26 De Martino (1991) S. 58 De Martino beschreibt, dass er keine Hinweise auf eine Vergabe größerer Landparzelle schon im 3. Jh. oder davor vorliegen hat.

27 Nack, Wägner (1976) S. 88 f.

28 Plin. nat. 15,1 übersetzt nach Roderich König, s. Kap. 7.3.

Die ursprünglich auf Selbstversorgung zielende und nur beschränkt auf Gewinn orientierte landwirtschaftliche Ausrichtung wird im Weiteren vereinfachend als agrarische Wirtschaftskultur bezeichnet. Sie setzte sich bis ins 3. Jh. v. Chr. fort. Die Entwicklung von weiteren landwirtschaftlichen Produkten wie zum Beispiel Öl verstärkte sich nur langsam. Der deutsche Historiker Alfred Heuss beschreibt, dass mit Ende der Ständekämpfe zwischen Patriziern und Plebejern um das Jahr 300 v. Chr. das Einkommen der neu mit an die Macht gekommenen Plebejer „in erster Linie aus der Landwirtschaft floss" und dass Handel und Gewerbe „um die Wende vom vierten zum dritten Jahrhundert noch eine recht untergeordnete Rolle" spielten[29].

Zudem war bis ins Jahr 289 beziehungsweise 269 v. Chr. auch „staatlich anerkanntes Geld unbekannt"[30]. Zahlungen erfolgten seit Ende des 4. Jh. v. Chr. mittels Kupfer- und Bronzeeinheiten. Rom verwendete schwere Bronzebarren, das *aes signatum*, und schwergewichtige Bronzemünzen, das *aes grave*[31], die noch keine feste gegenseitige Verrechnung mit anderen Geldarten zum Beispiel der griechischen Welt vorsahen. Der Übergang zum Geldwesen erfolgte erst später im 3. Jh. v. Chr. Er wird im nachfolgenden Kapitel thematisiert, wenn der Wandel der agrarischen Wirtschaftskultur hin zu einer agilen Handelskultur betrachtet wird, welche einen effizienteren Geldaustausch dringend benötigte.

Die Agrarwirtschaft verlor ihre Stellung als *alleinig* dominante Wirtschaftsform nach außen sichtbar erst mit der Agrarkrise der späten Republik und den Versuchen unterschiedlicher Agrarreformen. Noch einmal förderten zum Beispiel die Reformen der Gracchen Ende des 2. Jh. v. Chr. mit der Wiederaufnahme der Kolonisation[32] die agrarische Wirtschaftskultur, nachdem in den Jahrzehnten zuvor aufgrund der vollständigen Beherrschung der Halbinsel kein Land mehr an Kolonisten verteilt werden konnte und somit keine Vertiefung der agrarischen Kultur in diesen Generationen stattfinden konnte. Der Bedeutungsgewinn anderer Wirtschaftskulturen wie insbesondere einer flexiblen, gewinnorientierten Handelskultur ist aber zweifelsohne existent ab dem Zeitalter der Eroberungen und der Expansion des römischen Staates. Diese begünstigte den Warenaustausch im sich erweiternden Reich und förderte eine Kultur des Handels. Jedoch endet die agrarische Grundprägung der römischen Gesellschaft und der römischen Wirtschaft nie und wird eine Determinante der Wirtschaftskultur und der nachfolgenden Analyse von Wirtschaftsdenken und -handeln.

Heuss verbindet diese generelle Aussage mit der Analyse der politischen Strukturen in Rom in der zweiten Hälfte des 3. Jh. v. Chr.: die Anpassungen der Zenturienordnung,

29 Siehe Heuss (1998) S. 34 in der Analyse der Geschehnisse um die Erlassung der lex Hortensia im Jahr 287 v. Chr.

30 Ebenda.

31 Wolters (1999) S. 11–13. Dabei betrug das *aes signatum* ein genormtes Gewicht von 5 römischen Pfund und die Münzen des *aes grave* waren nominalisch abgestuft und mit Wertzeichen versehen. Siehe auch oben zitierte Stelle bei Bringmann (2010), die einen direkten Zusammenhang zur Subsistenzwirtschaft herstellt.

32 Siehe Linke (2005) S. 43 ff. mit der Beschreibung der Gründung der Kolonie Iunonia im ehemaligen Karthago im Jahr 122 v. Chr.

also der Zusammensetzung der gesetzgebenden Volksversammlung[33], die in dieser Zeit stattfanden, waren „ein offener Appell an das Selbstbewusstsein der draußen im Land sitzenden römischen Bauern“[34]. Ihr Stimmgewicht wurde damit erhöht. Und neben der von Heuss dargestellten historisch bedeutenden politischen Stärkung der Bauern – die eine Stützung der aufstrebenden plebejischen Geschlechter im Kampf gegen alte patrizische Geschlechter war – wurde auch die agrarische Wirtschaftskultur dauerhaft gefestigt.

Eine weitere wichtige Tatsache dabei – mit starker Relevanz auch für die vorliegende Arbeit – ist der Erlass der *lex Claudia de nave senatorum*, von Heuss und anderen modernen Autoren prinzipiell auf das Jahr 218 v. Chr datiert[35]. Livius beschreibt, dass mit diesem Gesetz des Konsuls Flaminius beantragt war, dass „niemand, der selbst oder dessen Vater Senator sei, (…) ein Seeschiff von mehr als 300 Amphoren halten (dürfe). Diese Größe hielt man für genügend, um damit Früchte aus den Landgütern abzuholen; jegliche Art Spekulation sah man für Senatoren als nicht ganz geziemend an“[36].

Diese tatsächlich fundamentale Reglementierung römischen Wirtschaftens verhinderte in den Worten von Heuss eine „Kommerzialisierung des Senatorenstandes“. Er geht sogar noch weiter und behauptet, dass damit sichergestellt wurde, dass „die regierende Klasse in Rom das blieb, was sie auch früher war, eine Schicht von Agrariern“[37]. Diese Meinung mag in ihrer Tendenz der Stärkung der agrarischen Grundprägung stimmen, überzeugt in ihrer Absolutheit aber nicht. Der Senatorenstand war zu dieser Zeit bereits kommerzialisiert und das Gesetz ist offensichtlich nur der Versuch, den unvermeidbaren Übergang von der agrarischen in eine handelsorienterte Periode zu verhindern. Tatsächlich ist bekannt, dass Senatoren „sich über Mittelsmänner, insbesondere ihre Freigelassenen, am Seehandels- und Zinsgeschäft“ beteiligten und dass zum Beispiel „selbst für den sittenstrengen Cato dieses Umgehen der *lex Claudia* bezeugt“[38] ist. Der deutsche Historiker Ernst Baltrusch geht daher einen Schritt weiter und stellt die Frage, „ob nicht vielmehr die beabsichtigte Fixierung des Senatorenstandes auf die Landwirtschaft, die ja die traditionelle Geldquelle der Aristokratie war und seit dem 3. Jahrhundert in etwas Neuem, dem Handel, Konkurrenz bekommen hatte, diese Deutung“

---

33 An dieser Stelle (S. 80) geht Heuss (1998) auf die Festschreibung des Verhältnisses von Tribut und Zenturie ein, die eine feste Anzahl von Tribūs determinierte. Neu zum römischen Staatsgebiet hinzu kommende Gebiete wurden somit den vorhandenen Tribūs zugeschlagen und erhöhten die Bedeutung dieser neuen Gebiete.

34 Heuss (1998) S. 80, 2. Abs.

35 Heuss (1998) S. 81. Die genaue Datierung des Gesetzes und damit verbunden seine Motivation untersucht Feig Vishnia (1996) S. 34 ff. Sie erklärt generell, dass das Gesetz wegen der geringen Quellenlage mit der einzigen Erwähnung bei Livius im Jahr 219 oder 218 v. Chr. erlassen wurde. Sie leitet nach einer Diskussion darüber, ob das Gesetz wirtschaftlich motiviert war oder vielleicht mit dem bereits erkennbaren Krieg gegen Karthago zu tun gehabt haben könnte, dann her, dass das Gesetz nach August/September 218 v. Chr. in Kraft getreten sein müsse (S. 42). Der Erlass wird im weiteren Verlauf der Arbeit vereinfacht nur als *lex Claudia* bezeichnet.

36 Liv. 21,63,3, übersetzt nach Feix (1986).

37 Heuss (1998) S. 82, 1. Abs.

38 Kolb (2002) S. 217.

der Handelsgeschäfte als unehrenhaft und unvereinbar mit der Würde eines Senators „hervorgerufen hat“[39].

Es lässt sich daher sagen, dass die *lex Claudia* dafür sorgte, dass die römische Wirtschaftskultur nach außen hin, vertreten durch das Erscheinungsbild der gesellschaftlichen Eliten, weiterhin eine grundlegend agrarische Prägung behielt. Doch dies geschah nicht ohne eine faktische Kommerzialisierung der römischen Wirtschaft, da Handelsaktivitäten – wenn auch nicht direkt durch Vertreter des Senatorenstandes, dann durch andere Personen – in immer stärkerem Maße das Bild der römischen Wirtschaft prägten. Die Ausübung des unternehmerischen Wirtschaftshandelns erfolgte durch neue gesellschaftliche Gruppen wie die der Ritter und Freigelassenen[40]. Dies führte zu einem Wandel der Wirtschaftskultur hin zu einer Handelskultur, was im nächsten Kapitel genauer darzustellen ist.

Die grundlegende Prägung der ersten fünf Jahrhunderte des antiken Rom durch eine – wie zuvor hier begrifflich definiert – agrarische Wirtschaftskultur findet ihren Widerschein in einem der wichtigsten Werke der lateinischen Dichtung, der *Georgica* Vergils. Vergil ist mit der Fertigstellung dieses Werkes im Jahr 29 v. Chr – also weit nach der hier beschriebenen Periode – selbst zu einer Berühmtheit geworden, so dass „ein so großes und so kontinuierliches Maß des Ruhmes wie ihm kaum einem zweiten Dichter je zuteil geworden ist“[41]. In der literarischen Analyse des amerikanischen Philologen R. Alden Smith behandelt Vergil mit diesen Gedichten vordergründig „das Landleben, doch eigentlich zeigen sie dem Leser, was er aus dem Kampf des Bauern mit der Natur über sein eigenes Leben lernen kann“[42]. Sich „hin und her bewegend zwischen positiven und negativen Bildern“[43] beschreibt Vergil einmal, wie die „Menschen letztendlich immer weniger menschlich werden und sich stetig an die harte (aber ehrenhafte) *Arbeit (labor durus)* anpassen, bis die mühselige (und üble) *Arbeit (labor improbus)* alles besiegt hat“, ein anderes Mal wie der Bauer und seine Frau Zufriedenheit finden in ihren alltäglichen Beschäftigungen“ und „einen Rhythmus finden, der ein Gegengewicht zum *labor improbus*“[44] bietet. Der Altphilologe Manfred Fuhrmann betont, dass Vergil hierbei „nicht Bauern belehren, sondern das Bauerntum schildern und deuten“[45] wollte.

In der wirtschaftlichen Analyse dieses Textes jedoch ist es die Leistung der *Georgica* Vergils, „die Bausteine der römischen Zivilisation in der Schönheit des Landlebens“[46] zu präsentieren und somit die agrarische Wirtschaftskultur in Zeiten eines bereits

39 Baltrusch (1989) S. 30 f. in seiner Dissertation zum *regimen morum*, dem staatlichen Eingriffsrecht in das private Leben des Einzelnen.

40 Für eine begriffliche Erläuterung siehe dazu Kap. 4.2.1.

41 Fuhrmann (1999) S. 200, 2. Abs.

42 Smith (2012) S. 87, 1. Abs.

43 Smith (2012) S. 88, 4. Abs.

44 Smith (2012) S. 90/4. Abs. und S. 92/1. Abs. Zum Unterschied zwischen den Motiven harter und ehrenhafter Arbeit (*labor durus*) und übler und mühseliger Arbeit (*labor improbus*) siehe auch S. 21, 4. Abs.

45 Fuhrmann (1999) S. 205 f.

46 Smith (2012) S. 102, 3. Abs.

vollzogenen Wandels dauerhaft als prägende Konstante für Rom zu formulieren. Zur kritischen Analyse dieses Textes gehört aber der Hinweis auf die propagandistische Absicht für die Politik des Augustus, welcher mit einer Rückbesinnung auf das Landleben und die agrarischen Grundwerte der römischen Gesellschaft dieser wieder einen Halt und Mittelpunkt geben wollte. Vergil hat die *Georgica* seinem Förderer Maecenas gewidmet, welcher wiederum Verbindungsmann für Augustus zum Zirkel der Literaten war. Mit der gebotenen Distanz und der Wahrnehmung einer bewussten Übersteigerung erlaubt dieses Werk also abschließend nochmal, einen klareren Blick auf das Idealbild der Agrarwirtschaft zu werfen[47], wie zum Beispiel in der folgenden Passage[48]:

Interea dulces pendent circum oscula nati,
casta pudicitiam seruat domus, ubera uaccae
lactea demittunt, pinguesque in gramine laeto
inter se aduersis luctantur cornibus haedi.
ipse dies agitat festos fususque per herbam,
ignis ubi in medio et socii cratera coronant,
te libans, Lenaee, uocat pecorisque magistris
uelocis iaculi certamina ponit in ulmo,
corporaque agresti nudant praedura palaestra.
hanc olim ueteres uitam coluere Sabini,
hanc Remus et frater; sic fortis Etruria creuit
scilicet et rerum facta est pulcherrima Roma

Seine süßen Kinder hängen an seinen Küssen,
Sein keusches Haus bewahrt seine Reinheit,
Kühe senken ihre Euter, voll mit Milch,
und auf dem fröhlichen Feld gehen die fetten Ziegen
mit ihren Hörnern aufeinander los.
Er selbst feiert Feste, und wenn Feuer in ihrer
Mitte ist und seine Gefährten den Mischkrug
bekränzen, legen sie sich ins Gras;
ein Trankopfer bringt er dar und ruft dich an,
Lenaeus, er befestigt an einer Ulme einen Speer
für den Wettkampf der Hirten, und sie entblößen
ihre gestärkten Körper für den ländlichen Ringkampf.
Dieses Leben führten einst die alten Sabiner und
auch Remus und sein Bruder;
So wurde Etrurien stark, und natürlich wurde
auch Rom so zum schönsten aller Dinge.

47 Smith (2012) S. 43, 4. Abs.
48 Verg. georg. 2,523–534, übersetzt nach Cornelius Hatz, s. Kap. 7.3.

4.1.3 Latifundien- und Handelswirtschaft seit dem 3. Jh. v. Chr.

Die Agrarwirtschaft verlor ihre Stellung als alleinig dominante Wirtschaftsform wie bereits erwähnt mit dem Übergang zum 3. Jahrhundert. Auch wenn „die Grundstruktur unverändert blieb und die Landwirtschaft weiterhin ihre Hauptgrundlage bildete", so vollzogen sich aber in den Wirtschaftsprozessen wichtige Wandlungen, die auch auf die Änderung der Wirtschaftskultur wirkten. Die römische Wirtschaft erlebte diesen Wandel mit der Befriedung Italiens im 3. Jh. v. Chr. und somit „im Zeitalter der imperialistischen Expansion"[49].

Doch soll zuerst die weitere Entwicklung des agrarischen Wirtschaftssystems betrachtet werden. Der römische Geschichtsschreiber Appian fasst in seiner *Römischen Geschichte* die Verhältnisse zur Zeit des imperialistischen Wachstums prägnant zusammen[50]:

> Als die Römer die Völkerschaften Italiens nacheinander unterwarfen, nahmen sie ihnen gewöhnlich einen Teil ihres Landes ab (...) Von dem jeweils im Krieg durch sie eroberten Lande aber verteilten sie den kultivierten Teil sofort unter die Kolonisten oder verkauften oder verpachteten ihn. Was hingegen den Teil des Gebietes – im Allgemeinen den größeren – anlangte, der infolge des Krieges ungenutzt dalag (...) erließen sie eine Bekanntmachung, dass inzwischen diejenigen, welche ihn bearbeiten wollten, dies für eine Abgabe (...) tun dürften (...). Die Reichen nahmen den Großteil dieses nicht aufgeteilten Landes in Besitz (...). Außerdem zogen sie die angrenzenden Landstriche (...) an sich. (...) So konnten sie statt kleiner Güter ausgedehnte Latifundien bebauen (...) So wurden die einflußreichen Persönlichkeiten steinreich und das Sklavenvolk nahm über das Land hin massenhaft zu, während die Italiker an Zahl und Stärke dahinschwanden und sich in Armut, Steuerabgaben und Feldzügen erschöpften.

Appian beschreibt die Entwicklung hin zu einer Latifundienwirtschaft. Der hier dargestellte Sachverhalt ist in der klassischen Lesart römischer Geschichte die Grundlage, auf der sich die römischen Bürgerkriege entwickelten, auch wenn einzelne moderne Autoren die direkte Beziehung zwischen Eroberungen, Landvergaben und Verarmung der Landbevölkerung bezweifeln[51]. Wie von Appian beschrieben, erfolgten mit den Siegen Roms Landvergaben an die Veteranen der römischen Heerführer, die dieses Land oft schnell wieder verkauften. Reiche Bürger waren zudem in der Lage, neues ungenutztes Staatsland (*ager publicus*) nach römischem Gewohnheitsrecht zu besetzen (*ager publicus occupatorius* oder nur *ager occupatorius*), so dass die Zahl der Großgrundbesitzer schnell anwuchs[52].

---

49 Für beide Zitate S. De Martino (1991) S. 105, 1. Abs.

50 App. civ. 1,7 übersetzt nach Otto Veh, s. Kap. 7.3.

51 S. dazu z.B. Bringmann (1985) S. 8 f.

52 Bleicken (2012) S. 87. Er führt unter anderem auch die *lex Claudia*, das Verbot der Ausübung von Seehandel durch Senatoren, als Beschleunigungsmoment dieser Entwicklung an (S. 85–87).

Es sei hier auf das wesentliche Ereignis solcher Eroberungen, nämlich die Punischen Kriege verwiesen. Diese waren ab der Mitte des 3. Jh. v. Chr. ein Verstärker der Entwicklung zu größeren Agrareinheiten. Mit der Verwüstung großer Landstriche gerade im Zweiten Punischen Krieg gegen Hannibal (218–201 v. Chr.) wurde die Existenzbasis vieler Kleinbauern zerstört und deren Land ging ebenfalls an Großgrundbesitzer über, so dass die „Latifundienwirtschaft mit all ihren unerfreulichen Begleiterscheinungen" fortschritt[53]. Der Betrieb einer größeren Agrarwirtschaft setzte innere Sicherheit voraus. Und diese war spätestens mit dem Sieg über Hannibal im Jahr 201 v. Chr. gegeben.

Innenpolitisch betrachtet führte diese sich im 2. Jh. v. Chr. fortsetzende Bildung großer Landwirtschaftseinheiten und andererseits die Reduzierung der Anzahl kleiner Einheiten zu einer sich zuspitzenden Verarmung der Landbevölkerung. Diese Krise der (kleinbäuerlichen) Landwirtschaft führte letztlich zu schwerwiegenden Problemen bei der Aushebung des römischen Milizheeres. Die Selbstausrüstung der wehrdienstfähigen Bauern verlangte ein Mindestvermögen, das in früheren Zeiten durch einen Hof sichergestellt war, welcher jetzt aber immer seltener vorhanden war. Maßnahmen wie die Reduzierung des nötigen Mindestvermögens weisen, wie der deutsche Althistoriker Jochen Bleicken etwas zu zurückhaltend formulierte, „auf die Probleme hin, die zu den Unruhen seit der Gracchenzeit führten"[54]. Mit Tiberius Gracchus werden gemeinhin die Agrarreformen verbunden: die Beschränkung auf eine Obergrenze an Besitz von *ager occupatorius*, die Verteilung des damit freigewordenen Staatslandes an mittellose Bürger und das Verbot dessen Weiterverkaufs[55]. Mit Hilfe dieser Maßnahmen sollte der kritischen sozio-ökonomischen Entwicklung begegnet werden[56]. Letztlich führten diese Reformen aber nicht zu einer Lösung der Probleme. Stattdessen mündete die Krise des 2. Jh. in die Bürgerkriege, die dic Republik über einhundert Jahre erschüttern und schließlich auflösen sollten.

Doch soll hier diese kurze Darstellung der innenpolitischen Verhältnisse als Rahmen für das Verständnis der Entwicklung der Wirtschaftskultur ausreichen. Ideengeschichtlich relevant ist, dass Rom von den Karthagern Wissen über Agrarwirtschaft und den Betrieb und die Organisation von großen Plantagen erworben hatte[57]. Plinius d. Ä.

53 De Martino (1991) S. 75, 2. Abs., der hier ebenfalls die negativen Konsequenzen für die Landbevölkerung hervorhebt.

54 Bleicken (2012) S. 86.

55 Zur Darstellung der Gracchen-Reformen siehe Bleicken (2012) S. 89 ff. und die ausführliche Diskussion über eine etwaig stattfindende Wirtschaftspolitik der Gracchenzeit in Fellmeth (2008) S. 93–101.

56 Dieser klassischen Auffassung der Geschichtsschreibung steht heute eine differenzierte Sicht gegenüber, welche die sozialreformerischen Ziele und Ideale des Tiberius Gracchus in Frage stellt. Sie betont als Motive des Tiberius Gracchus stattdessen sein aristokratisches Anerkennungsdenken und seine erhöhte Risikobereitschaft in politischen Handlungsfeldern, die eine in früheren Jahren erlittene Schmach wettmachen sollte. Vgl. dazu Bringmann (1985) S. 26 f. und Linke (2005) S. 40 f. Ebenso werden die Ursachen der Krise und die durch die Reform beabsichtigten Zielsetzungen in Frage gestellt – vgl. Bringmann (1985) S. 16/S. 28.

57 Bleicken (2012) S. 88 oben.

erwähnt in seiner *Naturalis Historia*[58], dass das 28-bändige Fachlehrbuch des Karthagers Mago auf Senatsbeschluss hin übersetzt wurde. Dies geschah zur Mitte des 2. Jh. und machte ein breites Fachwissen über die Leitung größerer Landwirtschaftseinheiten in Rom verfügbar. Zur Einordnung dieses Werks ist anzumerken, dass es nach dem in Kapitel 3.2 erwähnten Werk von Cato, aber vor den dort ebenfalls dargestellten Werken von Varro und Columella auf den römischen Leser traf. Varro und Columella führen mehrere Bezüge zu Magos Werk auf, welches aber selbst nicht überliefert ist. Das mit dieser Schrift erworbene Wissen begünstigte die Entwicklung der ursprünglich kleineren *villae rusticae*[59] hin zu großen Landgütern und Latifundien. Diese Entwicklung führte auch dazu, dass die Wirtschaftskultur eine sprunghafte Fortentwicklung hin zu größerer Gewinnorientierung erfuhr.

Die Art und Weise des Wirtschaftens veränderte sich mit der Entwicklung zu größeren Betrieben und Latifundien bedeutend. Dies ist in den Produktionsaspekten zu sehen, die insbesondere jetzt die Bestimmung für den Handel und nicht mehr für eine reine Subsistenzwirtschaft hatten[60]. Marlis Oehme stellt eine Unterteilung von Villentypen, der *villa rustica*, für die Zeit der Republik im 2. und 1. Jh. v. Chr. auf[61]:

a. Kleinbetriebe von 10–80 *iugera* Grundfläche,
b. Gutswirtschaften mit einer Größe von 80–500 *iugera* und
c. Großbetriebe mit mehr als 500 *iugera*, welche später durch die Latifundien abgelöst wurden, die aber erst zu Lebzeiten Ciceros belegbar wären.

Diese mittleren und großen Betriebe waren absatzorientiert (wenn auch den Kleinbetrieben die Notwendigkeit zu Absatz ihrer Produkte nicht generell abgesprochen werden kann[62]) und verkörpern den Wandel der Agrarwirtschaft und der Wirtschaftskultur sowie den Drang zur Optimierung der Produktion. Die damit einhergehende Diskussion bei den Agrarschriftstellern zur angenommenen idealen Größe eines Gutes – sowie ihre Interpretation und Bewertung in der modernen Literatur – ist heute gut dokumentiert[63]. In der Konsequenz änderten sich auch die Schwerpunkte der Agrarwirtschaft. Es ergab sich

- eine Erweiterung des Anbaus hin zu Öl- und Weinbau (mit dem Motiv der Gewinnmaximierung[64])
- generell eine Entwicklung hin zu Baumzucht, vorwiegend in einer mittleren Villenwirtschaft

58 Siehe Plin. nat. 18,5.
59 Vgl. Brockmeyer (1975) S. 213.
60 De Martino (1991) S. 79, 2. Abs.
61 Oehme (1988) S. 23, 3. Abs.
62 Siehe dazu auch Oehme (1988) S. 25, 1. Abs.
63 Siehe u.a. Johne (1983) S. 89 und 108.
64 Siehe dazu auch Bleicken (2012) S. 86 und S. 88 oben.

- und eine Entwicklung von großen Weidewirtschaften in den Großbetrieben und den dann aufkommenden Latifundien.

Auch Christ bestätigt diese Entwicklung, erwähnt aber, dass es „Latifundien im eigentlichen Sinne des Wortes, Großgüter mit Hunderten von Sklaven“[65] im 2. Jh. v. Chr. noch nicht gab. Die Arbeit beschränkt sich angesichts dieser Diskussion auf die Feststellung, dass bedeutend größere Agrareinheiten als bisher bewirtschaftet wurden. Die Getreidewirtschaft fiel bei den Latifundien „auf einen der letzten Plätze in der Rangordnung des Ertrags“[66] – insbesondere durch die Tributzahlungen der eroberten Gebiete, die vorwiegend in Getreide geleistet wurden. Von den entstandenen größeren Villenwirtschaften gibt es keine „reinen Getreidebetriebe in einer Größenordnung ab 100 *iugera*“, was ein Beleg dafür ist, dass Getreide hinter Öl, Obst und Wein „auf die unterste Stufe in der Renditeskala der verschiedenen Kulturen“[67] fiel. Dies ist eine Ansicht, die auch Cato in seiner Schrift *de agri cultura* unterstreicht, wobei er hinter Getreideland in seiner Rangfolge noch Land mit schlagbarem Wald, dann Buschwald und als letztes Eichenwald aufführt[68]. Doch ist diese Reihenfolge schon in der Antike und bis heute umstritten.

Die landwirtschaftliche Produktion wurde in eine rational organisierte und marktorientierte Wirtschaftsform im neuen Typus der Villenwirtschaft überführt und konnte weitestgehend frei, das heißt ohne staatliche Auflagen durchgeführt werden[69]. Die Herausbildung einer rationelleren Organisation der landwirtschaftlichen Arbeit bildet einen Schwerpunkt in der vorliegenden Untersuchung.

Diese Epoche zeichnet sich dabei ebenfalls durch eine Intensivierung der Sklavenwirtschaft aus, die auch gerade in der Landwirtschaft Anwendung fand. Die römische Gesellschaft entwickelte sich laut De Martino in eine „Sklavenhaltergesellschaft“[70]. Diese Arbeit soll keine soziale Studie und auch keine moralische Bewertung der Sklavenwirtschaft vornehmen. Stattdessen ist für den Untersuchungsgegenstand relevant, wie sich betriebswirtschaftlich der Prozess der Leistungserstellung änderte und – rein analytisch gesprochen – ein neuer Wirtschaftshandelnder mit eigenen Interessen auf den Plan trat. Die Möglichkeit der Freilassung bildete für einen Sklaven einen Antriebsmotor seiner wirtschaftlichen Aktivität, stellte somit eine eigene Motivation dar und entwickelte „allergrößte Bedeutung für die Wirtschaftsgeschichte“[71].

---

65 Christ (1984) S. 46, 2. Abs.

66 De Martino (1991) S. 80, 2. Abs.

67 De Martino (1991) S. 91, 1. Abs.

68 Siehe Cato agr. 1,7.

69 Christ (1984) S. 46, 2. Abs.

70 De Martino (1991) S. 81, 1. Abs.

71 De Martino (1991) S. 95 unten/96 oben. Siehe dazu auch Temin (2013) S. 121 ff., der das Handeln von Sklaven als Reaktion auf vorhandene Anreize des Marktes ansieht und – insbesondere für die Zeit des Kaiserreiches – noch bedeutend weiter geht und die für Existenz eines Arbeitsmarktes argumentiert. Eine detailliertere Beschreibung befindet sich daher im folgenden Kapitel 4.1.4.

Heuss bezeichnet Sklaven nüchtern als „Betriebskapital in der Industrie und der Großgrundwirtschaft" römischer Unternehmer dieser Zeit[72]. Diese Meinung mag als Darstellung einer extremen wirtschaftsorientierten Sichtweise angesehen werden, die Ressourceneinsatz und Nutzenkalkulation in den Vordergrund stellt, adressiert aber klar den Aspekt der Leistungserbringung. Dabei ist nochmal darauf hinzuweisen, dass der Begriff der Industrie, mit der in den vorigen Kapiteln dargestellen Einordnung[73], immer im Kontext der römischen Wirtschaft gedacht werden muss.

Die „imperialistische Herrschaft", zu der Rom sich nach den Punischen Kriegen gewandelt hatte, hatte ihre Basis zum einen in der dargestellten Beschäftigung von Sklaven. Zum anderen aber basierte sie auf der Ausbeutung der Provinzen[74]. Diese Ausbeutung stellt mit der stattfindenden massiven Bereicherung von Statthaltern und Publikanen eine Prägung von Teilen der römischen Elite und Gesellschaft und auch der Wirtschaftskultur dieser Zeit dar. Es seien die Beispiele des Statthalters Verres, also eines Amtsträgers, und der Publikanen (*publicani*), also privatwirtschaftlich Handelnder, kurz angeführt.

Verres war im Jahr 73 v. Chr. als Proprätor Statthalter der Provinz Sizilien – und damit nicht Wirtschaftsakteur, sondern Amtsträger. Die deutschen Historiker Nack und Wägner beschreiben, dass er „an Habgier, Rücksichtslosigkeit und Grausamkeit alle früheren (Statthalter) übertraf"[75]. Er ist durch Ciceros *Reden gegen Verres* das am prominentesten gewordene Beispiel für die allgemeine Ausbeutung der Provinzen. Repräsentativ dafür steht der nachfolgend zitierte Auszug. Er wird eingeleitet mit der Bezeichnung der Taten des Verres als *latricinium*, was im ursprünglichen Verständnis als ‚Räuberei' oder ‚Raubzug' gilt, in der Übersetzung nach Fuhrmann passend aber als ‚Raubgewerbe' übersetzt wird und die systematische Herangehensweise an diesen kontinuierlichen Raub veranschaulicht. Die Kraft dieser Anschuldigung und die Vielzahl an Belegen führt, gepaart mit der literarischen Überzeugungskraft der ersten Rede, zur Flucht des Verres ins Exil, so dass dieser Teil der Rede nicht mehr gehalten werden musste und daher vorwiegend literarischen Wert hat[76]:

> *Nihil in aedibus cuiusquam, ne in hospitis quidem, nihil in locis communibus, ne in fanis quidem, nihil apud Siculum, nihil apud civem Romanum, denique nihil istum, quod ad oculos animumque acciderit, neque privati neque publici neque profani neque sacri tota in Sicilia reliquisse.*

72 Heuss (1998) S. 139 unten, Kap. 9.7 wobei er auch darstellt, dass sie durch die Anwendung rationellerer und profitsteigernder Arbeitsweisen ungleich schlechter behandelt wurden als früher. Dies und die Tatsache, dass der Preis für unfreie Arbeitskräfte unverhältnismäßig gefallen war, führten zu den Sklavenaufständen der Jahre 130–80 v. Chr.

73 Siehe Kap. 2.2, Punkt c).

74 De Martino (1991) S. 81, 4. Abs.

75 Nack, Wägner (1976) S. 117.

76 Cic. Verr. II 4,2, zweite Rede, viertes Buch, übersetzt nach Fuhrmann Band II, s. Kap. 7.3.

Nichts hat er in jemandes häuslichen Besitz, nicht einmal bei einem Gastfreund, nichts an öffentlichen Stätten, nicht einmal in Tempeln, nichts bei einem Sizilier, nichts bei einem römischen Bürger – kurz, gar nichts, worauf sein Blick und Sinn fiel, weder privates noch staatliches Eigentum, weder ungeweihtes noch geweihtes hat er in ganz Sizilien zurückgelassen.

Über dieses Zitat eines Einzelfalls hinaus aber noch wichtiger ist das anschließende Zitat, welches dieses Vorgehen verallgemeinert. Cicero ordnet Verres Taten darin in das gesamte Spektrum der Statthalterschaften ein, und hebt die Ungeheuerlichkeit seiner Taten hervor. Er gibt dabei aber auch einen Einblick in die weite Verbreitung der strafbaren Handlungen der Statthalter[77]:

Tot homines in Asia nocentes, tot in Africa, tot in Hispania, Gallia, Sardinia, tot in ipsa Sicilia fuerunt: ecquo de homine hoc umquam audivistis?

So viele strafbare Statthalter hat es in Asien gegeben, so viele in Afrika, so viele in Spanien, Gallien und Sardinien, so viele selbst in Sizilien: habt ihr je von einem einzigen so etwas gehört (wie von Verres)?

Der Hinweis von Nack und Wägner, dass Verres neben einer langen Liste anderer Vergehen auch die Steuerpächter (*publicani*) durch die Hinterziehung von Hafenzöllen schädigte, erlaubt die Überleitung zur Betrachtung der jetzt wieder privatwirtschaftlichen Rolle der Publikanen – und damit verbunden auch der Pachtgesellschaften.

Pachtgesellschaften übernahmen eine neue Rolle in der Wirtschaft dieser Zeit. Zwar ist anzunehmen, dass das Prinzip der Vergabe von Staatsaufträgen bereits seit dem 4. Jh. v. Chr. existierte[78], aber es gewann erst nach dem Jahr 200 v. Chr. – und hier insbesondere für die Steuerpacht – Bedeutung[79]. Die altgeschichtliche Literatur diskutiert die Bedeutung der Steuerpächter und damit ökonomischer Interessen für die römische Expansion in der ersten Hälfte des 2. Jh. v. Chr.[80] Der Althistoriker Ernst Badian verortet den eigentlichen Schritt zur wirtschaftlichen Machtstellung der Pachtgesellschaften in die Zeit des Gaius Gracchus, der die Steuererhebung um das Jahr 123 v. Chr. von senatorischen

77 Cic. Verr. II 2,158, zweite Rede, zweites Buch übersetzt nach Fuhrmann Band I, s. Kap. 7.3. Cicero bezeichnet die Publikanen in der ‚Kornrede' als Gehilfen, siehe Cic. Verr. II 3,50, zweite Rede, drittes Buch (‚Kornrede'): „sowie die übrigen Zehntpächter die Sachwalter seines Gewinns und Helfershelfer seiner Raubzüge gewesen sind" übersetzt nach Gerhard Krüger, s. Kap. 7.3.

78 Badian (1997) S. 7, 2. Abs. Er führt dabei auch die erste schriftlich überlieferte Erwähnung eines Lieferauftrages für die militärische Versorgung aus der Zeit des Krieges gegen Hannibal auf, verweist aber darauf, dass diese Erwähnung in einer Art und Weise erfolgt, „die darauf schließen lässt, dass solche Pachtverträge schon eine sehr lange Zeit bestehende Einrichtung waren" (s. S. 9, 2. Abs.).

79 Badian (1997) S. 21, 1. Abs.

80 Siehe eine Zusammenfassung der unterschiedlichen Ansichten über die ökonomischen Motive der Expansion in Sommer (2021) S. 276 f. mit Fußnote 39.

Magistraten per Gesetz an die Publikanen übertrug[81]. Privatpersonen erwarben beziehungsweise ersteigerten das Recht zur Steuereintreibung in den Provinzen von Rom; die Provinzverwaltung selbst lag aber weiter bei einem Statthalter. Dieser Statthalter übte, in den befriedeten Provinzen üblicherweise im Amt eines Proprätors[82], wiederum eine Schutzfunktion für die Publikanen bei der Steuereintreibung aus. Der unternehmerische Aspekt der Tätigkeit der Publikanen (*publicani*) und der Pachtgesellschaften wird in späteren Kapiteln dieser Arbeit untersucht[83].

Die *publicani* prägten die Wirtschaftskultur Roms aber nicht nur mit dieser neuen Tätigkeit, sondern oft auch durch teilweise räuberische Bereicherung und rücksichtslose Erpressung[84]. Bald waren „Zuschläge, die über die gesetzliche Höchstgrenze hinausgingen, üblich geworden“[85]. Badian tritt jedoch der Verallgemeinerung entgegen, dass die *publicani* „nur Geld scheffelten“ und belegt, dass ihr Geschäft oft mit hohen Verlusten verbunden war[86]. Livius gibt ein Beispiel für dieses allgemeine Vorurteil über die *publicani*, wenn er über Verpachtungen aus der Zeit der Makedonenkriege zu Mitte des 2. Jh. v. Chr schreibt, dass die Bergwerke der Makedonen nicht weiter verpachtet werden sollten, denn „wo ein Staatspächter sei, dort sei entweder das Recht des Staates ein leerer Begriff oder die Bundesgenossen besäßen keine Freiheit“[87]. Hierbei ist jedoch anzumerken, dass Livius nicht zur Zeit der Makedonenkriege, sondern mit der Erfahrung aller Exzesse dieser Zeit etwas über ein Jahrhundert später rückblickend schreibt.

Livius kontrastiert diesen Wandel zu Raffgier und Reichtum der Zeit der späten Republik und des beginnenden Kaiserreiches mit dem Beispiel des im 5. Jh. v. Chr. lebenden Quinctius Cincinnatus. Er beschreibt diesen Cincinnatus als moralisches Vorbild von Sparsamkeit und Redlichkeit, da er ehrenhafter Bauernarbeit nachging, diese auf Bitten der Vertreter der Stadt Rom niederlegte, um in einer Notlage die Diktatur zu übernehmen, und nach dem Sieg über feindliche italische Stämme dieses Amt wieder abgab[88].

> *Operae pretium est audire qui omnia prae divitiis humana spernunt neque honori magno locum neque virtuti putant esse, nisi ubi effuse afluant opes.*

81 Badian (1997) S. 80, 3. Abs.

82 Nack, Wägner (1976) S. 154, 3. Abs.

83 Ebenso sei darauf verwiesen, dass die Arbeit an dieser Stelle nicht weiter auf staatsrechtliche und verwaltungstechnische Fragestellungen eingeht. Etwa ist zu untersuchen, wie mit der Vergabe der Aufgabe der Steuereintreibung an Private die Verwaltung des römischen Staates überschaubar gehalten wurde. Zur Vertiefung dieser Überlegungen siehe Malmendier (2002).

84 Leppin (2005) S. 108, 3. Abs.

85 Badian (1997) S. 102, 2. Abs.

86 Badian (1997) S. 91, 3. Abs.

87 Liv. 45,18,4 übersetzt nach Hans Jürgen Hillen, s. Kap. 7.3.

88 Aus Liv. 3,26,7–29 übersetzt nach Hans Jürgen Hillen. Satz 7 verkürzt dargestellt: *operi certe, id quod constat, agresti intentus/Qua simul absterso pulvere ac sudore velatus processit, dictatorem eum legati gratulantes consalutant, in urbem vocant; qui terror sit in exercitu exponent/Quinctius sexto decimo die dictatura in sex menses accepta se abdicavit.*

> Es ist der Mühe wert, dass die aufmerksam (dem Bericht über Cincinnatus) zuhören, die alles Menschliche dem Reichtum gegenüber verachten und die glauben, dass für große Ehre und für Tüchtigkeit nur da Platz sei, wo die Mittel reichlich fließen.

Diese Darstellung des Livius, eines Geschichtsschreibers aus der Zeit des Augustus, verfolgt – ähnlich wie das zuvor verwendete Zitat aus Vergils *Georgica* – eindeutig die Tendenz zur Verherrlichung der Opferbereitschaft für den Staat. Sie ist auf der anderen Seite aber auch ein Spiegel, mit dem Livius die aktuellen Verhältnisse mit einem Idealbild der Vergangenheit vergleicht und Kritik an der Bereicherung der aktuellen Gesellschaft übt, was somit ebenfalls Beleg für einen Wandel der Wirtschaftskultur abgibt. Dieses Zitat ist daher an dieser Stelle der Arbeit geeignet, um – mit der gebotenen Distanz – die Diskrepanz zwischen idealisierter Rechtschaffenheit und der stattfindenden Bereicherung des 2. und 1. Jh. v. Chr. darzustellen, wie es der einleitende Satz dieser Betrachtung betont[89].

Es soll stattdessen noch ein weiteres – und vielleicht das wichtigste – Merkmal der Wirtschaftsprozesse dieser Epoche betrachtet werden: die Ausbildung eines verstärkten Handelswesens. Dies wird zum einen begünstigt durch den Ausbau der Infrastruktur für ein effizientes Transportwesen, wie etwa die Schaffung der großen konsularischen Straßen[90]. Margot Klee beschreibt die „Lebensadern des Imperiums" und die Motive für ihren Bau, die zuerst militärisch waren und der Sicherung eroberter Gebiete dienten (womit der Bau wesentlicher Straßen in den Zeitraum zwischen 320 und 170 v. Chr. fällt). Sie betont die Finanzierung dieser Straßen durch angesehene Familien und später den Nutzen für das Wirtschaften durch das Vorhandensein effizienter Transportwege[91].

Die Verstärkung des Handelswesens spiegelt sich zum anderen in einem stärkeren Interesse an der Seefahrt wider. Der deutsche Althistoriker Raimund Schulz beschreibt in seinem Werk über „Die Antike und das Meer", dass sich „der (See-) Handel mit Getreide und Sklaven während des (Zweiten Punischen) Krieges trotz der hohen Verluste auf beiden Seiten und der Verwüstungen unteritalischer Gebiete prächtig entwickelt"[92] habe. Handelsgeschäfte galten den Adligen im 3. und 2. Jh. v. Chr. laut Schulz „keineswegs als unehrenhaft" – und er betont, dass gegenteilige Behauptungen, wie oft in der zeitgenössischen und aktuellen Literatur zu finden, „eine Erfindung senatorischer Kreise der späten Republik" seien, mit dem Zweck „ihre Standesgenossen zu disziplinieren" und auf die traditionelle Agrarwirtschaft und die Werte Roms zu beschränken[93], um dem Wandel der Wirtschaftskultur entgegenzutreten.

89 Liv. 3,26, 7. Siehe vergleichbare Darstellung auch bei Columella, *rei rusticae, liber I, praefatio.*

90 De Martino (1991) S. 149, 1. Abs. De Martino erwähnt die Appia, die Flaminia, die Aemilia und die Aurelia.

91 Siehe Klee (2010). Auch Colin Adams beschreibt den ökonomischen Nutzen des Straßenbaus und kritisiert die Überbetonung der militärischen Bedeutung durch Finley, in: Adams (2012) S. 229 f.

92 Schulz (2005) S. 170.

93 Schulz (2005) S. 168, 3. Abs.

Die zuvor bereits erwähnte *lex Claudia* bedeutet zum einen eine Fortführung der agrarwirtschaftlichen Grundprägung der Gesellschaft, wie im vorigen Kapitel beschrieben, zeigt aber auch den massiven Wandel hin zu Wirtschaftspotenzialen im Seehandel – und somit zu einer Handelskultur. Doch unterschied sich Roms Elite – wie Heuss darstellt – zum Beispiel noch stark von der „Kaufmannsaristokratie" Karthagos[94]. Roms „archetypischer Erbfeind"[95] musste sich aufgrund der günstigen geographischen Situation „nicht erst unter schwierigen Umständen den Raum in seiner nächsten Umgebung freikämpfen" und konnte sich von jeher seinem Hauptinteresse, dem Handel, widmen und war dadurch weniger militärisch geprägt.

Rom entwickelte im 2. und 1. Jh. v. Chr. einen starken – auch überseeischen – Handel. Andreau beschreibt, wie römische Produkte sich zu dieser Zeit in ganz Italien und insbesondere auch in den Provinzen wiederfinden. Er führt als Beleg die bekannten Amphoren des als erstes systematisch kategorisierten Typs „Dressel 1" an, die von 130–30 v. Chr. genutzt wurden, um Wein von der tyrrhennischen Küste ins ganze Reich, insbesondere aber nach Spanien und Gallien zu exportieren[96]. Die Spuren dieser Handelswege hat die moderne Archäologie in den letzten Jahrzehnten auch anhand von Amphoren dieses und inzwischen vieler weiteren Typen nachgezeichnet und dabei bis zum Beginn der Kaiserzeit einen starken Handel von Rom in die Provinzen dokumentiert.

In dieser Betrachtung erwähnenswert für die Analyse der Wirtschaftskultur ist, dass dieser Wandel zu Handelsgeschäften einher ging mit dem Aufstieg einer neuen gesellschaftlichen Gruppe: die der Ritter (*equites*). Christ beschreibt – neben der Vermögenskonzentration innerhalb der römischen Führungsschicht, der Nobilität – auch diese soziale Gruppe der Ritter, die ebenfalls Landbesitzer waren, ihren bedeutenden Vermögenszuwachs jedoch auf Handelsgeschäfte gründeten, von der Intensivierung der Geldwirtschaft profitierten oder wichtige Aufgaben des Staates wie die zuvor beschriebene Steuerpacht privatwirtschaftlich übernahmen[97]. Diese Entwicklung wurde von einem im römischen Gemeinwesen wichtigen gesellschaftlichen Bedeutungsgewinn dieser Gruppe begleitet, der erstmals mit den Reformen des Gaius Gracchus sichtbar wurde. Gracchus ermöglichte es den Rittern, Richterfunktionen in den Prozessen gegen senatorische Provinzialstatthalter zu übernehmen und so in der sozialen Bedeutung des römischen Gemeinwesens auch über wirtschaftliche Tätigkeiten hinaus an Anerkennung zu gewinnen[98].

Voraussetzung für diese Entwicklung – und doch im Weiteren auch eine Konsequenz daraus – ist die Fortentwicklung der Geldwirtschaft im 3. Jh. v. Chr. Der deutsche Numismatiker Reinhard Wolters beschreibt, dass ab 270 v. Chr. eine kontinuierliche Silberprägung in Rom begann. Der ungarisch-deutsche Althistoriker Géza Alföldy stellt dar, dass diese regelmäßige Münzprägung auch die Maßstäbe festzusetzen half, nach denen

94 Heuss (1998) S. 68.
95 Sommer (2021) S. 14.
96 Andreau (2010) S. 185, 2. Abs.
97 Christ (1984) S. 49, 2. Abs.
98 Christ (1984) S. 49, 3. Abs.

die soziale Position gemessen wurde. Zugehörigkeit zu sozialen Klassen oder Zensusklassen erfolgte nun aufgrund einer genau bemessbaren Vermögensqualifikation[99]. Das Verhältnis dieser Münzen zu den existierenden Bronzemünzen wurde im Zuge der ersten beiden Punischen Kriege mehrfach verändert bis das Münzsystem im Jahr 211 v. Chr – mit Ende des Zweiten Punischen Kriegs – zusammenbrach und ein „völlig neues, auf dem Denar basierendes Münzsystem eingeführt (wurde), dessen Auftreten die entscheidende Zäsur in der Münzgeschichte der Römischen Republik markiert“[100]. Diese Veränderung erlaubte auch eine Verbesserung des Wirtschaftsverkehrs im 3. Jh. v. Chr. De Martino beschreibt[101], dass das Aufkommen eines stärkeren Handelsverkehrs mit der praktischen Verwendung des in Rom geprägten As und insbesondere mit der Verwendung von Silbermünzen in Zusammenhang steht.

Wird abschließend noch die Bedeutung des Gewerbes im römischen Wirtschaften dieser Periode betrachtet, so ist festzustellen, dass es weiter noch eine untergeordnete Rolle einnimmt. Grundlegend muss das Dictum Ciceros[102] über das schlechte Ansehen des Gewerbes beziehungsweise die Verachtung abhängiger Arbeit erwähnt werden, das viele moderne Historiker in diesem Kontext zitieren. Nachdem Cicero zuerst Berufe abqualifiziert, die nicht aus dem handwerklichen Bereich kommen – wie Zöllner, Geldverleiher, Tagelöhner und Kleinhändler –, misst er dann den Handwerker an der Frage, ob seine Tätigkeit und sein Arbeitsumfeld edel seien:

> (150) *Iam de artificiis et de quaestibus qui liberales habendi, qui sordidi sint, haec fere accepimus.* (...) *opificesque omnes in sordida arte versantur; nec enim quicquam ingenuum habere potest officina.*
>
> Was ferner die handwerklichen Berufe und Erwerbszweige angeht, welche als eines Freien würdig, welche für schmutzig zu gelten haben, so haben wir etwa folgendes mitgeteilt bekommen. (...) Alle Handwerker befassen sich mit einer schmutzigen Tätigkeit, denn eine Werkstätte kann nichts Edles an sich haben.

Doch die verachtende Geringschätzung einzelner (Handwerks-) Berufe durch Vertreter der Elite[103] bedeutet nicht zwangsläufig eine tatsächlich geringe Bedeutung dieser Tätigkeiten. Im Gegenteil ist vielmehr festzustellen, dass aufgrund der Hegemonie Roms „zunächst über Italien und später über den Mittelmeerraum (...) ein ständiges Anwachsen der gewerblichen Produktion“ eintrat. Die ins ganze Reich exportierte Glasware oder die

---

99 Alföldy (2011) S. 47, 1. Abs.

100 Wolters (1999) S. 13 Mattinglys und Alföldis führen eine Debatte über den genauen Zeitpunkt des Erscheinens des Münzgeldes und den Beginn der Münzprägung.

101 De Martino (1991) S. 65, 2. Abs.

102 Cic. off. 1,150–151, übersetzt nach Heinz Gunermann, s. Kap. 7.3. Gunermann verwendet in seiner Übersetzung anders als andere Übersetzer die Formulierung „haben mitgeteilt bekommen“ und stellt damit nochmal klarer heraus, dass dies „beurteilt vom Maßstab des griechischen Bürgers aus“ ist (siehe seine Anmerkung 260).

103 Diese Geringschätzung steht in der Tradition des griechischen Autors Xenophons.

an späterer Stelle dieser Arbeit analysierte Keramikproduktion Arezzos sind bekannte Beispiele dafür. Doch diese Bekanntheit trifft ebenfalls auf die hemmenden Faktoren eines noch größeren Wachstums zu, wie unter anderem der zuvor bereits diskutierte geringe technische Fortschritt und das Überhandnehmen der Sklavenarbeit[104]. Giuseppe Pucci überführt den Hegemoniebegriff auf das Wirtschaftshandeln, wenn er schreibt, dass ab dem 2. Jh. v. Chr. italische Gebrauchsgüter eine Hegemonie in den Provinzen erzielten, die sie zuvor nicht hatten[105].

Die weitere Argumentation Ciceros im zuvor benannten Absatz stellt anschließend noch einmal die Prioritäten der einzelnen Wirtschaftszweige Agrar, Handel und Gewerbe zur Zeit der ausgehenden Republik dar. Es beinhaltet ein Lob des Fernhandels, so dieser letztendlich zu Reichtum und Investition in der Landwirtschaft mündet:

> (151) *Mercatura autem, si tenuis est, sordida putanda est; sin magna et copiosa, multa undique apportans multisque sine vanitate impertiens, non est admodum vituperanda; atque etiam si satiata quaestu vel contenta potius, ut saepe ex alto in portum, ex ipso se portu in agros possessionesque contulit, videtur iure optimo posse laudari. Omnium autem rerum, ex quibus aliquid adquiritur, nihil est agri cultura melius, nihil uberius, nihil dulcius, nihil homine libero dignius.*
>
> Wenn der Handel im kleinen Rahmen erfolgt, so muss man das für schmutzig erachten; wenn dagegen im großen und umfangreichen Geschäft, indem es vieles von überall beibringt und es vielen ohne Betrug zur Verfügung stellt, dann darf man ihn durchaus nicht tadeln und auch wenn er,'gesättigt' mit Gewinn oder vielmehr zufriedengestellt, sich von hoher See in den Hafen, direkt vom Hafen auf seine Landbesitzungen begeben hat, scheint er mit vollem Recht gelobt werden zu können. Von allen den Erwerbszweigen aber, aus denen irgendein Gewinn gezogen wird, ist nichts besser als Ackerbau, nichts einträglicher, nichts angenehmer, nichts eines Menschen, nichts eines Freien würdiger.

Wie ließe sich abschließend die Wirtschaftskultur der späten Republik und der Zwiespalt zwischen traditioneller Agrarwirtschaft und einer aufstrebenden Handelskultur besser formulieren, als mit Catos nicht minder häufig zitierten Aussage aus der Zeit Mitte des 2. Jh. v. Chr.[106]:

> *Est interdum praestare mercaturis rem quaerere, nisi tam periculosum sit* (...)*Mercatorem autem strenuum studiosumque rei quaerendae existimo, verum, ut supra dixi, periculosum et calamitosum*

104 De Martino (1991) S. 181 Mitte bis 184, 4. Abs.

105 Giuseppe Pucci in: Garnsey (1983) S. 112.

106 Cato agr. praef., übersetzt nach Hartmut Froesch. Siehe Kap. 7.3 zur Referenzierung der Übersetzungen der Agrarschriftsteller in dieser Arbeit.

> Es kann manchmal recht vorteilhaft sein, durch Handel nach Vermögen zu streben, wäre es nur nicht so riskant. (...) Einen Kaufmann freilich halte ich für einen tüchtigen und auf Zuwachs bedachten Mann, allerdings, wie eben gesagt, Risiko und Verlust ausgesetzt.

Diese kurze Passage schon zeigt, dass Catos Denken sich an Rentabilität und Vorteilhaftigkeit orientierte (*praestare mercaturis rem quaerere*) und auch auf Sozialprestige ausrichtete (*strenuum studiosumque*). Letztlich aber stand es bei der Realisierung in die Tat im Zwiespalt mit dem hohen Risiko der auszuführenden Handelstätigkeit[107] und steht daher repräsentativ für eine Wirtschaftskultur im Umbruch von agrarisch geprägtem, zurückhaltendem Wirtschaften hin zu gewinnorientiertem Wirtschaften in Handel und aber auch in der Agrarwirtschaft[108].

4.1.4 „Globalisierung" des Wirtschaftsverkehrs im Römischen Kaiserreich

Auch in der Epoche des Kaiserreiches bestand weiterhin eine landwirtschaftliche Grundprägung, die auf dem römischen Moralkodex des *mos maiorum*[109] als Konstante der römischen Gesellschaft und stabilisierendem Element ihres Verhaltens basierte. Großgrundbesitz bestand weiterhin und prägte auch diese Zeit[110] wie generell die Bedeutung der Landwirtschaft nicht nachließ und sie in der römischen Kaiserzeit sogar das „Rückgrat der Wirtschaft in dem Sinn bildete, dass die große Mehrheit der Bevölkerung in diesem Wirtschaftszweig arbeitete (und) dass die Hauptmasse des Sozialprodukts von ihr hervorgebracht wurde"[111].

Der Betrieb der Landwirtschaft und die Führung der großen Latifundien wurde jedoch wegen des Ausmaßes und der Vielschichtigkeit der Aufgaben immer häufiger in Einzelkomplexe aufgeteilt und an eigenständige Pächter vergeben, die „nicht mehr unter der Leitung des Besitzers wirtschafteten"[112]. Ulrich Fellmeth überführt die im vorigen Kapitel für die Zeit der ausgehenden Republik getroffene Definition von Agrargütern in die für die römische Kaiserzeit zutreffenden Begriffe der a) *villae* mit einer Größe von

107 Vergleichbare Bedenken werden im weiteren Verlauf dieser Arbeit untersucht, siehe das Kapitel zum Unternehmertum und den Verweis auf Columella (Einleitung zu seinem Werk *rei rusticae*).

108 Siehe auch später unter Kap. 5.2.

109 Zum Begriff des *mos maiorum*, das als „Sitte der Vorväter" das Leben der Römer prägte siehe u.a. Linke, Stemmler (2000), die die identitätsstiftende und die Gesellschaft stabilisierende Wirkung dieser moralischen Vorschrift darstellen.

110 Für beides siehe Christ (1984) S. 97, 1. Abs. oder De Martino (1991) S. 249, 2. Abs. und S. 250, 3. Abs.

111 Henri Willy Pleket, in: Vittinghoff (1990) S. 71.

112 De Martino (1991) S. 331, 2. Abs. De Martino dokumentiert hier auch die Debatte der Wissenschaft über die Gründe dieses Wandels: Staerman und Marx begründen den Wandel mit der abnehmenden Verfügbarkeit von Sklaven; W. E. Heitland aber früher auch Theodor Mommsen und Max Weber betonen die Komplexität der Aufgabe als Ursache.

100–1000 *iugera* Grundfläche (oder sogar bis 4000 *iugera* Grundfläche für weiterverpachteten Grund) und b) *latifundia* mit mehr als 4000 *iugera*[113]. Diese Kategorisierung erlaubt eine bessere Einordnung der relevanten Bewirtschaftungsmodelle. Der landwirtschaftliche Betrieb der Kaiserzeit wurde über Kleinpächter oder *conductores* als Großpächter[114] betrieben. Dies ist letztlich ein Beleg für die größere Orientierung auf Gewinn oder dauerhafte Renten.

Das Management eines Betriebes in Form von Planung, Kontrolle und Vermarktung wurde laut Walter Scheidel zu einem eigenen Produktionsfaktor[115] und wird Gegenstand der in dieser Arbeit folgenden Untersuchung sein. Plinius d. J. beschreibt in seinen Briefen das Vorgehen und wirtschaftliche Aspekte bei der Verpachtung seines Besitzes. Auch der Agrarschriftsteller Columella beschreibt die Verpachtung eines Betriebes und Bedenken und Anforderungen im Verhältnis von Eigentümer und Pächter[116]. Die vorliegende Arbeit wird auf die unterschiedlichen Aspekte dieser Betriebsform in den späteren Kapiteln eingehen und in Kapitel 4.2 insbesondere die unterschiedlichen Typen von für dieses Management verantwortlichen Personen und Rollen untersuchen.

Die im Verlauf der vorigen Jahrhunderte stark entwickelte Sklavenwirtschaft veränderte sich im Verlauf der ersten beiden Jahrhunderte n. Chr. ebenfalls bedeutend. Während die Villenwirtschaft, der Betrieb mittlerer und großer Landwirtschaftsbetriebe mit Sklaven, im Sinne Catos in erheblichem Umfang fortgeführt wurde[117], übernahmen Sklaven spätestens ab dem 1. Jh. n. Chr. verstärkt Leitungsaufgaben und agierten selbst als (Klein-) Pächter[118].

Doch De Martino betont auch, wie die Zahl der Sklaven und Freigelassenen in der römischen Gesellschaft sich massiv erhöhte, „die außerordentlich geringe Konsummöglichkeiten besaßen und für die Fortentwicklung der Produktion keinen positiven Faktor darstellten“[119] und wie somit das „soziale System (...) als Bremse“ der römischen Wirtschaft wirkte.

Es sei hier auf die Arbeit Peter Temins zur „römischen Marktwirtschaft“ verwiesen, der unter anderem die Struktur des antiken römischen Arbeitsmarktes – primär für die Zeit im Übergang der hier betrachteten Periode zum Römischen Imperium – untersucht und die Existenz eines funktionierenden Arbeitsmarktes feststellt[120]. Das Funktionieren dieses Arbeitsmarktes unterscheidet sich – bezogen auf die Rolle der Sklaven – bedeutend von früheren und insbesondere späteren Epochen. Es baut nach der Analyse Temins

113 Fellmeth (2008) S. 160.

114 *conductores* verpachten den von ihnen verantworteten Grund erneut weiter an Kleinpächter (siehe Kap. 4.2).

115 Scheidel (1994) S. 83, 1. Abs.

116 Colum. 1,7.

117 Christ (1984) S. 100, 1. Abs.

118 Scheidel (1994) S. 87, 2. Abs. stellt dar, dass nicht die Frage des Einsatzes von freien oder unfreien Arbeitern im Mittelpunkt stand, sondern die der Gutsführung.

119 De Martino (1991) S. 253 unten.

120 Temin (2013) S. 114, 4. Abs.

stark auf Belohnungssystemen insbesondere für gebildete städtische Sklaven auf[121] und gründet sich auf die Einbeziehung von Freien, Freigelassenen und Sklaven. Das lässt somit erkennen, dass die bisher dominierende Wirtschaft und die damit verbundene Wirtschaftskultur sich transformierte und neuen Ansätzen flexibleren Wirtschaftens Platz schuf.

Diese Entwicklung verstärkte sich zusätzlich mit der Veränderung bei der Verwaltung der Provinzen. Dieser Faktor, der noch in der Republik, wie zuvor beschrieben, durch starke Ausbeutung geprägt war – veränderte sich mit der kaiserlichen Politik. Das Prinzip der Ausbeutung wurde reduziert[122], indem die Aufgabe der Steuereinziehung in den Provinzen in die Hände von staatlichen Beauftragten gegeben und den teilweise korrupten Publikanen und Statthaltern entzogen wurde. Augustus förderte das Engagement des Staates im Betrieb der Infrastruktur der Provinzen, verdrängte dabei sukzessive private Dienstleister und förderte die Integration der Provinzen in das freie Wirtschaftsleben des Reiches[123], was auf diesem Weg auch wieder Rom selbst zugutekam.

Schaut man als nächstes auf die gewerbliche Produktion, so stellt Christ fest, dass im Kaiserreich die Kleinproduktion – häufig mit Produzentenhandel gekoppelt – überwog und der Schritt zu „Massenproduktion in riesigen Werkstätten" nicht gegangen wurde[124]. Christ legt bei dieser Bewertung einen zu modernen Maßstab an und erkennt nicht den Unterschied zwischen der bisher existierenden Kleinproduktion und zum Beispiel den ebenfalls von ihm erwähnten Keramikwerkstätten von Arezzo an, die in größerem Stil mit bis zu 60 Sklaven geführt wurden. Für die Erstellung bestimmter Massenwaren wie Glas, Keramik, Öllampen oder Ziegel entstanden solche große Produktionszentren durchaus[125]. Diese Produktion bedurfte anderer Organisationsformen als einfache Klein(st)handwerker, die in sogenannten *tabernae* produzierten und verkauften, aber auch mit ihrer Familie lebten[126]. Klee beschreibt die *locatio-conductio*-Verträge der gallisch-germanischen Keramik-Manufakturen wie zum Beispiel in La Graufesenque, mit denen die Nutzung der Betriebsmittel (Brennöfen etc) vereinbart wurde. Dadurch wurde erlaubt, diese Manufakturen – so es nicht explizit ausgeschlossen wurde – auch unter Einbeziehung von Subunternehmern zu organisieren[127]. Der Historiker Taco Terpstra beschreibt das sich im Kaiserreich rasch weiterentwickelnde römische Rechtssystem und

121 Temin (2013) S. 121, 2. Abs., „*many Roman slaves – like free workers – responded to market incentives*".

122 De Martino (1991) S. 252 unten.

123 Sommer (2013) S. 92, 2. Abs.

124 Christ (1984) S. 100, 3. Abs.. Siehe auch De Martino (1991) S. 338, 2. Abs.

125 De Martino (1991) S. 339.

126 Trotzdem sei die Entwicklung der *tabernae*, nicht unterschätzt, die in größeren Geschäftseinheiten und Ladenstraßen auch architektonisch institutionalisiert wurden – siehe dazu Flohr, Monteix (2020) S. 2.

127 Klee (2012). S. 18–21. Zur weiteren Vertiefung – und um hier einen Exkurs in römisches Recht zu vermeiden – sei verwiesen auf Honsell (1994) S. 121 f., der die unterschiedlichen Formen dieser Verträge darstellt.

die Einbettung von Verträgen wie diese *locatio-conductio*-Vereinbarungen in die „weitere soziale Ordnung, welche die römische Gesellschaft strukturierte"[128].

Die Wirtschaft des Reiches entwickelte sich bald in solch neuen Zentren außerhalb des italischen Stammlandes. Die neuen Produktionsorte – beispielhaft La Graufesenque und Rheinzabern in der Keramikherstellung[129] – traten in Konkurrenz zu angestammten italischen Produktionsstätten oder bedeuteten gar deren Ende. Der Verlust der Vorrangstellung Roms und der italischen Gebiete führte langfristig zu einer (im Folgenden auch von Fritz Heichelheim beschriebenen) Vereinheitlichung des Reichs.

Untersucht man die Gründe für die geringe Entwicklung der Produktion beziehungsweise die Ursache, warum sich keine „Großproduktion" im modernen Sinne entwickelt hatte, so verweist Christ auf die Marktbedingungen, die rege Konkurrenz unter der Vielzahl von Mittel- und Kleinproduzenten und die immensen Kosten des Landtransports[130]. Strukturell begründet De Martino die geringe Entwicklung des Gewerbes auch damit, dass aus dem Gewerbe heraus selbst nicht die notwendige Kraft der Wirtschaftsförderung entfaltet wurde und dass zum Beispiel die *collegia* als Zusammenschluss der Gewerbetreibenden vorwiegend soziale, nicht aber wirtschaftliche Ziele dieser Gruppen abdeckten[131].

Eindeutige Schritte in eine neue Wirtschaftswelt machte zweifelsohne der Handel im Römischen Reich der Kaiserzeit. Er entwickelte sich durch die – mit dem Ende der Bürgerkriege jetzt gegebene – Existenz der beiden Grundpfeiler prosperierender Wirtschaft: Sicherheit und Frieden[132]. Der Handel verband alle Reichsteile – und ging darüber hinaus. Im Fernhandel fand ein starker Handel mit Partnern außerhalb der Reichsgrenzen statt, insbesondere um Luxusgüter zu importieren[133]. Im Binnenhandel – innerhalb des Reichs – fand ein starker Import und Export verschiedenster Güter[134] insbesondere zwischen Rom und den entwickelten Provinzen statt. Schon Rostovtzeff führte auf, dass

128 Siehe Terpstra (2019) S. 147, eigene Übersetzung aus dem Englischen. Kap. 4 „Civic Order and Contract Enforcement". Terpstra bezeichnet Verträge darin als *„publicly embedded"* (s.a. S. 166).

129 De Martino (1991) S. 340. De Martino beschreibt hiermit auch die einsetzende Zerstörung und den Verfall des italischen Stammlandes, indem die Pächter im 2. Jh. immer mehr unter wirtschaftlichen Druck gerieten (S. 330). De Martino beschreibt Gründe für die einsetzende Krise der römischen Wirtschaft und des Reichs, die hier jedoch nicht weiter Gegenstand der Untersuchung sein sollen.

130 Christ (1988) S. 118, 2. Abs.

131 De Martino (1991) S. 177, 2. Abs.

132 Siehe Fellmeth (2008) S. 120 zur *Pax Romana* und deren Zusammenhang mit der Verstärkung des Handels sowie De Martino (1991) S. 363, 3. Abs. und Drexhage, Konen, Ruffing (2002) S. 119, 2. Abs.

133 De Martino (1991) S. 357, 3. Abs beschreibt u.a. den Handel mit Seide, der auch mit Indien vermehrt durchgeführt werden konnte, nachdem Arabien erobert war und das Rote Meer genutzt werden konnte. Plinius d. Ä. schreibt in der Naturalis historiae 12.41 über den Handel mit Indien, den Serern und der Halbinsel Arabien, er entziehe dem römischen Staat „alle Jahre 100 Millionen Sesterzen" für Luxus und die römischen Frauen (*minimaque computatione miliens centena milia sestertium annis omnibus India et Seres et paeninsula illa (Arabia) imperio nostro adimunt: tanti nobis deliciae et feminae constant).*

134 De Martino (1991) S. 362, 1. Abs für eine umfangreiche Liste der gehandelten Waren.

sich „unter Augustus und seinen Nachfolgern Wein- und Ölbau mit großer Schnelligkeit entwickelten, jener besonders in Gallien, dieser zuerst in Spanien und dann in Afrika“[135]. Der britische Althistoriker Bryan Ward-Perkins bekräftigt dies, indem er darstellt, dass die römische Wirtschaft „nicht nur durch einen beeindruckenden Luxusmarkt charakterisiert war, sondern auch durch einen sehr beachtlichen mittleren und unteren Markt für qualitativ hochwertige Gebrauchsgegenstände“[136] wie einfache Keramik aus dem Gebiet nahe Neapel oder Amphoren aus Nordafrika.

Heichelheim beschreibt, dass in dieser Periode der „Nah- und Binnenhandel in den einzelnen Landschaften (...) eine beträchtliche Strukturveränderung erfahren“ und den „Landschaften (...) eine außerordentlich starke Vereinheitlichung“[137] gebracht habe. Er bezieht sich hier auf die Vereinheitlichung der Berufe und Berufsbezeichnungen im Reich, sowie auf die Berufspraktiken – und bezeugt dadurch eine sich in Richtung höherer Spezialisierung weiterentwickelnde und reichsweit vereinheitlichende Wirtschaftskultur.

De Martino fasst dies zusammen mit der Aussage, dass sich der Handel „vom technischen Standpunkt aus (...) weiterhin nach derselben Art wie einst (entwickelte); er war nur besser organisiert und wirkungsvoller durch den Bau von Straßen, Häfen, Niederlassungen etc“[138]. Die hier angesprochene bessere Organisation belegen Hans-Joachim Drexhage, Heinrich Konen und Kai Ruffing mit dem – auch wegen seiner prägenden Mosaike – bekannten Beispiel der *Piazzale delle Corporazzioni* in Ostia, des antiken Hafens Roms, über den der größte Teil des Handels der Weltstadt durchgeführt wurde. Dieser Platz und die ihn umgebenden Gebäude stellten offenbar eine Art Handelshof dar, auf dem „Aufträge und sonstige Geschäfte, jedoch kein Warentransfer, abgewickelt wurden“[139]. Zeugen des weit verbreiteten Handels sind die zahlreichen Funde von Amphoren römischer Handelsschiffe im ganzen Mittelmeerraum. Drexhage, Konen und Ruffing beschreiben, wie der Amphorenbefund der modernen Archäologie viele Aspekte des weitläufigen Handels heute erhellt[140].

Wichtig und für die Verbreitung der flexiblen Wirtschaftskultur zentral ist es aber herauszustellen, dass sich im 1. Jh. n. Chr., wie Andreau schreibt, „die Handelsströme im Reich umkehrten“[141]. Aus Sicht der Stadt Rom verstärkte sich der Import von Gütern. Plinius d. Ä. führt zum Beispiel gallische und spanische Weine ganz selbstverständlich

135 Rostovtzeff (1929) Band I, S. 80, 2. Abs. und siehe auch De Martino (1991) S. 362, 2. Abs.

136 Ward-Perkins (2005) S. 98, 1. Abs. als Situationsbeschreibung vor seiner Analyse über den „Untergang des Römischen Reichs“.

137 Heichelheim (1938) S. 718 b).

138 De Martino (1991) S. 363 letzter Satz; er führt nachfolgend Beispiele auf, wie die Bedeutung und die Organisation des Hafens Ostias für die Stadt Rom, die Bildung der Handelskollegen (z.B. am Platz der Korporationen in Ostia) oder allgemein der Kollegien als Organsationsform verschiedener Berufsgruppen.

139 Drexhage, Konen, Ruffing (2002) S. 129, 3. Abs.

140 Drexhage, Konen, Ruffing (2002) S. 129, 5. Abs ff. Er beschreibt dabei auch die Struktur dieser Analysen (Typologie, Herkunft, Verbreitung) und gibt Einblick in die dadurch möglichen Ergebnisse.

141 Andreau (2010) S. 185.

neben Weinen italischer Gebiete in seinem Ratgeber auf[142]. Die Reste der nach Rom importierten Amphoren, insbesondere für Öl und Wein aus Spanien, Gallien und Afrika, die heute als Monte Testaccio in Rom bekannt sind, bezeugen die Bedeutung dieser Handelsumkehr. Es finden sich dort Scherben von Amphoren von Mitte des 2. Jh. bis Mitte des 3. Jh., die den Import vorwiegend aus Spanien für einen Massenkonsum in Rom belegen, welcher nach dem Ende des 1. Jh. bereits angefangen hatte. Ob es sich beim Monte Testaccio um Wein- oder Ölamphoren handelt, lässt sich jedoch nicht eindeutig identifizieren[143].

Gründe für den sich verstärkenden Import meint De Martino neben der Verfügbarkeit anderer, in Rom nicht vorhandener (Luxus-) Güter auch in der Tatsache zu sehen, dass die Produktionskosten in den Provinzen geringer waren[144]. Diese Behauptung lässt sich durch Rostovtzeffs Aussage unterstützen, dass zum Beispiel die größten Mengen feinen Olivenöls in Spanien produziert wurden und auch nach Italien ausgeführt wurden, das afrikanische Olivenöl aber zweifellos billiger war und deshalb vorwiegend für Lampen verwendet wurde[145].

Die Provinzen integrierten sich somit in das Wirtschaftsgefüge des römischen Kernlands. Aus Gallien kamen schon zur Zeit der ausgehenden Republik mannigfaltige Produkte, die Vorboten für die Wirtschaft der Kaiserzeit, für die globale Vernetzung waren[146]. Durch den Verlauf des 1. und 2. Jh. n. Chr. hindurch hatte Gallien dann einen „hohen Grad an Prosperität" erreicht[147]. Auch in Spanien hatte sich sehr schnell eine ausgeprägte Villenwirtschaft entwickelt und durch die Fruchtbarkeit und den Reichtum an Rohstoffen machte Spanien große Exportgeschäfte in alle Teile des Reichs, nicht nur nach Rom und Italien, ebenso wie Importgeschäfte insbesondere für Massenkonsumgüter[148]. Nordafrika entwickelte sich in der Kaiserzeit vom Getreidelieferanten, der es zur Zeit der Republik war, weiter zu einer bedeutenden landwirtschaftlichen Produktionskraft mit starker Latifundienwirtschaft und zu rationell geführten Villenwirtschaften für Öl, Wein und Obst wie insbesondere Feigen. Erwähnenswert und einige Absätze zuvor bereits kurz vorweggenommen sind neben weiteren Luxusgütern auch der hohe Absatz von Öllampen ins ganze Reich[149]. Allein dieses integrierte Zusammenspiel der Provinzen mit Rom und dem italischen Kerngebiet stellt eine bedeutende Fortentwicklung des römischen Wirtschaftssystems beziehungsweise der Wirtschaftsprozesse dar.

Wird noch einmal die Rolle der *collegia* betrachtet, so ist festzustellen, dass sich ihre Bedeutung im Bereich des Handels unterscheidet von der Bedeutung für Gewerbe und Produktion. Waren sie dort – wie hier zuvor schon dargestellt – wirtschaftlich unbedeutend, so ist im Bereich des Handels eindeutig eine wirtschaftsfördende Rolle festzustellen.

142 Plin. nat. 14,43–68.
143 Fellmeth (2008) S. 135, 1. Abs. siehe auch De Martino (1991) S. 258, 1. Abs. und S. 326 Mitte.
144 De Martino (1991) S. 328, 2. Abs. unten.
145 Rostovtzeff (1929) Band I, S. 132, 2. Abs.
146 De Martino (1991) S. 126, 4. Abs.
147 De Martino (1991) S. 486 unten.
148 De Martino (1991) S. 495, 3. Abs. bis 496, 3. Abs.
149 De Martino (1991) S. 499, 2. Abs. – S. 501 und zur Republik S. 215.

Christ arbeitet diesen Unterschied zwar nicht heraus, beschreibt aber für das Fluss- und Seetransportgewerbe, dass die *corpora*[150] der *nautae* (Binnenschiffer) und der *navicularii* (Reeder) die „regelmäßige Aufrechterhaltung der Transportleistungen garantierten“[151], und somit gemeinschaftliche und wirtschaftsfördernde Funktionen wahrnahmen.

Neville Morley[152] diskutiert in einem Beitrag zum Verständnis des Handels in der römischen Kaiserzeit, ob dieser Handel mit der globalisierten Wirtschaft der Neuzeit verglichen werden kann. Er beschreibt zuerst das Römische Imperium mit zwei Eigenschaften: der Verbundenheit der Reichsteile (*connectivity*) und der Mobilität von Gütern und Personen (*movement*).

Schon Heichelheim[153] nutzt in den 30er Jahren des letzten Jahrhunderts in seinem – dem Ton und der politischen Analyse nach der Zeit des Erscheinens geschuldeten[154] – umfassenden Werk über die Wirtschaftsgeschichte des Altertums bei der Beschreibung der Wirtschaft des Kaiserreichs den Begriff des „Netz(es) von Kolonien, neugegründeten nichtkolonialen Städten und angesetzten oder ökonomisch gehobenen und befreiten Bodenkolonisten“, das sich „organisch von West nach Ost über das Imperium Romanum“ hin ausbreitete. Er deutet damit ebenfalls ein mobiles und miteinander verbundenes Reich an[155].

Auch Scheidel ruft eine These ökonomischer Integration auf, wenn er sagt, dass Ökonomien, die wachsen wollen, sich integrieren müssen[156]. Tatsächlich untersucht Morley dazu dann Analogien zwischen Rom und einer modernen globalisierten Wirtschaft. Darin ist die mobile und miteinander verbundene Wirtschaft Ausdruck des Bedürfnisses des Individuums, sich auch in einen globalen Kontext zu setzen[157], seine Handlungsweisen[158] entsprechend anzupassen und seine ‚*romanness*‘ durch entsprechenden

150 Christ verwendet hier den Begriff der *corpora*. Rohde (2012) stellt in ihrer Arbeit noch einmal fest, dass die Begriffe *collegia*, *corpora* und Kollegien synonym verwendet werden können (s. S. 13).

151 Christ (1984) S. 101 und auch Rohe (2012) stellt in ihrer Arbeit über die Integration von *collegia* in Hafenstädten fest, dass in handelsnahen Sphären collegia als wirtschaftliche Interessenverbände dienten (S. 351), wohingegen handwerkliche collegia neben sozialen Zielen aus wirtschaftlicher Sicht lediglich ein Know-How-Transfer zugute gehalten wird (S. 354).

152 Morley (2012) S. 313.

153 Heichelheim (1938) S. 678 unten.

154 Heichelheim meint, „wenn Cäsar (...) nicht das ihm für seine Weltmission notwendig Erscheinende rücksichtslos durchgeführt hätte (...) und wenn er nicht dieser Selbstüberschätzung durch den so sinnlosen wie bis heute nachwirkenden Mord an den Iden des März zum Opfer gefallen wäre, hätte die antike Welt (...) eine Umgestaltung durch einen wahren Arzt ihrer Leiden und Krankheiten erfahren“ (S. 679) und trägt damit zu einem Cäsar-Bild bei, das viele Jahrzehnte weiter dominant bleiben sollte.

155 Sommer (2013) beschreibt die Vernetzung (S. 38) und Mobilität (S. 51) der Wirtschaft schon für die Bronzezeit und insbesondere die griechische Antike, so dass dies keine Neuheit Roms war, aber innerhalb der Geschichte Roms zu diesem Zeitpunkt eine verstärkte Prägung darstellte.

156 Scheidel (2012) S. 8, 2. Abs.

157 Morley verwendet die Begriffe Relativisierung (*relativization*) und Reflexivität (*reflexivity*).

158 Morley spricht hier von *material practices* und verweist auf die Studie von Hingley über „*Globalizing Roman Culture*“ von 2005.

Konsum auszudrücken. Dies sind Kritierien, die – laut Morley – in der modernen Globalisierungstheorie als hinreichend begründend für eine globalisierte Wirtschaft angesehen werden[159]. Dieser sicher kontroverse Diskussionsbeitrag sei hier nicht weiter betrachtet. Und doch zeigt er zumindest an, dass mancher Wirtschaftshandelnde in der Periode des Römischen Kaiserreichs in einem globalen Austausch stand und die Wirtschaftskultur starke, prägende globale Einflüsse gewann und dass Wirtschaften integrativ mit den Provinzen durchgeführt wurde. Wie Morley feststellt, ist es ebenfalls angeraten, den Begriff „*Roman globalisation*" zu nutzen, um von der Globalisierung im heutigen Verständnis abzugrenzen[160], und somit wie Temin einem Wirtschaftscharakteristikum das besondere Attribut „römisch" voranzustellen, um seine Eigenheit zu betonen.

Nicht außer Acht lassen darf man hier die bedeutende Entwicklung der Münzprägung. Christ beschreibt, dass die Neuordnung der Münzprägung in augusteischer Zeit und die Verlegung der Münzprägestätten nach Rom den klarsten Impuls für die Wirtschaftsstruktur gaben[161]. Es wurde ein Währungssystem etabliert, das über mehrere Jahrhunderte stabile Relationen der einzelnen Münzarten zueinander herstellte, das regionale Währungen mit einer festen Relation an das römische Münzsystem band[162] und auch Abwertungen der Geldeinheiten überstand. Diese finanzielle Sicherheit begünstigte ebenfalls die Integration des Reichs und die Erweiterung des Warenaustauschs.

Will man die Wirtschaftskultur dieser Epoche zusammenfassen, so darf man den berechtigten Hinweis von Staerman nicht außer Acht lassen, nach dem das Imperium durch seine ungeheure Reichweite ein ‚Konglomerat' der verschiedensten Wirtschaftsstile und Produktionsweisen war. Wird trotz dieses Hinweises eine Zusammenfassung der zuvor skizzierten Entwicklung versucht, so lässt sich die Wirtschaftskultur dieser Epoche abschließend noch einmal treffend mit einem Auszug aus dem bekannten Satyricon des Petronius aus der Zeit Neros zur Mitte des ersten Jahrhunderts beschreiben. Darin schildert der Freigelassene Trimalchio seinen Lebenslauf und seine Tatkraft als Händler und stellt noch einmal verkürzt die hier für diese Epoche als prägend herausgearbeiteten Einflüsse dar: die steigende Bedeutung von Freigelassenen als Wirtschaftssubjekte, von Fern- und Seehandel und allgemein eines massiven Reichtums. Dieses Zitat lässt dabei den Epochenwandel erkennen – von zögerlicher Hinwendung zu Handelsaktivitäten im Zitat Catos für die späte Republik zu vollmundiger Handelstätigkeit in der römischen Kaiserzeit[163]:

159 Morley stellt aber auch Faktoren wie Schnelligkeit des Austauschs und Verbesserung der Kommunikation dar, die für die Phase des kaiserzeitlichen Reichs sich nicht bedeutend gegenüber früheren Zeiten verbessert hätten. Dieser Ansicht muss man sich nicht anschließen, wenn man zum Beispiel die von Klee (2010) beschriebenen Investitionen des Augustus in die Aufrechterhaltung und den Ausbau der bestehenden Wege bedenkt (siehe dort S. 15).

160 Morley (2012) S. 309.

161 Christ (1988) S. 119.

162 Drexhage, Konen, Ruffing (2002) S. 37 und S. 206.

163 Petron. 76, übersetzt nach Schönberger, s. Kap. 7.3.

Concupivi negotiari. Ne multis vos morer, quinque naves aedificavi, oneravi vinum — et tunc erat contra aurum — misi Romam. Putares me hoc iussisse: omnes naves naufragarunt. Factum, non fabula. Vno die Neptunus trecenties sestertium devoravit. Putatis me defecisse? Non me hercules mi haec iactura gusti fuit, tanquam nihil facti. Alteras feci maiores et meliores et feliciores, ut nemo non me virum fortem diceret.

Ich bekam Lust zu Geschäften. Um euch nicht lang aufzuhalten, ich baute fünf Schiffe, verlud Wein – und der wurde damals mit Gold aufgewogen – und schickte ihn nach Rom. Aber wie bestellt: alle fünf erlitten Schiffbruch. Tatsache, keine Märchen. An einem Tag hat Neptun dreißig Millionen geschluckt. Meint ihr, ich hätte aufgegeben? Nein, beim Herkules, der Verlust ließ mich kalt, als wäre nichts passiert. Ich baute neue, größere, bessere Schiffe mit mehr Glück, so dass alle sagten, ich sei ein Teufelskerl.

Ähnlich wie im Kapitel zuvor anhand Catos Aussage über seine Zeit, so zeigt diese kurze Passage viele Aspekte der Wirtschaftskultur ihrer Epoche: das doppelte Engagement einer hier fiktiven, literarischen Figur als Reeder und Händler (*naves aedificavi, oneravi vinum*), die Fokussierung auf Wein als eines wie zuvor bereits dargestellt besonders ertragreichen Handelsgutes und erneut die Darstellung der Risikohaftigkeit gerade der Seehandelsaktivität. Diesem Risiko wird hier aber – im Gegensatz zum Zitat Catos – ohne Zögerlichkeit begegnet (*mi haec iactura gusti fuit*). Petronius stellt somit den Wandel seiner Zeit in der Ausübung von Handelsgeschäften und generell einer mutigen, unternehmerischen Wirtschaftskultur überspitzt dar.

4.1.5 Zusammenfassung

Das vorliegende Kapitel hat einen Überblick gegeben über die Entwicklung der Wirtschaftskultur des Römischen Reiches, welche als solcher Begriff in der bisherigen Literatur nicht exponiert verwendet und als Thema nur selten analysiert wurde. Die Einordnung des Begriffes zu Beginn dieses Kapitels hat jedoch die Bedeutung des Verständnisses über das wirtschaftskulturelle Umfeld und dessen Auswirkung auf das betriebswirtschaftliche Denken und Handeln herausgearbeitet, welches für den Untersuchungsgegenstand dieser Arbeit grundlegend ist. Die drei gewählten Zeitabschnitte markieren dabei wesentliche Veränderungen des Wirtschaftens und der Kultur des Wirtschaftens. Abbildung 4 stellt zusammenfassend diese Abschnitte und Entwicklungen dar, kann in ihrer Einfachheit aber nicht alle Aspekte der vorigen Diskussion wiedergeben.

Greift man auf die zuvor benannten Definitionen von Abelshauser und Hölscher für den Begriff der Wirtschaftskultur zurück, so lässt sich feststellen, dass sich spezifische Handlungsweisen im Verlauf der genannten Perioden klar nachvollziehen lassen – von agrarischer Subsistenzwirtschaft hin zu einer „globalen" Wirtschaft. Diese Handlungsweisen entsprechen den Denkweisen, die sich aus den Quellentexten erschließen lassen. Die Agrarschriftsteller belegen diese Entwicklung – von Cato über Varro hin zu

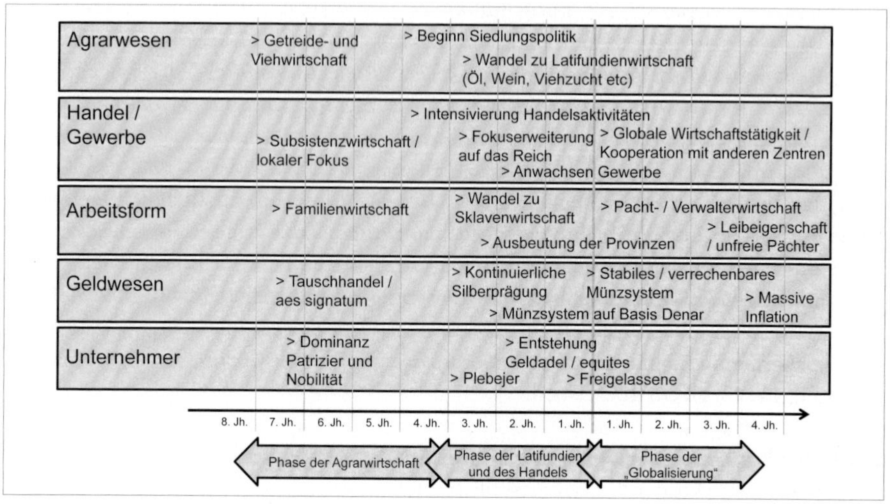

Abb. 4: Epochen der Wirtschaftskultur Roms (© Autor)

Columella – eindeutig, wie im Weiteren zu zeigen sein wird. Die wirtschaftlichen Organisationsmuster, laut Abelshauser Bausteine der Wirtschaftskultur, stellen sich uns als immer komplexer dar. Die Organisation des Wirtschaftens reagierte auf die „Globalisierung" des Wirtschaftsverkehrs, wenn sie auch nie Formen von Massenproduktion erreichte.

Die Einstellung zur Wirtschaftsordnung, insbesondere bezogen auf die Bedeutung des Wettbewerbs, ist im Verlauf der Jahrhunderte immer stärker klar von Handelsaktivitäten und dem Eingehen von wirtschaftlichen Risiken gekennzeichnet. Der politische Wettbewerb war für Rom gewonnen, aber der wirtschaftliche entwickelte sich im Reich und auch im Fernhandel außerhalb des Reiches weiter. In Teilen übersteigerte sich das Gewinnstreben in diesem Wettbewerb und führte zu den dargestellten ausbeuterischen Exzessen.

Die von Hölscher auch angesprochene Rolle des Staates in dieser Wirtschaftsordnung ist ein wesentliches Merkmal durch alle hier dargestellten Epochen: der Staat griff – vor den Zeiten der Spätantike – meist nicht wesentlich in das Wirtschaften ein. Moderne Autoren führen eine Debatte darüber, ob Rom eine (planvolle) Wirtschaftspolitik verfolgte. Finley betont, dass der römische Staat meistens nicht in das Wirtschaftsleben eingriff, was als *laissez faire* bezeichnet werden kann. Dieses Nichthandeln könne aber nicht als Wirtschaftspolitik bezeichnet werden. Das Hauptanliegen des römischen Staates sei die „Befriedigung materieller Bedürfnisse" gewesen. Er sei damit nicht über die Handlungsweisen der kleinen griechischen Stadtstaaten hinausgekommen[164]. Andreau betont ähnlich, dass eine Diskussion über „liberale" oder „dirigistische" Handlungsweisen wegen des vorhandenen, begrifflich aber nicht zusammengefassten Verständnisses von

164 Finley (1977) S. 190/191.

Wirtschaften anachronistisch sei[165]. Fellmeth untersucht am Beispiel der Politik des Tiberius Gracchus, ob volkswirtschaftlichen Problemen durch (Wirtschafts-) Politik begegnet wurde, und kommt zu dem Schluss, dass sich in diesem Beispiel „gesellschafts- und wirtschaftspolitische Anliegen wesentlich deutlicher" herausgebildet haben als zu früheren Zeiten[166]. Aus den zitierten Untersuchungen ergibt sich somit das Bild, dass staatliche Eingriffe im Laufe der Jahrhunderte zielgerichteter vorgenommen wurden, ohne aber bereits eine planvolle Wirtschaftspolitik darstellen zu können. Es soll an dieser Stelle keine Untersuchung über staatliches Wirtschaftshandeln vorgenommen werden. Die Diskussion bestätigt aber, dass zur römischen Wirtschaftskultur ein freier Handlungsrahmen gehörte. Dieser war nicht durch liberale Wirtschaftspolitik geschaffen, sondern existierte als nicht aktiv eingeschränkter Spielraum – und wurde erst zu Zeiten der Spätantike begrenzt.

Individuelle Handlungsorientierungen waren in diesem Kontext gerade im Kaiserreich auf Leistung und Gewinn ausgerichtet – und konnten auf funktionierende Institutionen vertrauen, wo diese vorhandenen waren. Es lässt sich zusammenfassen, dass Roms Wirtschaft in den hier betrachteten Perioden ökonomische Freiheit besaß und Rom für unternehmerisch handelnde Wirtschaftsakteure einen freien Wirtschaftsrahmen geschaffen oder, genauer, belassen hatte. Temin nennt das „die römische Marktwirtschaft" und führt den funktionierenden Arbeitsmarkt, natürlich das römische Rechtssystem und beispielhaft den Weizenhandel als Belege für diese Marktwirtschaft an[167]. Die Verwendung dieses modernen Begriffes jedoch kann zu neuen Missverständnissen führen[168]. Um solche zu vermeiden, beschränkt sich die vorliegende Arbeit auf die Feststellung einer Ökonomie mit hohen Freiheitsgraden und Anreizsystemen, die über die Jahrhunderte hinweg eine Wirtschaftskultur des steigenden Wettbewerbs geschaffen hat.

An den beiden Polen römischer Wirtschaftskultur ist auch die Struktur der vorliegenden Untersuchung aufgehängt: das Wirtschaften in einer auf Sicherheit bedachten, zurückhaltenden Wirtschaftskultur, die hier vereinfachend als „agrarische Wirtschaftskultur" bezeichnet wurde, und das Wirtschaften in einer risikofreudigen und handelsorientierten Wirtschaftskultur. Der Kern der Arbeit wird die beiden Sichten gegenüberstellen, um ein aussagefähiges Bild des römischen Wirtschaftens zu erhalten.

Diese Kultur, die Spezialisierung, der Konkurrenzdruck, die Wettbewerbsorientierung und der dargestellte Wandel bilden die Basis für die weiteren Untersuchungen dieser Arbeit. Dabei ist ebenfalls entscheidend, dass dieser Wandel nicht von selbst, problemlos

165 Andreau (2010) S. 203, 1. Abs.

166 Fellmeth (2008) S. 102.

167 Temin (2012). Siehe S. 114 ff. für die Argumentation eines marktwirtschaftlich funktionierenden Arbeitsmarkts, S. 99, 3. Abs. für die Benennung des Rechtssystems als Grundlage freien marktwirtschaftlichen Handelns und S. 97 ff. für das Funktionieren des Weizenhandels.

168 Schneider (1998) S. 655 ff., dort Zitat 673 argumentiert aufgrund von Subsistenzproduktion, Redistribution, Marktaufsicht und weitgehend isolierten lokalen Märkten – was wiederum einer eingehenden Diskussion bedürfte –, dass die römische Wirtschaft der Kaiserzeit nicht als Marktwirtschaft zu bezeichnen sei.

und reibungsfrei vor sich ging, sondern die kreative Kraft des einzelnen Wirtschaftsakteurs erforderte.

4.2 Wirtschaftshandelnde

4.2.1 Soziale Sicht

Nach der Untersuchung der Wirtschaftskultur soll dieses Kapitel darstellen, wer Wirtschaftshandelnder im antiken Rom war. Dabei soll betrachtet werden, wer – im modernen Sprachgebrauch – potenziell Unternehmer oder Manager, also Eigenverantwortlicher oder eingesetzter Verantwortlicher eines bedeutenden Wirtschaftshandelns war. Dabei ist festzustellen, dass die römische Sprache und das antike Verständnis keinen einheitlichen Begriff für einen Unternehmer kannten. Daher soll hier eine Begriffsklärung für die Bezeichnung (betriebs-) wirtschaftlich Handelnder als Voraussetzung für die folgende Analyse erfolgen.

Ausgehend von Scheidels Aussage, dass „das Wesen der Ökonomie durch den sozialen Status geprägt" wurde[169], soll hier zuerst eine Darstellung anhand der sozialen Schichtung erfolgen, bevor anschließend eine begriffliche Suche vorgenommen wird mittels derer weitere Blickwinkel auf das Wirtschaftshandeln im antiken Rom zugelassen werden sollen.

4.2.1.1 Senatoren und Nobilität

Grundlegend werden die Vertreter des Senatorenstandes über alle Jahrhunderte der Republik hinweg und – wenn auch weniger stark – im Kaiserreich als die wesentlichen Akteure der römischen Wirtschaft angesehen. Seit der *lex Claudia* aus dem Jahr 218 v. Chr. durften sie sich formell zwar nicht im Seehandel betätigen und waren somit vorwiegend auf die Landwirtschaft orientiert. Diese stellte aber die wesentliche Säule der römischen Wirtschaft dar. Ihr Reichtum manifestierte sich daher im Besitz großer Landgüter. Doch schon mit der Frage nach der Führung dieser Landgüter beginnt die spannende Frage nach dem eigentlichen Wirtschaftsakteur in der römischen Wirtschaft.

Das Bild der Vertreter der Oberschicht als Unternehmer gewinnt weitere Facetten zum einen durch die Tatsache, dass Senatoren nach dem Verbot von Handelstätigkeiten durch die *lex Claudia* agrarfremde Wirtschaftstätigkeiten durch Mittelsmänner vornehmen ließen und viele Senatoren hier ebenfalls in größerem Umfang unternehmerisch tätig waren. Zum anderen gehört zum potenziellen Bild des Senators als grundbesitzender und reicher Unternehmer auch die Tatsache, dass sie ihre Landgüter zwar immer wieder besuchten, aber deren Führung als notwendiges Übel ansahen[170].

169 Scheidel (2012) S. 233, 3. Abs.
170 Siehe u.a. Kap. 5.2.3 zu einer eingehender Betrachtung dieses Sachverhalts bei Columella.

Die Vertreter der reichen Oberschicht zudem als die einzigen unternehmerisch handelnden Personen anzusehen und bedeutendes römisches Wirtschaften nur bei der reichen Elite zu verorten, geht nicht weit genug und würde einen durch die sozialen Verhältnisse verstellten Blick auf das Wirtschaftsleben Roms werfen. Allein schon zahlenmäßig[171] lässt sich erkennen, dass die 300 aktiven Senatsmitglieder zur Zeit des 3. Jh. v. Chr. vielleicht bis zu diesem Zeitpunkt, nicht mehr aber in den Zeiten der Expansion für das Wirtschaften allein verantwortlich gewesen sein können. Dies gilt umso mehr für die zahlenmäßig noch kleinere Nobilität und die Inhaber der höchsten Staatsämter. Stattdesssen müssen weitere Gruppen betrachtet werden. Dies trifft insbesondere auf *equites* zu, die durch Handel reich geworden sind, sowie auf die Verwalter senatorischen Besitzes.

4.2.1.2 Ritter (equites)

Der Ständeausgleich Ende des 4. Jh. v. Chr. hatte einigen führenden plebejischen Gruppen Teilhabe an der Herrschaft und einen Zugang zur Ämterlaufbahn Roms verschafft. Sie hatten „nie die Abschaffung der Adelsherrschaft, sondern die Beteiligung an dieser Herrschaft angestrebt“[172] – und wirtschaftlich verantworteten sie bald auch vergleichbare Wirtschaftsgüter. Doch der breiten Masse der Plebejer war weiterhin der Zugang zur Ämterlaufbahn, dem *cursus honorum,* verwehrt.

Wichtig zu bemerken ist, dass auch für die *equites* noch in der Kaiserzeit Grundbesitz die Hauptquelle des Vermögens war, sie aber „an den nichtagrarischen Einnahmequellen stärker als bei den Senatoren interessiert“ waren[173]. Alföldy betont, dass „schon die Weichen gestellt (waren) für die Herausbildung einer Elite, die nicht nur an Grundbesitz, sondern zunehmend auch am Gewinn durch Handwerk, Handel und Geldwirtschaft interessiert war“[174]. Eine dieser Weichenstellungen neben der Verwehrung des politischen Aufstiegs war die zuvor erwähnte *lex Claudia.* Im Kapitel zuvor wurde bereits darauf verwiesen, dass die Gruppe der *equites* ihr Vermögen auf Handel gründeten, von der Intensivierung der Geldwirtschaft profitierten oder wichtige Aufgaben des Staates wie die zuvor beschriebene Steuerpacht privatwirtschaftlich übernahmen[175].

Wie im folgenden Kapitel 4.2.2 dargestellt wird, engagierten sie sich in unterschiedlichen Branchen, neben Gutsbesitz unter anderem als Pächter von Staatsaufträgen, in Geldgeschäften oder als Großhändler[176]. Seit der Gracchenzeit festigte sich ein eigener wirtschaftlich erfolgreicher Stand, der *ordo equester*[177]. Die Gruppe der *equites* war dann im Kaiserreich wirtschaftlich sehr heterogen, bedingt durch unterschiedliche

171 Vgl. dazu Alföldy (2011) S. 49, 2. Abs.
172 Alföldy (2011) S. 47, 3. Abs.
173 Ebenda S. 164, 1. Abs.
174 Alföldy (2011) S. 48, 2. Abs.
175 Siehe dazu schon zuvor den Verweis auf Christ (1984) S. 49, 2. Abs.
176 Alföldy (2011) S. 70 mit Verweis auf die Terminologie Ciceros.
177 Alfödly (2011) S. 69.

wirtschaftliche Verhältnisse und berufliche Tätigkeiten[178]. Der britische Historiker Richard Duncan-Jones geht in seiner aktuellen Arbeit soweit, Senatoren und *equites* nur als zwei Ausprägungen der gleichen aristokratischen, auf Landbesitz bauenden Gesellschaftsschicht zu bezeichnen[179].

4.2.1.3 Freie, Freigelassene und Sklaven

Neben Senatoren und Rittern stellten Freie, Freigelassene und Sklaven, zuerst ab der Zeit der späten Republik und insbesondere im Kaiserreich, eine starke Gruppe von unternehmerisch handelnden oder stellvertretend geschäftsführenden Personen dar.

Die Bandbreite der von ihnen ausgeübten Berufe umfasst alle Branchen und unterschiedliche Ebenen der Verantwortung: von einem Verantwortlichen für einen Produktionsbetrieb bis hin zu einem einfachen Gewerbetreibenden. Gerade der städtische Handel wurde von Freien und Freigelassenen dominiert[180], die unterschiedlich engagiert geringe oder größere Verantwortung übernommen hatten. In der Folge sind auch einzelne Beispiele von wirtschaftlich erfolgreichen Freien und Freigelassenen dokumentiert und nachweisbar. In der sozioökonomischen Debatte zum antiken Rom wurde – im engeren Sinne bezogen auf die Freigelassenen, de facto aber relevant für Freie und Freigelassene – auch der Begriff einer eigenständigen (kommerziellen) Klasse geprägt, mit welchem die Bedeutung der Wirtschaftstätigkeit dieser Gruppe herausgehoben wird[181].

Viele dieser Tätigkeiten wurden im System des römischen Bindungswesens in Abhängigkeit von einem Patron durchgeführt. Die juristischen Rahmenbedingungen für das Wirtschaftshandeln von Freigelassenen – und hier insbesondere auch von Sklaven – sind durch die Bestellung definierter Personen zur Durchführung wirtschaftlicher Tätigkeiten, der *praepositio*, definiert. Mit der *praepositio* setzte ein Wirtschaftshandelnder eine andere Person zur selbständigen Durchführung von Wirtschaftsgeschäften ein, etwa dem Abschluss von Verträgen oder der Durchführung von Rechtsgeschäften. Jean-Jacques Aubert stellt die umfangreichen Facetten dieser Tätigkeiten dar[182]. Und auch Temin betont die Bedeutung des „offenen Modells“ der römischen Sklaverei, in dem ehemalige Sklaven sowohl sozial wie auch ökonomisch aufsteigen konnten[183].

178 Alföldy (2011) S. 163, 1. Abs.
179 Duncan-Jones (2016) S. 118.
180 Vgl. Mouritsen (2011) S. 206.
181 Ebenda S. 207.
182 Aubert (1994) S. 9 ff.
183 Temin (2013) S. 123 in Abgrenzung zum sogenannten „geschlossenen Modell“, in dem keine Einbindung in die Gesellschaft möglich ist. Als eines von vielen Beispielen führt er die Banken des Iucundus und der Sulpicii an (S. 185, 4. Abs.).

4.2.2 Begriffliche Sicht

Neben der rein sozialen Sicht auf die wirtschaftlich Handelnden – und der damit verbundene Hierarchisierung – ist auch eine davon unabhängige begriffliche Strukturierung geboten. Sie soll hier dargestellt werden für die Wirtschaftsakteure auf landwirtschaftlichem Grundbesitz, im Handel, im Gewerbe und in weiteren Wirtschaftszweigen.
Die Betrachtung der römischen Wirtschaft in unserer heutigen Zeit verbindet mehrere Berufsbezeichnungen mit unternehmerisch handelnden Personen und vermeidet den modernisierenden Begriff des Unternehmers. Diese Begriffe sollen hier als Einführung für die weitere Arbeit dargestellt werden. Dabei folgt dieses Kapitel der zuvor gewählten Struktur von Landwirtschaft, Handel und Gewerbe.

4.2.2.1 Dominus und agricola

Der klassische Wirtschaftsakteur Roms ist, wie im vorigen Kapitel dargestellt, Grundbesitzer. Wie wenig der Grundbesitzer jedoch in Rom als eine Art Unternehmer verstanden wurde, zeigt seine Bezeichnung als *dominus*, die von allen in Kapitel 3.2 benannten Agrarschriftstellern verwendet wird. Diese Bezeichnung bildet seine Sozialstellung ab und ist somit ein herrschaftlicher Begriff, jedoch kein wirtschaftlicher[184]. Der Besitzer eines Landgutes – gleich welcher Größe – wird von den Agrarschriftstellern in diesem Kontext auch als *pater familias* bezeichnet. Dies bezeugt ebenfalls die tiefe Verwurzelung in der Familie, die in der römischen Antike als weiter gefasstes soziales Umfeld verstanden wurde als im heutigen umgangssprachlichen Gebrauch. Diese Bezeichnung reicht hin bis zur Zeit Columellas im 1. Jh. n. Chr., als die Subsistenzwirtschaft als allgemeingültige Wirtschaftsform bereits weitgehend überwunden war. Froesch übersetzt Catos Erwähnung der Begriffe *dominus* und *pater familias* einheitlich mit dem Begriff Gutsherr[185].

Dass dieser *dominus* aber wirtschaftlich handelte und unternehmerische Entscheidungen von großer Tragweite zu treffen hatte, ist unzweideutig[186]. Dass der Begriff *dominus* den unternehmerisch Handelnden abbildete, zeigt auch die Verwendung des Begriffes im Kontext der Seefahrt: der *dominus navis* hat – analog zum grundbesitzenden *dominus* der Agrarwirtschaft – das Eigentum an einem Schiff inne und trägt die unternehmerische Verantwortung für die Rentabilität seines Besitzes[187].

Der von den Agrarautoren beschriebene *dominus* und „Gutsherr" ist Landwirt im weiteren Sinne. Der eigentlich für die Bezeichnung als Landwirt stehende Begriff *agricola*

184 Bleicken (1998) S. 831 bezeichnet den Begriff *dominus* als Ausdruck „rechtlicher und moralischer Höherstellung des *pater familias* gegenüber den übrigen Familenmitgliedern".

185 Siehe Cato agr. in der Übersetzung nach Frösch mit Kap. 2 (*patris familia officia*) und Kap. 55 (*de lignis domini*).

186 Die in den Folgekapiteln dieser Arbeit, insbesondere in Kap. 5, umfangreich verwendeten Zitate liefern den Beweis für diese Aussage.

187 Vgl. Meyer-Teermeer (1978) S. 153.

findet bei den Agrarautoren ebenfalls Verwendung, jedoch ist erkennbar, dass dieser vorwiegend dann verwendet wird, wenn Columella zum Beispiel über das Idealbild des kundigen und redlichen Landwirts redet – und seltener, wenn er über die konkrete Durchführung der betriebswirtschaftlichen Aufgaben spricht[188].

4.2.2.2 Vilicus

Die unterschiedlichen Charakteristiken eines Wirtschaftsakteurs zeigt der Begriff des *vilicus* auf, der als Verwalter eines Landguts anzusehen ist. Diese Aufgabe wurde von Freigelassenen und Sklaven wahrgenommen, die den Grundbesitz eines *dominus* verwalteten[189]. Ein *vilicus*, oder *actor*, ist für das Verständnis der Agrarschrift Columellas bedeutend[190].

In der hier vorliegenden Betrachtung betriebswirtschaftlichen Denkens und Handelns ist die Unterscheidung der modernen Begriffe des grundbesitzenden Unternehmers und des gegebenenfalls temporär eingesetzen Managers von wesentlichem Interesse und liefert weitere Ansatzpunkte zum Verständnis von Wirtschaftshandeln. Dabei ist die Betriebsgröße und die notwendige Struktur zur effektiven Steuerung betriebswirtschaftlicher Abläufe von Bedeutung, die neben dem *vilicus* weitere Verwalteraufgaben definieren, wie die hier nachfolgend kurz skizzierte Rolle des *procurator*.

In dieser Betrachtung nimmt der *vilicus* zwar eine wesentliche und betriebswirtschaftlich steuernde Rolle ein. Er ist aber Sklave und wird in der Zeit der mittleren Republik noch vorwiegend als weisungsgebundener Aufseher angesehen, bevor sich diese Rolle später in eine teilweise unabhängigere Form entwickelte[191]. Die Zeitspanne des Einsatzes solcher Verwalter erstreckt sich von den ersten Erwähnungen bei den Agrarautoren bis hinein in die späte Kaiserzeit, wie Papyrusbriefe aus dem römischen Ägypten darstellen[192]. Die Schwierigkeit, passende Sklaven für diese Aufgabe zu finden, beschreibt De Martino[193]. Und genauso ist der *vilicus* – auch wenn er wichtige Verantwortung trug – zum Beispiel bei Columella schlecht beleumundet[194].

---

188 Siehe Col. I praef. 28 und 32 für die idealisierende Verwendung des Begriffs *agricola* (ebenfalls in Col. I 1.3 dessen Kapitelüberschrift auch die Bezeichnung *rusticus* verwendet), aber auch Col. I 4.8 für die Verwendung im konkret planerischen Kontext.

189 Siehe dazu Anmerkung 1 zur Übersetzung der Schrift Catos in Froesch (2009). Ebenfalls widmet Columella ihm ein eigenes Kapitel in Buch 11 ab 11,1,3.

190 De Martino (1991) S. 331, 3. Abs. und Christ (1984) S. 100. Siehe dazu Kap. 11 der Schrift Columellas (Colum. 11,1,3 ff.).

191 Siehe u.a. die Rolle des actor bei Carlsen (1995) S. 121 f. und Plin. epist. 6,3 zum Fall eines freien Verwalters.

192 Siehe Papyrus Oxyrhynchos 1220 in Tietz (2015) S. 200.

193 De Martino (1991) S. 331.

194 Flach (1990) S. 171 und Heitland (1921) S. 258.

4.2.2.3 Procurator

Der *procurator* ist ebenfalls eine unternehmerisch handelnde Rolle, die schon im 3. Jh. v. Chr. Erwähnung findet[195] und mit der wachsenden Größe von Landwirtschaften, spätestens zur Zeit Columellas, höhere Bedeutung gewann. Dieter Flach beschreibt, dass „je weiter sich der Gutsbesitz ausdehnte und je öfter er sich auf mehrere Anwesen verstreute" ein *procurator* als Geschäftsführer eingesetzt wurde, um die Durchführung des Geschäftsbetriebs der unfreien *vilici* zu steuern[196]. Columella klärt das Verhältnis von *procurator* zu *vilicus*, wenn er beschreibt, dass der *procurator* den *vilicus* „aus der Nähe überwachen" solle[197]. Flach unterscheidet den *procurator* mit Aufgaben der Buchführung, während der *vilicus* die Aufsicht über die arbeitsausführenden Sklaven hatte.

Während in der staatlichen Verwaltung der Provinzen ein *procurator* – ergänzend zum Statthalter – für die Eintreibung der Steuern verantwortlich war und aus dem Ritterstand stammte, ist der *procurator* privater Geschäftseinheiten vorwiegend Freier oder Freigelassener, also meist dem Besitzer einer Wirtschaftseinheit unterstellt und von diesem abhängig[198]. Die Einsetzung als verantwortlicher Geschäftsführer erfolgte über ein *mandatum*[199] oder über das juristische Konstrukt des *negotiorum gestio*[200].

Ein umfangreich dokumentiertes Beispiel der Geschäftstätigkeit eines *procurator* ist die Tätigkeit des Heroninos. Die Quellenlage des sogenannten Heroninos-Archivs[201] mit einer großen Anzahl vorhandener Papyri ist aufschlussreich und hilfreich, auch wenn sie zeitlich am Rande der hier vorgesehenen Betrachtung in der Mitte des 3. Jh. n. Chr. und örtlich außerhalb des Betrachtungsraums im römischen Ägypten liegt. Die Papyri liefern ein Bild des *procurator* Heroninos, im griechischen Wortlaut der Papyri ein *phrontistes* auf dem Gut des Appianius.

4.2.2.4 Colonus

Neben dem *dominus* tritt im 1. Jh. v. Chr. ein neuer Wirtschaftshandelnder in der Agrarwirtschaft auf. Der wachsende Großgrundbesitz wurde häufiger in Einzelkomplexe aufgeteilt, die dann an einen freien römischen Bürger als selbst wirtschaftenden Kleinpächter (*colonus*) übertragen werden konnten[202]. Diese Verstärkung der Pachtwirtschaft entwickelt den *colonus* zu einem neuen Akteur mit weitgehender unternehmerischer

195 Aubert (1994) S. 184 mit Verweis auf erste Erwähnung bei Plautus, fehlende Erwähnungen bei Cato und beiläufige Erwähnungen noch bei Varro.
196 Flach (1990) S. 171.
197 Colum. I,6,7 und siehe auch Anm. 56.
198 Aubert (1994) S. 185.
199 Ebenda.
200 Siehe dazu Seiler (1968).
201 Siehe Rathbone (1991).
202 Christ (1984) S. 100, 1. Abs., der neben dem *colonus* auch den *actor* als „Geschäftsführer" erwähnt.

Verantwortung[203]. Scheidel dokumentiert die unterschiedlichen Auslegungen moderner Autoren dazu, ob Columella den *colonus* als erstrebenswerte Rolle angesehen habe oder nicht[204]. Doch diese Debatte ist ohne Relevanz für die Feststellung, dass mit der Pachtwirtschaft ein neuer Wirtschaftshandelnder im großen Stil das Wirtschaften und auch die Wirtschaftskultur Roms prägte.

Aus dem Wesen der Pachtwirtschaft mit dem *colonus* als formal gleichberechtigtem Vertragspartner entwickelte sich im 4. Jh. n. Chr. die als *Kolonat* bezeichnete dauerhafte Verpachtung eines Gutes an einen festen, an das Land gebundenen – und damit unfrei gewordenen – Bauern. Diese Entwicklung ist Folge der Krise des römischen Staates und der im 4. Jh. n. Chr. folgenden Herausbildung einer „Militärmonarchie", die die Bürger massiv reglementierte und „große Teile der Bevölkerung an ihre Tätigkeit fixierte, (so) den Bauern an das von ihn bearbeitete Land"[205].

4.2.2.5 Conductor und exercitor

Eine weitere Form des Wirtschaftens verbindet sich mit der Rolle des *conductor*. Er ist – ähnlich wie der *procurator* in der Eigenverwaltung eines Landguts – ein Verantwortlicher für die Steuerung der Verpachtung eines Landguts, vorwiegend von Bedeutung ab dem 3. Jh. n. Chr. Er nimmt die Weiterverpachtung eines gepachteten Grundstücks an Kleinpächter vor[206].

Genauso konnte im fabrizierenden Gewerbe ein Besitzer eine Anlage an einen *conductor* verpachten, der dann seinerseits für die Führung dieser Anlage zuständig war und gegebenenfalls weitere Produzenten für sich arbeiten ließ[207]. Das Vertragsverhältnis zwischen Besitzer (*locator*) und Verwalter (*conductor*) ist als *locatio-conductio*-Vertrag in der juristischen Forschung umfangreich beschrieben[208] und bildet eine wichtige Grundlage für unternehmerisches Handeln beauftragter Verwalter.

Eine zum *conductor* vergleichbare Bezeichnung für einen auf Basis von Pacht agierenden Wirtschaftsakteur findet sich im Seehandel. Der *exercitor* ist Reeder, der üblicherweise ein Schiff pachtete und „auf eigene Rechnung und Gefahr als Transportmittel

---

203 Siehe dazu Flach (1990) S. 154, der den begrifflichen Wandel eines *colonus* von einem normalen Bauern (*agricola, rusticus*) hin zu einem Pächter mit dem ersten Drittel des 1. Jh. v. Chr. datiert und das Beispiel eines *colonus* aus Ciceros Beschreibung der Taten des Verres zitiert.

204 Scheidel (1994) S. 84 f.

205 Johne (1983b).

206 Siehe u.a. De Martino (1991) S. 287 und S. 334. De Martino erwähnt auch, dass ein *conductor* „selbst einen rationellen Betrieb führen und dem Grundbesitzer die Pacht abliefern" konnte. (S. 335).

207 Siehe dazu u.a. Klee (2012) S. 21, links, 1. Abs., die neben dem Begriff des *conductor* oder den des *officinator* anführt.

208 Zur Forschung der *locatio-conductio*-Verträge siehe unter anderem Honsell (1994) und Klee (2012) S. 21, links, 2. Abs.

einsetzte“[209]. Er schloss Frachtverträge mit seinen Auftraggebern, die juristisch ebenfalls als *locatio-conductio*-Verträge bezeichnet werden.

4.2.2.6 *Redemptor*

Bevor der Bereich der in der Landwirtschaft engagierten Wirtschaftshandelnden verlassen werden soll, muss noch die Tätigkeit des *redemptor* Erwähnung finden. Der *redemptor* ist ebenfalls privatwirtschaftlich handelnd, ersteigert sich öffentlich oder privat vergebene Aufgaben in der Landwirtschaft oder anderen Bereichen und ist verantwortlich für deren ertragreiche Durchführung[210]. Diese Aufgaben können, wie von Cato beschrieben[211], in der Durchführung landwirtschaftlicher Einzelaufgaben wie einer Olivenernte liegen oder, wie im Beispiel des Bäckers Eurysaces[212], als dauerhafte und längerfristige Zulieferungen für staatliche Auftraggeber erfolgen. Ein *redemptor* zeichnet sich durch die Durchführung spezialisierter Vorhaben aus und handelt bei der Vergabe dieser Aufträge unternehmerisch in direkter Konkurrenz zu Mitbewerbern[213].

4.2.2.7 *Publicanus*

Das eben beschriebene Phänomen der Ersteigerung von Aufträgen trifft in noch stärkerem und literarisch bekannterem Maße auf die *publicani* zu. Wie im vorigen Kapitel 4.1.3 beschrieben, ersteigerten die *publicani* öffentliche Aufträge gegen Zahlung eines festen Betrages und versuchten dann, den Auftrag gewinnbringend auszuführen. Die Vergabe der Steuerpacht römischer Provinzen ist das bekannteste Beispiel dieser Geschäftstätigkeit. Das Prinzip der Versteigerung bezog sich aber auch auf andere öffentliche Aufgaben wie öffentliche Bauten oder die Belieferung der Armeen, die an Publikane vergeben wurden. Die immer wieder mit den *publicani* und ihren umfangreichen Geschäftstätigkeiten auftretenden Betrugsfälle begründen ihren schlechten Ruf[214].

Durch die Größe der Vorhaben – insbesondere in der Steuerpacht – und die deshalb teilweise gegründeten Finanzierungsgesellschaften, *societates publicanorum*, sind die *publicani* zusätzlich eine betrachtenswerte Gruppe Wirtschaftshandelnder im antiken Rom. Vermögende Vertreter der Oberschicht bildeten diese Art „Unternehmergesellschaften“ zur Übernahme staatlicher Finanzierungsaufträge. Damit einher geht auch

209 In einzelnen Fällen beziehungsweise bei kleineren Vorhaben ist ein *exercitor* auch Besitzer eines Schiffes, vgl. Meyer-Termeer (1978) S. 150.

210 Siehe Flach (1990).

211 Cato agr. 137.

212 Siehe Hackworth Petersen (2003) S. 230 mit der Inschrift *est hoc monumentum margei Vergilei Eurysacis pistoris redemptoris apparet.*

213 Klee (2012) S. 21, rechts, 2. Abs.

214 Siehe u.a. Feig Vishnia (1996) S. 41 zu Betrugsfällen im Kontext eines Auftrags zur Versorgung der römischen Armeen.

eine Aufteilung der Verantwortlichkeit des Auftrags und die Organisation der unternehmerischen Verantwortung und Geschäftsführung. Bei der Übernahme der Verantwortung ist der *manceps* derjenige, der den Pachtvertrag juristisch abschließt und „mit einem Grundstück als Sicherheit für die Erfüllung des Vertrages gegenüber der Staatskasse haftet“[215]. Neben ihm stehen mehrere *socii*, die Teilhaber der Gesellschaft sind und die Finanzierung mit übernehmen. Aus organisatorischer Sicht wird ein *magister* als Verantwortlicher in größeren *societates* eingesetzt und leitet diese[216]. Die unterschiedlichen Rollen innerhalb dieser *societates publicanorum* bieten umfangreiche Einblicke in diese Art des Wirtschaftshandelns.

4.2.2.8 Mercator und negotiator

Der Kaufmann oder Händler, zuerst mit dem Begriff des *mercator* verbunden, stellt den klassischen Streitpunkt in der Betrachtung römischen Wirtschaftens dar – bereits in der Literatur der römischen Elite aber auch im modernen Diskurs. Er bildet den Gegensatz zum agrarischen Wirtschaften und befindet sich immer wieder mit der auch hier zuvor bereits zitierten Erwähnung Catos im Spannungsfeld zwischen Respekt und Ablehnung. In keinem der hier bezeichneten Berufe spiegelt sich der Konflikt zwischen ethischer Betrachtungsweise von Wirtschaftstätigkeit auf der einen Seite und Gewinnorientierung und Rationalität auf der anderen Seite so klar wider wie in der Tätigkeit des Kaufmanns[217].

Als noch bedeutendere Bezeichnung für einen Händler gilt die des *negotiator*, welcher als Groß- und Fernhändler vorwiegend mit der Ausführung von Handelstätigkeiten im Reich und zwischen den Provinzen befasst war. Im Imperium wurde der Begriff der *negotiatores* mit dem Begriff der *mercatores*, der Kaufleute fast synonym benutzt, obwohl die Geschäfte der *negotiatores* meist größeren Umfang hatten und sie Wert darauf legten, sich von kleinen Ladenbesitzern und Handwerkern abzugrenzen[218].

Der Begriff des *negotiator*, ab der Zeit der späten Republik und insbesondere im Kaiserreich verwendet, wurde in der modernen Literatur zum Synonym für Unternehmertum im antiken Rom[219]. Auch weitere Tätigkeiten wie bedeutende Finanztransaktionen der *argentarii*[220] wurden als Handlungen unter dem Oberbegriff der *negotiatores* angesehen,

215 Badian (1997) S. 87.

216 Malmendier (2020) S. 261 f. und 266 f.

217 Siehe dazu die Diskussion der Facetten des Kaufmanns bei Giardina (1989) S. 276–304.

218 Christ (1984) S. 101, 3. Abs. Siehe auch Candace Rice in Wilson, Flohr (2018) S. 98 zur auch begrifflich nachvollziehbaren Trennung der *negotiatores* durch Anfügungen, die die Spezialisierung ihrer Tätigkeiten verdeutlichten. Auch Drexhage, Konen, Ruffing (2002) S. 128 beschreiben den *negotiator* als Großhändler und den *mercator* „eher im überschaubaren geschäftlichen Umfang tätig“.

219 Der moderne Begriff des „Unternehmertums“ wird u.a. von Alföldy in Bezug auf die *equites*, siehe Alföldy (2011) S. 69, und auch von vielen anderen Autoren hier im Kontext der *negotiatores* undifferenziert verwendet, soll in dieser Arbeit aber in Kapitel genauer analysiert werden.

220 Reden (2012) S. 279 ff. Siehe für eine weiterführende Darstellung der Berufe im Finanzwesen Kap. 5.2.2.

weswegen der Begriff an Trennschärfe verlor. Da der *negotiator* sich mit dem Handel aus den Provinzen beschäftigte und somit auch oft im Seehandel engagiert war, werden auch Seehändler, *navicularii*, als *negotiatores* verstanden[221].

4.2.2.9 Gewerbetreibende

Die bedeutende Gruppe der städtischen Gewerbetreibenden wird nicht als solche unternehmerische Gruppe zusammengefasst. Cicero erwähnt in seiner berühmten Schmähung der Handwerksberufe[222] lediglich das Gewerbe und die Erwerbszweige (*artificium* und *quaestus*) als abstrakte Wirtschaftsformen, nicht als eigenständige Wirtschaftakteure. Stattdessen bezeichnet eine Vielzahl von Einzelbegriffen spezifisch die ausgeübte Tätigkeit ohne auf den unternehmerischen Charakter der Tätigkeiten dieser Wirtschaftshandelnden einzugehen. Und ganz in diesem Sinne fährt Cicero in seinem Zitat fort mit der Bezeichnung unter anderem der Handwerker, Metzger und Fischer.

4.2.2.10 Institor

Die Analyse der im täglichen Wirtschaftsverkehr, stark im Kleingewerbe, aber durchaus auch in größeren Aufträgen beschäftigten Wirtschaftsakteure führt abschließend zum Begriff des *institor*. Diese *institores* waren mit einer Geschäftsführung Beauftragte, die jedoch oft einen festgesetzten Auftrag zu erfüllen hatten und weitestgehend keine unternehmerischen Entscheidungen treffen konnten. Aubert beschreibt in seiner Arbeit über *Business Managers in Ancient Rome* die Mechanismen zur Einsetzung eines *institor* und dessen definierten Handlungsspielraum[223]. De Martino (S. 155) gibt wichtige Hinweise, die zuvor für die Entwicklung der Handelskultur dokumentiert wurden. In diesem Zusammenhang erwähnt er auch, dass der *institor* zeigt, dass man von häuslicher zu marktorientierter Wirtschaft übergegangen war.

Der *institor* soll an dieser Stelle die letzte Gruppe unternehmerisch handelnder oder im Auftrag eines Unternehmers geschäftsführend handelnder römischer Wirtschaftsakteure sein, die mit ihren signifikantesten Charakteristiken kurz dargestellt wurden. Er schließt eine kurze Umschau der wesentlichen Wirtschaftsakteure in einem breiten Spektrum von Tätigkeiten in unterschiedlichen Branchen ab. Die im Kern dieser Arbeit stehende Frage nach dem Wirtschaftsdenken und -handeln dieser Akteure kann auf der Basis der zuerst beschriebenen Entwicklung der Wirtschaftskultur und der handelnden Personengruppen jetzt angegangen werden.

221 Siehe zu weiteren Bezeichnungen von im Seehandel engagierten Wirtschaftsakteuren, wie dem *gubernator* und dem *magister navis*, unter anderem Casson (1971) S. 314 ff.

222 Cic. off. 1,150 übersetzt nach Gunermann.

223 Aubert (1994) S. 4.

5. Kompetenzbereiche

5.1 Definition der Kompetenzbereiche

Für die in dieser Arbeit vorgesehene Untersuchung von Wirtschaftsdenken und Wirtschaftshandeln soll dieses in seine verschiedenen Einzelkompetenzen zerlegt werden. Eine solche Strukturierung soll helfen, das Selbstverständnis einer unternehmerisch handelnden Person zu untersuchen, herauszufinden wie diese erfolgreich wurde, wie sie bestimmte Arbeitsabläufe strukturierte und insbesondere auch kritische Problemsituationen überwand. Dazu sollen die relevanten Kompetenzbereiche von „unternehmerischem Handeln" und dem Strukturieren von Arbeitsabläufen definiert werden – was mit dem eher personenbezogenen Begriff des Unternehmertums und dem eher sachbezogenen Begriff des Managements zusammengefasst werden soll. Beide Begriffe sollen im Denken und Handeln untersucht werden.

Wie einleitend bereits erwähnt[1], bietet die römische, aber auch die griechische Literatur der Antike selbst keinerlei Material, welches Wirtschaftshandeln abstrakt umreißen und etwa Kategorien definieren oder einzelne Kompetenzen als solche herausstellen würde. Daher soll die Untersuchung ausgehend von modernen Begriffen durchgeführt werden.

Eine strukturierte Beschreibung von Wirtschaftsdenken und -handeln findet sich erstmals in der Diskussion der klassischen Nationalökonomie beginnend mit dem 18. und 19. Jahrhundert. Diese erste strukturierte Fassung wirtschaftlicher Zusammenhänge legte Wert zum Beispiel auf die lenkende und regulierende Kraft des Marktes[2] oder später auf die Erklärung von Produktionskosten. Diese Analysen gingen dabei von rational handelnden Marktteilnehmern aus und forderten marktwirtschaftliche Rahmenbedingungen. Keine dieser Analysen ging hingegen auf die einzelnen Bereiche unternehmerischen Handelns oder dessen Strukturierung selbst ein.

Um den personenbezogenen Aspekt unternehmerischen Handelns besser und direkter zu adressieren, lohnt der Versuch, Wirtschaftsdenken und -handeln aus (wirtschafts-) soziologischer Sicht zu betrachten. Die Wirtschaftssoziologie untersucht das Wirtschaftsdenken und definiert unter anderem den Begriff des *homo oeconomicus*, des in Wirtschaftssachen rational handelnden Menschen. Dieser Begriff oder das Modell des *homo oeconomicus* beschreibt die Beweggründe des Individuums zu rationalem wirtschaftlichem Handeln[3]. Max Weber als einer der bekanntesten Autoren in diesem Kontext

1 Vgl. Kap. 2.2 zum Begriff der ökonomischen Theorie.

2 Wie zum Beispiel der Begriff der „unsichbaren Hand" von Adam Smith, mit dem ein Nutzen für die Gesellschaft durch Verfolgung individueller Ziele und ein „Lob der guten oder sogar optimalen Eigenschaften der perfekten Wettbewerbswirtschaft" beschrieben wird, siehe Askildsen (2003).

3 Nehring (2011) S. 38 ff. formuliert die Rationalitäts- und die Eigennutzannahme dieses Modells.

definiert dazu den Begriff des *„ökonomischen Rationalismus"* und trägt den wichtigen Aspekt eines auf analytischer Erkenntnis fußenden Wirtschaftshandelns zur Untersuchung bei. Letztlich aber liefert dieses einfache und heute stark in Frage gestellte Modell einer wirtschaftssoziologischen Herangehensweise keinen ausreichenden Einblick in die Beweggründe von Unternehmertum. Andererseits liefert die frühe Wirtschaftstheorie zu den sachbezogenen Aspekten des Wirtschaftens keinen Ansatz zur Strukturierung des Einzelhandelns. Es findet sich somit aus dieser Anfangszeit der Wirtschaftstheorie kein ausreichendes Instrumentarium, aus dem sich eine Definition relevanter Kompetenzbereiche individuellen Denkens und Handelns ableiten ließe.

Die moderne Betriebswirtschaftslehre vertiefte mit ihrer Entstehung zu Ende des 19. Jh. und im Verlauf des 20. Jh. dann wissenschaftliche Spezialgebiete. Es sei Erich Gutenbergs Kritik der Produktionstheorie, also der Untersuchung von Gütereinsatz und erzeugten Produktionsmengen, aus dem Jahr 1955 als klassisches Beispiel genannt. Sie leistete damit Fortschritte zum Verständnis der Marktzusammenhänge, auf denen unternehmerisches Handeln aufsetzte, und bildete Theoriemodelle, wie sie in der römischen Antike nicht existierten[4]. Die klassische Betriebswirtschaftslehre erläutert somit rationale Systeme. Da sie sich jedoch auf eine Systemsicht und Modellbildung konzentriert, stellt sie trotz der Breite der behandelten Untersuchungsfelder ebenfalls kein geeignetes Regelwerk zur Strukturierung rationalen unternehmerischen Handelns bereit.

Im Rahmen der modernen Betriebswirtschaftslehre machte in den 70er Jahren des 20. Jh. die zuvor schon erwähnte *Neue Institutionenökonomie* (NIÖ) einen neuen Ansatz zur Erweiterung des Rationalitätsprinzips der klassischen Nationalökonomie. Sie untersucht die „institutionelle Umwelt des Menschen" und beschreibt den Einfluss vorhandener Institutionen wie informeller und formaler Normen oder Regeln auf das wirtschaftliche Denken und Handeln[5]. Die moderne Literatur zur Wirtschaftsgeschichte der Antike entdeckte gerade innerhalb der letzten 20 Jahre mithilfe dieser Theorie wichtige Einflussfaktoren für das wirtschaftliche Handeln und nutzte die NIÖ zur Beschreibung, „welche außerindividuellen Faktoren (Institutionen) wie gesetzliche Regelungen, gesellschaftliche Normierungen und ethische Wertvorstellungen das Handeln des Einzelnen beeinflussen"[6]. Mit Hilfe dieser Technik wurde ein besseres Verständnis für die Struktur des ökonomischen Rationalismus gewonnen, doch blieb die historische Analyse auch mit Einsatz dieses Modells weiter im Vagen bezüglich einer umfassenden Strukturierung wirtschaftlichen Denkens. Und tatsächlich wird die Neue Institutionenökonomie im Allgemeinen letztlich doch in die volkswirtschaftliche Wissenschaft eingeordnet und trotz wertvoller Beiträge[7] – wie der Wissenschaftler Manfred Moldaschl es formuliert – „nicht als eine ‚Management'-Wissenschaft verstanden"[8]. Um dieser Kritik an

4 Vgl. Kap. 2.1 und 2.2.

5 Vgl. Sommer (2013) S. 19.

6 Vgl. Konferenzunterlage MCAW (2014).

7 Siehe Ruffing zur Überwindung Primitivismus Modernismus in MCAW (2014).

8 Vgl. Moldaschl (2008) S. 23, der die *Neue Institutionenökonomie* in die „Schulen" ökonomischen Denkens einordnet und dabei nicht als *management science* ansieht.

der NIÖ zu begegnen und eine sinnvolle Umschreibung wirtschaftlichen Handelns zu erhalten, soll daher – neben der Betrachtung des Begriffs des Unternehmertums – dieser moderne Begriff des ‚Managements' hier genauer beschrieben werden.

Die Funktion von ‚Management' wird heute im modernen Verständnis zuerst als Führungs- und Planungsaufgabe verstanden, wie sie in Gabler formuliert ist[9]:

> Management: Tätigkeiten, die von Führungskräften in allen Bereichen der Unternehmung (Personalwirtschaft, Beschaffung, Absatz, Verwaltung, Finanzierung etc.) in Erfüllung ihrer Führungsaufgabe zu erbringen sind. Häufig wird hier zwischen Plan, Realisierung und Kontrolle differenziert. a) Zur Planung zählen die Problem- und Aufgabendefinition, die Zielsetzung, die Alternativenplanung und die Entscheidung. b) Die Realisierung umfasst die Organisation, die Information, Kommunikation, Motivation der Mitarbeiter und deren Koordination. c) Die Kontrolle besteht aus Rückmeldung, Soll/Istvergleich für die weitere Planung und Steuerung.

Die hier genannten Kategorien von Planung, Realisierung und Kontrolle könnten ein Merkmal für die Strukturierung von Wirtschaftsdenken und -handeln sein. Jedoch haben sie allein einen zu kurzfristigen Horizont und lassen keine langfristige Planung erkennen. Diese strategische Komponente einer ‚Management'-Tätigkeit wird von Gabler unter der Bezeichnung des ‚strategischen Managements' definiert. Sie bezieht sich auf die Identifizierung von Wettbewerbsvorteilen im Vergleich zur Konkurrenz und betrifft vorwiegend langfristig ausgerichtete Maßnahmen[10]:

> „Strategisches Management" stellt sich der Frage, warum einige Unternehmungen in einer Branche erfolgreich sind und andere nicht. Jede Unternehmung muss im heutigen Wettbewerb folgende zentrale Fragen beantworten:
> (a) Welche langfristigen Ziele sollen wir verfolgen?
> (b) In welchen Geschäftsfeldern wollen wir tätig sein?
> (c) Mit welchen langfristigen Maßnahmen wollen wir den Wettbewerb in den Geschäftsfeldern bestreiten?
> (d) Was sind unsere Kernfähigkeiten, mit denen wir im Wettbewerb bestehen können?
> (e) Was müssen wir tun, um unsere langfristigen Maßnahmen umzusetzen?

9 Springer Gabler Verlag (Herausgeber), Gabler Wirtschaftslexikon, Stichwort ‚Management' ohne zugeordneten Autor, online im Internet: http://wirtschaftslexikon.gabler.de/Archiv/55279/management-v9.html.

10 Springer Gabler Verlag (Herausgeber), Gabler Wirtschaftslexikon, Stichwort ‚Strategisches Management' ohne zugeordneten Autor, online im Internet http://wirtschaftslexikon.gabler.de/Archiv/56410/strategisches-management-v7.html.

Somit ergeben sich aus den langfristigen Strategieüberlegungen und den kurzfristigen Mechanismen zur Umsetzung, die in Gabler auch unter dem Begriff der ,Unternehmensführung' zusammenfasst sind, bessere Anhaltspunkte zur Strukturierung dieser Arbeit.

Tab. 1: Strukturierung Unternehmertum und Management

Kategorie	Einzelaspekte	Detailaspekt
Unternehmertum	Personenbezogene Aspekte	–
Management	Sachbezogene Aspekte (nach Gabler)	Planungsaufgabe
Management	Sachbezogene Aspekte (nach Gabler)	Realisierungsaufgabe
Management	Sachbezogene Aspekte (nach Gabler)	Kontrollaufgabe
Strategisches Management	Sachbezogene Aspekte (nach Gabler)	Strategische Planung im Wettbewerbsumfeld zur Definition langfristiger Ziele und relevanter Geschäftsfelder

Da diese Einzelaspekte hier lediglich Anhaltspunkte liefern, lohnt insbesondere für den Bereich des (strategischen) Managements eine vertiefte Betrachtung der Werkzeuge der Wirtschaftswissenschaft unserer Zeit, mit denen eine bessere Definition der Einzelkompetenzen von ,Management' erreicht werden soll.

Diesen vertiefenden Einblick zur Untersuchung von ,Management' soll das Instrumentarium aus dem Bereich der modernen Betriebswirtschaftslehre bieten, welches über die Untersuchungen der klassischen Problemfelder wie des Rechnungswesens, der Kosteneinflussgrößen und der Absatzplanung und entsprechender Theoriebildungen[11] hinausgeht und stattdessen eine Struktur wählt, die das Handeln eines einzelnen Unternehmers oder Managers untersucht. Dazu soll zurückgegriffen werden auf die gängigen Curricula wirtschaftswissenschaftlicher Hochschulen im Bereich der zuvor hier definierten ,Unternehmensführung'. Diese im heutigen internationalen Sprachgebrauch als *Business Schools* bezeichneten Universitäten untersuchen ein breites Spektrum von Handlungsfeldern. Da die Definition dieser Handlungsfelder hier nicht im Mittelpunkt der Arbeit steht, sei der Zugriff auf diese querschnittliche Betrachtung erlaubt. Die Ökonomen Srikant Datar, David Garvin und Patrick Cullen nehmen in einer aktuellen Studie[12] einen Vergleich mehrerer Programme führender *Business Schools* vor und setzen sich kritisch mit der Zusammensetzung der Inhalte auseinander. Die Autoren bieten eine umfangreiche empirische Studie über die Programme von elf führenden *Business Schools* und gleichen Inhalt, Lehrweise, Zusammenstellung und Zielsetzung gegeneinander ab.

11 Gutenberg (1957) S. 14–18.
12 Datar et al. (2010).

Hierbei ist der Abgleich der Inhalte für die Herleitung der zu untersuchenden Kompetenzbereiche von Interesse.

Datar et al. klassifizieren[13] die Inhalte der Programme in zehn Module, die aktives unternehmerisches Handeln darstellen und für die vorliegende Untersuchung relevant sein können[14]. Diese sind:

- *Accounting*, Rechnungswesen und Buchführung: dies umfasst in erster Linie die unter dem Begriff ‚Management' benannte Kontrollaufgabe, mit der Rückmeldungen über Finanzdaten eingeholt werden und deren Soll/Ist-Vergleich vorgenommen wird. Kenntnis von Rechnungswesen und Buchführung kann als eine Grundvoraussetzung und -anforderung an einen Unternehmer gelten, mit Hilfe derer dieser den eigenen (finanziellen) Stand und Erfolg bestimmen kann.[15]
- *Finance*, (Unternehmens-) Finanzierung: dies beschreibt Techniken zur Kapitalbeschaffung als Handlungsbasis des Unternehmens. Dies stellt eine Grundvoraussetzung von unternehmerischem Handeln dar und lohnt gegebenenfalls einer Untersuchung, wird aber von Gabler im Handlungsbereich des Begriffes ‚Management' nicht direkt erfasst und ist eher im weiteren Verständnis des Begriffes der Planung zu verstehen.
- *Economics*, Mikro- und Makroökonomie: mit diesem weit gefassten Begriff können Marktzusammenhänge und die Interaktion der Marktakteure erklärt werden. Da dies eher einen beschreibenden und volkswirtschaftlichen Charakter hat, findet dies keine Entsprechung in der Umschreibung des Begriffs ‚Management' und soll hier nicht weiter in die Strukturierung der ‚Management'-Kompetenzen einbezogen werden.
- *Strategy*, Strategiedenken: dies wird in der Analyse von Datar mit den Unteraspekten Marktanalyse, Wettbewerbsvorteil und Wettbewerbsveränderung verbunden. Dies entspricht der rationalen Planung des *homo oeconomicus* im Wettbewerbsumfeld zur

---

13 Datar et al. (2010) Kap. 3, Tabelle 3.3.

14 Vier weitere Module bilden allgemeine Rahmenbedingungen oder kulturelle Eigenschaften sowie Vermittlungstechniken der Curricula ab, die im Rahmen der Arbeit für die Untersuchung von Handlungen und Kompetenzen eines Unternehmers nicht relevant sind:
– *Global Business*, globale Unternehmensführung, da dies ein Rahmenumstand des Wirtschaftens ist, der im Kapitel Wirtschaftskultur bereits abgedeckt wurde.
– *Ethics/Ethik*, da die Untersuchung der Wirtschaftsethik und die Einbettung in die ethischen und sozialen Rahmenbedingungen und Philosophien den Rahmen dieser Arbeit sprengen würden. Zudem sind sie eine wichtige Einflussgröße auf das Handeln, stellen aber streng genommen kein eigenes Handlungsfeld dar.
– *Presentations/Präsentationen*, was den Bereich Rhethorik betrifft, hier aber nicht einfließen soll, da es prinzipiell im Bereich Verhandlung/Unternehmertum abgedeckt ist, im größeren Umfang aber ein eigenes Thema ist.
– *Team project*, was als lernmethodisches Vorgehen im Rahmen der untersuchten Curricula untersucht wird, aber keine relevante Kompetenz für diese Arbeit darstellt.

15 Erst in zweiter Linie werden unter diesem Begriff heute auch strategische Finanzplanung und -steuerung gefasst.

Definition langfristiger Ziele und der Auswahl relevanter Geschäftsfelder wie es im Teilaspekt des Begriffs ‚strategisches Management' nach Gabler gefasst ist.
- *Organisational behavior and Leadership*, Organisationslehre und Führung: beides untersucht die im Begriff ‚Management' mit abgedeckte Realisierungsaufgabe mit Hilfe entsprechender Organisation und Führungsverhalten zur Erreichung der Unternehmensziele.
- *Operations*, Betriebsplanung und -abläufe: dies bildet zum einen die Planungsaufgabe von ‚Management' ab, zum anderen auch die Realisierungsaufgabe zum effektiven Betrieb und zur stetigen Anpassung der Organisation durch Veränderungsmaßnahmen.
- *Marketing*, Vermarktung: das weite Feld der Vermarktung von Produkten und Dienstleistungen umfasst im weiteren Sinne die Information der Kunden und Marktteilnehmer als Realisierungsaufgabe von ‚Management'.
- *Decision Science/Statistics,* Entscheidungsfindungsprozesse: diese sind ein Planungsinstrument, mit dem relevante Entscheidungen, ob von kurzfristiger oder langfristiger Bedeutung, gefunden werden sollen.
- *Communications*, Kommunikation: deren Darstellung als Instrument innerhalb des Unternehmens wird von Datar et al. als eigenständiges Modul beschrieben und als eigenständige Kompetenz im Kontext der Realisierungsaufgabe von ‚Management', als Führungsaufgabe untersucht und grenzt sich von externer Kommunikation ab, die unter dem Begriff Marketing gefasst wird.
- *Negotiations,* Verhandlungsführung: dies beschreibt Fähigkeiten und Techniken des wirtschaftlich Handelnden zur optimalen Zielerreichung, was als Grundfähigkeit gelehrt wird, sich aber nicht in der Definition des Begriffes ‚Management' wiederfindet und daher nicht weiter untersucht werden soll.

In der Gegenüberstellung der Begriffe Datars zu den Definitionen Gablers ergibt sich folgende Darstellung:

Tab. 2: Unternehmerische Kompetenzbereiche (nach Datar et al.)

Kategorie (nach Datar)	**Kategorie (nach Datar) – Übersetzung**	**Aspekte des ‚Managements' (nach Gabler)**
Accounting	Rechnungswesen und Buchführung	Kontrollaufgabe, basierend auf Rückmeldung und Soll/Ist-Vergleich
Finance	(Unternehmens-) Finanzierung	Planungsaufgabe
Economics	Mikro- und Makroökonomie	–
Strategy *Industry analysis* *Competitive advantage* *Competitive dynamics*	Strategiedenken – Marktanalyse – Wettbewerbsvorteil – Wettbewerbsveränderung	Strategische Planung im Wettbewerbsumfeld zur Definition langfristiger Ziele und relevanter Geschäftsfelder

Kategorie (nach Datar)	Kategorie (nach Datar) – Übersetzung	Aspekte des ‚Managements' (nach Gabler)
Organisational behavior/ Leadership *Managing organisations* *HR Management* *Leading people*	Organisationslehre und Führung – Organisationsaufbau – Personal – Führung	Realisierungsaufgabe, abgebildet als Motivation der Mitarbeiter und Führungsaufgabe
Operations	Betriebsplanung und -abläufe	Planungs- und Realisierungsaspekt, mit besonderem Fokus auf Organisationsaspekte
Marketing	Vermarktung (von Produkten und Dienstleistungen)	Realisierungsaufgabe durch Information
Decision Science/Statistics	Entscheidungsfindungsprozesse	Planungsaufgabe zur Entscheidungsfindung
Communication	Kommunikation	Realisierungsaufgabe, mit besonderem Fokus auf Kommunikation an die Mitarbeiter
Negotiations	Verhandlungsführung	–

Um diese Kategorisierungen überhaupt auf den hier gewählten Untersuchungsgegenstand und die Zeit der römischen Antike anwenden zu können, muss dargestellt werden, welche Relevanz die acht im Kontext des Begriffs des ‚Managements' relevanten Kompetenzen für die Betrachtung der Wirtschaft der römischen Antike hatten und welche begrifflichen Entsprechung diese Kategorien in der Zeit der römischen Antike hatten. Die Verwendung dieses modernen Blickwinkels wird im Folgenden für die Anwendung auf die Antike plausibilisiert. Die prinzipielle Anwendung dieser Begriffe sei hier erlaubt, weil davon ausgegangen wird, dass das Wirtschaftshandeln in seinen Grundfragen und -strukturen zeitlos ist und sich die gleichen Fragestellungen nach der Motivation und den Vorgehensweisen eines Wirtschaftshandelnden ergeben – anders als die Definition der Wege und Lösungen, welche sehr stark in der jeweiligen Zeit verhaftet sein mögen. Mit dieser Plausibilisierung soll ein begrifflicher Rahmen hergeleitet werden, der dessen Anwendung erlaubt, ohne der römischen Antike wirtschaftliche Begriffe vorzugeben mit Hilfe derer die Ergebnisse der Analyse vorherbestimmt wären. Ein Beleg dafür wird hier nachfolgend erbracht:

- *Rechnungswesen und Buchführung*: Beide Sachgebiete stellen heute ein komplexes Instrumentarium zur Feststellung der finanziellen Positionierung und Steuerung eines Unternehmens zur Verfügung. Es lässt sich wie von Rudolf Beigel[16] schon

16 Vgl. Beigel (1968).

früh vorgenommen darstellen, dass dies – sicher in viel einfacherer Form – auch in der römischen Antike existierte[17]. Die Buchführungsnachweise der *Sulpicii* und die zahlreichen Belege unterschiedlicher Papyrus-Archive sind Beleg dafür. Dies wird an späterer Stelle der Arbeit noch weiter zu zeigen sein. Darüber hinaus stellt dieses Instrument ein wichtiges Kontrollmittel in einer von Kontrolle dominierten Kultur wie der römischen dar. Da ein solches Grundverständnis einer Buchführung und des Überblicks über die Finanzen eines Betriebs Grundvoraussetzung für erfolgreiches Unternehmertum sind, soll dies im Kontext dieses Begriffes mit aufgegriffen werden.

- *Finanzierung*: Die Bereitstellung notwendiger Finanzmittel hingegen war schwieriger und wegen eines fehlenden standardisierten Bankwesens für große Unternehmensfinanzierungen vorwiegend eine Aufgabe des Einzelunternehmers oder von Unternehmergemeinschaften, der *societates*. Diese mussten durch den Zusammenschluss von Vermögen oder durch die Beschaffung von Einzeldarlehen für einzelne Vorhaben ermöglicht werden. Finanzierungsfragen stellten somit auch in der römischen Antike eine Grundlage für wirtschaftliches Wachstum dar und sollen daher mit diesem Aspekt zusammen untersucht werden, der mit der nachfolgenden Kompetenz des Strategiedenkens Relevanz gewinnt.
- *Strategiedenken*: Da auch der römische Wirtschaftshandelnde im Umfeld der sich verändernden Wirtschaft und auch der sich ändernden Wirtschaftskultur zweifelsohne strategische Überlegungen über zukünftig zu betreibende Geschäfte oder die Angemessenheit seines aktuellen Betriebs anstellen und langfristige Entscheidungen treffen musste, hat diese Kompetenz hohe Relevanz für die vorliegende Arbeit. Die Werke der römischen Agrarschriftsteller, und hier die Arbeit Columellas am Explizitesten, geben klare Belege für das Vorhandensein solchen Strategiedenkens. Wegen der Perspektive zukünftiger Erfolge oder zukünftigen Wachstums und der Herausforderungen dahingehender Veränderungen bestehender Betriebe soll es explizit als Kompetenz ‚Wachstums- und Transformationsmanagement' behandelt werden. Dabei soll nicht dem bedingungslosen Wachstums- und Fortschrittsaxiom unserer modernen Zeiten[18] nachgeeifert werden, sondern der Aspekt der kontinuierlichen Erweiterung des Umsatzes im Vordergrund stehen.
- *Organisationslehre und Führung:* Auch im antiken Rom mussten unterschiedliche Organisationsarten und -größen, wenn auch, wie in Kapitel 2.2 beschrieben, mit bedeutend geringer Größe als zu heutiger Zeit, gesteuert werden und unter Einbeziehung der Arbeiter zu einem ertragreichen und gewinnbringenden Ergebnis geführt werden. Die schriftlich von Cato, Varro und Columella dokumentierten Überlegungen dazu liefern eindeutige Beweise zur Relevanz dieser Fragestellung in der römischen Antike. Dieser Bereich soll daher als eigenständige Kompetenz ‚Führung' im Rahmen dieser Arbeit behandelt werden.

17 Siehe Vincenza (2012) S. 27, 2. Abs. und Warnking (2015).
18 Sommer (2013) S. 9.

- *Betriebsplanung und -abläufe*: Auch für einen Betrieb im antiken Rom müssen grundlegenden Fragestellungen zur Leitung eines Betriebs – zumindest für die Dauer eines Lebensalters eines *patrimoniums* – von zentraler Bedeutung gewesen sein. Wenn allein der starke Wandel der (politischen und institutionellen) Rahmenbedingungen und der zuvor beschriebene Wandel der Wirtschaftskultur betrachtet wird, ist die Relevanz dieser Kompetenz für den einzelnen *pater familias* einfach erkennbar. Dieser Aspekt soll daher ebenfalls betrachtet werden und unter den Begriffen von ‚Betriebsführung und Projekt-Management' untersucht werden, um sowohl den kurzfristigen wie auch den langfristigen Planungsfragen Rechnung zu tragen.
- *Vermarktung:* Die Fragestellung der erfolgreichen Vermarktung von Produkten und Dienstleistungen hat heute genauso Relevanz wie im antiken Rom, wenn ein Landwirt oder Produzent seine Absatzmöglichkeiten sicherstellen oder verbessern musste – und in Pompeji heute noch Inschriften zur Bewerbung von Produkten zu besichtigen sind[19]. Da diese Aufgabe einerseits mit der Absicherung der laufenden Absätze, dann aber insbesondere auch mit dem zuvor besprochenen Wachstumsbegriff zu tun hat, soll diese Kompetenz im Rahmen dieser Arbeit als Teilaspekt der ‚Strategien für Wachstum und Transformation' untersucht werden.
- *Entscheidungsfindung:* Auch in der römischen Antike war der einzelne Wirtschaftshandelnde einer wachsenden Komplexität seines Handlungsgebietes gegenübergestellt. Dieser Aspekt verlangt eine Kompetenz zur Entscheidungsfindung, die oft nach intensiver Beratung erfolgte. Es empfiehlt sich daher, diesen Aspekt als eigenständigen Kompetenzbereich ‚Entscheidungsfindung und Beratung' zu untersuchen.
- *Kommunikation:* Im Kontext der römischen Wirtschaft ist Kommunikation nicht minder wichtig. Da in der Wirtschaft der römischen Zeit aber bedeutend geringere Unternehmensgrößen betrachtet werden als in modernen Zeiten, hat Kommunikation eine geringere Relevanz als in heutigen multinationalen Konzernen. Der Aspekt soll daher als Teilbereich der Kompetenz ‚Führung' untersucht werden.

Diese Gegenüberstellung hat somit relevante Begriffe für die römische Antike plausibilisiert. Erste Hinweise wurden dargestellt, die die Anwendung dieser Begriffe im Weiteren erlaubt. Die folgenden Kapitel werden dann weiter konkretisieren, inwieweit diese Begriffe und Sachverhalte Relevanz für die römische Antike haben, ohne dass sie die Bedeutungshorizonte der modernen Begriffe ungerechtfertigt auf die römische Antike übertragen. Die nachfolgende Tabelle führt die behandelten Kategorien nach Datar daher noch einmal zusammenfassend auf und stellt die Abbildung der Begriffe auf die Bedeutungswelt der römischen Antike dar.

Einleitend in diesem Kapitel wurden personen- und die jetzt nach Datar gegliederten sachbezogenen Aspekte definiert. Der personenbezogene Aspekt des Unternehmertums ist nicht Gegenstand der Kategorisierung nach Datar, muss aber in einer Betrachtung

19 Siehe Schierl (2001) S. 65 zu den institutionalisierten Anschlagstellen (*Alben*) in Pompeji und den geschriebenen (*dipinti*) oder geritzten (*graffiti*) Anzeigen.

von Kompetenzbereichen mit aufgenommen werden. Er ist daher hier ohne Referenz auf Datar hinzugefügt.

Tab. 3: Unternehmerische Kompetenzbereiche der römischen Antike

Kategorie (nach Datar)	‚Management' (nach Gabler)	Kompetenzbereich/ Einordnung
–	–	Unternehmertum
Rechnungswesen und Buchführung	Kontrollaufgabe, basierend auf Rückmeldung und Soll/ Ist-Vergleich	Detailaspekt von Unternehmertum
Finanzierung	–	Detailaspekt von Wachstumsstreben
Strategiedenken	Strategische Planung im Wettbewerbsumfeld zur Definition langfristiger Ziele und relevanter Geschäftsfelder	Wachstum und Transformation
Organisationslehre und Führung	Realisierungsaufgabe, abgebildet als Motivation der Mitarbeiter und Führungsaufgabe	Führung
Betriebsplanung und -abläufe	Planungs- und Realisierungsaspekt insbesondere bezogen auf die Organisation	Betriebsführung und Projekt-Management
Vermarktung (von Produkten und Dienstleistungen)	Realisierungsaufgabe durch Information	Detailaspekt im Bereich Wachstum und Transformation
Entscheidungsfindungsprozesse	Planungsaufgabe zur Entscheidungsfindung	Entscheidungsfindung und Beratung
Kommunikation	Realisierungsaufgabe zur Kommunikation an die Mitarbeiter	Detailaspekt im Bereich Führung

Die acht betrachteten Kategorien Datars lassen sich somit auf fünf für die römische Antike relevante Aspekte zusammenfassen. Drei der acht Kategorien haben für die Antike geringere Relevanz und sollen daher nur als Detailaspekt einer der fünf als wesentlich erkannten Kategorien untersucht werden.

Die Reihenfolge der Untersuchung gliedert sich wie folgt: zuerst soll der Begriff des Unternehmertums allgemein untersucht werden, der über die zuvor genannten technischen Detailaspekte hinaus noch um die persönlichen Eigenschaften ergänzt werden soll. Danach soll ein umfassender Blick auf Betriebsführung und die Umsetzung von Veränderungen geworfen werden. Dies soll drittens mit den Mitteln der Führung abgeglichen werden bevor das komplexe Umfeld von Wachstums- und Transformationsstrategien untersucht wird und abschließend ein Überblick über Mechanismen zur Entscheidungsfindung geworfen wird. Für alle genannten Kategorien soll der Versuch unternommen werden, die Strukturen und Handlungsweisen, die sich hinter der moderne Begriffswelt befinden, im Wirtschaften der römischen Antike wiederzufinden.

Tab. 4: Kompetenzbereiche der vorliegenden Arbeit

Kompetenzbereich	Fragestellung
Unternehmertum	Was waren die persönlichen Eigenschaften eines unternehmerisch handelnden Wirtschaftsakteurs und wie hat er Gewinnstreben gelebt, geplant und kontrolliert?
Betriebsführung und Projekt-Management	Wie hat er einen Betrieb geplant und organisiert und wie hat er Veränderungsvorhaben umgesetzt?
Führung	Wie hat er die Beteiligten an diesem Vorhaben geführt und mit diesen kommuniziert?
Wachstums- und Transformationsmanagement	Wie hat er zukünftigen Erfolg ermöglicht und wie ist er mit Veränderungen umgegangen?
Entscheidungsfindung und Beratung	Wie hat er Entscheidungen vorbereitet, besprochen, abgewägt und getroffen?

5.2 Unternehmertum

5.2.1 Unternehmertum bei den Agrarschriftstellern

Die Untersuchung des Kompetenzbereichs ‚Unternehmertum' soll sich der Frage widmen, was die persönlichen Eigenschaften eines römischen Wirtschaftshandelnden, eines ‚Unternehmers' waren und wie er Gewinnstreben gelebt, geplant und kontrolliert hat. Als Einstieg zu dieser Untersuchung soll die moderne Lesart des Begriffes ‚Unternehmertum' dargestellt werden.

Unternehmertum wird heute im Allgemeinen als Einstellung zum Wirtschaften verstanden, mit der unter Inkaufnahme von Risiken versucht wird, Gewinne zu erzielen. Es beschreibt eine Fähigkeit und Bereitschaft, wirtschaftlich zu handeln und Geschäftschancen zu nutzen. Man verbindet damit eine persönliche Einstellung, eine Begabung oder Befähigung und insbesondere die Zielstrebigkeit einer Person. Diese Einstellung ermöglicht es, eine Wirtschaftseinheit vielleicht zu gründen, auf jeden Fall zu betreiben und – noch wichtiger – mit innovativen Ideen weiter zu entwickeln.

Dieser hier allgemein und eher intuitiv beschriebene Begriff des ‚Unternehmertums' ist nicht fest definiert. Doch stellen die Wissenschaftler Ludger Heidbrink und Peter Seele in einer Umschau mehrerer aktueller Aufsätze ein gutes Verständnis des Begriffes

'Unternehmertum' oder der Figur des Unternehmers her[20]. Georg Kohler grenzt darin den Unternehmer vom Händler, vom Kapitalisten und vom Manager ab und bezeichnet den Unternehmer – mit einem Zitat des deutschen Soziologen und Kapitalismusforschers Werner Sombart – als „die treibende Kraft" in der modernen, kapitalistischen Unternehmung[21]. Und Sombart selbst bezeichnet die Entstehungsgeschichte des Kapitalismus als „Geschichte von Persönlichkeiten"[22]. Der moderne Unternehmer wirke „in viel höherem Maße umstürzlerisch und umbildend"[23] als der grundherrliche Unternehmer. Als solchen benennt er die unternehmerisch agierenden Akteure der vorkapitalistischen Zeit, welche vom „Bedarfsdeckungsprinzip" beherrscht gewesen seien. Ebenfalls in der Umschau von Heidbrink und Seele definiert Bröckling den Unternehmer als „Verkörperung von Funktionen im Ablauf der Marktvorgänge" und benennt von diesen die vier wesentlichen Grundfunktionen[24]: die des Neuerers, die des Innovators, die des Koordinators und letztlich die des Steuerers von Veränderungen. Er benennt aber genauso auch die Funktion des Nutzers von Gewinnchancen und die des Akteurs in Ungewissheit. Bei dieser Definition über sachliche Grundfunktionen wird jedoch der persönlichen Einstellung nicht ausreichend Rechnung getragen. Diese Einstellung wird von Heidbrink und Seele als „unternehmerische Haltung" bezeichnen, die sich auf dem „Willen zur Umgestaltung und Erneuerung begründet"[25]. Auch sie heben den Begriff des Risikos – oder die Grundfunktion des Agierens in Ungewissheit – hervor, bezeichnen den Unternehmer aber als „Risikogestalter" und betonen damit den Gestaltungsaspekt. Diesen Willen zur Umgestaltung formuliert Plumpe konkreter als „Tatwillen", der „im Kern dessen steht, worum es bei der Betrachtung der Unternehmertätigkeit geht"[26]. Er leitet ihn aus den bekannten und hier schon zitierten Definitionen des „kreativen Zerstörers" von Schumpeter ab, stellt ihm aber auch die Attribute einer „rational handelnden Figur" auf Basis von Buchführung und rationaler Kapitalrechnung zur Seite[27].

Dieser analytische Blick auf den Begriff des Unternehmertums oder auf die Figur des Unternehmers verfestigt die einleitend intuitiv verwendete Beschreibung und ergänzt diese, so dass der Begriff 'Unternehmertum' im Folgenden mit drei Eigenschaften verbunden werden soll:

---

20 Heidbrink, Seele (2010).

21 Vgl. Georg Kohler: Händler, Unternehmer, Kapitalist und Manager – Zur Typologie des Wirtschaftsmenschen, in: Heidbrink, Seele (2010) S. 28. Sombart selbst charakterisiert den Unternehmer mit drei Eigenschaften: als Eroberer, Organisator und Händler, siehe Sombart (1913) S. 61.

22 Sombart (1902) Erster Band, zweiter Halbband, S. 836, 2. Abs.

23 Ebenda, S. 837, 2. Abs.

24 Vgl. Ulrich Bröckling: Enthusiasten, Ironiker, Melancholiker – Vom Umgang mit der unternehmerischen Anrufung, in: Heidbrink, Seele (2010) S. 89.

25 Heidbrink, Seele (2019 S. 16, 2. Abs.

26 Vgl. Werner Plumpe: Funktionen der Unternehmerschaft – Fiktionen, Fakten, Realitäten, in: Heidbrink, Seele (2010) S. 46.

27 Ebenda, S. 47.

- einer Gewinnabsicht gegen Risiko,
- persönlicher Zielstrebigkeit und
- innovativem Handeln.

Anknüpfend an die eingangs begründete Feststellung, dass es im antiken Rom keine großen, eigenständigen, personenunabhängigen Kapitalgesellschaften im modernen Sinne gab[28], fällt die Verwendung des Begriffs eines *Unternehmens* für die römische Wirtschaft schwer. Man wird auch den römischen Landwirt daher nicht zwangsläufig als *Unternehmer* bezeichnen. Dies gilt zudem, wenn man die zuvor zusammengefasste akuelle Diskussion über fehlende Innovation in der römischen Wirtschaft einbezieht, die hier aber gerade als eine der drei Eckpunkte unternehmerischen Handelns definiert wurde.

Um das Selbstverständnis des römischen Wirtschaftshandelnden zu analysieren, soll daher hier ein Abgleich des Bildes eines „unternehmerisch handelnden" Landwirts mit den zuvor definierten Kriterien für modernes Unternehmertum vorgenommen werden. Dabei soll das Selbstverständnis des Landwirts, wie es in den Schriften der Agrarautoren formuliert ist, zuerst untersucht werden.

Das grundlegende zeitgenössische Selbstverständnis über den Landwirt als unternehmerisch handelnde Person, hier repräsentiert aus der Zeit der „Globalisierung" des Wirtschaftsverkehrs, macht eine zentrale Passage aus Columellas Schrift anschaulich, die im ersten Satz des ersten Kapitels[29] quasi ein Manifest über den Landwirt, und somit den landwirtschaftlichen Unternehmer, darstellt. Sie ist, wie im einleitenden Kapitel 3.4.2 zum methodischen Ansatz schon beschrieben, ein Beispiel einer explizit sichtbaren und belehrenden Anleitung Columellas:

> *Qui studium agricolationi dederit, antiquissima sciat haec sibi advocanda: prudentiam rei, facultatem inpendendi, voluntatem agendi. Nam is demum cultissimum rus habebit, ut ait Tremelius, qui et colere sciet et poterit et volet. Neque enim scire aut velle cuiquam satis fuerit sine sumptibus, quos exigent opera, nec rursus faciendi aut inpendendi voluntas profuerit sine arte, quia caput est in omni negotio nosse,* (...)

> Wer sich der Landwirtschaft verschreibt, muss wissen, dass er folgende grundlegende Voraussetzungen braucht: Sachkunde, Betriebsmittel und Arbeitswillen. Denn – so sagt Tremelius – nur der wird einen tadellosen Gutsbetrieb haben, der Landwirt zu sein versteht, vermag und willens ist. Weder genügt das Wissen und der Wille ohne die Investitionsmittel, die die Landwirtschaft erfordert, noch nützt die Bereitschaft zu arbeiten und zu investieren ohne Sachkunde, da ja bei jeder Tätigkeit das Wichtigste ist, zu wissen, was man tun muss; (...)

28 Vgl. Kap. 2.2.

29 Colum. 1,1,1–2, direkt nach der Einleitung, Übersetzung nach Richter, siehe Kap. 7.3.

Diese einleitende Passage zu Columellas Werk zeigt zuerst, mit welchen drei prägenden Begriffen Columella die Voraussetzung für erfolgreiches Wirtschaftshandeln definiert[30]: *prudentia rei* (Fachwissen), *facultas impendendi* (ausreichendes Kapital) und *voluntas agendi* (Willen). Mit diesen Begriffen wählt Columella stärkere und aussagekräftigere Bezeichnungen als Tremelius Scrofa, der römische Senator aus der Zeit der späten Republik, der auch bei Varro schon Erwähnung findet[31] und auf dessen landwirtschaftliches Werk, das jedoch nicht überliefert wurde, Columella sich hier explizit bezieht. Dieser hatte nach dem Zitat Columellas eine (unternehmerische) Fähigkeit mit den wortmächtigen Verben *scire* (wissen), *posse* (können) und *velle* (wollen) bezeichnet, über die Columella seine technischeren, aber konkreten Formulierungen stellt.

Das Ziel dieser (unternehmerischen) Fähigkeiten beschreibt Columella – ebenfalls als Zitat Tremelius Scrofas – mit dem Begriff eines „tadellosen Gutsbetriebs“, das im lateinischen Original mit der Formulierung *cultissimum rus*, dem „am besten bestellten Land“, einen eindrucksvolleren Superlativ für die beste Leistung definiert. Damit ist dem Wortlaut nach nicht die außergewöhnlichste oder innovativste Leistung gemeint, sondern eben die beste Leistung (im herkömmlichen Wirtschaften). Die Frage ließe sich hier stellen, ob Columellas Ideal eines Landwirts der eingangs[32] definierten Festlegung von – vereinfacht gesagt – innovativem Unternehmertum entspricht. Tatsächlich aber beantwortet der weitere Verlauf von Columellas Werk diese Frage, wenn ebensolche innovativen Handlungsempfehlungen, wie die Investition in Vogelvolieren, durchaus gegeben werden. Dies wird in der Analyse der weiteren Kompetenzbereiche zu zeigen sein.

Die (ökonomische) Intention Columellas mit seinem Werk ist – neben vielleicht persönlichen Ambitionen[33] und vielfach diskutierter moralischer Kritik[34] – die Aufforderung an die römischen Eliten zur Anleitung ihrer Verwalter zu effektiverem und vor allem ertragreicherem Landwirtschaften. Er möchte die weitere Tätigkeit der Eliten in das Sittenbild und das damit verbundene landwirtschaftliche Handeln einbinden und in diesem Kontext den Landwirt zu mehr Engagement motivieren[35].

Vor diesem Hintergrund lässt sich erkennen, wie Columella den Dreiklang von Sachkunde, Geldmitteln und Willen miteinander verzahnt, um seine Botschaft zu transportieren und sein Ziel zu erreichen. Er verstärkt argumentativ die Bedeutung der Sachkunde seines Werkes[36], die sich aber auch durch den schieren Umfang der dieser Passage

30 Vergleichbare Stellen sind auch zu finden bei Varro. Varro rust. 2,praef.,5 beschreibt in bewusst sachorientiertem Ton *ratio ac scientia coloni*, Wirtschaftsweise und Sachkenntnis des Bauern, ebenfalls beides als Fundament des Landwirts, ohne hier explizit auf diese grundlegend unternehmerischen Eigenschaften einzugehen.

31 Siehe u.a. Varro rust. 1,2.

32 Vgl. Kap. 2.1.

33 Diederich (2007) S. 372, 2. Abs. beschreibt, wie Columella sich selbst als „Provinzedelmann“ mit der Berufung auf alte Traditionen Ansehen in der römischen Aristokratie verschaffen wollte.

34 Mehrere Autoren diskutieren die Klagen Columellas über Sittenverfall und *mos maiorum*, siehe u.a. Diederich (2007) S. 372 und S. 375.

35 Vgl. ebenfalls Diederich (2007) S. 369 ff.

36 Insbesondere gilt dies auch für die dem oben aufgeführten Zitat folgende Passage Colum. 1,1,3–6.

nachfolgenden Anleitungen erschließt. Er spricht dabei die finanzkräftigen Eliten an. Er verstärkt seinen Adressatenbezug, indem er sich auf die Alten bezieht[37] und damit die für die römische Elite wichtige Traditionsgebundenheit in seiner Schrift aufgreift und ebenfalls seine persönliche Herkunft beispielgebend darstellt[38]. Und er fordert vor allem Mut, Motivation und schlicht auch das zeitliche Engagement bei dieser Leserschaft ein, wenn er den Willen zu handeln, die *voluntas agendi* – nach einer längeren Passage über den Wert des Fachwissens und dessen langer Rezeptionsgeschichte bei griechischen und römischen Autoren[39] – letztlich mit der Forderung nach Anwesenheit des Besitzers auf dem Landgut, also der Forderung zur Bereitschaft zu unternehmerischer Aktivität, unterstreicht. Durch die Berufung auf Tremelius Scrofa schafft Columella eine Verbindungslinie zu einer angesehenen Persönlichkeit Roms und zieht daraus Rechtfertigung und Glaubwürdigkeit für seine Aussagen – ein Kriterium, das für die Akzeptanz seiner Botschaft unabdingbar ist. Somit stellt diese Einleitung einen Aktivierungsmotor dar – für seine ganze folgende Arbeit und für das eingeforderte unternehmerische Denken.

Diese Darstellung leitet durch die Ähnlichkeit der Begriffe über in einen Abgleich der zuvor für Unternehmertum definierten Kriterien Gewinnabsicht, Zielstrebigkeit und Innovationsdenken mit der Darstellung wirtschaftlichen Handelns und Wirtschaftshandelnder bei den römischen Agrarautoren. Und so sollen diese drei Begriffe hier untersucht werden.

5.2.1.1 Gewinnabsicht und Risiko

Das Ziel wirtschaftlichen Handelns und der Auftrag der Lehrschriften der römischen Agrarautoren an ihre Leser ist zweifelsohne zuerst das Streben nach wirtschaftlichem Gewinn. Die drei Autoren beschreiben diese Zielsetzung alle in ihren jeweiligen Schriften. Cato schon stellt dieses Streben bei der Darstellung von Pflichten des Gutsherrn und einer Belehrung über früher oder später auszuführende Baumaßnahmen als selbstverständlich dar und beschreibt, mit welchen Mitteln höchste Preise und damit höchste Gewinne zu erzielen seien[40]:

> *Patrem familiae villam rusticam bene aedificatam habere expedit, cellam oleariam, vinariam dolia multa, uti lubeat caritatem expectare. Et rei et virtuti et gloriae erit.*

37 Siehe hierzu seinen einleitenden Aufruf, „die Fachliteratur der Alten eifrig zu studieren" (*commentarios antiquorum*) (Colum. 1,1,3).

38 Siehe Colum. 5,5,15 zu Columellas Verweis auf die die Sachkenntnis seines Onkels Marcus.

39 Columella greift die Formulierung in Colum. 1,1,18 auf nachdem er in 1,1,3–17 eine umfangreiche Ausführung über den Wert des agrarischen Fachwissens dargestellt hat.

40 Cato agr. 3,2.

> Es ist förderlich, dass ein Gutsherr ein gut gebautes Wirtschaftsgebäude hat (und dass) Ölkeller und Weinkeller viele (Ton-) Fässer (haben), damit er auf die Zeit des höchsten Preises warten kann. Das wird sowohl der Kasse als auch der Wirtschaftskraft und dem Ansehen nützen.

Cato lässt in dieser Passage die benötigte Klugheit erkennen, die Grundlage für erfolgreiches Gewinnstreben ist. Mit ihr kann man den gewünschten Ertrag erzielen, der hier allgemein als *res* bezeichnet ist und mit der vielfältigen Bedeutungsfähigkeit dieses Wortes ein guter Indikator dafür ist, dass diese Sache (*res*) der eigentliche Gegenstand seiner Arbeit ist. Ebenso dient diese Klugheit der *virtus*, was Froesch mit dem Begriff „Wirtschaftskraft" überträgt. Andere Interpretationen übersetzen diesen Begriff als „Wert"[41] oder hier wenig zutreffend als „Selbstwertgefühl"[42]. Besser geeignet ist an dieser Stelle jedoch rein sachlich die ursprüngliche Wortbedeutung der *Tüchtigkeit* oder besser der *Leistung* und *Leistungsfähigkeit*, hier bezogen auf die verbesserte Leistungsfähigkeit des Wirtschaftsgutes, die mit dem bezeichneten Vorgehen erreicht werden kann. Als dritten Nutzen beschreibt Cato dann noch das Ansehen des Gutsbesitzers (*gloria*), ein Aspekt, auf den in der weiteren Analyse noch tiefer eingegangen werden soll. Durch die sprachliche Aneinanderreihung dieser drei Begriffe drängt sich bei Catos Zitat der Vergleich mit der zuvor beschriebenen Passage Columellas auf: man könnte Catos Darstellung des Nutzens und Ergebnisses von Unternehmertum als Vorläufer der Darstellung Columellas über die Voraussetzung von Unternehmertum ansehen.

Varro beschreibt genauso grundlegend die Gewinnabsicht und führt in einer Passage den Gedanken der Optimierung des Verkaufszeitpunktes in seine Zeit fort. In seinem Text bezieht er diese Empfehlung für den geschickten Verkaufszeitpunkt nicht wie Cato auf das klassische Produkt Öl, sondern – anekdotisch beschrieben für das Handeln zweier aus Spanien stammender Brüder – auf den Verkauf von Honig aus einer umfangreichen Bienenzucht[43]:

> *Hos numquam minus, ut peraeque ducerent, dena milia sestertia ex melle recipere esse solitos, cum eis esset velle expectare, ut suo potius tempore mercatorem admitterent quam celerius alieno.*

> Sie (zwei Brüder namens Veianius) hätten gemeinhin niemals weniger als (...) zehntausend Sesterzen aus dem Honig erlöst, da es in ihrer Hand liege, warten zu

41 Nach: O. Schönberger, Marcus P. Cato, Vom Landbau, Tusculum-Bücherei, Heimeran Verlag, München 1980.

42 *self-respect*, nach: W. D. Hooper, Cato and Varro, On agriculture, Loeb Classical Library, Harvard University Press, London, Ausgabe 2006, als durchaus interessanter persönlicher Aspekt, wofür es in dieser Passage aber keine ausreichende Herleitung gibt, so dass der sachliche Nutzen (z.B. Wirtschaftskraft, Wert) vorzuziehen ist.

43 Varro rust. 3,16,11 übersetzt nach Flach, siehe Kap. 7.3.

> wollen, um den Händler lieber zu einem für sie vorteilhaften Zeitpunkt kommen zu lassen (...).

Und genauso beschreibt Columella den wirtschaftlichen Nutzen, hier mit dem Begriff der *utilitas*, als höchste Maxime. Er stellt den Landwirt dar, der in einer der eher poetischen Passagen des Werkes neben dem Streben nach geordneten Weinbergen und dem Staunen über die Freigebigkeit der Natur, doch letztlich den Gewinn als Ziel vor Augen haben muss[44]:

> *Inter quae patre favente Libero fetis palmitibus vel generis albi vel flaventis ac rutili vel purpureo nitore micantis, undique versicoloribus pomis gravidus conlucet Autumnus. Sed haec quamvis plurimum delectent, utilitas tamen vincit voluptatem.*
>
> Wenn in dieser Zeit Vater Liber die fruchtbeladenen Zweige segnet – sei es, dass an ihnen weiße oder goldgelb-rötliche oder purpurfarbene Trauben leuchten –, dann strahlt Autumnus, allüberall beladen mit bunten Früchten.
> Doch mag dies alles noch so große Freude wecken: der Nutzen geht doch über das Ergötzen.

Insofern besteht kein Unterschied zu dem bereits zwei Jahrhunderte vor Cato geschriebenen Werk *Oikonomikos* des Griechen Xenophon, in dem dieser den Sokrates in einer dialogartigen Darstellung von seinem Gesprächspartner Ischomachos belehren lässt, dass dessen Vater selbstverständlich „Grundstücke, die er kultiviert hatte (verkaufte), (...) wenn er nur viel Geld bekam (...); aber er kaufte sofort ein anderes dafür, ein unbebautes allerdings, aus Freude an der Arbeit“[45]. Beides geschah, wie Xenophon dann Sokrates zusammenfassen lässt, weil „alle ganz natürlich daran Freude haben, woraus sie Nutzen zu ziehen glauben“[46].

Die römischen Schriften lassen hier klar das Grundmotiv des Gewinnstrebens erkennen – und an dieser Stelle sei einmal die Verlängerung der Argumentationslinie in die Literatur Griechenlands erlaubt, ohne den Untersuchungsgegenstand der vorliegenden Arbeit hierauf zu erweitern. Daneben fordern die römischen Autoren jedoch auch weitere notwendige Grundeigenschaften einer unternehmerischen Einstellung. So setzt das Motiv der Gewinnabsicht ein gesundes Wissen über profitablen Umsatz voraus. Daher beschreiben alle Autoren den notwendigen Vorgang der Kostenkontrolle so wie hier Cato bei der Darstellung der Pflichten des Verwalters[47]:

---

44 Colum. 3,21,3–4.

45 Nach: K. Meyer, Xenophon - Oikonomikos, Verlag Kaesberger, Westerburg, 1975, Kap. 20, 26.

46 Ebenda, Kap. 20, 29 zu welcher Stelle Meyer in seiner Fußnote 167 ergänzt, dass diese Bemerkung des Sokrates die Frage aufwirft, „auf welcher Seite denn nun der Autor (Xenophon) steht“: auf der des nüchternen Pragmatikers – verkörpert durch die Figur des Ischmachos – oder auf der des konservativen Aristokraten – repräsentiert durch den hier mit Ironie antwortenden Sokrates.

47 Cato agr. 5,3.

Iniussu domini credat nemini; quod dominus crediderit, exigat. Satui semen (...) mutuum dederit nemini. Duas aut tres familias habeat, unde utenda roget et quibus det, praeterea nemini. Rationem cum domino crebro putet.

Ohne Erlaubnis des Herrn leihe er niemandem Geld aus; was der Herr (selbst) jemandem ausgeliehen hat, treibe er ein. Saatgut, (...) borge er niemandem. (Nur) zwei oder drei Haushalte soll er haben, von denen er das, was er braucht, ausbittet und denen er etwas gibt, sonst niemanden. Die Buchführung gehe er häufig gemeinsam mit seinem Herrn durch.

Cato beschreibt hier *ratio*[48], die Vernunft oder besser die rationale Berechnung, als wichtige Aktivität, die unter zwei Aspekten betrachtet werden kann: als Rechtfertigung des Verwalters gegenüber seinem Herrn und damit als Kontroll- und Führungselement – oder aber als das, was es faktisch ist, eine Methode zur Feststellung des wirtschaftlichen und mehr noch des finanziellen Standes. Beigel beschreibt „Rechnungswesen und Buchführung der Römer" und führt genau diesen Beweis über die gewissenhafte Ermittlung des finanziellen Status durch den Einzelnen mittels des Arguments, dass der Einzelne die Feststellung des Zensus als Grundlage für die Einordnung in die Klassen der Zenturien benötigte[49]. Der Bürger brauchte „nicht bloß eine genaue Rechnung über seine tägliche Einnahme und Ausgabe, sondern auch einen Nachweis über sein Gesamtvermögen"[50]. Die *rationes*, also die Buchhaltungen über die landwirtschaftliche Gutsführung, sind schon bei Cato erwähnt, bei Columella wesentlicher Planungsaspekt und später in der kaiserlichen Verwaltung schon selbstverständlicher Bestandteil der kurzfristigen Planung. Die Frage, ob die *rationes* ebenfalls einer langfristigen Planung dienten, die doch ob des in Kapitel 2.2 beschriebenen Fehlens eines Unternehmensbegriffes und einer langfristigen Unternehmung nicht existierte, stellt sich hier nicht: allein der kurz- oder mittelfristige Aspekt der Kostenkontrolle und entsprechender Planung ist Beweis genug für die Bedeutung solcher Planung.

Dass jedoch Buchführung nicht einzig als Kontroll- oder Führungsinstrument vorgesehen war, zeigt eine Passage bei Cato über die Pflichten des Gutsherrn, in der dieser die Tagesspesen prüfen soll, um weitere Entscheidungen zu treffen[51]:

Rationes putare argentariam, frumentariam, pabuli causa quae parata sunt; rationem vinariam, oleariam, quid venierit, quid exactum siet, quid reliquum siet, quid

48 Die Übertragung des Begriffes *ratio* als ‚Buchführung' findet sich auch bei anderen Autoren, so zum Beispiel direkt bei Flachs Übersetzung der Schrift Varros, siehe Kap. 2,10,10, oder indirekt bei Richters Übersetzung von Columella 4,5, wo dieser die ‚Ausgabenkalkulation' (ratio) erwähnt.

49 Beigel (1968) S. 66, 1. Abs.

50 Beigel (1968) S. 66, 2. Abs.

51 Cato agr. 2,5–6, siehe auch später in Kapitel 5.6 zum Begriff der Entscheidungsfindung. Dabei wird dieser Aspekt mit besonderem Fokus auf die Bedeutung einer relevanter Datenbasis wieder aufgegriffen.

siet quod veneat. Quae satis accipiundae sint, satis accipiantur. Reliqua quae sint, uti compareant. Si quid desit in annum, uti paretur.

Kontrolliere die Geld- und Getreideabrechnungen und die Ausgaben für Viehfutter und (prüfe) die Wein- und Olivenabrechnungen (mit Blick darauf), was verkauft wurde, was eingenommen wurde, was (noch) aussteht, was (noch) verkauft werden kann. Was als Sicherheit (für Außenstände) zu nehmen ist, soll auch genommen werden. Wenn es Außenstände gibt, muss man sie deklarieren. Wenn für das laufende Jahr etwas fehlt, muss es beschafft werden.

Mit dieser Darstellung wird klar, wie eine ausführliche und korrekte Kontrolle und Steuerung des Guts dem Treffen notwendiger Entscheidungen dienlich ist. Beigel führt die Argumentation über „Zweck und Wesen“ der privaten Buchführung, des *kalendarium privatum*, noch weiter und behauptet, dass das private Darlehen den „Charakter eines landwirtschaftlichen Kreditinstituts annahm“[52]. Ob man dieser Argumentation folgt oder nicht, ändert nichts an der Feststellung, dass die private Buchführung auf jeden Fall dem Zweck der mit Fakten belegten Entscheidungsfindung diente[53].

Die hier dargestellte Kostenkontrolle belegt die rationale Handlungsweise des Wirtschaftshandelnden. Der Nutzen dieses Kontrollinstruments geht jedoch über diesen einfachen Aspekt hinaus und soll für weitere Aspekte des Wirtschaftens wie der Rentabilitäts- und Investitionsrechnung zu einem späteren Zeitpunkt dieser Arbeit wieder aufgegriffen werden[54].

Stattdessen soll hier an dieser Stelle der Aspekt des unternehmerischen Investments, des Eingehens von Risiken weiter untersucht werden. Der römische Wirtschaftshandelnde, dem Columella die *facultas impendendi* unterstellt[55], das Vermögen – im Deutschen durchaus auch im doppelten Sinne interpretierbar – eines Investments, geht damit das Risiko des Verlusts dieser eingesetzten Mittel ein.

Das mögliche Übersteigen der Kosten gegenüber dem Gewinn birgt dieses Risiko, welches der römische Agrarbesitzer klassischerweise scheute. Doch bei genauer Betrachtung scheut Columella das Risiko nicht pauschal, sondern rät – hier am Beispiel der Behandlung von Reben im Winter – zu kalkuliertem Eingehen von Risiken[56]:

Sed non quid in uno vel altero experimento casu fiat, verum quid certa ratione plerumque proveniat, discentibus praecipere debemus. etenim si exiguo numero periclitandum sit, in quo maior cura temeritati medetur, possum aliquatenus <merito>

52 Beigel (1968) S. 160.
53 Siehe dazu eine genauere Darstellung in Kap. 5.6.
54 Siehe Kap. 5.5.1.
55 In der Columella-Ausgabe von Richter als *facultas inpendendi* geführt, jedoch auf das (wohl lautlich veränderte) Wort *impendere* zurückzuführen.
56 Colum. 4,29,2–3.

> *conivere; cum vero vastitas operis etiam diligentissimi agricolae curam distendit atque inpedit, omnem scrupulum submovere debemus.*
>
> aber ich darf den Lernenden nicht etwas empfehlen, was zufällig beim einen oder anderen Versuch geschieht, sondern nur was nach bestimmter Methode in der Regel zum Erfolg führt. Solange nämlich das Risiko nur eine kleine Zahl (von Reben) betrifft, bei denen das Wagnis durch zusätzliche Pflege ausgeglichen wird, kann ich mit Recht bis zu einem gewissen Grad ein Auge zudrücken. Wenn aber der große Umfang der Arbeit die Leistungsfähigkeit auch des gewissenhaftesten Landwirts auslastet und ihr Grenzen setzt, müssen wir alle Bedenken beiseite stellen.

Diese Passage verrät mehr über das unternehmerische Verhalten vor einem risikoreichen Hintergrund als die in diesem Kontext üblicherweise zitierten allgemeinen Aussagen über risikoreiches Wirtschaften. Die bekannten Passagen Catos über den tüchtigen aber risikoreichen Händlerberuf[57] oder Columellas über das Glücksspiel der Seefahrt und des Handels[58] offenbaren doch nur eine unbestimmte Zögerlichkeit in der Bewertung solchen Handelns. Die zuvor genannte Passage hingegen klärt auf, dass Risiko eingegangen werden soll, wo etwas „nach bestimmter Methode" und „in der Regel" zum Erfolg führt. Columella verwehrt sich gegen zufällige Erfolge, sondern fordert bewusst den Erfolg aus geplantem Experimentieren. Doch auf der anderen Seite steckt er dem hiermit einzugehenden Risiko auch enge Grenzen für einen Fall, in dem er den Umfang des Experiments nicht ermessen kann beziehungsweise die Leistungsfähigkeit des Landwirts als überschritten und den Bestand des Landguts als gefährdet ansieht.

Diese genaue Kalkulation möglicher Risiken und oftmals deren gänzliche Vermeidung sind letztlich ein wesentliches Charakteristikum der römischen Agrarwirtschaft sowie der römischen Gesellschaft und spiegelt sich wider in den Schriften der Agrarautoren. Es wird verständlich, wenn in Erinnerung gerufen wird, dass Landbesitz in stabilen Phasen der römischen Wirtschaft eine feste Bodenrente versprach. Karl Christ weist darauf hin, dass „unter den stabilen Verhältnissen des Prinzipats mit einer jährlichen Rente von 5–6% gerechnet werden kann" und dass „bei Weinbergen der jährliche Gewinn sogar auf 7–10% veranschlagt" werden kann[59]. Dies erklärt die Zurückhaltung und lässt trotzdem das beschriebene kalkulierte Risiko zu.

Und einmal noch soll auf den zuvor mehrfach, und erstmals von Cato verwendeten Begriff der *ratio* eingegangen werden. Cicero verwendet in seiner Schrift über das Alter (*Cato Maior de senectute*), die er als fiktiven Dialog des Cato mit weiteren Gesprächspartnern gestaltet, *ratio* ebenfalls als wesentlichen Begriff zur Berechnung einer landwirtschaftlichen Tätigkeit[60]:

---

57 Cato agr. praef.,3 *mercatorem autem strenuum studiosumque rei quaerendae existimo (verum, ut supra dixi, periculosum et calamitosum).*

58 Colum. 1,praef.,8.

59 Christ (1984) S. 99, 2. Abs.

60 Cic. Cato 15,51, übersetzt nach Max Faltner, s. Kap. 7.3.

Habent enim rationem cum terra, quae numquam recusat imperium nec umquam sine usura reddit quod accepit, sed alias minore, plerumque maiore cum faenore. Quamquam me quidem non fructus modo, sed etiam ipsius terrae vis ac natura delectat.

Geschäftspartner der Landleute ist ja die Erde, die nie einem Gebot widerstrebt und nie ohne Zins zurückgibt, was sie empfangen hat; manchmal freilich ist der Zins der geringe, meist jedoch der größere Teil. Indessen: Mich freut nicht nur der Ertrag, sondern auch die schöpferische Kraft der Erde an sich.

Cicero bettet diese kurze Passage eher philosophischen Charakters in die (fiktiven) Ausführungen des Cato über die von Cicero so benannten Freuden des Bauernstandes ein, die – im Kontext der Schrift über das Alter – ein bedeutendes Vergnügen bereiten können. Er führt nach dieser Passage diese Ausführungen mit einem Lob über das Reifen der Pflanzen fort. Somit nimmt dieser kurze Abschnitt eine Art Sonderstellung in der Schrift ein, die die Berechnung (*ratio*) landwirtschaftlicher Tätigkeit mit den Kräften der Erde hervorhebt – und auch das Zurückgeben der Erde und den fruchtreichen Ertrag erwähnt. Die Stelle lässt die breite Bedeutungsvielfalt des Begriffes *ratio* erkennen[61], die Faltner in seiner Übersetzung korrekterweise wirtschaftlich, begrifflich sicher aber mit der weitestgehenden Auslegung des Begriffes übertragen hat[62] und mit weiteren Begriffen wie dem Zins der Arbeit und dem Ertrag zusammenstellt.

Zusammenfassend lässt sich sagen, dass die allen Schriften der römischen Agrarautoren zugrundeliegende Gewinnabsicht kalkuliert verfolgt wurde: berechnet nach Vernunft *(ratio)* und festgehalten in den *rationes*, den Rechnungsbüchern der römischen Wirtschaftshandelnden, berechnend in dem Umfang des mit überschaubaren Experimenten eingegangenen Risikos.

5.2.1.2 Zielstrebigkeit

Als Zweites, nach der grundlegenden unternehmerischen Gewinnabsicht gegen Risiko und dem nötigen buchhalterischen Verständnis dazu, zeichnet den modernen Unternehmer seine Zielstrebigkeit aus. Wie einleitend beschrieben ist dies eine persönliche Haltung. Erst dieser Tatwille ermöglicht Um- oder Neugestaltung.

Trennt man die zuvor beschriebene und grundlegend in den Schriften der römischen Agrarautoren verankerte Gewinnabsicht von der benötigten Zielstrebigkeit und Tatkraft gedanklich ab und spürt dem Motiv der Zielstrebigkeit in den Handlungsanweisungen der Agrarautoren nach, so lässt sich diese Einstellung ebenfalls nachweisen und isoliert

61 Vgl. auch Rex (1998), die in ihrer Arbeit über „Die lateinische Agrarliteratur von den Anfängen bis zur frühen Neuzeit" die „reichhaltige Vieldeutigkeit des Begriffes *ratio*" betont, s. S. 1.

62 Andere Übersetzungen formulieren wortgenauer, dass die Landleute mit der Erde „in Rechnung stehen" (vgl. Kühner, Raphael, Cato oder von dem Greisenalter, Berlin, Langenscheidtsche Verlagsbuchhandlung, o.J. ca. 1908).

bewerten. Sie ist aber weniger stark in den Schriften ausgeprägt als das zuvor beschriebene omnipräsente Motiv der Gewinnabsicht[63].

Cato bezeichnet – in einer bekannten Passage aus der Einleitung seines Werkes – den Kaufmann, der in diesen Aspekten dem Landwirt als Vorbild vorgestellt wird, als tüchtig und in der Übersetzung nach Dieter Flach als zielstrebig (*studiosus*)[64]. Doch dabei setzt Cato diese Eigenschaft wieder mit dem Risiko solchen Handelns in Bezug, der bereits zuvor besprochen wurde.

> *Mercatorum autem strenuum studiosumque rei quaerendae existimo, verum, ut supra dixi, periculosum et calamitosum,*
>
> Einen Kaufmann freilich halte ich für einen tüchtigen und auf Zuwachs bedachten Mann, allerdings, wie eben gesagt, Risiko und Verlust ausgesetzt.

Plutarch charakterisiert in der Biographie Catos diesen selbst als zielstrebig in seinem Handeln, zeichnet aber auch ein ambivalentes Bild von ihm: er stünde auf der einen Seite für Sparsamkeit und gegen Reichtum und Luxus, betreibe aber selbst „mit größerer Anstrengung auf Erwerb“[65] zielstrebig profitorientierte Geschäfte.

Klarer erkennbar als in dieser implizit formulierten und nur beschreibenden Darstellung Plutarchs ist das Motiv der Zielstrebigkeit in Catos eigener Schrift, wenn er den Begriff der Tatkraft, des Machens (*facere*) und des Handlungswillens mit dem Begriff der Schnelligkeit interpretiert. Er warnt für bestimmte Situationen vor dem Anstellen langer Überlegungen und empfiehlt schnelles Handeln, wenn ein Landwirt erfolgreich sein möchte[66]:

> *Aedificare diu cogitare oportet, conserere cogitare non oportet, sed facere oportet.* (...) *Si cito sustuleris et vasa parata erunt, damni nihil erit ex tempeste.*

---

63 Die Übersetzung von Colum. 1,3,8 durch Richter mit der Aussage, dass der Landwirt „Maß und Ziel in allen Dinge“ haben solle, ist ein Beispiel für die vielleicht überzogene Interpretation einiger Passagen und die Anwendung moderner Kategorien, spricht Columella selbst doch von *abhibendum modum mensuramque rebus*, also von dem richtigen Maß und der angemaessenen Gradierung oder Ausprägung im wirtschaftlichen Handeln.

64 Cato agr. praef.,3, Flach übersetzt das „*strenuum studiosumque rei quaerendae*“ als „wacker und zielstrebig auf Gelderwerb bedacht“.

65 Plut. Cato mai. 21,3 in Plutarchs Parallelbiographien mit Aristeides: „Als er mit größerer Anstrenung auf Erwerb losarbeitete, überzeugte er sich, dass der Landbau mehr eine Unterhaltung als eine Geldquelle sei. Um nun seine Kapitalien bei sicheren und festen Geschäften anzulegen, machte er Ankäufe von Teichen, warmen Quellen, (...). Hiervon gingen ihm bedeutende Summen ein, ohne dass diese Gegenstände, nach eigenem Ausdrucke, vom Himmel selbst einen Schaden erleiden konnten.“ (Übersetzung nach Eduard Eyth).

66 Cato agr. 3,1–3 im Kontext der zuvor bereits zitierten Stelle, die damit vergleichbare grundlegende Relevanz für den Begriff des Unternehmers gewinnt wie Columellas Defnition der drei Grundvoraussetzungen oder Kennzeichen eines Unternehmers.

> Zu bauen soll er (der Gutsherr) sich lange überlegen, zu säen soll er sich nicht überlegen, sondern es tun. (...) Wenn Du sie (Oliven bei einem schweren Unwetter) schnell einsammelst und die zur Verarbeitung nötigen Anlagen einsatzbereit sind, wird durch ein Unwetter kein Schaden entstehen.

Das mutige Ausführen und die Schnelligkeit dieser Handlung, somit also die Zielstrebigkeit im wirtschaftlichen Handeln, verbindet sich somit nach Cato mit einem Gespür, das Richtige zu tun *(facere)*. Diese Begriffe des zielstrebigen Handelns kontrastiert Cato mit dem Begriff des Denkens und Überlegens *(cogitare)*.

Columella bezeichnet in seiner Trilogie der Eigenschaften eines erfolgreichen Landwirts Zielstrebigkeit mit dem Begriff der *voluntas agendi*, dem Willen zu handeln. Er bezieht dies im Kontext seiner einführenden Darstellung auf die Forderung, dass der Gutsherr den Willen besitzen muss, vor Ort zu sein, mitzuwirken und eben zu handeln, statt alle Arbeit einem Verwalter zu überlassen. Er spricht somit die grundlegende Bereitschaft des Gutsbesitzers an, sich direkt mit seinem Wirtschaftsgut zu beschäftigen. Columella greift diesen Gedanken kurz später wieder auf und formuliert[67]:

> *Nec statim quisquam conpos agricolationis erit* (...), *nisi et obire eas voluerit et per facultates potuerit.*
>
> Und es wird auch niemand zum Landwirt (...), wenn er nicht auch den Willen und vermöge seiner Mittel die Möglichkeit hat, sie praktisch anzuwenden.

Er wird auch zwei Bücher später noch einmal den Mehrwert dieses Einsatzes, dieser Zielstrebigkeit festhalten, wenn er reichere Fülle der Frucht dort verortet, wo der Besitzer häufiger anwesend ist und Aufsicht nimmt[68].

> *Vero quocumque domini praesentia et oculi frequenter accessere, in ea parte maiorem in modum fructus exuberat.*
>
> Wo Anwesenheit und Aufsicht des Besitzers häufig stattfindet, da gedeiht die Frucht in reicherer Fülle.

Um die Betrachtung dieses Aspekts des Handlungswillens, der *voluntas agendi*, abzurunden, sei hier noch einmal als punktuell gewähltes Beispiel die Beschreibung Xenophons angeführt. Er formuliert, dass das „was also die Hauswesen zugrunde richtet, viel eher darin [also im mangelnden Einsatz, der Nachlässigkeit und Bequemlichkeit] begründet (liegt) als in zu mangelhaften (Agrar- bzw. Fach-) Kenntnissen“[69]. Er bestätigt also das Motiv der (fehlenden) Zielstrebigkeit. Diese hier nur beispielhaft gewählte

---

67 Colum. 1,1,17.

68 Colum. 3,21,4.

69 Xen. oec. 20,21 und siehe auch 20,4 und 20,14, übersetzt nach Klaus Meyer, s. Kap. 7.3.

Aussage mag ein Grund dafür sein, dass Xenophon seinem zuvor bereits kurz erwähnten Werk – im Gegensatz zu den römischen Agrarautoren – nur sehr wenige Passagen mit agrarischen Fachanleitungen beifügt[70].

Columella deutet ein weiteres Motiv für den zielstrebigen Betrieb landwirtschaftlicher Tätigkeiten in der Erzielung eines ehrenvollen Rufes an. Dieses Motiv (landwirtschaftlicher) Ehre findet sich auch schon bei Cato in der zuvor zitierten Stelle über Gewinnstreben und das Erzielen höchster Gewinne und ist mit dem Begriff *gloria* bezeichnet[71]. Columella bemüht seine eigenen Vorväter als ehrenhafte Vorbilder, wenn er seinen Onkel Marcus Columella als „hervorragend gebildeten Mann und gründlichsten Kenner der Landwirtschaft“[72] bezeichnet. Ob eine ehrenvolle Anerkennung seiner landwirtschaftlichen Leistungen für Columella selbst eine Zielsetzung war, lässt sich nicht mit Gewissheit sagen. Dass der Begriff der Ehre aber von ihm und zum Beispiel von Cato als Motivation beschrieben wird, ist klar erkennbar.

Doch bei der Untersuchung des Begriffs der Ehre interessiert – um dies noch einmal zu betonen – nicht die Darstellung der Ehre des Landwirts gegenüber anderen Berufen. Dies ist bereits vielfach belegt und kommentiert worden und folgt der Intention, die Beschäftigung der Eliten von den Berufen der unteren Gesellschaftsschichten abzugrenzen[73]. Stattdessen ist hier der Begriff der Ehre des unternehmerisch Handelnden im Allgemeinen von Interesse.

Voraussetzung für die hier zuvor zitierte „reichere Fülle“[74] durch ehrenhaftes landwirtschaftliches Engagement ist das Bestreben, die Bereitschaft, sich einzusetzen. Ursachen für mangelnde Bereitschaft sieht Columella selbst in der geringen Einschätzung über die Ehrenhaftigkeit von landwirtschaftlichem Wirtschaften[75] und in den Verlockungen der Städte[76]. Lässt man den auch einem Columella nicht fremden Dünkel der landbesitzenden Eliten sowie seine allgemeine Kritik an der Dekadenz der städtischen Eliten außer Acht, so stellt sich hier insbesondere die Frage nach dem Streben nach öffentlichen Ämtern und also dem Begriff der Ehre und dem Spannungsverhältnis von politischen Aufgaben und unternehmerischer Aktivität.

Columella sieht den noch bei Cato und Varro vertretenen Vorrang ländlicher Arbeit gegenüber städtischer Beschäftigung als unzeitgemäß an und formuliert im Interesse seiner landwirtschaftlichen Schrift einen Kompromiss, der sogar den Vorrang des politischen Betriebes über die landwirtschaftliche Tätigkeit bestätigt, aber einen Weg zur

70 Vgl. Xen. oec. 16,9 oder 18,9 oder 19,4.

71 Cato agr. 3,2, vgl. Fußnote 40.

72 Colum. 5,5,15 wie auch in Colum. 12,21,4.

73 Vgl. Catos praef.,1 und praef.,4 zur Unehrenhaftigkeit des Geldhandels und der Ehrenhaftigkeit des „Bauerngewinns“, der am wenigsten dem Neid ausgesetzt sei, oder auch Columellas Vorwort, Satz 9 und 10, der ebenfalls das Geschäft des Geldverleihs als verhasst bezeichnet und nur eine „redliche und menschenwürdige Art der Mehrung des Besitzes“ sieht, den Landbau.

74 Siehe Fußnote 68.

75 Colum. 1,praef.,13.

76 Colum. 1,praef.,15.

Vereinbarung von unabdingbaren politischen Aufgaben und unternehmerischem Engagement eröffnet[77]:

> *Nunc quoniam plerosque nostrum civilis ambitio saepe evocat ac saepius detinet evocatos, sequitur, ut suburbanum praedium commodissimum esse putem, quo vel occupato cotidianus excursus facile post negotia fori contingat.*
>
> Da aber heutzutage der politische Betrieb die meisten von uns oft in Anspruch nimmt und öfter für lange Zeit festhält, ergibt sich, dass, meiner Meinung nach, das Gut am zweckmäßigsten in der Nähe der Stadt liegen soll, so dass auch dem, der im öffentlichen Leben steht, ein täglicher Ausflug dorthin nach den Pflichten des Forums ohne Mühe möglich wird.

Columella erkennt das Streben nach politischem Einsatz an, reduziert aber nicht die Notwendigkeit landwirtschaftlicher Aktivität. Dies ist die Haupttriebkraft seiner Schrift.

Somit lässt sich zusammenfassen, dass die Auffassung über Zielstrebigkeit bei den römischen Autoren eine stark implizite Aufforderung, teilweise aber – wie im oben angeführten Beispiel – auch ein expliziter Aufruf ist. Sie lässt sich nicht vom Begriff der Tatkraft im heutigen Verständnis unterscheiden. Jedoch wird der Wesenszug der Zielstrebigkeit überlagert vom Begriff der Ehre, die sich (neben der ehrenvollen landwirtschaftlichen Tätigkeit und dem Betrieb eines Landguts) im Streben nach politischer Karriere wiederfindet. Das zielstrebige Führen eines Landguts wurde demnach nicht zurückgesetzt durch das Streben nach ehrenvollen politischen Ämtern. Letzteres wurde lediglich in der Wahrnehmung entsprechend höher gewertet, da wirtschaftlicher Erfolg eine Basis für politischen Aufstieg sein konnte. Tatsächlich jedoch müssen beide Aspekte als nebeneinander existierend gesehen werden.

5.2.1.3 Innovation

Um drittens in die Untersuchung des Aspekts der Innovation einzusteigen und die Einstellung der Agrarautoren gegenüber Innovationen zu verstehen, lohnt es sich zuerst noch einmal, Columella Gedanken über das Fachwissen aufzunehmen: *prudentia rei* ist die Forderung Columellas nach Fachwissen und Sachkenntnis, die eine wesentliche Grundlage für den erfolgreichen Landwirt sei. Das ganze Werk Columellas, nicht anders als auch die Werke Catos und Varros, ist durchzogen von teils mehr, teils weniger sachlichen Anleitungen. Diese mögen für den einen oder anderen zeitgenössischen Leser den Hauptnutzen der Schriften dargestellt haben.

Der Anleitungscharakter dieser Schriften ist evident und spricht tatsächlich nicht für eine Kultur der Innovation. Die teilweise seiten- und kapitelweise Aneinanderreihung

77 Colum. 1,1,19.

Doch der Wert und die Neuerung dieses Erprobens lassen sich noch einmal deutlicher erkennen, wenn man die bei Xenophon wenige Jahrhunderte zuvor empfohlene Handlungsweise darstellt: Xenophon lässt Sokrates und Ischomachos das Lernen „durch Zusehen und Nachahmen" loben. Ein Erproben wird in diesem philosophischen Dialog nicht thematisiert[83].

5.2.1.4 Zusammenfassung

Die hier zuvor aufgeführte Untersuchung hat somit erbracht, dass der römische Landbesitzer nach der Darstellung der literarischen Quellen

- Gewinn anstrebte, aber den damit verbundenen Risiken enge Grenzen setzte,
- zielstrebig agierte, die Darstellung dieser Handlungsweise in der zeitgenössischen Literatur aber gegenüber „ehrenhafteren" Motiven als nachrangig betrachtet wurde, wobei die Analyse in dieser Arbeit statt der Definition eines Primats des Ehrbegriffs vielmehr von einer perzeptorischen Überlagerung spricht,
- in festen Grenzen innovativ handelte, wobei das Motiv des vorsichtigen Experimentierens aber wegen des damit verbundenen Risikos im Vordergrund stand und die Nutzung neuer Handlungsfelder nur für bereits erprobte und empfohlene Neuerungen vorgesehen war sowie der Einsatz wesentlicher technischer Neuerungen weitestgehend ausgeschlossen war.

Da sich für alle drei eingangs angeführten Kriterien für Unternehmertum somit Ansätze in der Gedankenwelt der Agrarschriftsteller finden lassen, wird eine weitere Analyse bestärkt. Während der Aspekt innovativen Handelns ausreichend untersucht und mit dem übergreifenden Verständnis von durchaus vorhandener, aber nur in geringem Umfang betriebener, Innovation in der römischen Wirtschaft übereinzustimmen scheint, sind die beiden anderen Aspekte von besonderem Interesse für die Charakterisierung eines wirtschaftlich handelnden Gutsbesitzers zur Zeit des antiken Rom

- das kalkulierte Eingehen von Risiken und
- die Überlagerung des wirtschaftlichen Handelns durch eine auf Ehre zielende Motivation.

Beide Aspekte sollen daher hier noch genauer zwischen den Schriften der Agrarautoren und relevanten Beispielen aus dem Wirtschaftsleben anderer Branchen abgeglichen werden.

83 Xen. oec. 15,9 und 15,10–12.

5.2.2 Risikobereitschaft im Wirtschaftshandeln

Nach der Analyse des Risikoverhaltens in den Schriften der Agrarautoren soll die Untersuchung von Belegen im Wirtschaftshandeln unterschiedlicher Wirtschaftszweige den Untersuchungsgegenstand um einen weiteren wichtigen Blickwinkel ergänzen. Dabei ist hier im Kontext des Risikoverhaltens konkret der Aspekt der Risikobereitschaft von Interesse, nicht jedoch die Frage, wie Risiken eingegangen wurden (siehe hierzu die Untersuchung zu Strategien für Wachstum und Transformation, Kap. 5.4) oder wie Risiken besichert wurden (siehe hierzu die Untersuchung zu Risiko-Management, Kap. 5.3).

Ausgangspunkt der weiteren Untersuchung ist das zuvor beobachtete unternehmerische Handlungsmuster bei den Agrarautoren. Es lässt sich hinsichtlich Gewinnabsicht, Gewinnpotenzial, Risikobereitschaft und Risikohöhe wie folgt zusammenfassen:

Tab. 5: Unternehmerische Handlungsaspekte bei den Agrarbesitzern

Handlungsaspekte	Risikobereitschaft bei Agrarbesitzern (Elite)
Gewinnabsicht	ja
Gewinnpotenzial	mittel
Risikobereitschaft	vorsichtiges, kalkuliertes Handeln nach Vorgaben
Risikohöhe	gering

Vorsichtiges und kalkuliertes Handeln war also eine übliche Vorgehensweise des in der Landwirtschaft tätigen Wirtschaftshandelnden. Wenn sich vergleichbare Vorgehensweisen in anderen Wirtschaftszweigen erkennen ließen, würde dies helfen, das Eingehen von Risiken im weiteren Kontext der römischen Wirtschaft einordnen zu können. Einer der Wirtschaftsbereiche, der klassischerweise für die Analyse der römischen Wirtschaft immer wieder herangezogen wird, ist der Seehandel, der hohe Gewinnquoten bringen konnte, aber für die Vertreter des Senatorenstands aufgrund der *lex Claudia* nicht unmittelbar nutzbar war[84].

Doch der Seehandel steht erstens so kontrapunktisch zum sicheren Landbau, wurde zweitens schon zu häufig in der altgeschichtlichen Literatur als kommodes und oft unreflektiertes Beispiel für Risikobereitschaft gewählt und soll drittens im Rahmen dieser Arbeit noch an anderer Stelle als Untersuchungsgegenstand herangezogen werden. Daher sollen hier Beispiele anderer Wirtschaftsbereiche verwendet werden, auch um die angestrebte umfassende Abdeckung möglichst vieler Bereiche der römischen Wirtschaft zu erzielen. Wegen der unmittelbaren Auseinandersetzung mit finanziellen Auswirkungen bieten sich im Besonderen zwei Wirtschaftszweige an:

84 Vgl. dazu die Darstellung der *lex Claudia*, der resultierenden Auswirkungen und die Darstellung des Seehandels beim Wandel der Wirtschaftskultur Roms (Kap. 4.1), beispielhaft die Analyse Feig Vishnias (1996) S. 40 zur Rolle des Senatorenstandes und auch exemplarisch die Kritik Plutarchs (Plut. Cato mai. 21,5) am Wucher Catos bei der Ausübung solchen Handels über Mittelsmänner.

die Publikanengesellschaften zur Steuerpacht: diese bilden durch den *societas*-Gedanken beziehungsweise den auch juristisch festgelegten Aspekt der Gründung einer Art von Unternehmung einen relevanten Untersuchungsgegenstand, da mit ihnen ein finanzielles Risiko eingegangen und gleichzeitig besichert werden sollte, sowie

das Bankgeschäft: der Finanzsektor ist von seiner Natur her sowohl heute als auch in der Antike darauf angelegt, Risiken zu transformieren. Dabei wird der Begriff des Bankgeschäfts hier zuerst als übergreifende Bezeichnung verwendet ohne die Existenz von Banken vorab konstatieren zu wollen.

5.2.2.1 Publikanengesellschaften

Für die Erledigung bestimmter staatlicher Aufgaben vergab oder versteigerte der römische Staat schon früh Aufträge an Privatpersonen, die sogenannten Publikanen *(publicani)*. Im vorigen Kapitel 4.1 wurde das Wirtschaften der Publikanen bereits in den Kontext der sich weiterentwickelnden Wirtschaftskultur gesetzt und die Entstehung von teilweise großen Gesellschaften mehrerer Anteilseigner, der *societates publicanorum*, dargestellt[85]. Früheste dokumentierte Belege für die Versteigerung von Staatsaufträgen in Rom gehen auf das Jahr 215 v. Chr. zurück und betreffen die Vergabe von Bauaufträgen[86]. Das am meisten besprochene und wegen der Größe der finanziellen Belastung interessanteste Beispiel betrifft jedoch die Verpachtung der Steuereintreibung in den Provinzen. Diese Aufgabe wurde üblicherweise für fünf Jahre, ein *lustrum*, an Gesellschaften von mehreren Publikanen vergeben – und dabei kam es durchaus zu den in jenem Kapitel dargestellten Ausuferungen bei der Ausführung dieser Tätigkeit[87]. Für den Untersuchungsgegenstand dieses Kapitels ist speziell die Zusammensetzung der Gesellschaften und daraus folgend die Risikobereitschaft der Anteilseigner von Interesse.

Publikane stammten vorwiegend aus dem Stand der Ritter. Sie hatten vorhandenes Kapital aus Handelsgeschäften, aber durchaus auch aus Großgrundbesitz[88]. Dieses sollte zur Gewinnsteigerung eingesetzt werden. Die Betätigung in der Steuerpacht war somit nicht deren einzige Einnahmequelle, was für die Betrachtung von Risikobereitschaft von Bedeutung ist.

Waren die Publikanengesellschaften zur Zeit der späten Republik schlecht beleumundet und mit dem Ruf versehen, die steuerpflichtigen Provinzen gnadenlos auszunehmen, so zeichnet Cicero ein anderes Bild. In dem als ‚Kornrede' bezeichneten Teil seiner Anklageschrift gegen Verres beschreibt er eine solche Publikanengesellschaft. Er zeigt, wie die *publicani* in ihrem eigenen Interesse Änderungen an den Verpachtungsgesetzen einforderten. Unzweifelhaft handelt es sich hierbei um bessere Konditionen,

85 S.a. De Martino (1991) S. 174, 3. Abs, 1. Satz.

86 Siehe Alfödly (2011) S. 69 f. mit Verweis auf Liv. 23,49,1 ff. und weitere sowie Nicolet (2000) S. 298, 3. Abs.

87 Vgl. auch Bangs Darstellung der Publikanen als *predators* („Beutezieher") in Bang (2012) S. 203 ff.

88 Alföldy (2011) S. 69 f.

die im weitesten Sinne auch als Maßnahmen zur Risikoreduzierung angesehen werden können[89]:

> *L. Octavio et C. Cottae consulibus senatus permisit ut vini et olei decumas et frugum minutarum, quas ante quaestores in Sicilia vendere consuessent, Romae venderent, legemque his rebus quam ipsis videretur dicerent. Cum locatio fieret, publicani postularunt quasdam res ut ad legem adderent neque tamen a ceteris censoriis legibus recederent.*
>
> Den Konsuln Lucius Octavius und Gaius Cotta erlaubte der Senat, den Zehnten für Wein und Öl und Kleinfrüchte, den vorher die Quästoren in Sizilien zu verpachten pflegten, in Rom zu verpachten und hierfür nach ihrem eigenen Ermessen Bestimmungen zu erlassen. Als die Versteigerung stattfand, verlangten die Pächter, man solle den Bestimmungen noch einige Ergänzungen anfügen, dabei jedoch nicht von den übrigen Anordnungen der Zensoren abweichen.

Cicero lässt für diesen Sachverhalt aus dem Jahr 75 v. Chr. keine Details der von den *publicani* gestellten Forderungen erkennen und spricht nur von „einigen Ergänzungen" (*quasdam res*), die unzweifelhaft in eigener Sache eingefordert wurden. Die Formulierung lässt somit juristische Ergänzungen zum Gesetz erahnen, die nicht schlicht eine geringere Pachtsumme dargestellt haben werden, sondern die Konditionen der Verpachtung betrafen, wodurch eine Absicherung und damit im weiteren Sinne, ohne ein konkretes Risiko durch Cicero benannt zu bekommen, um Risiko-Management handelt. Cicero verzichtet auf diese Ausführung, weil es ihm hier nur um die Rechtschaffenheit der Publikanen ging[90], die der Skrupellosigkeit der folgenden Ausführungen über das Handeln des Verres und seiner Handlanger gegenübergestellt wird[91].

Die Passage zeigt, dass offenbar eine Gemeinschaft von *publicani* diese Forderungen eingebracht haben muss, und benennt nicht ein Einzelinteresse. Ohne den speziellen Aspekt des Umgangs mit Risiken tiefer zu untersuchen, stellt diese Passage dar, dass Publikanen bereit waren, Risiken einzugehen und sich offenbar dieser Risiken wohl bewusst waren.

Um diesen Aspekt besser zu verstehen, ist ein Blick auf den Zweck der Gesellschaft und deren Struktur notwendig: die Versteigerung forderte eine Garantie für den Erhalt der Staatserträge. Die Gesellschafter der Publikanengesellschaften, der *societates publicanorum*, stellten zusammen diesen Betrag. Der Hauptgesellschafter, der *manceps*, vertrat

89 Cic. Verr. II 3,18, zweite Rede, drittes Buch (‚Kornrede'), übersetzt nach Gerhard Krüger, s. Kap. 7.3.

90 Vergleichbar auch die Gegenwehr der *socii* und *magistri* gegen betrügerische Machenschaften des Verres, siehe Badian (1997) S. 94, 2. Abs.

91 In diesem Kontext sind auch weitere Kommentierungen zu verstehen, die in Satz 27 und 31 folgen und Apronius als unrechtmäßigen Publikanen von Verres Gnaden beschreiben.

die Gesellschaft dem Staat gegenüber. Mehrere Mitgesellschafter, die *socii*, beteiligten sich an der Gesellschaft und damit an dieser Garantie[92].

Dieser Zusammenschluss zu Gesellschaften ist im Kontext der hier geführten Diskussion zum Begriff Unternehmertum und der Kompetenz des Eingehens von Risiken von besonderem Interesse. Er umfasst zwei Aspekte:

- den Aspekt, mit mehreren Gesellschaftern genügend Kapital zusammenzubringen, sowie
- den Aspekt, das Risiko der Wiedererlangung dieser Garantiesumme auf mehrere Gesellschafter zu verteilen.

Zum ersten Aspekt liegt die Vermutung nahe, dass mehrere Gesellschafter benötigt wurden, um die relevante Summe aufbringen zu können. Ernst Badian versucht zu beweisen[93], dass der Aspekt des Zusammenschlusses mehrerer Gesellschafter zu einer *societas* nicht durch die Größe des Auftrages oder das notwendige Kapital begründet sei – und daher gegebenfalls nicht durch die Größe des zu tragenden Risikos verursacht sei. Er führt das Beispiel einer Gesellschaft an, bei der auch ein vergleichsweise kleiner Auftrag von mehreren Gesellschaftern getragen worden sei, um das – wenn auch geringe – Risiko zu teilen[94]. Wir wissen zum benannten Beispiel aus der frühen Zeit der Existenz von Publikanengesellschaften jedoch nicht, ob die Gesellschafter vielleicht mehrere Aufträge in genau diesem Zusammenschluss zeitgleich durchführten und daher ohnehin schon eine relevante Risikoposition inne hatten oder ob sich der hier von Badian angeführte Ansatz im Laufe der Zeit mit den größer werdenden Summen von einem vielleicht gemeinsamen gesellschaftlichen Engagement zu einer ökonomischen Notwendigkeit entwickelt haben mag. Von daher ist Badians Infragestellung des Risikomodells unzureichend. Jedoch erlaubt das Beispiel einen allgemeinen Blick auf die Rollen des *manceps* und der *socii* eines solchen Zusammenschlusses, mit denen das Risiko verteilt beziehungsweise auch unterschiedlich vergeben werden konnte. Der französische Historiker Claude Nicolet vertieft die Analyse der juristischen Gesellschaftsformen zur Darstellung der Modelle des Eingehens und der Verteilung von Risiken und möchte die Analyse Badians insofern erweitern, dass er einen eigenständigen Rechtsstatus der *societates publicanorum* darstellt und somit personenunabhängige Kapitalgesellschaften für die römische Wirtschaft belegt[95]. Die Analyse mag für das gewählte Beispiel richtig sein. Doch ergibt sich diese Tatsache daraus, dass sich im Verhältnis zum römischen Staat eine juristische Notwendigkeit ergab, eingegangene Verbindlichkeiten auch nach dem Ausscheiden oder dem Tod eines Publikanen zu erfüllen[96]. Es ist kein Beleg für die allge-

92 Vgl. De Martino (1991) S. 159 f.

93 Badian (1997) S. 86 f.

94 Siehe den Hinweis von Badian (1997) S. 86, 3. Absatz auf die Inschrift CIL X 1781 (auch ILLRP 518).

95 Nicolet (2000) S. 297.

96 Auch Aubert (1994) betont den Aspekt der juristischen Zwangsläufigkeit durch das spezielle juristische Konstrukt im Umgang mit dem römischen Staat, vgl. S. 326. 2. Absatz.

meine Existenz personenunabhängiger Gesellschaften. Von der Notwendigkeit des (nicht dauerhaften) Zusammenschlusses mehrerer Gesellschafter zur Ermöglichung großer Investments ist daher auszugehen.

Desweiteren zeigt sich die Risikobereitschaft der Publikanen durch das Eingehen großvolumiger Aufträge. Diese Geschäfte hatten – entgegen der landläufigen Annahme sich problemlos bereichernder Steuereintreiber – nicht immer riesige Gewinnspannen und konnten durchaus auch verlustreich enden. Badian gibt das Risiko zu bedenken, dass in den verantworteten Provinzen über den Zeitraum eines *lustrums* Kriegszüge stattfinden könnten, die zu Verwüstungen und letztlich zu Einnahmeausfällen führen konnten[97]. Und Francesco De Martino führt den Fall an, dass die geplanten Einnahmen aus Naturalpacht erzielt werden mussten, welche dann stark wetterabhängig gewesen sein konnten[98]. Zudem konnten über den Zeitraum eines *lustrums* die zu erzielenden Preise bei einer angenommenen Ertragsmenge nicht ausreichend sicher kalkuliert werden[99]. Die *publicani* streuten daher ihr Risiko mit mehreren Gesellschaftern nachweisbar auf mehrere Objekte[100]. Der Aspekt des Risikobewusstseins und des bewussten Eingehens von Risiken ist somit evident.

Das Vorgehen der Steuerpacht hatte ihren meistbeachtetsten Höhepunkt zur Zeit der späten Republik und wandelte sich mit dem Beginn des Kaiserreichs in eine stärker kontrollierte Form, bei der die Steuerpächter statt einer Einmalzahlung zum Erwerb der Steuerpacht dann eine prozentuale Abgabe zu leisten hatten[101]. Dies mag mit ein Grund dafür gewesen sein, dass die massiven Gewinnpotenziale, aber auch die Risiken, reduziert wurden und der Aspekt der Vergabe einer Steuereintreibung mit dem beginnenden Kaiserreich weiter aus dem Fokus wirtschaftlicher Betrachtung in den Hintergrund gerückt ist, ohne jedoch verschwunden zu sein.

5.2.2.2 *Handlungsmuster*

Das Handlungsmuster der Publikanen lässt sich in der Gegenüberstellung zum Handlungsmuster der Agrarbesitzer klar zusammenfassen.

Tab. 6: Unternehmerische Handlungsaspekte bei den Publikanen

Handlungsaspekte	**Bewertung bei Agrarbesitzern (Elite)**	**Bewertung bei Publikanen (Ritter)**
Gewinnabsicht	ja	ja
Gewinnpotenzial	mittel	hoch

97 Siehe Badian (1997) S. 91, 3. Absatz.
98 De Martino (1991) S. 160.
99 Badian (1997) S. 102.
100 Siehe Badian (1997) S. 87, 2. Absatz.
101 Aubert (1994) S. 329.

Handlungsaspekte	Bewertung bei Agrarbesitzern (Elite)	Bewertung bei Publikanen (Ritter)
Risikobereitschaft	vorsichtiges, kalkuliertes Handeln nach Vorgaben	mutiges Handeln mit Absicherung/Verteilung des Risikos, aber nicht alleinige Einnahmequelle
Risikohöhe	gering	hoch (Verlust eines Teils des Einsatzes)

Es lässt sich dabei erkennen, dass sich bei geringerer sozialer Stellung mit höherem Gewinnpotenzial die Risikobereitschaft und die Risikohöhe erhöhen. Dabei ist jedoch die Besonderheit des Steuerpacht-Geschäftes mit seinen extremen Anreizen zu betrachten. Die Feststellungen lassen sich nicht problemlos auf alle *societates* wie etwa die Handelsgesellschaften übertragen. Bei einer solchen Untersuchung wäre zum Beispiel der Aspekt weiter zu untersuchen, wie langfristig die jeweiligen Geschäfte betrieben wurden. Es ist davon auszugehen, dass die *societates* üblicherweise ein oder mehrere Geschäftsvorhaben durchführten, aber nicht dauerhaft existierten. Doch während kein Beleg dafür besteht, dass die Steuerpächter ihre *societates* über ein Lebensalter oder länger einrichteten, ist anzunehmen, dass die Geschäftsausübung der Handelsgesellschaften einen eher dauerhaften Betrieb versahen. Die Mosaike in den als Büro identifizierten Räumen am Platz der Korporationen in Ostia sind Kennzeichen für eine Verstetigung des Geschäftsbetriebes. Da hierzu jedoch nicht ausreichend Kenntnis vorliegt, soll sich die Analyse hier auf diesen Hinweis beschränken.

5.2.2.3 Bankgeschäft

Von einem Bankwesen im heutigen Verständnis, in dem große Bankgesellschaften den Betrieb von Geschäften und etwa die Planung von Geschäftszusammenschlüssen unabhängiger Unternehmen unterstützen und diese durch Kredite oder Anleihen finanzieren, kann man bezogen auf das antike Rom nur schwerlich sprechen. Das Fehlen von standardisiertem Münzgeld in Rom bis ins 3. Jh. v. Chr.[102], mit dem man fällige Zinsen zu Krediten in kleinen und passenden Stückelungen hätte bezahlen können, ist eine erste einfache und in Teilen auch zutreffende Erklärung dafür. Es soll daher im Folgenden das tatsächlich beobachtbare Bankgeschäft des antiken Rom kurz untersucht werden und der Analyse des Risikoverhaltens in diesem Wirtschaftsbereich dienen.

Zu Ende der Republik und auf jeden Fall in der komplexen Wirtschaft des Kaiserreiches sind mehrere Geschäftsarten dokumentiert, die in unterschiedlicher Art, zumeist von Privatpersonen, ausgeführt wurden. Diese Privatpersonen schlossen sich gegebenenfalls

102 Siehe dazu die Darstellung in Kap. 4.1.4.

temporär mit weiteren Kapitalgebern zu kurzfristigen Zweckgemeinschaften zusammen, bildeten aber keine großen und auf Dauer ausgelegten Bankorganisationen.

Der wesentliche Teil der in Bankgeschäften engagierten Personen im antiken Rom lässt sich angelehnt an Jean Andreau, der das aktuellste Werk zum Bankwesen Roms erstellt hat, in drei Gruppen einordnen. Diese Gruppierung stellt keine scharfe Abgrenzung dar. Sie bildet Schwerpunkte, die hier helfen sollen, die Analyse unterschiedlichen Risikoverhaltens in der Durchführung von Bankgeschäften zu ermöglichen. Die drei hier anzuführenden Gruppen sind:

- die finanziellen Aktivitäten der Elite aus Senatoren und Rittern, die nicht dauerhaft, sondern ad hoc erfolgten und Privat- und Großkredite darstellten,
- die finanziellen Aktivitäten von „Finanzunternehmern", in den beobachtbaren Beispielen meist dauerhafte Tätigkeiten in Großkrediten, vorwiegend ausgeübt von Freien, und
- die geregelten und dauerhaften Geschäfte der *argentarii*, die seit dem Ende des 4. Jh. v. Chr. bis ins 3. Jh. n. Chr. vorwiegend von Freigelassenen als Bankgeschäft in grundlegenden Bankfunktionen und Kleinkrediten ausgeübt wurden[103].

Zur Veranschaulichung und als Einstiegspunkt in eine weitere Konkretisierung sei diese Gruppierung hier noch einmal tabellarisch zusammengefasst:

Tab. 7: Handelnde im Bankwesen des antiken Rom

Gruppen	Fokus	Geschäftstätigkeit
Eliten	Privat- und Großkredite	ad hoc, vereinzelt
„Finanzunternehmer"	Großkredite	dauerhaft
argentarii	Basisfunktionen und Kleinkredite	dauerhaft

Die bankähnlichen oder finanzierenden Tätigkeiten der Eliten führten bis ins 1. Jh. n. Chr. nur zu vereinzelten Finanzgeschäften – wenn auch mit bedeutenden Summen – und stellten kein eigenständiges Bankgeschäft im Sinne eines Berufs oder einer kontinuierlichen unternehmerischen Tätigkeit dar. Spätestens ab dem 1. Jh. n. Chr. waren Finanzierungs- und vorwiegend Kredittätigkeiten innerhalb der Elite von Senatoren und Rittern jedoch weit verbreitet[104]. Diese Finanzaktivitäten wurden allerdings in keiner Weise reguliert, d.h. vom Staat beaufsichtigt. Da sie ebenfalls nicht professionell, also im Sinne eines regelmäßig betriebenen Berufes[105], ausgeführt wurden und ihre Geschäfte nicht in erster Linie Investitionen förderten, also vorwiegend für „nicht-produktive Zwecke"

103 S. Andreau (1999) S. 47, 5. Abs.
104 S. Andreau (1999) S. 12, 5. Abs.
105 Vgl. Andreau (1999) S. 3, 4. Abs.

erfolgten[106], stellen sie kein Bankgeschäft im eigentlichen Sinne und keine dauerhafte wirtschaftliche Aktivität im Interesse dieser Arbeit dar. Sie waren für die Elite ein Mittel zur Absicherung des eigenen Vermögens[107] oder standen vorwiegend im Zusammenhang mit der eigentlichen landwirtschaftlichen Geschäftstätigkeit. Sie könnten daher zur Untersuchung der Finanzierung der Geschäfte der Elite herangezogen werden und besitzen sicher auch einen erheblichen Risikoaspekt. Doch für die Untersuchung der Frage des Eingehens von Risiken ist ein Beispiel eines dauerhaften Betriebs von Bankgeschäften von Interesse. Die vereinzelten Finanzgeschäfte der Elite sollen daher nicht weiter in Betracht gezogen werden. Stattdessen geht die Arbeit auf die Tätigkeit der „Finanzunternehmer" sowie der *argentarii* ein.

Die Betrachtung der Tätigkeit der „Finanzunternehmer", als zweiter Schritt der Analyse, wird durch die geringe Quellenlage stark eingeschränkt. Zudem bezieht sich der Begriff auf eine nicht sehr homogene Gruppe. Andreau nennt sie „größere Geschäftsleute" oder sehr unspezifisch – und gerade hier im Kontext dieser Arbeit sehr verallgemeinernd – „Unternehmer"[108]. Gemeint sind freie und ehrgeizige, um sozialen Aufstieg bemühte Geschäftsleute, die nicht aus dem höheren Adel, bestenfalls aus dem Ritterstand stammten, andererseits aber auch keinen Beruf im Sinne eines *argentarius* ausübten, sondern ausgewählte Geldgeschäfte betrieben. Diese konnten durchaus größeren Umfang haben, mit denen auch wesentliche Investments vorgenommen werden konnten. Die Grenzziehung für diese Gruppierung ist keineswegs eindeutig. So wie es durchaus einzelne Mitglieder der Elite gab, die über das übliche Maß hinaus Finanzgeschäfte betrieben[109], so gab es auch „Finanzunternehmer", die stark in die Sphäre der Elite eindrangen.

Aus bankfachlicher Sicht betrieben sie – folgt man der vorhandenen Quellenlage – ausschließlich klassische Finanzierungs- und Darlehensgeschäfte, also eine bedeutende, aber geringere Bandbreite an Bankgeschäften als die im einem breiteren Bankspektrum engagierten *argentarii*. Zudem vertraten sie auch eine strukturiertere Vermittlung von Finanzgeschäften, besser organisiert als es die Vertreter der Elite taten, die vorwiegend ihr Vermögen nur bereitstellten, die eigentliche Finanzvermittlung jedoch nicht vornahmen. Anknüpfend an das vorige Kapitel zu Publikanengesellschaften ist die Vermutung anzustellen, dass auch diese „Finanzunternehmer" *societates*, Finanzgesellschaften, gegründet haben mögen, um die relevanten Beträge erbringen zu können[110]. Einen Beleg dafür gibt es aus den Quellen jedoch nicht[111].

106 Vgl. Reden (2012) S. 279.
107 Wie zum Beispiel die Notiz Plinius d. J., der die Verteilung seines Vermögens in Land und zum Teil in Darlehen beschreibt (Plin. epist. 3,19,8), das damit nicht als Investition, sondern als Risikoabsicherung gedacht ist.
108 In der englischsprachigen Ausgabe von Andreau (1999) S. 50, 1. Abs verwendet er die Begriffe des „bigger businessmen" und des „entrepreneurs".
109 Vgl. Andreau (1999) S. 15, 3. Abs.
110 Vgl. Reden (2012) S. 281.
111 De Martino (1991) S. 174, 3. Abs.

Um die Analyse des unternehmerischen Risikoverhaltens um das Beispiel dieser „Finanzunternehmer“ zu erweitern, bietet sich deren Engagement in Seedarlehen an. Solche in Seedarlehen engagierte „Finanzunternehmer“ interagierten direkt mit der Gruppe der *negotiatores*, also Geschäftstreibenden im Seehandel, und mussten mit den Wagnissen des Seehandels selbst vertraut sein[112]. Finanztechnisch agierten sie als Vermittler für alle Arten von Kredit- und Zahlungsgeschäften[113]. Durch ihre Einbindung in diese Geschäftswelt, die notwendigen hohen Summen zur Finanzierung eines Handelsschiffes und seiner Waren und durch das damit verbundene hohe Risiko, gingen sie somit eine hohe Risikoposition ein. Ein dank seiner umfangreichen Quellenlage bekanntes Beispiel solcher „Finanzunternehmer“ ist die Familie der *Sulpicii*, die sich stark in solchen Seedarlehen engagierten[114]. Dass die Gruppierung in „Finanzunternehmer“ und *argentarii* nicht immer trennscharf ist, zeigt sich jedoch auch an diesem Beispiel der *Sulpicii*, da sie aufgrund der ausgeführten Kreditgeschäfte vermutlich am ehesten der Gruppe der *argentarii* selbst zuzuordnen sind, ohne jedoch die weiteren Kriterien zu erfüllen, die für die Gruppierung der *argentarii* gewählt wurden [115].

argentarii engagierten sich meist nicht in riskanten Geschäften[116]. Ihre Tätigkeit deckte meist ein umfassendes Spektrum von Banktätigkeiten ab. Doch allein durch die feste Berufsbezeichnung, die vorhandene Regulierung und die gute Quellenlage bietet sich ein besserer Einblick in die Tätigkeiten dieser Gruppe. Zur Darstellung dieser Gruppe ist jedoch auch eine kurze Umschau über weitere, von Andreau nicht betrachtete, Finanzberufe notwendig:

- *argentarii* agierten vorwiegend in den klassischen Bankaufgaben wie Münzkontrolle und Geldwechsel bis hin zu den anspruchsvollen Aufgaben wie Einlagengeschäften und Kleinkreditvergaben[117].
- *nummularii* grenzen sich von den *argentarii* dadurch ab, dass sie vorwiegend mit der Münzprüfung und dem Geldwechsel beauftragt waren und nicht die wesentlich definierenden Tätigkeiten des Bankgeschäfts abdeckten[118].

112 Siehe Andreau (1999) S. 56, 2. Abs.

113 Vgl. auch Andreau (1999) S. 53, 2. Abs.

114 Vgl. Andreau (1999) S. 55, 5. Abs (zur Darstellung der außergewöhnlich hohen Investitionssumme der Sulpicii in Seedarlehen).

115 Vgl. Andreau (1999) S. 76 (zur Einordnung der Sulpicii als *argentarii*, wozu aber auch Hypothesen für die Einordnung als *feneratores* existieren).

116 Vgl. Andreau (1999) S. 56, 2. Abs.

117 Siehe Andreau (1999) S. 36, 4. Abs.

118 Auch hier ist die Trennung der Berufe nicht immer trennscharf. Die Tätigkeit der *nummularii* ist ab der Zeit des Augustus belegt, siehe Andreau (1999) S. 31. Andreau beschreibt, dass später dann ab dem 2. Jh. n. Chr. auch *nummularii* dokumentiert sind, die ebenfalls im Einlagen- und auch im Kreditgeschäft aktiv waren, siehe Andreau (1999) S. 2, 4. Abs.

- *mensarii* betrieben Geldverleihgeschäfte in staatlichem Auftrag[119] vergleichbar auch mit den *faenatores*, die im Auftrag ihres Herrn (oder auch des Kaisers) Geldverleihgeschäfte betrieben[120].

Die Untersuchung soll sich daher hier weiter auf die zu einem früheren Zeitpunkt mit einem umfangreicheren Spektrum agierenden *argentarii* beziehen. Quellen belegen die Tätigkeit der *argentarii* seit dem Ende des vierten Jh. v. Chr. in Rom[121]. Die Tätigkeit der *argentarii* ist dann bis ins dritte Jh. n. Chr nachweisbar. Danach machte die Krise des dritten Jahrhunderts, die folgende Geldabwertung und die sich verstärkende Inflation die Geschäftsbasis der *argentarii* zunichte[122].

Das Geschäft der *argentarii* wurde, anders als die Bankleistungen der beiden anderen hier definierten Gruppen, am meisten durch staatliche Kontrolle reguliert[123]. Es kommt auch daher einem geregelten Bankwesen im heutigen Verständnis im Vergleich zu den anderen vorgenannten Tätigkeitsgruppen am nähesten. Sie engagierten sich in klassischen Bankaufgaben wie Münzkontrolle und Geldwechsel, aber auch in Überweisungen durch Anweisungen (*relegatio)* mittels eines Kreditbriefes zur Verfügbarmachung von Geld in den abgelegenen römischen Provinzen. Die *argentarii* entwarfen oder nutzten ab der zweiten Hälfte des 2. Jh. v. Chr. durchaus erwähnenswerte, weil neue Vorgehensweisen wie die Teilnahme an Versteigerungen, bei denen sie Kredite an die Käufer der mit diesen Versteigerungen getätigten Geschäfte vergaben[124]. Gerade diese Tätigkeit grenzt sie von den *nummularii* ab, die zwar auch in das Einlagengeschäft eindrangen, jedoch nie – nach unserer Quellenlage – wie die *argentarii* als Intermediär zwischen Verkäufer und Käufer bei Auktionen auftraten[125].

Bei der Untersuchung der ausgeübten Bankleistungen der *argentarii* ist das Einlagengeschäft von Interesse. Üblicherweise übernahm ein *argentarius* ein *depositum regulare*, bei dem verpackte und nicht verleihbare Münzen gegen eine Gebühr in Verwahrung genommen wurden. Darüberhinaus – und für die Betrachtung von Risikobereitschaft von höherem Interesse – engagierten sich *argentarii* ebenfalls in einem als *depositum irregulare* bezeichneten Geschäft. Dieses unterschied den *argentarius* von weiteren Akteuren im Geldsektor. Er hatte beim *depositum irregulare* eine offene Menge Geldes in Verwahrung genommen. Für dieses war es ihm – auch im Rahmen der zuvor genannten

119 De Martino (1991) S. 168, 3. Abs., mit Verweis auf ein Gesetz aus dem Jahr 352 v. Chr., mit dem *quinqueviri mensarii* eingeführt wurden.

120 Siehe Reden (2012) S. 280 oder auch Verboven (2008).

121 Vgl. Andreau (1999) S. 3.

122 Andreau (1999) S. 32, 5. Abs.

123 Pauly Band II,1 (1895), Sp. 706–710 beschreibt, dass die Tätigkeit der *argentarii* „im öffentlichen Interesse einer staatlichen Regulierung unterlag. So finden sich gesetzliche Bestimmungen über ihre Rechnungslegung (Dig. II 13, 4. XVI 3, 7 § 2); sie standen unter der Aufsicht des Praefectus urbi (Dig. I 12, 1 § 9), in der Provinz unter der des Statthalters (Suet. Galba 9. Dig. XLVIII 10, 9 § 2)".

124 Was Andreau (1999) als innovativ bezeichnet, s. S. 30, 5. Abs.

125 Siehe Andreau (1999) S. 31, 2. Abs.

Rechtsprechung oder „Regulierung" – erlaubt, es weiter zu verleihen, gegebenenfalls gegen Zins. Die Juristen Herbert Hausmaninger und Walter Selb stellen dar, dass hiermit „der Unterschied zum Darlehen verwischt"[126]. Dieses Geschäft wurde zu Anfang der Banktätigkeiten nicht von einem *argentarius,* sondern von dem zuvor benannten auf Geldverleih spezialisierten *mensarius* in staatlichem Auftrag betrieben[127]. Das Engagement der *argentarii* in diesen Tätigkeitsfeldern deckt zusammen betrachtet ein umfangreiches Spektrum an Bankleistungen ab und es verdient am ehesten, diese Gruppierung – in Analogie zu modernem Bankwesen – als Bankiers zu bezeichnen.

Versucht man, diese Geschäftsarten zu quantifizieren – was aufgrund der geringen Quellenlage schwierig ist und weswegen man sich auf die vorhandenen epigraphischen und literarischen Erwähnungen stützen muss –, so ist davon auszugehen, dass sie die Masse ihres Geschäftes sicher mit einfachen Bankdienstleistungen wie der Münzprüfung, dem Geldwechsel oder Geldtransfergeschäften[128] gegen Gebühr abdeckten. Sie zogen offenbar aus den risikofreien Dienstleistungen genügend Verdienst[129].

In der Annahme von offenen Einlagen und der Vergabe von Krediten engagierten sie sich im Vergleich dazu weniger stark[130]. Wenn *argentarii* ein *depositum irregulare* annahmen, konnten sie in der Folge einen Kredit vergeben und somit ein Geschäft gegen Zins eingehen. Doch das Volumen ihrer Kreditgeschäfte stellte vorwiegend nur Konsumentenkredite dar[131]. Diese Kredite wurden nur in geringer Anzahl und vorwiegend kurzfristig, maximal mit einer Laufzeit von sechs Monaten, vorgenommen, so dass nur ein geringes Kreditvolumen entstand[132]. Das Vorgehen widersprach somit dem ökonomischen und dem Bankwesen eigenen Prinzip der Fristentransformation, nach dem es sinnvoll ist, selbst kurzfristig Geld aufzunehmen und Kredite langfristig zu vergeben. Und trotzdem bildete dieses Vorgehen eine Basis, die auch den Vertretern der hierin tätigen Schicht, vorwiegend Freie und Freigelassene, ein einträgliches Geschäft und bestimmten Wohlstand ermöglichte[133]. Sie verhielten sich risikoreichen Bankgeschäften gegenüber aber in Summe eher zurückhaltend.

Das Handlungsmuster im Bankwesen lässt sich für die beiden untersuchten Ausprägungen entsprechend zusammenfassen und den bisherigen Beobachtungen gegenüberstellen. Aus unternehmerischer Sicht betrachtet war das Handlungsmuster der Bankiers und Finanzunternehmer durch eine auf Profit orientierte Strategie gekennzeichnet, die durchaus bedeutende Risiken oder gar Spekulation einzugehen bereit war. Sie wich

126 Hausmaninger, Selb (2001) S. 220 f.
127 Vgl. Reden (2015) S. 280.
128 Vgl. De Martino (1991) S. 175.
129 Andreau (1999) S. 42, 2. Abs.
130 Vgl. Ansicht der Juristen über klassische Begriffsbedeutung des Bankwesens in Andreau (1999) S. 39, 5. Abs.
131 Reden (2015) S. 279.
132 Vgl. Andreau (1999) S. 44, 2. Abs.
133 Andreau (1999) S. 47, 4. Abs.

bei geringem oder mittlerem Gewinnpotenzial jedoch deutlich von der auf Sicherheit bedachten Vorgehensweise der Eliten ab[134].

Tab. 8: Unternehmerische Handlungsaspekte bei den Bankgeschäfttreibenden

Handlungsaspekte	**Bewertung bei Agrarbesitzern (Elite)**	**Bewertung bei Publikanen (Ritter)**	**Bewertung bei Finanzunternehmern (Ritter und Freie)**	**Bewertung bei Bankiers / *argentarii* (Freigelassene)**
Gewinnabsicht	ja	ja	ja	ja
Gewinnpotenzial	mittel	hoch	hoch	gering
Risikobereitschaft	Vorsichtiges, kalkuliertes Handeln nach Vorgaben	Mutiges Handeln mit Absicherung / Verteilung des Risikos, aber nicht alleinige Einnahmequelle	Direkte Interaktion mit *negotiatores*. Mutige, aber berechnende Kreditvergabe	Punktuelles, kalkulierendes Handeln. Beschränkung auf klassische Aufgaben
Risikohöhe	gering	hoch (Verlust eines Teils des Einsatzes)	hoch	gering

5.2.2.4 *Zusammenfassung zum Risikobegriff*

Das erkennbare Handlungsmuster zeigt zum einen eine klare Gewinnabsicht bei allen gewählten Wirtschaftsbereichen. Die dargestellte Betrachtung des Umgangs mit Risiken im Dreieck Landwirt – *Publicani* – Bankiers zeigt, dass es unterschiedliche Risikobereitschaft gab. Die Risikobereitschaft ist zögerlich und ändert sich nur bei extremen Gewinnmöglichkeiten. Eine erhöhte Risikobereitschaft ist bei einkommensstarken und auf sozialen Aufstieg zielende Schichten zu beobachten.

Somit ist eine unternehmerische Risikobereitschaft – bei entsprechender Motivation – gegeben und den römischen Wirtschaftshandelnden zu attestieren.

5.2.3 Ehrbegriff bei Wirtschaftshandelnden

Nach der Gegenüberstellung unternehmerischen Risikoverhaltens im Wirtschaftshandeln zu dem eingangs beschriebenen Denken der Agrarautoren soll nachfolgend der zweite Aspekt vertieft werden, der nach der Analyse der Agrarschriften Fragen aufwarf: die Infragestellung unternehmerischer Zielstrebigkeit und die scheinbare Überlagerung

134 Vgl. Andreau (1999) S. 53, 1. Abs. zur *profit strategy* der „Finanzunternehmer".

wirtschaftlichen Handelns durch eine auf gesellschaftlich orientierte Anerkennung und „Ehre“ zielende Motivation.

Zur Erinnerung: bei den Vertretern der Elite schien, wie aus der Analye der Agrarschriften erkennbar, die zielstrebige ökonomische Betätigung durch das Streben nach politischen Ämtern und Ehre im Allgemeinen überlagert gewesen zu sein. Columella beklagte den Absentismus der Vertreter seines Standes und die geringe Anwesenheit auf den eigenen Landgütern und empfahl eine günstige, das heißt stadtnahe, Lage dieser Güter, um eine Erreichbarkeit nach der politischen Betätigung auf dem Forum realisieren zu können. Columella hatte die Ehrhaftigkeit landwirtschaftlichen Handelns in direkten Bezug zu Bewunderung und Verehrung (*admiratio veneratioque*) gesetzt[135].

> *Sed in omni genere scientiae et summis admiratio veneratioque et inferioribus merita laus contigit. Accedit huc, quod ille, quem nos perfectum esse volumus agricolam, si quidem artis consummatae non sit,* (...), *multum tamen profecerit, si usu Tremellios Sasernasque et Stolones nostros aequaverit.*

> In jeder Kunst gebührt den Größten Bewunderung und Ehrfurcht, den Geringeren verdiente Anerkennung. Genauso ist es bei dem vollkommenen Landwirt, den wir im Auge haben. Ist er ein vollendeter Meister seiner Kunst (...) so werden wir ihm die höchste Verehrung zollen; doch hat er schon viel erreicht, wenn er nur so viel gelernt hat wie unsere Landsleute Tremelius, Saserna und Stolo.

Diese Deutung von verehrenswürdigem agrarischen Verhalten steht im Kontrast zu dem normalerweise unter den Begriff der Ehre zusammengefassten politischen (und eben nicht agrarischen) Tätigkeiten eines Vertreters der senatorischen Elite. Interessant ist dabei der Hinweis Silke Diederichs, die hervorhebt, Columella richte sich gegen Gutsbesitzer, „die sich Land ohne Interesse an der Nutzung nur aus Prestigegründen aneignen, um so dem anderweitig erworbenen den Anschein von Ehrbarkeit zu geben“[136]. Doch stellt dies einen Ehrbegriff dar, der sich nur durch Besitz definiert, nicht aber durch die Anerkennung agrarischer Leistung – und daher von geringer Relevanz für die vorliegende Untersuchung ist. Der bisher mit dem Fokus auf landwirtschaftliche Tätigkeit untersuchte Begriff der Zielstrebigkeit – als Teil eines Unternehmerbegriffes – soll stattdessen nachfolgend mit dem Ehrstreben weiterer gesellschaftlicher Schichten genauer untersucht und abgeglichen werden.

Bei den wirtschaftlich engagierten Vertretern aus dem Stand der Ritter ist eindeutig ein zielstrebig auf Gewinnerzielung orientiertes Wirtschaftshandeln zu beobachten[137]. Die Ritter deckten, wie in Kap. 4.2 beschrieben, umfangreiche wirtschaftliche Aktivitäten wie unter anderem die Übernahme von Staatsaufträgen durch *publicani*, die

135 Colum. 1,praef.,31 f.

136 Siehe Diederich (2007) S. 372 zu Fußnote 1999.

137 Die folgende Argumentation lässt das dem Status als Ritter zugrundeliegende Vermögen außer acht, das ein weiteres Argument für zielstrebige Gewinnerzielung wäre.

Durchführung von Geldgeschäften durch *argentarii* und die Leistung von Handelsgeschäften durch *negotiatores* ab. Die *publicani*, welche die für die Zeit der römischen Antike komplexeste wirtschaftliche Gesellschaftsform, die der *societates publicanorum*, zur Durchführung ihrer Geschäfte entwickelten, sind dadurch allein schon Beispiel und Beleg für Zielstrebigkeit. Genauso haben die *negotiatores* die größten Seehandelsvorhaben mit für diese Zeit komplexen Finanzierungen ermöglicht, ebenfalls ein unwiderlegbarer Nachweis für Zielstrebigkeit. Und letztlich sind auch die Geldgeschäfte der *Sulpicii* beredtes Beispiel für umfangreichen und sicher nicht minder zielstrebigen Geldhandel.

Zweck dieses zielstrebigen Handelns wird zum einen unzweifelhaft Gewinnerzielung gewesen sein. Darüber hinaus ist zu vermuten, dass das Erreichen von Anerkennung unternehmerischer Leistungen ein weiterer Grund gewesen ist. Eine Vielzahl von Beispielen zeigt, dass Ritter diese durch breite gesellschaftliche Anerkennung, sozialen Aufstieg und durch die Erlangung von politischen Ämtern verfolgten. *Publicani* übernahmen staatliche Aufträge und waren „durch ihre geschäftlichen und familiären Verknüpfungen mit der Nobilität“[138] eng mit politischen Ämtern verbunden. Ihre Rolle wurde Ende des zweiten Jh. v. Chr. durch die verstärkte Übernahme von Richtertätigkeiten weiter politisiert, auch wenn sie politische Spitzenämter nicht übernahmen[139]. *Negotiatores*, erfolgreiche Händler unterschiedlichster Produkte, sind aus einer Vielzahl von Inschriften bekannt, von denen ein großer Teil aus den römischen Provinzen stammt. Eine Inschrift aus dem heutigen Augsburg belegt beispielhaft das Wirken eines *negotiator (artis) vestiariae et lintiariae*, der dem städtischen Rat angehörte und somit mit seinem Geschäft auch lokale politische Ämter erreichte[140]. Erweitert man die Betrachtung der stadtrömischen Ritter so auf die Sub-Eliten der anderen Städte im Reich und auf den dort relevanten *ordo decurionum*, so erkennt man leicht, dass die dort erfolgreichen Wirtschaftsakteure sehr bald politische Aufgaben zur Vertretung der Städte übernahmen und ebenfalls eine Überlagerung wirtschaftlichen Erfolgs durch ehrenvolle politische Aufgaben erfolgte. Und auch in Geldgeschäften engagierte Ritter waren um sozialen Aufstieg bemüht. So werden die zuvor dargestellten „Finanzunternehmer“ von Andreau als „zielgerichtet auf sozialen Aufstieg“ beschrieben[141]. Ein Beispiel ist der aus Ciceros Verteidigungsrede bekannte Rabirius Postumus, ein Vertreter der römischen Oberschicht, von Cicero aus dem Ritterstand stammend dargestellt, der über seinen Adoptivonkel senatorischen Standes war und später selbst Senator wurde. Dieser Rabirius Postumus unternahm Geldgeschäfte großen Volumens[142].

Letztlich bestätigen diese Beispiele also die Bedeutung unternehmerischer Aktivität als soziale Aufstiegsmöglichkeit, häufig repräsentiert durch die Erlangung politischer

138 Siehe Walter (2017) S. 136.

139 Siehe Fleckner (2010) S. 179 zu möglichen Gründen, warum *publicani* selten politische Spitzenämter übernahmen, wie u.a. die Beibehaltung ihrer Erträge.

140 Siehe Drexhage, Konen, Ruffing (2002) S. 132.

141 Andreau (1999) S. 52, 3. Abs. beschreibt die Finanzunternehmer mit der Aussage *„they pinned their hopes on their economic activities“*.

142 Siehe zur Darstellung seiner Karriere Klodt (1992) S. 41.

Ämter. Wirtschaftlich erfolgreiche Vertreter des Ritterstandes überlagern somit ihre Zielstrebigkeit und ihren wirtschaftlichen Erfolg durch das Streben nach politischen Ämtern und die damit verbundene Ehre. Diese Analyse scheint zu bestätigen, dass der Aspekt der Überlagerung auch für die wirtschaftlichen Aktivitäten der Ritter als gegeben angesehen werden kann. Sie handelten zielstrebig wirtschaftlich. Der Handelnde wurde durch sein Ämterstreben aber – zu seiner Zeit wie auch in weiten Teilen der heutigen Literatur – vorwiegend durch seine politische Ambition wahrgenommen und damit verbunden.

Es bleibt noch ein abschließender Blick auf die wirtschaftlichen Aktivitäten weiterer gesellschaftlicher Schichten. Dabei lässt sich anhand der Vielzahl noch vorhandener Inschriften der Stolz der Kaufleute und Handwerker und das Streben nach Ehre ebenfalls erkennen. Unabhängig von der Kritik von Vertretern höherer Schichten, sind die römischen Grabinschriften ein aussagekräftiges epigraphisches Indiz für das Anerkennungsstreben der Kaufleute und Handwerker. In diesen Inschriften wird nicht nur der Beruf des Verstorbenen erwähnt, sondern auch das „Wie“ des Wirtschaftens erläutert.

Als gutes Beispiel für die Zielstrebigkeit eines Kaufmanns steht die Inschrift CIL IX 60[143] aus dem heutigen Brindisi. Sie stellt die Beharrlichkeit und den Mut als Grundlage seiner unternehmerischen Aktivität dar[144].

Navibus velivolis magnum mare saepe cucurri,
accessi terras conplures, terminus hice est
quem mihi nascenti quondam Parcae cecinere.
Hic meas deposui curas omnesque labores,
sidera non timeo hic nec nimbos nec mare saevUm,
nec metuo sumptus ni quaestum vincere possit
Alma Fides, tibi ago grates, sanctissuma diva,
fortuna infracta ter me fessum recreasti

Auf schnell segelndem Schiff hab‘ oft das Meer ich befahren,
hab’ so manches Land besucht, doch hier ist das Ende,
das bei meiner Geburt die Parzen einst mir gesungen.
Hier hab‘ ich niedergelegt meine Sorgen und all meine Mühen,
Sterne fürchte ich nicht, noch Regengüsse noch Stürme,
fürchte nicht, dass die Kosten zuletzt den Gewinn übersteigen.
Gütige Fides, es sei dir gedankt, du heiligste Göttin,
gabst durch dauerndes Glück dem dreimal Bedrängten die Rettung

143 Auch CE 1533.

144 CIL IX, 60 in: Geist, Hieronymus, Römische Grabinschriften. Gesammelt und ins Deutsche übertragen von Hieronymus Geist, betreut von Gerhard Pfohl, München: Heimeran 1969. S. 72–73 Nr. 153.

Die Grabinschrift dieses Kaufmanns offenbart zum einen das durch Stürme risikoreiche Geschäft eines durch viele Meere fahrenden Seehändlers. Der italienische Historiker Andrea Giardina bezeichnet dies als „Modell", zu dem unter anderem die „Vertrautheit mit vielen Ländern"[145] gehört, also der Begriff der Erfahrung. Die Grabinschrift spricht zum anderen für den konkreten Fall dieses Kaufmanns von der Treue (*fides*) also dem Vertrauen und der von seinen Gläubigern wohl eingeräumten Krediten. Sie ist hier auf die Göttin Fides übertragen, der der Kaufmann mit dieser Inschrift für drei Fälle dankt. Trotz dieser Beschwernisse zitiert er seine Sorgen und lobt all seine Mühen (*omnes labores*). Diese Mühen, die er wohl bis zu seinem Tod zielstrebig verfolgt hat, mögen aus unternehmerischer Motivation oder vielleicht auch aus einer gewissen Ausweglosigkeit und dem Mangel an Alternativen beruflicher Betätigung erwachsen sein. Doch sind sie letztlich Nachweis des von Columellas so bezeichneten *voluntatem agendi*, des Muts und der Zielstrebigkeit, die ein Charakteristikum von Unternehmertum ist.

Der gleiche eifrige Charakter findet sich in weiteren Inschriften der Handwerker. Ulrich Fellmeth beschreibt die Ausdifferenzierung des Handwerks und die umfangreiche Anzahl von handwerklichen Berufen, deren Meisterung erst die Grundlage für spezielle Erfahrungen und besondere Expertise bietet, deren sich die einzelnen Handwerker rühmen[146]. Der Althistoriker Hieronymus Geist lieferte schon früh eine umfangreiche Zusammenstellung von Inschriften römischer Handwerker und Gewerbetreibender. Auch wenn eine Vielzahl dieser Inschriften unspezifisch nur Namen und Beruf des Verstorbenen nennen und Hans-Joachim Drexhage, Heinrich Konen und Kai Ruffing die Problematik der geringen Aussagekraft epigrafischer Zeugnisse beklagen[147], so bieten die vorhandenen Inschriften doch relevante Ansatzpunkte für die hier angestrebte Untersuchung. Und sie sind beredtes Zeugnis gegen die Deklassierung handwerklicher Tätigkeit, wie sie sich im häufig zitierten Auszug Ciceros ausdrückt. Er disqualifiziert den Handwerker und propagiert ein negatives Ansehen des produzierenden Gewerbes und des Kleinhandels[148] allgemein[149]. Dabei ist zu berücksichtigen, dass Cicero zwar das Kleingewerbe und damit einen Großteil der römischen Gesellschaft tadelt, den Großhandel jedoch lobt.

Unbenommen von der eingeschränkten Aussagekraft einzelner Inschriften und dem Standesdünkel der Elite hilft die Analyse spezifischer Beispiele, das Motiv des Ehrstrebens weiter zu erfassen. Die Inschrift des Zimmermanns Quintus Candidus Benignus aus Arles in der römischen Provinz Gallien soll daher hier dargestellt werden. Sie stellt neben dem Lob seines Fachwissens auch eifriges Streben in seinem wirtschaftlichen

145 Giardina (1989) S. 295.
146 Fellmeth (2008) S. 84.
147 Drexhage, Konen, Ruffing (2002) S. 120, 3. Abs. und S. 121, 2. Abs.
148 Cic. off. 1,150, siehe Zitat in früherem Kapitel dieser Arbeit.
149 Cic. off. 1,42,151 bei Aubert (1994) S. 18.

Handeln dar[150]. Es steht repräsentativ für eine Vielzahl solcher Inschriften, in Rom, auf italischem Gebiet und in den Provinzen.

D. M.
Q CANDIDI BENIGNI FAB TIG C
ORP PAR ARS CVI SVMMA FVIT
FABRICAE STVDIVM DOCTRIN
PVDOR QVE QVEM MAGNI
ARTIFICAS SEMPER DIXSERE
MAGISTRVM DOCTIOR HOC NE
MO FVIT POTVIT QVEM VINC
ERE NEMO ORGANA QVI NOSSE
T FACERE AQVARVM AVT DVCE
RE CVRSVM HIC COVVIVA FVI
T DVLCIS NOSSET QVI PASCE
RE AMICOS INGENICO STVDIO
DOCILIS ANIMOQVE (...)

Den Göttern der Unterwelt,
Quintus Candidus Benignus,
Mitglied des Kollegiums der Zimmerleute und Bauhandwerker von Arles.
Er war Bauhandwerker ersten Ranges, ein Kenner der Bautheorie
Und zudem bescheiden; große Handwerker werden ihn wohl immer Meister nennen.
Keiner war gelehrter als er, keiner konnte ihn übertreffen.
Er wusste alles über Bewässerungsanlagen und Straßenbau.
Er war von milder Gemütsart und wusste seine Freunde zu unterhalten – ein Mann von sanftem und eifrigem Charakter und ein gütiger Geist. (...)

Dieses Zeugnis praktischer wirtschaftlicher Tätigkeit stellt anschaulich die Antriebe römischer Handwerker dar: das eifrige Streben nach besten Leistungen – gegebenenfalls ohne soziale Aufstiegsmöglichkeiten und fern jedweder Möglichkeit zur Wahrnehmung politischer Ämter.

Die benannte Mitgliedschaft im Kollegium der Zimmerleute und Bauhandwerker (*fabri tignuarii*) ist Indiz für die angestrebte gesellschaftliche Anerkennung eines Wirtschaftsakteurs. Die deutsche Althistorikerin Dorothea Rohde diskutiert, ob die – auch in dieser Inschrift erwähnten – Kollegien für den Handwerker ein Ersatz für politische Betätigungsmöglichkeiten und eine Möglichkeit zu sozialem Aufstieg der Sub-Eliten

150 Kloft (2006) S. 54 führt die Inschrift aus CIL XII 722 in der Übersetzung nach Burford (1985) S. 219 an, in der ein Unternehmer – und besonders seine Leistungen – von seiner Gattin und seiner Tochter gelobt werden. Siehe auch Drexhage, Konen, Ruffing (2002) S. 302 f. und Geist (1969) S. 83.

war[151]. Sie stellt anhand von Inschriften aus dem römischen Ostia – ebenfalls für die Berufsgruppe der Zimmerleute – dar, dass diese sich in die lokale Gesellschaft integrieren konnten und gerade für diejenigen, „denen die Aufnahme in den *ordo decurionum* verwehrt blieb" und die „von politischen Ämtern und dem damit verbundenen sozialen Ansehen ausgeschlossen waren", ein „alternatives Betätigungsfeld" bot[152]. Fellmeth verweist auf die Beteiligung der Berufsvereine an den Magistratswahlen in Pompeji und die durch zahlreiche dortige Inschriften nachvollziehbaren Wahlempfehlungen[153]. Christ sieht die Ursachen für diese politische Komponente der *collegia* darin, dass im Prinzipat die alten politischen Gremien mit Beteiligung dieser Vertreter wie insbesondere die Volksversammlungen bedeutungslos wurden und die Berufsvereine eine Alternative zur Gewinnung gesellschaftlichen Ansehens darstellten. Dieses Ansehen wurde ermöglicht, was jedoch durch die starke Regulierung der Kollegien ohne tatsächliche politische Teilhabe erfolgte und sich vorwiegend auf die Wahrnehmung von Kulten und die Ausrichtung von Feiern konzentrierte[154].

5.2.3.1 Zusammenfassung zum Ehrbegriff

Diese Analyse wirtschaftlicher Aktivität und des entsprechenden Bedarfs nach Anerkennung offenbart in der Durchschau unterschiedlicher Schichten zum einen die zielstrebige Verfolgung wirtschaftlicher Ziele, zum anderen die sich daran anschließenden Perspektiven. Große Teile der unteren Schichten üben ihre Tätigkeit mit Eifer aus und bemühen sich um Anerkennung ihrer Leistung. Zwischen den Schichten herrscht das in einer ständischen Gesellschaft wie der römischen häufig beobachtbare Motiv der sozialen Anerkennung und der Suche nach sozialen Aufstiegsmöglichkeiten. Die Vertreter höherer gesellschaftlicher Schichten streben nach politischer Anerkennung und der Wahrnehmung von Ämtern.

Somit mag der Begriff der „Ehre" und des Ehrstrebens sowie das in den Vordergrund rückende Streben nach politischer Anerkennung als Motiv bestätigt werden. Dies schränkt jedoch das Motiv der wirtschaftlichen Aktivität und des zielstrebigen Erreichenwollens von geschäftlichen Erfolgen keineswegs ein.

151 Rohde (2012) S. 354 f.

152 Ebenda. Ergänzend dazu beschreibt Kolb (2008) S. 152 ff. zur Inschrift CIL VI 33887 das Beispiel eines – allein schon von der Berufsgruppe wohlhabenderen – *negotiators*, der als Viehhändler in Misenum arbeitete und dem Dekurionenstand angehörte und alle städtischen Ehrenämter wahrgenommen hatte.

153 Fellmeth (2008) S. 149, 1. Abs.

154 Christ (1988) S. 384.

5.2.4 Zusammenfassung zum Unternehmerbild

Nach der Darstellung des heutigen Unternehmerbildes und der Analyse seiner Charakteristiken in Bezug auf den römischen Agrarunternehmer sowie nach dem Abgleich mit praktischen Beispielen römischer Wirtschaftshandelnder lässt sich Folgendes zum Begriff des Unternehmers sagen.

Eine Gewinnabsicht gegen die Inkaufnahme von Risiko ist in den Schriften der Agrarautoren mit fest definierten Grenzen der Risikobereitschaft erkennbar. Die vergleichende Analyse im praktischen Handeln hat für Publikane und für im Bankgeschäft engagierte Wirtschaftsakteure ebenfalls gezeigt, dass dieses Handlungsmuster dort sichtbar ist und, bei entsprechender Motivation, in seinem Ausmaß überstiegen wird.

Die persönliche Zielstrebigkeit war aus den Texten der Agrarautoren klar erkennbar, wenn auch die Ziele der Landwirte in der äußeren Wahrnehmung durch ein politisches Ämterstreben überlagert wurden. Und genauso ist diese Überlagerung bei der Betrachtung weiterer Beispiele aus anderen Wirtschaftsbranchen erkennbar. Doch dabei ist zu betonen, dass ein Streben nach politischer Anerkennung ohne eine Reduzierung der zielstrebigen Verfolgung wirtschaftlicher Betätigung erfolgte.

Ein innovatives Handeln ist bei aller Klarheit über die fehlende technische Innovation in der Gestalt einer Verfahrensinnovation aus den Schriften der Agrarautoren erkennbar.

Somit scheint der Begriff des Unternehmertums auf die römische Antike mit den benannten Einschränkungen anwendbar zu sein. Er grenzt sich ab von der einleitend nach Werner Sombart zitierten Definition einer umstürzlerischen und umbildenden Wirtschaftspersönlichkeit, die Sombart als charakteristisch für den Kapitalismus bezeichnet hat. Doch gegenüber dessen Kategorisierung, die den kapitalistischen Unternehmer nur den „kollektivistisch gebundenen“ Akteuren des Mittelalters und „einzelnen wenigen“[155] Akteuren des Frühkapitalismus gegenüberstellt, erlaubt der Blick auf den im antiken Rom agierenden Wirtschaftshandelnden doch bedeutende Parallelen. Wegen der prinzipiellen Übereinstimmung der Begrifflichkeiten mit den in der römischen Wirtschaft gemachten Beobachtungen einerseits, aber den vorhandenen und hier herausgearbeiteten Einschränkungen andererseits, wird die Arbeit – angelehnt an den von Peter Temin gewählten Begriff der „römischen Marktwirtschaft“ – vorerst den Begriff des „römischen Unternehmers“ verwenden und vermeiden, den modernen Unternehmerbegriff für die römische Wirtschaft uneingeschränkt Anwendung finden zu lassen.

Um die hier beschriebenen Einschränkungen am Unternehmerbild besser verstehen zu können, müssen weitere Kompetenzen des Wirtschaftens untersucht werden. Wie dieser römische Unternehmer daher agierte, soll somit in den nächsten Kapiteln untersucht werden.

155 Sombart (1902), Dritter Band, S. 10 f.

5.3 Betriebsführung und Projekt-Management

5.3.1 Allgemeiner Kontext

Unternehmerisches Handeln lebte nicht von der Idee allein, nicht einzig von der Tatkraft oder nur den Finanzmitteln. Die jährlich immer wiederkehrenden Betriebsaufgaben einer Landwirtschaft mussten effizient geplant und Neuerungen oder einzelne Vorhaben mussten effektiv umgesetzt werden.

Prägende Vorgehensweisen für den römischen Unternehmer waren sicher die der – nicht privatwirtschaftlichen – römischen Administration. Ein treffendes Beispiel einer komplexen Betriebsaufgabe ist die Organisation der Wasserversorgung Roms. In republikanischer Zeit wurden die Rahmenbedingungen für den Bau und Betrieb der Wasserleitungen üblicherweise von den Censoren festgelegt. Sie übernahmen alle anstehenden Betriebsaufgaben sowie den Verkauf oder die Verteilung des Wassers und belegten im Fall von Privatvergaben diese auch wieder mit Steuern. In kaiserlicher Zeit intensivierte sich mit dem Wachstum der Stadt der Betriebsaufwand, so dass ein umfangreicher Verwaltungsapparat damit beauftragt wurde[156]. Marcus Vipsanius Agrippa schaffte als Ädil im Jahr 33 v. Chr. die Grundlage für die *cura aquarum*, die Verwaltungsbehörde der Wasserleitungen. Frontinus beschreibt in seinem Werk *de aquaeductu urbis Romae* die Vorgehensweise zu Nutzung und Betrieb der Wasserleitungen[157]. Einzelvorhaben, wie die Durchführung von Baumaßnahmen (zum Beispiel für Wasserleitungen, aber auch für andere öffentliche Bauten), wurden nach festen Vorgehensweisen mit Einholung eines Kostenvoranschlags, vertraglicher Regelung für die Durchführung sowie einer abschließenden Bauabnahme (der *probatio*) – projekthaft im modernen Verständnis – gesteuert[158].

Jedoch gab es eine solche Administration in dieser institutionalisierten Form für einen privatwirtschaftlich agierenden Gutsbesitzer nicht; eine einheitlich dokumentierte Vorgehensweise für die Handhabung von Einzelvorhaben – in unserem modernen Verständnis ein Projekt-Management – gab es zu keiner Zeit im Römischen Reich. Daher werden Methoden für Betriebsführung und Einzelvorhaben in den Schriften der Agrarautoren noch nicht als solche thematisch umfasst. Stattdessen haben die Agrarautoren auf „klassische“ Faktoren wie Qualität und insbesondere Ordnung und Kontrolle Wert gelegt. Dies sind Faktoren, die auch ganz grundlegend im Staatsverständnis Roms

156 Vgl. Ernstberger (2014) S. 39 ff., Hainzmann (1975) S. 36–40, der u.a. auf die Benennung der römischen Wasserleitung nach den Zensoren hinweist, Ausbüttel (1998) S. 119 ff.

157 Sextus Iulius Frontinus – *De aquaeductu urbis Romae,* entstanden im Jahr 97 n. Chr. als er für sechs Jahre *curator aquarum* wurde.

158 Horster (1995) S. 188–189. Die Problemstellung, die sich mit der möglichen Ungenauigkeit eines Kostenvoranschlags verbindet, hat auch schon Vitruv in seinem Werk *de architectura* beschrieben, wenn er ein Gesetz der griechischen Stadt Ephesus zitiert, die den Architekten mit seinem Privatvermögen haften ließ, wenn die Kosten eines öffentlich vergebenen Baus massiv von den geschätzten Kosten abwichen.

veranlagt waren und in der aristokratisch-hierarchischen Ständeordnung der römischen Gesellschaft sichtbar waren[159].

Qualität und Ordnung oder, anders gesprochen, die Operationalisierung von Sorgsamkeit und Pflichtbewusstsein im Betriebsablauf findet sich beispielhaft in der Schrift Columellas wieder. Er verwendet – in der deutschen Übersetzung nach Richter[160] – den Begriff der „Wartung“. Dieser Begriff umfasst ein durchgehendes Sorgen um die Betriebsfähigkeit des Landwirtschaftsbetriebs. Tatsächlich jedoch verwendet Columella unterschiedliche Begriffe in seinem Originaltext. Wenn Richter Columellas Anleitung über den Kauf und die „Wartung“ von Schafen darlegt[161], dann geht es Columella tatsächlich um den „Schutz“ (*tutela*) und die „Pflege“ (*cura*) von Nutzvieh.

In Kapitel VII, 2 und 3 beschreibt er den Nutzen, den Kauf und eben auch die Wartung von Schafen und Widdern[162]:

> *Atque haec fere communia sunt in conparandis ovibus, illa etiam tuendis: humilia facere stabula, sed in longitudinem potius quam in latitudinem porrecta, ut simul et hieme calida sint nec angustiae fetus oblidant.*
>
> Dies [zuvor beschriebene] etwa sind die allgemeinen Vorschriften für den Kauf von Schafen; folgendes gilt für ihre Wartung: Die Ställe legt man niedrig an, dagegen mehr der Länge als der Breite nach geräumig, damit sie im Winter warm sind und nicht so eng, dass die Lämmer sich stoßen.

Er beschreibt zuerst den Kauf von Schafen und die dafür geltenden Kriterien, wie ein geringes Alter und entsprechenden Körperbau. Nach den Kriterien für den Erwerb beschreibt er intensiv die Pflege und Haltung. Neben den hier nur kurz zitierten Forderungen nach geräumigen Anlagen und relevanten Temperaturen der Stallungen gehen die folgenden Passagen auf Wind- und Lüftungverhältnisse sowie die Vermeidung von Bodenfeuchtigkeit ein. Columella verbindet den Erfolg dieser „Wartung“ selbstverständlich im Weiteren mit seinem Nutzengedanken und dem Ertrag an Wolle.

Diese Passage steht stellvertretend im siebten Buch „über das Kleinvieh“ für mehrere Anleitungen zur Haltung unterschiedlicher Tiere. Der gleiche Kontext von Schutz und Pflege findet sich beispielsweise bei der Beschreibung der „Wartung“ von Kleineseln

159 Alföldy (1994) S. 34 beschreibt den Abschluss der Ständekämpfe im 3. Jh. v. Chr. als eine grundlegende Wegmarke der römischen Geschichte, die aber „nicht die Demokratisierung der Gesellschaftsordnung bewirkte“, sondern ein „eigenartiges aristokratisches Gesellschaftssystem“ herausbildete, das die Ordnung der Gesellschaft festigte.

160 Wie in Kap. 7.3 vermerkt, basiert der klassische Teil der hier verwendeten Übersetzungen auf Richter. An dieser Stelle jedoch ist eine genauere Untersuchung und Wortanalyse notwendig, die im Folgenden durchgeführt wird.

161 Überschrift zu Colum. 7,2.

162 Colum. 7,3,8. Dieses Kapitel, in dem Columella für „Wartung“ mehrfach den Begriff *tueri* (als Verb zum Nomen *tutela*) nutzt, fasst er in 7,5,1 mit dem Begriff *cura* zusammen.

(VII, 1.2) und auch im anschließenden achten Buch über Hühner (VIII, 4.6)[163]. Eindeutig ist Columella hier mit dem Bogen von Kauf über Wartung zum dauerhaften Ertrag an der Sicherung der Investition gelegen. Die Übersetzung durch den Begriff „Wartung" ist in Bezug auf die unterschiedlichen Tiergattungen sicher eine sprachlich unzureichende Verkürzung von Columellas Ausführungen. Positiv festzuhalten ist jedoch, dass sie in Summe aber erlaubt festzustellen, dass Schutz und Pflege der Betriebsgüter tatsächlich einen Aspekt des dauerhaften Betriebsablaufs darstellen.

Die Idee der Wartung, die in den vorgenannten Passagen vorwiegend für Nutztiere dargestellt wurde, bringt Columella an mehreren Stellen auch für Gebrauchsgüter an. Eine gut zusammenfassende Passage findet sich in Kapitel 12,3,5, wenn Columella über die Pflichten der Verwalterin redet und die Sorge um diese Gebrauchsgüter beschreibt:

> *Nec tamen una eius cura esse debebit, ut clausa custodiat, quae tectis inlata receperit, sed subinde recognoscat atque consideret, ne aut supellex vestisve condita situ dilabatur aut fruges aliave utensilia neglegentia desidiaque sua corrumpantur.*
>
> (...) es darf nicht ihre (der Verwalterin) einzige Sorge sein, einzuschließen und zu verwahren, was ins Haus gebracht und von ihr übernommen worden ist. Vielmehr soll sie immer wieder nachsehen und prüfen, ob etwa ein aufbewahrtes Gerät oder Gewand durch langes Liegen leidet oder ob Lebensmittel oder andere Gebrauchsgüter durch Gleichgültigkeit und Untätigkeit verderben.

Diese Darstellung Columellas geht einher mit der allgemeiner gehaltenen Empfehlung zu ordentlicher Pflege von Betrieb und Gerätschaft zum Beispiel bei Cato[164]:

> *Ubi vindemia et oletas facta erit, prela extollito, funes torculos, melipontos, subductarios in carnario aut in prelo suspendito; orbes, (...) patibula, omnia, quis usus erit, in suo quidque loco reponito.*
>
> Sobald die Wein- und Olivenernte vorüber ist, ziehe die Pressbalken hoch, hänge die Kelterseile, die Schlingen und Zugseile an einem Haken oder am Pressbalken auf; bringe die Kelterscheiben (...) und Böcke, alles, was wieder gebraucht wird, an Ort und Stelle zurück.

163 Columella verwendet durchgehend den Begriff der *tutela*. Lediglich in Colum. 11,1,8 spricht Columella nochmal über die Weidehaltung von Vieh unter Verwendung des Begriffs *pastio* (Weide), den Richter dann ebenfalls mit „Wartung" übersetzt.

164 Cato agr. 68 beschreibt dies in einer Folge von Kapiteln (66–69), die sich als Beschreibung der Weinherstellung und der Pflege der notwendigen Gerätschaften gruppieren lassen. Dabei geht er in Kapitel 66 auch auf die Pflichten (*officia*) des Ölschöpfers als einer Art Vorarbeiter in dieser Produktion ein und mahnt entsprechendes Pflichtbewusstsein an.

Die Betriebsführung der römischen Agrarschriftsteller betont diesen Aspekt der sorgsamen und hier der „ordentlichen“ Betriebsführung intensiv. Doch darüber hinaus betont sie tatsächlich auch spezifische Vorgehensweisen zum einen für den dauerhaften Betrieb von Landwirtschaftsgütern und zum anderen für die Durchführung einmaliger Vorhaben wie die Vergabe einer Ernte an einen Dienstleister. Beide Aspekte sollen in diesem Kapital weiter untersucht und dargestellt werden.

Und für die Untersuchung sowohl einer längerfristigen Betriebsaufgabe als auch kurzfristiger Vorhaben wurden mit der Definition dieses Kompetenzbereichs die Fragen nach Planung und Organisation gestellt. Es ist daher von Interesse, wie solche Aufgaben und Vorhaben geplant wurden, wie sie organisiert und von wem sie durchgeführt wurden und insbesondere auch, wie sie kontrolliert oder – noch relevanter – risikominimal erledigt wurden. Somit sind die folgenden drei Aspekte für die folgende Untersuchung relevant:

- Vorgehen zur Planung
- Organisation oder Spezialisierung
- Kontrolle und Risikoabsicherung

5.3.2 Betriebsführung

Bei den Vorgehensweisen für einen dauerhaften Betrieb von Gütern fällt zuerst wieder der klassische Anleitungscharakter der Schriften auf, wenn zum Beispiel bei Columella standardisierte Bauanleitungen vorgetragen werden wie im folgenden Beispiel dargestellt[165]:

> *Circa villam deinceps haec esse oportebit: furnum et pistrinum* (...), *piscinas minime duas* (...). *stercilina quoque duo sint* (...) *sed utrumque more piscinarum devexum leni clivo et exstructum pavimentatumque solo, ne umorem tramittant.*
>
> Rings um das Anwesen soll sich der Reihe nach folgendes befinden: ein Backofen und eine Getreidemühle (...), mindestens zwei Wasserbecken (...). Auch zwei Mistgruben sollen da sein (...) beide in der Art von Wasserbecken sanft geböscht, ausgemauert und verputzt, um keine Feuchtigkeit durchzulassen.

Dabei beschränkt sich Columella nicht nur auf die Benennung notwendiger Bauteile wie Backöfen und Mühlen, sondern stellt auch, wie in der hier zitierten Stelle erkennbar, die Bauart zur Diskussion, wenn er den empfohlenen Bau als „sanft geböscht, ausgemauert und verputzt“ beschreibt. Ebenso spart er regionale Empfehlungen nicht aus, wenn er unterschiedliche Anforderungen an den Bau zwischen Italien und den überseeischen Gebieten darstellt und damit nicht zuletzt wieder den „globalen“ Anspruch seiner Schrift zu erkennen gibt[166].

---

165 Colum. 1,6,21–22.
166 Colum. 1,6,23–24.

5.3.2.1 Strukturierte Planung

Eine detailliertere Aufforderung zur Wahrnehmung einer Betriebsplanung findet sich bei Columella, wenn er Planung als ein notwendiges Mittel des Wirtschaftens beschreibt und es in die langfristige Produktions- und Größenplanung eines Landwirtschaftsbetriebes einordnet. Columella zeigt anhand des Beispiels zweier zu ihrer Zeit bekannter Landbesitzer wie Fehlplanung zu finanziellem Schaden führen kann[167].

> (...) *Tam villa qualiter aedificetur et quam utiliter disponatur. multos enim deerasse memoria prodidit, sicut praestantissimos viros L. Lucullum et Q. Scaevolam, quorum alter maioris, alte minus amplas, quam postulavit modus agri, villas exstruxit, cum utrumque sit contra rem familiarem.*

> (...) so ist es doch nicht weniger wichtig, wie man das Wirtschaftsgebäude anlegt und wie zweckmäßig man es einteilt. Darin haben sich viele getäuscht, wie die Überlieferung weiß: unter anderem zwei so vortreffliche Männer wie Lucius Lucullus und Quintus Scaevola, von denen der eine zu große, der andere zu kleine Gebäude im Verhältnis zu den Erfordernissen der Güter gebaut hat, obgleich beides wirtschaftlichen Schaden bedeutet.

Columella beschreibt den Fall der hier benannten Fehlplanungen, benennt selbst aber keinen einfachen Maßstab für eine richtige Planung. Er zitiert vielmehr Cato, der forderte, „dass weder dem Haus das Ackerland noch dem Ackerland das Haus fehle“[168] und überführt dann in die Darstellung relevanter Planungsaspekte. Er zeigt und fordert hierbei strukturiertes Denken, das Fehler in der Produktionsplanung vermeiden soll und mittels dessen erkennbaren Fehlentwicklungen entgegengewirkt werden soll[169]. Diese Passage ist dabei auch ein gutes Beispiel für die Diskussion über den Erkenntnisgrad wirtschaftlicher Schriften im Allgemeinen und der Agrarschriften im Speziellen. Die einleitend in Kap. 2.2 bereits geführte Diskussion darüber, ob die Darstellungen der Agrarautoren einfaches unreflektiertes Erfahrungswissen seien oder reflektiertes und strukturiertes Wissen darstellten, wird in dieser Passage eindeutig mit einem Beispiel reflektierten Wissen bereichert.

Philologisch betrachtet nutzt Columella den Begriff *modus*, der von Richter mit dem Begriff des Verhältnisses übersetzt wird. Er zeigt das planvolle Abgleichen von Gebäudeanlage und Erfordernissen an.

Eingebettet in die seinem Werk grundlegend vorangestellte Absicht Columellas, das Wissen über – allgemein gesprochen – die Landwirtschaft zu verbessern[170], ist hier

---

167 Colum. 1,4,6–7.

168 Colum. 1,4,8.

169 Colum. 1,5,10 beschreibt eine Bausituation, in der am Fundament aus Erfahrungswissen bereits planvolle Vorkehrungen für mögliche spätere Probleme geschaffen werden sollten.

170 Colum. 1,praef.,3–6.

erkennbar, wie eine Optimierung des Wissens aus mehreren vielleicht experimentellen Erfahrungen gezogen wird. Planendes Handeln liegt somit bei Columella vor, wenn er Erfahrungen reflektiert, diese über Experimente strukturiert und als Konsequenz in eine Handlungsempfehlung verwandelt. Die benannte Passage ist daher ein guter Fall für das fortgeschrittene Maß an Erkenntnis und Planungswissen bei den römischen Agrarautoren, wenngleich sich daraus nicht der Anspruch auf generell reflektiertes und strukturiertes Wissen in deren Schriften ableiten lässt.

Dieses hier nochmal begrifflich geschärfte ‚planvolle Handeln' oder ‚Planungsdenken' lässt sich auch bei Varro wiederfinden. Varro zitiert in seiner Schrift bereits Richtmarken (*metas*) und genauere Formeln (*formulas*), mit denen die Vorväter Saserna und Cato Produktionsplanung betrieben und – wie im Fall Catos bekannt – auch weitergegeben haben[171]. Diese Formeln beziehen sich auf die Ressourcenplanung einer Olivenplantage von 240 *iugera* Land, für die nach Cato unterschiedliche Anzahlen Feldarbeiter, Ochsenknechte und weiterer Arbeiter einzusetzen seien[172]. Varro bezeichnet die eingeschränkte Nutzbarkeit dieser Formel als *deridiculum* (lächerlich) und beklagt Probleme bei der linearen Hochrechnung für andere Gutsgrößen[173]. Dazu empfiehlt er – auch lokale Aspekte mit einkalkulierend – Anpassungen der Berechnungsformeln[174]. Eine vergleichbare Diskussion zu solchen Berechnungsmaßstäben findet sich wenig später, wenn Varro über die Ochsenzucht redet und weitere Faktoren wie die Bodenbeschaffenheit als zu berücksichtigende Variable mit aufführt[175]. Letztlich diskutiert Varro solche Berechnungsformeln auch, wenn er darlegt, wie die genaue Betriebsplanung von Arbeitsgeräten vorzunehmen sei und welchen Zusatznutzen etwaige Überkapazitäten haben könnten[176].

Columella führt in gleicher Weise die Berechnungsmaßstäbe (den *modus*) Sasernas für die Bestellung von Feldern auf oder unterrichtet über den Bedarf an Arbeitskräften je Ackermaß[177] und über die Relation von Weinpflanzungen und Arbeitern pro *iugerum*[178]. Saserna ist Autor eines weiteren, nicht überlieferten Agrarwerks, das um das Jahr 100 v. Chr. entstanden ist und das von Varro und Columella zitiert wird. Dass solche Berechnungsmaßstäbe einer Planung bedürfen, darauf verweist Varro, wenn er schreibt[179]:

> *Quare alia ratione modus mancipiorum generatim est animadvertendus* (…). *Nos utrumque facere debemus, et imitari alios et aliter ut faciamus experientia temptare quaedam, sequentes non aleam, sed rationem aliquam.*

---

171 Varro rust. 1,18,1–5.

172 Varro rust. 1,18,1.

173 Varro rust. 1,18,3 und 1,18,5.

174 Varro rust. 1,18,6.

175 Varro rust. 1,19,1–3.

176 Varro rust. 1,22,4 diskutiert die scheinbare Überkapazität von Weinschläuchen in den Berechnungen von Cato, die er auf die Vorratshaltung für einen späteren Weinverkauf zurückführt.

177 Colum. 2,12,7–8.

178 Colum. 3,3,7–8.

179 Varro rust. 1,18,5 und 1,18,8.

> Darum gilt es, die erforderliche Anzahl von Sklaven nach einem anderen Berechnungsverfahren Bodengattung für Bodengattung anzusetzen (...). Wir müssen beides tun, sowohl andere nachahmen als auch manches probeweise anders zu machen, doch nicht aufs Geratewohl, sondern nach einem Plan.

Varro spricht hier von dem *modus* der Berechnung, der nach *ratio*, nach Vernunft und damit planvoll, eingesetzt werden soll.

Der hier dargestellte Absatz zum Planungsvorgehen im Betriebsablauf lässt sich weiter ergänzen mit Hinweisen, dass die Agrarautoren weitere Beschreibungen von planvollem und umsichtigem Handeln[180], von ausreichend geplantem Einkauf[181] sowie von planvollem und sparsamem Handeln in ihren Werken nutzten, von denen nur der letzte Hinweis kurz dargestellt werden soll[182].

> *Bubus frondem ulmeam, populneam, querneam, ficulneam, usque dum habebis, dato.* (...) *pabulum aridum, quod condideris in hiemem, quam maxime conservato cogitatoque hiems quam longa siet.*

> Den Rindern gib Laub von Ulmen, Pappeln, Eichen und Feigen, solange du (davon) hast. (...) Trockenes Grünfutter, das du für den Winter verwahrt hast, spare möglichst auf und denke daran, wie lange der Winter ist.

Cato führt zuerst eine fachliche Anleitung an, wenn er das in Frage kommende Futtermittel auflistet. Er fährt dann mit dem Hinweis fort, sparsam und vorsichtig mit dem Futter umzugehen und dies so lang wie möglich einzusetzen. Abschließend verbindet er diesen Planungshinweis mit dem Ratschlag, die Winterreserve ob eines eventuell langen Winters möglichst lange aufzusparen. Er gibt hier somit ein Planungsbeispiel für längere Perioden des landwirtschaftlichen Betriebs, das sich in die in diesem Kapitel zuvor vorgenommene Darstellung des Vorhandenseins von planvollem Handeln in der Betriebsführung der Agrarautoren einreiht. Diese etwas weiterreichenden Aspekte von Planung stehen repräsentativ für die generelle Anleitung zu planvollem Handeln in allen drei Schriften der Agrarautoren.

Der hier geführte Beleg geht über die zum Beispiel von Wilhelm Kaltenstadler vorgenommene Analyse hinaus, indem auf das Management-Wissen reflektiert wird und der Erkenntnisgewinn dargestellt wird. Kaltenstadler überschreibt sein Kapitel mit dem Begriff des „optimalen Arbeitskräftebedarfs“[183], führt die Beschreibungen der

---

180 Colum. 11,2,71. Columella weist an dieser Stelle darauf hin, durch planvolles Handeln in einem Aspekt nicht die anderen Tätigkeiten zu vernachlässigen.

181 Cato agr. 135,1–3. Cato empfiehlt hier den Einkauf von Waren an den richtigen Orten vorzunehmen. Durch die feste Auflistung unterschiedlicher Waren und entsprechender Orte jedoch bekommt dieser Absatz wieder sehr stark den Charakter einer reinen Anleitungsschrift, eines festen Regelwerks.

182 Cato agr. 30.

183 Kaltenstadler (1978) Kap. 3, S. 17.

Planungsgrößen der Agrarautoren auf, gleicht sie auf Plausibilität in der entsprechenden Region ab, stellt teilweise den Planungsansatz dar, übersieht aber den Erkenntnisgewinn und die Fortentwicklung der Planungsinstrumente, die sich über die drei Agrarautoren hinweg nachzeichnen lassen. Repräsentativ für die Fokussierung auf absolute Werte ist seine Klage, dass der Schrift Varros nicht die Zahl der Beschäftigten im Gesamtunternehmen entnehmbar sei[184].

Die in der hier vorliegenden Arbeit erstellte Analyse zeigt somit zum einen, dass die Agrarautoren sinnvolle Planungsmaßstäbe definierten[185], zum anderen widerlegt sie durch die erkennbare und dargestellte Weiterentwicklung dieser Maßstäbe die Deutung der Agrarschriften als reines Erfahrungswissen, wie sie von Moses Finley und weiteren Vertretern der primitivistischen Lehrmeinung vertreten werden.

5.3.2.2 *Spezialisierung*

Neben diesen bei allen Agrarautoren beobachtbaren Ratschlägen zu planvollem, ordentlichem und pflichtbewusstem Handeln ist bei der Diskussion von Betriebsabläufen auch der Aspekt der Arbeitsorganisation und der Arbeitsteiligkeit von Interesse. Dabei ist die Beobachtung hervorzuheben, dass sich über den Verlauf der Werke der drei Autoren hinweg eine langsam verstärkende Beschreibung der Spezialisierung von Betriebsabläufen und Tätigkeiten entwickelt. Tatsächlich startet diese Entwicklung bei Cato mit einer Ablehnung jeglicher Spezialisierung und der Konzentration der Verantwortlichkeit für alle Arten von landwirtschaftlichen Tätigkeiten beim *pater familias*. Dies ist sicher begründet in der zuvor dargestellten, auf die Ernährung und Unterhaltung der *familia* bezogenen Wirtschaftskultur jener Zeit. Der dann im weiteren Verlauf zu beobachtende Wandel der Personalplanung hin zur Vergabe kritischer Aktivitäten an Spezialisten geht einher mit der Entwicklung der Wirtschaftskultur über die Jahrhunderte von 200 v. Chr. bis 100 n. Chr. – von einer agrarorientierten zu einer handelsorientierten Kultur[186]. Diese brachte eine größere Komplexität der Tätigkeit und der Reichweite mit sich, welche nicht mehr von einzelnen Akteuren, welche ein umfangreiches Spektrum von Aufgaben abdeckten, erledigt werden konnte.

Cato, als der am frühesten Publizierende der Agrarautoren, spricht noch klassisch über die *familia*, das Gesinde auf dem eigenen Hof, welches aus Freien und Sklaven bestehen kann[187]. Lediglich im Einzelfall spricht er über spezialisierte Berufe wie einen Drescher (*politor*), wenn in diesem Fall Aufgaben an spezialisierte Arbeiter zu vergeben sind[188]. Bei ihm ist noch keine Tendenz zu einer Spezialisierung der Arbeit erkennbar. Er lehnt

184 Kaltenstadler (1978) S. 18, 5. Abs.

185 Kaltenstadler (1978) S. 18 nennt dies mit modernen Sprachmitteln ‚Produktionsfunktionen'.

186 Vgl. das zuvor dem Thema der Wirtschaftskultur gewidmete Kapitel 4.1.

187 Siehe u.a. die Kapitel 65–68, in denen er allgemein über das Gesinde spricht und darüber, wieviel Speisen und Getränke diesem zustehe.

188 Cato agr. 136.

ganz im Gegenteil eine Spezialisierung ab und versucht in einer Zeit des einsetzenden wirtschaftlichen Wandels, die zentrale Stellung und die Bedeutung des *pater familias* zu stärken. Dazu behandelten seine Schriften laut Burkhard Meißner die ganze Bandbreite aller landwirtschaftlicher Disziplinen, „um deren Auseinanderfallen in spezialistische Berufe zu verhindern" und Können und Wissen im „allgemeinen Können des Hausvaters", des *pater familias*, zu belassen[189].

Varro steht hundertdreißig Jahre später einer „fortschrittlichen Spezialisierung"[190] bereits offener gegenüber. Bei der Diskussion unterschiedlicher Gutstypen, denen in der Nähe einer Stadt, denen in der Nähe von Landstädten oder abgeschieden gelegenen Gütern, beschreibt er für den zweiten Typus die Beschäftigung lokaler Ressourcen[191]:

> *Itaque in hoc genus coloni potius anniversarios habent vicinos, quibus imperent, medicos, fullones, fabros, quam in villa suos habeant, quorum non numquam unius artificis mors tollit fundi fructum.*
>
> So nehmen denn auch die Landwirte für diesen Gutstyp lieber Leute aus der näheren Umgebung, denen sie Weisung geben können, auf ein Jahr als Ärzte, Walker, Schmiede unter Vertrag, als dass sie auf dem Hof eigene beschäftigen; stirbt von ihren Leuten nur ein einziger Handwerker, vernichtet sein Tod manchmal den Jahresertrag des Gutes.

Grund hierfür ist zuvorderst offenbar die Flexibilisierung der Leistungserstellung und die Reduzierung des Risikos, durch Ausfall eines Arbeiters den Gesamtertrag zu gefährden[192]. Einen Arbeiter temporär unter Vertrag zu nehmen ist somit als flexibler erkannt als ihn auf dem eigenen Hof, also als Teil der *familia* zu integrieren. Die Vergabe spezieller Aufgaben an bestimmte Leistungserbringer ist hiermit also begonnen, ist aber nicht durch eine speziell ausgeprägte Fähigkeit begründet. Doch bedeutet diese Überlegung einen Schritt weg vom Einsatz lediglich des Hofgesindes hin zu Arbeitern, die auf ein Jahr, also nicht als einfache Tagelöhner[193], unter Vertrag genommen werden. Dies bietet damit die Möglichkeit, solche Vertragsgestaltungen in einem weiteren Schritt auf Spezialisten mit besonderen Fähigkeiten zu erweitern.

---

189 Meißner (1999) S. 173, Fußnote 186. Meißner betont hier auch die Traditionsgebundeheit Catos und die Motivation, mit seinen Forderungen der Hellenisierung Roms entgegenzutreten.

190 Diederich S. 52 (Fazit).

191 Varro rust. 1,16,4.

192 Varro beschreibt im Weiteren, wie Besitzer reicher Großgüter dieses Risiko dann wieder akzeptieren, um das gegenläufige Risiko unproduktiver Zeiten, die für Wege zu den Landstädten notwendig sind, zu vermeiden. Doch eine eingehendere Untersuchung vergleichbarer Maßnahmen zum Risiko-Management ist Gegenstand des folgenden Kapitels 5.3.3.

193 Varro diskutiert in 1,17,2 den Einsatz von Tagelöhnern im Vergleich zu Sklaven und empfiehlt ihn in „ungesunden Gegenden".

Columella schließlich bemerkt konkreter, dass auf dem Gut nicht jeder Arbeiter alle Arbeiten machen solle[194]:

> *Sed et illud censeo, ne confundantur opera familiae, sic ut omnes omnia exsequantur.*
>
> Aber ich bin auch der Meinung, die Aufgaben des Gesindes sollten nicht vermengt werden, derart dass jeder alles zu tun habe.

Columella argumentiert hierfür zuerst motivationstheoretisch. Er begründet die Aufteilung der Aufgaben[195] im weiteren Text mit der Identifizierung von klaren Verantwortungsbereichen, die die Motivation der Leistungsträger befördern. Dabei können Aufgaben auch in Gruppen gleicher Verantwortlichkeit durchgeführt werden. Jedoch soll auch in diesen Gruppen die Verantwortlichkeit nicht unklar bleiben, damit entsprechende Motivation ermöglicht wird, und daher die Anzahl der Mitglieder gering gehalten werden.

Zudem gruppiert Columella Tätigkeiten zu speziell geeigneten Personen und fordert in einem mit der Bezeichnung „Körperliche Tauglichkeit und Arbeitszuteilung"[196] überschriebenen Kapitel, die vorhandenen Arbeiter richtig einzusetzen. Diese Eignung definiert er zum einen charakterlich (*habitus animi*), zum anderen aber bei Bedarf natürlich auch anhand körperlicher Merkmale[197]. Doch entsprechende Eigenschaften seien bei bestimmten Aufgaben „wichtiger als große körperliche Statur und Kraft"[198].

Columella führt eine Typisierung der Aufgaben im Landwirtschaftsbetrieb an, die zur Klärung der Aufgabenzuordnung von Arbeitern dienen soll[199]:

> *Magistros pecoribus oportet praeponere sedulos ac frugalissimos* (...) *bubulco quamvis necessaria non tamen satis est indoles mentis, nisi eum vastitas vocis et habitus metuendum pecudibus efficit.* (...) *Mediastinus qualiscumque status potest esse, dummodo perpetiendo labori sit idoneus.*
>
> So sollen für das Kleinvieh Aufseher von besonderer Gewissenhaftigkeit und Anspruchslosigkeit eingesetzt werden (...) Ein Pflugknecht braucht solche Charaktereigenschaften zwar auch, aber sie genügen nicht, wenn ihn nicht eine mächtige Stimme und stattliche Erscheinung für die Zugtiere imponierend macht. (...) Die Beschaffenheit eines gewöhnlichen Knechts kann sein wie sie will, sofern sie nur den Anforderungen seiner Arbeit entspricht.

---

194 Colum. 1,9,6.

195 Colum. 1,9,5.

196 Colum. 1,9 *qualis corporaturae mancipia cuique operi contribuenda sint.*

197 Colum. 1,9,1 *dicendum etiam est, quibus operibus quemque habitum corporis aut animi contribuendum putemus.*

198 Colum. 1,9,1 *ea res utraque plus quam corporis statura roburque confert huic negotio.*

199 Colum. 1,9,3.

Wie an dieser Stelle ausgesagt, ordnet er die Aufgaben des Landwirtschaftsbetriebs immer dem am besten Geeigneten zu und achtet auf die Eignung der Person für die entsprechende Aufgabe. Diese bildet quasi ein Auswahlkriterium für die Spezialisierung der Tätigkeiten auf dem Landgut, die Columella soweit treibt, dass er auch anrät, Pflüger, Weinbergsarbeiter und gewöhnliche Knechte „getrennt zu halten"[200].

Columella spricht aber noch eine andere Art von Spezialisierung[201] an: die der speziellen Anlage der *villa* und die spezielle Ausrüstung des Betriebs für spezifische Aufgaben. Die Anlage einer *villa* zu Zeiten des ersten Jahrhunderts n. Chr., die sich von einem relativ kleinen Anwesen zu Zeiten Catos zu einem umfangreichen, aus mehreren Bestandteilen bestehenden Komplex entwickelt hatte[202], beschreibt Columella im eingangs schon herangezogenen Kapitel 1,6. Er geht dabei – als gutes Beispiel für planerisches Vorgehen – unter anderem auf die Struktur und die Ausgestaltung des Fruchtlagerhauses ein[203]:

> *Sed granaria* (...) *aquilonibus inspirentur. Nam ea caeli positio maxime frigida et minime umida est, quae utraque perennitatem conditis frumentis adferunt. Eadem ratio est in plano sitae vinariae cellae, quae submota procul esse debet a* (...) *cisternis aquisve salientibus, quibus extrahitur umor, qui vinum corrumpit.*
>
> Die Kornböden sollen (...) von nördlichen Winden bestrichen werden; denn diese Himmelsrichtung ist am kühlsten und am wenigsten feucht, was beides der Haltbarkeit des eingelagerten Getreides dienlich ist. Die gleiche Überlegung gilt für den zu ebener Erde liegenden Weinkeller (...), der weit von (...) Zisternen und Springbrunnen (entfernt sein soll), aus denen Feuchtigkeit gezogen werden wird, die den Wein verdirbt.

Nach der Beschreibung der empfohlenen Gliederung in Ölkeller, Kelter, Weinkeller, Mostkeller, Heu- und Strohböden, Vorratskammern und Speicher, rät Columella, wie deren Positionierung nach logistischen Aspekten wie Belüftung und Haltbarkeit bei der Lagerung zu gestaltet sei[204]. Während Columella streckenweise vielleicht auch nur reines Erfahrungswissen weiter überträgt und als Anleitung für den Landwirt in sein Werk

---

200 Colum. 1,9,6.

201 Kaltenstadtler (1978) zieht hieraus den vielleicht etwas zu stark formulierten Schluss dringender Spezialisierung, wenn er Columellas Warnung auf den „nicht spezialisierten Arbeiter ohne klare Aufgabenkompetenz" überspitzt (s. S. 21).

202 Siehe Marzano (2007) S. 85, 3. Abs.

203 Colum. 1,6,9–10.

204 Der Aufbau beziehungsweise die „Einrichtung der landwirtschaftlichen Gebäude" ist auch dem römischen Autor der Architektur, Vitruv, in seinem Werk *de architectura* eine ausführliche Beschreibung wert, wenn er in Kapitel 6,6 im Kontext der Architektur von Privatgebäuden die Anordnung von landwirtschaftlichen Gebäuden nach logistischen Kriterien anrät. Er empfiehlt dabei die Anlage von Räumen zur Ölbereitung wegen der Konsistenz des Öls in Abstand zur Sonneneinstrahlung (Satz 3) oder die Lagerung von Getreide wegen der Luftströmung in der sonnenabgewandten Seite (Satz 4). Siehe Vitr. 6,6.

aufnimmt[205], repräsentiert diese Passage doch eine bedeutend reflektiertere und strukturiertere Analyse. Columella geht detaillierter auf die genauen Gründe für seine Empfehlungen der Anlage von Kornböden und Weinkellern ein. Er beschreibt die Zusammenhänge von Lage, Belüftung und entsprechenden Konsequenzen und benennt diese Argumentation als „Überlegung" (*ratio*). Tatsächlich klingen seine Ratschläge einleuchtend, vielleicht trivial, doch ist die Mühe und vor allem die Begründung, die er hier mit anführt, ein klares Indiz für reflektiertes Wissen. Den Charakter dieser Überlegung hebt er an mehreren Stellen hervor, wenn er wie in I, 0, 23 schreibt, dass das „Verhalten (des Klimas und der Natur) nicht ewig gleich (ist) wie nach einer Vorschrift". Er trennt somit seine Überlegungen vom Begriff einer Vorschrift (*praescriptio*) und zeigt damit den Tatbestand des Nachdenkens als Differenzierung von vorgegebenen Ratschlägen an[206]. Letztlich ist seine Intention klar erkennbar, dem angehenden Landwirt nicht nur Handlungen vorzuschreiben, sondern Ratschläge zu unterbreiten, die durch eigene Überlegung geprüft und gegebenenfalls angewandt werden können.

Auch Varro beschreibt in seinen Kapiteln über die Anlage des Gutshofs und die Aufgliederung der Wirtschaftsgebäude logistische Details wie die Nähe von Lagerräumen und Dreschplätzen, notwendige Flexibilität gegenüber unterschiedlichen Witterungen und den Nutzen ausreichender Belüftung[207]. Diese Anleitungen zur Strukturierung der landwirtschaftlichen Gebäude, hier für die eher klassische Landwirtschaftstätigkeit beschrieben, verfolgt Columella auch an anderer Stelle für ausgefallene Betriebsarten wie solche, die im Folgenden Erwähnung finden.

Ein Beispiel ist seine Beschreibung für die spezifische Anlage von Wildgehegen, so man sie nicht zum Vergnügen, sondern mit Gewinnabsichten betreibe. Er beschreibt dabei die spezifische Logistik einer künstlichen Wasserversorgung sowie die Versorgung mit Steinen und gibt damit wie auch mit der Beschreibung der Ausrüstung des klassischen Landwirtschaftsbetriebs ein Beispiel für spezialisierte Ausrüstung von Betrieben[208].

In Summe ist somit eine Tendenz weg von der bei Cato noch beobachtbaren ablehnenden Haltung gegenüber Spezialisierung, hin zu einer offenen Haltung gegenüber spezialisierten Leistungen erkennbar. Diese war in den Zeiten Catos aus Sicht der benötigten Fähigkeiten wegen der geringen Komplexität der Landwirtschaft noch nicht zwingend notwendig. Sie geht aber einher mit dem bald darauf folgenden Betrieb großer Latifundien, der ohne eine arbeitsteilige Arbeitsorganisation und damit auch ohne spezialisierte Leistungserbringung nicht hätte geführt werden können.

Die Analyse stellt somit die Entwicklung des Gedankens der Arbeitsteilung und der Spezialisierung von Arbeitsmitteln und deren Anordnung dar. Beides muss eingebettet

205 Vgl. die Darstellung von Columella 1,4,9 zur gesunden Lage des Anwesens und die vergleichbare Darstellung Catos in Cato agr. 1,3.

206 Genauso ist der Hinweis von Columella zu verstehen, wenn er in 1,praef.,23 für den Landbau schreibt, „dies alles dürfte kaum jemand ohne hohe Geisteskraft (*lumine animi*) und ausgesuchte Schulung (*exquisitissimis disciplinis*) im Voraus überblicken können". Er fordert somit nicht nur umfangreiches (Erfahrungs-) Wissen sondern auch einen „hellen Geist".

207 Varro rust. 1,11–13, hier insbesondere 13,5–6.

208 Colum. 9,1.

in den Kontext der Entwicklung der Wirtschaft und der Wirtschaftskultur betrachtet werden. Kaltenstadler hingegen, als detaillierter Analytiker der Schriften der Agrarautoren, untersucht Arbeitsteilung lediglich im Werk Columellas, übersieht aber die Entwicklungsgeschichte dieses wirtschaftlichen Planungsaspekts. Für die Zeit Columellas vereinfacht er Arbeitsteilung oder Spezialisierung so weit, dass er behauptet, dass „die Berufsspezialisierung in der *villa* eine erhebliche Arbeitsersparnis ergab; durch eine gewisse Arbeitsteilung konnten die Arbeitsmethoden verbessert werden“[209]. Dies behauptet er – abgesehen von der Analyse der Gruppenbildung –, ohne einen wesentlichen Beleg in Form von spezialisierten Berufsbezeichnungen oder Spezialwissen hierfür zu liefern. Die vorliegende Arbeit hingegen sieht das Maß der Spezialisierung in der Landwirtschaft als erkennbar, wenn auch gering an und stellt stattdessen insbesondere die Spezialisierung der Arbeitsmittel und -methoden als wichtiges Kriterium, um landwirtschaftliche Arbeit als spezialisiert anzusehen.

5.3.2.3 *Abschließende Betrachtung zur Betriebsführung*

Im Bereich der Betriebsführung langfristig und wiederkehrender Arbeiten wurden die Aspekte strukturierter Planung und arbeitsteiliger Spezialisierung herausgearbeitet. Der Aspekt der Planung wurde bezogen auf den Kontext von Personal und Arbeitsmittel, wie hier am Beispiel der landwirtschaftlichen Wirtschaftsgebäude, also in eine umfassende Betrachtung einbezogen. Beides, Personal und Arbeitsmittel, bilden somit eine wesentliche Grundlage für den nachfolgenden Abgleich mit Wirtschaftshandeln.

5.3.3 Projekt-Management

Neben der Betrachtung von Management-Maßnahmen für eine dauerhafte Betriebsführung wird auch die Handhabung kurzzeitiger oder einmaliger Vorhaben in den Schriften der Agrarautoren thematisiert. Der Planungsaspekt solcher Vorhaben wird sehr allgemein umfasst und wie im Bereich der dauerhaften Betriebsführung als Aktion der *ratio*[210] als Handlungsprinzip vorausgesetzt. Ein spezifisches Planungsvorgehen mit einer Definition von Arbeitsschritten und -dauern und etwaiger Abhängigkeiten ist in dieser Form nicht dokumentiert. Ebenfalls beschreiben die Agrarautoren kein spezifisches Vorgehen zur Fortschrittskontrolle bei der Umsetzung dieser Vorhaben, erwähnen aber durchgehend die notwendige Kontrolle für alle Vorhaben, ob dauerhafter Betrieb oder einmalige Umsetzung.

Ebenso sind die typischen temporären Organisationsbildungen für einmalige Vorhaben, die in modernen Organisationen Parallelstrukturen zur vorhandenen Linienorganisation darstellen, nirgends bei den Agrarautoren erwähnt. Der Grund hierfür

209 Kaltenstadler (1978) S. 21, Kap. 4.2.
210 Vgl. zuvor, Fußnote 179.

ist sicherlich, dass jede Abweichung von der hierarchischen Führungsorganisation und jede Zweideutigkeit in der Befehlsstruktur ausgeschlossen werden mussten[211]. Stattdessen beziehen sich die zuvor beschriebenen Spezialisierungsanforderungen wie Planungsaspekte ebenfalls sowohl auf dauerhafte wie kurzfristige Betriebsaufgaben. Es ist somit zu beobachten, dass die zuvor für einen dauerhaften Betrieb beschriebenen Planungs- und Spezialisierungstendenzen auch bei einmaligen Vorhaben existierten – und daher hier nicht separat noch einmal dargestellt werden müssen.

Jedoch finden sich konkrete projektartige Vorgehensweisen für die Handhabung von Risiken insbesondere gut bei der Umsetzung von privatwirtschaftlichen Einzelvorhaben. Diese Risikokontrolle ergänzt den buchhalterischen Kontrollaspekt, der im vorigen Kapitel bereits herausgearbeitet wurde. Die Reduzierung von Risiken entspricht dem Prinzip, dass die Sicherheit der Investitionen das wichtigste Kriterium für die Durchführung war. Sie sind erstmals dokumentiert bei Cato. Der angehende Landwirt wird mit Anleitungen zum richtigen Planen dieser Einzelvorhaben beraten.

Bei der Betrachtung dieser Anweisungen ist festzustellen, dass Vorlagen für Verträge solcher Einzelvorhaben vorgestellt werden, also Handeln nach Vorgaben und erprobten Richtlinien empfohlen wird. Die Aufführung von vorlagenhaften Verträgen bei Cato ist einzigartig in der römischen Agrarliteratur[212].

Bei Varro finden sich zahlreiche, aber – im Vergleich zu Cato – weniger ausführliche Stellen, in denen er auf solche Verträge eingeht[213]. Lediglich in einem Dialog behandelt er die Rolle eines Vertrages eingehender. Dabei handelt es sich – abweichend zu den vorgenannten Vertragsvorlagen Catos – um einen Pachtvertrag und somit um die Regelung eines dauerhaften Betriebs. Varro bettet diesen Hinweis in einen Dialog, der den Widerstreit zwischen althergebrachtem Agrardenken und gewinnorientiertem Handeln sehr vielschichtig skizziert. Er führt den Dialog zweier Personen an, von denen die eine ihr Gegenüber ob seiner den römischen Sitten widersprechenden Handlungsweisen kritisiert[214].

> *Non solum adimis domino pecus, sed etiam servis peculium, quibus domini dant, ut pascant, atque etiam leges colonicas tollis, in quibus scribimus, colonus in agro surculario ne capra natum pascat – quas etiam astrologia in caelum recepit, non longe ab Tauro!*

211 Eine eingehende Untersuchung der Führungsstrukturen in der römischen Antike findet sich im nachfolgenden Kapitel 5.4.

212 Siehe dazu Cato agr. 149–150.

213 Bei Varro lassen sich Erwähnungen über Verdingungen von Arbeiten finden, denen sicher eine vertragliche Regelung zugrunde lag und die von Varro charakteristisch als *conductio operis* bezeichnet wird (S. Varro rust. 1,17,2), die aber keine thematische Behandlung erfahren. Varro formuliert jedoch in 2,2,6 einmal den vertraglich korrekten Ablauf eines Schafskaufs (siehe bis 2,3) insb. mit der Rechtssicherheitsformulierung „recte". Siehe u.a. auch Varro rust. 2,4,5 (Schweinekauf).

214 Varro rust., 1,2,17.

> (Du) erkennst nicht nur dem Herrn sein Vieh, sondern auch den Sklaven, denen ihre Herren das Weiderecht gewähren, den Kleinviehbestand ab, ja wertest sogar noch Pachtverträge auf, in denen wir schriftlich niederlegen, dass ein Pächter auf Setzlingsland das Kitz einer Ziege nicht weiden lassen soll – Tiere, welche die Astrologie sogar in den Himmel aufgenommen hat, nicht weit vom Stier entfernt.

Der fiktive Sprecher Agrius kritisiert darin das Abweichen von althergebrachter Landwirtschaft und die Regelung des Landwirtschaftbetriebs durch Pachtverträge. Doch Varro lässt den Gesprächspartner Fundanius, seinen Schwiegervater, die von ihm gewählte Handlungsweise rechtfertigen, indem er argumentiert, dass er damit vorhandenes Risiko reduziere und möglichen Schaden an den – wie zuvor erläutert – hoch profitablen Produkten (Rebstöcke und Ölbäume) vermeide.

> *Vide* (...) *ne,* (...), *istuc sit ab hoc, cum in legibus etiam scribatur pecus quoddam. Quaedam enim pecudes culturae sunt inimicae ac veneno, ut istae, quas dixisti, caprae. Eae enim omnia novella sata carpendo corrumpunt, non minimum vites atque oleas.*
>
> Gib acht (...) ob dies nicht an ihm [dem Vertrag] liegt, da doch in den Verträgen ausdrücklich von bestimmtem Vieh die Rede ist! Manche Herdentiere schaden nämlich dem Anbau (...) Sie vernichten dadurch (...) nicht zuletzt die Rebstöcke und Ölbäume.

Die Einordnung dieser Stelle ermöglichte eine eigene Diskussion zum Widerstreit von klassisch agrarischer, auf die *familia* gestützter Wirtschaft und modernem Landwirtschaften im Übergang der Epochen[215]. Um dies hier jedoch abzukürzen, soll auf die allgemeine Einordnung von Varros Werk als moralisierende Schrift, letztlich jedoch auch als betriebswirtschaftliches Lehrwerk verwiesen werden. Diese Einordnung lässt die zitierte Passage dann auch als Hinweis auf die Bedeutung solcher Vertragsvorlagen und die Bedeutung von effektivem Risiko-Management verstehen.

Bei Columella sind die Vergabe von Aufträgen und damit auch diese Art von Verträgen offenbar schon so selbstverständlich, dass sie nicht selbst dokumentiert werden müssen beziehungsweise dass Columella keinen Anlass sieht, solch juristische Aspekte in seiner Landwirtschaftsschrift zu behandeln[216]. Die mit Beginn des Kaiserreichs einsetzende Blütezeit der römischen Jurisprudenz und der klassischen römischen Rechtsgeschichte[217]

---

215 Vgl. Kap. 4.1.

216 Bei Columella findet sich in Colum. 2,21,3 bei der Diskussion von „an Feiertagen erlaubten und nicht erlaubten Arbeiten“ zum Beispiel der Hinweis, dass „in Auftrag genommene Weinberge“ (*vineam conductam colere*) bearbeitet werden dürften. Dies gilt – wie Richter in Anmerkung 89 seiner Übersetzung des Werks von Columella schreibt – besonders bei einer „für einen Dritten vertraglich übernommenen Arbeit, vor allem wenn der Vertrag ein zeitliches Ziel nannte“.

217 Der Jurist Gaius, bekannter Autor des aus der Mitte des 2. Jh. n. Chr. stammenden juristischen Lehrbuchs *Institutiones* beschreibt eine Sammlung von Rechtsformen, des *numerus clausus*, der

und die Hinweise Varros zu üblichen Verträgen[218] legen diesen Schluss nahe. Die Vielzahl an spezialisierten Rechtsfällen und Auslegungen zum Zivilrecht hätten es Columella nicht mehr erlaubt, eine repräsentative Auswahl einzelner Fälle in sein Landwirtschaftswerk einzugliedern.

Daher ist die Analyse der Passagen von Cato für den Untersuchungsgegenstand dieses Kapitels repräsentativ und von besonderem Interesse. Ein wesentliches Merkmal ist bei Cato die ausgiebige Dokumentation von empfehlenswerten Vertragsschlüssen für Dienstleistungen. Erste Hinweise dazu finden sich bereits in Kapitel 34 (zum Verdingen der Ernte und der Verarbeitung der Oliven), in dem er die Verdingung (*locatio*) der Ernte empfiehlt und die Bereitstellung der für den Auftragnehmer notwendigen Materialien beschreibt. Das Verdingen der Ernte oder anderer Leistungen wird dabei üblicherweise über eine Versteigerung (*auctio*) vorgenommen[219].

Die Versteigerung ist in Rom als Mittel des privaten und staatlichen Wirtschaftsverkehrs schon früh etabliert. Sie bezieht sich zuerst auf Gegenstände und Waren, erst später auf Dienstleistungen. Dabei werden die Versteigerungen staatlicher Aufgaben zuerst stattgefunden haben – als *auctio* und Bietungsprozess, der *licitatio*[220]. Anschließend wird sich das Verfahren der Versteigerung auf privatwirtschaftliche Leistungsvergaben erweitert haben. Ulrike Malmendier bemerkt in ihrer Untersuchung der Auktion als Mittel der Vergabe von Aufträgen im römischen Rechts- und Wirtschaftsverkehr, dass Versteigerungen zur Zeit Catos bereits bekannt und angewandt wurden, wenngleich anzunehmen sei, dass sie noch nicht stark verbreitet gewesen seien[221]. Wesentlicher Antriebsmotor für eine Versteigerung ist der marktwirtschaftliche Aspekt „guter" Marktpreise. Ob hierbei hohe oder faire Preise erlangt werden können, wäre separat zu untersuchen[222]. Dass aber im Fall Catos davon auszugehen ist, dass eine Versteigerung keine schlechten Preise ergab, lässt sich aus dem allgemeinen Sittenbild Plutarchs über den Wirtschaftsakteur Cato als zielstrebigen, ehrgeizigen und letztlich erfolgreichen Akteur[223] ableiten.

---

zwölf Vertragsarten definierte, s.a. Manthe (2007) S. 92 ff. Es liegt nahe zu vermuten, dass auch für die Zeit Columellas ähnliche Komplexität des Vertragswesens bereits bestand.

218 Varro rust. 2,7,6, in der Übersetzung von Flach sehr progressiv als Mustervereinbarungen und Vertragsformelsammlungen (actio) übertragen.

219 Cato beschreibt das Prinzip der Versteigerung schon in Kap. 3, hier allerdings im Bezug auf die Versteigerung von Waren. Zur Klarheit der Darstellung in diesem Kapitel soll solcher Bezug zu Warenversteigerungen separat gehalten werden. Kap 3 beschreibt: „Dass er (der Gutsherr) eine Versteigerung macht. Er verkaufe Öl, wenn es einen guten Preis hat; er verkaufe den Überschuss an Wein und Getreide; alte Ochsen, entwöhnte Lämmer (...) verkaufe er. Ein Gutsherr muss verkaufslustig, nicht kauflustig sein." Cato beschreibt hierin ein Spektrum unterschiedlicher Dinge, für die Versteigerungen eingesetzt werden sollten und lässt erkennen, dass die gesamte Bandbreite landwirtschaftlicher Mittel Gegenstand der Optimierung des Gutsbetriebs werden konnten.

220 Siehe Malmendier (2002) S. 91. Siehe dazu auch die im vorigen Kapitel beschriebene Finanzierung solcher Versteigerungen durch *argentarii*.

221 Malmendier (2002) S. 99–101.

222 Siehe dazu auch die Diskussion von Malendier (2002) S. 92.

223 Vgl. Catos Portrait bei Plutarch, Plut. Cato mai. S. 302 (Ansetzung der Steuern bei Verpachtung auf ein Höchstmaß) oder S. 307 (Bereitschaft zum Wucher bei Seezins).

Cato erwähnt den *redemptor* als Auftragnehmer und Gewinner einer Versteigerung einer Dienstleistung in den Kapiteln 137 (Vergabe von Weinpflanzungen) sowie 144 (Vereinbarung über die Olivenernte) und den darauf folgenden bis 150. Cato führt mehrere Entwürfe zu Verträgen über die Vergabe von Auftragsarbeiten auf[224]. Er beschreibt dabei – nach einem Kapitel über die Pflichten eines *vilicus* in der generell unstrukturierten Weise seines Werkes – zuerst ein empfohlenes Vorgehen für einen Landbesitzer bei der Verdingung einer Olivenernte und die Pflichten eines *redemptors*, der den Auftrag ersteigert[225]. Die hier nachfolgend zitierte Passage beschreibt dabei die Rahmenbedingungen für Leistungen und Zahlung[226].

> *Oleam legendam hoc modo locare oportet: oleam cogito recte omnem arbitratu domini* (…). *si adversus ea quis fecerit, quod ipse eo die delegerit, pro eo nemo solvet neque debebitur.*
>
> Die Olivenernte muss man wie folgt verdingen: (Der Redemptor) soll alle Oliven nach der Vorstellung des Eigentümers (…) ordentlich sammeln. (…) Wenn jemand dagegen verstoßen hat, wird (ihm) niemand für das, was er an eben diesem Tag abgelesen hat, etwas zahlen und es wird ihm auch nichts geschuldet werden.

Sie richtet sich eindeutig weiter an den unternehmerisch handelnden Auftraggeber, den *dominus*, nicht an den ebenfalls unternehmerisch handelnden Auftragnehmer, den *redemptor*. Dies ist auch an der Sprachwahl erkennbar, wenn die zu erbringenden Leistungen des Auftraggebers schlicht in der Zukunftsform, die des Auftragnehmers jedoch

---

224 Vgl. Jakab (2009) zu Verträgen und Risiko-Management beim Weinverkauf (S. 47–50) beziehungsweise bei der Versteigerung von Arbeiten (S. 50 ff.).

225 Die Struktur des Vertragsvorschlages ist wie folgt:
(1) Anweisung zum ordentlichen Sammeln (der Oliven) nach festen Anweisungen und Hinweis auf nicht erfolgende Zahlung bei Zuwiderhandlung
(2.1) Aufforderung zum Schwur als Beleg der Rechtschaffenheit und Anweisung bei Zuwiderhandlung
(2.2) Aufforderung zur Stellung von Sicherheiten
(2.3) Aufforderung zur Nutzung und Rückgabe von Leitern und Umgang bei ausbleibender Rückgabe
(3.1) Umgang in Schadensfällen und Schiedsinstanz
(3.2) Umgang bei unzureichender Leistungserbringung (zu geringe Anzahl Arbeiter) und Schiedsinstanz
(3.3) Umgang bei Diebstahl
(4.1) Vorgehen zur Messung des Ergebnisses (Olivenmodius)
(4.2) Aufforderung zum Schwur als Beleg der Bereitstellung ausreichender Arbeiter
(5.1) Anweisung bei Zuwiderhandlung
(5.2) Regelung von Zusatzzahlungen.

226 Cato agr. 144,1.

im Imperativ formuliert sind[227], was unter Gleichberechtigten – wie Cato und seinen standesgleichen Lesern – nicht angemessen gewesen wäre.

Cato beschreibt in diesem hier dargestellten Vertragsvorschlag, wie auch in den beiden Kapiteln 144 und 145 seiner Schrift, allgemeine Abmachungen über das Verdingen von Arbeit, wie den Leistungsgegenstand, die dafür vereinbarte Zahlung und insbesondere Einschränkungen der Leistung, welche zu Nicht-Zahlung führen können. Dass es sich um große Vorhaben – aus Sicht eines Einzelunternehmers – handelt, belegt die Ausführung über die Größe der zu verdingenden Arbeit. Cato schreibt in 144,4 davon, dass die Olivenernte an einen *redemptor* versteigert wird, der 50 eigene Pflücker und weitere 25 vom Auftraggeber gestellte Pflücker zu koordinieren hat. Die Koordination dieser abhängigen Lohnempfänger stellt eine betriebliche Steuerungsaufgabe dar, die es offenbar aus unternehmerischer Sicht attraktiv gemacht hat, sie nach außen zu vergeben – und über die Versteigerung des Auftrags einen marktgerechten Preis dafür zu zahlen. Somit ist in diesem Fall der Umfang der Aufgabe und die hohe Anzahl benötigter Arbeiter Motivation für die Auftragsvergabe, nicht etwa eine spezielle Fähigkeit des *redemptors* und die besondere Qualität der erwarteten Arbeit, wie dies ebenfalls denkbar wäre.

Die (freien) Arbeiter konnten prinzipiell zu anderen Auftraggebern und anderen *redemptores* abwandern. Offenbar wurden den Arbeitern keine festen, sondern individuelle Preise abhängig vom Angebot bezahlt. Cato empfiehlt daher spezifische Klauseln in den Verträgen, um sich gegen eine solche Abwanderung abzusichern[228]. Sie umfassen einerseits einen Schwur, nicht zu anderen Auftraggebern abzuwandern, bei dessen Nichteinhaltung der Auftraggeber erbrachte Leistungen nicht bezahlen muss. Andererseits erlaubt Cato aber auch eine Klausel, die den Wechsel erlaubt, wenn der wechselwillige Arbeiter einen „sofortigen (Ersatz-) Kollegen" stellen kann. Dieser Sachverhalt und gerade die alternative Lösungsmöglichkeit ist ein wichtiges Fundstück in diesen Vertragsvorschlägen, welches nebenbei bemerkt Temins These über einen funktionierenden Arbeitsmarkt unterstützt. Temin[229] argumentiert gegen die vereinfachende Annahme, dass eine Wirtschaft, in der Sklaverei auftritt, zwangsläufig keine Marktwirtschaft sein könne, und belegt seine These durch den Nachweis von (Arbeitskräfte-) Angebot und -Nachfrage, ähnlich wie die zuvor dargestellte Empfehlung Catos es hier erkennen lässt. Gäbe es keine auf den Arbeits- oder Arbeitskräftemarkt bezogene Konkurrenz, müsste der Gutsbesitzer keine Vorsorge treffen.

Die Feststellung funktionierender Arbeitsmarkt-Mechanismen[230] wird auch durch die Ausführungen über zusätzliche Deputate unterstützt, also zusätzliche Entlohnungen, die als weiterer Anreiz für den *redemptor* und seine Arbeiter eingesetzt werden konnten[231].

227 Vgl. Jakab (2012). S. 57.

228 Vgl. Cato agr. 144,4.

229 Temin (2013) S. 114 ff.

230 In der vorliegenden Arbeit soll keine umfassende volkswirtschaftliche Analyse zur Existenz eines Arbeitsmarktes vorgenommen werden wie dies Temin getan hat. Daher beschränkt sich diese Arbeit auf die Feststellung entsprechender Mechanismen.

231 Vgl. Cato agr. 144,5.

Ganz generell ist die Notwendigkeit von Anreizen in Kapitel 145 gut erkennbar, wenn Cato eine Anreizfunktion definiert, die dem Auftragnehmer in mehreren Stufen bei schwierigerem Land einen höheren Anteil des Ertrags zuspricht.

5.3.3.1 Vertragsregelungen und Risiko-Management

Die bisher dargestellten Passagen zeigen bereits die Relevanz der juristischen Absicherung für das wirtschaftliche Handeln des Landwirts. Die moderne Literatur zur antiken und römischen Geschichte betrachtet dies unter dem Aspekt der bereits einleitend[232] erwähnten Neuen Institutionenökonomie (NIÖ). Peter Fibiger Bang betont die Notwendigkeit zur Betrachtung des Zusammenspiels von wirtschaftlichen und gesellschaftlichen Entwicklungen und führt beispielhaft die Verbreitung der Gesetzgebung des Imperiums als einen wesentlichen Aspekt zur Betrachtung der römischen Wirtschaft an[233]. Der hier, bei strenger Auslegung, von Bang auf das Zeitalter des Imperiums bezogene Hinweis trifft jedoch tatsächlich bereits zu bedeutend früheren Zeiten wie hier für das Zeitalter Catos zu. Nichtsdestotrotz ist die Relevanz dieses Bezuges zutreffend und für die hier vorzunehmende Analyse zentral. Sie soll bei der Betrachtung praktischen Wirtschaftens im Folgekapitel daher ebenfalls herangezogen werden.

Der Kern der Vertragsvorlagen[234] betrifft die Regelung und die Handhabung von Risiken für einen Landbesitzer als Auftraggeber. Mehrere Stellen beschreiben das Verschulden des Auftragnehmers und Konsequenzen und Verpflichtungen gegenüber dem Auftraggeber wie nachfolgend umfangreich gefasst für den Fall der Verdingung der Olivenpressung[235]:

> *Si quid redemptoris opera domino damni datum erit,* (...) *deducetur.*
>
> Falls durch Verschulden des Redemptors dem Eigentümer irgendein Schaden entstanden ist, wird (der Ersatz) (...) (von der Schlussrechnung) abgezogen werden.

In der angeführten Stelle ist die einseitige Risikoabsicherung des Vertrages und des Vorhabens gegen jeglichen Schaden erkennbar. Hierfür wird an anderer Stelle[236] das Beispiel von zerstörtem Werkzeug (Leitern) angeführt, für die ebenfalls ein Abzug in der Schlussrechnung erfolgt. Diese Regelungen beschränken sich aber nicht nur auf den Tatbestand von durch Sorglosigkeit verschuldetem Schaden, sondern wird zuvor[237] auch

232 Vgl. Darstellung zum heutigen Stand der (römischen Wirtschafts-) Literatur in Kap. 2.2.

233 Bang (2012) S. 198.

234 Nur geringe Passagen befassen sich mit einer neutralen Spezifikation der Leistungen wie etwa in 158,1. Bei der Regelung über die Verpachtung von Winterweide werden Spezifikationen über die Abrenzung des Lands und die Termine zur Nutzung festgelegt.

235 Cato agr. 145,3.

236 Cato agr. 144,2.

237 Vgl. Cato agr. 145,2.

auf Entnahmen durch den *redemptor* erweitert. Dabei wird nicht unterschieden, ob über Diebstahl oder Entnahme zur eigenen Nutzung gesprochen wird. Auch für diese Fälle wird eine Zahlungsreduzierung geregelt. Und in einem dritten Schritt nimmt der Vertrag auch Regelungen auf, mit denen der Auftragnehmer Sicherheiten zu stellen hat, die im relevanten Fall einbehalten werden können[238]. Diese sollen zudem „nach Maßgabe“ des Auftraggebers gestellt werden[239], womit erneut die wenig bestimmende Rolle eines *redemptors* in der Vertragsgestaltung zum Ausdruck kommt[240].

Eine bemerkenswerte Passage der Vertragstexte findet sich in der schon zuvor erwähnten Stelle 144, 2:

> *Qui oleam legerint, omnes iuranto ad dominum aut ad custodem sese oleam non subripuisse neque quemquam suo dolo malo ea oleate* (...). *Qui eorum non ita iuraverit, quod is legerit omne, pro eo argentum nemo dabit neque debebitur.*
>
> Alle, die Oliven gelesen haben, sollen vor dem Eigentümer oder dem Aufseher schwören, dass weder sie selbst noch jemand, den sie (dazu) arglistig verleitet hätten, bei dieser Ernte Oliven (...) entwendet hätten. Wer von ihnen diesen Schwur nicht tut, dem wird niemand für alles, was er gelesen hat, Lohn zahlen und es wird auch nichts geschuldet werden.

Diese Regelung bezieht sich nicht mehr direkt auf das Verhältnis des Auftraggebers zum Auftragnehmer, sondern regelt hier direkt das (Schuld-) Verhältnis von Auftraggeber mit den tatsächlichen Arbeitern. Die genaue juristische Umsetzung dieser Regelung ist hier nicht beschrieben und soll hier nicht tiefer untersucht werden. Stattdessen sei auf die Treueverpflichtung zwischen Vertragspartnern, den *fides*-Gedanken als Grundlage des römischen Gemeinwesens, verwiesen, der Bindungen und rechtliche sowie außerrechtliche Pflichten von Vertragspartnern definierte[241]. Der eigentliche Fokus dieser Passage soll auf den Aspekt der Risikoabsicherung gelegt werden, der für die vorliegende Arbeit und das hier behandelte Kapitel von spezifischem Interesse ist. Der Auftraggeber sichert sein Risiko somit umfassend gegen Verschulden des Auftragnehmers und aller weiteren

---

238 Vgl. Cato agr. 144,2.

239 Die Passage spricht darüber, dass Sicherheiten nach Maßgabe des L. Manlius gestellt werden müssten, welcher zweifelsohne der Auftraggeber des Vertrages war. Die Analyse geht im Weiteren noch genauer auf die Besonderheit der Vertragstexte des Cato ein. Ebenfalls wird die einseitige Formulierung dieser Passagen im Folgenden noch thematisiert.

240 Vgl. auch Jakab (2009) S. 54 ff.

241 Der Begriff *fides* wird von Reusser als eine Wertvorstellung römischen Bindungswesens beschrieben, die auf unterschiedlichste Lebensbereiche angewandt wurde und durch die Göttin Fides personifiziert wurde (Reusser (1993) S. 53 f.). Er hebt dabei hervor, dass es sich – wie im hier relevanten Beispiel – meist nicht um eine Beziehung zwischen Gleichgestellten, sondern zwischen einem «Mächtigeren» und einem «Schwächeren» handelt. Irmscher bezeichnet *fides* konkreter als Personifizierung der Vertragstreue, in: Irmscher (2013) S. 181. Siehe auch Seiler (1968) S. 2.

Beteiligten des Auftrags ab. Doch neben einfachem Verschulden und Gewinnschädigung sichert der Vertragsentwurf den Besitzer auch gegen entgangenen Gewinn ab[242]:

> *Legulos, quot opeus erit, praebeto et strictores. Si non praebuerit, quanti conductum erit aut locatum erit, deducetur; tanto minus debebitur.*
>
> Sammler und Pflücker soll er (der redemptor) so viele stellen, wie nötig sind. Hat er sie nicht (in ausreichenderZahl) gestellt, erfolgt ein Abzug (von der Endrechnung in der Höhe), was es kostet (die fehlenden Arbeiter) anzuwerben oder (die fälligen Arbeiten kurzfristig neu) zu verdingen; so viel weniger wird ihm geschuldet werden.

Die Passage belegt, dass über den Schadensfall hinaus auch Vorsorge geschaffen wird, um vorhandene Ressourcen ausreichend und rentabel zu nutzen. Der Vertrag regelt das Vorgehen in der einmaligen Vergabe des Auftrags und reduziert das Risiko des Auftraggebers. Es ermöglicht sogar, das ausstehende Potenzial zusätzlich anzuwerben oder etwa neu zu verdingen, also einen Zusatzauftrag zu vergeben.

Das vorausdenkende Risiko-Management – und auch die Identifizierung von weiteren Geschäftschancen – zeigt sich auch in der detaillierten Handhabung von bestimmten Eventualitäten. So wird in 147,1 eine Regelung vorgestellt, wie der Besitzer verfahren darf, wenn der *redemptor* erworbenen und zwischengelagerten Wein bis zu einem definierten Termin nicht vom Gut des Besitzers abholt. Der Besitzer räumt sich für diesen Fall das Recht ein, dann frei über diesen Wein verfügen zu können[243].

Wie bereits mehrfach angedeutet, fällt in der hier vorgeschlagenen Vertragsgestaltung der geringe Handlungsspielraum des Auftragnehmers auf, wodurch der Auftraggeber trotz der Auftragsvergabe weiter Steuerungsmöglichkeiten hat und damit vermeintlich Risiken selbst entgegenwirken kann. Der Auftragnehmer wird durch den vorgenannten Durchgriff des Besitzers auf die Arbeiter, das Beistellen eigener Arbeiter, ebenso eingeschränkt wie durch die Formulierung, dass die Arbeit des *redemptors* nach Maßgabe des Herrn erfolgen müsse und Arbeiter nur eingesetzt werden dürften, wenn diese dem Herrn recht sind[244]. Es unterstreicht den Herrschaftsanspruch bei der Vergabe. Da ist es nur ein weiteres Detail, dass der *redemptor* ebenfalls eingeschränkt ist, weitere Teilhaber – ohne Genehmigung des Besitzers – aufnehmen zu dürfen[245].

Die hier angeführten Beispiele aus dem Kontext einer Verdingung an einen *redemptor* finden eine Entsprechung auch für den vertraglich geregelten Fall eines Verkaufs von noch zu lesenden Oliven und Weinreben in den Kapiteln 146 und 147. Regelungen über das Stellen von Sicherheiten (und die Nutzung von Werkzeugen als Pfand) treffen auf den

242 Cato agr. 144,3, siehe auch Flach (1990) S. 135.

243 Eine vergleichbare Formulierung findet sich auch an anderer Stelle der hier aufgeführten Verträge unter Cato agr. 148,2.

244 Cato agr. 145,1.

245 Cato agr. 145,3.

Fall eines Verkaufs genauso zu[246] wie die Regelungen über die ordnungsgemäße Rückgabe von Werkzeugen[247].

Ebenso finden sich diese Regelungen bei der von Cato beschriebenen Beauftragung eines Bauunternehmers, eines *conductor*[248]. An dieser viel früher im Werk Catos angesiedelten Stelle sind ebenfalls die juristischen Mechanismen zwischen Auftraggeber und Auftragnehmer erkennbar. Er beschreibt die Auflistung der Einzelaufwände und Bestandteile (mit Größen), notwendige Beistellleistungen, zu kalkulierende Kosten mit möglichen Preisschwankungen je nach Gegend und insbesondere die Verantwortlichkeiten des Auftraggebers sowie die des Auftragnehmers. Dabei wird auch die Möglichkeit zur Weitervergabe eines Auftrags an einen Subunternehmer (hier für die Herstellung von Kalk) eingeschlossen[249]. Diese Darstellung beschreibt neben dem hier primär betrachteten juristischen Auftragsverhältnis auch Teile dessen, was im modernen Verständnis als Projekt-Management-Plan bezeichnet würde: das Kapitel definiert die einzelnen Bestandteile des Baus und bietet eine Vorlage für die Definition einer Leistungserbringung. Es kann als Vorlage für die Aufgabenbeschreibung bei solch einer Beauftragung verwendet werden.

Die oben genannten Kapitel sind ebenfalls eine reiche Fundgrube für detaillierte Regelungen über zu zahlende Preise und Gebühren (146,1 zu Auktionator- und Ausrufergebühren) oder über die relevanten Zahlungstermine (146,2 zu Sattterminen der Gültigkeit, den Laufzeiten und den Iden als bedeutendes Datum der Zahlung).

5.3.3.2 *Rechtscharakter*

Diese Kapitel Catos beschreiben Vertragstexte für einmalig zu erledigende Arbeiten. Schon im Titel wird ihr Gewicht dargestellt, wenn sie als *lex* bezeichnet werden. Doch hierbei muss man das Gewicht des Begriffes *lex* nicht tatsächlich als Gesetz werten. Man sollte ihn eher als feste Vorschrift, Vorgabe oder Richtlinie verstehen. Das hier mehrfach zitierte Kapitel über die Vergabe der Olivenernte bildet allein schon durch die einheitliche Begriffswahl *lex* im Titel mit den Kapiteln 144 bis 149 eine Einheit. Diese Kapitel sind als rechtliche Vereinbarung vor Erbringung der Leistung zu verstehen.

Der Rechtscharakter dieser Texte zeigt sich ebenfalls in einer Ergänzung für operative Risiken, die im Verlauf der Leistungserbringung auftreten können. Diese lassen sich beispielhaft in der zuvor bereits erwähnten Passage über die Größe dieser Aufgabe darstellen[250]. Dort ist auch die Gefahr beschrieben, dass von den – offenbar freien – Arbeitern einzelne abwanderten und ein attraktiveres Angebot annahmen. An dieser Stelle der Analyse interessiert weniger der Aspekt des Einsatzes freier oder unfreier Arbeiter,

246 Siehe Cato agr. 146,2.
247 Siehe Cato agr. 146,3.
248 Cato agr. 14,3.
249 Cato agr. 16 *calcem partiario locandam*/dass der Kalk an einen Subunternehmer zu vergeben ist.
250 Cato agr. 144,4.

sondern mehr die juristische Regelung der Verdingung. Catos Empfehlung ist es[251], dass der Auftraggeber einen Schwur (als Rechtsmittel) einfordern sollte, der bei der Gefahr, dass Pflücker die Erntearbeiten verlassen könnten, angewandt werden sollte. Konsequenz dieses Schwurs war es, dass bei Zuwiderhandlung Zahlungen gestrichen werden konnten und somit nicht zu leisten waren[252]. Der Schwur dient somit als zusätzliche Risikoabsicherung im operativen Betrieb.

5.3.3.3 Schiedsinstanz

Wie das Risiko-Management des *dominus* als Unternehmer und Auftraggeber rechtlich besichert ist, zeigen die bei allen Texten (*leges*) hinterlegten Formulierungen über die Schiedsinstanz. Die Rechtsicherheit erfolgt durch Rechtspruch eines „rechtschaffenen Mannes", der wie nachfolgend im Beispiel des Kapitels 144,2 die Entscheidungsinstanz bei entstandenem Schaden ist[253]:

> *Scalae ita, uti datae erunt, ita reddito, nisi quae vetustate fractae erunt. Si non erunt redditae, aequom viri boni arbitratu deducetur.*
>
> Die (für die Olivenernte genutzten) Leitern soll er so, wie sie ihm gestellt wurden, (wieder) zurückgeben, außer denen, die aufgrund ihres Alters zu Bruch gegangen sind. Wenn sie nicht zurückgegeben wurden, wird nach Maßgabe eines unbescholtenen Mannes entsprechend (etwas von der Endrechnung) abgezogen werden.

Wie in weiteren Passagen ist dieser „rechtschaffene Mann" nicht die Person zur Feststellung des Schadens, sondern zur Bemessung der Schadenshöhe und zur Schlichtung der Rechtssache[254]. Dabei scheint die Nutzung dieser Instanz der Regelfall gewesen zu sein. In einer Passage führt Cato dann auch an, wie die Hierarchie dieser grundlegenden Rechtsprechung aussieht: erst wenn der „unbescholtene Mann" eine Klärung nicht herbeiführen kann, soll ein Gericht in Rom die Klärung übernehmen[255].

---

251 Cato agr. 144,4,2 und 144,5,1, siehe auch in in 144,2,1 (der Schwur wird hier als Mittel der Rechtschaffenheit eingesetzt und ist mit Rechtsfolgen verbunden).

252 Zur Frage der Zahlung der Arbeitsleistungen durch den Auftraggeber siehe auch Cato agr. 146,3, in dem dargestellt wird, dass der Auftraggeber bei Nichtzahlung der Arbeiter durch den Auftragnehmer diese direkt bezahlen kann und die Zahlungen an den redemptor einbehalten kann. Dies unterstreicht erneut die rechtliche Machtposition des Auftraggebers, wenn auch Flach kommentiert, dass die Zahlung normalerweise vom *redemptor* an die Arbeiter zu leisten waren, siehe Flach (1990) S. 143.

253 Siehe auch außerhalb dieser Texte bereits zuvor in Cato agr. 14,3 für die Regelung der Verantwortlichkeit für den Fall eines Blitzschlages innerhalb der Bauphase.

254 Vgl. zum Beispiel auch Cato agr. 144,3 oder 145,3.

255 Cato agr. 149,2,3.

Si quid emptor (...) domino damni dederit, boni viri arbitratu resolvat; si quid dominus (...) emptori damni dederit, viri boni arbitratu resolvetur. Donicum satisfecerit aut pecuniam delegarit, pecus et familia, quae illic erit, pigneri sunto. Si quid de iis rebus controversiae erit, Romae iudidium fiat.

Wenn der Pächter (...) dem Gutsherrn irgendeinen Schaden zugefügt (hat), soll er ihn nach Maßgabe eines unbescholtenen Mannes ersetzen; wenn (umgekehrt) der Gutsherr (...) dem Pächter irgendeinen Schaden zugefügt (hat), wird dieser nach Maßgabe eines unbescholtenen Mannes (ebenso) ersetzt werden. Bis (der Pächter) Sicherheit gestellt oder das Geld angewiesen hat, soll sein Vieh oder sein Gesinde, das vor Ort ist, als Pfand dienen. Wenn es über diese Dinge irgendeinen Streit gibt, soll eine Entscheidung vor Gericht in Rom erfolgen.

Diese Passage lässt jedoch keine einheitliche Systematik bei Catos Behandlung von Rechtsfällen erkennen, unterscheidet sich der Fall doch nicht erkennbar von den anderen dargestellten Schadensfällen. Die vorgenannte Passage ist eher ein weiterer Hinweis auf die uneinheitliche Struktur in Catos Werk – auch durch den hier klar formulierten Rechtsanspruch beider Vertragspartner, der in dieser Form in nur wenigen der anderen Passagen formuliert ist und somit den Eindruck einer Zusammenstellung gerade dieser Vertragtexte aus mehreren Quellen realistisch erscheinen lässt. Beleg für die Zusammensetzung von Catos Werk aus mehreren Einzelstücken ist auch das Kapitel 155,1 mit der Erwähnung eines spezifischen Gutes in Venafrum, einer Stadt in Kampanien[256] oder Kapitel 153 mit der Erwähnung des Guts eines bestimmten Manlius.

Die vorgenannten Abschnitte beschreiben die Verdingung an einen – in der römischen Sozialordnung – Geringergestellten. Einen interessanten ergänzenden Einblick in die Handhabung von Rechtsfällen lässt der Blick auf Verkäufe zu. Der Regelungsgegenstand eines Verkaufs liegt dabei zwischen anzunehmenderweise gleichberechtigten Parteien. In zwei Passagen wird der Gutsherr – als Leser und Adressat von Catos Schrift – einem Käufer seiner Produkte gegenüber gleichberechtigt dargestellt. In 157,1 führt er an, dass der Käufer eine Geschmacksprüfung des von ihm erstandenen Weins vornehmen darf, was wieder im Beisein eines „unbescholtenen Mannes" als Gutachter erfolgt. Ebenso erlaubt Cato dem Käufer von Produkten des Gutsherrn, dass dieser dem Gutsherrn einen Schwur über die ehrliche Zumessung der Waren ablegt. Diese Passagen weichen mit der hier dargestellten Gleichbehandlung beider Vertragsparteien wesentlich von den mit starkem Herrschaftsanspruch formulierten Passagen der vorigen Abschnitte ab.

256 Vgl. Frösch (2009) Anmerkung 504.

5.3.3.4 Abschließende Betrachtung zum Aspekt des Projekt-Managements

Die Analyse der Kompetenz der Handhabung einzelner Vorhaben oder – modern gesprochen – des Projekt-Managements ist also mit Cato, Varro und Columella auf Planungs- und Spezialisierungsaspekte anzuwenden. Noch prägnanter bringt sie aber Erkenntnisse für den Aspekt des Risiko-Managements in der Betriebsführung.

Die Analyse hat aufgezeigt, welche Mittel empfohlen wurden, um auch einmalige oder nur saisonal wiederkehrende Tätigkeiten steuern zu können. Neben rationellem Handeln und Kontrolle als grundlegende Maßstäbe wirtschaftlichen Handelns beschreiben die Agrarautoren, hier speziell Cato, wie man Risiken in diesen Einzelvorhaben vermeidet, sich gegen mögliche Schäden oder Umsatzeinbußen absichert und Rechtssicherheit erlangt, die über die reine Treueverpflichtung hinausgeht. Diese Vorgehensweisen werden durch juristische Regelungen abgesichert, was einem starken Kontrollbedürfnis entspricht. Jedoch wird die Handhabung stark in die Hände der betroffenen Parteien gelegt, erst im zweiten Schritt einer Schiedsinstanz und nur in letzter Konsequenz einem Gericht zugewiesen. Die Analyse hat damit neben den Vorgehensweisen zur Führung eines dauerhaften Betriebs auch Mittel zur Handhabung von Einzelvorhaben aufgezeigt. Diese Analyse soll im nächsten Schritt wieder dem tatsächlich auffindbaren Wirtschaftshandeln in diesem Kompetenzbereich gegenübergestellt werden.

5.3.4 Betriebsführung und Projekt-Management am Beispiel des Seehandels

Die beiden letzten Kapitel haben die Mechanismen römischer Betriebsführung und römischer Handhabung von Einzelvorhaben analysiert wie sie in den Schriften der Agrarautoren als Handlungsempfehlung wiederzufinden sind. Die Untersuchung von Wirtschaftshandeln soll dies ergänzen und soll beweisen, dass das Denken sich im Handeln wiederfindet. Dazu soll ein Beispiel für ein dem (Landwirtschafts-) Denken analoges Handeln gefunden werden. Einen Hinweis auf eine vergleichbare Konstellation, auf eine relevante Branche für diesen Vergleich, liefert Columella. Er hebt wie zuvor schon dargestellt mit der folgenden Stelle noch einmal die Bedeutung von Planung und Ordnung für die Führung eines Landguts hervor und zieht dabei – nach dem Lob der Ordnung bei einem „Musikantenchor“ oder im Heer – die Parallele zur Organisation in der Seefahrt[257]:

> *Haec eadem ratio praeparationis atque ordinis etiam in navigiis plurimum valet. Nam ubi tempestas incessit et est rite disposita navis, suo quidque ordina locatum armamentum sine trepidatione minister promit, cum est a gubernatore postulatum.*

> Das gleiche Prinzip der Planung und Ordnung hat auch auf Schiffen größte Bedeutung; denn wenn ein Sturm ausbricht und auf dem Schiff richtige Ordnung

257 Colum. 12,2,4–5 Er erwähnt hier im Satzanfang das Prinzip von Planung und Ordnung wie es bei einem Orchester, aber auch bei militärischer Ordnung im Heer besteht.

herrscht, dann kann der Matrose jedes Stück der Ausrüstung, das an seinem Platz liegt, ohne Aufregung flott machen, sobald es vom Kapitän angeordnet wird.

Columella zieht hier für den Seefahrtsalltag die Parallele zum zuvor behandelten Begriff der Wartung: Ordnung zu halten an Bord eines Schiffes entspricht der Wartung der Betriebsmittel einer Landwirtschaft und unterliegt dem Prinzip der Disziplin. Diese Parallele zwischen Landwirtschaft und Seefahrt ist in ähnlicher Weise auch schon früher von Xenophon so formuliert, wenn er die Organisation phönizischer Schiffe lobt[258].

In persona wurde Ordnung in der römischen Seefahrt gewährleistet durch den *magister navis* oder durch weitere Verantwortliche an Bord, die die Aufgaben des Betriebs des Schiffes oder die Verantwortung für Ladung und Administration übernahmen[259].

Doch wegen des Fehlens einer gesamthaften zeitgenössischen Darstellung oder der generell unzureichenden Quellenlage in diesem Gebiet der Planung von Seehandelsoperationen soll die Gegenüberstellung des unternehmerischen Handelns im Seehandel – nach einer allgemeinen Einordnung – separat für die beiden zuvor untersuchten Aspekte dauerhafter Betriebsführung und kurzfristiger Planungsaufgaben erfolgen.

5.3.4.1 Allgemeine Einordnung

Sucht man nach einer validen Parallele der Darstellung des Bildes der antiken Handelsschifffahrt zur Darstellung der Landwirtschaft, soll zuerst die bemerkenswerte Schrift *Periplus Maris Erythraei* Erwähnung finden[260]. Die Schrift aus der Mitte des 1. Jh. n. Chr. von unbekanntem Autor ist Repräsentant dafür, dass Handbücher (griech. *periploi*) auch Händler über logistische Details wie Seerouten und Häfen aber auch über handelsbezogene Aspekte wie verfügbare Waren und Anlaufzeiten entsprechender Häfen informierten[261]. Betrachtet man den Anleitungs- und Erläuterungscharakter dieses Werkes, so ist es in einer gewissen Weise vergleichbar mit den Schriften Catos, Varros und Columellas für die Landwirtschaft. Jedoch ist dieses einzig überlieferte Werk dieser Gattung, welches handelsbezogene Aspekte mit einschließt, für das Wirtschaften in Rom nicht repräsentativ genug, um hier tiefer untersucht zu werden und Parallelen zur Beschreibung von Betriebsplanung und der Handhabung von Einzelvorhaben der römischen Agrarliteratur

258 Xen. oec. 8,11, wenn er die Ordnung eines phönizischen Handelsschiffes als exzellent und akkurat bezeichnet, nachfolgend dem Kommentar, dass es „für die Menschen nichts so Brauchbares und Schönes wie Ordnung“ gäbe (Xen. oec. 8,2 f.).

259 Casson (1971) S. 318/319 beschreibt für unterschiedliche Schiffstypen, den küstennahen oder den überseeischen Handel mehrere Rollen für diese Organisation, wie den für den Betrieb des Schiffes verantwortlichen *proreus* und den für Ladung und dessen Administration verantwortlichen *toicharchos* im Falle von überseeischem Handel.

260 Siehe dazu Casson (1989).

261 Siehe die Bewertung Casson (1971) S. 245, Kap. VI und dort Fußnote 83 und auch die Übersetzung des Textes nach Casson (1989) S. 55, Punkt 6 über Häfen mit Umschlag von Textilwaren oder auch Elfenbein sowie die möglichen Anlaufzeiten von Januar bis September.

zu ziehen. Es ist zwar im Römischen Imperium entstanden, tatsächlich aber im alexandrinischen Kulturkreis verankert, auf griechisch verfasst, auf die Region vom Roten Meer bis zur indischen Westküste bezogen[262] und hinsichtlich der handelsrelevanten Aspekte ein Einzelfall. Es reiht die Beschreibung mehrerer Häfen und Städte aneinander ohne jedoch eine Reflexion des Handelsverkehrs und des individuellen Seehandels erkennen zu lassen. Es ist somit, anknüpfend an die Definition in Kapitel 1, die Darstellung reinen Erfahrungswissens. Und doch lässt diese Darstellung noch einmal besser erkennen, worin der Unterschied zwischen diesem Werk und den Schriften der Agrarautoren und deren Wert und Qualität besteht: letztere geben Erfahrungen weiter – ähnlich wie der *Periplus Maris Erythraei* – aber verbinden dies doch auch mit einer Individualisierung der Ratschläge und einer Einordnung in den Kontext landwirtschaftlicher Handlungsoptionen. Gerade dieser Abgleich und die lebendige Kritik an bestimmten Handlungsweisen lässt der *Periplus Maris Erythraei* vermissen.

Stattdessen muss zur Untersuchung der Organisation der Handelsseefahrt auf die gesamte Breite der vorhandenen Literatur, sei es zur allgemeinen Beschreibung des Schiffshandels[263], zum Schiffsverkehr und dem Transportschifferwesen der *navicularii* (sowie des Speditionsgewerbes der *nautae*) oder spezieller Gebiete[264] zurückgegriffen werden. Diese gehen jedoch meist nicht auf die Planungsaspekte und die Betriebsführung an sich ein, sondern beschreiben vorwiegend den Ablauf der Handelsseefahrt. Der Unternehmer im Seehandel ist dabei meist Besitzer eines Schiffes – und der Besatzung. Besitzt er diese nicht, kann er auch Kapitän und Besatzung anheuern[265].

Da also keine für die Untersuchung der Planungsaspekte relevante Dokumentation eines kurzfristigen Einzelvorhabens, eines Projektes im Seehandel, überliefert ist, scheint das Beispiel eines längerfristigen Betriebes im Seehandel und dessen Organisation relevanter für die Besprechung zuerst der Aspekte von Planung und Spezialisierung. Ein solches Beispiel findet sich im Betrieb und Geschäft mit *dolia*-Schiffen. Der Aspekt der Risikohandhabung im Wirtschaftshandeln soll im Anschluss untersucht werden.

5.3.4.2 Planvolle Betriebsführung im Seehandel mit dolia-Schiffen

Aus den umfangreichen Beschreibungen, die in der Literatur zur römischen Handelsseefahrt zu finden sind, sollen die Planung und Abwicklung von Seehandelsunternehmungen, die Spezialisierung der Seehandelsorganisation und mögliche Parallelen zu den Beschreibungen dieser Sachverhalte in der Landwirtschaftsliteratur anhand zweier

262 Die Schrift umfasst Beschreibungen der Handelsrouten entlang der nordostafrikanischen, der westarabischen und der westindischen Küste.

263 Siehe Pekáry (1994) „Zur Bedeutung des Handels der Antike" S. 184 f. oder Rougé (1966) „Recherche sur l'organisation du commerce maritime" S. 345–360.

264 Siehe Nieto (1988) Cargamento principal y cargamento secundario, Cahiers d'histoire 33, S. 379–395 zur Organisation von Schiffsladung sowie Aubert (1994) S. 140 oder Hopkins (1983) „Ships and staples" S. 96–102.

265 Casson (1991) S. 195, 4. Abs.

Beispiele untersucht werden: zum einen anhand des Aufkommens des Phänomens der *dolia*-Schiffe in der frühen Kaiserzeit und zum anderen anhand der zeitgleich komplexer werdenden Hafenorganisation im Reich. Es knüpft in idealer Weise in mehrfachem Sinne an die vorigen Kapitel an, unter anderem auch durch die Betrachtung des Handels von Wein, der in *dolia* verkauft wurde, wie es Cato schon 200 Jahre zuvor – und archäologisch bis dahin nachvollziehbar – in Kapitel 157 seiner Schrift *de agri cultura* für den lokalen Verkauf beschreibt[266].

Dolia-Schiffe sind ein erst in den letzten 20 Jahren durch die Meeresarchäologie aufgefundener und untersuchter Schiffstyp. Es handelt sich dabei um Handelsschiffe, die große tönerne Weinfässer, *dolia*, fest auf dem Schiff verbaut hatten. Während der übliche römische Handelsschiffstyp, die *corbita*, durchschnittlich 100–150 Tonnen Ladung transportierte, stellten die *dolia*-Schiffe kleinere Schiffe im römischen Seewesen mit einem Ladevolumen von circa 50–60 Tonnen dar. Die Weinfässer waren dabei eine aus der Landwirtschaft bekannte Aufbewahrungsform für große Mengen von Rohstoffen und Erzeugnissen[267] und hier speziell von Mengen von 1000 bis 2000 Liter vorwiegend einfachen und für den Massenmarkt bestimmten Weines.

Der Nachweis dieser Schiffe ergibt sich aus aktuell zwanzig Funden, die alle in die ersten Jahre unserer Zeitrechnung bis zum Jahr 50 n. Chr zu datieren sind[268]. Augenfälliger Vorteil dieser Schiffe ist die durch größere Aufbewahrungsformen erzielbare höhere Ladekapazität. Die rationelle Methode der Anlage der *dolia* auf dem Schiff unter Hinzunahme von üblichen Amphoren lässt eine Parallelität zur Planungsempfehlung der Agrarautoren erkennen: anlehnend daran, wie ein Landwirt eine Berechnung von Arbeitskapazitäten pro Stück Land und den dadurch erzielbaren Nutzen berechnet hat[269], ist davon auszugehen, dass ein Schiffseigner die Größe der notwendigen Investition für speziell anzufertigende Schiffe für den *dolia*-Transport, deren Nutzen und den Ertrag dieser Art des Seehandels geplant haben wird und nicht unüberlegt eingegangen ist. Dieser von den Planungen der Agrarautoren abgeleiteten Annahme steht keine schriftliche Aussage über die Planung von Schiffsvolumen gegenüber. Daher lässt sich nur über die faktisch vorfindbare Planung und Ausführung der Schiffe ein Rückschluss ziehen, dass auch hier ein planerischer Ansatz vorlag. Die Arbeiten der beiden Unterwasserarchäologinnen Franca Cibecchini und Sabrina Marlier decken die unternehmerische Planungsweise bei Bau und Betrieb dieser Schiffe auf.

266 Cato agr. 148 *lex vino in doliis.*

267 Vgl. die detaillierte Beschreibung der Nutzung und Pflege von *dolia* im Kontext der Ölherstellung (*de oleo conficiendo*) bei Colum. 12,52,15–17.

268 Marlier (2020). S. 2, Kap. 2.

269 Was Varro als *modus* oder Berechnungsmaßstab bezeichnet hat. Siehe dazu Varro rust. 18,2–6, wie bereits zuvor in Kap. 5.3.2 herausgearbeitet.

5.3.4.3 Schiffstypus

Marlier zieht den Vergleich zwischen fünf Funden von *dolia*-Schiffen, die alle aus der Periode zwischen der Zeitenwende und dem Jahr 50 n. Chr. stammen:

- das Wrack *Ladispoli*, gefunden 40km nordöstlich von Rom, unweit von Ostia, erhalten mit dem zentralen Teil des Schiffs von 6,60m Länge und 3,30m Breite, in dem die *dolia* transportiert wurden,
- *La Giraglia*, gefunden an der Nordspitze Korsikas, erhalten mit der Außenseite des Schiffs über ca. 7 m,
- *Ouest Giraglia 2*, gefunden ebenfalls an der Nordspitze Korsikas, erhalten durch den zentralen Teil des Schiffs über 7,10m Länge und 3m Breite,
- *Diano Marina*, gefunden an der ligurischen Küste, erhalten mit dem 4,5m langen Kielstück und weiteren Einzelteilen,
- *Grand Ribaud D*, gefunden bei Hyères unweit von Marseille, erhalten nur mit Bruchteilen des Schiffs und mehrerer *dolia*, anhand derer sich aber wertvolle Erkenntnisse über die Anordnung der Ladung ergeben.

Die allgemein hohe Sorgfalt im vorgefundenen Bau der Schiffe, die anhand der verbliebenen Reste einheitlich noch erkennbar ist, interpretiert Marlier als eine von mehreren „Konstanten in der Konstruktion der Schiffe“ und also als auf Qualität gerichteten und planerischen Aspekt, der jedoch nicht ausschließlich auf diesen Schiffstyp zutrifft[270]. Beispielhaft verweist der britische Althistoriker Colin Adams auf die bedeutenden Fortschritte, die zur hier betrachteten frühen Kaiserzeit in Schiffsbau und Seefahrt gemacht wurden. Er belegt diese Aussage mit dem spezifischen Bau der Schiffskörper, wie er etwa für den Stein- und Marmortransport benötigt wurde, und der wachsenden Größe der Schiffe[271].

Marlier stellt jedoch darüberhinaus fest, dass es einheitliche Befestigungstechniken gab, die als besonders solide und dem besonderen Transportgewicht angemessen anzusehen sind. Cibecchini stellt dabei „einen flachen Kiel, eine wenig gebogene Außenschale und eine Serie langer, flacher Bodenwrangen“ als charakteristisch für die untersuchten dolia-Schiffe fest[272]. Und ebenfalls fällt eine „transversale Struktur des Mittelteils“[273] auf, die vom Bau üblicher Handelsschiffe abweicht. Sie ist am besten anhand des Wracks *Ladispoli* zu beobachten, aber insbesondere übereinstimmend zwischen den unterschiedlichen *dolia*-Schiffen festzustellen, von denen ein Rumpf vorhanden ist. Den Wandel des Schiffbaus von einer nach Längsplanken ausgerichteten Bauweise hin zu einer rahmengebundenen Struktur mit transversalen Befestigungen beschreibt der Archäologe Patrice

270 Marlier (2008) S. 162 links, 2. Abs. und auch Marlier (2020). S. 3, 4. Abs.
271 Adams (2012) S. 227, 2. Abs.
272 Cibecchini (2013) S. 34.
273 Cibecchini (2013) S. 34. Siehe auch Marlier (2020). S. 3, 4. Abs.

Pomey als ein Phänomen des antiken Schiffsbaus[274], das über das erste Jahrtausend v. Chr. mit mehreren Funden im Mittelmeerraum beobachtbar ist. Doch unabhängig von einer über mehrere Jahrhunderte nachvollziehbaren Entwicklung ist die Bauweise der *dolia*-Schiffe, die stark vom normalen römischen Schiffstyp abweicht, hier als signifikant anzusehen. Dies spricht dafür, dass es eine einheitliche Architektur, einen einheitlichen Schiffsbau für *dolia*-Schiffe gab[275], der sich insbesondere auch durch einen flachen Kiel und Boden auszeichnet und offenbar den Transport von großen und schweren Gefäßen unterstützte[276].

Eine weitere Besonderheit dieser Schiffe beschreibt Cibecchini und liefert damit den Beleg für den speziell an die Anforderungen des *dolia*-Transports angepassten Schiffsbau. Sie greift in ihrer Untersuchung des Wracks *Ouest Giraglia 2* die Fixierung der Ladung auf und weist damit auf die besondere Planung dieser Schiffe hin. Cibecchini beschreibt die Anlage der zentral und fest installierten *dolia* auf dem Schiff. Dabei wurden diese – wie durch Rekonstruktionen darstellbar ist – mit maximaler Platzausnutzung und optimaler Gewichtsverteilung angebracht. Sogar die Anlage unterschiedlich großer Fässer – *dolia* und kleinerer *doliolia* – ist nachweisbar[277]. Nur der nicht genutzte Raum in Bug und Heck des Schiffes wurde durch die sonst handelsüblichen Amphoren der Typen Dressel 2–4 genutzt.

Mit etwas Wohlwollen ließe sich hier für die langfristige Betriebsführung eine Parallele ziehen zwischen der platzsparenden Planung der Ladungsanordnung der *dolia*-Schiffe und dem von Cato (siehe zuvor[278]) geforderten sparsamen Umgang mit Futter bei der Rinderhaltung: das Aufsparen von Futter schont Ressourcen genauso wie eine platzsparende Anordnung von Schiffsladung.

Marlier beschreibt die Herausforderung dieser Planungsaktivität, die nicht aus einem schlichten Aufstellen der *dolia* auf handelsüblichen oder geringfügig verstärkten Schiffen bestehen konnte. Stattdessen ergaben sich Anforderungen an die Planung der Schiffsbauweise. Marlier erwägt in diesem Zusammenhang sogar die Möglichkeit, von einer Konstruktion im Rahmen eines „vordefinierten Architekturprojektes" zu sprechen. Diese Konstruktion könnte als Entwurf für eine Serienfertigung gedient haben. Sie verweist hierbei aber wohlweislich darauf, dass es sich um eine auf mehreren Hypothesen beruhende Schlussfolgerung handelt[279]. Wesentliches Ergebnis ist hierbei jedoch, dass die Schiffe auf spezifische Anforderungen angepasst wurden und spezifische Schiffstypen gebaut wurden[280].

Diese Annahme bestärkt ein weiterer interessanter Aspekt, der sich auf die anzunehmende Herstellung dieser Schiffe bezieht. Da ein längerer Landtransport der riesigen

274 Pomey (2012) bezeichnet dies als Entwicklung von „shell" to „skeleton".
275 Marlier (2008) S. 161.
276 Marlier (2020). S. 4, 3. Abs.
277 Cibecchini (2013) S. 32 links sowie der Nachweis anhand der Untersuchung des Schiffswracks „Ouest Giraglia 2" S. 34 rechts.
278 Cato agr. 30 wie bereits in Kap. 5.3.2 zitiert.
279 Marlier (2020). S. 7, 6. Abs.
280 Marlier (2008) S. 155 rechts.

Fässer hin zur Konstruktionsstätte der Schiffe wegen der Bruchgefahr der Tongefäße ausgeschlossen scheint, ist davon auszugehen, dass die Schiffe in der Nähe der Produktionsstätte der *dolia* gebaut wurden[281]. Cibecchini formuliert zudem die Annahme, dass die Schiffe wegen des massiven Gewichts der *dolia* um die Fässer herum gebaut wurden[282]. Es scheint damit plausibel, dass es eine eigene Planung für diesen Schiffstyp gab. Diese außergewöhnliche und zu ihrer Zeit neuartige Bauweise unterscheidet sich von der allgemeinen Entwicklung im Schiffsbau, der eher evolutionär verlief und nur wenige vergleichbare Sprünge in der Entwicklung und Konstruktion aufweist[283]. Sie stellen somit ein herausgehobenes Beispiel für die Planungsaktivität im Seehandel dar.

Darüber hinaus kann die Annahme dieser spezifischen Planung auch auf die damit verbundene Geschäftsart bezogen werden. Mit diesem Schiffstypus konnte die aufwändige Lagerung und Umstellung von Einzelamphoren vermieden werden[284] und Effizienzen im Betriebsablauf gewonnen werden. Diese ergaben sich auf Kosten bestimmter Risiken wie dem ganz offensichtlich notwendigen höheren Investment für einen spezifischen Schiffsbau und das gesteigerte Volumen, das im Fall eines Untergangs verloren gehen würde[285].

5.3.4.4 Spezialisierte Betriebsführung in der Organisation des Hafenbetriebs

Die *dolia*-Schiffe sind dabei auf der anderen Seite auch ein gutes Beispiel für eine spezialisierte Art der Abwicklung des Seehandels. Um mit dem Transportgut der großen *dolia*-Fässer im Zielhafen umgehen zu können, bedurfte es dort adäquater Prozesse zum Verladen und wohl auch ausreichender Magazine zur zwischenzeitlichen Aufbewahrung[286].

Die wesentlichen Häfen im Römischen Reich nahmen mit Beginn der Kaiserzeit allgemein an Komplexität zu, und die heutigen Erkenntnisse über die Hafenanlagen von Ostia, von Puteoli oder von Portus weisen auf deren komplexe Organisation hin. Ihre Anlage und ihr Ausbau wurde im Kontext der Versorgung der Metropole Rom zu einem wesentlichen Teil staatlich organisiert.

Der Hafen von Ostia war für die Stadt Rom als erster Hafen von Bedeutung. Er entstand spätestens im 3. Jh. v. Chr. an der Flussmündung des Tibers. Durch seine anfangs stark militärisch geprägte Nutzung als Flottenbasis und Militärhafen ist seine staatliche Anlage, Steuerung und anfängliche Nutzung eindeutig. Die wirtschaftliche Nutzung

281 Marlier (2008) S. 172, links, 3. Abs.

282 Cibecchini (2013) S. 32 rechts.

283 Colin führt das Beispiel der Stein- und Marmortransporte an, die sich zu Beginn der Kaiserzeit verstärkten und für die ebenfalls ein spezifischer Schiffsbau zu beobachten ist (S. Zitat hier zuvor).

284 Marlier (2008) S. 155.

285 Erste Indizien durch die Stempel der *dolia* weisen auf die Durchführung dieses spezialisierten Handels durch die Familie der Pirani hin, was ein starkes Indiz für innovatives und ein selektives Risiko eingehende Geschäftsart wäre. Doch ist diese Untersuchung noch nicht abgeschlossen. Siehe Cibecchini (2013) S. 32 rechts und S. 38 rechts.

286 Cibecchini (2013) S. 32 links.

wächst dann mit dem Ende der Punischen Kriege und den zunehmenden Getreidelieferungen aus den neuen Provinzen, insbesondere *Sicilia*, *Sardinia* und etwas später *Africa*. Jedoch verlor der Hafen um die Zeitenwende, zur Zeit des größten wirtschaftlichen Wachstums im Reich, durch eine zunehmende Versandung an Bedeutung[287], so dass sich Claudius „angesichts dieser Schwierigkeiten (...) zum Bau eines Hafens" entschloss[288].

Portus, wenn man dies als eigenständigen Hafen betrachten will, war eigentlich eine Erweiterung Ostias circa 3 km nördlich davon. Dieser Hafen lässt jedoch besser als Ostia selbst die planvolle Gestaltung eines Hafens und seiner Anlagen unter wirtschaftlichen Nutzungsaspekten erkennen und analysieren. Verduchi beschreibt die Anlage und die Ausbaustufen von Portus unter den Kaisern von Claudius bis Trajan[289]. Dabei beschreibt sie insbesondere die Anlage des Hafens im Auftrag von Claudius, die als Reaktion auf das massive Wachstum des Warenverkehrs und die genannten Probleme Ostias erfolgte, sowie die spätere Erweiterung unter Trajan um ein hexagonales Hafenbecken, mithilfe dessen eine bessere Anordnung der umliegenden Speicherhäuser erzielt werden konnte.

Der Hafen Puteoli in der Nähe Pompejis circa 50km südlich von Rom wurde schon früh in Zeiten der Republik angelegt. Die Forschung zur Nutzung dieses Hafens richtet sich vorwiegend auf die Untersuchung des Getreidehandels. Puteoli war bis zum Bau von Portus der wichtigste Hafen für den Osthandel und für den aus den dortigen Gebieten und insbesondere Ägypten erfolgenden Getreidetransport[290]. Zur Koordination der Lieferungen von Getreide und der Getreideversorgung der Stadt Rom wurde eine staatliche organisierte Institution eingerichtet, die von den *praefecti annonae* geleitet wurde[291].

Doch der Aspekt solch staatlicher Organisation lenkt ab vom eigentlichen Untersuchungsbereich privatwirtschaftlicher Organisation. Daher soll die große Anzahl spezialisierten Personals zum Umgang mit den immensen Waren wie Getreide oder Wein in Amphoren betrachtet werden, wie auch der amerikanische Althistoriker Lionel Casson sie belegt hat[292]. Während die Getreideverteilung noch stark staatlicher Steuerung unterlag und Mitarbeitern aus dem *officium annonae* oblag, ist für andere Waren wie Wein und Öl keine Erwähnung einer Steuerung durch Amtsträger bekannt oder als relevant anzusehen. Diese Analyse lässt letztlich nur den Schluss auf eine privatwirtschaftliche Organisation eines großen Teils der anfallenden Arbeiten zu. Und genauso ist davon auszugehen, dass die Abwicklung des in *dolia* angelieferten Weines eher privatwirtschaftlich organisiert wurde. Tatsächlich besteht die kritische Überlegung, ob die Anlieferung dieses Massenprodukts dem Zwecke der Versorgung der Armeen diente. Dies würde dann einen staatlichen Auftraggeber bedeuten und die Organisation und Planung des Seehandels mit *dolia*-Schiffen in den Kontext staatlicher Planung rücken.

287 Rohde (2012) S. 79–84.

288 Cass. Dio 60,11.

289 Verduchi in: Keay et al (2005) S. 248.

290 Rohde (2012) S. 82–83.

291 Siehe dazu u.a. Erdkamp (2009) oder Garnsey, Hopkins, Whittaker (1983).

292 Casson (1971) S. 369 und siehe auch Wawrzinek (2016) S. 116 ff zur Beschreibung unterschiedlicher Aufgaben und Berufe in der Abwicklung des Seehandels von Portus.

Jedoch wäre eine Belieferung in die römischen Häfen dann nicht plausibel, da die kaiserlichen Armeen vorwiegend in den Grenzgebieten des Reiches standen und eben nicht in den Gebieten um die hier beschriebenen Häfen. Zudem ist auffällig, dass aus mehreren Funden der Seehandel mit *dolia*-Schiffen nur für eine Familie, die der *Pirani*, belegt ist. Selbst wenn diese einen staatlichen Auftrag verfolgte, so nimmt dies weiterhin eine planerische Sonderrolle ein, die später offenbar von keiner anderen Familie, keinem anderen Unternehmer vorgenommen wurde. Also erlaubt das Beispiel der *dolia*-Schiffe für diese selbst und für die Hafenorganisation durchaus die Bewertung der Betriebsplanung als privatwirtschaftlicher Vorgehensweise.

Betrachtet man somit weiter das Beispiel der *dolia*-Schiffe, so stellen sich die Fragen

a. wie nach dem Erreichen des Zielhafens die Löschung des in den *dolia* transportierten Weins erfolgte, der nicht wie der üblicherweise in Amphoren verschiffte Wein einfach von Bord getragen und weiter verteilt werden konnte, und
b. wie die Lagerung des Weins oder etwa die direkte Weiterverteilung der Ware im Hafen vorgenommen wurde.

Die Frage nach dem Löschen der Ladung lässt sich mangels einer vorhandenen Beschreibung nicht abschließend beantworten, doch ist zu vermuten, dass mit Hilfe von Eimern und Pumpen ein Umladen vorgenommen wurde. Wenn auch zu dieser Zeit Anfang des 1. Jh. v. Chr. kein weitverbreiteter Einsatz von Pumpen erfolgte, so sind doch Kenntnisse einiger Formen von Pumpen für die Antike bis hin zu diesem Zeitraum dokumentiert. John G. Landels[293] beschreibt, dass Wasserpumpen „von reicheren und besser ausgestatteten Geschäftsleuten", zu denen die Betreiber des *dolia*-Transports sicher gezählt werden können, für das Abpumpen von Bilgewasser, also im Innenraum des Schiffes angesammelten Wassers, genutzt wurden. Analog dazu ist der Einsatz solcher Pumpen für die Leerung der *dolia* durchaus denkbar. Da die *dolia* fest auf dem Schiff verbaut waren, scheint andererseits ein Operieren, ein Bewegen der *dolia* selbst, wie es vielleicht an Land möglich gewesen wäre, ausgeschlossen. Allein die Lösung des Vorgangs zum Löschen der Ladung bedurfte also entsprechender Instrumente und Planung.

Die Frage nach der Lagerung oder Weiterverteilung des Weins ist noch von größerer Bedeutung. Da ein Verladen aus den *dolia* in transportable Amphoren von Schiff aus als zeitraubend anzusehen ist oder ein sofortiger Verkauf an Weiterverwender einer direkten Vermarktungsstrategie bedurft hätte, ist eher von einer Umlagerung in an Land befindliche *dolia* auszugehen, von denen aus dann später ein Weitervertrieb vorgenommen werden konnte. Einen plausiblen Beleg für diese Annahme bilden *dolia*-Anlagen wie sie im Hafen von Ostia, dem *„caseggiato dei doli"*[294] aus dem 2. Jh. n. Chr., oder im Hafen von

293 Landels (1978) S. 58 in der Beschreibung der Technik der Antike, in der er die Nutzung von Wasserpumpen auch bei der Brandabwehr beschreibt, also als Werkzeug der römischen Feuerwehren.

294 Das sogenannte „Haus der dolia" im Hafen von Ostia wurde unter Kaiser Hadrian zwischen den Jahren 120–130 n. Chr. erbaut und die dort verbauten *dolia* nach aktuellen Erkenntnissen von Ende des 2. Jh. bis Mitte des 3. Jh. n. Chr. genutzt, s. Peña (2007) S. 216 f.

Marseille, in den dortigen *„docks romains“* heute noch zu besichtigen sind. Bei Letzteren wurden im Jahr 1947 mehrere fest an Land verbaute *dolia* in den Docks des Hafens von Marseille gefunden. Diese sind heute als *„Musée des docks romains“* rekonstruiert und *in situ*, an ursprünglicher Stelle, ausgestellt. Beide Anlagen sind jedoch nicht direkt am Ufer verbaut, sondern jeweils circa 50–100 Meter von einer möglichen Anlegestelle entfernt, so dass in beiden Fällen ein Zwischentransport nötig war.

Marlier stellt die Überlegung an, ob die für die erste Hälfte des 1. Jh. n. Chr. belegten *dolia*-Schiffe, wie das nahe Marseille gefundene Wrack *Grand Ribaud D*, ebenfalls dort, in der Nähe der *„dock romains“*, einem der größten Häfen des Römischen Reichs, Station gemacht haben könnten[295]. Sie zieht eine direkte Verbindungslinie vom Transport des Weins in den *dolia*-Schiffen auf die Löschung der Ladung in den dortigen Hafenanlagen und die Speicherung des Weins in den vorhandenen und in der Erde verbauten *dolia*-Gefäßen[296]. Die Betreiber dieses *dolia*-Seehandels fanden dort offenbar spezifische Einrichtungen und sicherlich auch eine spezifische Organisation vor. Um den Betrieb dieses Geschäft also vorzunehmen, mussten sie diesen planerisch auf die Gegebenheiten des Hafens und seiner Prozesse abstimmen.

Es ist für den Untersuchungsgegenstand dieses Kapitels, die Planungsprozesse und die spezialisierte Abwicklung im Betriebsablauf, davon auszugehen, dass in der arbeitsteiligen Wirtschaftswelt des Römischen Kaiserreichs und in der spezialisierten Organisation der Häfen, auch eine spezifische Planung und eine Verfeinerung der Hafenprozesse stattgefunden hatte, die für die Abwicklung der Transportgüter der *dolia*-Schiffe notwendig waren. Die umfangreiche Ordnung der Hafenanlagen ist zum Beispiel für Portus erkennbar, wo die „Hafenbecken von einer großen Anzahl von Warenspeichern (*horrea*) umsäumt waren“ und „die Mehrzahl dieser Speicher jeweils nur für eine bestimmte Kategorie von Importwaren diente“[297]. Diese Separierung und Spezialisierung der Hafenanlagen und Speicher korrespondierte mit der Spezialisierung des Warentransports, insbesondere auch des Weintransports in *dolia*.

Dies ist ebenfalls ein Abbild der – im Vergleich dazu einfachen – Spezialisierungstendenzen in der Landwirtschaft, die von Cato bis Columella zuvor nachgezeichnet wurden. Tatsächlich nimmt die Spezialisierung im Seehandel eine bedeutend komplexere Form an als die – trotzdem dort aber beobachtbare – Differenzierung im Betrieb der Landwirtschaft. Allein die hohe Anzahl von Berufsbezeichnungen im Hafenbetrieb des antiken Ostia ist beredtes Beispiel für diese arbeitsteilige Organisation[298].

Beide Funde und hier vorgestellten Analysen, die der *dolia*-Schiffe und die der *dolia*-Anlagen im Hafen von Marseille, legen somit den Schluss nahe, dass eine komplexe

295 Marlier (2008) S. 165 rechts und 169 rechts.

296 Marlier (2008) S. 165.

297 Rost (1968) S. 23.

298 Rohde (2012) Kap. 4. Rohde stellt hier die „Integration der *collegia* in Ostia dar und beschränkt sich daher auf die Berufsgruppen, deren Ausübende sich in Kollegien zusammenschlossen, wie zum Beispiel die *sacomarii* (Wiegemeister), die *saburrarii* (Sandsammler) oder die *urinatores* (Taucher), s. S. 181.

Planung für den Transport der Waren über See und eine spezialisierte Organisation für die Aufnahme an Land ineinander griffen. Und für den Untersuchungsgegenstand der vorliegenden Arbeit ist es ebenfalls wichtig festzuhalten, dass diese Aktivitäten privatwirtschaftlich betrieben wurden, wie es das Handelsobjekt, einfacher, für den Massenmarkt bestimmter Wein, nahelegt.

5.3.4.5 Handlungsmuster in der Betriebsführung

Diese hier vorgenommene Gegenüberstellung von praktischer Betriebsführung im Seehandel mit der empfohlenen Betriebsführung in der Agrarwirtschaft und der resultierende Nachweis vorhandener Parallelen sind somit sicher ein erster und wichtiger Beleg dafür, von vergleichbaren Handlungsmustern in Denken und Handeln des Betriebsplanungsprozesses sprechen zu können.

Sie zeichnen sich aus durch eine detaillierte Planung, die in der Landwirtschaft nach einem *modus* berechnet wurde, im hier untersuchten Beispiel des Seehandels über die Architektur des Schiffbaus, nach den Ladekapazitäten und -anordnungen sowie über die angenommenen Bauorte der Spezialschiffe. Auch wenn es keine reflektierte zeitgenössische Sicht zu diesem Betriebsplanungsprozess gibt, so macht es doch den Eindruck, dass hier nicht zufällig, nachahmend und primitivistisch, sondern sehr planvoll gehandelt wurde. Und genauso werden spezialisierte Abläufe in Landwirtschaft und mehr noch Seehandel geplant, zu denen – weniger in der Landwirtschaft – auch spezialisiertes Personal eingesetzt wurde.

Tab. 9: Unternehmerische Planungsaspekte bei langfristigen Unternehmungen

Handlungsaspekte	**Bewertung bei Agrarbesitzern**	**Bewertung bei Seehändlern**
Gewinnabsicht	Hoch	Hoch
Planung	Hoch, Nutzung eines Maßstabs (*modus*)	Hoch Nachweisbare Optimierung von Schiffsbau, Ladekapazitäten, -anordnungen und Bauorten
Spezialisierung (Personal)	Gering	Hoch, bedingt durch komplexe Hafenorganisation
Spezialisierung (Abläufe)	Mittel	Hoch, bedingt durch komplexe Hafenorganisation

Diese Gegenüberstellung mag aber vielleicht noch kein ausreichendes Kriterium sein, um eine Parallelität von Planungsdenken und -handeln zu begründen und den Anspruch auf eine Allgemeingültigkeit zu erheben. Wie in der Literatur für ähnliche Vergleiche bereits erfolgt, könnte solches Handeln als zwangsläufig und die Beweisführung als unzureichend bezeichnet werden[299].

Um daher ein besseres Bild des Wirtschaftshandelns im Kompetenzbereich der langfristigen Betriebsführung, aber auch des – modern gesprochen – Projekt-Managements kurzfristiger Vorhaben zu bekommen, soll noch eine weitere, tiefergehende Untersuchung zu diesem Aspekt vorgenommen werden. Die Arbeit richtet sich daher wieder auf den speziellen Aspekt des Managements von Riskien in solchen Vorhaben. Nachfolgend greift sie die zuvor bereits zitierten Verträge für landwirtschaftliche Einzelvorhaben auf und versucht, einen Abgleich mit Verträgen für Einzelvorhaben des Seehandels vorzunehmen, welche aus juristischen Quellen überliefert wurden. Planung und Spezialisierung seien bei dieser Untersuchung ausgespart, weil zuvor bereits erwähnt wurde, dass sie in einmaligen Vorhaben genauso relevant und anzutreffen sind wie bei Planungsvorhaben dauerhafte Betriebsaufgaben.

5.3.4.6 Seehandelsverträge als Spiegelbild des Projekt-Managements im Seehandel

Seefahrt und Seehandel im antiken Rom wurden nicht nur von den Zeitgenossen, sondern werden auch in der heutigen Literatur zur römischen Wirtschaftsgeschichte immer wieder als Beispiel für Risikobereitschaft und Wagemutigkeit angeführt[300]. Die beiden Bereiche wären auch im Kontext dieser Arbeit ein möglicher Ansatzpunkt für die Darstellung von Unternehmertum und Risikobereitschaft gewesen[301]. Im Gegensatz zu dieser offensichtlichen Feststellung soll es hier aber als Beispiel für die Handhabung und den Umgang mit dieser Risikosituation untersucht werden. Im Speziellen liegt eine besondere Attraktivität dieses Wirtschaftszweigs darin, dass die Organisation eines Handelsvorhabens als ein Beispiel für einmalige oder zumindest mit begrenzter Dauer durchgeführte Unternehmungen dienen und untersucht werden kann.

Wie ein langfristiges Risiko-Management des Seehandels erfolgte, zeigt Fellmeth[302], wenn er beschreibt, dass für die Handelsabwicklung Gesellschaften gebildet wurden, die „gemeinsam die Kapitalien für die Anmietung eines oder mehrerer Schiffe und für den Einkauf der Waren aufbrachten", und dass sich diese anfangs anzunehmenderweise kurzfristig angelegten Zweckgesellschaften im Lauf der Zeit zu dauerhaften Gesellschaften verstetigten. Dies erfolgte aus Gründen der Gewinnsicherung, aber auch zur Vermeidung oder Reduzierung von immer wieder gleichen Risiken.

Doch an dieser Stelle interessieren weniger solche Maßnahmen, die von Unternehmergruppen über Jahre abgestimmt wurden, oder solche, die durch den Staat mit der Etablierung von organisatorischen Strukturen wie dem Bau von Hafenanlagen vorgenommen wurden und also einer institutionenökonomischen Betrachtung genügen würden.

299 Vgl. einleitende Darstellung Kap. 2.2 und Finley (1977) S. 10.

300 Siehe z.B. Rost (1968) S. 21 ff.

301 Vgl. Kap. 5.2.

302 Fellmeth (2008) S. 85.

Stattdessen soll hier der kurzfristige, projekthafte Aspekt des Risiko-Managements eines Seehandelsunternehmers untersucht werden.

Bei diesem kurzfristigen Aspekt des Risiko-Managements ist also die Rolle des Seehandelsunternehmers, vereinfacht gesprochen eines Seehändlers, noch einmal genauer darzustellen bezüglich der Spezialisierung der Tätigkeit und der Art der Tätigkeit.

Erdkamp beschreibt zwei Ausprägungen der Spezialisierung der Seehändler, hier am Beispiel des Weizenhandels[303]:

- zum einen den Seehändler, der in einem risikoreichen und komplexen Umfeld außerhalb Roms oder anderer Metropolen keine besondere Spezialisierung betrieb und Schiffseigner, Kapitän und Handelsunternehmer in einer Person war,
- zum anderen den Seehändler, der auf Basis der in großen Städten vorhandenen wirtschaftlichen Stabilität eine sehr spezialisierte Rolle als Händler einnahm.

Genauso ist die Tätigkeit des Seehändlers danach zu unterscheiden, ob er

- die Waren auf eigenes Risiko ankaufte und im Zielhafen möglichst mit hohem Gewinn verkaufte, wobei sich von einem Seehändler im engeren Sinne sprechen lässt, der seinen Gewinn aus dem Handel, also der Marge von Kauf- und Verkaufspreis bezieht, oder
- die Waren ohne eigenen Besitz daran für einen Auftraggeber als Transportleistung verschiffte, womit der Seehändlerbegriff im weiteren Sinne verstanden wird, da er sich auf die Transportleistung bezieht, für die der Seehändler entlohnt wird.

In letzterem Fall ist der Seehändler im betriebswirtschaftlichen Sinne ein Auftragnehmer, der eine Transportaufgabe für bestimmte Waren übernahm. Er schloss, ob spezialisiert auf seine Händlerrolle oder universell engagiert als Eigner, Kapitän und Händler, Verträge ab, so wie es auch der Landwirt und andere Wirtschaftshandelnde vornahmen. Genau diese Verträge sollen im Folgenden von besonderem Interesse sein, stellen sie doch aus institutionenökonomischer Sicht ebenfalls einen wichtigen Einflussfaktor dar und bilden eine Brücke zur Betrachtung des Wirtschaftsdenkens Catos, das im vorigen Kapitel über Vertragsgestaltung diskutiert wurde[304].

Diese im Seehandel abgeschlossenen Verträge stellen – wie Verträge für Staatsaufträge, Verträge in der Landwirtschaft oder in anderen seinerzeitigen Kontexten – einen sogenannten *locatio-conductio*-Vertrag dar. Bei diesen (Fracht-) Verträgen erteilt ein Besitzer oder Verpachter (*locator*) einen Auftrag an einen Ausführenden, Mieter oder Pächter (*conductor*). Der Seehändler als Auftragnehmer oder *conductor* – übernahm somit vom

303 Erdkamp (2012) S. 307.

304 Und letztlich ist aus der Biographie Plutarchs über das Leben Catos bekannt, dass dieser Seehandelsgeschäfte über einen Mittelsmann erledigen ließ. Dies lässt den Schluss zu, dass auch er seine schriftlich verfassten Vorgehensweisen für das eigene Handeln – oder das seiner Mittelsmänner – einsetzte.

Staat (dies vorwiegend im Getreidehandel) oder von privaten Besitzern (wie zum Beispiel im Weinhandel) als Auftraggeber oder *locator* den Auftrag, einen Transport auszuführen.

Krämer beschreibt die Arten dieser *locatio-conductio*-Verträge und unterteilt diese gemäß der heute üblichen Auffassung römischer Rechtskonstrukte in drei Arten[305]:

- Werkverträge (*locatio conductio operis*),
- Dienstverträge (*locatio conductio operarum*) und
- Miet-/Pachtverträge (*locatio conductio rei*).

Er stellt dabei fest, dass zur Zeit Catos „die *locatio conductio* noch nicht den Entwicklungsstand der klassischen römischen Jurisprudenz erreicht hatte“[306] und lediglich der Werk- und der Dienstvertrag als üblich angesehen werden können. Die bei Cato beschriebenen Verträge[307] stellten im juristischen Sinne noch keinen Pachtvertrag dar und wurden von ihm als Verkauf bezeichnet, auch wenn sie inhaltlich eher den Sachverhalt einer Verpachtung erfüllten. Der deutsche Jurist Reinhard Zimmermann beschreibt generell die Zögerlichkeit der Eliten, *locatio conductio*-Verträge einzugehen, da das Erbringen von Dienstleistungen dem Selbstverständnis des Standes widersprechen würde[308]. Doch finden sich die Begriffe der *locatio* und *conductio* in den Schriften des Cato eindeutig wieder[309]. Der Hinweis von Zimmermann erklärt somit höchstens, warum Cato noch den etablierteren Begriff des Verkaufs statt der Verpachtung verwendet.

Der Seehändler, im Verständnis der zuvor dargestellten Definition, trug in seiner Geschäftsausführung mit Abschluss eines *locatio conductio*-Vertrages mehrere Risiken. Die größten Risiken des Seehandels waren sicher der Verlust des Schiffes oder gar des eigenen Lebens während des Seetransports. Geht man davon aus, dass der Seehändler diesen grundlegenden Risiken der Seefahrt vernünftig begegnete, sich sorgfältig und sachkundig über die Reiseroute informierte und seine Reisezeit so wählte, dass dies an sich eine angemessene Risikovorsorge darstellte, dann verschiebt sich der Fokus der Untersuchung auf die verbleibenden auftragsbezogenen Risiken und somit auf die Haftungsfrage bei verspäteter Lieferung oder Verlust und Diebstahl der Ladung.

Die niederländische Rechtshistorikerin Apollonia J. M. Meyer-Termeer beschreibt in ihrer Arbeit[310] die Haftung der Schiffer unter anderem im römischen Recht. Dabei werden unterschiedliche und gegenseitig in Beziehung stehende Vertragsarten dargestellt:

- der *Frachtvertrag* als Auftragsvereinbarung zwischen Auftraggeber und Schiffer, also der hier bereits beschriebene *locatio conductio*-Vertrag,

305 Krämer (2007) S. 153, vgl. auch Honsell (1994) S. 121 f.

306 Krämer (2007) S. 153.

307 Siehe zuvor in Kap. 5.3.2 zur Fußnote 212.

308 Zimmermann (1996) S. 388.

309 Siehe u.a. Cato agr. Wie teilweise zuvor zitiert: Kap. 144,3 (*Si non praebuerit, quanti conductum erit aut locatum erit*) und 145,1 (*Si operarii conducti erunt aut facienda locata erit, pro eo resolvito, aut deducetur*).

310 Meyer-Termeer (1978).

- ein *Garantievertrag* als Garantieversprechen des Schiffers an den Auftraggeber sowie
- eine *Garantieeingrenzung* als Maßnahme zur Risikoreduzierung des Schiffers.

Der einfache *Frachtvertrag* ist juristisch gesehen durch die beschriebene *locatio-conductio*-Vereinbarung formuliert, bei der der Besitzer (*locator*) einen Auftrag an einen Ausführenden (*conductor*) erteilt. Gegenstand dieser Vereinbarung waren üblicherweise Details wie die „Reiseroute, Dauer, Häfen, Rückzahlungsfrist und Strafklauseln“[311]. Direkt überliefert ist keiner der in Rom vereinbarten Frachtverträge. Dies mag am Charakter dieser Vereinbarung liegen, an der Notwendigkeit, ihn mit sich zu führen und an der Weise, wie er im italischen Umfeld – anders als zum Beispiel im Geschäftsgebrauch Ägyptens – auf Wachs statt auf dauerhaft haltbarem Papyrus festgehalten wurde. Dahingegen sind aus der römischen Provinz Ägypten (Bank-) Urkunden erhalten, die sich auf Frachtverträge beziehen[312], genauso wie einzelne Exemplare von Frachtverträgen wie der folgende, aus dem Jahr 236 n. Chr. datierende[313]:

> Aurelios Herakles ..., Kapitän eines Schiffes, das eine Ladefähigkeit von 250 Artaben hat (...), hat einen Frachtvertrag mit Aurelios Aureius abgeschlossen (...) für eine Ladung von 250 Artaben Gemüsesamen, um sie einzuladen (...) bis zu dem Hafen des oxyrhynchitischen Gaues, für einen vereinbarten Frachtpreis von 100 Silberdrachmen, wovon der an Ort und Stelle 40 Silbermünzen empfing, und die übrigen 60 Drachmen wird er beim Löschen erhalten (...)

Der hier zitierte Frachtvertrag lässt die zuvor beschriebene Spezifikation des Transports nach Vertragspartnern, Ort, Menge und Bezahlung klar erkennen[314].

Wenn auch nicht viele Exemplare dieser Frachtverträge überliefert sind, so lässt sich die weite Verbreitung dieser Vertragsart jedoch klar in der Dokumentation der Digesten erkennen, die eine reichhaltige Rechtsprechung zu unterschiedlichen Sachverhalten in diesen Frachtverträgen zusammengestellt haben und dieser Arbeit explizit formulierte Sachverhalte in beschreibender Form liefern[315].

Im einfachen Frachtvertrag ist der Auftragnehmer prinzipiell nur für arglistigen Betrug (*dolus*) und eigenes Verschulden (*culpa*) verantwortlich und haftbar. Die Rechtsprechung

---

311 Manthe (2003) S. 280, 2. Abs.

312 Ebenda.

313 Manthe (2003) S. 297.

314 Aubert (1994) S. 10–12 benennt in Rückgriff auf den Juristen Paulus Dig. 15,1,47,pr die *condicio praepositionis*, ein Schriftstück, welches die Grenzen eines bestimmten Auftrages umreißt und führt ein Beispiel des Juristen Ulpian Dig.14,1,1,12 aus dem Seehandel an. Dieses ist vergleichbar mit der zuvor beschriebenen *praepositio*, dem Auftrag eines Prinzipals an einen Verwalter.

315 Forschner (2011) kommentiert zum Beispiel den von den Digesten beschriebenen Fall Dig. 19,2,31, der die Auslegung eines Frachtvertrages behandelt. Im betroffenen Fall haben mehrere Auftraggeber mit dem Schiffer Saufeius eine *locatio-conductio*-Vereinbarung, einen Transportvertrag, abgeschlossen, bei dem nach dem Verlust eines Teils der Ladung die Haftungsfrage unklar ist.

spricht von *bona fide* Verantwortung[316]. Der deutsche Rechtshistoriker Christoph Heinrich Brecht bezeichnet dieses Verschulden als *diligentia in custodiendo*, was Diebstahl und Sachbeschädigung durch das eigene Personal, nicht aber durch Dritte umfasst[317]. Um die betriebliche Planung des Seehändlers hinsichtlich des Aspekts der Haftung besser zu verstehen, muss das Zusammenspiel dieser Frachtverträge mit den beiden weiteren Vertragssarten genauer verstanden werden.

Der *Garantievertrag*, bezeichnet als *receptum nautarum*, ist bei seinem für das 1. Jh. v. Chr. datierte Entstehen[318] noch eine konsensuale, also individuelle und freiwillige Vereinbarung der beiden Vertragspartner über die umfassende Haftung des Schiffers für die ihm übereigneten Güter. Da es auch zu dieser Vertragsregelung kein überliefertes Exemplar selbst gibt, erschließt sich diese Regelung nur aus den Digesten wie hier von Ulpian Dig. 4,9,1,pr.[319]:

> *Nautae caupones stabularii quod cuiusque salvum fore receperint nisi restituent, in eos iudicium dabo.*
>
> Wenn Schiffsreeder, Gastwirte, Stallwirte dasjenige, was sie nur irgend von Jemandem [unter dem Versprechen], dass es gesichert sein werde, aufgenommen haben sollen, nicht zurückgeben werden, so werde ich gegen sie eine Klage gestatten.

Mit dieser Garantievereinbarung geht der Seehändler einseitig hohe Pflichten und insbesondere die Zusage zur Erstattung der Ladung bei Verlust aus jedwedem Grund ein. Meyer-Termeer interpretiert den Begriff *recipere* (ursprünglich „auf sich nehmen", „versprechen") mit dem Wort „garantieren"[320], da es sich hier de facto um eine Garantieverpflichtung handelt. Diese Garantieübernahme, auch als Rezeptenhaftung bezeichnet, kann aus der Verpflichtung zu ordnungs- und pflichtgemäßer Handhabung übereigneter Güter heraus motiviert sein. Wahrscheinlicher ist aber, dass diese Garantieverpflichtung aus der Notwendigkeit im Wettbewerb heraus entstand und der Seehändler den Erhalt von Aufträgen nur durch diese Zusagen ermöglichen konnte[321].

Viele Autoren betrachten die Übernahme dieser Haftung für die nachklassische Zeit als stillschweigende Zusage bei Entgegennahme der Transportgüter[322]. Brecht nennt sie

316 Zimmermann (1996) S. 360.

317 Brecht (1962) S. 85, 1. Abs., referenzierend auf Mitteis.

318 Meyer-Termeer (1978) S. 201.

319 Übersetzt nach Carl Friedrich Sintenis, Erster Theil der Pandecten, Leipzig, 1832.

320 Meyer-Termeer (1978) S. 201.

321 Die Diskussion hier stellt bewusst die Motivation durch den Wettbewerb in den Vordergrund und nicht eine Sicherung der Auftraggeber gegen betrügerische Tendenzen von Vertretern unterer Schichten (wie u.a. auch Zimmermann (1996) S. 516), zu denen der Seehändler durchaus gehören konnte. Wirtschaftlich betrachtet ist jedoch das Argument eines Wettbewerbvorteils vor dem Hintergrund des stark anwachsenden Seehandels relevant.

322 Vgl. Tröger (2012) S. 96.

eine ab dem 2. Jh. n. Chr. „normale Rechtsfolge eines Auftrags"[323]. Und auch Meyer-Termeer beschreibt die Wandlung des *receptum nautarum* ab dem 3. Jh. n. Chr. zu einer gesetzlichen Garantiepflicht. Man darf jedoch für die Zeit des 1. und 2. Jh. n. Chr. nicht den Aspekt übersehen, dass diese Vertragsart den Charakter einer offensichtlich in einem Markt hohen Wettbewerbs eingegangenen Maßnahme hat, der die Schiffer zu dieser Risikoübernahme zwang. Diese Annahme einer konsensualen Vereinbarung befürwortet letztlich auch Meyer-Termeer. Es scheint zudem plausibel, wenn man das gleiche Rechtskonstrukt im Kontext der *stabularii* (Gastwirte) betrachtet, von denen Zimmermann schreibt, dass sie „(häufig wohl durch Aushang) für ihre Zuverlässigkeit warben und bei Vertragsschluss eine besondere Garantie für die Sicherheit der von ihren Gästen eingebrachten Sachen übernahmen"[324]. Diese Analyse und die verwendete Analogie belegen somit, wie das *receptum nautarum* in der Umsetzung einzelner Vorhaben als Garantieversprechen, quasi als „Versicherung"[325], eingesetzt wurde.

Von besonderem Interesse für diese Arbeit ist daher drittens – mit dem Verständnis über den umfassend bindenden Charakter des *receptum nautarum* – die Garantieeingrenzung, ein *ex recepto*. Während der Fracht- und der Garantievertrag den Unternehmer binden – wie zuvor als Annahme formuliert zum Zwecke des Erhalts eines Auftrages –, dient die *ex recepto* Regelung, die selbst wohl kein Vertragsdokument, sondern eine juristische Einspruchsmöglichkeit darstellt, dazu, unternehmerische Risiken zu reduzieren. Es ist damit das eigentlich relevante Instrument eines Unternehmers im Seehandelsgeschäft zur Handhabung von Risiken in der Planung von Einzelvorhaben. Hierbei muss jedoch auf die Dokumentation dieser Garantieeingrenzung verwiesen werden. Belegt ist sie einzig aus den juristischen Quellen. Doch die Hypothese scheint plausibel, dass – in welcher Form auch immer – der Seehändler diese Garantieeingrenzung bei seinen Verträgen mit verhandelte, bevor sie vom Juristen Labeo im 1. Jh. zu augusteischer Zeit erstmals formuliert und später von Ulpian Dig. 4,9,3,1 endlich kodifiziert und zu einem juristischen Anspruch definiert wurde[326].

> (...) *Hoc edicto omnimodo qui recepit tenetur, etiamsi sine culpa eius res periit vel damnaum datum est* (...) *inde Labeo scribit, si quid naufragio aut per vim piratarum perierit, non esse iniquum exceptionem ei dari.*

> Allein diesem Edikte zufolge ist derjenige, welcher aufgenommen hat, auf jede Weise gehalten, wenn auch ohne seine Fahrlässigkeit die Sache zu Grunde gegangen oder der Schaden zugefügt worden ist (...). Labeo schreibt, es sei, wenn etwas durch Schiffbruch oder Gewalttätigkeit der Seeräuber zu Grunde gegangen wäre, nicht unbillig, dass ihm eine Ausflucht gestattet werde.

323 Brecht (1962) S. 5., 2. Abs.
324 Zimmermann (2007) S. 274.
325 Vgl. zum Versicherungsbegriff des *receptum nautarum* auch Zimmermann (1996) S. 515.
326 Übersetzt nach Carl Friedrich Sintenis, Erster Theil der Pandecten, Leipzig, 1832. Zur Datierung siehe auch Brecht (1962) S. 3, 3. Abs.

Mit dem *ex recepto* versucht der Unternehmer, dem Risiko höherer Gewalt (*vis maior*), also der häufigsten Ursache von zum Beispiel Unwettern und Schiffbruch (*naufragio*) und Piratenüberfällen (*vis piratarum*) für den Verlust von Ladung und Schiffen, aus dem Weg zu gehen. Der ungarische Rechtshistoriker András Földi beschreibt, dass „die Jurisprudenz die ursprünglich unbeschränkte *receptum*-Haftung durch die Erteilung der sogenannten *ex receptio Labeoniana*" einschränkte[327]. Er bezieht sich hier auf eine Formulierung des römischen Juristen Labeo, der zur Zeit des Augustus lebte und diesen Einspruch dem Schiffsbetreiber zugebilligt habe. Es ist unfraglich, dass dieses Konstrukt der Rechtsprechung auf Druck der Seehändler zustandegekommen sein muss[328].

Der Rechtswissenschaftler Tobias Tröger formuliert in einer juristischen Analyse über „Arbeitsteilung und Vertrag", dass das römische Fallrecht im Kontext der vorgenannten Vertragsarten durchaus als Mittel zur „pragmatischen und differenzierten Verteilung" von Risiken dient und dass der „potenziell Haftende bei abstrakter Betrachtung mit einer komparativ überlegenen Möglichkeit ausgestattet (ist), die Gefahren (...) zu steuern"[329]. Wichtig ist der Hinweis auf die „abstrakte Betrachtung", da der Rechtsrahmen dem Einzelunternehmer keine beliebige Steuerung und Umverteilung der Risiken erlaubte. Aber wie bei den Vertragsempfehlungen des Cato, der einem Agrarunternehmer zum Abschluss bestimmter Vertragsklauseln rät, die ebenfalls eine Risikoreduzierung des Einzelvorhabens zum Zweck haben, so ist auch hier erkennbar, dass ein Risikobewusstsein vorhanden war und eine Steuerung des Risikos angestrebt wurde. Die *ex recepto* Regelung stellt ein Mittel zur Risikoreduzierung eines Einzelvorhabens in einem wettbewerbsintensiven Umfeld dar[330].

Betrachtet man die Position des – zuvor in seinem Aufgabenspektrum definierten – Seehändlers in diesem Konstrukt, so fällt auf, dass seine Handhabe relativ gering ist und sich eher mit der des Auftragnehmers, des *redemptors*, in den Vertragsvorschlägen des Cato bewegt. Dies resultiert sicher aus der hohen Konkurrenzsituation im Seehandel und zudem der schlechten Beleumundung dieses Berufsstandes im Vergleich zu den Auftraggebern, die eher aus der landbesitzenden und damit dominanten Oberschicht stammten. In Kapitel 4.1.4 wurde bereits der Wandel der Wirtschaftskultur zu

327 Földi (1993) S. 269.

328 Vgl. Reinhard Zimmermann in: Haferkamp, Repgen (2007) S. 275. Dieses Einwirken der Seehändler ist als unstrittig anzusehen, auch wenn die juristische Literatur sich – nach Brecht (1962) S. 7 ff. – nicht einig sei über die ab einem gewissen Zeitpunkt automatische Gültigkeit der *ex recepto* Regelung.

329 Tröger (2012) S. 103. Er bezieht seine Aussagen hier spezifisch auf den Einsatz von Gehilfen für die Leistungserbringung, was ein üblicher Ansatz zur Betrachtung der Risiken eines Schiffers ist. Fehlverhalten Dritter gegenüber dem Auftraggeber sollen damit ausgeschlossen werden.

330 Eine weiterführende Betrachtung zur Risikoabsicherung oder Risikoverlagerung, welche an dieser Stelle der Arbeit vom eigentlichen Fokus ablenken würde, könnte die Verlagerung des finanziellen Risikos über die Finanzierung durch römische „Bankiers" adressieren. Jean-Jacques Aubert und Adriaan Johan Boudewijn Sirks beschreiben in ihrem Aufsatz „Sailing in the off-season with reduced financial risk" solch eine Verlagerung eines finanziellen Risikos und die Absicherung beziehungsweise Finanzierung ihrer Vorhaben durch Bankiers (bezeichnet als „risk shift"), siehe: Aubert, Sirks (2002) S. 135.

dieser Zeit beschrieben, womit eine Abkehr vom Primat der Landwirtschaft und eine Öffnung für Handelsaktivitäten im Seehandel erfolgten.

5.3.4.7 Handlungsmuster im Projekt-Management

Der Vergleich von Wirtschaftsdenken und Wirtschaftshandeln führt hier also zu dem Ergebnis, dass eindeutige Parallelen erkennbar sind, die Quellenlage aber unterschiedlich ist. Während bei den Agrarschriftstellern das Anraten von Maßnahmen zur Risikoreduzierung Gegenstand ist (und sich dies in solchen Verträgen widerspiegelt), sind bei den Seehandelsverträgen nur mittelbar die Instrumente als Ergebnis der Rechtsprechung dokumentiert – mangels Vorhandenseins von Anleitungsliteratur. Die zuvor benannten *Periploi*[331] hätten solch ein Bindeglied für die Seefahrt sein können, sind jedoch für diesen Aspekt nicht spezifisch genug. Trotzdem ist der Aspekt eines aktiven Risiko-Managements im Seehandel von der konkreten Auftragsspezifikation bis zur Risikoeingrenzung deutlich erkennbar. Mit dem Vergleich von Verträgen für Einzelvorhaben stellt auch der Vergleich von Agrarliteratur und Wirtschaftspraxis im Seehandel vorhandene Parallelen heraus und liefert einen Beleg für die Vergleichbarkeit von Denken und Handeln und ein risikobewusstes Agieren im Projekt-Management.

In beiden Fällen – dem der Landwirtschaftstheorie und dem der Seehandelspraxis – sind solche Maßnahmen zur Risikoabsicherung deutlich erkennbar. Und auf der anderen Seite ist das Streben nach Umsatzsicherung ebenfalls evident.

Tab. 10: Unternehmerische Planungsaspekte bei einmaligen Unternehmungen

Handlungsaspekte	Bewertung bei Agrarbesitzern	Bewertung bei Seehändlern
Gewinnabsicht	Hoch	Hoch, Eingehen von uneingeschränkten Garantiezusagen unter Wettbewerbsdruck
Risiko	Hoch Verträge/Vertragsklauseln als Risikomaßnahme	Hoch *ex recepto* als Risikosteuerungsmaßnahme

Der zuvor am Beispiel der Betriebsführung begonnene Nachweis über diese Parallelen vervollständig sich somit und gibt schließlich ein umfassendes Bild über Betriebsführung und Projekt-Management beziehungsweise die Leitung von Einzelvorhaben.

331 Auch wenn eingangs der latinisierte Titel *Periplus Maris Erythraei* verwendet wurde, wird hier aus sprachlichen Gründen die griechische Pluralform verwendet.

5.3.5 Zusammenfassung

In diesem Kapitel wurden für den Kompetenzbereich von Betriebsführung und Projekt-Management parallele Handlungslinien zwischen dem theoretisch verfassten Denken und den Handlungsempfehlungen der Agrarautoren und dem praktischen Handeln im antiken römischen Seehandel aufgedeckt. Eine bewusste Planung, vorhandene Spezialisierungstendenzen in der Durchführung sowie aktive Maßnahmen zur Risikoreduzierung wurden als Kriterien für Betriebsführung definiert und im Vergleich von Denken und Handeln nachgewiesen.

Eine kontinuierliche und planvolle Handlungsweise wurde für den Bereich der dauerhaften Betriebsführung bei den Agrarautoren dargestellt, die ihre Betriebsführung und ihre Betriebsplanung nach einem *modus* vergleichbarer Vorhaben planten. Ihre Werke sprechen von *metas* und *formulas* zur Berechnung der richtigen Betriebsgrößen und Wirtschaftseinheiten. Bisherige Analysen der Agrarschriften gehen oft nur rudimentär auf den planerischen und betriebswirtschaftlichen Aspekt der Unternehmensführung ein. Flach führt in seiner Analyse der Texte Columellas zum Beispiel nur eine Umschreibung dieser betriebswirtschaftlichen Sachverhalte an, nimmt aber abgesehen von trivialen Feststellungen („auf der Versteigerung durfte der Käufer mit anderen Worten nur so viel bieten, dass das Geschäft dennoch Gewinn abwarf"[332]) keine tiefergehende und keine vergleichende Analyse der Management-Praxis vor.

Dieses bei den Agrarautoren dargestellte planvolle Handeln anhand von Handlungsmaßstäben und unter Berücksichtigung spezialisierter Arbeiten wurde in dieser Arbeit für den Seehandel am Beispiel der *dolia*-Schifffahrt ebenfalls nachgewiesen. Die Konstruktion der Schiffe in all ihren Aspekten sowie die Beladung oder der Bau der Schiffe um die Ladung herum ergeben in Summe das Bild eines planvollen Wirtschaftens in einem lukrativen Nischensegment des Seehandels.

Genauso sind die aufgezeigten Spezialisierungstendenzen der Landwirtschaft in der Seefahrt – hier bedeutend verstärkt und noch klarer erkennbarer – wiederauffindbar. Die hier angestellten Überlegungen haben gegenüber anderen Arbeiten, wie zum Beispiel der von Kaltenstadler, durch das Aufzeigen der Entwicklungslinien von Cato bis Columella sowie insbesondere durch die Ausweitung des Spezialisierungsgedankens auf die Arbeitsmittel, einen bedeutenden Fortschritt erzielt. Dieser konnnte anschließend durch den Nachweis spezialisierten Wirtschaftens des *dolia*-Handels und insbesondere der Hafenarbeiten verstärkt werden. Dabei stand nicht die komplexe Organisation der Hafenwirtschaft, sondern die Frachtabwicklung und der entsprechende Betriebsprozess des Einzelunternehmers im Mittelpunkt der Analyse. Der Seehändler als Nutzer des Hafens passt seine Arbeitsabläufe an die Gegebenheiten an und die Schnittstelle von Hafenplanung und Betriebsplanung, die am Beispiel der *dolia*-Schiffe herausgestellt wurde, offenbart eine spezifische Abstimmung. Damit wurde ein den komplexer werdenden Anforderungen angepasstes Vorgehen nachgewiesen. Dieses konnte auch – wenn auch in

332 Flach (1990) S. 144.

geringerem Umfang – bei den Landwirten festgestellt werden, denen ein höheres Beharrungsbestreben nachgewiesen wurde.

Genauso wie für die dauerhafte Betriebsführung konnte ein bedeutender Erkenntnisgewinn für den Bereich des Projekt-Managements oder der Handhabung einmaliger, kurzfristiger Aufgaben erzielt werden. Über das allgemeine Urteil rationellen und kontrollierten Handelns hinaus konnte insbesondere der Aspekt der Risikoabsicherung bei den Agrarautoren dargestellt werden. Sicherungsklauseln für Schäden, Geringleistungen oder Diebstahl wurden bereits bei Cato in das landwirtschaftliche Wirtschaften aufgenommen und wurden offenbar so selbstverständlich beziehungsweise rechtsverbindlich etabliert, dass Varro diese nur kurz, Columella schon gar nicht mehr erwähnt.

Auch für diesen Wirtschaftsaspekt wurde die Parallele zum Seehandel anhand von Frachtverträgen, Garantieverträgen und Regelungen zur Garantieeingrenzung untersucht und begründete Hypothesen aufgestellt. Der Nachweis erfolgte für die Garantieregelungen indirekt aus den juristischen Quellen der Digesten, doch wurde der Beleg für ein aktives Management der Seehändler erbracht, wie er bei den Agrarautoren zuvor ebenfalls eindeutig dargestellt werden konnte.

Damit konnte zwischen Denken und Handeln ein konsistentes Vorgehen nachgewiesen werden. Dies widerspricht implizit der dichotomischen Darstellung von Cato über Landwirtschaft als risikoarme und Seehandel als risikobereite Branche. Dieses Denken fand über die Landwirtschaft und den Seehandel hinaus sicher auch in anderen Branchen Anwendung, wie die umfangreichen Anwendungsgebiete vergleichbarer Klauseln in der römischen Rechtsprechung belegen[333].

Somit sind mit dieser vergleichenden Analyse der planerischen Aspekte in einmaligen Vorhaben und in dauerhaft durchgeführten Betriebsabläufen wesentliche und artgleiche Elemente nachweisbar. Es lässt sich daher schließen, dass der römische Unternehmer auf Qualität fokussiert war und risikobewusst geplant hat. Betriebsführung und Projekt-Management werden von rechtlichen Institutionen flankiert. Temin sagt stellvertretend, dass Institutionen wie staatliche Organisationen aber auch hier gerade relevant rechtliche Rahmenbedingungen „die wirtschaftlichen Aktivitäten beeinflussen“[334].

Somit lässt sich abschließend zusammenfassen, dass dauerhafte Betriebsabläufe und einzelne Vorhaben eines Unternehmers

- nach Erfahrung, aber insbesonderer nach Vorlagen durchgeführt wurden,
- für Bauplanung und Planungsprozesse (wohl unter anderem auch aus dem militärischen und städtebaulichen Bereich), aber gerade auch für Auftragsvergaben anhand Vorgaben erfolgten
- risikobesichert wurden, auch hier wieder nach Vorlagen.

333 Es sei das Beispiel von Arbeitsverträgen genannt, in denen sich der Arbeitgeber gegen frühzeitige Kündigung und Arbeitsausfall in einem Arbeitsverhältnis absichert. Siehe Andreau (2010) S. 142 aus CIL III.

334 Temin (2012) S. 49.

Das auf Basis vorhandener Vorlagen bestehende Arbeiten kann somit als übliches Betriebsführungs- und Projekt-Management-System des antiken Rom bezeichnet werden. Dies ist ein Verfahren, mit dem neuartige und komplexe Geschäftssysteme erstellt wurden.

Das im vorigen Kapitel entwickelte, aber noch sehr allgemeine Bild eines „römischen Unternehmers" wird mit dieser Analyse bedeutend weiterentwickelt. Der römische Unternehmer gewinnt ein anhand schriftlicher und archäologischer Nachweise vertieftes Profil eines in Denken und Handeln konsistent vorgehenden Betriebsleiters. Dabei vereint diese Rolle sowohl das unternehmerische, risikobereite Gewinnstreben als auch das risikobewusst kalkulierende Planen. Dies geschieht, ohne dabei etwa unterschiedliche, miteinander unvereinbare Personenprofile zu definieren. Doch steht noch eine weitergehende Analyse weiterer Kompetenzbereiche für eine umfassende Charakterisierung aus.

5.4 Führung

5.4.1 Führung bei den Agrarautoren

Führung im antiken Rom wird im heutigen Verständnis zuerst mit hierarchischen Strukturen und strikter Kontrolle verbunden, vielleicht begründet durch das militärisch geprägte Bild römischen Lebens. Diese Strukturen wurden in der römischen Gesellschaft früh veranlagt. Und „die archaische Sozialstruktur Roms (...) blieb nicht nur für die Königszeit kennzeichnend"[335]. Géza Alföldy beschreibt einerseits die in der Republik fortherrschende vertikale Gliederung der Gesellschaft, die aus dem Adel und dem von diesem abhängigen Volk bestand. Er ergänzt dieses einfache und sehr prägende Bild der Gesellschaft durch die Darstellung einer weiteren horizontalen Gliederung, „die von der zentralen Rolle der Familie im Sozialgefüge ausging und die Zusammenfassung der einzelnen Familien aufgrund der Blutsverwandtschaft in einem komplizierten System von Sippen, Kurien und ‚Stämmen' herbeiführte"[336]. Die Bindung niederer Schichten an den Adel erfolgte nach diesen Sippen oder Geschlechtern (*gentes*). Diese gentilizische Zusammengehörigkeit war von größter Bedeutung und wurde von sozialer und wirtschaftlicher Abhängigkeit des Klienten vom adeligen Patron geprägt[337], welche entsprechenden Gehorsam bedingte. Mit dem Ende der Ständekämpfe zur Zeit der mittleren Republik löste sich diese gentilizische Ordnung zwar formal auf und es ist evident, dass die „Bande zwischen Patron und Klienten (...) schwächer geworden"[338] sind. Jedoch prägte dieses Verhältnis weiterhin die römische Gesellschaftsstruktur.

335 Alföldy (2011) S. 19 f.

336 Ebenda.

337 Für eine genauere Beschreibung des Klientelwesens im Rahmen dieser Arbeit siehe die Darstellung in Kap. 5.6.

338 S. De Martino (1991) S. 127, 3. Abs.

Vor dem Hintergrund dieser auf Beziehungen, Abhängigkeiten und Gehorsam bestehenden Gesellschaftsordnung soll eine differenzierte Analyse des Kompetenzbereiches ‚Führung' die unterschiedlichen Aspekte von Führung genauer erkennbar machen. Es lohnt somit wieder, zuerst einen Blick darauf zu werfen, welche Einzelaspekte die moderne betriebswirtschaftliche Literatur mit dem Begriff der Führung verbindet.

Dabei ist noch einmal festzuhalten, dass der Gegenstand der Untersuchung in diesem Kapitel die personenbezogene Führung oder Personalführung ist, im Gegensatz zum Begriff der Unternehmensführung, der alle in dieser Arbeit behandelten Kompetenzbereiche umspannt[339], und dem zuvor betrachteten Begriff der Betriebsführung.

Von Interesse für die Untersuchung von Führung im antiken Rom wird dabei sein, ob ein zusammengehöriges Führungskonzept im Denken beziehungsweise ein kohärentes Führungssystem im Handeln der antiken römischen Wirtschaft erkennbar ist, welches die beteiligten Personen, ihre Rollen und ihre Organisation umfasst. Der Begriff des *Führungskonzeptes* wird nach dem Ökonomen Horst-Joachim Rahn als Ordnungsrahmen definiert, der die hier genannten Aspekte gliedert[340] und konzeptionellen und theoretischen Bezug hat. Ein *Führungssystem* ist dahingegen das Resultat tätigkeits- und ergebnisbezogener, also praktischer Aspekte[341]. Bei der Analyse der Schriften der Agrarautoren wird der Fokus der Untersuchung daher vorwiegend auf die Führungskonzeption gelegt. Diese Diskussion wird jedoch bei einigen modernen Autoren auch unter dem Begriff des Führungssystems subsummiert. Die anschließende Besprechung praktischer Beispiele von Führung wird in dieser Arbeit dann unter dem Begriff des Führungssystems durchgeführt, bevor mit der Gegenüberstellung beider Analyseteile dann die Zusammenführung der beiden verwandten Begriffe erfolgt.

Bei dieser Betrachtung sind somit zuerst die betroffenen Personen und deren mögliche Rollen zu beschreiben. Darauf aufbauend stellt sich die Frage nach dem institutionellen Rahmen, der Organisation[342].

Personen, Rollen und die vorhandene Organisation bilden dann die Basis für einen weiteren Aspekt von Führung, den *Führungsstil*. Dieser ist von entscheidender Bedeutung bei der Steuerung der betroffenen Personen und Rollen in der definierten Organisation. Ein großer Teil der heutigen Literatur referenziert beim Begriff der Führung direkt auf die Anwendung unterschiedlicher Führungsstile[343]. Die moderne Literatur verwendet unterschiedliche Klassifizierungen wie zum Beispiel direktive oder partizipative

339 Zur genaueren Begriffsunterscheidung siehe Rahn (2008) S. 1–9.

340 Rahn (2008) S. 8 unterscheidet personen-, positions- und strukturorientierte Führungskonzepte. Ergänzt werden sie zudem durch Interaktions- und Situationsorientierung, Aspekte, die durch ihren modellhaften Charakter nicht für die Betrachtung in dieser Arbeit von Relevanz sind. Insgesamt ist auch der moderne Begriff des Führungsmodells – S. Rahn (2008) S. 55 ff. – nicht von Interesse, da er eine zu starke und nicht sinnvoll auf die antike Wirtschaft übertragbare Abstraktion von Führungsverhalten formuliert.

341 Rahn (2008) S. 1.

342 Siehe dazu Rahn (2008) S. 9.

343 Siehe Springer Gabler Verlag (Herausgeber), Gabler Wirtschaftslexikon, Stichwort: Führungsstil nach Günter W. Maier und Thomas Bartscher, online: http://wirtschaftslexikon.gabler.de/

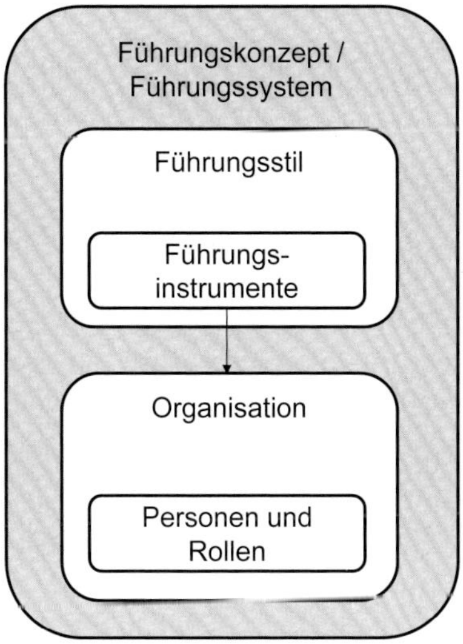

Abb. 5: Begriffsdefinition ‚Führung' (© Autor)

Führung[344]. Viele Fachautoren gliedern Führungsstile heute jedoch in die ursprünglich von Lewin definierten, einfachen oder grundlegenden Kategorien eines demokratischen, autoritären/autokratischen oder eines sogenannten *laisser-faire* Führungsstils[345]. Diese bilden keineswegs eine abschließende Klassifizierung, sondern erlauben, wie in der modernen betriebswirtschaftlichen Literatur dargelegt, eine beliebige Anzahl weiterer Unterformen dieser Führungsstile. So können zum Beispiel die ursprünglich von Max Weber beschriebenen Führungsstile patriarchalischer, charismatischer und bürokratischer Führung[346] weitestgehend als Ausprägungen autoritärer Führung angesehen werden. Letztlich ist aber als wesentlich festzuhalten, dass der Führungsstil eng verbunden ist mit dem Charakter der ausübenden Führungspersönlichkeit.

Wesentliche Faktoren für die Ausübung von Führung im Kontext des herrschenden Führungsstils sind dann abschließend die möglichen *Führungsinstrumente*, mit denen die Mitarbeiter gesteuert werden können. Neben Anerkennung und Kritik definiert Rahn hierbei unter anderem auch Anreizsysteme[347] sowie Kommunikation[348] als mögliche

Archiv/55805/fuehrungsstil-v5.html, aber zum Beispiel auch Stührenberg (2003) S. 119 oder Rahn (2008) S. 26.

344 Wie zum Beispiel von Hersey und Blanchard entworfen, in: Hersey, Blanchard (1993).

345 Definition nach Lewin in: Rahn (2008) S. 83.

346 Vgl. Weber (1922).

347 Rahn (2008) S. 115 f.

348 Rahn (2008) S. 134.

Instrumente. Leitlinie aller Instrumente, insbesondere aber der Kommunikation, sind hierbei die Unternehmensziele.

Nach dieser Definition soll somit die Analyse von Führung im antiken Rom für folgende vier Detailaspekte vorgenommen werden (Abb. 5):

- Rollen und Entscheidungsstrukturen
- Organisation
- Führungsstil und Führungspersönlichkeit
- Führungsinstrumente und Kommunikation.

Soll also die Untersuchung mit der Analyse von Rollen und Entscheidungsstrukturen und dann auch der entsprechenden Organisation beginnen, so scheint insbesondere die Untersuchung des Aspekts der Organisation als bereits erfolgt, weil Ende der 70er Jahre des 20. Jh. Kaltenstadler eine bekannte und oft zitierte Analyse zu „Arbeitsorganisation und Führungssystem bei den römischen Agrarschriftstellern"[349] vorgelegt hat. Er hat darin die (Arbeits-) Organisation in den Schriften Catos, Varros und Columellas analysiert, den optimalen Arbeitskräftebedarf untersucht, wie er sich aus den Angaben der drei Agrarautoren ableiten lässt, die Stellung und Aufgaben der Führungskräfte und der Sklaven im landwirtschaftlichen Betrieb beschrieben und das Kontroll- und Führungssystem des *dominus* und des *vilicus* genauer herausgearbeitet.

Doch fällt bei der Betrachtung dieser Analyse auf, dass Kaltenstadler eine Einordnung in den jeweiligen zeitlichen Kontext vermissen lässt oder nur unverbindlich erwähnt und einen Abgleich mit der jeweilig herrschenden Wirtschaftskultur auslässt. Beispielhaft dafür steht die kurze und einzig in diesem Kontext vorhandene Aussage in seiner Schlussbetrachtung zum beschriebenen Führungsstil bei den drei Agrarautoren: „Alle drei haben jedoch das Führungssystem angewandt und praktiziert, das dem wirtschaftlichen Entwicklungs- und dem sozialen Bewusstseinsstand ihrer Zeit gemäß war."[350] Eine genauere Analyse zu diesen Zusammenhängen ist notwendig und wird im folgenden Kapitel vorgenommen. Ebenfalls wird ein Abgleich der von Kaltenstadler erarbeiteten Ergebnisse mit den vier relevanten Aspekten der zuvor gewählten Kategorisierung von Führung durchgeführt.

Einen prägnanten Einstieg in die Diskussion der Führungskonzeption bietet Columella im ersten Buch seiner Schrift. Er legt in einem als „die Aufgaben des Besitzers" (*de officiis patris familiae*) benannten Kapitel die Herausforderungen dar, die ein Besitzer zu bewältigen hat[351]:

> (...) *Cum mediocris adest et salubritas et terrae bonitas, numquam non ex agro plus sua cuique cura reddidit quam coloni, numquam non etiam vilici, nisi si maxima vel neglegentia servi vel rapacitas intervenit. quae utraque peccata plerumque vitio domini*

349 Kaltenstadler (1978).

350 Kaltenstadler (1978) S. 54, 2. Abs.

351 Colum. 1,7,5.

vel conmitti vel foveri nihil dubium est, cum liceat aut cavere, ne talis praeficiatur negotio, aut iam praepositus ut submoveatur curare.

(...) wenn das Klima nur einigermaßen gesund und der Boden halbwegs fruchtbar ist, erzielt die eigene Arbeit stets noch mehr Ertrag als die eines Pächters, stets mehr sogar die Arbeit eines Verwalters, es sei denn, dem stehe die größte Gleichgültigkeit oder Raubgier der Sklaven im Wege. Beide Laster werden zweifellos in den meisten Fällen vom Besitzer selbst verschuldet oder begünstigt; denn er hat es in der Hand zu verhindern, dass so ein Mann die Leitung des Betriebs erhält, oder dafür zu sorgen, dass er ausgeschieden wird, wenn er die Stelle schon innehat.

Bei der Analyse dieser Passage bedarf zuerst der zeitliche Kontext einer Erinnerung. Columella schreibt im 1. Jh. n. Chr. zu einer Zeit, als unterschiedlichste Formen der Verwaltung eines Landguts üblich waren und neben der zurückgedrängten Bewirtschaftung kleinerer Güter vor allem die *villa rustica* und größere Latifundien das Bild prägten[352]. Somit will Columella seinem Leser für diese größeren Gutstypen Argumente für und wider die Eigenbewirtschaftung, den Betrieb durch einen Verwalter oder die Vergabe an einen Pächter geben. Daran anschließend ist festzustellen, dass alle zu seiner Zeit vertretenen Gutsformen die Frage nicht nur nach der Führung der Arbeiter, sondern auch nach der Führung des Leitungspersonals aufwerfen.[353]

Philologisch betrachtet steht diese Passage exemplarisch für die Führungsdiskussion, die in diesem Spannungsfeld notwendig ist. Zum einen richtet sich auch die hier aufgeworfene Führungsfrage an der Maxime des Ertrags aus (*sua cuique cura reddidit*). Zum anderen motiviert Columella durch die Gegenüberstellung der Mühen (*cura*[354]) des Verantwortlichen gegen die mögliche Nachlässigkeit (*neglegentia*) der Arbeitenden seine Führungsdiskussion zusätzlich.

Dieser Auszug steht damit – noch ohne die vielen Hinweise und Anweisungen zu geben, die im Folgenden analysiert werden – exemplarisch für den Aufruf zu aktiver Führung. Deren Ausgestaltung hängt dabei von mehreren Faktoren und Rahmenbedingungen ab, wie beispielhaft die im nächsten Satz folgende Diskussion der Führung von Landgütern in entfernten Gebieten. Columellas Führungskonzeption hebt sich damit ab von der eingangs pauschal formulierten Klage, dass der Besitzer auf dem Landgut anwesend sein solle[355].

352 Zur Kategorisierung der Betriebsgrößen siehe nochmal Kap. 4.1.3 um Fußnote 59 (für die Zeit der ausgehenden Republik) und Kap. 4.1.4 um Fußnote 109 (für die beginnende Kaiserzeit). Brockmeyer definiert den Gutshof mit ca. 1–2,5 km2 oder 400–1000 *iugera* als den klassischen Typ der *villa rustica*.

353 Aubert verweist auf die Diskussion zur Bewirtschaftung von Landgutern unterschiedlicher Größe und die Frage nach der Steuerbarkeit dieses Betriebs durch eine *famila*., siehe Aubert (1994). S, 126, 2. Absatz und Fußnote 24 dort.

354 Von Richter im Text als „Arbeit" übersetzt.

355 Vgl. Darstellung im Kompetenzbereich Unternehmertum (S. u.a. Fußnote 68).

Um die Herausforderungen, Alternativen und Mechanismen der Führung eines Landguts besser zu verstehen, muss somit die Analyse der zuvor definierten vier Führungsaspekte vorgenommen werden.

5.4.1.1 Rollen und Entscheidungsstrukturen

Wirtschaften im antiken Rom wurde im Laufe der Jahrhunderte in unterschiedlichen Arbeitsformen vorgenommen. In frühen Jahrhunderten erfolgte die Bewirtschaftung eines Gutes durch einen relativ überschaubaren Kreis von Personen, die *familia*. Dahingegen wurde die Anzahl der eingebundenen Personen mit der Bewirtschaftung von Latifundien komplexer. Mehrere Rollen und Verantwortlichkeiten bildeten sich heraus – wenn auch der Begriff der *familia* als Beschreibung der auf dem Landgut Beschäftigten gleich blieb[356].

Cato sieht im 2. Jh. v. Chr. den *dominus* als Zentrum des Wirtschaftsbetriebes und spricht dem Verwalter wesentliche Fähigkeiten und Verantwortlichkeiten ab. Insbesondere solle er sich nicht einbilden, höhere Kenntnisse als dieser zu haben[357]:

> *Familiam exerceat, consideret, quae dominus imperavit fiant. Ne plus censeat sapere se quam dominum.*
>
> (Der Verwalter) halte das Gesinde an der Arbeit und achte darauf, dass getan wird, was der Herr befohlen hat. Er soll sich nicht einbilden, mehr (von den Dingen) zu verstehen als der Herr.

Cato beschreibt in diesem Kapitel die umfangreichen Aufgaben und Pflichten des Verwalters, der sich jedoch allen Anweisungen und dem Wissen des Herrn unterzuordnen hat. Auch wenn der Verwalter umfangreiche Leitungs- und vorwiegend Kontrollaufgaben wahrzunehmen hat, existiert letztlich doch nur eine Führungsperson auf einem von Cato beschriebenen Landgut, der *dominus*. Cato ist hier Repräsentant einer traditionell römischen, aus der archaisch geprägten Gesellschaftsstruktur hergeleiteten Wirtschaftskultur, die zuvor als agrarische Wirtschaftskultur bezeichnet wurde[358].

Die *familia* wird als eine Menge von Ressourcen angesehen und der Verwalter ist – nicht von seinen Aufgaben her, aber bezüglich der Wertschätzung seiner Arbeit – Teil dieser Menge aus unfreien und ständigen Arbeitskräften. Bei der Zuteilung von Essen steht er auf einer Stufe mit Arbeitern und geketteten Sklaven[359]:

---

356 Vgl. Colum. 11,1,14 bei der Beschreibung des Verhältnisses von Verwalter und Knechten.

357 Cato agr. 5,2 im Kapitel ‚Die Pflichten des Verwalters' (*vilici officia*).

358 Vgl. Kap. 4.1.2.

359 Cato agr. 55 im Kapitel ‚Wie viel man dem Gesinde an Essen gibt' (*familiae cibaria quanta dentur*).

Familiae cibaria: qui opus facient, per hiemem tritici modios IIII, per aestatem modios IIII S. *Vilico, vilicae, epistatae, opilioni modios III; compeditis per hiemem panis p. III* (...)

Essen für das Gesinde: Die Leute, die Arbeit tun, (bekommen) den Winter über 4 Modii Weizen, den Sommer über 4 ½ Modii. Für den Verwalter, die Verwalterin, den Vorarbeiter und den Schafhirten (gib) 3 Modii; für die geketteten Sklaven den Winter über 4 Pfund Brot (...)

Offenbar aufgrund seiner weniger körperlich ausgerichteten Arbeit gesteht Cato dem Verwalter eine geringere Essensration zu als denen, die „die Arbeit tun". Der Verwalter unterscheidet sich in seiner Rolle als Verwalter nur unwesentlich von den Arbeitern.

Varro hingegen beschreibt unterschiedliche Arten von Arbeitern[360], lässt nicht nur erkennen, dass Sklaven als Vorarbeiter fungieren können, sondern dass diese auch höherwertige Arbeiten übernehmen sollten[361]:

Qui praesint esse oportere, qui litteris aliqua sint humanitate imbuti, frugi, aetate maiore quam operarios (...)

Ihre Vormänner (der Sklaven) sollen Leute sein, die dank einer gewissen Bildung mit der Schrift einigermaßen vertraut, tüchtig und älter als die Arbeiter seien (...)

Er führt anschließend die Kriterien für die Auswahl solch eines Vormannes weiter aus – insbesondere legt er hierbei Wert auf die landwirtschaftliche Sachkenntnis –, doch liegt der Wert dieser Passage auf der Feststellung über die Rolle und die Charakteristiken eines Vormannes.

Varro formuliert die Sonderrolle solcher Führungskräfte und stellt diese Passage einleitend an den Beginn eines Dialoges über die Strukturierung seiner Schrift[362]:

Quocirca principes, qui utrique rei praeponuntur, vocabulis quoque sunt diversi, quod unus vocatur vilicus, alter magister pecoris.

Darum unterscheiden sich die Führungskräfte, die mit der Aufsicht über die beiden Aufgabengebiete betraut werden, auch in den Berufsbezeichnungen, da der eine ›Gutshofverwalter‹, vilicus, der andere ›Viehmeister‹, magister pecoris, genannt wird.

360 Varro rust. 1,17,2 Darunter freie und unfreie Arbeiter sowie unterschiedliche Bezeichnungen dieser.

361 Varro rust. I,17,4.

362 Varro rust. I,2,14.

Varro nutzt diese beiden Personengruppen, den *vilicus* und den *magister pecoris*, zur Gliederung von zwei der drei Teile seiner Arbeit. Es ist umso bedeutender, dass er dies anhand der Führungspersonen der Sachgebiete vornimmt. Dies spricht für die hohe Bedeutung dieser Rollen.

Columella schließlich schreibt aus der Erfahrung einer komplexen Landwirtschaftsorganisation über die unterschiedlichen Rollen, die Sklaven übernehmen können, sowie die empfohlene Aufgabenverteilung für Sklaven. Ähnlich wie Varro beschreibt er unterschiedliche Tätigkeiten und Rollen der Arbeiter[363]. Und insbesondere nennt er relevante Kriterien für die Auswahl des Verwalters[364]:

> *Proxima est cura de servis, cui quemque officio praeponere conveniat quosque et qualibus operibus destinare.* (...) *mediae igitur sit aetatis et firmi roboris, peritus rerum rusticarum aut certe maximae curae, quo celerius addiscat.*
>
> Die nächste Sorge betrifft die Sklaven, und zwar die Frage, mit welchen Verantwortungen man die einzelnen beladen und wem man die jeweiligen Aufgaben übertragen soll. (...) (Der Verwalter) soll also von mittlerem Alter und robuster Leistungsfähigkeit sein, in der Landwirtschaft erfahren oder doch wenigstens vom besten Willen beseelt, damit er sich möglichst rasch Kenntnisse aneignet.

Zu beachten ist hier der Begriff der *Verantwortung*, mit dem Richter die ursprüngliche Formulierung *officium praeponere* übersetzt. Columella schreibt davon, jemandem mit einer (Verwalter-) Aufgabe an die Spitze der anderen zu stellen, als sei dieses *officium* eine Aufgabe wie viele andere. Tatsächlich kennt das Lateinische den Begriff der Verantwortung nicht. So ist doch der *dominus* letztlich für den Erfolg und die Führung seines Landguts selbst verantwortlich. Doch effektiv überträgt Columella einem Verwalter Aufgaben, die eine wesentliche Rolle und in antikem wie modernem Verständnis eine wesentliche Verantwortung bedeuten, so dass ein Sprachkonstrukt wie das hier von Columella gewählte als valide Abbildung von Verantwortung angesehen werden kann.

Neben den relevanten Kriterien für die Auswahl eines Verwalters, wie entsprechendes Alter, Leistungsfähigkeit und guter – gar „bester“ – Wille, grenzt er auch andere Eigenschaften ab. Er warnt vor der negativen Vorbildfunktion müßiggängerischer[365] oder herumtreiberischer[366] Verwalter und kritisiert seine Standesgenossen, die oftmals die

363 Vgl. u.a. Colum. 11,1,4; 11,1,16; 1,8,4–10. Kaltenstadler (1978) bezeichnet es als Columellas Verdienst erkannt zu haben, dass unterschiedliche Arbeitsniveaus bestimmte Menschen mit bestimmten Eigenschaften zugeordnet werden müssen (S. 33, Abs. 2). Die genauere Zuweisung von speziellen Tätigkeiten zu bestimmten Personen wird in dieser Arbeit in Kap. 5.3 zum Thema der Spezialisierung behandelt.

364 Colum. 1,8,1–3.

365 Colum. 1,8,1–2.

366 Colum. 1,8,6 mit der Warnung vor Verwaltern, die sich in der Stadt und den Wochenmärkten herumtreiben und schon von Cato als *ambulatores* (Spaziergänger) bezeichnet wurden.

hohe Bedeutung der Verwalter-Rolle unterschätzten und den klapprigsten und ältesten aus dem eigenen Gefolge zum Verwalter wählten[367].

Columella beschreibt in seinem Werk weitere Führungsrollen. Zum einen wird der *procurator*[368] als Kontrolleur des *vilicus* beschrieben. Er nimmt gerade auf größeren Gütern eine wichtige Rolle ein, die sich offenbar auf Kontrollfunktionen, Buchhaltung und die verwaltungstechnische Aufsicht des *vilicus* bezieht, aber nicht auf die Mitarbeiterführung als solches. Zudem gibt es im Werk von Columella keine weiteren Hinweise über dessen Führungsaufgaben, weswegen die Betrachtung dieser Rolle nicht weiter vertieft werden soll.

Zum anderen wird bei Columella wie auch bei Varro der freie Pächter (*colonus*) eines Gutes erwähnt[369]. Dieser muss ebenfalls geführt beziehungsweise kontrolliert werden. Im Werk Columellas jedoch ist genauso wie bei der Rolle des *procurator* über diese Kontrollaufgabe hinaus keine wesentliche Führungskonzeption erkennbar. Das mag auch damit zusammenhängen, dass Columella Verpachtung und somit die Zusammenarbeit mit Pächtern für unfruchtbare oder weit entfernte Gegenden empfiehlt[370], bei denen Führung durch direkte und kurzfristige Interaktion nur schwer möglich war.

Ein kurzer Exkurs in die Briefkorrespondenz des jüngeren Plinius zeigt, wie dieser ebenfalls die nötige Führung seiner Pächter beschreibt – diese aber, insbesondere in der Einschätzung der Pächter selbst, sträflich vernachlässigt. In Brief IX.36 an seinen Freund Fuscus schreibt er, dass er seinen Pächtern zwar etwas Zeit widme, doch nicht ausreichend: *datur et colonis, ut videtur ipsis, non satis temporis*[371]. In Zusammenhang mit den weiteren Briefstellen des Plinius, in denen er unter anderem die geringe Ertragslage auf den Gütern seiner Pächter und seine daraufhin getroffenen Maßnahmen zur Umstellung von Geld- auf Naturalpacht darstellt[372], lässt sich das starke Abhängigkeitsverhältnis der Pächter auch in Bezug auf die Leistungserbringung erkennen. Zumindest insoweit sind diese sonst stark von einem philosophischen Topos überlagerten Schriften des Plinius eine aussagekräftige Quelle für die vorliegende wirtschaftliche Untersuchung und können mit ihrem implizit formulierten aber belehrenden Charakter ein besseres Verständnis von Führungsdenken liefern.

Da also über die Führung sowohl des *procurator* als auch über die des *colonus* bei den Agrarautoren wenig Hinweise zu finden sind, wird die Analyse vorwiegend auf Basis der Aufgaben des Verwalters fortgeführt. Und für diesen ist eine klare Entwicklung und Differenzierung der Rollen und Verantwortlichkeiten im Landwirtschaftsbetrieb Catos, dann im Betrieb Varros und letztlich bis hin zum Großbetrieb Columellas deutlich

367 Colum. 1,praef.,12.

368 Colum. 1,6,7 zur Darstellung des *procurator* als Oberaufseher auch für den *vilicus*.

369 Siehe Colum. 1,7,6 zur Darstellung des *colonus*.

370 Siehe ebenfalls Colum. 1,7,6.

371 Plin. epist. 10,36,6. Und diese Einschätzung unterscheidet sich auch nicht wesentlich von der Beurteilung des gleichen Sachverhalts für von ihm und seinen Verwaltern (*conductores*) betriebene Güter, wie in Brief 7,30,3 zu sehen ist.

372 Vgl. Plin. epist. 10,37. Dieser Brief soll aber noch im weiteren Verlauf der vorliegenden Arbeit herangezogen werden (vgl. Kap. 5.5).

erkennbar. War bei Cato der Verwalter noch erster Arbeiter[373], so hat sich das Bild bei Columella verändert. Soll der Verwalter bei Cato noch selbst arbeiten, so soll er nach Columella früher einmal harte Arbeit geleistet haben[374], heute aber eher Kontrollarbeiten wahrnehmen.

5.4.1.2 Organisation

Der Begriff der Organisation beschreibt die Strukturierung dieser zuvor benannten Personen, Rollen und Verantwortlichkeiten im Arbeitsgeschehen und erlaubt damit einen optimalen Einsatz der Arbeitskräfte zur Erreichung des Ziels des Unternehmens oder des Vorhabens.

Bei Cato scheint die Organisation zur Verwaltung des Landguts noch sehr einfach, überschaubar, fast gar nicht existent, da sie sich auf die Person des *dominus* oder des *pater familias* zu beschränken scheint. Die Organisation des Geschäfts durch den (unfreien) Verwalter wird streng vom *dominus* gesteuert und kontrolliert. Das Wirtschaftsgeflecht darf keine bedeutende Komplexität annehmen[375]:

> *Iniussu domini credat nemini;* (...) *duas aut tres familias habeat, unde utenda roget et quibus det, praeterea nemini. Rationem cum domino crebro putet.*
>
> Ohne Erlaubnis des Herrn leihe er niemandem Geld aus; (...) (Nur) zwei oder drei Haushalte soll er haben, von denen er das, was er braucht, ausbittet und denen er etwas gibt, sonst niemandem. Die Buchführung gehe er häufig gemeinsam mit seinem Herrn durch.

Die Organisation des Betriebs wird ganz grundlegend durch das Kontrollprinzip geprägt. Dies ist auch zu erkennen, wenn er im zuvor bereits zitierten Kapitel 65 bei der Darstellung der Essensrationen für seine Arbeiter erkennen lässt, dass gekettete Sklaven mit allen weiteren Arbeitern zum Gesinde gezählt werden.

Die Verwalterin als Teil der Organisation ist lediglich für die Sauberkeit des Guts und die Nahrung verantwortlich[376] und ihre Aufgabenbeschreibung bestätigt die Annahme, dass Cato lediglich eine einfache Organisationsstruktur entwirft.

Bei Varro lässt sich bereits eine ausgeprägtere Organisation erahnen, in der der Verwalter zusammen mit seiner Frau und seinen Kindern als steuernde Einheit betrachtet wird, die vom Besitzer betreut, nicht in erster Linie kontrolliert werden muss. Und auch der Viehmeister hat eine steuernde Aufgabe und ist verantwortlich für alle – im

---

373 Cato agr. 5,4–5 belegt, dass der Verwalter noch selbst „jede Bauernarbeit“ leiste. Siehe zu dieser Passage auch Fußnote 395.

374 Colum. 1,8,2.

375 Cato agr. 5,3.

376 Siehe Cato agr. 143.

Arbeitsalltag schwer kontrollierbaren – Hirten, ob Kinder oder Erwachsene, ob umherziehende oder im Umfeld des Guts arbeitende Hirten[377]:

> *Esse omnes sub uno magistro pecoris; eum esse maiorem natu potius quam alios et peritiorem quam reliquos, quod is, qui aetate et scientia praestant, animo aequiore reliqui parent.*
>
> Unterstehen sollen sie (die Hirten) alle dem einen Viehmeister; er wiederum soll eher älter als die anderen sein und erfahrener als die übrigen, da die übrigen denen bereitwilliger gehorchen, die sie an Alter und Sachkenntnis übertreffen.

Die Betonung des einen, des einzigen Viehmeisters fällt hierbei auf. Dieser scheint eine große Verantwortung zu haben, die sich so bei Cato nicht finden lässt. Allein schon die Erwähnung eines Viehmeisters fehlt bei Cato, obwohl auch er die Haltung von Schafen beschreibt, was die Einbeziehung von Hirten vermuten lässt. Es stellt sich daher die Frage, wie die Personen, welche diese Rolle ausführen, geführt werden können. Aber vielleicht geht Cato diesem Problem aus dem Weg, indem er diese Aufgaben verdingt, also an Auftragnehmer vergibt, wie es kurze Erwähnungen in Kapitel 159 vermuten lassen[378].

Varro benennt wieder die Rolle der Frau als Teil der landwirtschaftlichen Organisation und würdigt ihren Beitrag zur Leistungserbringung. In seinem Text erwähnt er sie als stabilierenden Faktor für die Leistungserbringung des Hirten[379]:

> *Qui autem sunt in saltibus et silvestribus locis pascunt et non villa, sed casis repentinios imbres vitant, iis mulieres adiungere, quae sequantur greges ac cibaria pastoribus expediant eosque adsiduiores faciant, utile arbitrati multi.*
>
> Leben sie (Hirten) aber in Gebirgslandschaften und lassen sie das Herdenvieh in Waldgegenden weiden und suchen sie nicht in einem Gutsgebäude, sondern in Hütten vor plötzlichen Regenschauern Zuflucht, betrachten viele es als nützlich, ihnen Frauen beizugesellen, die den Herden folgen sowie den Hirten ihr Essen zubereiten und die dazu bringen, bodenständiger zu sein.

Bei Columella schließlich ist die Betriebsorganisation der Komplexität der Wirtschaftsform und der Wirtschaftskultur entsprechend am ausgeprägtesten. In den Kapiteln 6 und 7 des ersten Buches beschreibt Columella ausführlich die von ihm empfohlene (Führungs-) Organisation, die der *pater familias* mit und für sein Personal vorsehen

377 Varro rust. 2,10,2.

378 Dabei formuliert Cato, dass der Pächter Hirten stellen soll. Die konkrete Organisation bleibt leider im Unklaren.

379 Varro rust. 2,10,6 und in zweiter Linie für bestimmte Konstellationen auch als Arbeitsfaktor (2,10,7). Dabei ist sie hier wohlgemerkt nicht Frau des Führungspersonals, sondern des Arbeiters beziehungsweise des Hirten.

sollte. Dabei beschreibt er in der bereits hier einleitend zitierten Stelle 1,5–6 drei Fälle: die Führung durch den Besitzer selbst, Führung durch einen Verwalter bei etwas weiter entfernten Gütern, die keine regelmäßige Anwesenheit erlauben und Führung in entlegenen Gebieten durch einen Pächter. Er unterscheidet die Verwaltungs- und Organisationsform somit nach der Entfernung der (auch überseeischen) Güter. Mit ein Grund dafür, die Verwaltung in weit entfernten Ländereien durch freie Verwalter (*liberis colonis*) statt durch Sklavenverwalter (*vilicis servis*) erfolgen zu lassen, ist seine Feststellung, dass er Letzteren Ineffizienz, aber auch Betrug (*fraude*) und Sorglosigkeit (*neglegentia*) vorwirft[380].

Die Organisation der Aufgaben wird durch Aufteilung in Gruppen vorgenommen, wofür er relevante Kriterien definiert[381]:

> *Classes etiam non maiores quam denum hominum faciundae, quas decurias appellaverunt antiqui et maxime probaverunt, quod is numeri modus in opere commodissime custodiretur nec praeuntis monitoris diligentiam multitudo confunderet.*
>
> Die Arbeitsgruppen, die man bildet, sollen die Stärke von zehn Mann nicht überschreiten; die Alten nannten sie Zehnerschaften und hielten die für die beste Einteilung, weil diese Anzahl sich bei der Arbeit am besten überwachen lässt und keine allzu große Menge von Knechten die Aufmerksamkeit des durchgehenden Aufsehers zersplittert.

Er empfiehlt eine Aufteilung in Zehnerschaften (*decuria*), womit er einen Begriff aus der römischen Militärorganisation für Heer und Reiterei entlehnt, was den stark strukturierten Aspekt seiner Führungsorganisation verstärkt und erkennen lässt, dass (Führungs-) Verantwortung auf kleinere Organisationseinheiten verteilt wurde. Bemerkenswert ist, dass er die Einteilung in Gruppen auf die Alten (*antiqui*), die Vorväter, zurückbezieht. Es ließe sich fragen, ob auch Cato und Varro dann schon diese Gruppenorganisation für ihre Mitarbeiterorganisation genutzt haben könnten, wenn auch der Begriff eine noch längere Herkunftszeit vermuten lässt. Zudem ist die Betriebsgröße bei Cato wohl nicht so groß gewesen, dass er 10er-Gruppen separat hätte organisieren müssen. Somit ist die Feststellung über die Organisation und Gruppenbildung zur Zeit Columellas kein Novum. Es ist aber erwähnenswert festzustellen, dass diese Einteilung Columella eine genauere Beschreibung wert ist und er dadurch die Notwendigkeit von Organisation und die Planung von Organisationsformen erkennen lässt. Der von Columella im Weiteren beschriebene Einsatz dieser Arbeitsgruppen selbst bezieht sich dann auf den Kompetenzbereich der Arbeitsorganisation, weniger auf den Bereich von Führung, und ist an dieser Stelle daher von geringer Relevanz. Kriterium für die Einteilung ist die Möglichkeit,

380 Colum. 1,7,6.

381 Colum. 1,9,7.

Kontrolle über die Gruppe der Arbeiter ausüben zu können[382]. Die benannte Gruppengröße ergebe die Chance, vermeiden zu können, dass sich „Faulenzer" (*ignavi*) in einer größeren Gruppe verstecken könnten[383].

Somit ist die Organisationsform des Landguts bei Columella weiter wesentlich vom Gutsherrn, dessen Stellvertreter, dem *procurator*, und dann dem Verwalter, dem *vilicus*, geprägt. Darunter gibt es einzelne Führungsverantwortliche für Spezialaufgaben, wie zum Beispiel den *monitor*[384] als Aufseher der Zehnerschaft. Diese Führungsrollen sind jedoch nicht weiter beschrieben und geben keine Möglichkeit zu einer weiteren Analyse der Führungskonzeption[385].

Ein weiteres Organisationsmerkmal lässt Columella eindeutig erkennen, wenn er in Buch 11, Kapitel 2 die Rolle einer Verwalterin genauer beschreibt. Während Cato die Aufgaben einer Verwalterin in Kapitel 152 kurz erwähnt und eine klassisch auf Haushaltstätigkeiten bezogene Rollenzuschreibung vorsieht[386] und Varro die Frau nur als stabilisierenden Faktor und Lebensgefährtin von Führungspersonen oder Arbeitern und Hirten beschreibt, benennt Columella eine konkrete und umfangreiche Aufgabenzuordnung und Verantwortlichkeit einer Verwalterin. Er betont die gestiegene Bedeutung dieser Aufgabe dadurch, dass er in einer kurzen Sittenkritik seiner Zeit beschreibt, wie sich die „unvermeidliche Beschäftigung einer Verwaltersfrau eingebürgert" habe, die die „Pflichten der Hausfrau" (*officia matronae*), also die Aufgaben der Herrin, übernommen habe[387].

Das von Columella dargestellte und traditionell an Catos Darstellung anknüpfende Rollenbild der Frau als Hüterin des Hauses[388] soll hier nicht weiter ausgeführt werden. Stattdessen soll erwähnt werden, dass der Wertbeitrag der Frau in der Organisation des Landguts wertgeschätzt und anders als bei Cato und Varro erstmals detailliert beschrieben wird. Columella spricht von einer „gewinnbringenden Lebensgemeinschaft"[389] und begründet ein gleichberechtigtes Besitzrecht, das er mit der umfangreichen und allein nicht zu bewältigenden Aufgabe begründet[390]:

---

382 Kaltenstadler (1978) untersucht die optimale Gruppenbildung (Kap. 4.3), begibt sich aber, sobald er das Motiv der Kontrolle verlässt, auf das Gebiet der Arbeitsorganisation und der Betriebsplanung, wie es auch in Varro rust. 1,18 zu finden ist, aber vom Untersuchungsgegenstand der Führung wegführt.

383 Colum. 1,9,8.

384 Colum. 1,9,7.

385 Kaltenstadler (1978) weist darauf hin, dass Columella in Colum. 1,9,2–3 erwähnt, noch auf deren Aufgaben (hier der *magistri*) eingehen zu wollen, dass es aber bei diesem Vorsatz geblieben sei.

386 Als Aufgaben sieht er vor, dass sie Respekt vor dem Verwalter habe, kein Geschwätz mit Nachbarn führe, reinlich sei und das Haus ausgefegt halte, opfere, koche, Lebensmittel aufbewahre und Mehl herstelle.

387 Colum. 12,praef.,10.

388 Colum. 12,praef.,4 *ut dixi, natura conparata est [opera] mulieris ad domesticam diligentiam*/(so) ist die Natur der Frau, wie gesagt, aus gutem Grund auf die häusliche Fürsorge eingestellt.

389 Colum. 12,praef.,1 *utilissima vitae societas.*

390 Colum. 12,praef.,6.

Quia vero partis opibus aeque fuit opus memoria et diligentia, non minorem feminae quam viro earum rerum tribuit possessionem.

Da jedoch der erworbene Besitz in gleicher Weise Gewissenhaftigkeit und Sorgfalt erfordert, hat (die Gottheit) der Frau kein geringeres Besitzrecht an diesen Dingen gegeben als dem Mann.

Columella geht sogar noch weiter und beschreibt die wertvolle Arbeit der Verwalterin, der er entsprechende Führungsaufgaben zuschreibt. Damit begründet er eine Organisation aus Verwalter und teilweise gleichberechtigter Verwalterin[391]:

Nam in primis considerandum erit, (...) ut fere eum morem servet, quem vilico praecepimus (...) et tam malum vitare quam praemium recte factorum sperare;

Vor allem ist darauf zu sehen, (...) dass sie ungefähr dieselben Verhaltensnormen beachtet, die ich dem Gutsverwalter vorgeschrieben habe (...), nämlich: Strafe zu vermeiden und auf Belohnung für gute Leistungen zu rechnen.

Der Verwalterin wird somit nicht allein Gehorsam auferlegt, sondern eine Führungsrolle zugesprochen, für die Verhaltensnormen (*mores*) gelten und Führungsprinzipien einzuhalten sind. Deren genauere Betrachtung ist in den folgenden Abschnitten relevant. Die Verwalterin leistet somit eine wichtige und gewinnbringende Aufgabe, hat gleichberechtigtes Besitzrecht und bildet einen wesentlichen Teil der Organisation.

Trotzdem aber wird an der gesellschaftlich gültigen Hierarchie nicht gerüttelt, was Columella mit der diesen Ausführungen nachfolgenden Bezeichnung der Verwalterin als Gehilfin klarstellt, die ebenfalls kontrolliert werden müsse[392]. Dies hat er auch schon ähnlich zuvor beschrieben[393]:

Quare cum haec cuncta in agris exequi debeat, possit eorum curam, quae intra villam facienda sunt, vilicae delegare, ita tamen, ut ipse consideret, an recte facta sint.

Weil sich also der Verwalter um alle diese Geschäfte auf dem Acker kümmern muss, mag er die Besorgung der Dinge, die im Haus geschehen müssen, der Verwalterfrau überlassen, doch mit der Maßgabe, dass er ihre ordentliche Ausführung persönlich kontrolliert.

Es lässt sich also deutlich ein Zuwachs an Komplexität in der Organisation eines Gutsbetriebs erkennen, das sich zuerst in der offensichtlichen Weiterentwicklung der Strukturen niederschlägt, aber auch in der Einbeziehung weiterer Rollen, hier der Verwalterin,

391 Colum. 12,1,3.
392 Colum. 12,1,4–5.
393 Colum. 11,2,72.

in Führungsaufgaben. Beides wird der komplexer werdenden Wirtschaft, den größeren Wirtschaftseinheiten und – gerade bei der Rolle der Verwalterin – der sich ändernden Wirtschaftskultur Rechnung getragen haben.

5.4.1.3 *Führungsstil und Führungspersönlichkeit*

Vor dem Hintergrund der hier beschriebenen Rollen und Verantwortlichkeiten und der gewählten Organisation stellt sich die Frage nach der Führungspersönlichkeit und deren Führungsstil.

Bei Cato steht, wie zuvor ausgeführt, der *pater familias* im Zentrum des Gutsbetriebes. Sein Führungsstil ist in erster Linie kontrollorientiert. Cato formuliert schon ganz zu Anfang seines Werkes, dass der Gutsherr bei Ankunft auf seinem Gut möglichst am gleichen Tag einen Rundgang um das Gut machen, sich ein Bild darüber verschaffen müsse, was erledigt und nicht erledigt sei, und den Verwalter dann Bericht und Rechenschaft ablegen lassen solle[394].

Das durchgängig vom Kontrollgedanken durchzogene Werk Catos wird lediglich noch durch das Prinzip ergänzt, als Vorbild zu agieren[395]:

> *Opus rusticum omne curet uti sciat facere, et id faciat saepe, dum ne lassus fiat; si fecerit, scibit in mente familiae quid sit, et illi animo aequiore facient.*
>
> Er (der Verwalter) sei bestrebt, jede Bauernarbeit verrichten zu können, und er tue sie oft, nur nicht bis zur Erschöpfung. Wenn er sie getan hat, wird er wissen, wie es dem Gesinde zumute ist, und die Leute werden bereitwilliger arbeiten.

Der Verwalter soll wie die durch ihn zu führenden Sklaven arbeiten, um ihnen Vorbild zu sein, ihre Anerkennung zu finden und sie dadurch zur Arbeit zu motivieren. Dieses Motiv des vorbildhaften Verhaltens findet sich auch in der einzigen Anmerkung Catos wieder, die einen Anschein von positiv ausgerichteter Motivation, also nicht durch Androhung von Strafmitteln, erkennen lässt. Diese Stelle an sich steht aber singulär und ist zu kurz, um daraus eine Grundhaltung positiver Motivation ableiten zu können: Er rät, Wohlverhalten einzelner zu belohnen, damit sich auch andere gut verhalten[396]. Die Belohnung richtet sich somit nicht auf die Anerkennung einer Leistung, sondern ausschließlich auf die Wirkung für andere und ist damit wieder eine Verstärkung des Vorbildgedankens.

---

394 Cato agr. 2,1 Cato führt in dieser und der darauf folgenden Passage den ganzen Bereich der Gutswirtschaft auf (Kontrolle vorhandener Güter, der Tagesspesen, der Abrechungen und Ausgaben) und warnt den Gutsherrn vor den üblichen Ausflüchten (*causas*) der Verwalter.

395 Cato agr. 5,4–5.

396 Cato agr. 5,2 *pro beneficio gratiam referat, ut aliis recte facere libeat.*

Beim Umgang mit den Arbeitern ist Cato darauf bedacht, dass es ihnen physisch gut gehe, sie aber ausreichend Arbeit haben[397]:

> *Familiae male ne sit, ne algeat, ne esuriat. Opere bene exerceat: facilius malo et alieno prohibebit.*
>
> Dem Gesinde soll es nicht schlecht gehen, es soll nicht frieren und nicht hungern. Er (der Verwalter) soll es (aber) tüchtig mit Arbeit beschäftigen: so wird er es leichter von bösem Tun und dem Eigentum anderer fernhalten.

Die Fürsorge begrenzt sich hier auf das rein physische. Eine weitergehende Fürsorge ist bei Cato nicht zu erkennen. Stattdessen ist Catos Umgang von Mißtrauen geprägt, wenn er, wie in der zitierten Stelle erkennbar, mit ausreichender Auslastung negatives Handeln unterbinden will, oder wenn Cato, wie Plutarch es darstellt[398], stets dafür gesorgt haben solle, „dass seine Sklaven irgendeinen Zwist und Hader untereinander hatten, weil ihm ihre Eintracht verdächtig und gefährlich dünkte".

Kaltenstadler bezeichnet Catos Führungsstil als patriarchalisch, was durch die Konzentration aller Führung auf den *pater familias* begrifflich und inhaltlich Berechtigung hat. Es kann – in der zuvor dargestellten Kategorisierung nach Lewin – auch als autoritärer Führungsstil benannt werden. Kaltenstadler geht sogar so weit, dass er die hohe Arbeitsproduktivität auf Catos Gütern der „extrem patriarchalischen Führung" zuschreibt[399]. Diese Interpretation jedoch überprüft Kaltenstadler nicht mit der Arbeitsproduktivität in den von Varro und Columella beschriebenen Betrieben. Daher soll auch eine Einordnung des Führungsstils in die jeweilige Zeit vorgenommen werden, was ein weiteres Kriterium für die Darstellung einer Arbeitsproduktivität ist. Und es muss berücksichtigt werden, wie die starke körperliche Belastung der Arbeiter und der von Cato beschriebene Verkauf älterer Sklaven (und der dadurch nötige Neuerwerb jüngerer Sklaven) auf die Produktivität und die Profitabilität wirken.

Varros Werk knüpft am Kontrollgedanken Catos an und empfiehlt ebenfalls, das Gesinde durch Arbeit vom Müßiggang abzuhalten[400]. Er schließt den Rat des Saserna[401] an, der in seinem Buch bestimmt habe, dass jemand, der sich wider Erlaubnis vom Gut entfernt habe, „nicht straflos davonkommen (solle), und wenn er davongekommen sei, der Verwalter zur Rechenschaft gezogen werde". Bemerkenswert ist die direkt daran anschließende Korrektur Varros zu dieser Anweisung[402]:

---

397 Cato agr. 5,2,1.

398 Plut. Cato mai. 21,4.

399 Vgl. Kaltenstadler (1978) S. 21, 1. Abs.

400 Varro rust. 1,16,4, vgl. auch Varro rust. 1,13,2 zur Ausprägung von Kontrolle, wenn er die Lage der Kammer des Verwalters so auszuwählen empfiehlt, dass dieser ausreichend Übersicht habe und Kontrolle wahrnehmen könne.

401 Siehe die zuvor bereits erfolgte Erwähnung Sasernas als Autor eines weiteren, nicht überlieferten Agrarwerks, das von Varro und Columella zitiert wird in Kap. 5.3.2, insb. zur Fußnote 177.

402 Varro rust. 1,16,5.

Quod potius ita praecipiendum fuit, nequis iniussu vilici exierit neque vilicus iniussu domini longius, quam ut eodem die rediret, neque id crebrius, quam opus esset fundo.

Was eher in der Form hätte vorgeschrieben werden sollen, dass weder jemand ohne Genehmigung des Verwalters fortgehen noch der Verwalter sich ohne Genehmigung seines Herrn zu weit entfernen dürfe, um noch am selben Tag zurückkehren zu können, und dies nicht häufiger, als es für das Gut erforderlich sei.

Varro korrigiert also die Form der Anweisung Sasernas, indem er in der neuen Formulierung auf die Erwähnung einer Strafe verzichtet. Inhaltlich stellt er die Entfernung vom Gut weiter unter die Genehmigung des Verwalters, doch benötigt er offenbar keine Strafandrohung. Auch formuliert er in 1,17,5, dass man den Führungsstil der Vormänner frei von Gewalt gestalten müsse, und begründet dies damit, dass dann weitere Reibereien vermieden werden könnten. Für das Handeln des Verwalters wird offenbar ein Ermessensspielraum geschaffen, wenn es heißt, dass er sich vom Gut so oft entfernen dürfe, „als es für das Gut erforderlich sei". Damit ist eine deutliche Abkehr von der strikten Kontroll- und Strafphilosophie Catos und auch Sasernas, der um das Jahr 100 v. Chr., also ca. 60 Jahre vor Varro, schrieb, formuliert. Gründe für diese Abkehr werden nicht benannt und lassen sich daher nur vermuten. Sie können in der sich ändernden Wirtschaftskultur liegen – diese kann aber auch umgekehrt Folge solcher Veränderung sein. Gründe könnten theoretisch auch in einer gesellschaftlichen Öffnung und der Mitsprache weiterer Schichten liegen, welche in Rom aber in der Zeit zwischen Cato und Varro nicht zu beobachten sind und somit als Gründe entfallen. Am plausibelsten scheint aber die Annahme, dass die beiden sizilianischen Sklavenaufstände zwischen den Jahren 136 und 101 v. Chr. und letztlich auch der Spartacus-Aufstand der Jahre 73–71 v. Chr., die alle eine wesentliche Bedrohung Roms dargestellt haben, zu einem Umdenken im Umgang und der Behandlung der Sklaven geführt haben.

Alföldy sieht eine Ursache der Sklavenaufstände darin, dass gerade auf den großen Landgütern Sklaven teilweise brutal behandelt wurden[403]. Die Aufstände trafen die römische Gesellschaft völlig überraschend. Herren wurden gezwungen, wie Sklaven zu arbeiten[404]. Diese Sklavenaufstände konnten nur mühsam niedergeschlagen werden, können aber wohl mit als wesentlicher Grund dafür angesehen werden, dass sich ein Wandel zu einem humaneren Umgang mit Untergebenen vollzog. Ergebnisse dieses Wandels sind in Varros Schrift, die ein halbes Jahrhundert danach verfasst wurde, nachvollziehbar, auch wenn es keine direkte Erwähnung eines solchen Bezugs gibt. Alföldy bemerkt, dass die Konsequenz der Sklavenaufstände die Einsicht war, „wonach die brutale Behandlung und die rücksichtslose Ausbeutung von Unfreien ebenso aus politischen wie aus ökonomischen Gründen eine unzweckmäßige Form der Sklavenwirtschaft sei", wohlgemerkt aber zu keiner Veränderung des römischen Gesellschaftssystems an sich geführt

403 Alföldy (2011) S. 89.
404 Alföldy (2011) S. 92, 1. Abs.

hätte[405]. Somit ist eine Veränderung hin zu einem humaneren Umgang mit Sklaven und Arbeitern festzustellen. Doch unterstützt dieser veränderte Umgang weiter die grundlegende unternehmerische Gewinnabsicht und die Sicherstellung der Profitabilität[406].

Ähnlich wie Cato sieht auch Varro die Vorbildfunktion als Teil seines empfohlenen Führungsstils. Er schreibt, dass der Verwalter auch „selbst Hand anlegen müsse, damit er (der Feldarbeiter) sich den Tätigen zum Vorbild nehme und merke, dass er aus gutem Grund über ihm stehe, weil er ihn an Sachkenntnis übertreffe“[407]. Während bei Cato die Vorbildfunktion scheinbar dazu dient, dass die Arbeiter den Verwalter schlicht durch dessen Leistung respektieren, basiert bei Varro die Anerkennung auf dem dargestellten Fachwissen – und er führt hierzu den später bei Columella an Bedeutung gewinnenden Begriff der *scientia* ein, hier als Bezeichnung für das landwirtschaftliche Fachwissen.

Darüber hinaus sind weitere Aspekte von Führung bei Varro erkennbar. In Kapitel 17 des ersten Buches schreibt Varro darüber, mit welchen Mitteln (*res* oder ablativisch *rebus*) oder – nach Flach – mit welchen „Betriebsmitteln“ der Landwirt arbeiten soll. Dabei unterteilt er diese in drei Gruppen: Menschen, Tiere und als drittes Werkzeuge und Materialien[408]. Menschen, seine Arbeiter, soll der Landwirt zuerst nach den klassischen Kriterien wie körperliche Stärke und Alter sowie anhand eines gewissen Grades an Bildung bei seinen Vormännern aussuchen. Einen gänzlich neuen Aspekt der Führung seiner Arbeiter führt Varro dann in Anschluss an diese Erörterungen an[409]:

> *Iniciendam voluptatem praefectorum honore aliquo habendo, et de operariis qui praestabunt alios communicandum quoque cum his, quae facienda sint opera, quod, ita cum fit, minus se putant despici atque aliquo numero haberi a domino.*
>
> Arbeitslust einflößen solle man den Vormännern dadurch, dass man ihnen einige Ehre erweise, und, was Arbeiter anbelangt, die andere zu übertreffen verheißen, auch mit ihnen besprechen, welche Arbeiten zu verrichten seien; denn wenn man so verfährt, meinen sie, dass ihr Herr nicht so verächtlich auf sie herabblicke, ja, sie sogar als Leute von einiger Bedeutung einstufe.

Er verwendet dabei erstmals den Begriff der Arbeitslust eines Arbeiters oder Vormannes und prägt damit sprachlich eine neue Dimension von Arbeitsmotivation. Dadurch eröffnet er auch die Dimension, wie diese Arbeitslust befördert wird. Als ein solches Motiv nennt er Ehre (*honor*). Ein solcher am Begriff der Ehre orientierter Führungsstil unterscheidet sich gänzlich von der Führungskonzeption Catos, bei dem der Begriff der

405 Alföldy (2011) S. 92 f.

406 Vgl. die zuvor erfolgte Untersuchung dazu in Kap. 5.2.1.

407 Siehe Varro rust. 1,17,4 *sed etiam facere, ut facientem imitetur et ut animadvertat eum cum causa sibi praeesse, quod scientia praestet.*

408 Varro rust. 1,17,1.

409 Varro rust. 1,17,6.

Ehre textlich nicht ein einziges Mal erwähnt wird, weil sie selbstverständlich nur dem *pater familias* zustand.

Varro geht in dieser aufschlussreichen Passage weiter und fordert auf, mit den Arbeitern zu sprechen. Er führt damit Kommunikation als Führungsinstrument ein. Dies wird im nächsten Abschnitt bei der Betrachtung der Führungsinstrumente weiter eingeordnet. Zeigt es aber doch hier bereits, dass Kommunikation eingesetzt wird, um den Arbeitern „eine gewisse Bedeutung" zuzumessen, um den Eindruck zu vermeiden, man blicke auf die Arbeiter herab. Beides trägt dazu bei, dem Arbeiter Motivation zu vermitteln oder selbst zu ermöglichen.

Betrachtet man schließlich Columella, so schreibt er einige Jahrzehnte später ebenfalls wieder über die Notwendigkeit von Kontrolle. Der schon von Cato geforderte Rundgang des Gutsherrn nach Rückkehr auf sein Gut ist ein grundlegendes Prinzip, um gegen ein mögliches Schwinden von Disziplin und Wachsamkeit anzugehen[410]. Damit einher geht auch Columellas nicht neue Forderung nach Anwesenheit der Führungsperson[411]. Die Schwierigkeiten bei Nichtbefolgung dieser Empfehlung offenbart sehr greifbar Plinius d. J. in der Beschreibung des Betriebs seiner Güter[412].

Kontrolle ist in Columellas Schrift – unverändert gegenüber der Grundhaltung bei Cato und Varro – ein durchgehend vertretenes Führungsprinzip. Auch er empfiehlt – vergleichbar zum zuvor angeführten Zitat Varros aus 1,13,2 – „dem Verwalter (*vilicus*) seine Wohnung neben dem Haupteingang [zu bauen], damit er überblicken kann, wer aus- und eingeht"[413]. Kontrolle geht hier wohlgemerkt von ganz oben aus, wenn nicht der Verwalter angehalten wird zu kontrollieren, sondern der Besitzer dafür sorgt, dass für den Verwalter eine angemessene Kontrollposition eingerichtet wird. Bei dieser Kontrollaufgabe unterscheidet Columella auch nicht zwischen dem *vilicus* und einer Kontrolle durch den Besitzer oder den *procurator*[414]. Kontrolle ist im Betriebsablauf omnipräsent.

410 Colum. 1,8,20 Richter übersetzt „*quid absentia sua de disciplina et custodia remiserit*" mit Zucht und Sorgfalt und setzt dies uneindeutig in direkten Bezug zur sorgfältigen Zucht der Rebstöcke. Doch schon 1,18,11 zeigt, dass Richter „*id contingere poterit, si maluerit custodire subiectos*" mit „Überwachung Untergebener" übersetzt und daher der Begriff der *custodia* eben Überwachung und Kontrolle bedeutet.

411 Colum. 1,1,18 *praesentia domini* und Colum. 1,7,3 *peiorem tamen urbanum colonum* und Colum. 1,7,5 *numquam non ex agro plus sua cuique cura reddidit quam coloni.*

412 Plinius d. J. zeigt solch ein negatives Beispiel, wenn er in einem Brief an Fuscus offenbart, dass sein Verwalter mehr Zeit für die Abstimmung mit ihm benötigte als er ihm gewähre (Plin. epist. 9,36,6 *datur et colonis, ut videtur ipsis, non satis temporis*) oder in einem weiteren Brief (Plin. epist. 7,30,3 *accedunt querelae rusticorum, qui auribus meis post longum tempus suo iure abutuntur*), in dem er beklagt, dass er nach einer langen Abwesenheit von seinem Grundstück wieder mühsame, ja quälende Abstimmungen mit seinen Bediensteten führen müsse – und tatsächlich einen *laisser-faire* Führungsstil (nach Lewin) erkennen lässt.

413 Colum. 1,6,7 *conspectum habeat.*

414 Colum. 1,6,23 Hier beschreibt Columella die Anlage der Tenne, die „entweder vom Besitzer oder wenigstens vom Verwalter (*procurator*) eingesehen" werden soll.

Dieses Kontrollprinzip möchte Columella auch als gegenseitige Kontrolle unter den Arbeitern sichergestellt wissen, wenn er[415] die Anlage der Unterkünfte von Viehtreibern und Hirten nah genug gestaltet sehen möchte, damit...

> (...) *Vilici diversas partis circumeuntis sedulitas distendatur et ut inter se diligentiae et neglegentiae cuiusque testes sint.*
>
> (...) der Fleiß des Verwalters bei seinem Rundgang durch die verschiedenen Teile nicht übers Maß strapaziert wird und damit die Sklaven unter sich die Sorgfalt oder Nachlässigkeit jedes einzelnen kontrollieren.

Und ebenso wie Cato verlangt er, dass der Verwalter als Führungspersönlichkeit Vorbild sei und „wenn dann die Abenddämmerung hereinbricht, soll er niemanden hinter sich zurücklassen, sondern hinter allen gehen wie ein guter Hirte“[416]. Somit sind Kontrolle und vorbildhaftes Verhalten der Führungspersonen Grundprinzipien auch Columellas Denkens[417].

Doch ist auch bei Columella die Entwicklung zu erkennen, die schon bei Varro offenbar wird. Er zeigt ein differenziertes Bild von Kontrolle und eine Führung nicht gänzlich ohne Strafe, aber mit Strenge statt Gewalt[418]:

> *Et animi quantum servile patitur ingenium, virtutibus instructus, ut neque remisse neque crudeliter imperet semperque aliquos ex melioribus foveat, parcat tamen etiam minus bonis, ita ut potius timeant eius severitatem quam crudelitatem detestentur.*
>
> Der Verwalter soll (...), soweit dies bei einem Sklaven zu erwarten ist, derartige menschliche Qualitäten besitzen, dass er seine Befehlsgewalt weder kraftlos noch brutal ausübt und stets einige der tüchtigen Sklaven auszeichnet, aber auch mit den schwächeren schonend verfährt, so dass sie eher seine Strenge fürchten als seine Grausamkeit verwünschen.

Columella empfiehlt hier ein ausgleichendes Führungsverhalten, das sprachlich an die wenige Jahre zuvor erschienenen Führungsempfehlungen des Onasanders an den militärischen Führer erinnert[419]. Richter übersetzt hier Columellas *virtutibus instructus* mit „menschlichen Qualitäten besitzen“ und gibt damit einen Hinweis auf die menschlichere, sprich humanere Wirtschaftskultur zu Columellas Zeit. In einer etwas neutraleren

---

415 Colum. 1,6,8.

416 Colum. 11,1,18.

417 Vgl. auch Colum. 1,6,7–8 und Colum. 1,8,20.

418 Colum. 1,8,10.

419 Onas. 2,2 Strategikos übersetzt nach Kai Brodersen, s. Kap. 7.3. Darin empfiehlt er als Verhalten eines Feldherrn, „*weder so nachsichtig [zu] sein, dass er verachtet wird, noch so einschüchternd, dass er gehasst wird*“. Die Schrift ist Quintus Veranius, dem Konsul des Jahres 49 n. Chr. gewidmet und damit wenige Jahre vor der Schrift Columellas.

Form übersetzt Ahrens diese Passage mit „geistigen Fähigkeiten“[420]. Insgesamt ist aber erkennbar, dass Columella einem (Sklaven-) Verwalter Tugenden (*virtutes*) zuschreibt, die zwei Jahrhunderte zuvor Cato textlich noch lediglich dem Ackerboden und dem Landgut an sich zugestand[421].

Um dieses Prinzip in die Tat umzusetzen, empfiehlt Columella, den Sklaven „häufig Gelegenheit zu geben, sich über diejenigen zu beschweren, die sich entweder durch Grausamkeit oder durch Gewinngier an ihnen vergehen“[422], und gewährt den Arbeitern somit Mitsprache. Ähnlich wie einige im nachfolgenden Absatz zu untersuchende Führungsinstrumente diene dies dem wirtschaftlichen Erfolg[423]:

> *Haec et iustitia et cura patris familiae multum confert augendo patriomonio.*
>
> Solche Gerechtigkeit und Fürsorge des Hausherrn trägt erheblich zur Mehrung des Vermögens bei.

Der empfohlene Führungsstil Columellas enthält somit Elemente von Gerechtigkeit und Fürsorge im Umgang mit den Verwaltern und Arbeitern. Er soll seinen Sklaven gegenüber „ungezwungener“ (*familiarium*) sein wie Columella es selbst praktiziert[424], Pächtern gegenüber freundlich (*comiter facilemque*)[425].

Diese Darstellung soll nicht den Blick darauf verstellen, dass Columella den Einsatz von angeketteten Sklaven als selbstverständliches und seit Jahrhunderten angewendetes und auf großen Latifundien weiterhin gängiges Vorgehen ansieht. So beschreibt er unter anderem die Planung eines unterirdischen Arbeitshauses/Gefängnisses auf dem Gelände des Wirtschaftsbetriebes[426] sowie den Umgang mit angeketteten Sklaven und erwähnt Sperrknechte (*ergastularii*)[427] als deren Aufseher. Mißtrauen gegenüber seinen Sklaven ist wie bei Cato ein Aspekt der Führung Columellas, der sich hier jedoch – zumindest textlich – zuvorderst auf schlecht kontrollierbare Sklaven in überseeischen Ländereien bezieht[428].

---

420 Karl Ahrens, in: Columella über Landwirtschaft: ein Lehr- und Handbuch der Gesamten Acker- und Viehwirtschaft aus dem 1. Jahrhundert u. Z., Akademie-Verlag, 1972.

421 Cato agr. 1,2 *solo bono, sua virtute valeat* sowie Cato agr. 3,2 in Bezug auf die „Wirtschaftskraft“ (vgl. Fußnote 40).

422 Colum. 1,8,18 *crudeliter eos aut fraudulenter infestent*, was man als Ansatz eines zuvor nach Lewin als demokratisch definierten Führungsstils bezeichnen könnte.

423 Colum. 1,8,19.

424 Colum. 1,8,15.

425 Colum. 1,7,1/2 Kaltenstadler (1978) S. 10, 1. Abs. setzt diese humanere Behandlung in Beziehung zur Philospohie der Stoa.

426 Colum. 1,6,3.

427 Colum. 1,8,16–17.

428 Colum. 1,1,20.

Wie neuartig jedoch diese „ungezwungenen“ und „freundlichen“ Verhaltenselemente – parallel existierend zu kontrollierenden und strafenden Aspekten – sind, zeigt Columella, wenn er eine Ausbildung seiner Führungskräfte fordert[429]:

> *Nos autem (...) vigentis sensus adulescentulos corporisque robusti peritissimis agricolis conmendemus, quorum (...) imperandi consequatur scientiam. Quidam enim (...) imperandi parum prudentes aut saevius aut etiam lenius agendo rem dominorum corrumpunt.*
>
> Wir aber (...) sollten geistig wache und körperlich leistungsfähige junge Leute den erfahrensten Landwirten in die Lehre geben, so dass [... einer] auch die Fähigkeit des Befehlens erlangt. Denn manche sind (...) im Anschaffen nicht hinreichend geschickt und verderben den Besitz ihres Herrn durch zu harte oder zu lockere Zügelführung.

Columella erkennt die Bandbreite des nötigen Handelns und vor diesem Hintergrund den Wert und die Notwendigkeit solcher Ausbildung. Wesentlich ist in dieser Passage jedoch die Bezeichnung der Fähigkeit des Befehlens, der *imperandi scientia*, also einer Wissenschaft oder Lehre des Befehlens oder Führens. Columella kommt mit dieser Begriffswahl erstmals auch textlich einer Theoriebildung nahe. Es ließe sich versuchen, eine Tendenz hin zur Ausbildung einer Wirtschaftstheorie rein quantitativ daran festmachen, dass Cato den Begriff der *scientia* nicht benutzt, Varro ihn bereits häufig und Columella dann sehr umfangreich verwendet[430]. Doch hier wird der Bereich einer philologischen Analyse betreten, der an dieser Stelle zu weit vom Thema wegführen würde.

Wie in der Einleitung seiner Schrift, als Columella die fehlende Ausbildung in landwirtschaftlichem Wissen beklagt[431], so reflektiert er hier über das überkommene Wissen der Alten (hier des Ischomachos[432]), die davon ausgingen, dass jeder die Landwirtschaft doch beherrsche, und reflektiert, dass „wir unsere Unwissenheit kennen“, und begründet damit diese Führungslehre.

Zusammenfassend lässt sich zum Führungsstil festhalten, dass eine klare Entwicklung von Cato über Varro hin zu Columella erkennbar ist. Während Cato einen eindeutig patriarchalischen Führungsstil anwendet und den Gutsherrn als einzig relevante Führungsperson darstellt, gewinnt dieses Bild bei Varro mehr Facetten. Varro behält patriarchalische Elemente bei, formuliert aber einen bedeutend respektvolleren Führungsstil. Columella schließlich formuliert wieder eingehender als Varro patriarchalische Führungselemente, entwickelt Führung aber als eine Art von Wissenschaft

429 Colum. 11,1,6.

430 Cato nur in Kap. 5 *velit insciente domino*. Varro mit 20 Stellen u.a. Varro 1,3 *de iis rebus quae scientia*. Columella allein zehnmal im ersten Buch und dann weitere zwanzigmal.

431 Vgl. Colum. 1,praef.,5–6.

432 Ischomachos ist ein griechischer Hausherr, dessen landwirtschaftliche Empfehlungen auch in Xenophons Schrift *Oikonomikos* aus dem 4. Jh. v. Chr. erwähnt werden.

bestehend aus mehreren Elementen bedeutend weiter. Die Darstellung dieser klaren Entwicklungslinien der Führungsstile in Verbindung mit der Entwicklung der Wirtschaftskultur der jeweiligen Zeit führt die Analyse Kaltenstadlers weiter[433] und ergänzt sie um diese zeitlichen und kulturellen Aspekte, die der Einordnung der beobachteten Führungselemente in einen Gesamtkontext helfen.

5.4.1.4 Führungsinstrumente und Kommunikation

Als letztes der vier Elemente einer Führungskonzeption sollen Führungsinstrumente und Kommunikation als Mittel der Führung untersucht werden.

Wieder bei Cato beginnend, lässt sich anknüpfen an seinen zuvor dargestellten Führungsstil, der auf Kontrolle und Strafen basierte. Strafen sind somit ein wesentliches, negativ ausgerichtetes, Führungsinstrument.

Zweifellos dominieren – und selten würde dieses Verb besser passen – die Anweisungen des Herrn, die wie in der folgenden Passage dargestellt exakt ausgeführt werden müssen und dem Verwalter keinerlei Handlungsspielräume belassen[434]:

> *Quae dominus praecepit, ea omnia quae in fundo fieri oportet quaeque emi pararique oportet* (...), *eadem uti curet faciatque moneo dominoque dicto audiens sit.*
>
> Die Dinge, die der Herr aufgetragen hat, (d.h.) alles, was auf dem Gut geschehen, und was gekauft und besorgt werden muss (...), zu eben diesen Dingen gebe ich die Anweisung, dass er sich darum kümmere und (sie) erledige und dem Herrn aufs Wort gehorche.

Die besondere Bedeutung und Ernsthaftigkeit dieser Anweisung fällt auch durch die ungewöhnliche Satzkonstruktion ins Auge: Cato beginnt diesen Satz in der seinem Werk üblichen Perspektive eines neutralen Erzählers, der das Verhältnis von Herrn und Verwalter darstellt, und wechselt aber im zweiten Satzteil in eine persönliche Erzählerrolle, in der er, Cato, den Verwalter ermahnt (*moneo*), diese Anweisungen des Herrn zu erledigen. Cato steigt quasi in diese Führungssituation persönlich ein.

Disziplin und Gehorsam sind die wesentlichen Führungsinstrumente Catos. Und deren Wahrnehmung hat sich soweit unverändert überliefert, dass drei Jahrhunderte später Plutarch in der Biographie über Cato darstellt, dass sein bedeutendstes Kriterium

433 Kaltenstadler (1978) zeigt Ansätze dieser Analyse, wenn er Columella einmal einen militanten Führungsstil (siehe S. 47, 1. Abs.), an anderer Stelle einen patriarchalischen Führungsstil (siehe S. 44, 3. Abs.), dann wieder einen sozial-integrativen Führungsstil (siehe S. 49, 2. und 3. Abs.) bescheinigt und Columellas Führungsstil als „zeitgemäß“ beschreibt (siehe S. 54, 2. Abs).

434 Cato agr. 142,1 im Kapitel „Worin die Pflichten des Verwalters bestehen“ (*vilici officia quae sunt*).

zur Personalauswahl die Jugendlichkeit von Sklaven sei, da diese „wie junge Hunde oder Pferde, eine Zucht und Heranbildung ertragen konnten“[435].

Positiv ausgerichtete Führungsinstrumente werden bei Cato selten erwähnt und gehen, wie das folgende, in der Darstellung möglicher Strafmaßnahmen beinahe unter[436]:

> *Si passus erit, dominus inpune ne sinat esse. Pro beneficio gratiam referat, ut aliis recte facere libeat. Vilicus ne sit ambulator* (...)
>
> Wenn er [der Verwalter] es zulässt, soll der Gutsherr das nicht ungestraft lassen. Wohlverhalten soll er belohnen, damit sich (auch) andere gern gut verhalten. Der Verwalter sei kein Herumtreiber (...)

Die Einbettung dieser kurzen Erwähnung einer Belohnung für Wohlverhalten in den Kontext von Strafen und Kontrolle steht repräsentativ für die geringe Bedeutung positiv ausgerichteter Führungsinstrumente. Und die Belohnung von Wohlverhalten besteht nur in der Befriedigung von Grundbedürfnissen wie Essen und Kleidung[437]. Es lässt sich daher nicht von einem positiv orientierten Führungsinstrument für den einzelnen Arbeiter sprechen, sondern vielmehr von der Förderung eines Verhaltens, das lediglich den weiteren Arbeitern Vorbild sein soll, um Strafe zu vermeiden.

Varros Führungsstil wurde bereits im vorigen Absatz als respektvoller gegenüber dem Catos dargestellt, mit vergleichbaren Kontrollansätzen, aber mit dem Bestreben, Strafe zu vermeiden. Und so sind denn auch die Führungsinstrumente in der Darstellung Varros vorwiegend positiv ausgerichtet[438]:

> *Studiosiores ad opus fieri liberalius tractando aut cibariis aut vestitu largiore aut remissione operis concessioneve, ut peculiare aliquid in fundo pascere liceat* (...), *ut quibus quid gravius sit imperatum aut animadversum qui consolando eorum restituat voluntatem ac benevolentiam in dominum.*
>
> Gesteigert werde ihr Arbeitseifer dadurch, dass man sie großzügiger behandle, wenn es um reichlichere Essensmengen oder Kleidung, Arbeitsnachlass, die Genehmigung, einen nicht unbedeutenden Kleinviehbestand auf dem Gut weiden zu lassen (...) gehe; stelle man doch bei Leuten, denen eine eher schwere Arbeit oder Strafe auferlegt wurde, durch aufmunternden Trost den guten Willen und das Wohlwollen gegenüber ihrem Herrn wieder her.

---

435 Plut. Cato mai. 21,1.

436 Cato agr. 5,2.

437 Cato agr. 59 über „Kleidung für das Gesinde“ ergänzt den Blick auf diese Belohnung, wenn dort dargestellt wird, dass derjenige, der alle zwei Jahre eine neue Tunika oder einen neuen Umhang bekommt, sein altes Kleidungsstück abgeben müsse.

438 Varro rust. 1,17,7.

Varro beschreibt hier Belohnungen in Grundbedürfnissen wie Essen und Kleidung so wie es auch Cato bereits als Belohnung für Wohlverhalten empfohlen hat. Er ergänzt es zudem noch durch die verwandte Möglichkeit, Arbeitsnachlass zu gewähren. Einen wesentlichen Schritt voran macht Varro, wenn er die Möglichkeit beschreibt, den Arbeitern die Haltung eigener, „nicht unbedeutender" Kleinviehbestände einzuräumen und somit eine Art Unabhängigkeit zu gewinnen, die von der Abhängigkeit von Belohnungen durch Essen und Kleidung hinwegführen könnte. Dass diese Neuerung gegenüber Cato zur Zeit Varros gesellschaftlich bereits etabliert war, erschließt sich aus der hier beiläufig erscheinenden Erwähnung dieses Sachverhalts, den Varro aber in den ihm bekannten Schriften des Cato so nicht gefunden hat[439].

Bemerkenswerterweise soll der Verwalter auch noch Trost (*consolatio*) als Führungsinstrument einsetzen für Sklaven, die zuvor eine schwere Arbeit oder Strafe auferlegt bekommen haben. Auf die nähere Ausgestaltung dieses schwierigen Instruments geht Varro nicht ein – und es bleibt zu vermuten, dass es Varro mit dieser human anmutenden Geste nicht in erster Linie um den Menschen, sondern vor allem wieder um die Sicherstellung der Profitabilität geht, wenn er das Wohlwollen gegenüber dem Herrn, also die Verfügbarkeit der Produktivität sichergestellt sehen möchte[440].

Ein letztes, neues Führungsinstrument findet sich noch bei Varro: Kommunikation. Für ihn gilt weiter das Wort des Gutsherrn als wesentlich. Doch ist bemerkenswert, dass er die schriftliche Form erlaubt[441]:

> *Quae dixi, scripta et proposita habere in villa oportet, maxime ut vilicus norit.*
>
> Was ich gesagt habe, soll man aufgezeichnet und aufgestellt auf dem Gutshof finden, vor allem dazu, dass der Verwalter es kennt.

Die Anweisungen des Herrn sollen somit auch schriftlich wirken. Der Verwalter wird damit unverändert angewiesen, doch scheint die Art der Kommunikation neuartig und als erlaube sie dem Verwalter eine Unterstützung während der Abwesenheit des Herrn. Und in vergleichbarer Weise formuliert er Kommunikation des Verwalters mit den Arbeitern als weiteres Führungsinstrument, wie es zuvor[442] bereits angesprochen wurde.

439 S.a. Varro rust. 1,17,5 mit der gleichen Erwähnung und der Möglichkeit, Mitsklavinnen zu Lebensgefährtinnen zu erhalten, womit die Sklaven verlässlicher und stärker an das Gut gebunden würden.

440 Kaltenstadler (1978) S. 9, 2. Abs. zitiert Brockmeyer, der den „guten Zustand und die Zufriedenheit der Sklaven als im wirtschaftlichen Selbstinteresse der Eigentümers liegend" bezeichnet und die Dominanz des Profitdenkens – wie zuvor in Kap. 5.2 schon gezeigt – bestätigt, wenn auch bei Varro neue Aspekte hinzukommen.

441 Varro rust. 1,36.

442 Vgl. Varro rust. 1,17,6, s. Fußnote 409.

Bei Columella schließlich ergeben sich ebenfalls Hinweise auf positiv ausgerichtete Führungsinstrumente. Dieses begründet er zu Ende seines Werks motivationstheoretisch, wenn er über die Einbeziehung der Verwaltersfrau in die Aufgaben auf dem Gut spricht[443]:

> *Quoniam pleraque similia esse debent in viro atque femina; et tam malum vitare quam praemium recte factorum sperare;*
>
> Da die meisten Dinge bei dem Mann und der Frau sich ähnlich verhalten sollen, nämlich: Strafe zu vermeiden und auf Belohnung für gute Leistungen zu rechnen.

Belohnungen solle der Verwalter in das tägliche Arbeitsleben mit einfließen lassen, indem er gute Arbeiter auszeichne[444]:

> *Non numquam tamen eum, quem adsidue sedulum et fortem in operibus administrandis cognoverit, honoris causa mensae suae die festo dignetur adhibere.*
>
> Allerdings mag er gelegentlich einen Mann, den er dauernd als fleißig und tatkräftig in der Verrichtung seiner Arbeiten befunden hat, zur Anerkennung an einem Feiertag zu sich zu Tisch laden.

Wie auch Varro verwendet Columella hier den Begriff der Ehre (*honor*) und eröffnet den Arbeitern die Möglichkeit zur Anerkennung. Um den Arbeitern ein solches Gefühl von Ehre zu vermitteln, setzt Columella direkte Kommunikation mit ihnen ein, die sowohl ihm als auch den Arbeitern von Nutzen sei[445]:

> *Iam illud saepe facio, ut quasi cum peritioribus de aliquibus operibus novis deliberem et per hoc cognoscam cuiusque ingenium, quale quamque sit prudenS. tum etiam libentius eos id opus adgredi video, de quo secum deliberatum et consilio ipsorum susceptum putant.*
>
> Auch dies tue ich nicht selten, dass ich mit ihnen, gleich als hätten sie größere Erfahrung, irgendein neues Vorhaben bespreche und dadurch Art und Klugheit des Denkens eines jeden feststelle. Dann erlebe ich auch, dass sie sich noch lieber an die Arbeit machen, von der sie glauben, sie sei mit ihnen durchgedacht und auf ihren Rat hin beschlossen worden.

443 Colum. 12,1,3.

444 Colum. 1,8,5, vergleichbar auch mit Colum. 11,1,19, wo ebenfalls eine Ehrung tüchtiger und bescheidener Arbeiter durch Einladung zu Tisch beschrieben wird, oder auch mit Colum. 1,8,10, wo die tüchtigsten Sklaven ausgezeichnet werden sollen.

445 Colum. 1,8,15.

Diese direkte Kommunikation, ein Führungsstil mit demokratischen Elementen (nach Lewin), nutze dem Sklaven zur (scheinbaren) Anerkennung seiner Arbeit, seines Rates (*consilium*) und letztlich seiner selbst. Und auf der anderen Seite nutze es dem Herrn zum einen zur besseren Einschätzung der geistigen Fähigkeiten eines Arbeiters. Zum anderen hat die höhere Motivation der Arbeiter für den Besitzer wirtschaftlichen Nutzen.

5.4.1.5 *Abschließende Betrachtung*

Führung in seinen hier dargestellten Bestandteilen hat sich von Cato über Varro zu Columella im Verlauf von ca. 230 Jahren bedeutend entwickelt. Sicher vertreten die Agrarautoren jeweils für ihre Zeit einen sehr reflektierten und zielgerichteten Zweig ihrer in Landwirtschaftsgeschäften engagierten Standesvertreter. Dahingegen gab es auch andere Vertreter ihres Standes, die diese Tätigkeit unreflektiert und wenig zielstrebig verfolgten[446]. Doch ist es für den auf Gewinnerzielung orientierten Landwirt durchaus zulässig festzustellen, dass die hier skizzierte Entwicklungslinie landwirtschaftlicher Tätigkeit und der Fortentwicklung eines Führungsverständnisses eine auch in breiterer Sicht anzunehmende Fortentwicklung wirtschaftlicher Fähigkeiten darstellt. Diese scheint mit dem Wandel und der Entwicklung des Wirtschaftsprozesses und der Wirtschaftskultur Hand in Hand zu gehen. Differenziertere Rollen, eine komplexere Organisation, vor allem ein sich bedeutend von patriarchalischer Führung weiterentwickelnder humanerer Führungsstil und ein über Kontrolle und Strafe sich erweiterendes umfangreicheres Führungsinstrumentarium kennzeichnen diese Entwicklung.

In der Analyse wurde somit vielschichtig herausgearbeitet, dass die gewählte oder empfohlene Führungskonzeption mit der Entwicklung der Wirtschaftsform und -kultur einhergeht. Dieses Kapitel hat somit die Analyse Kaltenstadlers noch einmal bedeutend erweitert und dessen Annahme, dass die Agrarautoren von „den Gegebenheiten und Bedingungen ihrer Umwelt abhängig“[447] seien, konkret belegt, in ihren wirtschaftskulturellen Kontext eingeordnet und in einen zeitlichen Verlauf gebracht[448].

Doch für das Verständnis der Führungskonzeption ist es elementar, diesen Wandel und das Zusammenspiel von Führung und Wirtschaftskultur zu verstehen. Je komplexer die Wirtschaft wurde, umso komplexer wurde anscheinend auch Führung, umso reichhaltiger wurden die Führungsinstrumente.

Um diese Hypothese, die sich aus der Untersuchung der römischen Agrarschriften ergibt, zu validieren, soll vor der Gegenüberstellung mit praktischer Führungserfahrung

446 Hier sei noch einmal der bereits zuvor zitierte Hinweis Columellas in Erinnerung gerufen, wonach einige Landwirte seiner Zeit den klapprigsten Sklaven mit der Übernahme von Führungsaufgaben betrauten, ohne den Nutzen von Führungsverantwortung zu reflektieren, siehe Colum. 1,praef.,12.

447 Kaltenstadler (1978) S. 10, 2. Abs. und S. 11.

448 Die einzelnen Befunde Kaltenstadtlers zu Führung von Cato und Columella (S. 30 f., Kap. 5.1.4), zu den Handlungsweisen von *vilicus, procurator* und *colonus* wurden in diesem Kapitel zeitlich und logisch gegliedert.

ausnahmsweise eine weitere Literaturuntersuchung vorgenommen werden. An dieser Stelle soll erstmals und einzig hier neben den Werken des Cato, Varro und Columella auch eine Analyse der landwirtschaftlichen Schrift des Palladius erfolgen. Die Betrachtung dieser Schrift wurde für die vorliegende Untersuchung als nicht relevant definiert, da sie zu einem bedeutend späteren Zeitpunkt, im 4. Jh. n. Chr., und in einem bedeutend veränderten wirtschaftlichen Umfeld erstellt wurde. Da bei diesem Kompetenzbereich jedoch eine lineare Entwicklung von Cato über Varro zu Columella klarer als in allen anderen Kompetenzbereichen erkennbar ist, soll der Verlauf dieser Linie hier einmalig weiterverfolgt werden und gegen die Führungskonzeption zu dieser Zeit des 4. Jh. n. Chr. abgeglichen werden[449]. Der Abgleich mit dem *Opus agriculturae* des Palladius soll die zwangsläufig an die Wirtschaftskultur gekoppelt erscheinende Fortentwicklung von Führung untersuchen und verstehen helfen.

5.4.2 Exkurs: Führung bei Palladius

Rutilius Taurus Aemilianus Palladius verfasste sein Werk *Opus agriculturae* im späten 4. Jh. n. Chr. Zu dieser Zeit hatte die Wirtschaft des Römischen Kaiserreichs eine bedeutende Veränderung gegenüber der Ausprägung erfahren, die den Analysen der vorigen Kapitel zugrunde liegt. Insbesondere durch die Reichskrise im 3. Jh. n. Chr. mit massiver Bedrohung durch andere Völker und der Herrschaft einer Vielzahl, oft parallel ausgerufener Soldatenkaiser[450] in den Jahren 235–284 n. Chr., ergaben sich im Kerngebiet des Reiches und wichtigen Provinzen wie Spanien Wirtschaftsprobleme im Handel und insbesondere ein Niedergang der für das römische Staatswesen grundlegenden Landwirtschaft[451] sowie eine fortschreitende, hohe Inflation[452]. All dies zusammen setzte einen Wandel der Wirtschaftspolitik, der Wirtschaftsform, des Wirtschaftsprozesses und in der Folge der Wirtschaftskultur in Gang.

Der sichtbarste Eingriff der Politik in den Wirtschaftsverkehr war das Höchstpreisedikt Diokletians aus dem Jahr 301, mit dem der Kaiser Höchstpreise für eine Vielzahl von Waren und Dienstleistungen festlegte und deren Mißachtung mit hohen Strafen belegte[453]. Diese Maßnahme sollte der steigenden Inflation entgegenwirken. Es lässt sich hinterfragen, ob eine effektive Strafverfolgung bei abweichenden Preisen überhaupt möglich war. Ebenso lässt sich die Effektivität der Maßnahme mit der Kritik von Laktanz, dass das

449 Die Analyse ließe sich auch nach vorne verlängern und mit der Zeit Griechenlands beginnen. So hat Xenophon in seinem Werk Oikonomikos (Xen. oec. 5,15) einen Führungsstil mit Anlehnung an streng militärische Vorgehensweisen formuliert. Doch ist diese Epoche nicht Gegenstand der Untersuchung und bedürfte einer weiteren Einordnung, auf die hier verzichtet werden soll.

450 Vgl. Heuss (1998) S. 407 ff.

451 Vgl. De Martino (1991) S. 412.

452 Vgl. De Martino (1991) S. 394.

453 Vgl. Heuss (1998) S. 443.

„Gesetz nach dem Untergange wieder außer Gebrauch" gesetzt wurde[454], in Frage stellen. Doch die Tendenz hin zu einer dirigistischen Wirtschaftsform ist in dieser Maßnahme und in weiteren Wandlungen des Wirtschaftsprozesses evident. Es bildete sich auch ab in der Führung von Landgütern. Ein verpachteter Betrieb wurde in der Republik und der Kaiserzeit der ersten drei Jahrhunderte durch freie Pächter geführt. Weil Grundbesitzer aber in Folge der Krisen dadurch Umsatzeinbußen erlitten, dass ihre Pächter an anderen Orten nach besseren Verhältnissen suchten und Ländereien verließen, erließ Kaiser Konstantin im Jahr 332 n. Chr. ein Gesetz, das es den Pächtern untersagte, gepachtetes Land zu verlassen. Dadurch entwickelte sich eine feste Bodenbindung der Pächter. Die einst freien *coloni* wurden zu unfreien Bauern und die soziale Grenze zwischen Sklaven und freien Pächtern löste sich auf[455]. Die Literatur verbindet diese Wirtschaftsform mit dem Begriff des Kolonats, welches dann auch Grundlage für die mittelalterliche Wirtschafts- und Rechtsform des Lehnswesens wurde. Der Staat wurde zu einem „Zwangsstaat"[456]; die Wirtschaftskultur wurde zu einer Zwangskultur. Der landwirtschaftliche Unternehmer und Grundbesitzer ist ausschließlich der *dominus*. Der *colonus*, einst freier Pächter, ist im 4. Jh. n. Chr. ein dem Herrn direkt verpflichteter Abhängiger.

Palladius schreibt in dieser Zeit, selbst als Grundbesitzer, über die Durchführung von Landwirtschaft. Sein Werk stellt ein viertes großes landwirtschaftliches Werk der (überlieferten) römischen Literatur dar, muss aber eben in jenen zeitlichen Kontext eingeordnet werden. Die beschriebenen wirtschaftlichen Unfreiheiten sind Kriterium dafür, dieses Werk prinzipiell nicht im Kontext dieser Arbeit zu betrachten und nur an dieser Stelle einmalig für die Fortführung der scheinbar stetig wachsenden Entwicklungslinie von Führung in den Schriften der früheren Agrarautoren heranzuziehen und als Kontrastfolie zu verwenden, mit Hilfe derer ein abgleichender Blick auf die Ergebnisse der Zeit zuvor geworfen werden kann.

Bei der Analyse der Schrift des Palladius muss zuerst die Kritik bedacht werden, derzufolge Palladius eher Landwirt als Landwirtschaftsunternehmer gewesen sei. Er zeige wenig Verständnis für das Management eines Landwirtschaftsbetriebes und konzentriere sich mehr auf die Sachfragen der Landwirtschaft. Speziell unter dem Blickwinkel der Führung muss auch die Kritik an seiner schlechten Menschenkenntnis und seiner zögernden Haltung gegenüber Untergebenen erwähnt werden, die sich unter anderem an der Bemerkung des Palladius in Pall. agric. 15,2 entzündet[457]:

---

454 Lact. mort. pers. 7,6 f. übersetzt nach Aloys Hartl, s. Kap. 7.3. Laktanz beschreibt in seiner ohnehin als Kritik an Diokletian vorgesehenen Schrift, dass „man nichts Verkäufliches mehr auf den Markt brachte" und sich so die „Notwendigkeit" ergab, Diokletians Gesetz auszusetzen.

455 Vgl. Alföldy (1975) S. 299 und 305.

456 Vgl. die Bezeichnung von Heuss (1998) S. 407 des spätantiken Römischen Reiches als „Zwangsstaat". Diese seit dem 19. Jh. in der Geschichtswissenschaft verwendete Bezeichnung wurde kontrovers diskutiert und u.a. von Rilinger (1985) wegen zu modernisierender und einer am Liberalismus orientierten Sichtweise abgelehnt. Die Bezeichnung soll – mit der Einordnung als Darstellung einer unfreien Staatsverfassung – hier zur Kennzeichnung der Unfreiheiten gerade für den wirtschaftlichen Aktionsradius des Kolonats verwendet werden.

457 Pall. agric. 15,2, übersetzt nach Kai Brodersen, s. Kap. 7.3.

> *Nescio, utrum commune sit dominis; mihi difficile contingit in servilibus ingeniis invenire temperiem. Ita saepissime natura haec vitiat commodum, si quod est, et miscet optanda contrariis.*
>
> Ich weiß nicht, ob alle Herren dies gemeinsam haben, aber für mich hat es sich als schwer erwiesen, bei den Charakteren von Sklaven die richtige Balance zu finden. Sehr oft verdirbt ihre unterwürfige Natur, was auch immer sie an Wert haben und vermischt wünschenswerte Eigenschaften mit ihrem Gegenteil.

Kaltenstadler stellt die Vereinbarkeit solcher „Denkungsart mit unternehmerischer Qualifikation“ vielleicht zu Recht in Frage[458], ohne dies jedoch zu beantworten. Ob damit die Schrift des Palladius in ähnlichem Maße verwendet und als Maßstab für das betriebswirtschaftliche Verständnis verwendet werden kann wie Cato, Varro und Columella für ihre Zeit, ist fraglich. Da Palladius aber die Schriften dieser Autoren kennt, vor allem Columella mehrfach zitiert[459], insgesamt ein umfassendes Werk über die Landwirtschaft schreibt und sich auch nicht explizit von einem betriebswirtschaftlichen Anspruch distanziert, sei zumindest der Versuch erlaubt, hier Parallelen zu untersuchen. Zudem beschreibt Palladius einen „vielseitigen Gutsbetrieb“[460] mit unterschiedlichsten Nutzungsgebieten von Ackerbau bis zu unterschiedlichster Hoftierhaltung, der damit eine ausreichende Größe für die Anwendbarkeit einer Führungskonzeption darstellt.

Eine Analyse der Führungskonzeption in der Schrift des Palladius kommt zuerst zu der Feststellung, dass in dem Werk keines der 15 Kapitel oder der jeweiligen Unterkapitel einen für eine Führungskonzeption relevanten Titel trägt. Es ließe sich vermuten, dass dies dadurch bedingt sein könnte, dass der (unfreie) Pächter in der Zeit des Palladius für die Arbeitsorganisation selbst verantwortlich war. Doch erklärte dies nicht, warum Palladius in seinem Werk dann auch Empfehlungen für andere in der Verantwortung des Pächters liegende Themenbereiche erteilt. Über das gesamte Werk sind die Unterkapitel nach Ackerbau und Tierhaltung, nach Gebäudeteilen (wie zum Beispiel 1,32 über das „Heu-, Stroh- und Holzlager“) oder nach der Zeitmessung (als jeweils letztes strukturierendes Unterkapitel jedes Kapitels) benannt. Dies findet sich schon in der Einleitung (Kapitel 1), umso mehr in den nach den Aufgaben der einzelnen Monate gegliederten Folgekapiteln (2–13) und auch in den abschließenden Kapiteln (14 und 15), mit dem Palladius sich seinem Freund Pasiphilus gegenüber erklärt. Kein einziges Kapitel benennt – anders als zum Beispiel bei Columella – den Verwalter oder dessen (Führungs-) Aufgaben. So muss also innerhalb der einzelnen Kapitel nach Hinweisen auf eine Führungskonzeption geschaut werden, wofür auch hier die zuvor identifizierten vier Kriterien von Entscheidungsstrukturen und Rollen, Organisation, Führungsstil und Führungsinstrumenten betrachtet werden sollen.

458 Kaltenstadler (1986) S. 544.

459 Siehe zum Beispiel Pall. agric. 1,19,3 *de horreo.*

460 Flach (1990) S. 210, 2. Abs.

Als erstes sei der Aspekt von Entscheidungsstrukturen und Rollen betrachtet. Er wird bei Palladius nur marginal erwähnt. Schon allein die zahlenmäßig geringe Erwähnung üblicher Rollen lässt erkennen, dass eine Organisation der Landwirtschaft durch das Zusammenspiel mehrerer Akteure bei Palladius nicht von hoher Relevanz ist. Die Rollen eines *colonus*, eines *procurator* und eines *agri praesul* finden selbst nur viermal Erwähnung[461]. Auch weitere Führungsrollen existieren in seiner Schrift nicht. Somit ist der *dominus* alleinig Adressat seiner Schrift.

Eine dieser wenigen Stellen stellt die Zusammenarbeit von Herrn und Verwalter dar. In Pall. agric. 1,6,18 finden sich jedoch nur abwegige und ungewöhnlich wirkende Bemerkung über eine „zärtliche Verbundenheit" von Herrn und Sklaven, die die Eignung des Palladius zum Entwurf einer Führungskonzeption grundlegend in Frage stellt und die zuvor bereits benannte Kritik an der Eignung dieser Schrift für die Untersuchung von Führung bestärkt:

> *Agri praesulem non ex dilectis tenere servulis ponas, quia fiducia praeteriti amoris ad inpunitatem culpae praesentis spectat.*
>
> Zur Aufsicht über den Bauernhof soll man keinen Sklaven von denen einsetzen, mit denen man eine zärtliche Verbundenheit hatte, denn das Vertrauen auf diese alte Liebe wird ihn dazu bringen, Straflosigkeit für alle vorliegenden Fehler zu erwarten.

Doch lässt sich erkennen, dass Vertrauen in der Planung von Führung und Führungsrollen von zentraler Bedeutung ist – und es erscheint nicht, als würde Palladius den Verwaltern in ihrer Führungsrolle viel Vertrauensvorschuss entgegenbringen. Dies mag durch Erfahrung begründet sein, spiegelt sicher aber auch wider, dass zu seiner Zeit offenbar nicht die zwingende Notwendigkeit bestand, Aufgaben zu delegieren, sondern eher zu kontrollieren.

Der amerikanische Althistoriker Kyle Harper verstärkt diese Feststellung eines Kontrollmechanismus noch durch den Vergleich, dass Palladius eine wohl bedeutend kleinere Einheit überschauen musste als Columella[462] – der bedeutend fortschrittlichere und weiter gefächerte Mechanismen anwandte. Kaltenstadler hingegen unterstellt durchaus

461 Der *colonus* wird erwähnt in den Passagen Pall. agric. 1,6,6 und 14,35. Kaltenstadler (1986) S. 524 bemerkt zum Verständnis des *colonus* bei Palladius, dass man ihn dort als Bauern oder Landwirt zu verstehen habe, während die intensive Bewirtschaftung seiner Zeit mit Pachtsystemen und Pächtern erfolgt haben müsse. Der *procurator* findet sich einzig in 1,36,1. Ein *agri praesul*, scheinbar ein statt eines *vilicus* jetzt bei Palladius eingesetzter Verwalter, findet sich schließlich nur einmal in 1,6,18. Doch die Bedeutung und unterschiedliche Ausprägung dieser Rollen, so stellt auch Kaltenstadler (1986) S. 546 fest, werden nicht interpretiert.

462 Harper (2011) S. 190.

größere Betriebsgrößen zur Zeit des Palladius, erklärt aber das Fehlen einer nachvollziehbaren Erläuterung von Führungsrollen nicht[463].

Als zweites lässt sich bei der Betrachtung des Aspekts der Arbeitsorganisation feststellen, dass von einer solchen Darstellung bei Palladius nur sehr schwer zu sprechen ist, da keine wesentlichen Hinweise vorhanden sind. Palladius geht von einem *dominus* aus, der das betriebliche Geschehen leitet. Eine Beteiligung der Frau des Besitzers oder, wie bei Columella, des Verwalters an der Leitung des Guts, findet sich bei Palladius nicht, wie insgesamt die Frau nur beiläufig in der Darstellung über die Hühnerhaltung Erwähnung findet[464].

Am ausführlichsten formuliert ist noch die Bedeutung der Führungspersönlichkeit. Wenig fortschrittlich vertritt Palladius in 1,6,1 unter der Überschrift „Fleiß und notwendige Maximen für die Landwirtschaft" als einen Punkt eines umfangreichen Forderungskataloges den Standpunkt, dass der Gutsbesitzer auf seinem Gut anwesend sein soll:

> *Cuius haec erit cura vel maxima (...):*
> *praesentia domini provectus est agri.*
>
> Das beste Mittel (...) wird die Beachtung der folgenden Maximen sein (...):
> Des Hausherren Präsenz fördert den Fortschritt des Ackers.

Er formuliert diesen Standpunkt hier mit einem kurzen Satz und – anders als Columella und die anderen Agrarautoren zuvor – in keiner Weise wertend hinsichtlich eines Führungsverhaltens. Er sieht die Anwesenheit als positiv „für das Gut". Und die Orientierung auf das Gut anstatt auf den (zu führenden) Menschen zeigt sich auch, wenn er im nächsten Satz sofort wieder auf die Beschaffenheit des Bodens eingeht. Palladius will mit dieser Erwähnung nicht wirklich zu einer Führungskonzeption beitragen.

Es fällt somit schwer, drittens, von einem Führungsstil bei Palladius zu sprechen, da es keine Erwähnungen eines wie auch immer gearteten Führungsverhaltens gibt.

Einzig über die Darstellung von Führungsinstrumenten lässt sich, viertens, ein Bild eines Führungsstils entwickeln. Eine der wenigen Erwähnungen, die in seinem Werk auffindbar sind, macht sein Verständnis von Führungsinstrumenten deutlich. Sie findet sich einmal in der zuvor angeführten kurzen Erwähnung des *procurator* (Pall. agric. 1,6,1) und noch einmal besser in Pall. agric. 2,10,4. Dies erfolgt nicht in der Darstellung der Grundlagen von Agrarwirtschaft, sondern fast beiläufig bei der Schilderung der Aufgaben, die Palladius dem Monat Januar zuordnet:

> *Pastino vero, quod omne versabitur, trium vel duorum semis pedum altitudine terra universa fodiatur: in quo erit diligentia, ne crudum solum fraude occulta fossor*

463 Kaltenstadler (1986) S. 525 spricht abgeleitet von der Schilderung intensiver Pastination von Betriebsgrößen, die „wohl nicht bei Varro und Columella vorkommen", liefert aber keine weitere Erklärung für diese Annahme und stellt keinen Bezug zu notwendigem Führungspersonal her.

464 Pall. agric. 1,27,1 *Gallinas educare nulla mulier nescit, quae modo uidetur industria.*

includat. Quam rem subinde custos virga, in qua praedictae altitudinis modus designatus est, per spatia, quae fodiuntur, exploret. (...) *Quae cura in omni positionis genere et ubique servanda est.*

In einem pastinum, das völlig umgegraben werden soll, muss die ganze Erde auf eine Tiefe von 2½ bis 3 Fuß umgewendet werden. Besondere Sorgfalt wird man darauf richten sicherzustellen, dass der Grabende nicht arglistig rohen Boden übriglässt: der Wächter soll dies wiederholt im gesamten umzugrabenden Bereich mit einer Rute überprüfen, an dem das Niveau der vorgenannten Tiefe markiert ist. (...) Diese Pflege muss in allen Arten von Lage und überall beachtet werden.

Palladius lässt eine Führungskonzeption erkennen, die auf strikter Kontrolle als Führungsinstrument beruht. Eine geleistete Arbeit soll der Gutsbesitzer mit dem Messstab kontrollieren. Er steigert dieses Kontrollsystem mit dem letzten Satz, indem er es auf „alle Arten von Lage" (also bezogen auf den bodentechnischen Untergrund) und für „überall" (*ubique*) anzuwenden empfiehlt. Auch wenn die Interpretation des Begriffes *ubique* als Kennzeichen aller denkbarer Management-Bereiche übertrieben und der Bezug zu allen Orten und Gegenden realistischer erscheint, so lässt sich die große Reichweite dieser empfohlenen Kontrolle hier gut erkennen.

Kaltenstadler mutmaßt hier noch einmal weiter, dass es sowohl den Aspekt „Angst zu haben, kontrolliert zu werden" als auch den Aspekt tatsächlich stattfindender „direkter Kontrolle" gebe[465]. Letztlich aber bleibt beides doch nur ein Ausdruck archaischer Führungsinstrumente.

Auch wenn Columella ebenfalls bedenkt, sich gegen unredliche Verwalter durch Präsenz auf dem Gut abzusichern[466], so bietet er doch eine bedeutend ausgeglichenere Führungskonzeption an als Palladius, da sie sich vor allem durch Variabilität und eine gewisse Bandbreite an Führungsinstrumenten auszeichnet.

Und auch im Vergleich mit der Schrift *Oikonomikos* Xenophons, die circa siebenhundert Jahre vor Palladius verfasst wurde und hier ausnahmsweise zum Vergleich herangezogen werden soll, fällt das schlichte Kontrollmotiv des Palladius und der schon zu dieser Zeit bedeutend breiter gefächerte Führungsstil Xenophons auf[467]. Xenophon benennt Motivation als Führungsinstrument, wenn er einen Verwalter oder Aufseher dann als erfolgreich bezeichnet, wenn dieser es verstehe, seine Arbeiter eifrig (προθυμους) und engagiert (εντεταμενους) für die Arbeit zu gewinnen[468]. Xenophon erwähnt auch eine fürsorgende Führung (der Frau), mittels derer die Loyalität der Arbeiter gewonnen

465 Kaltenstadler (1986) S. 542 f.

466 Vgl. Colum. 9,5,2. Columella beschreibt hier die notwendige Sorgfalt bei der Bienenzucht und die möglichen Probleme durch mangelnde Sauberkeit oder unredliches (*fraudulenter*) Verhalten des Verwalters.

467 Vgl. Xen. oec. 7,37 und 12,4–5.

468 Xen. oec. 21,9.

werden könne[469]. Genauso beschreibt er auf der anderen Seite aber auch harte Strafen als Führungsinstrument[470].

Berücksichtigt man nochmal die einleitend dargestellten Bedenken, ob die Schrift des Palladius für die Leitung eines Landguts in seiner Zeit verallgemeinerbar sei, so muss man mit der Ableitung zu weitreichender Schlüsse vorsichtig sein. Geht man davon aus, dass Cato, Varro und Columella mit der Absicht einer Agrar- und Management-Schrift geschrieben haben, so kann man bei Palladius, dem diese Schriften bekannt waren[471], zumindest voraussetzen, dass ihm – auch als eindeutig sachorientierter Autor – die vorhandenen Fragestellungen hinsichtlich des Managements eines Landguts nicht unbekannt waren. Die geringfügige Berücksichtigung und Erwähnung dieser Aspekte kann in seinem geringen Verständnis des Bereichs von Führung von Arbeitern und Management eines Betriebs liegen (nicht aber in einer kompletten Abgrenzung des Sachgebiets) oder in externen Faktoren wie der relativen Unbedeutendheit dieser Fragestellungen im System des Kolonats. Dieses einleitend in diesem Kapitel kurz skizzierte System ist geprägt durch eine Rentenorientierung des Gutsbesitzers, hier also des Palladius, und der Absicht, Erträge zu verstetigen, statt sie zu steigern. Damit einher ging offenbar eine weitgehende Verantwortungsübertragung an den Pächter – anders als bei Columella, der seine Güter selbst betrieb. Dieses grundlegend andere Wirtschaftssystem kann ein Grund dafür sein, dass sich Palladius in seinem Werk nicht um eine detaillierte Führungskonzeption kümmerte.

Es ist nichtsdestotrotz durchaus valide, den Führungsstil in der Schrift des Palladius zusammenfassend als autokratisch und auf hierarchischen Strukturen basierend zu beschreiben. Kontrolle ist bei ihm das Grundprinzip von Führung. Dieser Ansatz fällt wie kurz dargestellt sogar noch hinter Empfehlungen Xenophons aus einer Zeit acht Jahrhunderte vor Palladius zurück.

5.4.2.1 Abschließende Betrachtung zu Führungsdenken

Nimmt man diese Ergebnisse zur Beantwortung der Hypothese, dass die Führungskonzeption einer Epoche zwangsläufig an die Entwicklung der Wirtschaftskultur gekoppelt sei, so scheint die Befürwortung dieser Hypothese evident. Dass bei Palladius kein geschlossenes Führungskonzept vorhanden ist, mag seiner persönlichen Ausrichtung auf die Sachthemen der Landwirtschaft zugeschrieben werden zu können. Es ist aber durch den prinzipiell klar erkennbaren Anspruch, ein Agrarwerk in der Tradition Columellas zu sein, doch viel eher ein Hinweis darauf, dass Führung an Bedeutung oder zumindest an Komplexität verloren hatte.

469 Xen. oec.7,37.

470 Xen. oec. 14,7.

471 Siehe Pall. agric. 1,19,3 oder 1,28,5 die Erwähnung der Schrift Columellas und bestimmter Sachverhalte, worüber ihm auch die Werke Catos und Varros bekannt gewesen sein müssen.

Beleg dafür sind der dirigistische Führungsstil oder die kontrollorientierten Führungsinstrumente. Sie stehen in direkter Relation zu der in dieser Zeit herrschenden Wirtschaftsform des Kolonats und einer dirigistischen Wirtschaftskultur, die dieser Wirtschaftsform entspricht. Die übliche Landwirtschaftseinheit zur Zeit des Palladius waren kleinere Herrenhäuser als zu Columellas Zeit sowie eine Rückkehr zur Naturalwirtschaft und keine bedeutende Intensivierung der Landwirtschaft.

Galt bei Columella noch die Gleichung, dass mit der Intensivierung der Landwirtschaft auch eine höhere Spezialisierung eintrat und der Führungsstil weniger autoritär wurde, so gilt bei Palladius das Entgegengesetzte: mit geringer werdender Intensität der Landwirtschaft sank die Spezialisierung, und ein Ansteigen autoritären Führungsstils scheint belegbar. Die Führungskonzeption änderte sich mit dem Wandel der Wirtschaftskultur und des Wirtschaftsstils.

Somit liefert die Untersuchung ein weiteres starkes Indiz, dass die Gestaltungsprinzipien von Führungskonzeption und Führungssystem eines Wirtschaftsraumes der dort herrschenden Wirtschaftskultur folgen. Der Abgleich mit der Schrift des Palladius war an dieser Stelle für diesen Kompetenzbereich hilfreich. Eine Gegenüberstellung dieser Schrift in Bezug auf die anderen in dieser Arbeit behandelten Kompetenzbereiche muss im Rahmen einer anderen Arbeit vorgenommen werden – und könnte sich in Analogie zu diesem Kapitel an der Frage orientieren, warum mit dem wirtschaftlichen Niedergang Roms die Entwicklung dieser Kompetenzen verloren gingen.

Nach Abschluss der Untersuchung literarischer Evidenz zu Führung soll hier anschließend die Hypothese, dass die Entwicklung von Führung eng mit der gesellschaftlichen Entwicklung zusammenhänge, auch durch einen Abgleich mit dem praktischen Wirtschaftshandeln verifiziert werden. Es soll daher die Frage nach der Zwangsläufigkeit der Entwicklung nachfolgend untersucht werden.

5.4.3 Widerspiegeln von Führung in der Praxis des Handwerks

5.4.3.1 Führung zwischen Vertretern unterschiedlicher Schichten

Ein Widerschein der zuvor dargestellten Führungskonzeption der Agrarautoren im praktischen Berufsleben des antiken Rom ist schwierig zu finden – klammert man die hierarchische und dirigistische Führung in den nicht privatwirtschaftlich organisierten Bereichen von Militär und Verwaltung aus. Für den Teilaspekt von Organisation ließe sich vielleicht ein Anhaltspunkt in mehreren Branchen finden. So liefert die Betrachtung vertraglicher Regelungen im Geschäft eines *navicularius* oder eines *negotiator* interessante Hinweise auf seine gesellschaftliche Stellung, seine Rechte und Pflichten. Es sind die klassischen Betätigungsfelder der Ritter, die schon zuvor als unternehmerischste Gruppe der römischen Gesellschafts erkannt wurden. Wenn diese Aufträge annahmen und auf einem Schiff oder in einem Geschäft die Umsetzung mit ihren Untergebenen organisierten, dann stellt sich ein differenziertes Bild von Wirtschaften und Führung dar.

Für die Dokumentation von Führung im Sinne einer Organisation, die bestimmte Führungsziele realisiert, ist die Quellenlage jedoch nicht ergiebig und vor allem zu wenig spezifisch in Bezug auf die Interaktion des Wirtschaftsakteurs mit seinen Mitarbeitern; und auch für die Aspekte von Verantwortungsübergabe, Repräsentation und Kommunikation sind in dieser Aktivität nur wenige Belege zu finden. Damit ist die Untersuchung in wesentlichen Betätigungsfeldern der Ritter durch die Quellenlage erschwert.

Ein Ansatz könnte sich in der römischen Praxis zur Verantwortungsübertragung an beauftragte Mittelsmänner und den entsprechenden stellvertretungsrechtlichen Regelungen suchen lassen. Jean-Jacques Aubert beschreibt, wie ein Wirtschaftsakteur mittels einer Ermächtigung, dem *iussum*, solche Verantwortung an einen Abhängigen übertragen konnte und wie in der Folge mit der Weisungsklage (*actio quod iussu*) dem Geschäftspartner ein Klagerecht eingeräumt wurde, als sei das Geschäft von dem Wirtschaftsakteur selbst ausgeführt worden. Aubert thematisiert die Prinzipal-Agenten-Beziehung dieses Verhältnisses und stellt sie in den Kontext der sich im Laufe der Zeit weiterentwickelnden Rechtsverhältnisse von der *actio quod iussu* zur *actio institoria* und *actio exercitoria* von Handels- und Reedereigeschäften, der *actio de in rem verso* für Rückerstattungspflichten sowie der *actio de peculio* und der *actio tributoria* für Ansprüche aus Sondervermögen des Abhängigen, einem *peculium*[472]. Diese Chronologie stellt die Weiterentwicklung der rechtlichen Handhabe, aber auch der Komplexität des Geschäftsbetriebs dar, ähnlich wie die im vorigen Kapitel 5.3.4 beschriebene Entwicklung vom einfachen Frachtvertrag über das *receptum nautarum* zur *ex recepto* Regelung. Doch insbesondere zeigt es die sich entwickelnde Zusammenarbeit von Prinzipal und Agent. Doch letztlich sind diese Prinzipal-Agenten-Beziehungen nur ein fester Rahmen, der – wie Aubert es selbst bezeichnet – nur „mechanische"[473] Rollen und eine juristisch starre Organisation zweier Akteure darstellt. Der „*Business Manager*" Auberts handelt als Vertragspartei ausschließlich im Rahmen und Umfang seiner definierten Auftragslage[474]. Diese Prinzipal-Agent-Beziehung, die auch in anderen aktuellen Arbeiten thematisiert wird[475], erlaubt aber insbesondere keine Ausbildung von Führungsstilen oder Führungsinstrumenten, die hier im Fokus der Analyse zum Führungssystem im Wirtschaftshandeln stehen sollen.

Angesichts dieser Einschränkungen soll stattdessen der Versuch unternommen werden, dort nach Aspekten von Führung zu suchen, wo Strukturen erkennbar geblieben sind. Dies bietet sich speziell im Handwerk an, welches als Tätigkeit der Plebs und der unteren Gesellschaftsschichten eine gute Repräsentation gesellschaftlicher Entwicklungen darstellt und ein geeigneter Spiegel der wirtschaftlichen Tätigkeiten von Vertretern höherer Gesellschaftsschichten sein muss.

---

472 Aubert (1994) S. 115 in chronologischer Reihenfolge.

473 Aubert (1994) S. 4, 2. Abs.

474 Aubert (1994) S. 37, 2. Abs.

475 Vgl. u.a. Kerstin Droß-Krüpe: Prinzipale und Agenten im römischen Handel, in MCAW (2014) oder Terpstra (2019) Kap. 3, in dem er mit Hilfe der – auch an anderer Stelle der hier vorliegenden Arbeit verwendeten – Papyri aus dem Zenonarchiv die Handelsunternehmungen und privatwirtschaftlichen Aktivitäten des Apollonios unter Ptolemaios II im römischen Ägypten unter den Gesichtspunkten der Prinzipal-Agenten-Beziehung untersucht.

Die handwerklichen Werkstätten wurden vorwiegend in kleinen Einheiten autonom geführt und mit der *familia* betrieben. Insoweit wären sie von der Grundstruktur dem Agrarbetrieb Catos vergleichbar. Und entsprechend finden sich generell die patriarchalischen Strukturen der römischen Gesellschaft und die patriarchalische Grundtendenz der Wirtschaftskultur aller Epochen auch im Handwerk wieder. Auch wenn eine Vielzahl von epigraphischen Belegen und insbesondere Grabinschriften den weit verbreiteten Handwerkerstolz durch die Darstellung der eigenen (Handwerks-) Tätigkeit und der Exzellenz der Kenntnis und Ausführung belegen, so änderte dies nichts an der grundlegenden Unterordnung des Handwerkers unter seinen Patron. Die Grabinschrift des freigelassenen Goldschmieds M. Canuleus Zosimus, eines *argentarius* im ursprünglichen Wortsinne und kein Bankier[476], aus dem 1. Jh. n. Chr. ist Beleg dafür[477].

> *HIC · IN · VITA · SVA · NVLLI · MA*
> *LEDIXIT · SINE · VOLVNTATE*
> *PATRONI · NIHIL · FECIT*
> *MVLTVM · PONDERIS*
> *AVRI · ARG · PENES · EVM*
> *SEMPER · FVIT · CONCVPIIT · EX · EO*
> *NIHIL · VMQVAM · HIC · ARTEM · CAELA*
> *TVRA · CLODIANA · EVICIT · OMNES*
>
> Er sagte in seinem Leben niemand etwas Böses nach, ohne den Willen seines Patrons tat er nichts, bei ihm lag immer eine Menge Gold und Silber, aber nie begehrte er davon etwas. In der Fertigkeit der Clodianischen Reliefkunst überstieg er alle.

Offensichtlich ist die Inschrift durch einen Dritten, vermutlich den benannten Patron geschrieben. Sie gibt zum einen das den Grabinschriften von Handwerkern übliche lobende Zeugnis ab, dass er die Kunst der *caelatura Clodiana* (d.h. bei der Verwendung einer Technik, mit Bildern geschmückte Silberschalen herzustellen[478]) einzigartig beherrschte. Ebenfalls wird ihm ein moralisches Idealbild bescheinigt[479]. Und grundlegend findet hier durch die lobende Klarstellung, dass er ohne den Willen des Patrons nichts gemacht habe, die beschriebene patriarchalische Grundeinstellung repräsentativ Ausdruck.

Führung zwischen Vertretern unterschiedlicher gesellschaftlicher Schichten ist daher auf jeden Fall ein relevanter Aspekt bei der Betrachtung der Führungssysteme zu

476 Der Begriffes *argentarius* zur Beschreibung eines im Geldhandel involvierten Sklaven wurde bis in die späte Kaiserzeit verwendet. Siehe Andreau (1999) S. 47, 5. Abs. In er Spätantike verband er sich mit dem Handwerk der Silberschmiede. Siehe Kolb (2002) S. 150.

477 Geist (1969) Inschrift #189, S. 80, Rom, ILS DE7695 beziehungsweise CIL VI 9222 – ergänzt von Alföldy um den letzten, bei Geist fehlenden Satz in Vössing (2005) S. 47, mit eigener Übersetzung.

478 Siehe die Erläuterung Alföldys in Vössing (2005) S. 47.

479 Siehe auch die Darstellung von Alföldys in Vössing (2005) S. 46.

römischer Zeit. Sie ist durch ihre ständische Veranlagung aber inhärent hierarchisch. Um von dieser starken Abhängigkeit der unteren Schichten von der römischen Oberschicht zu abstrahieren und darüber hinaus ein weniger von ständischen Rahmenbedingungen vorgeprägtes Bild von Führung zu bekommen, muss in dieser Arbeit eine Möglichkeit gesucht werden, eine gesellschaftliche Differenzierung innerhalb der Gruppe der Handwerker zu finden, die die Etablierung von Führungsstrukturen ermöglicht.

5.4.3.2 Führung im Ausbildungsverhältnis

Ein solcher Anhaltspunkt ergibt sich in den Ausbildungsverhältnissen des Handwerks. Diese stellen eine Organisation dar, die homogen innerhalb des eigenen Standes erfolgte – unter Einbeziehung der Sklaven – und die Etablierung von Hierarchien erlaubte. Ein Ansatzpunkt für die Ausprägung von Führung bietet sich hierbei in der Dokumentation von Ausbildungsverträgen. Diese erlauben, Aufgabenübertragung an Untergebene aber auch die Verantwortung für Mitarbeiter darzustellen.

Der Ablauf von Ausbildung im antiken Rom ist über einzelne vorhandene Verträge teilweise rekonstruierbar. Diese Ausbildungsverträge regeln dabei vorwiegend inhaltliche Sachdetails und die Aspekte der Entlohnung[480]. Ausbildung wird in den frühen Jahrhunderten Roms und auch noch im 2. Jh. n. Chr. weitgehend in der *familia* durchgeführt. Meißner weist darauf hin, dass noch Columella (11,1,4–5) die außerfamiliär durchgeführte Ausbildung als „Resultat eines Entfremdungsverlustes“[481] des Stadtmenschen vom Landleben bezeichnet habe. Eine feste Regulierung, eine staatliche Struktur oder eine zentrale Aufsicht der Ausbildung existierte bis zur Kaiserzeit nicht. Papyrusquellen aus dem römischen Ägypten erweitern an dieser Stelle die Untersuchung und erlauben dort, wo die Quellen aus Rom und dem italischen Kernland nicht ausreichend sind, die Betrachtung zu ergänzen. Sie bestätigen, dass für das römische Ägypten eine Meldepflicht von Lehrverträgen bekannt war[482]. Genauso erscheint es ab der Kaiserzeit glaubhaft, dass es eine „reguläre und geordnete Handwerkslehre gegeben hat, die auf einem Konsensualkontrakt (...) beruhte“[483]. Mangels Überlieferung aus dem römischen Italien hilft ein Blick auf die überlieferten Papyri des römischen Ägyptens, die die Ausbildung meist minderjähriger Personen durch einen erfahrenen Handwerker dokumentieren[484].

Die Ausbildung fand zwischen einem *magister* und seinen *discipuli* oder *discentes* statt. Der französische Historiker Nicolas Tran hebt hervor, dass der *magister* mit dieser Bezeichnung auch ein Zeichen seiner Autorität besaß. Dabei ist aber zu beachten, dass

480 Vgl. Drexhage, Konen, Ruffing (2002) S. 114 und S. 248 mit Quelle M41 sowie Meißner (1997) S. 61.

481 Meißner (1997) S. 62 und Fußnote 46.

482 Schulz-Falkenthal (1972) S. 210, 1. Abs. sowie S. 196.

483 Schulz-Falkenthal (1972) S. 212, 2. Abs.

484 Droß-Krüpke (2011) S. 103 ff., die eine umfangreiche Analyse der überlieferten Lehrlingsverträge hinsichlich unterschiedlicher Sachkriterien (Laufzeiten, Regelung von Urlaubstagen etc) vornimmt.

die Bezeichnung in literarischen und epigraphischen Quellen auch Zeichen technischer Expertise und guter Ausbildung war. Zudem bezeichnet Tran[485] den Begriff *magister* als sozialen Differenzierungsfaktor, da sich unter den Handwerkern die besten in der Beherrschung ihres Handwerks abheben konnten und somit gegenüber der Elite als höherrangig erkennbar machten[486]. Diese strenge Ableitung sozialen Prestiges als Konsequenz von Ausbildung und technischen Fertigkeiten mag in der Logik der sozialen Analyse von Tran sinnvoll sein. Jedoch ist anzunehmen, dass auch weniger talentierte, aber aus anderen Gründen erfolgreiche Handwerker diese Bezeichnung für sich in Anspruch nahmen – und umgekehrt auch Ausbildung zur Sicherstellung des Fortbestands ihres Betriebes übernahmen.

Die ausführlichste Darstellung der Lehrlingsausbildung im alten Rom liefert immer noch die Arbeit des deutschen Althistorikers Heinz Schulz-Falkenthal. Er beschreibt die Entwicklung der Ausbildung, die zuerst wohl im Familienverband stattfand, hin zu einer vertraglich geregelten Ausbildung von freien und unfreien Lehrlingen, welche durch die gestiegene Spezialisierung und Arbeitsteilung bedingt war[487]. Dabei ist die Spezalisierung der Berufsbezeichnungen, wie zuvor bereits in Kap. 5.2.3 angerissen, in ihrem Kontext der fortschreitenden wirtschaftlichen Aktivität benannt worden.

Schulz-Falkenthal sieht die Entwicklung der Ausbildung quasi als Zwangsläufigkeit der „Weiterentwicklung der Produktivkräfte und der Herausbildung der Haupt- und Nebenhandwerke", mittels derer dem Handwerk eine „quantitativ und qualitativ ausreichende Nachwuchsquote"[488] bereitgestellt werden konnte. Es konnte in der hier vorliegenden Arbeit dargestellt werden, dass im Zuge dieser Entwicklung sich auch die Form der Ausbildung und die Übertragung von Führungsverantwortung und das Führungsverhalten weiterbildeten. Der Lehrling, der Führungsverantwortung wahrnahm, wurde von rechtlicher Seite teilweise geschützt, teilweise aber auch verpflichtet (*actio institoria*).

Ein Beispiel für den traditionellen Verlauf von Ausbildung, von Führung von Auszubildenden bietet ein Auszug aus den römischen Rechtstexten der Digesten, bei denen ein patriarchalisches Verhalten dargestellt ist und der Auszubildende der Willkür – der Gewalt gar – des Lehrmeisters ausgesetzt ist.

Ulpian referenziert in diesem Fall eine Rechtsdiskussion des Juristen Julian, in der dieser den Rechtsfall zwischen einem als Ausbilder agierenden Schuhmacher und einem Lehrling (*discipulus*) darstellt. Julian beschreibt seine Rechtsauslegung dieses Falls[489]: „Ein Schuster schlug, wie er sagt, einem bei ihm als Lehrling tätigen freigeborenen Knaben, einem Haussohn, der das, was er ihm gezeigt hatte, nicht gut genug ausführte, mit einem Leisten so in das Genick, dass dem Knaben ein Auge ausfloss". Und Julian sieht die Haftungsfrage auf Basis des Lehrvertrages für zulässig.

485 Tran (2016) S. 259 f.
486 Siehe auch Schulz-Falkenthal (1972) S. 196 unten, der diese These auf den Stand der Handwerker verallgemeinert.
487 Schulz-Falkenthal (1971) S. 194 und 196.
488 Schulz-Falkenthal (1972) S. 212, Absätze 2 und 3.
489 Digesten des Julian, Buch 86.

Ulpian[490] beschreibt mit diesem Verweis auf Julian dann den Fall einer Verletzung oder gar einer Tötung, die ein Lehrer (außerhalb eines Ausbildungsverhältnisses) einem Sklaven zugefügt hat, und diskutiert, auf welcher Rechtsbasis der Lehrer haftbar sei[491].

> *Et Iulianus scribit Aquilia teneri eum, qui eluscaverat discipulum in disciplina: multo magis igitur in occiso idem erit dicendum.*
> (...) *dicit igitur Iulianus iniuriarum quidem actionem non competere, quia non faciendae iniuriae causa percusserit, sed monendi et docendi causa: an ex locato, dubitat, quia levis dumtaxat castigatio concessa est docenti: sed lege Aquilia posse agi non dubito*
>
> Und Julian schreibt, dass nach der *Lex Aquilia* haftet, wer einem Schüler beim Unterricht ein Auge ausgeschlagen hat; dasselbe muss daher umso mehr gesagt werden, wenn er getötet worden ist
> (...) Julian sagt nun, eine Injurienklage sei [im Fall des Schusters] zwar nicht gegeben, weil er den Lehrling ja nicht geschlagen habe, um eine Personenverletzung zu begehen, sondern um ihn zu ermahnen und zu belehren; er erwägt aber, ob die Klage aus dem Lehrlingsvertrag erhoben werden könne, da einem Lehrherrn nur leichte Züchtigung erlaubt sei; ich aber habe keine Bedenken, dass nach der *Lex Aquilia* geklagt werden kann.

Die Juristen besprechen zuerst eine Injurienklage (*actio iniuriarum*), also eine Klage gegen Persönlichkeitsrechte, welche beide wegen des fehlenden Vorsatzes ablehnen[492]. Schließlich befürwortet Ulpian eine Klage auf Basis der *lex Aquilia*, also eines seit dem 2. Jh. v. Chr. geltenden allgemeinen Schadensersatzrechts, während Julian sich dessen nicht sicher sei und wie zuvor beschrieben eine Klage auf Basis des Lehrvertrages (*actio ex locato*) für zulässig hält, welcher nur moderate Züchtigungen erlaubt[493].

Unabhängig von der detaillierten juristischen Auslegung ist die zeitliche Einordnung dieses Rechtstextes von Interesse. Zwar darf seine Aufnahme in die Sammlung der Digesten und die erstmalige Erwähnung von Julian im 2. Jh. n. Chr. allein nicht als Kriterium dafür gelten, die Behandlung solcher (Führungs-) Sachverhalte in dieser Zeit als neuartig auftretend zu datieren. Ansonsten würde auch jede Erwähnung eines vergleichbaren Straftatbestandes in einem auf Einzelfälle aufbauenden Rechtssystem, wie zum Beispiel dem englischen, zu heutiger Zeit in die Irre führen.

Doch zeigt diese Digesten-Stelle auch, dass die römische Gesellschaft ab einem gewissen Reifegrad dem ausbildenden Handwerker Grenzen setzte und solche Willkür zu unterbinden versuchte, ganz eng in Abstimmung mit der sich entwickelnden

490 Domitius Ulpianus, römischer Jurist des 2. und 3. Jh. n. Chr.

491 Dig. 9,2,5,3, Ulpianus 18 ad ed., übersetzt nach Behrends, s. Kap. 7.3.

492 Von Ulpian auch erneut bemerkt in Dig. 19,2,13,4.

493 Weeber diskutiert, dass im Verhältnis von Ausbilder und Auszubildendem „leichte körperliche Züchtigung" als pädagogiche Maßnahme erlaubt gewesen sei, der Auszubildende aber „vor Brutalitäten seines *magister* zumindest *de iure* geschützt" gewesen sei. Siehe Weeber (2010) 49 f.

Wirtschaftskultur, für die ab dem 1. Jh. v. Chr. ein humanerer Umgang diagnostiziert wurde. Die Gewährung von Rechtssicherheit für solche Fälle ist somit spätestens ab diesem Zeitpunkt zu datieren, wahrscheinlich aber schon einige Jahrhunderte zuvor entstanden. Es fällt aber auch auf, dass Julian einen solchen Sachverhalt zu dieser Zeit noch formulieren muss, woraus zu schließen ist, dass solche Willkür, solches Führungsverhalten, solche Exzesse im Führungsverhalten gegenüber Lehrlingen zu seiner Zeit noch existierten und dagegen rechtliche Vorsorge getroffen werden musste.

Es stellt sich die Frage, ob über dieses patriarchalische Verhalten hinaus – und dessen Bändigung – weitere Hinweise zur Führungspraxis auffindbar sind. Und tatsächlich ergeben sich Hinweise auf Verantwortungsübertragung und kooperative Aspekte innerhalb dieser patriarchalischen Strukturen in einem weiteren Text der Digesten. Ulpian beschreibt einen Fall, in dem Lehrlinge die Geschäfte eines Tuchwalkers während dessen Abwesenheit ausführen[494]. Da einer dieser Lehrlinge in Abwesenheit des Lehrmeisters die Kleider der Kunden stiehlt und flüchtet, diskutiert Ulpian die Haftungsfrage des Lehrherrn und Geschäftseigners:

> *Sed et cum fullo peregre proficiscens rogasset, ut discipulis suis, quibus tabernam instructam tradiderat, imperaret, post cuius profectionem vestimenta discipulus accepisset et fugisset, fullonem non teneri, si quasi procurator fuit relictus: sin vero quasi institor, teneri eum. plane si adfirmaverit mihi recte me credere operariis suis, non institoria, sed ex locato tenebitur.*

> Aber auch wenn ein Kleiderreiniger vor Antritt einer Reise jemanden bat, seine Lehrlinge zu beaufsichtigen, denen er die Weiterführung seines Ladens überlassen hatte, und wenn nach seiner Abreise ein Lehrling Kleidungsstücke zur Reinigung annahm und mit ihnen entfloh, dann hafte der Kleiderreiniger nicht, wenn er jenen als seinen Vermögensverwalter zurückgelassen hatte; habe er ihn dagegen als Geschäftsleiter bestellt, so hafte er. Wenn der Kleiderreiniger mir allerdings versichert hat, ich könne seinen Arbeitern vertrauen, haftet er nicht mit der Geschäftsleiterklage, sondern mit der Werkbestellerklage.

Doch bei der Übersetzung – und in der Folge umso mehr bei der Interpretation – dieser Passage ist sich die moderne Literatur nicht so einig wie Behrends in seiner hier dargestellten Version. Der Vergleich der unterschiedlichen Übersetzungen wirft die Frage auf, wen der Tuchwalker tatsächlich mit der Geschäftsführung beauftragt hat. Zuletzt der Rechtshistoriker Richard Gamauf und Mitte des 20. Jahrhunderts auch Hans Kreller[495] unterstützen die hier angeführte Übersetzung von Behrends und gehen davon aus, dass für die Zeit der Abwesenheit des Lehrmeisters ein Freier als Stellvertreter mit der Geschäftsführung beauftragt wurde. Es könnte aber auch eine Übertragung der

494 Dig. 14,3,5,10, Ulpianus 28 ad ed., übersetzt nach Behrends.

495 Gamauf (2012) und Kreller (1945) S. 81, wobei letzterer noch eine Einfügung vornimmt und den Freien ohne erkennbaren Beleg als Lucius Titius benennt.

Geschäftsverantwortung an alle Lehrlinge stattgefunden haben, wie es von dem schottischen Rechtshistoriker Paul du Plessis und auch von Aubert befürwortet wird[496]. Letztlich gibt es auch Interpretationen von Schulz-Falkenthal[497], der in seiner Interpretation der Passage fraglos davon ausgeht – ohne eine Übersetzung zu präsentieren –, dass dem Lehrling, der den Diebstahl begeht, die Führung des Geschäfts übertragen wurde.

Der Text spricht allerdings deutlich von *discipulis suis imperaret*, also davon, dass der Tuchwalker mehrere Lehrlinge mit der Ausübung beauftragte. Folglich scheidet die Interpretation eines einzelnen beauftragten Lehrlings aus. Diese Auslegung von Schulz-Falkenthal hat zwar weite Verbreitung gefunden, da sein Artikel über die römische Ausbildung oft ungeprüft als Quelle genutzt wurde, ist aber nicht haltbar. In ähnlicher Weise muss die Interpretation eines eingesetzten Freien als Verwalter verworfen werden, da es unplausibel erscheint, dass eine für die Haftungsfrage im Zentrum stehende Person gerade in der juristischen Diskussion Ulpian zum Verantwortungsträger des aufgetretenen Diebstahls textuell nicht erwähnt wird. Gamauf und Kreller leiten die Existenz solch einer weiteren Person, des Freien als Stellvertreter des Tuchwalkers, allein aus der Verwendung des Verbs *imperaret* ab. Somit ist davon auszugehen, dass der Tuchwalker die Geschäfte an seine Lehrlinge (in Summe) übergab.

Offenbar wurde hier nur eine formlose Verantwortungs- und Rollenübertragung vorgenommen. Die Passage spricht davon, dass er seinen Lehrlingen die Führung des Geschäfts übertragen und seine Kunden gebeten habe, ihnen ihre Aufträge zu erteilen. Der Hinweis des Tuchwalkers an seine Kunden begründet somit die Beauftragung seiner Lehrlinge. Als Fundament und rechtliche Grundlage für das Handeln eines *institors* – oder im Sinne Auberts eines *„Business Managers"*[498] – dient die *praepositio*. Sie beschreibt den Umfang der überantworteten Tätigkeit[499]. Die *praepositio* stellt damit ein wesentliches Mittel für die Übertragbarkeit von unternehmerischer Verantwortung dar. Um rechtsgültig zu sein, musste sie öffentlich gemacht werden und konnte zum Beispiel am Betrieb ausgehängt werden[500]. Sie musste aber nicht zwangsläufig schriftlich vorliegen solange eine Sachlage geschaffen wurde, die der Dritte als *praepositio* auffassen konnte[501]. Dieses in der juristischen Literatur auch als konkludent bezeichnete Handeln ergibt sich im Fall Ulpians, wenn der Tuchwalker seine Kunden auffordert, ihre Aufträge an seine Lehrlinge zu geben, und die Kunden anschließend diese beauftragen. Gleiches gälte wegen der höheren Verantwortung und der daraus resultierenden Haftung umso mehr für die Übertragung der Rolle als *procurator*.

Ulpian untersucht somit in seiner juristischen Diskussion die möglichen Rollen, die diesen Lehrlingen zugeordnet worden sein könnten. Da es im konkreten Schadensfall um

---

496 Du Plessis (2012) und Aubert (1994) S. 74 f.

497 Schulz-Falkenthal (1972).

498 Aubert (1994) S. 5.

499 Aubert (1994) S. 9.

500 Siehe Aubert (1994) S. 9–11. Er zitiert darin formale Auftragsschreiben und erwähnt den öffentlichen Aushang der *praepositio* (S. 12).

501 Vgl. Wankerl (2009) Abs. 75.

die Beziehung eines Kunden zu einer Person geht, die zur Haftung verpflichtet ist, muss man Ulpians Aussagen dann auf den einen Lehrling beziehen, der die Kleider entwendet hat[502]. Ulpian unterscheidet mögliche Rollen als *procurator* oder als *institor*[503]. Wenn der Besitzer die Lehrlinge – und in der einzelnen Kundenbeziehung den einen Lehrling – implizit als *institor* eingesetzt und damit „die Geschäftsführung mit allen Verantwortlichkeiten einem Stellvertreter übertragen hätte“[504], würde er trotzdem weiterhin die Verantwortung und die Haftung zu übernehmen haben, weil ein *institor* auf Basis einer *praepositio*, also eines Arbeitsauftrages, klare Arbeitsanweisungen erhalten hat. Wenn der Besitzer hingegen den Lehrling als *procurator* (als Beauftragten) eingesetzt hätte, wäre die Haftung an diesen übergegangen und der Besitzer seiner Verantwortung entbunden. Diese Gesetzesstelle verstärkt also noch einmal, welches Gewicht die Rollenzuordnung (als *institor* oder *procurator*) aus juristischer und letztlich wirtschaftlicher Perspektive hat.

Die Digesten-Stelle bezeichnet wohl aktuelle und ehemalige Lehrlinge mit dem Begriff des *discipulus*. Eine Unterscheidung nach Lehrlingen und Gesellen kennt das Lateinische nicht. Dabei ist festzustellen, dass der Tuchwalker offenbar keine Führungshierarchie unterhalb seiner Person und keine Organisation definiert hat. Dass er daher unter seinen Lehrlingen und (nicht explizit bezeichneten) Gesellen keine Hierarchie gebildet zu haben scheint, erstaunt umso mehr.

Die Ergebnisse, die aus dieser Digesten-Stelle gezogen werden können, liefern keine eindeutige Aussage, sondern erlauben nur teilweise gegenläufige Hypothesen. Fortschrittlich ist festzustellen, dass der Tuchwalker offenbar die Geschäftsführung aus einer Notwendigkeit heraus vertrauensvoll an Untergebene und sogar an Auszubildende übertrug, sicher nicht in Unkenntnis möglicher Haftungsverpflichtungen. Er verzichtete auf klare Kontrollmechanismen und die formale Einsetzung eines Vertreters. Doch dieser als vertrauensvoll zu charakterisierende Aspekt wirtschaftlichen Handelns kann umgekehrt auch als wenig fortschrittlich – im schlechtesten Fall als blauäugig – bezeichnet werden, da der Tuchwalker für diesen sicher häufiger auftretenden Fall keine wesentliche, und ganz offensichtlich auch keine tragfähige, Organisation etabliert hat. Die Synthese dieser beiden Sichten ergibt, dass die Lehrlinge solcherart Verantwortung übertragen bekommen haben und Vertrauen das Führungsprinzip des Tuchwalkers war, ihm aber offensichtlich tragfähige Strukturen und das notwendige Maß an Kontrolle fehlten.

Eine Verallgemeinerung dieses Falles ist schwierig vorzunehmen. Sicher ist die Verantwortungsübertragung an Untergebene nicht unüblich gewesen. Ob dies immer ohne relevante Strukturen erfolgte, scheint unwahrscheinlich. Autoren wie Aubert diskutieren daher anhand mehrerer Fälle – inklusive dieses Falles – die zeitliche Einordnung dieser Rechtsprechung[505]. Er argumentiert, dass eine „substantive Veränderung“ der

502 Nur in dieser Gesamtbetrachtung ist der Bezug auf den einzelnen Lehrling erlaubt, den Schulz-Falkenthal unzulässig verkürzt verwendet.

503 Zur allgemeinen Einordnung dieser Rollen siehe Kap. 4.2.

504 Siehe Schulz-Falkenthal (1971) S. 206, 2. Abs.

505 Aubert (1994) S. 74–76.

prätorischen Rechtsbehelfe beginnend mit dem Jahr 125 v. Chr. zu datieren sei[506] und legt den Schluss nahe, dass die Klärung solcher Haftungsfragen in die Zeit zwischen 125 und 50 v. Chr. einzuordnen sei. Somit ließe sich schließen, dass sich ab Mitte oder Ende des zweiten Jh. v. Chr. Regelungen für die Verantwortungsübertragung an Untergebene im Wirtschaftsleben der römischen Gesellschaft etablierten.

Somit hat die Diskussion dieser Begebenheit und ihre Bewertung in der juristischen Auslegung der römischen Antike lehrreiche Einblicke in die Betriebsführung eines Handwerksbetriebs gegeben und hat erlaubt, verschiedene Hypothesen zum Führungsverhalten in einem Handwerkszweig aufzustellen. Doch um solches Handeln der Führungskonzeption der Agrarautoren gegenüberstellen zu können, reicht diese Diskussion nicht aus. Um die Prinzipien praktischer Verantwortungsübertragung zu erfassen und weitere Einsichten in die Führungsprinzipien im römischen Handwerk zu erlangen, soll daher versucht werden, eine weitere Annäherung an das Führungsverhalten im Handwerk vorzunehmen – und die Argumentation soll soweit möglich weiter am Beispiel eines Tuchwalkers mittels epigraphischer und archäologischer Quellen vorgenommen werden.

5.4.3.3 Führung in epigraphischen Zeugnissen

Ein umfassenderer Blick auf unterschiedliche Rollen in einem Handwerksbetrieb soll helfen, ein besseres Verständnis der ausgeübten Führungssysteme zu gewinnen und einen Einstieg in die strukturierte Analyse der anfangs definierten vier Kriterien einer Führungskonzeption – Rollen, Organisation, Führungsstil und Führungsinstrumente – zu ermöglichen.

Als Kontrast zu den nachfolgenden Darstellungen soll zuerst das epigraphische Beispiel des Titus Paconius Caledus[507] angeführt werden. Sein Grabrelief (Abb. 6[508]) knüpft an die landwirtschaftliche Analyse des vorigen Kapitels 5.4.1 und an die dominante Darstellung des *dominus* in den Schriften der Agrarautoren an. Titus Paconius wird in dieser Darstellung aus der Zeit von 40–30 v. Chr. mit gebieterischer Geste und Toga dargestellt, von der Darstellung bedeutend größer als die weiteren (arbeitenden) Figuren. Zudem soll man der dargestellten Person offensichtlich ein reflektierendes Vorgehen unterstellen, wenn in der zweiten Hand des Titus Paconius ein offenes Buch erkennbar ist.

506 Ebenda. Aubert zeigt, dass das Zwölftafelgesetz um 450 v. Chr. und die Lex Aquilia von 287 v. Chr. schon allgemeine Schadensersatzrechte regelten. Eine Erweiterung dieser Rechte auf vertragliche Haftungsfragen existierte wahrscheinlich seit der mittleren Republik. Evidenz dazu sei aber erst aus der Mitte des 1. Jh. v. Chr. auffindbar. Die prätorischen Edikte fokussierten von 286–125 v. Chr. auf die Stützung privatrechtlicher Regelungen, aber die wesentlichen prätorischen Rechtsbehelfe seien ausgelöst durch die Lex Aebutia aus dem Jahr 125 v. Chr. danach verfasst worden.

507 CIL VI 23687.

508 Quelle: Musei Vaticani, Museo Pio Clementino, Gabinetto delle Maschere. Datierung ca. 2. Hälfte 1. Jh. v. Chr., Inv.-Nr.: 808, Arachne Online-Archiv https://arachne.uni-koeln.de/arachne mit Seriennummer 20955.

Abb. 6: Grabrelief des T. Paconius (© Melina Sachs)

Diese Darstellung repräsentiert – als Einzelzeugnis, das sich aber gut in die Analyse der Agrarschriften fügt – stellvertretend die Unterschiede zwischen den gesellschaftlichen Schichten. Um den daraus zwangsläufig resultierenden Hierarchieunterschied nicht überzubewerten, soll die Suche entsprechender Darstellungen für Führung hier im Weiteren nicht in einer solch schichtenübergreifenden Konstellation, sondern wie in den beiden Kapiteln zuvor in einer Konstellation innerhalb einer Gesellschaftsschicht fortgesetzt werden. Und um den Faden der bisherigen Untersuchung fortzuspinnen, soll die Analyse weiter für das Handwerk erfolgen und, soweit von der Quellenlage möglich, im Geschäftsbetrieb eines *fullo*, eines Tuchwalkers, vorgenommen werden.

Über die Rollen im Betrieb eines Tuchwalkers ist wenig Schriftliches überliefert. Jedoch können epigraphische Belege Hinweise dazu geben. Der deutsche Archäologe Gerhard Zimmer führt in einem Kapitel seiner „Römischen Berufsdarstellungen" vierzehn epigraphische Belege unter dem Kapitel der Wollverarbeitung an. Der Arbeitsprozess in einer Tuchwalkerei ist dabei in Teilen erkennbar. Die aussagekräftigsten Darstellungen geben zum einen eine Verkaufsszene mit einer Produktpräsentation wieder (Abb. 7[509]), die Einzeldarstellung eines Arbeiters (Abb. 8[510]) und einen etwas umfangreicher dargestellten Arbeitsprozess des Filzen, als einer mit dem Walken vergleichbaren Tätigkeit (Abb. 9[511]).

509 Zimmer (1982) Bild 38, Grabrelief mit Darstellung des Verkaufs von Wollprodukten. Aufbewahrungsort (AO): Florenz, Galleria degli Uffizi, Inv. 313. Fundort (FO): Rom, Vigna Strozzi. Datierung um die Mitte des 1. Jh. n. Chr. Vergleichbar auch 39 und 40.

510 Ebenda, Bild 43, Reliefplatte mit Darstellung des Arbeitsablaufs einer Walkerei. AO: Forlì, Museo Civico. FO: Forum Popili. Datierung Anfang 2. Jh. n. Chr.

511 Ebenda, Bild 42, Ladenschild mit Darstellung der Arbeitsprozesse eines wollverarbeitenden Betriebs, AO: Pompeji, IX 7,7 (Außenwand). FO: in situ. Datierung um 79 n. Chr.

Abb. 7 (links): Handwerk, Verkaufsszene. Inv. 313 (© Galleria degli Uffizi [Palazzo degli Uffizi], Piazzale degli Uffizi – Firenze. Foto 639087).

Abb. 8 (rechts): Handwerk, Arbeitsszene I. Basisrelief aus Kalkstein mit *fullonica*-Szene. Forlimpopoli, Melatello. 3. Jh. n. Chr. Inv. M.FO 1351. Forlì, Musei Civici (© su concessione del Comune di Forlì – Musei Civici – tutti i diritti di legge riservati)

Abb. 9: Handwerk, Arbeitsszene II (© Gerhard Zimmermann)

Bei der Verkaufsszene (Abb. 7) fällt zuerst der Realismus der Darstellung auf. Der Fokus der Darstellung, anders als in der zuvor dargestellten Szene des Titus Paconius, liegt auf der sachlichen Darstellung einer Verkaufsszene. Der Besitzer oder Vorsteher trägt in der Verkaufsszene nur eine Tunika. Es ist stark anzunehmen, dass er Freier ist und daher das Recht hätte, die Toga zu tragen – oder diese zumindest auf diesem Grabrelief als Zeichen seiner sozialen Stellung zu verwenden. Stattdessen scheint er die Tunika als Ausdruck seines Handwerkerstolzes zu nutzen, der sich an seinesgleichen gerichtet haben mag[512]. Eine Differenzierung zu seinen Arbeitern ist in dieser Darstellung offenbar nicht nötig.

512 Vgl. auch Feststellung von Zimmer (1982) S. 66, 7. Abs. und dort Fußnote 433, dass der Handwerker sich offenbar bewusst auf den ersten Blick als solcher erkennbar machen wollte, auch wenn er in der dargestellten Szene keine eigentliche Arbeit verrichtete.

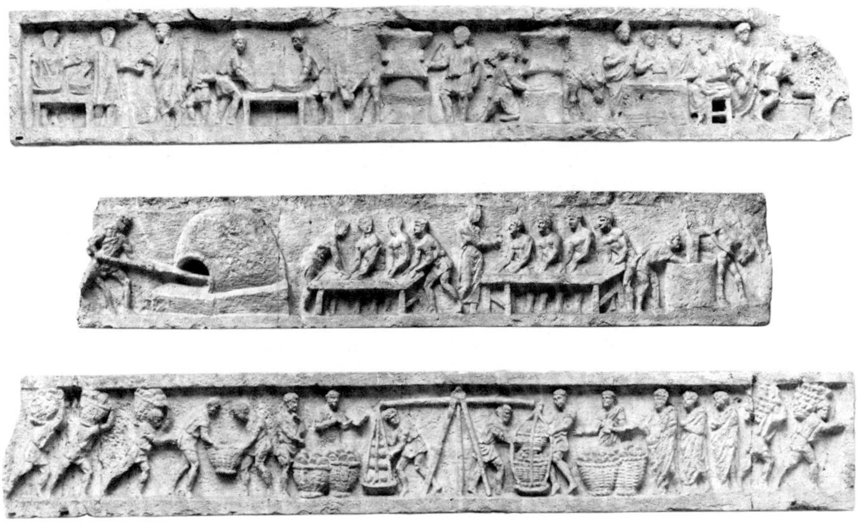

Abb. 10: Fries des Grabmals des Bäckers Eurysaces
(© Bildarchiv D-DAI Rom-72.3819; 72.3826; 72.3827 [nach Gipsabguss].
freigestellt durch Autor)

Vielmehr ist er mit der gleichen Größe wie alle anderen Personen dargestellt und die Verkaufsszene reiht alle weiteren vertretenen Personen scheinbar gleichberechtigt hinter ihm an, so dass sich der Eindruck einer gemeinsamen Präsentation vermittelt.

Genauso interessant ist die Tuchwalkerszene in Abbildung 8. Trotz ihrer motivischen Schlichtheit und der gröberen Darstellungstechnik gibt sie einen interessanten Einblick auf den dargestellten Handwerker. Dieses Grabrelief stellt den Handwerker mitten im Arbeitsprozess dar. Der Fokus liegt auf der Arbeitstätigkeit. Auf die Darstellung anderer Personen wird komplett verzichtet, so dass aus dieser Darstellung kein Rückschluss auf eine Person mit einer umfangreichen Führungsverantwortung abgeleitet werden kann. Allein die Existenz eines solchen Grabreliefs schließt aber aus, dass es sich um einen einfachen (lohnabhängigen) Arbeiter handelt, für den dieses Grabrelief geschaffen wurde. Stattdessen ist anzunehmen, dass dies eine Darstellung des Besitzers dieser Tuchwalkerei ist und er sich in einer Arbeitssituation darstellen lässt. Durch seine Rolle als Besitzer der Tuchwalkerei ist dann auch anzunehmen, dass er Führungsverantwortung hatte.

Wieder einen anderen Blickwinkel auf das Führungsverhalten im Handwerk liefert Abbildung 9. Diese stellt einen Teil des Arbeitsprozesses des Tuchfilzens dar. Auffällig in dieser Darstellung ist die harmonische Komposition der Darstellung und die gleichberechtigte Darstellung der Arbeiter ohne jegliche erkennbare Hierarchie. Zudem sind die am körperlichsten arbeitenden Personen, die direkt am Feuer mit freiem Oberkörper und einem Schurz das Filzen vornehmen, in den Mittelpunkt der Darstellung gerückt.

Alle drei Darstellungen lassen erkennen, dass die das Handwerk ausübenden und leitenden Personen sich mit der Tunika in ihrer Alltagskleidung portraitieren lassen und keine soziale Differenzierung durch Kleidung oder Gestus vorgenommen wird. Wenn man die drei hier exemplarisch gewählten Darstellungen als repräsentativ für das einfache Handwerk ansähe, ließe sich für den Standardfall des kleinen Handwerkbetriebs schließen, dass dort Führungsrollen und erkennbare Führungssysteme keinen epigraphisch erkennbaren Ausdruck fanden und somit offenbar nicht existierten.

Von tiefergehendem Interesse ist daher, ob auch bei größeren Handwerksbetrieben – so sie existierten und Quellen dazu vorhanden sind – der gleiche Schluss gültig ist oder ob die aus der Analyse der Schriften der Agrarautoren entwickelte Erkenntnis über das Entstehen komplexerer Führungssystemen mit dem Wachsen der Komplexität der Wirtschaftsobjekte auch bei solch größeren Handwerksbetrieben zu beobachten wäre. Daher soll der Fokus entsprechend erweitert werden. Die einzig vorhandene epigraphische Quelle dazu ist der bekannte Fries des Grabmals des Bäckers Eurysaces aus Rom aus der letzten Hälfte des 1. Jh. v. Chr. (Abb. 10[513]). Diese Quelle bleibt wegen der Einzigartigkeit dieser Darstellung ein Einzelfall. Die schon häufig unternommene Bewertung dieses Frieses[514] soll daher hier genauer auf den Aspekt der Führung bezogen werden.

Der Fries stellt den Arbeitsprozess einer Großbäckerei dar. In der hier übernommenen Darstellung umfasst dies die Weizenverarbeitung (erste Reihe, Südfries), das Kneten und Backen des Teigs (zweite Reihe, Nordfries) und dann das Wiegen, den Verkauf und die Auslieferung des Brotes (dritte Reihe, Westfries). In diesem Prozess tauchen Darstellungen zahlreicher Arbeiter und aber auch drei Szenen mit in Togen gekleideten Personen auf[515]. Gleich zu Beginn des Prozesses auf dem Südfries begleitet eine solch gekleidete Person offenbar die Weizenanlieferung. Im Prozess des Knetens auf dem Nordfries findet sich eine weitere Person in Toga, scheinbar als Kontrolleur mehrerer in Reihe dargestellter Arbeiter. Und bei dem Wiegen und dem Verkauf auf dem Westfries finden sich vier weitere Personen bei der Beobachtung des abschließenden Prozessschrittes.

Zur Einordnung dieser Personen ist das Verständnis des Geschäftsbetriebs des Eurysaces von Bedeutung. Er führte offenbar als Freigelassener[516] einen sehr erfolgreichen und von seiner Größenordnung einzigartigen Betrieb, der Brotherstellung im Auftrag

513 Zimmer (1982) S. 20–25, Bild 18, Fundort: Porta Maggiore, Rom, Datierung ca. 30 v. Chr.

514 Siehe u.a. Zimmer (1982) S. 21, Hackworth Petersen (2006) S. 84 ff. und ihre Analyse über Lage, sozialen Status und Intention des Grabmals.

515 Beispielhaft sei hier Flohr (2013) angeführt, der die Rolle der Kleidung als Symbol für Position in der römischen Gesellschaft beschreibt, s. S. 64. Dabei kleidet die Toga einen Besitzer oder dessen Vertreter, eine lange Tunika die Aufseher und die kurze Tunika die Arbeiter.

516 Trotz des Fehlens eines Hinweises auf den Status als Freigelassener (durch ein L/libertus im Namen) deutet die Art des Grabmals und der Topos der Darstellung wie bei vielen anderen Grabmälern auf den Status als Freigelassener hin, siehe Hackworth Petersen (2006) S. 96.

des Staates vornahm[517]. Aus dieser Annahme ergibt sich, dass die hohe Anzahl mit Toga gekleideter Personen beim abschließenden Verkaufsprozess zum einen Beauftragte des Staates und zum anderen die entsprechenden Verantwortlichen im Betrieb des Eurysaces waren – eine Vermutung, die einen Hinweis auf unterschiedliche Hierarchieebenen im Betrieb des Eurysaces geben würde. Es ist zu vermuten, dass sie fachliche Kontrollaufgaben übernahmen. Durch die Ansiedlung bei Beginn und Abschluss des Arbeitsprozesses ließe sich auf Buchhaltungsaufgaben schließen, die – wie auch schon an anderer Stelle dieser Arbeit – in der römischen Wirtschaft nicht unüblich waren und bei dem hier zu erwartenden umfangreichen Volumen von Wareneingang und Warenverkäufen des Eurysaces und der staatlichen Auftragslage ebenfalls als notwendig erscheinen. Diese höherwertigen Kontrollaufgaben rechtfertigen die unterschiedliche Kleidung und stellen faktisch damit auch inhaltliche Führungsaufgaben dar. Die amerikanische Althistorikerin Rose MacLean ordnet diese Hierarchien in das Motiv der Darstellung ein und die Absicht des Eurysaces, sich als „guten" Leiter seines Betriebes darzustellen, in dem eine harmonische Zusammenarbeit von Sklaven, Arbeitern und Kontrollpersonal im Fries dargestellt sei[518].

Es ist nach dieser auf einer Reihe von Hypothesen und Vermutungen basierenden Analyse als Zwischenergebnis festzuhalten, dass im Handwerk die Rollenverteilung in den zuvor angeführten Texten der Digesten explizit einen Besitzer oder einen *procurator* vorsieht, dass dieser aber in den epigraphischen Darstellungen des Handwerks nur für einen größeren Betrieb wie dem des Eurysaces erkennbar ist. Eine weitere Spezifizierung von Führung ist im einfachen Handwerk nicht erkennbar.

5.4.3.4 *Führung in archäologischen Belegen des Handwerks*

Eine weitere – und hier letzte – Möglichkeit zur Annäherung an die Geschäftsführung und das Führungssystem im Handwerk bieten die archäologischen Überreste von Handwerksbetrieben. Die erhalten gebliebenen Überreste einiger Tuchwalkerbetriebe, einiger *fullonicae*, ermöglichen es, – nach dem Exkurs zum Bäckerhandwerk des Eurysaces – wieder auf diese Branche zurückzukommen, die zuvor anhand unterschiedlicher Quellengattungen betrachtet wurde, und den Betrieb eines Tuchwalkers (*fullo*) weiter zu untersuchen.

Miko Flohr[519] bietet die aktuellste Untersuchung mehrerer bekannter römischer Tuchwalkerbetriebe. Er nutzt als Objekte und Datengrundlage für seine Untersuchung

517 Die Produktion erfolgte dem begleitenden Text des Grabmals (*EST HOC MONIMENTVM MARCEI VERGILEI EVRYSACIS PISTORIS REDEMPTORIS APPARET*[*ORIS*]) nach als *redemptor apparatoris*, also als Auftragnehmer staatlicher Aufträge, entweder für die Armeen oder die öffentliche Versorgung. Siehe Hackworth Petersen (2006) S. 117.

518 MacLean (2018) S. 13 f.

519 Flohr (2013).

verschiedener ökonomischer Fragestellungen[520] 22 bekannte *fullonicae* auf italischem Gebiet[521]. Darunter befindet sich die *fullonica* des Stephanus (in der archäologischen Notation als Pompeji I,6,7 bezeichnet) als Typus des Tuchwalkerbetriebs mittlerer Größe unter Einbeziehung eines Verkaufsraums zur Straße hin[522] und die *fullonica* Ostia V,7,3 als eines der wenigen Beispiele eines größeren Betriebes mit gut organisiertem und strukturiertem „industriellen" Fokus ohne Verkaufsraum. Der Vergleich der Anlage der Räumlichkeiten dieser Betriebe macht bedeutende Unterschiede klar, wenn auch anzumerken ist, dass Flohr in seiner Analyse die Feststellung sozialer Hierarchien in besonderem Maße herausstellt, eventuell sogar überspitzt.

Pompeji I,6,7 als mittelgroßer Betrieb innerhalb eines *atrium*-Hauses weist zwei Räume auf: einen für die operative Arbeit einerseits und einen für die Abschlussarbeiten und den Kundenverkehr andererseits. Die Tätigkeiten im letzteren Bereich haben einen Bezug nach außen, zum Kunden, und stellen eine koordinative Aufgabe dar, die dem dort eingesetzten Arbeiter eine „dominante Position im eigenen Netzwerk" zuspricht. Flohr leitet hieraus die Abbildung sozialer Hierarchien unter den Arbeitern ab[523]: Tätigkeiten mit geringerem Status seien im hinteren Teil des Hauses verrichtet worden, während höherwertige Tätigkeiten sichtbar für den Kunden ausgeführt wurden.

Ostia V,7,3 ist ein Beispiel eines größeren Betriebes, der mehr auf hohe Produktionskapazitäten und weniger auf den direkten Kundenverkehr ausgerichtet war[524]. Doch auch dabei ergeben sich nach der Analyse Flohrs die gleichen sozialen Hierarchien innerhalb der Arbeiter durch die Positionierung der Arbeitsstelle innerhalb des *fullonica*-Gebäudes[525]. Das offensichtliche Gegenargument zur Annahme fester und dauerhaft zugeordneter Arbeitsstellen in einem Betrieb ist, dass Arbeiter nicht dauerhaft fest auf den beschriebenen Positionen gearbeitet haben müssen, sondern dass ein Wechsel unter den Arbeitern stattgefunden haben könnte. Dieses Argument führt Flohr selbst an, um es mit der sehr hypothetischen Annahme zu entkräften, dass bestimmte Arbeiter bei solch wechselnden Positionen häufiger auf der einen statt der anderen Position gearbeitet hätten und dass somit die These der sozialen Hierarchie aufrecht erhalten bleiben könne. Er schließt daraus, dass soziale Hierarchien als Führungsinstrument gedient haben und die Aufgabenzuordnung ein wichtiges Instrument sozialer Differenzierung gewesen sein

520 Darunter auch – wie nachfolgend dargestellt – die Frage sozialer Hierarchie, die dem Untersuchungsgegenstand von Führung artverwandt ist.

521 Elf *fullonicae* in Pompeji, die zwangsläufig aus dem Jahr 79 n. Chr. datieren, sechs in Ostia, drei in Rom und je eine in Florenz und Herculaneum, deren Datierung auf das erste Jh. vor und das erste und zweite Jh. nach Chr. zurückzuführen ist, siehe Flohr (2013) S. 26–30.

522 Vgl. die Feststellungen zur ökonomischen Ausrichtung dieser *fullonicae* in Flohr (2013) S. 79 und insbesondere die Klassifizierung nach Größen der *fullonicae* in Kap. 3.3/S. 149 ff.

523 Flohr (2013) S. 278, 2. Abs.

524 Flohr (2013) S. 164 belegt, dass die fullonica Ostia 5,7,3 zudem nur für einen Teil der Arbeitsschritte ausgebaut war und abschließende Arbeitsschritte außerhalb dieses Betriebs ausgeführt worden sein müssen.

525 Flohr (2013) S. 280.

könnte[526]. Diese Analyse böte mit der Deutlichmachung von Hierarchien einen weiteren Ansatz zum Verständnis von Führung in dieser Art von Betrieben.

Tatsächlich spiegelt aber das Fehlen klarer – und nicht lediglich auf Hypothesen basierender – sozialer Hierarchien das Fehlen einer Differenzierung von Auszubildenden und Gesellen wider, wie es hier zuvor bei der Betrachtung von Ausbildungsverhältnissen analysiert und dargestellt wurde.

Sicher lässt sich mit diesen Hypothesen Flohrs die bisher aus den juristischen und epigraphischen Quellen gewonnene Erkenntnis über ein einfaches Führungssystem um die Feststellung erweitern, dass soziale Differenzierung unter den Arbeitern bestanden haben könnte. Damit sind aber Führungsstrukturen für die unterschiedlichen Ausprägungen von *fullonicae* weiterhin nicht belegt. Wesentlicher ist daher die Feststellung, dass auch Flohr nur von einem Besitzer oder einem *procurator* als einzige Führungsfigur spricht und davon ausgeht, dass nur ein Besitzer als selbst agierender Manager oder gegebenenfalls ein Aufseher existierte[527]. Neben der beschriebenen möglichen sozialen Hierarchie unter den Arbeitern bezeichnet er darüberhinaus kein archäologisches Indiz, welches das Vorhandensein einer komplexeren Führungsorganisation begründen würde. Räumlichkeiten für einen Aufseher, ja Räumlichkeiten für eine Verwaltung generell sind nicht nachweisbar. Für administrative Zwecke vorgesehene Räume finden sich nicht in der *fullonica* des Stephanus oder den anderen *fullonicae*. Und auch ein Raum für einen Verwalter, der – wie bei Cato und Columella – den Betrieb allein durch die Lage seines Arbeitsraums beaufsichtigen kann, gibt es nicht. Die Anlage solcher Räumlichkeiten ließe versuchen, einen Vergleich mit der Anlage römischer Gutsbetriebe vorzunehmen und daraus Schlüsse für das Führungssystem zu ziehen. Vielleicht begründet sich das Fehlen solch erkennbarer Unterschiede durch die räumliche Nähe und Abgeschlossenheit einer fullonica – im Unterschied zu einem über einen wesentlich größeren Bereich reichenden und damit unübersichtlicheren Landwirtschaftsbetrieb. Stellvertretend könnte man nur annehmen, dass der Verkaufsraum sich zur Straße hin öffnet und die Arbeiten hinten ausgeführt werden, so dass der Aufseher den Überblick behält auch wenn er mit den Kunden agiert.

Flohr stellt noch die weitergehende Überlegung an, dass wichtige Geschäftsplanung außerhalb dieser Räumlichkeiten vorgenommen worden sein könnte, während vor Ort nur die operative Geschäftsabwicklung, kontrolliert durch einen Aufseher, vorgenommen wurde[528]. Doch ist diese Annahme durch nichts belegt und es lässt sich leicht eine gegenläufige Annahme aufstellen, nach der der Besitzer im operativen Tagesgeschäft mit eingebunden war und alle Planungsaktivitäten im Rahmen des Tagesbetriebes

---

526 Flohr (2013) S. 276, 2. Abs. unter dem Begriff der *occupational hierarchy* und S. 278 unter dem Begriff der *communication hierarchy*.

527 Flohr (2013) S. 275, 3. Abs. Gerade bei der hier angesprochenen Möglichkeit, dass ein Aufseher eingesetzt gewesen sein mag, soll auch die Auslegung Flohrs für die zuvor behandelte Digestenstelle 14.3.5.10 erwähnt werden. Bei der kurzen Analyse dieser Digestenstelle verwendet Flohr eine an Schulz-Falkenthal angelehnte – oder vielleicht einfach ihm übernommene – Interpretation, der nach ein Lehrling als Vertreter des Besitzers agierte.

528 Flohr (2013) S. 276, 1. Abs.

vornahm. Hierfür spricht zudem die Konstellation wie sie aus der zuvor zitierten Digestenstelle hervorgeht, in welcher der Besitzer verreist ist und seine Verantwortung implizit delegiert, somit also üblicherweise vor Ort vertreten war. Auch die Analyse archäologischer Hinweise sprechen somit für die Durchführung eines Handwerksbetriebs im Modell einer einzelnen Führungsfigur ohne wesentliche Hierarchien.

5.4.4 Zusammenfassung

Mit diesem Kapitel wurde versucht, ein Bild des Geschäftsbetriebs eines römischen Wirtschaftsakteurs mit dem Fokus auf den Umgang mit seinen Arbeitern zu skizzieren. Die Analyse der schriftlichen Quellen der Agrarautoren zeigt mit wachsender Komplexität der Betriebe eine klare Entwicklunglinie fortschreitender Führungskonzeption. Ein Abgleich mit Führungsverhalten und gar einem Führungssystem im Wirtschaftshandeln ist dagegen wegen der geringen Datenlage und der Vielzahl an aufgestellten Hypothesen nur mit Bedacht vorzunehmen.

Die Analyse zur Landwirtschaft hat unterschiedliche Rollen und Entscheidungsstrukturen und die damit verbundenen Organisationsformen deutlich gemacht, hat unterschiedliche Führungsstile und unterschiedliche Darstellung der Führungspersönlichkeit offenbart und hat letztlich erkennbar gemacht, dass sich im Laufe der Zeit von Cato über Varro bis zu Columella Führungsinstrumente und Kommunikation weiter entwickelt haben. Die Arbeit hat das bereits von Kaltenstadler beschriebene Führungssystem der Agrarautoren noch einmal bedeutend weiter detailliert und in Bezug zur wirtschaftlichen Entwicklung sowie der Entwicklung der Wirtschaftskultur gesetzt. Sie konnte somit die Korrelation von Wirtschaftskultur und Führungskonzeption zeigen.

Zum Abgleich mit Führung im Wirtschaftshandeln wurde das Beispiel des Handwerks als Untersuchungsobjekt gewählt, da es als Tätigkeit der unteren Schichten eine gute Repräsentation gesellschaftlicher Entwicklungen und sozialen Aufstiegs darstellt. Die Quellenlage zum Handwerk – in Bezug auf Führungsaspekte – ist jedoch gering. Auch der deutsche Althistoriker Hartmut Leppin beklagt, dass diese Gruppe „durchweg von den Quellen wenig beachtet“ wird[529]. Und auch der Umfang der getätigten Handwerksgeschäfte in einem einzelnen Betrieb ist beschränkt. De Martino[530] und auch Henri Willi Pleket[531] begründen dies mit der starken Abhängigkeit von lokalem Handel, welche letztlich nur zur Ausbildung kleiner Handwerksbetriebe geführt habe, welche in letzter Konsequenz auch wenig Bedarf an Führung aufwiesen. Der amerikanische Historiker Cameron Hawkins verbindet Personalfragen und Geschäftsstrategien und betont die starken Beschränkungen, die für einen römischen Handwerker galten[532]. Diesem

529 Leppin (2005) S. 125.
530 De Martino (1991) S. 338 f.
531 Henri Willi Pleket in: Vittinghoff (1990) S. 119 ff.
532 C. Hawkins – Contracts, Coercio, and the Boundaries of the Roman Artisanal Firm, in: Verboven, Leas (2016) S. 36 ff.

Dilemma hat die hier erfolgte Analyse versucht, anhand der Einbeziehung unterschiedlicher Quellengattungen zur Tätigkeit im Handwerk zu begegnen.

Als Ergebnis dieser Untersuchungen lässt sich zuerst mit einiger Sicherheit feststellen, dass ein Handwerker mit einem mittleren Betrieb kein ausgeprägtes Führungssystem ausgebildet zu haben scheint. Wenn auch Flohr versucht, Führungsstil und Führungsinstrumente durch bestimmte Herleitungen zu rekonstruieren – etwa dass ein sozialer Aufstieg von Vertretern unterer Schichten durch die belohnende Zuweisung verantwortungsvollerer Aufgaben stattgefunden haben könnte –, so lässt sich in der Struktur der einleitend definierten vier Bestandteile eines Führungssystems[533] doch nur über Rollen und Entscheidungsstrukturen sowie über die gewählte Organisation eines Betriebs ein Urteil mit einiger Gewissheit treffen.

Rollen sind im Handwerk relativ gut erkennbar und bei Betrieben mittlerer Größe weitestgehend durch die Teilung zwischen Besitzern auf der einen und Arbeitern auf der anderen Seite beschrieben. Erst bei größerer Nachfrage scheinen sich in einem Betrieb größeren Ausmaßes wie dem des Eurysaces weitere Rollen – und Kontrollfunktionen – etablieren zu lassen, die aus der notwendigen Arbeitsteilung resultieren[534]. Analog dazu besteht die Organisation aus einer einfachen Hierarchie. Zwischenebenen sind nicht dokumentiert. Das für die hier vorgenommene Analyse gewählte Beispiel des Handwerks lieferte mittels juristischer Quellen Hinweise, dass ein Wandel des (anfangs autoritären) Führungsverhaltens eintrat und durch Rechtsprechung und Rechtsicherheit gestützt wurde. Soweit die wenigen vorhandenen Belege es erlauben, zeigt sich, dass eine Beschränkung patriarchalischen Verhaltens eintritt, was eine Analogie zur Struktur von Führungsverhalten darstellt, wie es zuvor aus den Schriften der Agrarautoren für die Handhabung in der Landwirtschaft abgeleitet wurde. Doch hatten kleinere Betriebe keine Notwendigkeit, komplexe Strukturen einzuführen.

Es bestand also kein kulturell erlernter Automatismus für die Anwendung komplexer Führungssysteme, sondern nur eine strukturelle Notwendigkeit, sie umzusetzen, sofern die Betriebsgröße und die Handhabung eines effektiven Betriebs dies erforderten. Der Vergleich mit der Agrarschrift des Palladius zeigt das Zurückdrängen vorhandenen Führungswissens zu einer Zeit, in der Betriebsgrößen dies nicht als notwendig erscheinen ließen. Die Gestaltung von Führungswissen entwickelte sich also nicht zwangsläufig weiter, wenn aus dem Geschäftsbetrieb heraus keine Notwendigkeit bestand.

Dagegen ist der Blick auf den Führungsstil im römischen Handwerk durch die strafrechtliche Perspektive juristischer Quellen oder den meist belobigenden Blick epigraphischer Quellen schwer einzuordnen. Den besten Eindruck vermittelt noch die Tatsache, dass offenbar vertrauensvoll Vertretungsaufgaben delegiert wurden, wie dies in der zitierten Textstelle der Digesten erkennbar ist. Und noch mehr sind Führungsinstrumente

533 Zur Erinnerung: Rollen und Entscheidungsstrukturen, Organisation, Führungsstil und Führungspersönlichkeit, Führungsinstrumente und Kommunikation.

534 Diese Arbeitsteilung dokumentiert auch schon Xenophon in seiner Kyropädie mit dem Beispiel der effizienten Arbeitsteilung griechischer Städte bei der Schuhherstellung, siehe Xenophon cyr. 8,2.

ohne eine schriftliche Dokumentation nur auf langfristige Aspekte wie die Aussicht auf Freilassung rückführbar – was aber für eine genaue Analyse von Führungsverhalten unzureichend ist. Für die Bewertung dieser beiden Aspekte kann also einzig auf die Quellen der Agrarautoren zurückgegriffen werden. Die in allen Führungsaspekten sehr konsistente Analyse der Schriften der römischen Agrarautoren steht also einer nur auf Einzelhinweisen und daraus gewonnenen Hypothesen beruhenden Analyse des Wirtschaftslebens gegenüber.

Die Ergebnisse des Kompetenzbereichs Führung sind somit gegenüber den beiden zuvor untersuchten Aspekten von Unternehmertum und Betriebsführung/Projekt-Management schwächer ausgeprägt. Dies ist zum einen sicher der geringeren Quellenlage geschuldet. Zum anderen repräsentieren sie durchaus das reale Bild der römischen Wirtschaft, die von ihrer Struktur her zwar große Landgüter ausbildete, aber auf der anderen Seite auch viele vorwiegend kleine Handwerksbetriebe. Und während in diesen kleineren Betrieben die Frage von Unternehmertum und Planung ebenfalls Relevanz besaßen, traf der Aspekt der Führung offenbar nicht mit gleicher Bedeutung zu. Es erscheint daher evident, dass die römische Wirtschaft da, wo sie relevante Größe und Komplexität erreichte, Führungsstrukturen und eine Führungskonzeption entwickelte. Die in Ansätzen im praktischen Wirtschaftsleben nachweisbare Entwicklung von Führung unterstützt die Erkenntnisse über die Entwicklung von Führungsverhalten, wie sie bei den drei Agrarautoren Cato, Varro und Columella hier zuvor nachgewiesen wurde.

Somit zeigt der hier vorgenommene Abgleich, dass die Wirtschaftsentwicklung Einfluss auf die Wirtschaftskultur und insbesondere das Führungsverhalten hat und dass die Veränderung im Führungsverhalten als Zwangsläufigkeit der Wirtschaftsentwicklung anzusehen ist. Wenn Wirtschaftstätigkeiten relevante marktwirtschaftliche Dimensionen annahmen, sind – um auf Temins These der „römischen Marktwirtschaft“ zurückzukommen – auch eine relevante marktwirtschaftliche Führungskonzeption und Ansätze marktwirtschaftlicher Führungssysteme im praktischen Handeln beobachtbar. Die geringe Größe handwerklicher Betriebe in Rom und dem italischen Kernland, wie sie zur hier betrachteten Zeit beobachtet werden kann, ist ein Charakteristikum römischer Wirtschaft. Dieses strahlt auch als „römische“ Eigenheit auf das Führungsverhalten in der „römischen Marktwirtschaft“ aus.

5.5 Wachstum und Transformation

5.5.1 Wachstumsstreben

Wachstum ist eine übliche Größe modernen betriebswirtschaftlichen Denkens und Handelns. Ohne das Streben nach Wachstum und ohne die Suche nach Potenzialen zur Erweiterung der Geschäftstätigkeit setzt sich der Wirtschaftshandelnde der Gefahr aus, im aktuellen Geschäftsbetrieb gegenüber der Konkurrenz zurückzufallen. Er kann dadurch Verluste erleiden und ist in Gefahr, die Unternehmung unprofitabel zu führen und letztlich vielleicht gar das Geschäft oder die Geschäftstätigkeit aufgeben zu müssen. Wenn die Konkurrenz durch eine effizientere Geschäftsführung, durch Kosteneinsparungen oder durch die Nutzung von Skaleneffekten ihre Gewinne erhöht oder durch eigenes Wachstum Umsätze steigert, kann eine Strategie, die nicht auf Wachstum setzt, schnell existenzbedrohend werden. Dabei ist natürlich zu berücksichtigen, dass die Umsetzung einer Wachstumsstrategie eigene Risiken mit sich bringt.

In der antiken und auch der römischen Literatur wurde Wachstum in dieser Form nicht thematisiert[535]. Jedoch wurde die Lust am *lucrum*, an einem wirtschaftlichen Gewinn, durchaus ausgesprochen und akzeptiert. Pleket wie auch zahlreiche andere Autoren erwähnen die Grafitti aus Pompeji und andere Inschriften, die dies dokumentieren[536]. Als Konsequenz dessen war *Reichtum* – und insbesondere in der Zeit der ausgehenden Republik und des beginnenden Imperiums *wachsender* Reichtum – eine Voraussetzung für persönlichen sozialen Aufstieg und Wohlstand. Beispielhaft steht dafür, dass das Mindestvermögen für die Angehörigen des Senats durch Augustus von ursprünglich 400.000 Sesterzen auf 1.000.000 Sesterzen angehoben wurde. Karl Christ[537] führt an, dass das Ziel dieser Maßnahme die Erneuerung des Patriziats gewesen sei. Doch wird diese Maßnahme politisch konterkariert, wenn man betrachtet, dass Augustus nicht selten seinen Wunschkandidaten das entsprechende Vermögen bereitstellte. Doch unabhängig davon ist hier die Tendenz evident, dass umfangreiche Teile der römischen Gesellschaft ein gutes Auskommen oder auch Reichtum erlangten. Und dieser Reichtum nahm gerade im kaiserzeitlichen Rom Formen an, die heute als Beispiel für die Dekadenz der römischen Eliten gelten. Sicher darf man bei dieser Betrachtung nicht außer Acht lassen, dass ein Teil dieser Reichtümer durch Kriegsbeute, Plünderungen und Aktivitäten erzielt wurde, die nicht mit dem Betrieb einer Wirtschaftsaktivität in Zusammenhang stehen. Doch ist wegen der umfangreichen Wirtschaftsaktivitäten zu dieser Zeit davon auszugehen, dass breite Schichten der Bevölkerung tatsächlich Wohlstand durch Wirtschaftsaktivitäten erlangten[538].

Soll Wachstum daher weiter untersucht werden, muss zwischen den unterschiedlichen Aspekten des Begriffes *Wachstum* differenziert werden. Volkswirtschaftliches Wachstum wird in der aktuellen Literatur trotz der sichtbaren Fortschritte in der Zeit der Republik und auch des Kaiserreiches als nicht wesentlich existent definiert, begründet meist mit dem fehlenden technischen Fortschritt[539]. Temin präzisiert die Einschätzung

535 Vgl. Millet (2001) zu einer ideengeschichtlichen Betrachtung von Wachstumsaspekten in der Antike.

536 Henri Willi Pleket in: Vittinghoff (1990) S. 133 unten – Er erwähnt die Inschriften *salve lucrum* und *lucrum gaudium* aus Pompeji und *lucrorum potenti et conservatori* aus Mailand. Pleket führt ergänzend an, dass „inwieweit Rationalität den Geist des waghalsigen Spekulanten zähmten", „andere entscheiden" mögen. Zur Beantwortung dieser Frage dient die hier vorliegende Arbeit.

537 Christ (1988) S. 94, 1. Abs.

538 Sicher darf hier natürlich nicht unerwähnt bleiben, dass es auch verarmte Bevölkerungsschichten gab, die von der wirtschaftlichen Entwicklung nicht profitierten. Dieser Aspekt wird am Ende dieses Kapitels wieder aufgegriffen.

539 Siehe dazu die einleitende Darstellung in Kapitel 2.2.

wirtschaftlichen Wachstums – gemessen in Pro-Kopf-Wachstum des Nationalprodukts –, vergleicht Rechenmodelle und schließt, dass in dieser Zeit ein geringes, aber kontinuierliches Wachstum über mehrere Jahrhunderte belegbar sei[540].

Aber hier von Interesse ist Wachstum auf der betriebswirtschaftlichen Ebene, das einen Grundpfeiler des Wirtschaftshandelns darstellt und der genauen Analyse bedarf. Beginnt man diese Analyse mit den Autoren der Landwirtschaftsliteratur, so ist festzustellen, dass schon Cato Wachstum, in der folgenden Übersetzung nach Froesch als Zuwachs bezeichnet, als Maxime des tüchtigen Kaufmanns pries[541]:

> *Mercatorum autem strenuum studiosumque rei quaerendae existimo, verum, ut supra dixi, periculosum et calamitosum.*
>
> Einen Kaufmann freilich halte ich für einen tüchtigen und auf Zuwachs bedachten Mann, allerdings, wie eben gesagt, Risiko und Verlust ausgesetzt.

Wenn auch diese Anmerkung den Zwiespalt zwischen einem risikoreichen Kaufmannsberuf und der in Rom als ehrenwert angesehenen Tätigkeit eines Landwirts darstellt, so markiert Cato doch in dieser ambivalenten Darstellung Tüchtigkeit und Wachstumsstreben als kaufmännische Charakteristika. Dabei ist festzustellen, dass es einen festen betriebswirtschaftlichen Begriff für „Zuwachs" oder – um in der Sprache des hier gewählten Kapitels zu bleiben – für „Wachstum" in der lateinischen Sprache nicht gab[542]. Stattdessen wählen die Agrarschriftsteller Umschreibungen, die sich konkret auf den Umsatz oder den Gewinn beziehen. Das hier von Cato gewählte *rem quaerere* („zu erwerben suchen"), das von Hartmut Froesch mit dem Begriff des Zuwachses übersetzt wird, ist eine Formulierung, die in dieser Form von keinem der späteren Agrarautoren aufgegriffen wurde. In ähnlicher Weise wurde das von Columella verwendete *conferere augendo*[543] von keinem der früheren Agrarautoren verwendet. Doch es finden sich Formulierungen, die einen Bezug auf den Ertrag eines Vorhabens nehmen und – wie

540 Temin (2013) Kap. 11.

541 Cato agr. praef.,3.

542 Der Begriff *incrementum* ist eine offensichtliche Übersetzung, benutzt die doppelte Bedeutung, die es im Deutschen hat, nicht und wird ausschließlich im pflanzlichem Wachstumskontext verwendet, siehe Georges (1918) Sp. 173, wobei Georges mehrere Stellen Columellas anführt, an denen *incrementum* in diesem Sinne verwendet wird: siehe u.a. 8,17,14 *pisces minuti incrementi*, 2,17, 1*herbae validioris incrementi*, 9,7,5 *ne possint capere foramina plus unius apis incrementum.*

543 Vgl. Colum. 1,8,19, siehe das bereits in Kap. 5.4 angeführte Zitat zur Fürsorge für Sklaven als Möglichkeit zur Mehrung des Vermögens.

beispielhaft im nachfolgenden Zitat Columellas[544] – die Forderung stellen, den „Ertrag zu steigern" (*augere reditus*)[545]:

> *Feracissimam quamque serere conducit, ut multiplicatione frugum reditus augeatur.*
>
> Dann ist es nur sinnvoll, sehr ertragreiche Reben zu pflanzen, so dass der Ertrag durch die Masse der Ernte angehoben wird.

Columella formuliert in seiner Schrift über die Landwirtschaft das hier zur Frage stehende Wachstumsstreben konsequent als Erweiterung persönlichen Reichtums[546]. Doch in der weiteren Darstellung seiner Schrift scheint er die Forderung nach Wachstumsstreben einzuschränken. So definiert Columella Maß und Proportion als Maximen unternehmerischen Handelns[547] und mahnt ein moderates Handeln an[548], das keinen Besitz über das bewirtschaftbare Maß hinaus vorsehen soll. Wachstum – hier begrifflich erfasst mit *tantum enim obtinendum est,* dem Erhalt oder der Anschaffung – empfiehlt er dabei nach den schon eingangs seiner Schrift[549] definierten unternehmerischen Kriterien von persönlichem Ehrgeiz (*voluntas*) und verfügbaren Mitteln (*facultas*) anzustreben. Letztlich aber fordert er dabei doch von einem „ordentlichen Hausvater, dass er das, was er erworben oder überkommen hat, ertragreich und brauchbar macht"[550]. Besonders bemerkenswert ist, dass Columella die hier erwähnte Beschränkung aus dem von ihm mit angeführten politischen Kontext, dem zu seiner Zeit bereits überkommenen und mehrfach reformierten Licinischen Ackergesetz und der dort geregelten Höchstgrenze von Ackererwerb, heraus und in einen ökonomischen Zusammenhang rückt.

Solch eine ambivalente Einstellung zu Wachstumsstreben findet sich auch in der Beschreibung der Vita Catos des Älteren, die Plutarch über 250 Jahre nach dessen Tod um das Jahr 96 n. Chr. zusammenfasst. In dieser als Sittenbild zu verstehenden Darstellung wird zuerst das weithin überlieferte Bild Catos als das eines bescheidenen Menschen dargestellt. Cato habe sich das Beispiel des zurückhaltend lebenden *Manius Curius* zu Herzen genommen, dadurch motiviert seine „landwirtschaftliche Selbsttätigkeit vergrößert und

---

544 Columella beschreibt in 3,2,3–5, wie sich beim Weinbau die Frucht auf den Ertrag (*reditus*) auswirkt und man mit dem richtigen Holz der Rebe den Ertrag durch die Masse der Ernte anheben kann (*reditus augeatur*).

545 Colum. 3,2,5. Diese Formulierung findet sich in vergleichbarer Weise mehrfach bei Columella wieder. So steht die Ertragserzielung das ganze Kapitel 3,2 hindurch im Mittelpunkt, wenn Columella über das Ertragsreichtum, d.h. die Fruchtbarkeit unterschiedlicher Reben schreibt (3,2,32 *feracitatem potius sequemur*) oder 6,praef.,6 oder 6,23,3.

546 Colum. 1,1,3 *rationem rei familiaris augendae.*

547 Colum. 1,3,8 *modum mensuramque.*

548 Colum. 1,3,12.

549 Siehe dazu die vorige Diskussion zum Begriff des Unternehmertums in Kap. 5.2.1.

550 Colum. 1,4,3 *verum industrii patris familiae est, quicquid aut emerit aut acceperit, facere fructuosum atque utile.*

seinen Konsumaufwand beschränkt"[551]. Diese Darstellung unterstellt Cato löbliches moralisches Handeln, eine Liebe zu Einfachheit und Selbstbeherrschung[552] und – wie er Cato selbst zitiert – Sparsamkeit als Erwerbsquelle[553]. Plutarch deckt dann aber auf, dass Cato sich tatsächlich nur scheinbar gegen ein Wachstumsdenken gewendet habe und sogar den Menschen unter das Ziel eines wirtschaftlichen Nutzens gestellt habe. Plutarch klagt an dieser Stelle einen „allzuharten Charakter" und die Unbarmherzigkeit Catos an, da er seine Sklaven – in der Übersetzung nach Eyth – „abnutzte" und dann, wenn sie nicht mehr arbeitsfähig waren, verkaufte[554].

Letztlich stehen die Agrarschriftsteller Wachstum offenbar ambivalent gegenüber, lassen aber im Konkreten einfache Rentabilitätskriterien gelten und verfolgen diese[555]. Diese Ambivalenz findet sich in einer übergreifenden Umschau auch im Bild des für den Handel zuständigen römischen Gottes Merkur wieder. Der Kulturwissenschaftler Ulrich Johannes Schneider beschreibt[556], wie Merkur einen ambivalenten Status inne hatte und ob seiner praktischen Fertigkeiten für Handel aber auch Diebstahl bekannt war. Er beschreibt ihn als „wendig und flatterhaft". „Gauner und Wegelagerer flehten ihn an, Kaufleute und Händler rechneten auf ihn". Schneider schließt mit der Bemerkung, Merkur sei „ein Mann des Wechsels, in allen (auch praktischen) Bedeutungen des Wortes". Und nicht unähnlich diesem Zitat ist der Eindruck, den die Schriften der Agrarliteratur machen. Ihr Charakter schwankt zwischen dem eines moralischen Instruments zur Erziehung der landbesitzenden Eliten und dem eines auf Rentabilität orientierten Wirtschaftsstrebens[557].

Um diesen Charakter genauer zu untersuchen, sollen die in Kap. 5.1 dargestellten und für die Zeit der römischen Antike als relevant gekennzeichneten Kompetenzen von Finanzierung, Strategiedenken und Vermarktung hier genauer analysiert werden und über das grundlegende Verständnis von Rentabilität ein Einstieg gefunden werden.

551 Plut. Cato mai. 2,1.

552 Plut. Cato mai. 2,2 wie auch in 3,1.

553 Plut. Cato mai. 25,1.

554 In Plut. Cato mai. 5,1 (und zuvor schon in 4,2) Plutarch bemängelt, dass Cato „zwischen Menschen und Menschen keine Verbindung vorhanden glaubt" und wirft in diesem Sittenbild eine moralische Frage auf, die vergleichbar auch in anderen Arbeiten geführt wird, wenn die Bezeichnung Catos für Sklaven als ein *instrumentum vocale* diskutiert wird. Da dies aber genauerer Untersuchung bedürfte, oft – wie Carlsen (1995) S. 18 betont – falsch verstanden und fehlerhaft interpretiert wurde und zudem vom hier untersuchten Thema abweicht, soll dieser Aspekt an dieser Stelle nicht weiter vertieft werden.

555 Vgl. zum Beispiel Colum. 5,8,2 zur Rentabilität des Ölbaums.

556 Schneider (2013) S. 207.

557 Diederich (2007) S. 272 überschreibt den dritten Teil ihrer Analyse der Agrarschriften mit dem Titel „Das Agrarhandbuch als Medium der Initiation in Habitus und Wertewelt der landbesitzenden Eliten".

5.5.1.1 *Rentabilität*

Ein zentraler Aspekt einer betriebswirtschaftlichen Wachstumsdebatte und von Wachstumsstreben ist der Begriff der Rentabilität, der über das reine Erzielen eines Ertrags hinausgeht, indem er diesen in Bezug zum eingesetzten Kapital setzt. Cato leitet sein Werk *de agri cultura* im ersten Kapitel unter anderem mit dem folgenden Hinweis ein[558]:

> *Videto quam minimi instrumenti sumptuosusque ager ne siet. Scito idem agrum quod hominem: quamvis quaestuosus siet, si sumptuisus erit, relinqui non multum.*
>
> Achte darauf, dass das Land möglichst wenig Gerätschaften braucht und nicht arbeitsaufwändig ist. Wisse, dass das Land wie ein Mensch ist: wenn er auch viel erwirbt, so bleibt nicht viel übrig, wenn er viel Aufwand treibt.

Cato stellt den Erwerb eines Landgutes und den zu erwartenden Ertrag in direkten Bezug zu den Betriebsausgaben. Neben aller Fokussierung auf ein ertragreiches Landgut kann eine abschließende Beurteilung der Vorteilhaftigkeit dieses Betriebs nur vorgenommen werden, wenn der Aufwand für die Bewirtschaftung und die Kosten für die notwendigen Gerätschaften entsprechend niedrig sind. Teil der Debatte Catos ist dabei auch ein Vergleich. Es wird untersucht, welche Investitionen rentabler sind und somit mehr Wachstum bringen. Cato führt seine Bewertung über die Reihenfolge rentablen Lands an: zuerst Rebland, dann bewässerbares Gartenland, dann Weidicht (das heißt mit Weidenbüschen bewachsenes Land), danach Olivenland, Wiesenland, Getreideland, schlagbaren Wald, Buschwald und als letztes – und somit das am wenigsten profitable Land – Eichenwald[559].

Columella stellt in seiner Schrift eine weitere Facette einer Rentabilitätsbetrachtung dar, wenn er über unterschiedliche Nutzungsarten der Reben und unterschiedliche Rebsorten schreibt. Er beschreibt zum einen den Anbau von Tafeltrauben und benennt unter dem Aspekt der Rentabilität die dafür geeigneten Traubensorten. Wie zentral der Gedanke der Rentabilität ist, lässt Richter in seiner Übersetzung der Schrift Columellas erkennen, wenn er soweit geht, den Begriff *ratio* in dieser Textpassage, in der Columella über rationales wirtschaftliches Handeln redet, direkt mit dem Begriff der Rentabilität zu übertragen, während andere Autoren neutralere Formulierungen wählen[560].

> *Ad escam non expedit instituere vineta, nisi cum tam suburbanus ager est, ut ratio postulet inconditum fructum mercantibus velut pomum vendere.*

---

558 Cato agr. 1,5–6.

559 Cato agr. 1,7.

560 Richter (1981) zu Colum. 3,2,1. Dahingegen verwendet Harrison Boyd Ash die Formulierung, dass die „Bedingungen garantieren" müssen, dass die Waren profitabel verkauft werden können und vermeidet einen direkten Rentabilitätsbegriff, in: Henderson, Jeffrey, Columella I, On Agriculture, Harvard University Press, 1941.

> Weinpflanzungen zur Erzeugung von Tafeltrauben anzulegen lohnt nur dann, wenn der Grund in der Nähe einer Stadt liegt, so dass es die Rentabilität nahelegt, die Trauben unverarbeitet den Händlern als Obst zu verkaufen.

Und Columella führt den Gedanken rentabler Geschäftsführung fort, wenn er anschließend über die Weinerzeugung schreibt und dabei den (Geld-) Ertrag (*reditus*) lobt[561]. Dabei stellt er fest, dass bei weniger ertragreichen Rebsorten – was sich hier durch den Begriff *reditus* wieder als weniger rentabel gemeint erkennen lässt – der Verlust durch eine höhere Erntemenge ausgeglichen werden könne[562].

Auch Varro hebt die Rentabilität günstiger Pflanzungen heraus, wenn er beschreibt, dass an in Reihe gepflanzten Bäumen Trauben und Oliven zahlreicher wachsen, schneller reifen und damit mehr Most und Olivenöl einbringen und dazu noch einen höheren Preis (*pretium*) erzielen[563].

Letztlich bleibt mit den Worten Columellas die Einstellung der Agrarautoren zusammenzufassen, dass Landwirte, die sich auf den Weinbau spezialisieren und dabei „Fleiß mit Sachkunde verbinden, (...) jene, die sich auf ihr Heu oder Gemüse versteifen, an Vermögenszuwachs leicht übertreffen“[564]. Columella bestätigt damit 220 Jahre nach Cato dessen Einschätzung des als höchst rentabel zu bezeichneten Reblands und liefert ein umfangreiches Beispiel einer Rentabilitätsbetrachtung.

Bevor im nächsten Abschnitt diese Erkenntnis um den Aspekt der Finanzierung und Investitionsrechnung ergänzt werden soll, soll noch ein Blick auf die Schwierigkeit einer beliebigen Skalierung eines einmal als rentabel angesehenen Investments geworfen werden. Varro zitiert das Beispiel des Ritters *Gaberius*, der nach einem Hinweis über die Rentabilität einer Ziegenherde diesen Erfolg nachahmen und in seiner Größenordnung bedeutend ausweiten wollte[565].

> *Quibus adsentiri putant id, quod usu venit Gaberio, equiti Romano. Is enim, cum in suburbano mille iugerum haberet et a caprario quodam, qui aduxit capellas ad urbem decem, sibi in dies singulos denarios singulos dare audisset, coegit mille caprarum, sperans se capturum de praedio in dies singulos denarium mille. Tantum enim fefel-l(er)it, ut brevi omnes amiserit morbo.*

> Groß genug, glaubt man, sei eine Herde mit ungefähr fünfzig Ziegen. Dies bestätige (...) das Missgeschick, das Gaberius (...) widerfuhr. Da er (...) tausend Morgen hatte und von einem Ziegenhirten, der zehn Zicken (...) führte, gehört hatte, sie

561 Colum. 3,2,3. Siehe in ähnlicher Weise auch die grundlegende Bewertung der Bodenarten in Colum. 2,2,4–6.

562 Colum. 3,2,5 *nam si ordidus aut vilis est, feracissimam quamque serere conducit, ut multiplicatione frugum reditus augeatur* – Ist dieser [Wein] aber ordinär und billig, dann ist es nur sinnvoll, sehr ertragreiche Reben zu pflanzen, so dass der Ertrag durch die Masse der Ernte angehoben wird.

563 Varro rust. 1,7,4.

564 Colum. 3,3,7 *incremento patrimonii facile superabunt.*

565 Varro rust. 2,3,10.

brächten ihm je Tag einen Denar je Stück ein, trieb er nämlich eine Herde von tausend Ziegen auf, weil er hoffte, (...) einen Gewinn von tausend Denar je Tag zu ziehen. So sehr täuschte er sich nämlich, dass er (...) alle durch Krankheit verlor.

Das Beispiel zeigt, dass Rentabilität nicht das einzige Kriterium für ein Investment ist. Columella beschreibt für solch einen Ansatz ebenfalls, dass der „aus Raffgier oder aus Unwissenheit und Faulheit“ schlecht handelnde Besitzer leicht von dem mit Fleiß und Sachkunde agierenden Landwirt in seinem Vermögenszuwachs übertroffen werden kann[566].

5.5.1.2 Finanzierung und Investitionsrechnung

Noch über die übliche Rentabilitätsdiskussion hinaus geht Columella in der zuvor bereits erwähnten *disputatio*, „dass dem Landwirt nichts mehr einbringt als die Unterhaltung von Weinpflanzungen“[567]. Er erörtert dies mit einer detaillierten Investitionsrechnung. Er stellt diese Rechnung seinem Lehrkapitel über den Weinbau voran, weil er „ein Fundament für die weitere Darstellung“[568] legen möchte und die „Zweifel“[569] seiner Zeitgenossen an der Rentabilität dieses Landwirtschaftszweiges ausräumen möchte, die doch eigentlich nur aus schlechter Qualität bei Auswahl, Anlage und Pflege der Wingerte resultierten[570]. Dabei ist an dieser Stelle der hier vorliegenden Arbeit weniger der Weinbau als Objekt als vielmehr die Methodik der Investitionsrechnung bemerkenswert, auch wenn Columella dabei die gegenüber heutigen Maßstäben einfache Methode einer „ewigen Rente“ zugrunde legt.

Auf Basis der Anschaffungskosten von 1.000 Sesterzen (Einheitszeichen HS) pro *iugerum*[571] Land, 2.000 HS Einrichtungskosten pro *iugerum* und den Kosten eines Winzers in Höhe von 8.000 HS berechnet er für eine empfohlene Gutsgröße von 7 *iugera* Land Einmalkosten in Höhe von 29.000 Hs. Columella rechnet hier mit dem einmaligen Erwerb eines Winzers, den er durch diese Einmalkosten als Sklaven zu erkennen gibt und – laut seiner Aussage – entgegen anderen als wesentlichste Person beim Betrieb eines Weinguts ansieht. Columella berücksichtigt zusätzlich eine zweijährige Anwachs-

566 Colum. 3,3,6.

567 Colum. 3,3,8–12 (*disputatio qua colligitur nihil magis rusticis expedire quam vineas colere*) und dann auch 13–15. Kloft beschreibt generell, dass „die Agrarschriftsteller keinen Zweifel daran (lassen), dass Investitionen in Weingüter und sorgfältige Bearbeitung des Bodens und der Ernte hohe Gewinne abwerfen“, siehe Kloft (2006) S. 27.

568 Colum. 3,3,1.

569 Ebenda, *idque adeo plurimi dubitent.*

570 Colum. 3,3,4.

571 Das *iugerum* (Joch) ist ein römisches Flächenmaß im Umfang von ca. 2500m2 oder etwa ¼ Hektar (siehe auch Erläuterung zuvor in Fußnote 19, Kapitel 3).

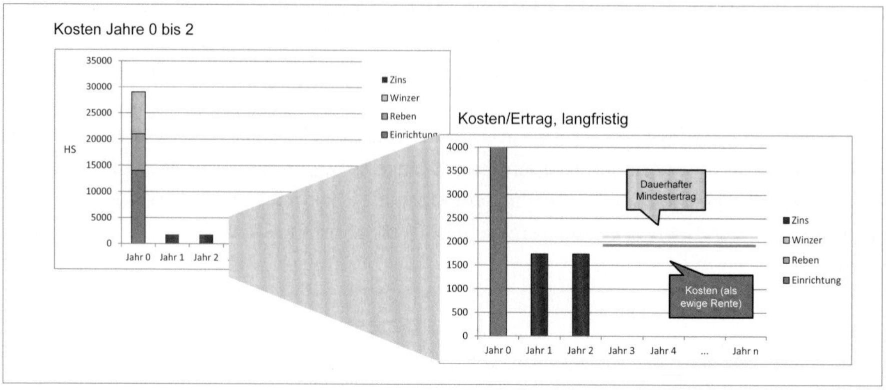

Abb. 11: Investitionsrechnung nach Columella (Colum. 3,3) (©Autor)

zeit, die er als Wartezeit zur Erlangung der nötigen Reife rechtfertigt[572]. Diese Wartezeit bewirkt pro Jahr die Zahlung eines 6%igen Zinses auf das geliehene Kapital von 29.000 HS, also für beide Folgejahre zusammen zusätzliche Kosten in Höhe von 3.480 Hs. Er kommt somit auf eine Gesamtinvestition in Höhe von 32.480 Hs. „Wenn nun der Bauer seinen Weinpflanzungen eine solche Schuldrechnung aufmacht (...), dass er von dieser Summe eine auf ewig garantierte 6%ige Rendite festlegt", berechnet Columella jährliche Kosten von circa 1.950 HS ab dem dritten Jahr[573]. Diese stünden garantierten jährlichen Einnahmen von 2.100 HS gegenüber, die Columella auf Basis eines seiner Ansicht nach konservativ geschätzten Weinertrags von 300 HS pro *iugerum* abschätzt, welchen er nach Abgleich mit den Ertragsangaben von Cato und Varro über unterschiedliche Regionen letztlich aus einem „Minimalansatz" nach Graecinus[574] ableitet. Dabei seien jedoch die realistischen Erträge bedeutend höher und Columella versteigt sich zu der Aussage, dass er Weinreben ausreißen würde, wenn sie nicht mindestens das Dreifache des für die Berechnung hier verwendeten Ertrages erzielten (Abb. 11).

Dieses Kapitel der Schrift Columellas offenbart somit, dass eine Investitionsentscheidung durch Berücksichtigung mehrerer Kostenfaktoren, durch eine Hochrechnung der Amortisation und zukünftiger Gewinne und unter Anwendung des Vorsichtsprinzips berechnet wurden. Diese Berechnung reflektiert somit den Charakter der gesamten Schrift Columellas, in der die Berücksichtigung unterschiedlicher Kosten und nötiger

572 Colum. 3,4.

573 Christ weist – wie in Kap. 5.2.1 schon referenziert – darauf hin, dass „unter den stabilen Verhältnissen des Prinzipats mit einer jährlichen Rente von 5–6 gerechnet werden kann" und dass „bei Weinbergen der jährliche Gewinn sogar auf 7–10% veranschlagt" werden kann. Siehe Christ (1984) S. 99, 2. Abs.

574 Colum. 3,3,7. Er beruft sich hier auf Lucius Iulius Graecinus, einen anerkannten Politiker der frühen Kaiserzeit, der ebenfalls Agrarschriftsteller einer jedoch nicht überlieferten Schrift war.

Buchführung, die Deckung von Kosten durch ausreichende Gewinne und ein vorsichtiges Wirtschaften immer wieder erörtert werden[575]. Sowohl ist also erstens Columella ein rationales Investitionsverhalten und zweitens seiner Schrift auch eine Lehrfunktion für solche Kalkulationen zu bescheinigen. Dabei ist der belehrende Charakter dieser Kalkulation jedoch nur indirekt gegeben, da Columella die Ergebnisse der Berechnung und die Bestätigung des Nutzens des Weinbaus in den Vordergrund stellt, ohne seinen Lesern die Berechnung als allgemeines Mittel zur Berechnung der Rentabilität explizit zu empfehlen.

Die beiden Fragen, ob die angewandten Parameter und die Höhe des berechneten Gewinns als realistisch anzusehen sind, stehen hier nicht im Fokus. Sie sollen hier aber kurz Erwähnung und Erörterung finden. Richard Duncan-Jones validiert Columellas Zahlen zur Ertragsspanne des Weinbaus hinsichtlich der tatsächlichen Rentabilität[576]. Auch wenn er die Werte als inkonsistent und wenig solide berechnet darstellt, da weitere Kostenpositionen wie Weinpressen oder Gutshäuser nicht berücksichtigt seien, und er die Ungenauigkeiten in den Berechnungen Columellas als Beispiel für die schlechte Buchhaltungspraxis dieser Zeit ansieht[577], bestätigt Duncan-Jones auf Basis korrigierter und ergänzter Berechnungen doch Columellas Ansatz, den Weinbau als eine profitable Produktauswahl anzustreben[578]. Die Höhe des von Columella berechneten Gewinns wird mit 150 HS pro Jahr ausgewiesen. Es ließe sich fragen, ob ein jährlicher Gewinn, der unter dem Jahreseinkommen eines einfachen Soldaten oder anderen Arbeiters lag[579], die Investition lohnte. Da Columella jedoch einen direkten Vergleich zu den üblichen – und von einer Mehrzahl der von ihm zitierten zögerlichen Zeitgenossen gewählten – Investitionen in Waldgebiete zieht, die nur einen durchschnittlichen Gewinn von 100 HS erzielen ließen und da Columella bedeutend höhere Gewinne als realistisch ansieht, scheint das Investitionsvorhaben nicht nur rentabel, sondern auch an sich ausreichend attraktiv und im Vergleich mit alternativen Investitionen vorteilhafter zu sein.

Einen vergleichbaren Abgleich von Ertrag gegen eingesetzte Kosten liefert Columella, wenn er über das Einpflanzen von Reben in unterschiedlichen Bodenarten und die Schonung der Wurzeln spricht. Er führt dabei die Erwägungen des karthagischen

575 Vgl. Kap. 5.2.1.

576 Duncan-Jones (1982) S. 39 ff., bestätigt auch durch Flach (1990) S. 168, 4. Abs.

577 Ebenda, S. 55.

578 Dabei kann man die eigenen Berechnungen von Duncan-Jones ebenfalls hinterfragen. So vergleicht er zum Beispiel den Verkaufspreis einer Amphore Wein einer Region im Landesinneren (aus den Berechnungen Columellas) mit dem üblichen und seiner Feststellung nach bedeutend biligeren Verkaufspreis einer Amphore Wein in der Küstenstadt Pompeji, wobei auch in der heutigen Zeit erkennbar ist, dass dies unterschiedliche Abnehmergruppen, gegebenenfalls unterschiedliche Qualitäten und damit den von Duncan-Jones monierten unterschiedlichen Preis bedingen kann.

579 Gehrke und Schneider geben den Sold eines Soldaten im Jahr 14 n. Chr. auf Basis von Angaben des Tacitus mit 10 As, also 2 ½ HS an, was einem Sold von 910 HS pro Jahr entspricht. Ähnlich geben sie den Lohn einfacher Amtsdiener der Ädilen, wie einem Flötenspieler oder einem Ausrufer auf Basis der Inschrift CIL II 5439,62 mit 300 HS pro Jahr an. Vgl. Gehrke, Schneider (2013) S. 536 f.

Agrarschriftstellers Mago an, dass bei dürftigen Böden fette Erde von weit her geholt und dazugeschüttet werden solle. Diese Empfehlung schließt er ab mit dem Kommentar[580]:

> *Quod an expediat, regionis annona operarumque ratio nos docebit.*
>
> Ob sich das lohnt, wird sich aus dem Ertragsniveau und den Arbeitskosten einer Gegend ergeben.

Es lässt sich klar erkennen, wie Columella die Rentabilität von Investitionsentscheidungen kalkuliert. Und es lässt sich anhand der folgenden Passage auch erkennen, wo er die Grenzen für eine profitable Investitionsentscheidung zieht: in einem kurzfristigen, greifbaren Ertragshorizont. Der Ertrag einer Entscheidung darf also nicht erst nach Jahren eintreten. Columella zitiert und bestätigt hier explizit Cato, was anzeigt, dass diese Betrachtung keine Einzelmeinung ist, sondern wie auch andere Passagen Beleg für das Investitionswissen der Agrarautoren ist[581]:

> *Nam ubi sit cum orco ratio ponenda, ibi non modo perceptionem fructuum, set et vitam colonorum esse dubiam vel potius mortem quaestu certiorem.*
>
> Wo die Rechnung mit dem Tod gemacht werden müsse, da sei nicht nur der Ertrag an Früchten, sondern auch das Leben des Bauern unsicher, ja der Tod sei gewisser als der Gewinn.

Dieses Beispiel und insgesamt das hier zuvor aufgeführte Denken zeigt, dass die römischen Agrarautoren mit ihren Schriften belehrend wirkten hinsichtlich der Rentabilitätsbetrachtung und dass sie zu konkreten Investitionsentscheidungen aufforderten. Sie formulieren dies explizit und zeigen damit einen Imperativ des Wachstumsstrebens an. Es ist aber auch festzuhalten, dass sie keine Abstraktion dieses Wachstumsstrebens auf einen allgemeinen Begriff des Wachstums vornehmen, sondern – in ihrem Selbstverständnis als pragmatisches Lehrbuch für den angehenden Landwirt – letztlich Anleitungen zur Steigerung ihres wirtschaftlichen Ertrags vermittelten.

Die hier analysierten Wachstumsbestrebungen und Investitionsüberlegungen beziehen sich wohlgemerkt auf den Landwirt, der seinen Betrieb selbst oder mit Hilfe eines Verwalters führte, nicht zwingend auf einen in Pacht betriebenen Landwirtschaftsbetrieb. Für diese ist festzustellen, dass der Pächter wegen der festgeschriebenen Laufzeit der Pachtverträge oft keinen Anreiz hatte, Investitionen zu tätigen und eher mit den vorhandenen Mitteln versuchte, Gewinn zu erzielen[582]. Und für den Pachtgeber selbst steht die Optimierung der Pachterlöse im Vordergrund, weniger eine inhaltliche Steuerung des Pachtbetriebs.

---

580 Colum. 3,15,5.

581 Colum. 1,3,2.

582 Siehe dazu Sommer (2013) S. 77.

5.5.2 Wachstumsstrategien

Basierend auf dieser Erkenntnis über ein klares Rentabilitätsverständnis und grundlegende Kenntnisse von Investitionsrechnungen und der Analyse des Strebens nach Wachstum stellt sich die Frage nach den Strategien für Ertragssteigerungen oder – anders formuliert – nach Wachstumsstrategien. Die Schriften der römischen Agrarautoren sollen nachfolgend daraufhin untersucht werden.

Bei der Betrachtung möglicher Ansätze zu Wachstum fällt, anknüpfend an die zuvor in Kap. 5.4 geführte Diskussion über Führung, die Beschreibung Columellas auf, der die von ihm beschriebenen Führungsprinzipien als eine Grundvoraussetzung für Ertrag sieht. Indem man den Arbeitern klare Verantwortlichkeiten zuweist, vermeide man Ausweicheffekte und – was hier nur implizit im Wort *conducere* angedeutet wird – könne dadurch Wachstum erzielen[583]:

> *Et illud censeo, ne confundantur opera familiae, sic ut omnes omnia exsequantur. Nam id minime conducit agricolae, seu quia nemo suum proprium aliquod esse opus credit, seu quia cum enisus est, non suo sed communi officio proficit ideoque labori multum se subtrahit*
>
> Ich bin auch der Meinung, die Aufgaben des Gesindes sollten nicht vermengt werden, derart dass jeder alles zu tun habe. Denn dies ist für den Bauern am wenigsten zuträglich, teils weil niemand sich für jede beliebige Arbeit verantwortlich fühlt, teils weil der, der sich tatsächlich einsetzen würde, nicht seine eigene, sondern eine gemeinsame Arbeit fördern würde und sich folglich der Arbeit entzieht, so gut er kann.

Columella stellt somit Anleitungen und wieder einzelne Ratschläge bereit, mit denen ein hoher Ertrag, ein zuträgliches Ergebnis erzielt – oder aber ein Absinken des Ertragsniveaus vermieden werden könne. Die Aufgabenplanung der Arbeiter hat damit direkten Einfluss auf den Gewinn und vielleicht auch das Wachstum des Landguts. Hinweise wie dieser stehen im Kontext der zuvor geführten Gewinnabsicht und finden sich als einzelne Anmerkungen immer wieder in den Texten der römischen Agrarautoren. Doch neben solch vereinzelten Hinweisen auf Wachstumsratschläge – um den Begriff der Strategie für die bisher zitierten Stellen zu vermeiden – ist im Folgenden eine systematischere Herangehensweise an Wachstumsstrategien von Interesse. Denn sicher sind die Schriften der Agrarschriftsteller geprägt vom Geist der Anleitung zu wirtschaftlichem Ertrag und Wachstum, doch interessiert hier die Frage nach den unterschiedlichen Ansätzen und Wegen zu deren Erreichung.

Klassische Modelle der modernen Betriebswirtschaft definieren Wachstumsstrategien in Dimensionen von Märkten und Produkten. Abhängig davon, ob der Fokus auf

583 Colum. 1,9,5–6.

bisherige oder auf neue Märkte und auf bisherige oder neue Produkte gelegt wird, lassen sich Strategien der Marktdurchdringung in vorhandenen Produkten und Märkten, der Produktentwicklung, der Markterweiterung oder der Diversikation in Produkten und Märkten definieren[584].

Die römischen Agrarautoren bezeichneten ihre Ratschläge nicht als eine Strategie und sprachen nicht explizit über unterschiedliche Arten von Wachstumsstrategien. Genauso strukturierten sie ihre Anleitungen nicht in der hier dargestellten Weise moderner Betriebswirtschaft. Doch unterschiedliche Strategien entlang dieser Dimensionen zur Erreichung von Wachstum finden sich zweifelsohne in den Schriften der Agrarschriftsteller.

5.5.2.1 Wachstum durch Verfahrensverbesserung

Eine erste solche Wachstumsstrategie ist die Nutzung von Innovationen in Technologie oder, wie es im vorigen Kapitel 5.2 zu Unternehmertum und relevanten Strategien als für die Zeit der römischen Antike relevant erkannt wurde, von Verfahrensverbesserungen. Die wissenschaftliche Debatte zur römischen Wirtschaft hat schon lange Konsens erzielt, dass technologische Innovationen im Wesentlichen nicht existierten oder dass dort, wo Einzelfälle technischer Neuerungen ins Felde geführt werden, diese kein bedeutendes Ausmaß erreichten[585]. Insofern muss mit Bedacht analysiert werden, wenn im Folgenden relevante Kommentare im Rahmen der Wachstumsdebatte zitiert werden. Doch existieren bei den Agrarschriftstellern durchaus Ansätze in Forderungen nach und Hinweisen auf die Anwendung neuer Verfahren.

Sie beziehen sich vorwiegend auf die Verbesserung und die effiziente Nutzung der Böden durch den gezielten Einsatz von Dünger. Cato erwähnt Düngetechniken eher beiläufig. In einer Aufzählung, welche Pflanzung für welchen Boden geeignet sei, führt er an, dass unterschiedliche Mistarten aufgehoben werden müssten oder zum Beispiel Taubenmist geeignet sei für Wiesen und Saatfelder[586]. Columella widmet diesem Thema stattdessen mehrere Kapitel seiner Arbeit. Dabei beschreibt er die kräftigere Entwicklung von Pflanzen durch den Einsatz von Dünger als Nahrungsmittel dieser Pflanzen und geht auf die bisherige Nutzung des Wissens über Düngetechniken ein[587]:

> *Quare si est, ut videtur, agricolis utilissimum, diligentius de eo dicendum existimo, cum priscis auctoribus quamvis non omissa res levi tamen admodum cura sit prodita.*

584 Diese Darstellung wird in der Betriebswirtschaft auch als Produkt-Markt-Expansionsraster oder als Ansoff-Matrix bezeichnet, vgl. Gabler-Lexikon: https://wirtschaftslexikon.gabler.de/definition/produkt-markt-expansionsraster-53632.

585 Siehe vorherige Diskussion in Kapitel 2.2, Punkt e.

586 Cato agr. 36 *quae segetem stercorent/was das Saatfeld düngt.*

587 Colum. 2,13,4.

> Wenn dies also, wie es scheint, für die Bauern ein sehr nützliches Geschäft ist, dann muss man, glaube ich etwas näher darauf eingehen; denn bei den älteren Autoren ist dieser Punkt zwar nicht ganz übergangen, aber doch nicht besonders sorgfältig behandelt worden.

Columella beklagt somit, dass der Einsatz und die Potenziale von Dünger von früheren Autoren nicht ausreichend betrachtet worden seien, obwohl sie ein „sehr nützliches Geschäft" darstellten und dem Landwirt offenbar Ertrags- oder Umsatzwachstum ermöglichten. Columella geht bereits in Kapitel 2,13, nach dieser Passage dann aber umso mehr in Kapitel 2,14–15 genauer auf die Düngung ein und weist die Annahme zurück, geringer Ertrag sei durch die Erschöpfung des Bodens bedingt. Er fordert stattdessen, dem Boden „durch häufige, zeitgerechte und angemessene Düngung" wieder aufzuhelfen[588].

> *Licet enim maiorem fructum percipere, si frequenti et tempestiva et modica stercoratione terra refoveatur.*

> Man kann nämlich mehr Ertrag erzielen, wenn dem Boden durch häufige, zeitgerechte und angemessene Düngung wieder aufgeholfen wird.

Auf Basis der wenigen Stellen in den Schriften der Agrarautoren ist somit noch einmal zu bestätigen, dass technologische Innovationen – so sie existierten – sich auf einen sehr begrenzten Bereich des Wirtschaftens beziehen, den der kontinuierlichen Verbesserung. Dieser korreliert mit dem bereits in Kapitel 5.2 dargestellten Prinzip des Experimentierens. Diese Verfahrensverbesserungen können daher als Strategie der Marktdurchdringung zur Erzielung von Wachstum bezeichnet werden.

5.5.2.2 *Wachstum durch günstige Standortwahl*

Die Diskussion zur Standortwahl eines Landguts ist als Kernelement aller drei Schriften umfangreich dokumentiert und es ist bei allen drei Agrarschriftstellern gut erkennbar, woraus diese Strategie besteht. Cato führt seine Überlegungen bereits direkt nach der Einleitung im ersten Kapitel seiner Schrift aus, wenn er darstellt „wie man ein Landgut kaufen und sich zulegen soll"[589]:

> *Praedium quom parare cogitabis, sic in animo habeto, uti ne cupide emas neve opera tua parcas visere et ne satis habeas semel circumire; quotiens ibis, totiens magis placebit quod bonum erit.*

588 Colum. 2,1,7.
589 Cato agr. 1,1.

> Wenn Du ein Landgut kaufen willst, musst du darauf achten, nicht übereilt zu kaufen und keine Mühe zu scheuen, es genau zu inspizieren; du darfst dich auch nicht damit begnügen, es nur einmal zu besichtigen; wie oft du hingehst, so oft wird dir (ein Gut), das etwas taugt, besser gefallen.

Cato betont mit der Priorisierung der Standortwahl als erstes Thema seiner Schrift und mit der hier aufgeführten Forderung einer gewissenhaften Prüfung die zentrale Stellung der Standortfrage für erfolgreiches Wirtschaften und effektives Wachstum. Er führt das kurze Kapitel zur Standortwahl ohne jedwede Hinführung zum Thema an. Nachdem sich die Einleitung seiner Schrift der Bedeutung der Landwirtschaft gewidmet hat, geben die Überlegungen zum Standort einen Einblick in die Bedeutung dieser Frage.

Auch Varro führt diese Debatte, geht sie aber aus einem anderen Blickwinkel an. Da er die Schrift seiner Frau widmet, der er Rat geben will, ein bereits *vorhandenes* Gut ertragreich zu führen, beschreibt Varro die Kennzeichen eines solchen Gutes und den Umgang damit. Er hebt hervor, dass die Nachteile eines (wegen des Bodens, des Wassers oder der Himmelsrichtung) ungünstigen Grundstücks „durch seine Grundeigentümer mit Sachkenntnis und Kostenaufwand“ auszugleichen seien und betont die Wichtigkeit der richtigen Gutsanlage[590]:

> *Quod permagni interest, ube sint positae villae, quantae sint, quo spectent porticibus, ostiis ac fenestris.*
>
> [Es macht] sehr viel aus, wo die Gutshäuser hingestellt sind, wie groß sie sind und wohin sie mit ihren Säulenumgängen, Eingangstüren und Fenstern blicken.

Auch er führt diese Diskussion zu Beginn seiner Schrift und empfiehlt als einen von vier Bausteinen seiner Landwirtschaftslehre[591], „das Gut zu prüfen, wie sein Boden und seine Bestandteile beschaffen sind“[592] und analysiert letztlich doch die gleichen Faktoren wie vor ihm Cato und nach ihm Columella.

Bei Columella ist die Auswahl des richtigen Standorts unstreitig ein zentrales Element. Er widmet fast ein ganzes Buch seiner zwölfbändigen Betrachtung über die Landwirtschaft nur dieser Fragestellung. Ausgehend von der grundlegenden Forderung an seine Leser, sich zum einen Fachwissen anzueignen[593] und zum anderen Handlungsweisen selbst auszuprobieren[594], entwickelt er die Aufforderung an den Landwirt, häufig vor Ort auf dem Landgut zu sein[595], und aus diesem Grund Landbesitz in der Nähe der Stadt zu

---

590 Varro rust. 1,4,4.

591 Die Beschaffenheit des Gutes, die notwendigen Anschaffungen, die notwendige Bewirtschaftung, der Zeitpunkt der Maßnahmen.

592 Varro rust. 1,5,3.

593 Colum. 1,1,14.

594 Colum. 1,1,17.

595 Colum. 1,1,18.

kaufen[596]. Darauf aufbauend beginnt Columella, in die einzelnen Kriterien für erfolgreiches Landwirtschaften einzusteigen[597]. Die Betrachtung dieser Argumentationskette zeigt, dass die Standortwahl implizit ein Element einer Wachstumsstrategie ist, um eine Landwirtschaft ertragreich zu führen. Eine explizite Frage nach einer Wachstumsstrategie wird hier von Columella nicht gestellt.

Inhaltlich betrachtet befasst er sich nach dieser Herleitung in Kapitel 3 des ersten Buches dann in einer strukturierten Analyse zuerst mit den „Hauptgesichtspunkten der Bodenprüfung vor dem Kauf" und diskutiert die von Cato überlieferten Kritierien zur Begutachtung eines Ackers und zur Bewertung eines Landguts[598]. Betrachtet man die Art der Strategieempfehlungen für die Standortwahl, so fällt auf, dass alle drei Agrarautoren eine Reihe von in weiten Teilen gleichen Faktoren mit unterschiedlicher Schwerpunktsetzung diskutieren. Ausgangspunkt ist jeweils die Betrachtung von Basisfaktoren wie die Verfügbarkeit von gesundem Wasser, die Forderung eines gesunden Klimas, die Betrachtung von Erde und Böden und des Einflusses der direkten Nachbarn und generell der Möglichkeit, Gefahren durch Raub ausgesetzt zu sein.

Diese Faktoren werden einmal in schneller Reihung aufgeführt wie bei Cato und geben in einzelnen Fällen ob ihrer knappen Darstellung viel Spielraum für Interpretation, welche Intention hinter dem ein oder anderen Hinweise stehe. Die folgende Passage aus Catos Schrift enthält zum Beispiel verständliche Hinweise wie den Schutz vor Unwettern und ertragreiche Böden – ohne zu letzterem genauere Maßstäbe oder Erläuterungen zu liefern. Auf der anderen Seite ist der Hinweis auf die Lage am Fuß eines Berges eventuell ein Erfahrungswert, wird an dieser Stelle aber ohne jedwede Begründung und Erläuterung aufgeführt[599]:

> *Bonum caelum habeat; ne calamitosum siet; solo bono, sua virtute valeat. Si poteris, sub radice montis siet.*
>
> Gutes Klima muss [das Grundstück] haben und es darf nicht Unwettern ausgesetzt sein; durch guten Boden und aus eigener Kraft soll es sich auszeichnen. Nach Möglichkeit soll es am Fuß eines Berges liegen.

Ein anderes Mal werden diese Faktoren wie bei Varro (und an etlichen Stellen Columellas) einzeln aufgeführt und begründet. So wird in der hier aufgeführten Passage eine Einordnung des Kriteriums gesunden Klimas vorgenommen[600]:

---

596 Colum. 1,1,19.

597 Colum, 1,2,4 und folgende Kapitel.

598 In Colum., 1,3,5 stellt Columella zum Beispiel die Frage nach dem Einfluss der Nachbarschaft auf die Wahl des Gutes. Er führt Catos Ansicht und die seiner Kritiker auf.

599 Cato agr. 1,2–3, siehe dazu u.a. die Anmerkung Fellmeths über die Schwierigkeit des Verständnisses der Empfehlung zur Ansiedlung am Fusse eines Berges, in: Fellmeth (2002) S. 19, 3. Abs.

600 Varro rust. 1,4,3. Die umfangreiche Darstellung umfasst Catos Warnung vor häufigen Besitzerwechseln (1,4), Varros ausführliche Diskussion ertragreicher Böden und entsprechenden Klimas (1,6,1–6), dessen Hinweis auf die Lage in der Nähe bewaldeter Berge (1,12,1), Columellas

Quare ubi salubritas non est, cultura non aliud est atque alea domini vitae ac rei familiaris.

Darum ist, wo kein gesundes Klima herrscht, der Anbau nichts anderes als ein Würfelspiel um des Grundeigentümers Leben und Vermögen.

Letztlich verbinden die Autoren diese Standortüberlegungen auch mit Optimierungskriterien für den Absatz durch die Prüfung günstiger Verkehrs- und Transportwege und die Nähe zu Absatzmärkten. Die Darstellung dieser Kriterien in Verbindung mit der Wahl eines neuen Standorts und gerade die Suche nach Absatzmöglichkeiten rückt diese Wachstumsstrategie in die Nähe einer Expansionsstrategie in neue Märkte. Doch ist die Strategie einer fundierten Standortwahl vorwiegend zur besseren Marktdurchdringung, zur rationalen Kosten- und Ertragsoptimierung geeignet und stellt keine bewusste Expansion in neue Märkte sondern nur eine Optimierung der geplanten Landwirtschaftsproduktion dar. Cato empfiehlt die Nähe zu einer kaufkräftigen Stadt oder „wenigstens die Lage am Meer oder an einem schiffbaren Fluss oder einer guten, vielbenutzten Straße“[601]. Genauso stellt Varro fest, dass der Landwirt höhere Erträge erzielen kann, wenn Straßen oder Flüsse in der Nähe existieren, über die seine Waren aus- und eingefahren werden können[602] (unabhängig davon, ob diese Transporte von der eigenen Produktionseinheit oder über Fuhrunternehmer ausgeführt wurden). Es ließe sich eine lange Reihe ähnlicher expliziter und belehrender Anmerkungen aufführen, doch soll hier nur noch eine Stelle Columellas zitiert werden[603]:

Nec procul a mari vel navigabili flumine, quo deportari fructus et per quod merces invehi possint.

Und (der Grund, den wir besitzen) liegt nicht weit vom Meer oder einem schiffbaren Fluss, auf dem die Produkte abtransportiert und gekaufte Waren herangeschafft werden können.

Fellmeth untersucht genau diese Darstellungen der Standortempfehlungen. Er definiert dabei vorab einen möglichen Katalog von Standortfaktoren und gleicht diesen mit den Erwägungen der Agrarschriftsteller ab. Dabei beklagt er, dass diese Darstellungen nur eine betriebswirtschaftliche Perspektive erlaubten und geht daher in einem zweiten Teil seiner Untersuchung über in die Analyse volkswirtschaftlicher Aspekte und untersucht zum Beispiel die Auswirkungen der „hinter den Überlegungen der Agrarökonomen

Darstellung über fette, ertragreiche Erde und Humus (1,2,3), die Bodenprüfung vor dem Kauf (1,3) und auch die Darstellung Columellas über gesunde Lagen ohne Krankheitskeime und mit frischem Wasser (1,4 und 1,5).

601 Cato agr. 1,3.

602 Varro rust. 1,16,1 und 1,16,6.

603 Colum. 1,2,3.

stehenden wirtschaftlichen Gesetzmäßigkeiten auf die Raumordnung“[604]. Da die hier vorliegende Arbeit sich rein auf die betriebswirtschaftlichen Aspekte der Standortfrage konzentriert, sollen diese Überlegung an dieser Stelle nicht weiter betrachtet werden. Doch liefert der erste Teil der Arbeit einen wertvollen Beitrag zur Strukturierung der Faktoren zur Standortauswahl. Er offenbart die unterschiedlichen Themenstellungen, die die Agrarautoren adressieren, gleicht die unterschiedliche Handhabung gegeneinander ab und ermöglicht eine Verkürzung der Darstellung der Standort- oder Positionierungsfaktoren, die an vielen Stellen heutiger Literatur zu den Agrarschriftstellern untersucht werden:

- Elementare Faktoren wie das vorherrschende Klima, Qualität und Beschaffenheit des Bodens und auch die Güte des Trinkwassers sind eine erste Gruppe wesentlicher Faktoren. Sie bilden den Hauptfokus bei Catos Diskussion der Standortkriterien. Sie werden dann von Varro systematischer dargestellt und insbesondere in einen „Wirkzusammenhang Topographie – Klima – Bodennutzungsform“[605] eingeordnet, so dass Columella dieser Betrachtung – auch wenn er all diese Faktoren in seinem umfangreichen Werk wieder aufführt – laut Fellmeth nichts Neues hinzufügt[606]. Dass diese elementaren Faktoren von hoher Bedeutung sind, belegt auch die Erwähnung in Brief 3,19 des jüngeren Plinius, der Positionierungskriterien wie insbesondere Nachbarschaft zu vorhandenem Grund als Argument für einen erwogenen Landkauf beschreibt[607], sie um die damit verbundenen Vorteile ergänzt und weitere Vorteile anführt, wie insbesondere Synergieeffekte durch Reisekosten, Bedienstete etc[608]. Flach bezeichnet beispielhaft die Villa von *Settefinestre* als Synthese der Anforderungen von Cato, Varro und Columella an diese elementaren Faktoren[609].
- Arbeitsmarktfaktoren bilden eine zweite Gruppe. Sie werden bei Cato nur einmal erwähnt, wenn er in einem kurzen Hinweis bemerkt, dass die Verfügbarkeit von Tagelöhnern ein Kriterium für die Standortwahl sei[610]. Sie werden auch von Varro trotz intensiver Diskussion über den Einsatz von Arbeitskräften und von Columella nicht als wesentlicher Faktor für eine Standortauswahl angesehen, was für die gute Verfügbarkeit von Arbeitskräften und somit für einen funktionierenden Arbeitsmarkt[611] spricht.
- Ausstattungsfaktoren eines Landguts wie vorhandene Maschinen, Keltern oder Speicher bilden eine dritte Gruppe. Sie sind als Qualitätsmerkmal ein wichtiger Faktor für Cato und Columella. Varro diskutiert die Ausstattung ebenfalls, allerdings nicht primär mit dem Fokus auf Differenzierung und Auswahl des besten

604 Fellmeth (2002) S. 11, 2. und 3. Absatz.
605 Fellmeth (2002) S. 28, 2. Abs.
606 Fellmeth (2002) S. 39, 2. Abs.
607 Plin. epist. 3,19,2 *sollicitat primum ipsa pulchritudo iungendi.*
608 S.a. Fellmeth (1998) zu Plin. epist. 3,19.
609 Flach (1990) S. 225.
610 Cato agr. 1,3 („Es soll genug Tagelöhner geben und eine gute Wasserversorgung“).
611 Siehe dazu auch Temin (2013) Kap. 6 (*The Labor Market*).

Standorts, sondern stark als moralisierende Kritik seiner Zeitgenossen, denen ihre Stadthäuser teurer seien als ihre Landhäuser[612].

– Verkehrs- und Transportfaktoren sind eine wesentliche vierte Gruppe von Standortfaktoren. Sie werden bei Cato konkret aufgeführt und werden von Fellmeth als deutlichstes Indiz für die Erwerbsorientierung der Landwirtschaftsliteratur im Gegensatz zur Subsistenzwirtschaft angesehen[613]. Varro strukturiert auch diese Debatte weiter als Cato und empfiehlt – laut Fellmeth erstmals in der römischen Literatur – die Nähe zum Markt als bedeutenden Faktor[614]. Columella intensiviert das, wenn er mit Wein- und Ölbau sowie Tierproduktion die Betätigung mit „Waren mit hohen Spielräumen hinsichtlich Transport, Lagerung und Vermarktung" empfiehlt[615]. Auch Heinz Dohr betont bei der Analyse der ökonomischen Gesichtspunkte in Columellas Schrift, dass diesem die „Möglichkeiten des Transportes und des Absatzes der Produkte" ein zentrales Anliegen gewesen seien[616].

Die Positionierungskriterien der Verkehrswege, des Transports und des Absatzes verdienen eine detaillierte Diskussion, da sie in direktem Zusammenhang zueinander stehen. Daher sei hier zuerst der Transportfaktor weiter untersucht. Columella wiederholt, Cato zitierend, dass auch die Erreichbarkeit wegen des zuvor bereits erwähnten Transports ein wichtiger Standortfaktor sei[617].

> *Multum conferre agris iter commodum* (...) *deinde ab invehenda et exportanda utensilia, quae res frugibus conditis auget pretium et minuit inpensas rerum invectarum, quia minoris adportentur eo, quo facili nisu perveniatur.*
>
> Von großem Nutzen für die Felder sei ein bequemer Zugang (...), denn dadurch erhöht sich der Wert der eingebrachten Ernte und verringern sich die Kosten für Anschaffungen, weil alles billiger dorthin gelangt, wo es mit geringer Mühe antransportiert werden kann.

Columella führt die Bedeutung des Zugangs oder der Zufahrtswege zum Landgut zum einen zur leichten Anreise des Besitzers aber mehr noch für die An- und Abtransporte der Waren an. Er greift die kurzen Erwähnungen Catos auf und führt sie weiter aus, was die allgemeingültige Bedeutung dieser Feststellungen verstärkt. Und die Agrarschriftsteller betonen bewusst und explizit den Zusammenhang von der Nähe eines Landguts zu einem Markt, der einen relevanten Absatz ermöglichen würde, wie im nachfolgenden

612 Vgl. Varro rust. 1,13,6.
613 Fellmeth (2002) S. 21, 2. Abs.
614 Fellmeth (2002) S. 33, 1. Abs. Tatsächlich beschreibt Varro die Bedeutung der Nähe zur Stadt und der Absatzmöglichkeiten in Varro rust. 1,16,3 ohne dabei jedoch den Begriff eines Marktes zu verwenden: *itaque sub urbe colere hortos late expedit* (...) *quae urbs recipit.*
615 Fellmeth (2002) S. 50.
616 Dohr (1965) S. 23 ff.
617 Colum. 1,3,3–4.

Zitat Varros[618] deutlich wird. Diese Nähe impliziert die Verfügbarkeit von Verkehrswegen. Der Hinweis Varros steht in einer Reihe vergleichbarer Hinweise von Cato und Columella.

> *Itaque sub urbe colere hortos late expedit* (...), *item multa, quae urps recipit, cumeadem in longinquo praedio, ubi non sit quo deferri possit venale, non expediat colere.*

> So empfiehlt es sich denn auch, am Rande einer Großstadt weit und breit Gärten anzulegen (...), das die Großstadt abnimmt, während es sich nicht empfiehlt, dasselbe auf einem abgeschiedenen Anwesen anzubauen, weil in seiner näheren Umgebung kein Markt liegt, auf dem man es absetzen könnte.

Abschließend zur Standortdebatte soll noch darauf hingewiesen werden, dass eine Standortwahl als Wachstumsstrategie von langfristiger Natur ist und keine Strategie mit der Möglichkeit zu kurzfristigen Handlungen bietet. Die Festlegung der Wirtschaftsart und der Bau eines Wirtschaftsgebäudes – als Teil der Standortwahl – sind eine langfristige Entscheidung, die die Schwierigkeit einer solchen Festlegung transparent machen[619]:

> *Tam villa qualiter aedificetur et quam utiliter disponatur. multos enim deerrasse* (...) *quorum alter maioris, alter minus amplas, quam postulavit modus agri, villas exstruxit, cum utrumque sit contra rem familiarem.*

> (So ist es in der Anlage des Standorts) nicht weniger wichtig, wie man das Wirtschaftsgebäude anlegt und wie zweckmäßig man es einteilt. Darin haben sich viele getäuscht (...) von denen der eine zu große, der andere zu kleine Gebäude im Verhältnis zu den Erfordernissen der Güter gebaut hat, obgleich beides wirtschaftlichen Schaden bedeutet.

Zur Sicherstellung langfristigen Wachstums raten die Agrarschriftsteller daher auch zur Schaffung von Anreizen, um diesen dauerhaften Prozess zu ermöglichen. Es sei hier Cato zitiert, der eine gute und bequeme Einrichtung des Landguts als Anreiz zu häufiger Anwesenheit anrät (und damit auch Kontrollmöglichkeiten verbindet). Vergleichbare Anmerkungen – bei Columella auch mit dem Fokus auf schnelle und dadurch häufige Erreichbarkeit – finden sich aber auch bei den anderen Autoren[620]:

618 Varro rust. 1,16,3, vergleichbar zum Beispiel mit dem Hinweis Catos (1,3), dass in der Nähe des Landguts eine kaufkräftige Stadt liegen solle.

619 Colum. 1,4,6–7, vergleichbar auch mit Catos Aussage in 4,1, dass der Landwirt seinen Hof so bauen soll, dass nicht Grund und Boden fehlen.

620 Cato agr. 4, aber siehe auch Colum. 1,4,8 (Hinweis, dass Wohnräume attraktiv und bequem sein sollen, damit der Besitzer aufs Land kommt und „dem Haus nicht das Land und dem Land nicht das Haus fehlt" (Cato agr. 3 *ne villa fundum quaerat [nec fundus villam]*). Ebenfalls Colum. 1,2,1 als Plädoyer dafür, dass das Gut in der Nähe der Stadt sei, damit der Besitzer oft vorbei kommen könne.

> *In bono praedio si bene aedificaveris, bene posiveris, ruri si recte habitaveris, libentus et saepius venies, fundus melior erit, minus peccabitur, fructi plus capies.*
>
> Wenn Du auf einem guten Anwesen gut gebaut und (dein Geld) gut angelegt hast und auf dem Land angemessen wohnen kannst, wirst Du lieber und öfter kommen, wird das Gut besser sein, werden weniger Fehler gemacht und wirst Du mehr Gewinn erzielen.

Festzuhalten ist, dass der Faktor Standortwahl einen großen Raum in der Diskussion der Agrarschriftsteller über Wachstum einnimmt, dass aber dieser Faktor in der Betrachtung als Wachstumsstrategie nur langfristig angelegt ist und nicht kurzfristig anpassbar oder änderbar ist. Er dient somit von Anfang der Betriebstätigkeit an der besseren Marktdurchdringung und Ertragsoptimierung und kann nicht kurzfristig verändert werden. Doch in den Schriften der Agrarökonomen sind auch Wachstumsstrategien erkennbar, die weniger langfristig angelegt und daher flexibler ergreifbar sind.

5.5.2.3 *Wachstum durch Expansion in neue Märkte*

Wie zuvor beschrieben ist eine effektive Standortwahl eher eine Strategie zur Marktdurchdringung, weniger ein Indiz zur Expansion in neue Märkte – auch wenn der gewählte Standort an anderer Stelle als ein vielleicht schon existierendes Landgut gewählt werden mag. Die Adressierung eines neuen Marktes ist eher zufällig Ergebnis einer den notwendigen Kriterien folgenden Standortwahl. Doch auch insgesamt sucht man bei der Betrachtung der Expansion in neue Regionen (oder technisch formuliert in neue Märkte) – trotz des faktischen Handelswachstums römischer Produkte ins ganze Reich – vergeblich nach schriftlich verfassten Hinweisen der Landwirtschaftsautoren zu solchen Ratschlägen und Wachstumsstrategien.

Ihre Schriften orientieren sich vor dem Hintergrund ihrer konservativen Klientel offenbar an organischem Wachstum und lokalem Vertrieb. Letzterer muss jedoch nicht auf das direkte Umfeld des Landguts beschränkt sein. Sie suchen nicht zwingend das Wachstum in neuen Regionen. Einzelne Stellen wie Columellas Empfehlung zur effizienten Verpackung von Käse lassen dieses Bestreben vermuten, sind aber nicht explizit genug formuliert[621].

> *Sic neque fistulosus neque salsus neque aridus provenit* (...) *hoc genus casei potest etiam trans maria permitti*
>
> Auf diese (zuvor sehr ausführlich beschriebene) Weise wird er weder löchrig noch salzig noch trocken (...). Diese Art Käse kann man sogar über See versenden.

621 Colum. 7,8,5–6.

Columella beschreibt in diesem Kapitel unterschiedliche Herstellungsarten von Käse. Dabei betrachtet er Käse aus dünnflüssiger oder aus steifer Masse und spricht bereits einleitend die Möglichkeit einer längeren Aufbewahrungszeit an. Der Hinweis auf eine mögliche Versendung über See erscheint in diesem Kontext jedoch weniger ein Hinweis auf eine Vermarktungsoption als eher als symbolhafter Hinweis auf die lange Aufbewahrungsdauer. In Kapitel 4.1.4 wurde bereits kurz der die damalige Welt umspannende Handel und der damit verbundene Wandel der Wirtschaftskultur beschrieben, wie er auch zur Zeit Columellas herrschte. Und so fügt sich das hier angeführte Zitat auch eher in die Haltbarmachung eines Produktes für solch weltumspannenden Handel ein als selbst eine Motivation zur Wahl solcher Expansion geben zu wollen.

5.5.2.4 *Wachstum durch Expansion in neue Produkte*

Eine explizite Wachstumsstrategie lässt sich dagegen in den Schriften der Agrarautoren für das Bestreben zur Expansion in neue Produkte wiederfinden. Sicherlich ist die Auswahl eines Produktes und die Festlegung auf eine Produktionsart solch eine Wachstumsentscheidung in einem Investitionsprozess. Die Landwirtschaftsautoren empfehlen unterschiedliche Produktions- oder Anbauarten. Columella beschreibt im dritten Buch der *de re rustica* den Weinbau und dessen hohe Rentabilität als Grund für dessen Ausübung. Er empfiehlt hier den angehenden Landwirten die Orientierung weg vom klassischen Landbau, hin zum Weinbau als neues – zu dieser Zeit aber eigentlich schon weit verbreitetes – Anbauprodukt. Es sollen hier daher noch weitere, herausstechendere Empfehlungen zur Expansion in neue Produkte angeführt werden.

Varro beschreibt in seiner Abhandlung über die Hoftierhaltung die Rentabilität bestimmter Tierhaltungsarten, hier verstanden als landwirtschaftliches Produkt. Er bezieht sich auf neue, ausgefallene „Produkte“ wie Fische, Drosseln oder Pfauen[622]. In der Ausführung über die Zucht von Pfauen lässt er klar die Wachstumschancen der „neuen Zeit“ erkennen, eine Abkehr von alten „Produktionsweisen“ und empfiehlt Wachstum in neuen statt alten „Produkten“. Columella sieht – wie Diederich bemerkt – dieses „Produkt“ hingegen nicht als allgemeine Empfehlung, sondern höchstens als Zeitvertreib an[623], da Columella die Anschaffung von Pfauen in seiner Zeit eher als Luxus- und Anschauungsobjekt ansieht[624]. Doch diese unterschiedlichen Einschätzungen zeigen – auch vor dem jeweiligen Zeithintergrund der Autoren – nur umso besser die individuellen Einschätzungen aktueller Ertrags- oder Wachstumspotenziale, wie hier eben Varro[625]:

---

622 Varro rust. 3,4.

623 Diederich (2007) S. 384, 2. Absatz.

624 Colum. 8,11.

625 Varro rust. 3,4,1 und vergleiche auch 3,5,1–2 über den Bau von lukrativen Vogelvolieren und großen Pavillons, „um darin etliche tausend Drosseln nud Amseln einsperren zu können“.

*Ut aiunt ‚post principia' in castris, id est ab his temporibus quam superioribus, quod ex pavonibus fructus capiuntur maiores quam e gallini*S.

Beginne so, wie man ‚hinter den vorderen Linien' im Feldlager sagt, das heißt, lieber mit den heutigen als mit den früheren Zeiten, weil mit Pfauen höhere Erträge erzielt werden als mit Hühnern.

Diese Anleitungen sind explizit hinsichtlich der Beschreibung der Gewinnchancen und durchaus auch explizit darin, den Leser über die Ausübung dieses „Produktionszweigs" zu belehren und dafür zu motivieren. Columella gibt ein Beispiel dafür, wenn er seine Leser darauf hinweist, die Verdienstmöglichkeiten der Zucht von Krammetsvögeln nicht geringzuschätzen, deren Preis seit der Zeit der Großväter bedeutend gestiegen sei[626]. Es sind somit Strategien zum mittel- oder sogar kurzfristigen Wachstum durch Diversifikation mittels neuer Produkte. Dies ist somit eine andere Strategie als die der Standortdebatte. Während diese nur von einer möglichst günstigen Ausgangsbasis für klassisches Landwirtschaften ausgeht, erlaubt eine Produktstrategie schnellere Reaktion und Handlung.

5.5.2.5 *Abschließende Betrachtung zu den Wachstumsstrategien*

Die zuvor aufgeführten Untersuchungen belegen, dass Wachstumsstrategien wie Verfahrensinnovationen, eine Standortauswahl und Produktdiversifikation den Agrarautoren bekannt waren und diese belehrend und explizit vermittelt wurden. Es zeigt somit erneut einen Imperativ des Wachstumsstrebens in ihren Schriften an, wenn auch keine generelle Abstraktion auf allgemeine Wachstumsstrategien festzustellen ist[627]. Die Ausführungen der Agrarautoren besitzen weitgehend den Charakter von Ratschlägen.

Dass diese Ratschläge nur mit Zögern befolgt wurden, sieht man an der Diskussion der Agrarautoren zur Risikobereitschaft des Landwirts. Ein Landwirt agierte vor der von den römischen Senatseliten geschaffenen Folie der soliden Landwirtschaft, die dem risikoreichen Kaufmannsberuf vorzuziehen sei. Varro gibt im zuvor zitierten Beispiel der letztlich ruinösen Skalierung der Ziegenhaltung des Gaberius (Varro rust. 2,3,10) ein Beispiel für Risikobereitschaft in der Landwirtschaft und den möglichen Misserfolg von Skalierungsstrategien im Wachstumsstreben, welche im vorigen Kapitel zu Wachstumsstrategien nicht weiter erläutert wurden. Vielleicht durch solche Beispiele gewarnt zeigt Columella auch eine ambivalente Einstellung zum Eingehen von Risiken. Neben der zuvor zitierten Befürwortung des Experimentierens, zeigt er an anderer Stelle Zurückhaltung und erlaubt insbesondere einem Verwalter nicht das Eingehen von Risiken, sondern

626 Colum. 8,10,6.

627 Siehe hierzu Kehoe (2007) S. 39 ff. Kehoe beschreibt – trotz der institutionenspezifischen Prägung seiner Betrachtung – die rationale Planung der Landbesitzer zur Auswahl der ertragreichsten Produktionsform.

fordert die Ausführung der erprobten Handlungsweisen[628]. Columella setzt auf Lernen und Erfahrung und damit die Vermeidung von Risiken. In einer pessimistischen oder primitivistischen Betrachtung könnte man daher behaupten, dass „Maß zu halten" die Maxime römischen Wirtschaftens gewesen sei[629]. Doch hat die Analyse in diesem Kapitel ein bedeutend offeneres und umfassenderes Bild ergeben und sinnvollerweise obliegt das Eingehen von Risiken – oder hier die Umsetzung von Wachsstumsstrategien – dem Eigentümer. Plinius d. J. gibt ein prägnantes Beispiel einer solchen Risikoabwägung eines Besitzers, wenn er in seinem Brief an Calvisius Rufus unterschiedliche Aspekte für und gegen den Kauf eines benachbarten Landguts diskutiert. Er führt die damit verbundenen Risiken auf wie unter anderem die Abhängigkeit von der gleichen Wetterlage für zwei dann beieinanderliegende Grundstücke[630].

5.5.2.6 Marketingstrategien

Ein anderes Instrument, das im Kontext von Wachstum Relevanz besitzt, verbindet sich mit dem Begriff der Marketingstrategie. In einer weiten Fassung des in der modernen Betriebswirtschaft verwendeten Begriffes kann eine Marketingstrategie die zuvor beschriebenen Strategieüberlegungen mit beinhalten[631]. In einem enger gefassten Verständnis des Begriffes, der hier Anwendung finden soll, bezieht es sich jedoch auf das eigentliche Vermarkten eines Produktes oder einer Dienstleistung an unterschiedliche Kundengruppen und auf unterschiedlichen Wegen beziehungsweise über unterschiedliche Kanäle. ‚Marketing' stellt in diesem Sinne eine Hilfskompetenz allgemeiner Unternehmensstrategien dar und soll dazu dienen, Nachfrage zu generieren.

Ein Hinweis auf eine solche Marketingstrategie findet sich in der zuvor angeführten Kriterienliste der Standortsuche der Agrarautoren. Wenn Varro und Columella Verkehrs- und Transportkriterien definieren, fordern sie auch die „Nähe zur Stadt", also einen guten Zugang zu ihren Kunden, welcher eine ausreichende Nachfrage sicherstellen soll. Dies entspricht der klassischen Diskussion der Vertriebskanäle einer modernen Marketingstrategie und soll hier nicht nochmal diskutiert werden. Wenn man somit von der Nutzung der richtigen Vertriebskanäle absieht, lassen sich nur wenige Hinweise für ein

628 Colum. 1,8,13.

629 Das Zitat des älteren Plinius (Plin. nat. 18,35), dass „die Latifundien die Ursache des Problems" (des Niedergangs der bisherigen Wirtschaft und der Römischen Republik) seien, ist ein Beleg für die Sehnsucht nach Maß haltendem Wirtschaften.

630 Plin. epist. 3,19,4 *contra vereor ne sit incautum, rem tam magnam isdem tempestatibus isdem casibus subdere.*

631 Siehe die Definition des Gabler Wirtschaftslexikons nach Prof. Dr. Manfred Kirchgeorg, der eine Marketingstrategie als „an den Bedarfs- und Konkurrenzbedingungen relevanter Märkte sowie den personellen, finanziellen, technischen und informellen Leistungspotenzialen der Unternehmung ausgerichtete Verhaltenspläne zur Realisierung der Marketingziele" definiert und Wachstumsstrategie als deren Erscheinungsform definiert. Siehe https://wirtschaftslexikon.gabler.de/definition/marketingstrategien-38335.

Marketing bei den Agrarschriftstellern finden. Ein seltenes Beispiel ist die Erwähnung der *delectatio* als Marketinginstrument durch Varro[632].

> *Hinc profecti agricolae ad duas metas dirigere debent, ad utilitatem et voluptatem. Utilitas quaerit fructum, voluptas delectationem; priores partes agit quod utile est quam quod delectate. Nec non ea, quae faciunt cultura honestiorem agrum, pleraque non solum fructuosiorem eadem faciunt, (...) sed etiam vendibiliorem atque adiciunt ad fundi pretium.*
>
> (...) müssen die Landwirte auf zwei Ziele zusteuern: auf Nutzen und Vergnügen. Der Nutzen sieht auf den Ertrag, das Vergnügen auf den erfreulichen Anblick. Was nützlich ist, spielt eine wichtigere Rolle, als was einen erfreulichen Anblick bietet. Doch wird ein Feld durch die Maßnahmen, mit denen es durch den Anbau verschönert wird, meistens nicht nur zugleich ertragreicher (...), sondern auch leichter verkäuflich, ja, erhöht sich sogar der Preis des Grundstücks.

Varro stellt hier den Mehrwert des Vergnügens, der *voluptas*, dar. Diese ist eigentlich nicht direkt auf den Nutzen, die *utilitas*, gerichtet. Doch kann solches Vergnügen, wenn es sich auf die Verschönerung des Landguts bezieht, einer nach außen positiv sichtbaren Darstellung oder Vermarktung des Guts dienen. Und dadurch kann in letzter Konsequenz wieder ein Nutzen im Sinne der *utilitas* erzielt werden, wenn höhere Verkaufsgewinne des Guts erlöst werden können.

Da diese Hinweise in den Schriften der Agrarautoren aber nur vereinzelte Kommentare und vorwiegend keine explizite Anweisungen oder Handlungsempfehlungen sind und insbesondere kein Marketingkonzept und keine Marketingstrategie darstellen, sollen diese Hinweise hier in der Untersuchung des Wirtschaftsdenkens nicht weiter verfolgt werden[633].

5.5.3 Transformationsmanagement

Wurden bisher Wachstumsstrategien für eine Situation stabiler Verhältnisse oder neuer, zusätzlicher Investitionen untersucht, so stellt sich darüber hinaus die Frage nach Strategien für Krisenzeiten oder eine sich ändernde Umwelt. Der Begriff des Transformationsmanagements steht für den Umgang mit solchen Situationen, die eine Krise für ein Unternehmen oder eine Veränderung des Umfelds einer Unternehmung darstellen. Transformationsmanagement beschreibt, wie mit diesen Situationen umgegangen wird und wie vor diesem Hintergrund Stabilität wiederhergestellt oder sogar weiteres

632 Varro rust. 1,4,1–2.

633 Ansatzpunkt einer weitergehenden Untersuchung zu diesem Thema wäre Francesco De Martinos aktuelle Arbeit „Antichità & pubblicità“ in De Martino (2010), in der er auf die Kunst des Verkaufens eingeht.

Wachstum geschaffen werden kann. Solche Denk- und Handlungsmuster sollen in diesem Kapitel untersucht werden.

Der aktive Umgang mit internen Veränderungen innerhalb der Unternehmung und externen Veränderungen, die von außen auf die Unternehmung wirken, ist dabei ein wesentliches Merkmal verantwortlichen unternehmerischen Handelns. Die Transformation des eigenen Wirtschaftens als Reaktion auf solche internen oder externen Veränderungen ist daher ein wichtiger Untersuchungsgegenstand dieser Arbeit. Die aktuelle Literatur zur römischen Wirtschaftsgeschichte beschreibt in einem weitergefassten Kontext unterschiedliche Einflüsse auf das betriebswirtschaftliche Handeln, seien es politische Veränderungen (wie Änderungen im Herrschaftssystem[634]), ökonomische Veränderungen (wie die Weiterentwicklung wesentlicher Säulen der Wirtschaft[635]), seien es soziale Einflüsse (wie die Einbeziehung und Teilhabe neuer Arbeitskräfte[636]), technologische Einflüsse (wie zum Beispiel die Entwicklung der Transportmöglichkeiten und der Ausbau des Wegenetzes[637]) oder letztlich rechtliche Entwicklungen (wie die für Rom zentrale Entwicklung des *ius civile*[638]).

Die grundlegende Transformation der Landwirtschaft hin zu einer Latifundienwirtschaft – als ein Beispiel dieser Auflistung – ist ein wesentlicher Wendepunkt der römischen Wirtschaftsgeschichte und stellt eine der bedeutendsten ökonomischen Einflussfaktoren für den Landwirt dar. Es ist dies sicherlich eine der größten und bedeutendsten (gesamtwirtschaftlichen) Transformationen der römischen Epoche, die mit den Punischen Kriegen ihren Ausgangspunkt genommen haben. Dabei haben – als kurzes Referat dieser Entwicklung – militärische Erfolge, die Verfügbarkeit von Sklaven als billige Arbeitskräfte, die Verfügbarkeit von Land und der Anstieg des vorhandenen Kapitals zu einer ökonomischen Veränderung, aber bekanntermaßen auch zu einem sozialen Umbruch der römischen Gesellschaft und der Herausbildung des Proletariats, arbeitsloser und lohnabhängiger römischer Bürger geführt. Der italienische Historiker Gianfranco Tibiletti stellt dar, wie sich die römischen Agrarbetriebe seit den Punischen Kriegen allmählich vergrößert haben und Cato in einer Phase des Umbruchs hin zu einer Latifundienwirtschaft geschrieben habe[639]. Doch ist wichtig festzuhalten, dass der dem

634 Vgl. Sommer (2016) S. 442–486 zur *pax Augusta*, der Wiederherstellung einer inneren staatlichen Ordnung nach den Bürgerkriegszeiten, und deren Einfluss auf das römische Wirtschaften, insbesondere auch mit Blick auf die „Romanisierung" beziehungsweise in seinem Wortlaut die „Provinzialisierung" (S. 466) und – für das vorliegende Kapitel von Interesse – den politisch-gesellschaftlichen Rahmen der Terra-Sigillata-Produktion.

635 Vgl. Kap. 4.1.3 zur Entwicklung der Latifundienwirtschaft.

636 Vgl. Kap. 2.2, Punkt d) bzgl. des Wandels der römischen Wirtschaft in der Zeit der frühen Republik hin zu einer Sklavenwirtschaft oder Kap. 5.4.1 zu Aufstiegsmöglichkeiten von Sklaven.

637 Vgl. De Martino (1991) S. 149, 1. Abs. zu Transport und Straßen. Siehe aber auch Alföldy (2011) S. 308 zum Verständnis der Sensibilität der römischen Gesellschaft bei Transportschwierigkeiten.

638 Vgl. Manthe (2007) für einen kurzen Überblick zur römischen Rechtsgeschichte oder speziell Weeber (2010) S. 211 f. für ein modern anmutendes Beispiel einer rechtlichen Regelung bei extremen Kohle-Emissionen und Belastungen der Nachbarn und der Umgegend an einem Produktions- und Wirtschaftsstandort.

639 Tibiletti (2007) S. 223.

eigenen Bedarf dienende römische Kleinbauernhof die weiterhin „durch die gesamte Antike hindurch vorherrschende Form der Landwirtschaft“ war[640] und im Rahmen von Koloniegründungen in der frühen Kaiserzeit als Ausgangspunkt neuen Wirtschaftens wieder selbstverständlich war.

Auf den einzelnen Landwirt bezogene ökonomische Einflussfaktoren als Beweggründe für Transformationen beschreibt Columella, wenn er den Wandel hin zur Erzeugung von Öl und Wein allgemein beschreibt und den Einzelnen auffordert, in diese Produktionsart zu wechseln. Ursache hierfür ist die bekannte Tatsache, dass Getreide billig aus den Provinzen importiert wurde und die Rentabilität einer Weinproduktion höher lag. Dieser Wechsel zu Öl und Wein wurde bereits zuvor als Wachstumsstrategie beschrieben und es lässt sich hier erkennen, dass es auch in einer Transformationssituation als sinnvolles Mittel zur Begegnung einer Veränderungssituation und der Schaffung von Wachstum angesehen werden kann. Noch weiter geht Columella allerdings, wenn er die Empfehlung gibt, in die Zucht von Drosseln in Vogelvolieren zu investieren. Dabei ist der transformatorische Ansatz relevant, der erkennbar ist, wenn er davon spricht, dass der einzelne Landwirt von der Transformation der gesellschaftlichen Verhältnisse profitieren soll[641]:

> *Hac inpensa curaque M. Terentius ternis saepe denariis singulos emptitatos esse significat avorum temporibus, quibus qui triumphabant populo dabant epulum. At nunc aetatis nostrae luxuria cottidiana fecit haec pretia, propter quae ne rusticis quidem contemnendus sit hic reditus.*

> Bei solcher Investition und Pflege sollen nach der Angabe des M. Terentius (Varro) diese Vögel oft um 3 Denare pro Stück gekauft worden sein, zur Zeit unserer Großväter, als die triumphierenden Feldherren noch dem Volk eine Speisung zu stiften pflegten. Jetzt aber hat der Luxus unserer Generation solche Preise zur Alltäglichkeit gemacht; deshalb sollen auch die Bauern eine solche Verdienstmöglichkeit nicht gering achten.

Columella beschreibt einen Wandel der Vermögen der römischen Landwirte und die – im Vergleich zur Zeit Varros – seiner Darstellung nach höheren Einkommensmöglichkeiten römischer Bauern zu seiner Zeit. Daher sei der Anschaffungspreis keine Restriktion mehr und eine Investition profitabel. Somit empfiehlt er diese Investition – wenn auch vor dem Hintergrund einer langfristigen Veränderung und keiner kurzfristig aufgetretenen Veränderung individueller Verhältnisse.

Es ist zu bemerken, dass sich solche Ratschläge in die allgemeine Intention der Schrift als Anleitungs- und Ausbildungswerk einfügen. Rückgängige Erträge – hier im Kontext des bereits erfolgten Übergangs zur Latifundienwirtschaft – begründet Columella mit der „Verkehrtheit der Menschen“ und fordert die Einführung landwirtschaftlicher

640 Tietz (2015) S. 81.
641 Vgl. Colum. 8,10,6.

Ausbildung[642], die zum Beispiel den Wechsel zu anderen Produkten wie hier der Zucht von Vögeln in Volieren erst ermöglicht. Alle drei hier betrachteten Agrarautoren sehen Lernen und Ausbildung als (langfristiges) Mittel zum richtigen Wirtschaften an und beschreiben damit ein wissensbasiertes Wachstums- oder Transformationsdenken. Es ist damit implizit ein Mittel zur Reaktion auf sich verändernde Umstände, das mit rationellen Methoden höhere Gelderträge ermöglicht. Columella beschreibt „Lernen" und das Nutzen vorhandener Erfahrungen als wichtige Quelle von Erfolg und Wachstum[643] ebenso wie das eigenständige Ausführen der Tätigkeiten und des Lernens aus eigenen Fehlern[644]. Zu den Quellen gehört für ihn ebenfalls die Literatur der Ahnen.[645] Lernen wird als eine der seltenen, aber sehr wichtigen Ausnahmen vom täglichen Leben erlaubt[646]. Generell bestand Wirtschaften in der römischen Antike aus festen Vorgehensweisen, die in bestimmten Berufsgruppen auch in Form einer Ausbildung vermittelt wurden[647].

Doch das bisher beschriebene Denken und die grundlegende Intention der Schrift sind allenfalls eine gesamtgesellschaftliche Beobachtung von Transformationen oder eine allgemeine Anleitung zu veränderten Investitionsmöglichkeiten, wenn auch durchaus vor dem Hintergrund beobachtbarer Krisen und notwendiger Transformationen. Doch eine Transformationsstrategie im Kontext einer betriebswirtschaftlichen Unternehmung bedarf der Feststellung einer individuellen Krisensituation oder einer individuellen Veränderungsbedarfs. Bei der Durchsicht der Schriften der römischen Agrarautoren ist jedoch zuerst festzustellen, dass ein Begriff der Transformation selbst in ihren Schriften gänzlich unbekannt ist und auch verwandte Begriffe wie etwa die Veränderung (*commutatio*) oder der Übergang (*transitus*) in Bezug auf Geschäftsstrategien in den Schriften der Agrarautoren nicht auftauchen. Folglich ließe sich auch vermuten, dass ein aktives methodisches Umgehen mit Veränderungen als eigenständiger Handlungsbereich des römischen Agrarwirtschaftens nicht thematisiert wird.

Tatsächlich ergibt die geringe Anzahl verfügbarer Passagen das Bild, dass Transformationsdenken kein wesentliches Thema römischer landwirtschaftlicher Literatur ist. Doch lässt sich vermuten, dass den römischen Agrarautoren solche Veränderungssituationen nicht unbekannt waren und sie daher – wenn auch nicht strukturiert – Ratschläge für den Umgang damit gegeben haben. Und tatsächlich erwähnen sie Situationen im Betrieb einer landwirtschaftlichen Gutswirtschaft, in denen die Notwendigkeit einer Transformation augenfällig wird. Diese Schilderungen sind sehr stark von der Schilderung einer Problemsituation und der anschließenden Auswegsuche dominiert, was als Anklang einer Transformation erscheint.

642 Colum. 1,praef.,5.

643 Colum. 1,1,3.

644 Colum. 1,1,16.

645 Colum. 1,1,6 und in Colum. 1,1,12–14.

646 Colum. 1,8,7 und 1,8,14.

647 Drexhage, Konen und Ruffing sowie auch Ebert beschreiben das Ausbildungswesen der römischen Antike, siehe Drexhage, Konen, Ruffing (2002) S. 114 und 248 und Ebert (1984).

Varro führt im Kontext seiner Diskussion zur Standortwahl, klimatischen Bedingungen sowie schädlichen Einflüssen auf den Betrieb des Landguts einen Dialog an, der solch ein Transformationsdenken offenbart. Er diskutiert dabei – der Form nach in der beschriebenen Dialogform seiner Schrift – Handlungsmöglichkeiten, wenn einer Person ein Landgut durch Erbschaft zufällt, das in einer sumpfigen Gegend liegt[648]:

> „*Quid potero* (...) *facere, si istius modi mi fundus herediati obvenerit, quo minus pestilentia noceat?*“
> (...) „*Vendas, quot assibus possis, aut si nequeas, relinquas*“
>
> „Was werde ich tun können (...) um zu verhindern, dass das Sumpffieber schadet, wenn mir ein Gut dieser Art durch Erbschaft zufallen sollte?“
> (...) „Verkaufe es für so viel As, wie du dafür erzielen kannst, oder verlasse es, wenn es dir nicht gelingt!“

Varro formuliert eine klare Grenze landwirtschaftlicher Ratschläge und betrieblicher Optimierung. In kritischen Situationen soll, ähnlich wie auch an anderen Stellen seiner Schrift[649], ein Ausweg gesucht werden, der gegebenenfalls konsequent durch das Verlassen des Gutes zu verfolgen sei. Der Ratschlag gliedert sich in weitere allgemein formulierte Kriterien einer guten Lage des Landguts, ist aber in der hier zitierten Form der konsequenteste Hinweis auf Transformationsdenken und konsequente Entscheidung.

Columella verfolgt ein Jahrhundert später die gleiche Leitlinie, wenn er beschreibt, dass beim Ererben eines Landgutes dieses genau zu erkunden sei und dass nach durchgeführter Beurteilung ungünstiges Land zu verkaufen sei[650].

> *Quapropter vel a maioribus traditum possidenti vel empturo fundum praecipua cura sit scire, quod maxime regionis genus probetur, ut vel careat inutili vel mercetur laudabilem.*
>
> Deshalb, wer Grundbesitz von seinen Vätern ererbt hat oder erwerben will, soll sich in erster Linie angelegen sein lassen, zu wissen, welche Lage am günstigsten ist, um entweder wertlosen Grund abzustoßen oder brauchbaren zu kaufen.

Columella beschreibt hier mit der bereits zuvor ziterten Passage zur Standortwahl – und unter Hinweis auf die Ratschläge Catos – ein konsequentes Handeln und die Notwendigkeit zum Treffen eindeutiger Entscheidungen, die, sofern notwendig, den bisher laufenden Betrieb beenden könnten. Und Columella beschreibt auch andere Situationen, in denen

648 Varro rust. 1,12,2.

649 Vgl. Varro rust. 1,20,2 mit der Anweisung, einen Ausweg zu suchen, wenn eine verfahrene Situation eingetreten ist (*si indicit ut sit, vitandum*): hier die Tatsache, dass Ochsen in einer für sie nicht gewohnten Landschaftsart eingesetzt werden.

650 Colum. 1,2,3.

Besitzer ihr Land wegen einer „bösen Nachbarschaft“ aufgaben. Er führt erst historische Beispiele ganzer Völkerschaften auf, die ihr Stammgebiet verließen. Dann nennt er auch Beispiele griechischer und römischer Personen, die er dann jedoch wieder seiner Zielgruppe, den angehenden Landwirten, empfiehlt, also wiederum einer Gruppe, die am Anfang eines neuen Vorhabens stehen[651]. Er weist dabei auf Cato hin, der die Vorsicht vor „böser Nachbarschaft“ als Teil der Standortwahl definiert hat, bettet seinen Hinweis aber in den Kontext vorhandenen Landbesitzes und möglicher Veränderungen ein.

Zu beachten ist, dass in den vorgenannten Zitaten die Schnittstelle dieser konsequenten Handlung ein Neuanfang ist und gerade bei den beiden ersten Zitaten der Grund für die empfohlene Veränderung eine Erbschaft ist. Selten liegt die Erwähnung einer Transformation zur Zeit eines bestehenden Geschäftsbetriebs wie zum Beispiel im nachfolgenden Zitat. Columella empfiehlt dort tatsächlich die Aufgabe der Zucht einer unprofitablen Rebsorte[652] und weist mit der Aufführung des Lehrmeisters und seines Auftrags explizit auf den Charakter dieser Transformationsmaßnahme hin.

> *Quare prudentis magistri est eiusmodi nomenclationis aucupio, quo potiri nequeant, studiosos non demorari, sed illud in totum praecipere, quod et Celsius ait et ante eum Marcus Cato, nullum genus vitium conserendum esse nisi fama, mullum diutius conservandum nisi experiendo probatum.*
>
> Deshalb sollte ein kluger Lehrmeister seine Schüler nicht mit einer solchen Jagd nach Bezeichnungen (für Rebsorten) aufhalten, (...) sondern lieber generell vorschreiben (...), dass man nämlich keine Rebsorte pflanzen soll, die nicht einen guten Ruf genießt, und keine länger behalten soll, wenn sie sich nicht in der Erprobung bewährt hat.

Von besonderem Interesse ist in dieser Passage die Erwähnung einer Erprobung, die konsequent das zuvor bereits dargestellte Vorgehen einer Verfahrensverbesserung thematisiert, aber auch hier zu gegebenem Zeitpunkt eine konsequente Entscheidung und gegebenenfalls Änderung der Produkte einfordert. Die Beobachtung, dass prinzipiell Neuanfänge wie Erbschaften oder Neukäufe der Auslöser von Transformationen sind, wird bestätigt durch die Beschreibung Columellas über das Engagement römischer Wirtschaftender. Ein Wesensmerkmal sei dabei das hohe Engagement bei neuen Investitionen und leider auch die Vernachlässigung des kontinuierlichen Betriebs, teils aus fehlender Sorgfalt, teils aus Geiz. Columella kommentiert letzteres mit der als Vorwurf formulierten Idee, Gewinne durch die Einsparung von Investitionen zu erzielen (*reditum certissimum existimantes, inpendere nihil*)[653] – eine Idee, die man im Kontext einer Wachstums-, Ertrags- und Investitionsdebatte eher als sarkastisch, bestenfalls als einfallslos bezeichnen muss.

651 Colum. 1,3,7.
652 Colum. 3,2,31.
653 Colum. 4,3,1–3.

Die Schriften der Agrarautoren beschränken sich weitestgehend auf die hier zitierten Hinweise zum Umgang mit Krisensituationen. Dieser geringe Umfang an Transformationsdenken und Transformationsanleitungen kann sich daraus erklären, dass die Agrarschriftsteller das Idealbild einer Landwirtschaft beschreiben. Es sei daran erinnert, dass Columella den angehenden Landwirt adressiert und Varro seiner Frau Fundania Anleitungen für zukünftige Entscheidungen „auch nach seinem Tod“[654] bereitstellen möchte. Beides kann nur unzureichend Transformationen thematisieren, da ihre Schriften doch die Begründung einer erfolgreichen und ertragreichen Landwirtschaft ermöglichen sollen, die im Idealfall keiner Transformation bedarf.

Um daher Transformationsdenken über die hier zitierten Passagen hinaus weiter herauszuarbeiten, muss auf das praktische Denken vorhandener Schriften zurückgegriffen werden. Die Reaktion von Plinius d. J. auf sinkende Erträge seines Landgutes sind nicht das beste Vorbild: in einem Brief an Calvina, der er die Schulden ihres Vaters nach dessen Tod nachlässt, beschreibt er, dass er das unter anderem „wegen des Zustands [seiner] Güter ziemlich geringe oder jedenfalls unsichere Einkommen“ durch Mäßigkeit (*frugalitas*), also eine bescheidenere Lebensführung kompensiere[655]. Hier wie auch in anderen Beispielen lässt er erkennen, dass er die Rolle eines Grundeigentümers nur zögerlich annimmt und er die Aufgaben – verbunden mit den notwendigen Handlungsstrategien – nur unzureichend übernimmt[656].

In einem weiteren Brief an Paulinus ist erkennbar, wie er, genötigt durch hohe Schulden und Rückstände seiner Pächter, kurzfristige Gegenmaßnahmen zu treffen gedenkt, um damit der aktuellen Veränderung des Ertrags seiner Güter zu begegnen[657]. Nachdem zuvor gewährte starke Nachlässe die Situation nicht verbessern konnten, plant er nun, mit der Umstellung von Geldpacht auf Naturalpacht zu reagieren. Dabei erkennt er, dass er zudem Kontrollmaßnahmen aufsetzen muss, indem er Aufseher aus seinem Personal mit der Beaufsichtigung beauftragen müsse. Interessant an dieser Passage ist der Zeitpunkt der angedachten Maßnahme, der offenbar mit dem Neuabschluss des Pachtvertrages übereinstimmt. Plinius beklagt die schlechte Ertragssituation im vergangenen *lustrum* und den anstehenden Neuabschluss des Pachtvertrages.

Insgesamt sind die Reaktionen von Plinius d. J. auf auftretende Ertragsschwächen ein guter Betrachtungsgegenstand für Transformationmanagement und spiegeln sich an dieser Stelle auch verbal wider. Zum einen spricht er davon, dass *mihi nova consilia summenda sunt*, was Kasten[658] neutral mit „neue Verfügungen treffen“, andere Autoren

654 Varro rust. 1,1,2.

655 Plin. epist. 2,4,3 *sed quod cessat ex reditu, frugalitate suppletur, übersetzt nach* H. Kasten.

656 Plin. epist. 9,15,3 *patrem familiae hactenus ago, quod aliquam partem praediorum, sed pro gestatione percurro,* von Kasten treffend mit der Formulierung des „Durchfliegens“ seiner Landgüter zu Pferd übersetzt.

657 Plin. epist. 9,37,2–4 Veränderung (*nam priore lustro, quamquam post magnas remissiones, reliqua creverunt*) und Maßnahmen (*at hoc magnam fidem acres oculos numerosas manus poscit*).

658 Siehe Quellenangabe Kap. 7.3 mit der Übersetzung nach Helmut Kasten.

mit „neuen Strategien anwenden“[659] übersetzen. Desweiteren beschreibt Plinius d. J. Transformationsdenken explizit, indem er anführt, dass er der zuvor beschriebenen Krisensituation zu begegnen und ihr abzuhelfen habe[660]:

> *Rapiunt etiam consumuntque, quod natum est, ut qui iam putent se non sibi parcere. Occurrendum ergo augescentibus vitiis et medendum est.*
>
> Sie [seine Pächter] treiben Raubbau und verzehren alles, was wächst, weil sie meinen, es komme doch nicht ihnen zugute, wenn sie sparten.
> Es gilt also, den steigenden Übelständen zu begegnen und ihnen abzuhelfen.

Nochmal ein komplexeres Handeln zeigt sich in dem schon zuvor erwähnten Brief an Calvisius, wenn er den Erwerb benachbarter Landgüter durchdenkt[661]. Zum einen reflektiert er – wie zuvor dargestellt – Standortkriterien wie die Vorteile und Risiken eng mit seinen bestehenden Landgütern verbundener Güter. Zum anderen – und hier im Kontext von Transformationsdenken relevanter – gedenkt er, von der üblichen Praxis, Land für einen kurzen Zeitraum zu verpachten, abzuweichen, weil er die „geringe Leistungsfähigkeit“ der aktuellen Pächter sieht. Er beschreibt, dass er statt des Betriebs über Pächter auf eine eigene Betriebsführung mit Hilfe von Sklaven umstellen müsste[662]:

> *Sunt ergo instruendi eo pluris, quod frugi, mancipiis; nam nec ipse usquam vinctos habeo nec ibi quisquam.*
>
> Ich müsste sie [die Ländereien] also mit Sklaven ausrüsten, was mich um so mehr kosten wird, als es biedere Leute sein sollen, denn weder beschäftige ich irgendwo Zwangsarbeiter noch tut es dort jemand.

Er stellt somit in dieser Transformationsüberlegung gleichzeitig eine zweifache Kostenrechnung an: zum einen die Berechnung höherer Kosten durch die Anschaffung von Sklaven, zum anderen die kostenmäßige – und moralische – Unterscheidung von „biederen“ Sklaven (als *mancipium*) und Zwangsarbeitern (*vinctos*). Dabei beschreibt Plinius d. J. nicht zwangsläufig ein Modell oder ein Vorgehen, das vielleicht auch in breiterem Umfang zu dieser Zeit, im 1. Jh. n. Chr., angewandt wurde. Vielmehr interessant ist neben seiner sachlichen Argumentation der Aufruf zur Transformation und der bewusste Lehrcharakter dieses und anderer Briefe.

Die bei Wachstumsstreben und Wachstumsstrategien beobachtete Ambivalenz von konsequenten Wachstumsempfehlung auf der einen, aber risikobeschränktem und

659 Siehe zum Beispiel bei P.G. Walsh, in: Pliny the Younger – Complete Letters (Oxford World’s Classics), P.G. Walsh, Ausgabe 2009 mit *since it involves my adopting new strategies.*

660 Plin. epist. 9,37,2–3.

661 Plin. epist. 3,19.

662 Plin. epist. 3,19,7.

vorsichtigem Handeln auf der anderen Seite, ist – zumindest soweit es die vorhandenen Passagen der römischen Literatur erkennen lassen – im Transformationsdenken nicht zu finden. Bei Erkennen einer Krisensituation empfehlen sowohl die römischen Agrarschriftsteller als auch Plinius d. J. konsequentes Handeln. Doch dieses offenbart sich nur zu prägnanten Zeitpunkten wie einer Erbschaft oder dem Ende einer Pachtperiode.

5.5.4 Wachstums- und Transformationshandeln am Beispiel der Terra-Sigillata-Produktion Arezzos

Nachdem die Analyse der Schriften der römischen Agrarautoren und von Plinius d. J. einen ersten Einblick in das Denken zu Wachstumsstreben und Transformationsmanagement geliefert hat, soll dieses hier wieder mit dem täglichen Wirtschaftshandeln der römischen Antike abgeglichen werden. Es soll analog der Vorkapitel der Versuch unternommen werden, die Übertragbarkeit entdeckter Denkweisen auf die praktische Handlung zu untersuchen. Dazu ist ein relevanter Bereich zu identifizieren, in dem Wachstumsstrategien und Transformationsmanagement Anwendung fanden.

Ganz generell ist die römische Geschichte voll von Beispielen prosperierender Wirtschaftstätigkeit, wachsenden Unternehmungen und Anpassungen an sich ändernde Zeiten und Umstände. Allein schon die Tatsache eines immer wieder im Fokus der Diskussion antiker Wirtschaftsgeschichte stehenden weltumspannenden, weitgehend privatwirtschaftlich organisierten Seehandels, aber natürlich auch die wachsende Latifundienwirtschaft sind Beleg dafür.

Die vielleicht modernste Ausprägung bei der Verfolgung von Wachstumspotenzialen zeigt wegen des Charakters der Kapitalwirtschaft das Beispiel des Handelns der *publicani*, also privatwirtschaftlich Handelnder im Auftrag des Staates. Schon einleitend bei der Darstellung der Wirtschaftskultur und dann spezifischer im Kontext des Kapitels zum Unternehmertum wurde dieses Handeln in der vorliegenden Arbeit als bedeutende Weiterentwicklung der zuerst agrarischen und auf Sicherheit bedachten Wirtschaftskultur und unternehmerischen Denkens dargestellt. Malmendier vermutet, dass dieses Wirtschaften durch die „große Nachfrage nach Investitionsmöglichkeiten“[663] der durch die *lex Claudia* vom Seehandel formal ausgeschlossenen Senatoren entstanden sein könnte. Dieses Vorgehen war eindeutig ein Wachstumsstreben, aber durch die negativen Auswüchse der Publikanen-Tätigkeit überlagert vom reinen Streben nach Reichtum[664]. Es stellt somit kein planvolles und langfristig orientiertes Streben nach Wachstum eines Betriebes dar, wie es hier untersucht werden soll.

Für die Analyse von Wachstumsstreben und – mehr noch – von Transformationsmanagement notwendig ist ein länger andauernder und in den vorhandenen Quellen

663 Malmendier (2002) S. 250.

664 Einen anderen Standpunkt nimmt Cicero ein, wenn er über die Ehrenhaftigkeit dieser Art römischer Unternehmer schreibt (*publicani, homines honestissimi atque ornatissimi*), siehe Cic. imp. Cn. Pomp. 7,17.

überlieferter Betrieb. Für den Seehandel ließe sich vielleicht mit den bereits zuvor erwähnten Korporationen in Ostia[665], die offenbar eine Verstetigung ihres Geschäftsbetriebs erzielen konnten, ein solches Beispiel finden. Doch über die rein archäologischen Funde der als solche vermuteten Geschäftsräume hinaus finden sich keine weiteren Anhaltspunkte, die bezogen auf eine Einzelunternehmung spezifischer wären als die umfangreichen Nachweise eines generell beobachtbaren Seehandels. Eine andere Quelle liefert erfreulicherweise aber sowohl archäologische Funde der Geschäftsräume als auch eine umfangreiche, gut datierbare und auf ihre Herkunft zurückführbare Quellenlage ihrer Produkte und ihres Geschäftsbetriebs: die Terra-Sigillata-Produktion Arezzos.

Diese Produktion hat über einen Zeitraum von 100 Jahren vom 1. Jh. v. Chr. bis ins 1. Jh. n. Chr. hinweg große Teile des Römischen Reiches mit hochwertiger rot glasierter und mit Reliefbildern versehener Keramik, der sogenannten *Terra Sigillata*, beliefert. Sie erfuhr in dieser Zeit ein enormes Wachstum, war mit der politischen Stabilisierung des Reichs und der Ausbreitung des Imperiums großen Veränderungen ausgesetzt und nahm ihre Entwicklung im Zuge einer sich veränderten Wirtschaftskultur. Das Aufkommen dieses Produktionszentrums, die reichsweite Verbreitung der Keramikprodukte mit den Stempeln der Hersteller und die Erzielung einer dominierenden Marktstellung, die Veränderung der regionalen Ansiedlung und letztlich auch der Niedergang der Unternehmungen stellen daher eine ideale Basis für die Untersuchung von Wachstum und Transformation dar, wie sie die Quellen keines anderen Wirtschaftszweigs der römischen Antike bieten.

Doch bevor die Analyse dieses Produktionszentrums und seiner Betriebe beginnt, soll auf die Sonderstellung der arretinischen Keramikproduktion in der römischen Wirtschaftsgeschichte und der mit ihr verbundenen Kritik kurz eingegangen werden. Finley merkt in seiner Beschreibung der antiken Wirtschaft an[666], dass die Terra-Sigillata-Produktion schon mehrfach als „vereinzelter Modellfall über den Zusammenbruch der kurzzeitigen Monopolstellung der Stadt Arezzo" verwendet wurde und meint damit, dass dies nicht erlaube, von einer komplexen antiken Wirtschaft zu sprechen. Ohne an dieser Stelle in diese Debatte einzusteigen, soll festgehalten werden, dass die Terra-Sigillata-Produktion Arezzos in dieser Arbeit nicht als solches Indiz einer komplexen Wirtschaft verwendet werden soll. Vielmehr sollen die Strukturen der Produktion und eben die hier zur Frage stehenden Handlungsweisen für Wachstum und Transformation beleuchtet werden. Dass dies durchaus komplexe Strukturen aufwies und einen späteren „Zusammenbruch" erst ermöglichte, übersieht Finley, der generell nicht die Strukturen von Wachstum und Transformation wahrnimmt. Arezzo bietet somit durchaus einen guten Gegenstand, römisches Denken und Handeln im Kontext von Wachstum und Transformation der Einzelunternehmung in direkten Bezug zu dieser lokalen Situation zu setzen.

---

665 Siehe Rohde (2012) S. 101–116 zur Organisation der *collegia* in Ostia, der Bedeutung der *Piazzala delle Corporazioni* als Geschäftsplatz und den Geschäftstätigkeiten unterschiedlicher Berufsgruppen in Ostia. Den Aspekt der Verstetigung sieht sie insbesondere bei den Treidelschiffern als gegeben an, den sie mit der Integrationsintensität begründet.

666 Finley (1977) S. 29.

Es sei ebenfalls bemerkt, dass die hier vorliegende Untersuchung keine archäologische Untersuchung an sich vornehmen kann, sondern im weiteren Verlauf die aktuellen Arbeiten von Francesca Paola Porten Palange und von Mara Sternini, die grundlegende und ausführliche Untersuchung Giuseppe Puccis aus den 70er Jahren des 20. Jh., die ebenfalls ausführliche Arbeit Gottfried Prachners zu den Sklaven und Freigelassenen im arretinischen Sigillata-Gewerbe aus dem Jahr 1981, eine aktuelle empirische Analyse des deutschen Archäologen Allard Mees zur Wirtschaft Arezzos sowie einen aktuellen Tagungsbericht des Archäologen Manuel Flecker verwendet, um die heute auf Basis archäologischer Untersuchungen nachskizzierbaren Handlungsschemata der arretinischen Terra-Sigillata-Produzenten zu analysieren und in Bezug zu setzen mit der Literatur der theoretisch verfassten Wachstums- und Transformationsstrategien der Agrarschriftsteller[667].

Arezzo, zu Ende der Republik schon seit mehreren Jahrhunderten ein Zentrum klassischer etruskischer, später römischer Keramik, wurde im 1. Jh. v. Chr. berühmt für seine rot glänzende, typischerweise mit unterschiedlichen, teils mythologischen Motiven verzierte Keramik. Allein der Aufstieg der Terra-Sigillata-Produktion Arezzos, der Wandel der bis zu Anfang des 1. Jh. v. Chr. dort etablierten „Schwarzfirnisware zur Rotfirnisware"[668] und die Nutzung von produktionsbeschleunigenden Figurenformen sind ein bedeutender Beleg für Wachstum und Innovation im Kontext eines reichsweiten Trends und für die Nutzung einer differenzierenden Produktstrategie[669], was hier aber nicht im Mittelpunkt der Untersuchung stehen soll[670]. Die arretinische Keramik wurde trotz vieler Imitationen nirgendwo sonst in ihrer Qualität erreicht[671]. Der Museumsführer des Archäologischen Museums von Arezzo bezeichnet die Stadt als das bekannteste und wichtigste Produktionszentrum für Keramik in der Antike, dessen Waren sich durch *argilla compatta*, Ton von höchster Qualität, und *purezza*, also durch seine klaren Formen und sein Repertoire, von allen Keramiken anderer Herstellungsorte unterschied[672]. Sicher ist zu behaupten, dass Arezzo von 30 v. Chr. bis mindestens 70 n. Chr. das führende Zentrum für die Herstellung hochwertiger roter Keramik war, welche wegen des mit Töpferstempeln gesiegelten Tons als *Terra Sigillata* bezeichnet wird.

Porten Palange beschreibt die Entwicklung früh schon vorhandener kleiner Strukturen einer einfachen Keramikproduktion in Arezzo hin zur reichsweit bedeutenden Terra-Sigillata-Produktion[673]. Sie beschreibt, wie mit der *Pax Augusta* eine günstige Entwicklung einsetzt, um diese Produktion zu erweitern. Arezzo wird innerhalb weniger

667 Siehe dazu die im Weiteren verwendeten Arbeiten Porten Palange (2009), Sternini (2012), Pucci (1973) und Mees (2012).

668 Siehe Flecker (2017) S. 273.

669 Vgl. mit Produktstrategie in Kap. 5.5.2.

670 Ebenfalls in Flecker (2017) S. 273, der diesen Aufstieg und die Nutzung der Rotfirnisware als „Mittel der Distinktion" des Einzelnen im Kontext eines Gastmahls bezeichnet und die Notwendigkeit zur „permanenten ‚Neuerfindung'" der Keramik heraushebt.

671 Porten Palange (2009) S. 205, links, 2. Absatz.

672 Zamarchi Grassi, Bartoli (1993) S. 45, 5. Abs.

673 Porten Palange (2009) S. 32 ff. am Beispiel der Werkstatt des M. Perennius.

Jahre zum führenden Zentrum einer auch der Mode der Zeit entsprechenden Ware. Die Unternehmer der Stadt begründen eine Serienproduktion von einer Dimension, die im Römischen Reich für keine andere Ware je durch archäologische Funde nachgewiesen werden konnte[674], wenn auch die Verbreitung von Glas oder *garum* ebenfalls bedeutende Ausmaße erreichte. Pucci betont dabei, dass solche Waren ebenfalls Formen von Serienproduktion annahmen[675].

Sternini versteigt sich in der Beschreibung dieser Produktion in Arezzo dazu, diese als einmalig zu bezeichnen und verwendet sogar den umstrittenen Begriff einer „arretinischen Industrie"[676]. Die Produktion der Terra-Sigillata wird tatsächlich in mehreren Untersuchungen als Industrie bezeichnet. Einleitend bei der Darstellung der Unterschiede der antiken Wirtschaft Roms zu heutiger Wirtschaft wurde bereits auf diese Besonderheit eingegangen. Die Diskussion darüber soll an dieser Stelle nicht wiederholt werden, wenn auch die Produktion Arezzos durch die Existenz konkurrierender Unternehmen, teilweise vorhandene Kooperationsmodelle und bedeutende Betriebsgrößen durchaus mehrere industrieartige Charakteristika aufweist. Das Produktionswesen wurde wie auch in anderen Branchen bereits arbeitsteilig durchgeführt. Es wird von Aubert als komplexes Wirtschaften mit dem Bewusstsein von Angebot und Nachfrage beschrieben[677], womit ein Wachstumsstreben und nicht nur eine Subsistenzwirtschaft der Töpferbetriebe unterstellt werden kann. Dahingegen fanden Produktionen anderer Güter im Reich durchaus ohne erkennbares Wachstumsstreben statt, was im Umkehrschluss nochmal als Beleg der industrieartigen Arbeitsweise der Terra-Sigillata-Produktion angesehen werden könnte.

Die Produktion war in einzelnen Werkstätten organisiert, die Waren entwickelten, welche höchsten Qualitätsansprüchen genügte[678]. Die bedeutendsten Werkstätten sind dabei die Werkstätten des *Rasinius*, die des *Ateius* und die des *Perennius*.

5.5.4.1 Die Werkstatt des Rasinius

Mit die größte Werkstatt Arezzos ist die Werkstatt des Rasinius[679]. Für sie ist eine Anzahl von bis zu 60 dort beschäftigten Sklaven nachweisbar. Dahingegen ist davon auszugehen, dass die durchschnittliche Größe der weiteren Werkstätten 10 bis 30 Arbeiter betrug. Pucci hebt die Komplexität der Produktion der Keramikproduktion Arezzos

674 Pucci (1973) S. 258, 2. Abs.

675 Pucci (1973) S. 272, 4. Abs.

676 Sternini (2012) S. 11, 1. Absatz und S. 12, 2. Absatz.

677 Aubert (1994) S. 239.

678 Porten Palange (2009) S. 208, rechts, 1. Absatz. Als Beleg für die kontinuierliche Qualitätsverbesserung werden u.a. die Abfallhaufen fertiger Keramik angeführt, die offensichtlich wegen geringer Qualitätsmängel nach der Produktion ausgesondert wurden.

679 Vergleichbar große Werkstätten sind die des L. Titius und des P. Cornelius, s. De Martino (1991) S. 339, 4. Abs.

hervor, wenn er die Größen dieser Werkstätten aufführt[680]. Es ist interessant, dass Christ die Ansicht vertritt, dass in Arezzo kein Schritt zu Massenproduktion mit hunderten Arbeitern und weitestgehender Arbeitsteilung getan wurde. Er erwähnt dabei die hier beschriebene maximale Betriebsgröße von 60 Arbeitern[681]. Im Vergleich zur modernen Wirtschaft behält er Recht, doch übersieht er mit der Anlage dieses modernen Maßstabs die tatsächliche Leistung dieser Werkstätten, die im Vergleich zu den üblichen Produktionsstätten viel geringerer Größe eine bedeutende Entwicklung darstellen.

5.5.4.2 Die Werkstatt des Ateius

Über die rein unter Größengesichtspunkten betrachte Werkstatt des *Rasinius* hinaus ist eine zweite Werkstatt von höherer Bedeutung für die vorgesehene Untersuchung: die erst in den 50er Jahren des 20. Jh. entdeckte Werkstatt des *Ateius*. Vermutlich um 30–20 v. Chr. gegründet, erlebte sie zu einem späteren Zeitpunkt einen bedeutenden Wandel. *Ateius* entwickelte ein reiches Repertoire an Figurenformen und „Ornamenten höchster Eleganz“[682]. Doch unabhängig von der künstlerischen Vielfalt ist hier der Wachstumsaspekt des Werkstattbetriebes von Relevanz. Pucci beschreibt diese Werkstatt – wie auch andere – als autonom und vertikal organisiert. In ihr wurde neben der Produktion vermutlich auch der Handel und Vertrieb durchgeführt[683]. *Ateius* gründete in den Jahren 10–5 v. Chr. eine Filiale in Pisa, was von Porten Palange als Möglichkeit zur Verteilung der Keramiken per Schiff über den Arno angesehen[684] und auch von Sternini durch die Möglichkeit des besseren Transports begründet wird[685]. Prachner begründet dies auch mit der Verfügbarkeit von Ton und Wasser – und nutzt gerade dieses Argument als Beleg der hier erwähnten autonomen und vertikalen Organisation der Werkstätten, im Kontrast zu diskutierten kooperativen Modellen[686]. Porten Palange beschreibt, dass *Ateius* seine Aktivitäten später ebenfalls nach Gallien in die Orte Lyon-La Muette und La Graufesenque ausweitete, womit eine direkte Verteilung der Waren in die neuen Absatzgebiete in Gallien und im Rheinland mit kurzen und gut schiffbaren Wegen erzielt werden konnte. Dabei ist das Vorgehen solcher Filialgründungen zur Zeit des 1. Jh. n. Chr. offenbar keine

680 Pucci (1973) S. 266, 3. Absatz.

681 Christ (1984) S. 100, 3. Abs.

682 Porten Palange (2009) S. 212, rechts, 2. Absatz. Sternini untersucht aber auch den Produktionsprozess der Werkstatt des Ateius und stellt Spuren von Qualitätsmängeln heraus, siehe Sternini (2018) S. 90.

683 Pucci (1973) S. 277, 3. Abs. und siehe S. 284 zur Annahme, wie der Vertrieb organisiert war.

684 Porten Palange (2009) S. 212, rechts, 5. Absatz.

685 Sternini (2012) S. 27, 1. Absatz.

686 Prachner (1981) S. 241.

seltene Handlungsweise mehr[687]. Parallelen solcher Filialgründungen lassen sich zum Beispiel auch in der Glasherstellung finden[688].

5.5.4.3 Die Werkstatt des Perennius

Einen noch besseren Blick auf die Spuren von Wachstumsstrategien bietet die bereits im Jahr 1882 entdeckte Werkstatt des *Marcus Perennius*. Von den arretinischen Keramikwerkstätten ist es diejenige mit den meisten Funden und der höchsten Qualität ihrer Produkte. Sie hatte eine vergleichsweise geringe Anzahl von 13 Arbeitern, ermöglicht aber mit der Vielzahl der Funde und der über einen langen Zeitraum verfolgbaren Aktivität eine umfangreiche Untersuchung der Unternehmung. Die Verwendung und das Wiederauffinden gleicher sogenannter Punzenstempel[689] – Produkte spezialisierter Künstler – ermöglicht es, eine zeitliche Abfolge dieser Werkstatt und ihrer Besitzer vorzunehmen, sie bis auf wenige Jahre zu datieren und unterschiedliche Herstellungsorte in Verbindung zu setzen. Dies erlaubt eine genaue Untersuchung der Entwicklung dieser wie auch anderer Werkstätten. Porten Palange skizziert daher die Entwicklung der Werkstatt in vier Phasen[690]:

Tab. 11: Entwicklung der Werkstatt des Perennius

Zeitraum	Besitzer	Charakteristik
ca. 50 v. Chr.– ca. 15 v. Chr.	Führung durch *M. Perennius*	Erreichung des höchsten Qualitätsniveaus[691]
15 v. Chr.– ca. 10 n. Chr.	Nachfolge durch *M. Perennius Tigranus*, einen Freigelassenen des *M. Perennius*	Neue Strategie und Überführung der Werkstatt in eine Massenproduktion. Fruchtbarste Periode, die von Porten Palange als qualitativ weniger genau aber plastischer und naturalistischer beschrieben wird.
ca. 10 n. Chr.– 25/30 n. Chr.	Erneute Nachfolge durch *M. Perennius Bargathes*, einen Arbeiter bei Tigranus	Eigenständiges Wirken, erkennbar durch neue Motive

687 Siehe dazu Fülle (2000) S. 62 f., der zum Beispiel Ateius eine Strategie zur Erschließung neuer Märkte durch Gründung von Filialen unterstellt.

688 Klee (2010) S. 84 rechts, 2. Abs. Klee beschreibt, wie für die Glasbläserei und deren Vertrieb Filialen in anderen Teilen des Reichs gegründet wurden.

689 Punzenstempel dienten dazu, Verzierungen in die Innenseite von Gefäßen aus noch weichem Ton zu drücken bevor diese gebrannt wurden.

690 Porten Palange (2009) S. 210 f.

691 Sternini (2012) S. 7 stellt fest, dass die Werkstatt des Perennius als eine der ersten produzierte und dass erste Produkte der *Terra Sigillata* um das Jahr 50 v. Chr. auftraten.

Zeitraum	Besitzer	Charakteristik
ca. 30 n. Chr.–60 n. Chr.	Übernahme durch *M. Perennius Crescens* und *M. Perennius Saturnius*	Niedergang der Werkstatt

Diese anhand der Keramikformen und Verbreitungswege gut nachvollziehbare Chronologie der Besitzer der Werkstatt des Perennius erlaubt eine genauere Untersuchung der Entwicklung der Werkstatt und der Wachstums- und Transformationsentscheidungen als bei der Werkstatt des *Ateius*. *Marcus Perennius* erzielte die höchste Qualitätsstufe der arretinischen Keramikprodukte. Dabei ist es eine interessante Facette, dass Porten Palange auch die Frage stellt, ob bestimmte Moden für Formen und Figuren zu Anfang der dritten Periode der Werkstatt des *Perennius* wegen der Reichhaltigkeit der Keramiken des *Ateius* nicht sogar von letzterem initiiert worden seien[692].

Von besonderer Bedeutung für die Untersuchung von Wachstum und Transformation ist jedoch der Übergang von *M. Perennius* zu *M. Perennius Tigranus*. Porten Palange stellt dar, dass zu dieser Zeit eine Filiale in Cincelli 10km nördlich von Arezzo gegründet wurde[693] und damit die Massenproduktion der Werkstatt – wohlgemerkt mit geringerer Qualität als bei *M. Perennius* – begann. Es ist ein erstes wichtiges Indiz für ein Wachstumsstreben dieser Werkstatt. Der neue Standort der Filiale ist zum einen günstig zu weiteren Tongruben, zum anderen – wie Sternini beschreibt[694] – in der Nähe des Flusses Arno und damit an einem günstigen Transportweg gelegen. Er bietet der Werkstatt die Möglichkeit zu Wachstum, welches laut Sternini[695] der Standort Arezzo nicht mehr bietet konnte. Mees belegt mit detaillierten Karten der Verbreitung der arretinischen Keramik (nicht nur der des *Perennius*), dass von 20–10 v. Chr. ein starker Absatz in den gallischen Gebieten stattfand[696]. Dies ist sowohl Indiz für das Vordringen in diesen Absatzraum als auch Motivation für weiteres Wachstum in dieser Region. Basierend auf der Untersuchung der Produktionsarten und -formen befürwortet Pucci die These der Gründung auch von provinzialen Filialen in Gallien durch die arretinischen Hersteller. In diesen Filialen sei nicht nur der Handel, sondern auch die Produktion durchgeführt worden[697]. Ein weiteres Indiz sei die generelle Verlagerung der Geschäftstätigkeit vieler Geschäftsleute in diese Region.

Mees untersucht die Verbreitung der Sigillaten und leitet die Handelswege auf Basis einer detaillierten statistischen Untersuchung ab. Er geht dabei von der in seiner Arbeit leider nicht sehr umfangreich belegten Behauptung aus, dass die Produktionen

692 Dass Moden und Trends auch in der Antike bewusst gesetzt wurden, zeigen Museumssammlungen. So sind in der Sammlung des Römisch-Germanischen Museums in Köln unterschiedlichste Möbelbeschläge, Hausgeräte, Schmuck, Glasgefäße (aus der Glasmanufaktur Köln) dargestellt. Die Annahme, dass Ziel dieser Herstellung war, damit Umsatzwachstum zu erreichen, ist naheliegend. Hiermit wird also eine gezielte exogene „Veränderung" des Marktes erzielt.

693 Porten Palange (2009) S. 211, links, 2. Abs.

694 Sternini (2012) S. 15, 1. Abs.

695 Sternini (2012) S. 20, 2. Abs.

696 Mees (2011) S. 81.

697 Pucci (1973) S. 285, 4. Abs. bis S. 286.

insbesondere in den Provinzen Filialen der Werkstätten Arezzos waren[698]. Als wichtigstes Indiz benennt Mees die Produktion in Lyon-La Muette, die nachweislich in Arezzo hergestellte Modellfragmente benutzt habe[699]. Es ist dagegen festzustellen, dass der Nachweis über die Ausgründung der Produktion arretinischer Produzenten in Gallien, insbesondere in La Graufesenque, nicht eindeutig geführt ist[700]. Im Weiteren soll hier der Beweis der Urheberschaft arretinischer Produzenten in den Provinzen nicht geführt werden. Stattdessen wird die Filialgründung in Cincelli genauer betrachtet, die zweifelsohne eine arretinische Gründung war und von der abgeleitet vergleichbare Handlungsmuster auf die Produktion in den Provinzen übertragen werden konnten. Auch Hans Kloft beschreibt die „wirtschaftliche Schwerpunktbildung“ einzelner Gegenden, wie zum Beispiel in Südfrankreich und in der Rheinebene als Zentren der Terra-Sigillata-Waren[701]. Diese im Reich verteilten sowie spezialisierten und professionellen Produktionsstätten beförderten durch den Handel ihrer Waren den Wohlstand der Regionen im gesamten Reich.

5.5.4.4 Handlungsmuster

Gunnar Fülle beschreibt die aus der arretinischen Keramikproduktion oft zu weitreichend gezogenen Schlüsse für die römische Wirtschaft[702]. Die hier vorliegende Arbeit vermeidet solch eine umfangreiche Auslegung und beschränkt sich auf die einzelnen Handlungsmuster. Dabei haben die Werkstätten des *Ateius* und des *Perennius* deutliche Handlungsmuster für den Prozess des Umgangs mit einer Veränderung zur Sicherstellung von weiterem Wachstum offenbart. Identifizierbare Handlungsmuster sind dabei zum einen die Entwicklung von neuer Ware und die Perfektionierung zu höchster Qualität, was sowohl einen hohen Preis als auch einen umfangreichen Absatz ermöglicht hat und als Strategie der Marktdurchdringung angesehen werden kann. Als zweites beobachtbares Handlungsmuster ist das beschriebene Vorgehen von Filialgründungen, hier in die Provinzen, als Wachstums- beziehungsweise als Transformationsstrategie in Reaktion auf aufkommende Konkurrenz anzusehen. Dieses Handlungsmuster eines Standortwechsels förderte den Transport der steigenden Absatzmenge in die neuen Absatzmärkte und führte zu einer Ausweitung des Vertriebsgebietes. Der bewusste Standortwechsel ist dabei der wichtigste Transformationsfaktor und die sichtbarste Reaktion auf die äußeren Veränderungen, mit denen das angestrebte Wachstum erst ermöglicht wurde[703].

698 Mees (2011) S. 1.

699 Mees (2011) S. 228.

700 Fellmeth bezeichnet die von Pucci, aber aktuell auch von Mees wieder angeführte Argumentation nicht als schlüssig und abschließend belegt, siehe Fellmeth (2008) S. 131 Mitte.

701 Kloft (2006) S. 114 f.

702 Fülle (1997).

703 Die Frage nach der Finanzierung dieses Transformationsschrittes kann hier nicht geklärt werden. Ob die Besitzer die Filialgründung aus eigenen Mitteln bestritten oder durch Investoren begünstigt durchführten – wie von Fülle vermutet – muss offen bleiben, siehe Gunnar Fülle (2000) The

Es ist dabei zudem insbesondere auffällig, dass dieser Strategiewechsel erst mit einem Besitzerwechsel einherzugehen scheint, wenn *Tigranus* die Werkstatt des *Perennius* im Jahr 15 v. Chr. übernimmt und die erste Filiale in Cincelli gründet. Sternini begründet dies mit der *volontà*, dem unternehmerischen Willen, des Freigelassenen *Tigranus*[704]. Hier wird am deutlichsten, dass theoretische Denkmuster auf das praktische Handeln übertragbar sind und sich Parallelen in beiden Ansätzen finden. Das schriftlich formulierte Prinzip der Agrarautoren wird hier im Handeln der arretinischen Werkstattbesitzer angewandt. Die Filialgründung des Tigranus entspricht dem zuvor herausgearbeiteten Prinzip der Agrarschriftsteller, die ebenfalls Transformationshandlungen beim Erwerb eines Gutes empfehlen, aber wenig bis keinerlei Transformationsstrategie während einer laufenden Eigentümerschaft andeuten[705]. Der laufende Betrieb einer Unternehmung und die damit verbundene Tradition scheinen daher ein Verhinderer von Transformationsfähigkeit und Wachstum zu sein, der sich erst an extremen Wendepunkten der Unternehmung auflöst.

Dabei verfolgen die Produzenten einen höheren Absatz (und Umsatz) unter bewusster Inkaufnahme einer geringeren Qualität ihrer Produkte. Mees belegt dies, wenn er als Ergebnis seiner Analyse feststellt, dass eine starke Reduzierung des Formenrepertoires zu beobachten sei[706]. Dass diese Strategie langfristig betrachtet eine begrenzte Wirksamkeit hatte, führt Pucci aus, wenn er beschreibt, dass die „Erneuerung" der arretinischen Produktion durch höhere Mengen in geringer werdender Qualität letztlich nicht die Auflösung der Produktion in Arezzo verhindert hat[707] und Terra Sigillata mit den neu entstandenen Produktionszentren zu einem der offensichtlichsten Zeichen für die ‚Romanisierung' des römischen Galliens wurde[708].

Beide Strategien, die der Marktdurchdringung durch Produktoptimierung und die der Marktdurchdringung durch optimale Standortwahl, finden sich – wie zuvor dargestellt – in den Schriften der Agrarautoren. Die Standortfrage ist ganz ohne Zweifel die bedeutendeste Parallele zu den Agrarautoren. Von den vier Kriterien zur Standortwahl (elementare Faktoren, Arbeitsmarkt, Ausstattung, Transport) scheint der erste (mit der Nähe von Tongruben) relevant gewesen zu sein, doch dominiert eindeutig der Transportfaktor zur Verschiffung der Waren (im Falle von Cincelli) oder zur direkten Nähe im Vertriebsgebiet (bei den Filialgründungen in den Provinzen).

Unter Marketing-Gesichtspunkten – als Wachsstumsstrategie – ist die Terra-Sigillata-Produktion allein schon durch ihre moderne Namensbezeichnung relevant. Durch die mit dem Namen des Herstellers gesiegelte Ware hatten die arretinischen Hersteller eine „Marke" geschaffen, die für die Qualität der Ware stand (wiewohl diese im Laufe der

Organization of Mass Production of Terra Sigillata in the Roman Empire, Brasenose College, Trinity Term, 2000.

704 Sternini (2012) S. 11, 2. Absatz.

705 Siehe Fußnoten 647–650.

706 Mees (2011) S. 233, 5. Abs.

707 Pucci (1973) S. 290, 3. Abs.

708 Woolf (1998) S. 169 ff.

Jahre nicht immer den höchsten Gütegrad halten konnte) und dadurch zu einem hohen Absatz führte. Klar zuordenbare Qualität und ein davon profitierender Markenname waren somit Marketingelemente in der Wachstumsstrategie der Keramikproduzenten.

Es steht repräsentativ auch für andere Branchen der römischen Wirtschaft. Aubert zitiert beispielsweise Quellen zum Thema der Nachfragegenerierung und beschreibt, dass *institores* Nachfrage generiert und damit Moden – und folglich Profit – erzeugt hätten[709]. Ein Beispiel dafür ist das Marketing des Fischsoßenherstellers A. Umbricius Scaurus im Pompeji des ersten 1. Jh. n. Chr., der Produktwerbung auf seinen Amphoren betrieb[710].

Ein weiterer Analyseansatz für Wachstum verbindet sich letztlich mit den Ermöglichern dieses Wachstums. Während die bisherige Arbeit ein inhaltlich definiertes und strategisch geplantes Wachstum dargestellt hat, bliebe zu untersuchen, welchen Einfluss Finanziers und Geldverleiher auf unternehmerisches Wachstum hatten[711]. Doch gerade dieser unterschiedliche Blickwinkel lässt erkennen, dass dies Gegenstand einer eigenen Untersuchung sein muss, bei der unter anderem die Fragestellung mit einbezogen werden müsste, wo die Grenzen der Risikobereitschaft der Finanziers lagen und wie weit die Transformationsfähigkeit der Wirtschaftsakteure von dieser Risikobereitschaft der Finanziers abhing. Andreau erwähnt in seiner Arbeit zu *Banking und Business in the Roman World* mit der Formulierung des *augere rem* solche von Vertretern der Elite gewählte Investitionen[712]. Doch erörtert diese Arbeit den Aspekt des Wachstumsstrebens darüberhinaus bei Weitem nicht ausreichend und geht nicht auf die Beziehung von Finanzierung und der Transformationsfähigkeit der eigentlichen Geschäftsausübenden ein. Für solch eine umfassende Betrachtung ist die schwierige Quellenlage zu beachten.

5.5.5 Zusammenfassung

In diesem Kapitel wurden für den betriebswirtschaftlichen Kompetenzbereich von Wachstum und Transformation Verbindungslinien zwischen dem theoretisch verfassten Denken und den Handlungsempfehlungen der Agrarautoren auf der einen Seite und dem Handeln der arretinischen Keramikproduzenten als deutlichstes praktisches Beispiel dieses Kompetenzbereiches auf der anderen Seite gezogen. Relevante Parallelen wurden aufgedeckt. Sowohl für das Wachsstumsstreben als auch für die verfolgten Wachstumsstrategien sind in der Landwirtschaftsliteratur und dem Handeln der Keramikwerkstätten übereinstimmende Denk- und Handlungsmuster deutlich zu beobachten, auch wenn erkennbare Strategien nicht als solche bezeichnet und als eigenständige Strategie definiert wurden. Für das Transformationsdenken, das sich offenbar wegen des Wesens als Planungsanleitung (und nicht als Situationsberatung) nur in geringem Umfang in der

709 Sen. benef. 6,38,3 bei Aubert (1994) S. 21.
710 Curtis (1984–86).
711 Siehe dazu die Diskussion zur Risikobereitschaft dieser Berufsgruppe in Kap. 5.2.2.
712 Andreau (1999) S. 14, 5. Absatz.

Landwirtschaftsliteratur findet, gibt es einzelne gut erkennbare Handlungsmuster in der römischen Briefliteratur und gute Indizien im Betrieb der Keramikwerkstätten Arezzos.

Die Methoden zur Verfolgung von Wachstumsstrategien waren den römischen Agrarautoren wie zuvor belegt offensichtlich bekannt. Zu den Kompetenzen von Finanzierungsplanung, Strategieentwürfen für Handlungsalternativen und Vermarktungsstrategien wurden Anleitungen in ihren Schriften identifiziert. Diese Anleitungen wurden den Lesern meist explizit anempfohlen. Und im Vergleich des Denkens und Handelns verstärkt insbesondere die klare Parallele bei der Betrachtung der Standortfrage diesen Aspekt.

Bei der Betrachtung dieser Analyseergebnisse ist jedoch festzuhalten, dass sich die Anwendung dieser Methoden auf bedeutende Wendepunkte der Entwicklung einer Unternehmung, ob Landgut oder Produktionsstätte von Keramik, zu beschränken scheint. Diese Feststellung ist ein wichtiger Befund und ein Beleg für das hohe Beharrungsvermögen in der Wirtschaft Roms. Zur Plausibilisierung dieser Schlussfolgerung könnte die Untersuchung möglicher Handlungsalternativen dienen, wie der vollständige Verzicht auf Transformation auf der einen oder eine fortlaufende, kontinuierliche Transformationstätigkeit auf der anderen Seite. Tatsächlich aber wurde, wie es hier das praktische Beispiel der Terra-Sigillata-Produktion als plausibel erscheinen lässt, das Vorgehen punktueller Transformation an relevanten Wendepunkten der Entwicklung einer Unternehmung gewählt, das auch in der Agrarliteratur als vorwiegendes Handlungsschema erkennbar zu sein scheint. Zudem findet es eine Entsprechung in der als Wachstumsstrategie dominant erscheinenden Standortfrage der Agrarautoren, die wie zuvor beschrieben als langfristige Entscheidung und nicht als flexible, kurzfristige Maßnahme anzusehen ist. Darüberhinaus ist die Produktstrategie als Wachstumsstrategie im Denken und Handeln gut erkennbar.

Doch der schnelle Niedergang der Terra-Sigillata-Produktion Arezzos wirft Fragen nach ihrer Transformationsfähigkeit und der praktischen Anwendung des zuvor identifizierten Wachstums- und Transformationswissen in diesen Betrieben auf. Mit dem zuvor erkannten offensichtlichen Vorhandensein der Wachstums- und Transformationskompetenzen muss die Frage gestellt werden, warum zum einen keine bedeutenderen Betriebsgrößen gewählt wurden, die es gegebenenfalls ermöglicht hätten, die weiteren vorhandenen Absatzmöglichkeiten von Arezzo aus zu bedienen und zum anderen, warum trotz dieser Bekanntheit die Produktion Arezzos letztlich doch endete und ihr Niedergang nicht verhindert wurde. Die erstaunliche Beobachtung des vollständigen Verschwindens der Keramikproduktion Arezzos wird zumeist vereinfacht mit der Konkurrenz der Produktion in den Absatzgebieten Galliens oder des ineffektiven Prinzips der Sklavenwirtschaft begründet[713]. Doch soll das Wachstumsstreben hier eingehender betrachtet werden.

Analysen der römischen Wirtschaft erklären ein zögerndes Wachstumsstreben – und in der Analyse der arretinischen Werkstätten den fehlenden Ausbau erfolgreicher

713 Siehe u.a. De Martino (1991) S. 539, 3.Abs., der die Produktion mit Hilfe von Sklaven als unflexibel bezeichnet, was aber den über ein halbes Jahrhundert währenden Aufstieg der Produktion nicht erklärt.

Werkstätten zu Industriebetrieben[714] – mit der einleitend schon beschriebenen[715] und auch von Andreau wieder aufgegriffenen „eingebetteten" Wirtschaft[716]. Es wird angenommen, dass die Besitzer durch die „Einbettung" in die sozialen Verhältnisse ein Sicherheitsdenken verfolgten, Gewinne lieber abschöpften und als „Kapitalrentner" agierten[717]. Der soziale Status und dessen konsequente Beibehaltung zählte demnach mehr als das Ergebnis der ökonomischen Zustandsanalyse und ein eventuell daraus resultierender Handlungsbedarf. Doch die zuvor aufgeführte Analyse gibt einen deutlicheren Blick auf diese Betriebe. Die Analyse scheint zu belegen, dass Wachstum in diesen Betrieben geplant und verfolgt wurde, Transformationen vorgenommen wurden, aber eine eingeschränkte Reaktionsfähigkeit vorlag und Aktionen nur an bestimmten Punkten der Entwicklung eines Betriebes gewählt wurden. Dieses Handlungsmuster verhinderte eine kontinuierliche Wachstumssuche, die es eventuell ermöglicht hätte, flexibler und kurzfristiger auf die externen Veränderungen zu reagieren. Offenbar waren die Besitzer der Werkstätten örtlich so flexibel, dass keine Bindung an Arezzo und die Ursprungsorte der Produktion bestand. Eventuell waren die Werkstätten Arezzos nicht zwangsläufig eine durch den Besitzer, sondern eventuell nur durch den Markennamen zusammengehaltene Unternehmung, was als weiteres Indiz für das Transformationshandeln an Wendepunkten der Unternehmung dienen würde.

Tatsächlich ergibt sich eine Paradoxie im Wachstumsdenken und -handeln römischer Wirtschaftender, die durch die Traditionsgebundenheit begründet scheint. Wachstums- und Transformationswissen war den römischen Wirtschaftsakteuren bekannt und Transformationen wurden an Wendemarken der Unternehmungen auch konsequent realisiert. Doch wurde offenbar ein einmal erreichter Status bis zu diesen Wendemarken nur in geringem Umfang ausgebaut. Physisch repräsentiert wird diese Verbindung von Geschäft und Status durch die *officina-domus*[718], die Ansiedlung der Produktionsstätte im eigenen Haus, welche zum Beispiel auch für den arretinischen Keramikhersteller *M. Perennius* typisch war. Doch darf diese Einordnung nicht die langfristigen Wachstumstendenzen und die daraus resultierende Ausbildung komplexer Wirtschaftstätigkeit verdecken.

714 Siehe u.a. Sommer (2013) S. 67.

715 Siehe Kap. 2.2.

716 Andreau (2010) S. 20.

717 Ein Vertreter dieser These ist Kehoe (1997), der dies mit der Untersuchung juristischer Quellen für die römische Kaiserzeit belegen will. Er bezeichnet alle Investitionen außerhalb der Agrarwirtschaft als zu riskant (S. 76). Agrarwirtschaft sei seiner Analyse nach als die einzig vernünftige Einkommensquelle bei langer Laufzeit angesehen worden. Der römischen Oberschicht wird in der Analyse von Kehoe ein Streben nach Sicherheit attestiert, das Wachstum diesem Ziel unterordnete – insbesondere auch in Bezug auf das Verhältnis von Besitzer und Pächter (siehe S. 135). Wichtig ist dabei die Beobachtung der langfristig stabilen Einkommensquelle statt kurzfristiger Gewinnstrategien und Wachstums.

718 Sternini (2012) S. 20, 1. Absatz. Hingegen ist hier auch die Begründung vom Eigentum der Assignationen zu bedenken (Sternini S. 24–26), die es vielleicht erschwerten, erworbenes oder besser zugesprochenes Land nach kurzer Zeit wieder aufzugeben. Dieses Bedenken scheint aber nicht plausibel, da gerade im Übergang zu einem Nachfolger die Nähe zum Herrscher wichtiger gewesen wäre – aber nicht beansprucht wurde.

Diese komplexe Wirtschaftstätigkeit wird durch den Vergleich mit der bedeutendesten Transformationsherausforderung der römischen Wirtschaft deutlich: den Veränderungen zu Ende des Römischen Reiches. Bryan Ward-Perkins[719] untersucht die Transformationsfähigkeit der römischen Wirtschaft im Kontext des Niedergangs des Römischen Reiches – und somit prinzipiell außerhalb des primären Betrachtungszeitraums der vorliegenden Arbeit. Er untersucht in seiner Analyse die Betriebe, die Massenproduktionen durchführten, und damit prinzipiell mit den Werkstätten der Terra-Sigillata-Produktion vergleichbare Unternehmungen waren. Er bezeichnet diese aufgrund des komplexen Zusammenwirkens als verletzlich durch externe Veränderungen. Er beschreibt den Prozess des wirtschaftlichen Niedergangs des Römischen Reiches als Ergebnis der Spezialisierung der Wirtschaftsbetriebe, die es nicht ermöglichten, im Kontext politischer Schwächung und militärischer Niederlagen des römischen Staates Transformationen in diesen stark spezialisierten Wirtschaftsgebilden durchzuführen[720]. Wenn man davon ausgeht, dass sich die arretinischen Werkstattbesitzer der von ihnen geschaffenen Spezialisierung ihrer Betriebe und der Abhängigkeiten ihrer Transport- und Absatzstrukturen gewahr waren, kann man die These Ward-Perkins von der Verletzlichkeit der Unternehmungen auf die arretinischen Betriebe übertragen. Und damit wird die Zögerlichkeit im Transformationshandeln nachvollziehbar. Der dargestellte Hintergrund eines mit vorsichtigem Probieren und kalkulierter Risikonahme agierenden römischen Unternehmers bestärkt diese Annahme.

5.5.5.1 Bezugsetzung zur volkswirtschaftlichen Wachstumsdebatte

Abschließend sollen diese Untersuchungsergebnisse eines vorhandenen aber nur an Wendemarken eingesetzten Wachstums- und Transformationswissens dem einleitend angeführten Kommentar über fehlendes volkswirtschaftliches Wachstum gegenübergestellt werden.

Die wissenschaftliche Wachstumsdebatte zur römischen Wirtschaft konzentriert sich auf volkswirtschaftliche Faktoren zur Bemessung dieser Wirtschaft und eben ihrer Wachstumskraft. Goldsmith umfasst zum Beispiel Größe und Struktur des Nationalproduktes im frühen Imperium[721] und nutzt seine Abschätzung wie auch eine Reihe anderer Autoren zum Vergleich der römischen Wirtschaft mit modernen vorindustriellen Volkswirtschaften. Er stellt dabei für die Zeit von Augustus bis Marc Aurel eine mehr oder minder konstante Wirtschaft und damit ein fehlendes Pro-Kopf-Wachstum des Nationalproduktes fest. Dieses wird durch die zuvor bereits zitierte Untersuchung Temins relativiert, der durchaus ein stetiges aber moderates Wachstum und vorhandene Prosperität dokumentiert[722]. Im Kontrast zu diesen – der römischen Ökonomie Wachstum

719 Ward-Perkins (2005).

720 Ward-Perkins (2005) S. 143.

721 Goldsmith (1984) Kap. III.10, S. 287.

722 Siehe einleitend in diesem Kapitel, mit Referenz auf Temin (2013), Kap. 11.

und dadurch vermeintlich auch Wachstumsstreben absprechenden – Analysen zeigt der amerikanische Historiker Richard Saller noch einmal die Grundzüge der polarisierten Diskussion zwischen einer „primitiven“ und einer „modernen“ Ökonomie[723]. Gerade diese differenzierende Darstellung von Saller erlaubt eine Bestätigung des unzweifelhaft vorhandenen individuellen Wachstums, das nicht als Selbstverständlichkeit zu erwarten war und sich nicht allein auf durch militärische Eroberungen neu erschlossene (Wirtschafts-) Räume zurückführen lässt. Saller formuliert jedoch als einen wesentlichen Grund für das geringe volkswirtschaftliche Wachstum, dass die ökonomische Nachfrage durch das Vorhandenensein einer Mehrheit armer Bevölkerung nicht stark genug befördert wurde[724].

Diese volkswirtschaftliche Debatte soll in der hier vorliegenden Arbeit nicht weitergeführt werden und Fragen, ob Saller in seiner Diskussion ein traditionelles, landwirtschaftliches oder ein industrielles Wachstum erkennt und inwieweit staatliche Investitionen in die Provinzen ein Wachstum befördert haben mögen, müssen im Rahmen einer anderen Arbeit geklärt werden. Doch ist festzuhalten, dass das scheinbare Paradoxon des erkennbaren betriebswirtschaftlichen Wachstumsstrebens und des nur geringen volkswirtschaftlichen Wachstums keinen Widerspruch darstellt. Wachstum erfolgte durchaus, war aber einträglich nur für Einzelne und ging gegebenenfalls auf Kosten anderer Schichten der römischen Gesellschaft. Auch ohne das „Fortschrittsaxiom der Moderne“[725] auf die Antike zu übertragen, ist somit ein Wachsstumsstreben und ein Wachstums- und Transformationswissen für die römischen Wirtschaftsakteure anzuerkennen.

Und letztlich berührt auch die oftmals im volkswirtschaftlichen Kontext herangezogene philosophische Betrachtung von Wachstumsstreben diese Befunde nicht. Der britische Historiker Paul Millet diskutiert den Begriff des ökonomischen Wachstums und beschreibt die philosophische Sicht des Aristoteles, der menschliches Verlangen als „begrenzbar (und nicht endlos)“ und somit „ohne das Bedürfnis nach weiterem wirtschaftlichen Wachstum“[726] bezeichnet. Bei der philosophischen Betrachtung eines Wachstumsbegriffs im römischen Wirtschaften wirkte neben Cicero später zur Hochphase der römischen Wirtschaft im frühen Kaiserreich Seneca prägend. Er zeichnet in *de brevitate vitae* ein negatives Bild des Wirtschaftens, indem er dort ebenfalls das philosophische Leben dem Wirtschaften oder der Verwaltungsaufgabe seines Briefadressaten vorzieht[727]. In seinen *epistulae morales ad Licilium* befürwortet er ein „moderates Wohlhaben“[728] und fordert in seiner Schrift *de tranquillitate animi* unter der Überschrift *optimus pecuniae*

723 Saller (2002) zur „nature of ancient economy“. Siehe darüberhinaus auch Sallers Beitrag zur Bedeutung von „Human Capital“, also beruflicher Bildung, für die Erzielung von volkswirtschaftlichem Wachstum, in Saller (2012) 71 ff. Garnsey und Saller betonen jedoch auch den Charakter der römischen Wirtschaft als „unterentwickelte Wirtschaft“ im Vergleich zu anderen vorindustriellen Gesellschaften der Neuzeit, siehe Garnsey, Saller (1987), Kap. 5.

724 Saller (2002) S. 256.

725 Siehe Sommer (2013) S. 9.

726 Millet (2001) S. 18.

727 Sen. brev. vit., siehe u.a. Kap. 2.

728 Sen. epist. 16,17,87.

modus („vom besten Maß des Geldes")[729] eine planvolle Nutzung des Geldes – wenn man der in Kapitel 5.2 dargestellten Auslegung des Begriffes *modus* folgt. Diese philosophische Diskussion widerspricht somit scheinbar dem Erzielen von Wachstum und Reichtum. Doch muss sie kein Spiegel der gesamtgesellschaftlichen und wirtschaftlichen Verhältnisse sein, wie sie kein Spiegel der individuellen Wirtschaftsaktivitäten Senecas ist. Doch auf diesem Fundament argumentiert Millet weiter, dass das durchaus aufgetretene (gesamtwirtschaftlich gemessene) Wachstum nur ein Ergebnis außergewöhnlicher Umstände gewesen sei. Im Normalfall war laut Millet Wachstum jedoch kein Phänomen der römischen Gesellschaft – und daher seiner Ansicht nach auch nicht des persönlichen Unternehmertums. Allein das gut dokumentierte Beispiel Catos d. Ä., der nach der glaubhaften Beschreibung Plutarchs die Anlage seiner Kapitalien in sicheren und festen Geschäften aber auch in risikoreichen Seehandelsdarlehen vornahm[730], genügt, um dies zu widerlegen.

5.6 Entscheidungsfindung und Beratung

5.6.1 Entscheidungsfindung und Beratungsvorgehen bei den Agrarschriftstellern

Nachdem zuvor die Kompetenzbereiche von Unternehmertum, Betriebsführung und Projekt-Management, Führung sowie auch Wachstum und Transformation untersucht und die Techniken, Denk- und Handlungsstrukturen in diesen Bereichen dargestellt wurden, soll abschließend untersucht werden, wie letztlich Entscheidungen im Wirtschaften allgemein und speziell in eben diesen Kompetenzbereichen getroffen wurden. Dabei sollen die Techniken und der Ablauf der Entscheidungsfindung geklärt werden. Es soll unterschieden werden, wo einfache Ratschläge gehört und befolgt oder wo komplexe Entscheidungen getroffen wurden. Und letztlich soll auch die Frage Antwort finden, wie eigenständig der römische Wirtschaftsakteur seine Entscheidungen traf.

Bereits bei der Herleitung der Kompetenzbereiche in dieser Arbeit wurde dargestellt, dass der einzelne Wirtschaftshandelnde in der römischen Antike – und gerade zur Zeit der ausgehenden Republik und der „Globalisierung" der Wirtschaft im Kaiserreich[731] – einer wachsenden Komplexität seines Handlungsgebietes gegenüberstand und daher einer Kompetenz zur Entscheidungsfindung bedurfte. Gerade das vorige Kapitel zu Wachstum und Transformation stellte die weitreichendsten und langfristigsten strategischen Entscheidungsbedarfe dar. Für diese, aber auch für einfachere und kurzfristigere Entscheidungen, soll in diesem Kapitel ein genauerer Blick auf den Vorgang der Entscheidungsfindung und die gegebenenfalls dazu herangezogene Beratung geworfen

729 Sen. tranq. 8 f.
730 Plut. Cato mai. 21,5.
731 Vgl. dazu noch einmal die in Kap. 4.1 gewählte Kategorisierung.

werden, um das Verständnis zu verbessern, wie Entscheidungen vorbereitet, besprochen, abgewägt und letztlich getroffen wurden.

Entscheidungsfindung im modernen Verständnis lässt sich am besten über den Begriff des Entscheidungsprozesses definieren, der – im Kontext des definierten hermeneutischen Rahmens – nach Gabler beschrieben ist als „Bezeichnung für den geistigen Arbeitsablauf einer Individualentscheidung"[732]. Weiter definiert Gabler, dass wenn „mit dem Begriff ‚Entscheidung' nicht allein der Entschluss, sondern auch dessen Vorbereitung bezeichnet [wird], so lässt sich eine Entscheidung als ein im Zeitablauf sich vollziehender Prozess auffassen, der aus Vorentscheidungen, der eigentlichen Entscheidung und nachfolgenden weiteren Entscheidungen besteht."

Gabler definiert für diesen Prozess der Entscheidungsfindung fünf Phasen:

- die Problemformulierung,
- die Präzisierung des Zielsystems (als hinreichende Orientierung für die Suche und Bewertung von Alternativen),
- die Erforschung von Alternativen,
- die Auswahl einer Alternative, als eigentliche Entscheidung, und
- die Realisationsphase.

Für die Untersuchung von Entscheidungsfindungsprozessen sind die drei Phasen der *Präzisierung des Zielsystems*, also der Definition relevanter Kriterien wie der Erreichung eines ertragreichen und profitablen Betriebs[733], die *Erforschung von Alternativen* und die *Auswahl einer Alternative* von besonderem Interesse. Dagegen sind die anderen Phasen von nachgeordneter Relevanz für dieses Kapitel. Die anfängliche *Problemformulierung* wurde bereits in mehreren Kapiteln dieser Arbeit, nicht zuletzt im vorigen Kapitel 5.5 zu Wachstums- und Transformationsstrategien, angeführt. Sie ist aus den vorliegenden Quellen vorwiegend nur im Wirtschaftsdenken nachvollziehbar. Sie ergibt sich bei Cato und Columella bereits aus den Kapitelüberschriften, bei Varro aus der klaren Strukturierung des Werkes und der jeweiligen Erläuterung des nächsten Themas im Dialog seiner fiktiven Gesprächspartner. Die spätere *Realisationsphase* wirft wieder andere Fragestellungen auf, die im Rahmen dieser Arbeit insbesondere mit den Kapiteln 5.3 zu Betriebsführung und Projekt-Management und Kap. 5.4 zu Führung bereits untersucht wurden und daher hier nicht noch einmal aufgeführt werden sollen[734].

Um die Untersuchung zu ermöglichen, ob der römische Unternehmer diesen Entscheidungsprozess alleine durchführte oder sich dabei gegebenenfalls unterstützen ließ, soll der Begriff der ‚Beratung' in die Untersuchung mit aufgenommen werden. Dieser Begriff

---

732 Springer Gabler Verlag (Herausgeber), Gabler Wirtschaftslexikon, Stichwort: Entscheidungsprozess, nach der Definition von Prof. Dr. Robert Gillenkirch, online im Internet: http://wirtschaftslexikon.gabler.de/Archiv/54256/entscheidungsprozess-v6.html.

733 Siehe zu diesen Kriterien die ausführliche Untersuchung in Kap. 5.2.1 zum Begriff des ‚Unternehmertums' bei den Agrarschriftstellern.

734 Siehe dazu insb. Kap. 5.3 zu Betriebsführung und Projekt-Management.

wird dabei auf die Phase der ‚Auswahl einer Alternative' bezogen, wenngleich Beratung auch in der Erforschung von Alternativen Relevanz besitzt. Gabler definiert Beratung im modernen Verständnis als „Abgabe und Erörterung von Handlungsempfehlungen durch Sachverständige, wobei von den Zielsetzungen des zu Beratenden und von relevanten Theorien unter Einbeziehung der individuellen Entscheidungssituation des Auftraggebers auszugehen ist."[735]

Unter der plausiblen Annahme, dass eine Zielsetzung als Ausgangspunkt von Beratung wie zuvor beschrieben vorhanden ist, definiert sich der Kompetenzbereich der Beratung somit über folgende Begriffe:

- den Handlungsempfehlungen von Sachverständigen,
- der Person des Auftraggebers,
- der Nutzung relevanter Theorien und
- der Einbeziehung der individuellen Entscheidungssituation.

Auf Basis des somit definierten Untersuchungsrahmens soll die Diskussion nachfolgend durchgeführt werden.

5.6.1.1 Präzisierung des Zielsystems

Entscheidungsfindung zu einem formulierten Problem beginnt mit der Präzisierung des Zielsystems. Beginnend mit der Untersuchung des Wirtschaftsdenkens ist von Interesse, ob die römischen Agrarautoren diesem Vorgehen folgten und das Zielsystem zu ihren definierten Problemstellungen präzisierten. Dabei ist zuerst wieder festzustellen, dass ein schematischer Ablauf der Entscheidungsfindung, wie er hier musterhaft beschrieben wurde, bei den römischen Agrarautoren nicht zu finden ist. Nichtsdestotrotz ist eine Präzisierung des Zielsystems klar erkennbar. Sie orientiert sich am Ertragsgedanken. Columella liefert dazu eine Vielzahl von Beispielen; ein repräsentatives findet sich in Kapitel 3,1 des dritten Buches. Auf die Frage, wo hinein ein Landwirt investieren solle, erörtert er, „dass dem Landwirt nichts mehr einbringt als die Unterhaltung von Weinpflanzungen"[736]:

> (…) *Non alienum puto velut quoddam fundamentum iacere disputationi futurae, ut ante perpensum et exploratum habeamus, an locupletet patrem familiae vinearum cultus.* (…) *dum, quod prius est, nondum concedatur, an omnino sint habendae, idque adeo plurimi dubitent, ut multi refugiant et reformident talem positionem ruris*

735 Springer Gabler Verlag (Herausgeber), Gabler Wirtschaftslexikon, Stichwort: Beratung, nach der Definition von Prof. Dr. Volker Beeck, online im Internet: http://wirtschaftslexikon.gabler.de/Archiv/89425/beratung-v8.html.

736 Colum. 3,3,1.

> (...) halte ich es für angebracht, so etwas wie ein Fundament für die weitere Darstellung zu legen dadurch, dass ich zuvor erwäge und ermittle, ob der Weinbau dem Besitzer tatsächlich Gewinn bringt. (...) wenn noch gar nicht – was ja die Voraussetzung dafür ist – die Frage bejaht ist, ob man sie [die Weinpflanzungen] überhaupt haben soll, und die meisten Leute darüber dermaßen in Zweifel sind, dass viele von einer solchen Verwendung ihres Grundbesitzes überhaupt nichts wissen wollen.

Columella beantwortet damit die Frage nach einer einträglichen Investition und richtet das „Zielsystem" seiner weiteren Diskussion auf den Weinbau. Er bezeichnet diese grundlegende Präzisierung sogar als „Fundament", auf dem er die weiteren Erörterungen aufbauen will. Erst mit dieser Konzession kann ein Erwägen und Ermitteln (*perpensum et exploratum*) vorgenommen werden.

Es lässt sich anhand dieser und vergleichbarer Stellen erkennen, dass die römischen Agrarautoren als Wirtschaftsakteure konkrete Fragen formulierten und das Zielsystem zu ihrer Problemstellung somit präzise definierten[737].

5.6.1.2 Erforschung von Alternativen

Basierend darauf, dass das Zielsystem in Form profitabler Landbewirtschaftung oder ertragreichen Weinbaus offenbar klar benannt werden konnte, stellt sich als nächstes die Frage nach der Erforschung relevanter Alternativen. Varro lässt gut ein reflektiertes Denken zur Alternativenerforschung erkennen, wenn er darstellt, wie ein Maßstab für die Anzahl von Ochsengespannen auf unterschiedlichen Böden gefunden werden könne[738].

> *Saserna ad iugera CC arvi boum iuga duo satis esse scribit, Cato in olivetis CCXL iugeris boves trino*S. (...) *Sed ego neutrum modum horum omnem ad agrum convenire puto et utrumque ad aliquem; alia enim terra facilior aut difficilior est. aliam terram boves proscindere nisi magnis viribus non possunt et saepe fracta bura relinquunt vomerem in arvo. Quo sequendum nobis in singulis fundis, dum sumus novicii, triplici regula, superioris domini instituto et vicinorum et experientia quadam.*

> (...) schreibt Saserna, auf 200 Morgen Ackerland genügten zwei Ochsengespanne, Cato, bei Olivenhainen für 240 Morgen drei Paar Ochsen. (...) Doch meine ich, dass von ihren beiden Richtzahlen keine zu jedem Acker passt, sondern beide nur zu diesem oder jenem. Der eine Boden ist nämlich leichter oder schwerer zu bearbeiten als der andere. (...) Deshalb müssen wir auf jedem einzelnen Gut, solange wir

737 Vgl. auch Varro rust. 1,12,2 als Beratungssuche zur Vermeidung von Sumpffieber, wie auch schon zuvor im Kapitel 5.4 zum Transformationsdenken zitiert, oder Varro rust. 1,37,2 als Beratungssuche des Agrius zum Einfluss des Mondumlaufs.

738 Varro rust. 1,19,1–2.

> Neulinge sind, (...) uns dreierlei zum Maßstab nehmen, die Übung des früheren Eigentümers und der Nachbarn und eine gewisse Erprobung.

Er führt nach dem Hinweis auf die bei Saserna und Cato (unterschiedlich) vorgeschriebenen Richtgrößen mehrere Alternativen oder Quellen zur Herleitung einer sinnvollen Richtgröße an: die Handlungen des früheren Eigentümers, der Nachbarn und eigenes Erproben. Die Erforschung der Alternativen steht somit hier im Vordergrund. Dabei wird keine schnelle Entscheidung getroffen, sondern eine ‚gewisse Erprobung' verlangt. Die unterschiedlichen Angaben früherer Eigentümer und der Nachbarn müssen mit eigener Erprobung verglichen und erörtet werden bevor sie zu einer zukünftigen Entscheidung zusammengeführt werden können. Durch die empfohlene Erprobung ergibt sich für die Entscheidung offensichtlich ein längerfristiger Entscheidungsprozess. Dies zeigt wieder das vorsichtige Agieren römischer Gutsbesitzer[739], bei dem die Erforschung der Alternativen einen hohen Stellenwert besitzt. Und dabei steht hier reflektiertes Denken im Mittelpunkt der Darstellung, das Varro neben dem Verweis auf die Autorität Catos (und Sasernas) in diesem Entscheidungsprozess bewusst nutzt. Schon zuvor[740] wurde die einleitend in Kap. 2.2 geführte Diskussion darüber, ob die Darstellungen der Agrarautoren einfaches Erfahrungswissen seien oder reflektiertes und strukturiertes Wissen darstellten, klar mit Beispielen reflektierten Wissen bereichert, wie auch dieses Beispiel zeigt. Und mit der Betrachtung solchen Denkens nicht nur in der Betriebsführung, sondern auch im quasi zugrundeliegenden Entscheidungsprozess schließt sich der Kreis der Darstellung und ergibt ein konsistentes Bild reflektierten Wirtschaftsdenkens.

Diese Stelle steht stellvertretend für eine Vielzahl vergleichbarer Erörterungen. So wird auch bei Columella die zuvor begonnene Präzisierung des Zielsystems auf den Weinbau in seinen folgenden Passagen weiter fortgeführt und die Erforschung von Alternativen betrieben, wenn er die Erträge nach Angaben von Cato und Varro mit seinen Erhebungen in unterschiedlichen Regionen vergleicht[741].

5.6.1.3 Auswahl einer Alternative

Die Phase der Auswahl einer Alternative oder das Treffen der eigentlichen *Entscheidung* ergibt sich nicht automatisch als Konsequenz der Alternativenbewertung, wenn man dem römischen Wirtschaftsakteur – wie auch heutigen – nicht einen rein auf diese sachlichen Argumente orientierten Rationalismus unterstellen will.

Wie der *Neuling* im zuvor zitierten Beispiel Varros anhand gegebenenfalls voneinander abweichender Angaben dann eine Entscheidung treffen soll, lässt Varro in dieser Passage offen, wenn auch der langfristige Aspekt der Entscheidung durch Erprobung schon

739 Vgl. Kap. 5.2.1 mit dem Zitat von Colum. 4,29,2–3 zu kalkuliertem Erproben.

740 Vgl. Kap. 5.3.

741 Colum. 3,3,2–3.

angedeutet wurde. Die Auswahl einer präferierten Alternative steht daher nachfolgend im Mittelpunkt der Betrachtung.

Grundlage für die Auswahl einer Alternative ist die sachliche Bewertung. Cato fordert diese Untersuchung indem er zur Führung der *rationes*, der eigenen Buchhaltung aufruft[742].

> *Rationes putare argentariam, frumentariam, pabuli causa quae parata sunt; rationem vinariam, oleariam, quid venierit, quid exactum siet, quid reliquum siet, quid siet quod veneat.*
>
> Kontrolliere die Geld- und Getreideabrechnungen und die Ausgaben für Viehfutter und (prüfe) die Wein- und Olivenabrechnungen (mit Blick darauf), was verkauft wurde, was eingenommen wurde, was (noch) aussteht, was (noch) verkauft werden kann.

Die Auswahl einer Alternative gründet sich – nach der Erforschung durch Erproben – somit offenbar auf Fakten, hier den *rationes vinarii olearii*, also der Buchführung zur Wein- und Ölwirtschaft des Landguts. Buchführung als Element der Entscheidungsfindung wurde bereits in Kap. 5.2.1 kurz angedeutet. Analog städtischer Buchführung in den *kalendarii publici* erfasst das *kalendarium privatum* die Ausgaben und Einnahmen eines privaten Wirtschaftsakteurs[743].

Einen eindrucksvollen und vielleicht den umfangreichsten Schatz an landwirtschaftlicher Buchführung liefern die Papyri des Heroninus-Archivs aus dem römischen Ägypten[744]. Wegen ihrer Sonderrolle als umfangreiche Quelle zur landwirtschaftlichen Buchhaltung, mit expliziter Sichtbarkeit der beschreibenden Aussagen, soll sie an dieser Stelle Erwähnung finden, auch wenn sie nicht aus dem eigentlichen Betrachtungsgebiet und mit ihrer Datierung auf das 3. Jh. n. Chr. eher am Rande des eigentlichen Betrachtungszeitraum dieser Arbeit einzuordnen ist. Da landwirtschaftliche Buchführung bei den Agrarautoren mit dem Begriff der *rationes*[745] und die Kontrolle von Vermögen in anderen römischen Quellen mit dem Begriff des *kalendarium privatum* dokumentiert sind und auch für Bankgeschäfte – mit dem Beispiel der Sulpicii in Pompeji – detaillierte Aufzeichnungen der Einnahmen und Ausgaben bekannt sind, ist davon auszugehen, dass eine dem Heroninus-Archiv vergleichbare Buchhaltung auch dem römischen Landwirt nicht unvertraut war. Die umfangreichen Buchhaltungen lieferten Heroninus, einem Verwalter (im römischen Ägypten als *phrontistes* bezeichnet) des Grundbesitzers

---

742 Vgl. u.a. Cato agr. 2,5 oder Varro rust. 2,10,10.

743 Siehe Beigel (1968) S. 160 ff. zum *kalendarium privatum* und der Anwendung als Buchführungsinstrument bei den *argentarii.*

744 Der Corpus des Heroninus-Archivs umfasst Papyri, die sich auf mehrere Güter beziehen (darunter das des Appianus als das bedeutendste). Die Papyri allein dieses Gutes sind verteilt auf mehrere Archive, davon *P. Alex, P.Flor, P.Prag* und *P.Prag.Varcl* als die umfangreichsten. Siehe eine detaillierte Aufstellung der Verteilung dieser Papyri in Rathbone (1991) Appendix 1.A.

745 Cato agr. 5,3.

Appianus, eine umfangreiche Entscheidungsbasis zur – allgemein gesprochen – Auswahl einer Alternative[746]. Konkret am Beispiel formuliert lieferten diese Aufzeichnungen Heroninus eine wesentliche Basis zur Gestaltung der Kaufentscheidungen für die nächste Wirtschaftsperiode, basierend auf den Ergebnissen der Vorperiode. Eine derartige Buchführung ist somit bei Vorliegen einer Datenbasis der Vorperiode das wichtigste Elemente zur Auswahl einer Alternative.

Wo andererseits keine konkrete Buchführung aus einer Vorperiode vorliegt, wie im zuvor angeführten Beispiel Varros zur Bewirtschaftung des Ackers, wird stattdessen ein Maßstab für die Entscheidung angelegt und eine Regel formuliert[747]. Es stellt dies somit – als Ersatz für eine detaillierte Datenlage – eine mit der Buchführung vergleichbare Entscheidungshilfe dar. In ähnlicher Weise wird das Treffen einer Entscheidung über ein zukünftiges Vorhaben, zu dem es noch keine Datenbasis aus einer Vorperiode gibt, über Rentabilitätsbetrachtungen vorgenommen, wie sie im vorigen Kapitel zur Standortwahl eines Landguts oder der Investition in die Haltung bestimmter Vogelarten bereits diskutiert wurde[748]. Und genauso empfiehlt Columella im Beispiel des zuvor besprochenen Weinbaus die Auswahl einer Alternative über die bereits zuvor in Kap. 5.5.2 zitierte Rentabilitätsberechnung.

Da diese Erwägungen ohne Datenbasis jedoch unter Unsicherheit erfolgen, gewinnt hier – anders als bei den auf Datenmaterial basierenden Entscheidungen – der Aspekt der Konsultation, der Rückversicherung und somit der Beratung an Bedeutung.

5.6.1.4 *Konsultation und Beratung*

Für das Treffen gerade langfristiger und bedeutender (finanzieller) Entscheidungen rückt der Aspekt der Beratung in den Mittelpunkt. Diese kann durchaus bereits bei der Erforschung von Alternativen einsetzen, ist aber um so mehr für die abschließende Auswahl einer dieser Alternativen von Bedeutung.

Bei der Betrachtung der Schriften der römischen Agrarautoren zum Begriff der Beratung ist festzustellen, dass die Autoren ihre Schriften zuerst einmal selbst als Beratung ansehen. Columella stellt dabei jedoch stellvertretend die früheren Autoren in den Vordergrund als diejenigen, von denen Beratung eingeholt werden solle und verwendet den naheliegenden Begriff des *consilium*[749]. Dass zuvor schon Varro *consilium* und *consulere* auch auf landwirtschaftlichen Rat bezieht, gibt er bereits zu Anfang seiner Schrift zu erkennen[750]:

---

746 Rathbone (1991) liefert die umfangreichste Analyse dieses Archivs.

747 Varro rust. 1,19,2.

748 Dabei ist die Seltenheit einzelner Vogelarten ein Entscheidungskriterium für die Produktauswahl eines Landwirts in der Hoftierhaltung, siehe Varro rust. 3,4,1.

749 Colum. 1,1,15 *Hos igitur* (...) *advocato in consilium.*

750 Varro rust. 1,1,8.

> *Hi sunt, quos tu habere in consilio poteris, cum quid consulere voles*
>
> Die folgenden sind es, die du zu Rate ziehen kannst, wenn du über etwas Rat einholen willst

Er führt im Folgenden den Sizilier Hieron und eine lange Liste von über vierzig griechischen Gelehrten auf, darunter auch Xenophon, und zieht Berechtigung für seine Schrift und eine Quelle für Beratung daraus.

Columella hingegen scheint den Wert von Beratung noch umfangreicher verstanden zu haben und nutzt den Begriff – neben der Verwendung als politische Beratung[751] oder das allgemeine Beratungsanliegen seiner Leser – mehrfach. Ein Beispiel für den psychologischen Faktor des *consilium*, der Beratung also, liefert eine Passage, die schon unter der Kompetenz der „Führung" untersucht wurde, hier aber nochmal Erwähnung finden muss, weil sie unter anderem Blickwinkel darstellt, wie ein Wirtschaftender Stolz und Selbstbestätigung daraus zieht, dass er Beratung erteilt (oder hier zu erteilen scheint)[752]:

> *Tum etiam libentius eos id opus adgredi video, de quo secum deliberatum et consilio ipsorum susceptum putant.*
>
> Dann erlebe ich auch, dass sie [die Sklaven] sich noch lieber an die Arbeit machen, von der sie glauben, sie sei mit ihnen durchgedacht und auf ihren Rat hin beschlossen worden.

Columella verwendet hier den Begriff des *consilium* als Einzelhinweis, nicht zwangsläufig als Beratung im Sinne der Lösung eines komplexen Problems. Somit besitzt *consilium* eine doppelte Bedeutung mit einem Aspekt von gegebenenfalls umfangreicher Beratung auf der einen Seite und mit der Bedeutung als einzelner, kasuistischer Ratschlag auf der anderen Seite.

Die Agrarautoren stellen ihre Werke als Beratung für Verwandte oder Bekannte und Freunde dar. Columella möchte sein Werk als Beratung für seinen Freund Publius Silvinus sehen. Cato benennt in seinem Werk keinen Adressaten, doch lässt sich über seine anderen, teils fragmentarischen Werke[753] schließen, dass sich auch seine Agrarschrift an Verwandte oder Bekannte gerichtet haben mag. Varro stellt den Adressaten seines ersten Buchs, seine Frau Fundania, und seine Beratungsabsicht ihr gegenüber bereits in seiner Einleitung eindeutig dar[754]:

---

751 Siehe einleitend in Colum. 1,praef.,18 zur Beschreibung politischer Beratungen (*consilium publicum*).

752 Colum. 1,1,8.

753 Siehe Cato dist., dessen Lebensregeln sich an seinen Sohn wenden, wobei die Diskussion zur Herkunft und die hier nicht zu klärende Frage der Urheberschaft dieses Werkes nicht unerwähnt bleiben soll.

754 Varro rust. 1,1,2.

Quare, quoniam emisti fundum, quem bene colendo fructuosum cum facere velis meque, ut id mihi habeam, curare roges, experiar; (...).

Deshalb will ich, da du [Fundania] ja ein Gut gekauft hast, das du durch gute Bewirtschaftung ertragreich machen möchtest, weil Du es wünschst und mich bittest, mich diesem Anliegen zu widmen, mein Glück versuchen (...).

Die vorgesehene Beratung ist in allen Landwirtschaftschriften ein wesentliches Charakteristikum. Es wird ergänzt durch die hier nachfolgend noch einmal dargestellte Klage Columellas, dass es keine Schulen für Landwirtschaft gebe[755].

Quare satis admirari nequeo (...) *ceterarum artium minus vitae necessariarum repertos antistites, agriculturae neque discipulos neque praeceptores inventos*;

Deshalb kann ich mich nicht genug darüber wundern (...), dass man für alle übrigen, weit weniger lebensnotwendigen Künste Vertreter findet, für die Landwirtschaft aber weder Schüler noch Lehrer auftreibt;

Columella betont die Beratungs- oder Lehrsituation hier aus beiden Sichten: aus der des Schülers, also des Empfängers der von ihm angebotenen Beratung, sowie aus Sicht der Lehrers, also seiner eigenen Position als Ratgebender. Er bezieht diese Klage im Kontext seines Kapitels auf die Vermittlung des Wissens für den Verwalter, den *vilicus*, was als Anweisung, als Belehrung oder vielleicht als Ausbildung angesehen werden kann. Columella weist im Kontext dieser Passage darauf hin, dass er schon in der Einleitung seines ersten Buches solche Ausbildung gefordert habe[756] und er beklagt, dass es (noch) keine Ausbildung dazu gibt[757]. Er versteht sein Werk selbst als Beratung für den zukünftigen oder angehenden Landwirt[758]. Ein Weg zur Beratung ist daher die Lehre und die Vermittlung standardisierten Wissens über eine solche Agrarschrift.

5.6.1.5 Sachverständige

Wenn somit von der Relevanz von Beratung in der landwirtschaftlichen Planung – hier bezogen auf die Schriften der Agrarautoren – ausgegangen werden kann, stellt sich die Frage nach den Sachverständigen für dieses Wissensgebiet. Columella definiert zwei Quellen[759]:

755 Colum. 11,1,10.
756 Colum. 1,praef.,4.
757 Colum. 1,praef.,5.
758 Colum. 1, 9,9.
759 Colum. 1,1,3.

> *Itaque diligens pater familiae* (...) *maxime curabit, ut et aetatis suae prudentissimos agricolas de quaque re consulat et commentarios antiquorum sedulo scrutetur atque aestimet* (...)
>
> Deshalb wird ein gewissenhafter Familienvater (...) sich angelegen sein lassen, in jeder Sache die kundigsten Landwirte seiner Zeit zu Rate ziehen, die Fachliteratur der Alten eifrig zu studieren und genau zu erwägen, was jeder von ihnen denkt und vorschreibt (...)

Columella empfiehlt also zum einen die Fachliteratur der Alten *(commentarios antiquorum)* und das Studieren relevanter Schriften, zum anderen den Ratschlag der kundigsten Landwirte seiner Zeit *(aetatis suae prudentissimos agricolas).*

Dass die römischen Agrarautoren die Alten in der römischen Gesellschaft, also die Vertreter früherer Generationen, als Sachverständige ansehen, wird zum einen deutlich, wenn alle Autoren zu Beginn ihrer Schriften ihnen ihre Reverenz erweisen und Columella am umfangreichsten alle griechischen und römischen Autoren benennt[760], die sich vor ihm mit Landwirtschaft befasst haben. Desweiteren ist es ersichtlich, wenn Columella und Varro selbst immer wieder auf Cato verweisen – wohlgemerkt jedoch nicht immer unreflektiert oder ohne ihm zu widersprechen. Neben dem eigenen Studium solcher Literatur lässt Columella auch erkennen, dass das Vorlesen von Schriften ebenfalls als Möglichkeit zur Vermittlung des notwendigen Sachwissens gedient zu haben scheint[761]:

> *Cum de vineis conserendis librum a me scriptum, Publi Silvine, conpluribus agricolationis studiosis relegisses, quosdam scio repertos esse, qui cetera quidem nostra praecepta laudassent, unum tamen atque alterum reprehendissent ;* (...)
>
> Nachdem du, Publius Silvinus, mein Buch über die Anlage von Weinpflanzungen einigen an der Landwirtschaft interessierten Leuten vorgelesen hast, fanden sich, wie du sagst, manche, die zwar im großen und ganzen mit meinen Anweisungen einverstanden waren, aber die eine oder andere mißbilligten; (...)

Diese Vorlesesituation richtet sich an „einige an der Landwirtschaft interessierte Leute". Thorsten Fögen diskutiert, ob diese in das Werk eingebaute Rückmeldung zu einzelnen seiner Kapitel der Realität entsprach und somit eine sukzessive Erstellung des Werkes darstellt, oder ob es „sich lediglich um eine Inszenation im Sinne eines geschickten literarischen Kunstgriffs handelt"[762]. Unabhängig davon, wie diese Frage beantwortet wird, zeigt es doch aber, dass mit hoher Wahrscheinlichkeit das Vorlesen der Agrarschriften als Wissensvermittlung und offenbar auch als Diskussionsgrundlage in gebildeten Kreisen Realität war, dass diese Werke als Beratung genutzt wurden und die Agrarautoren somit

760 Colum. 1,1.

761 Colum. 4,1,1.

762 Fögen (2009) S. 186, 4. Abs.

zweifelsohne als Sachverständige ihres Faches wahrgenommen wurden. Solch eine Vorlesesituation erinnert sehr an die von Columella geforderte Situation der Wissensvermittlung zwischen *discipulos* und *praeceptor* und hierbei ist der Lehrer Sachverständiger eines Themas[763].

Der zweite Vorschlag Columellas zur Nutzung von Sachverstand, die Ratsuche bei kundigen Landwirten, zeigt sich in individuellen Gesprächssituationen. Beratung – unabhängig vom landwirtschaftlichen Kontext – wird im antiken Rom oft mit dem freundschaftlichen Rat unter gebildeten Personen der Oberschicht verbunden. Dabei soll der Aspekt der Freundschaft, der *amicitia,* hier bereits Erwähnung finden, wenngleich er erst nachfolgend in Kapitel 5.6.3 genauer auf seine Bedeutung für den Aspekt der Beratung untersucht wird. Die Dialoge Varros sind gute Beispiele solcher Beratung, die alle als Dialoge unter gleichberechtigten Partnern gestaltet sind. Gerade zwei Passagen stellen diese Situation auch noch einmal besonders heraus:

- In Kapitel 13,6 des ersten Buchs Varros wird Fundanius, der in 13,2 gerade noch Fragesteller war und einen Umgang zur Vermeidung des Sumpffiebers erfragte, nun zum Ratgeber in Sachen ertragreicher Gebäude.
- In Kapitel 7,1 seines zweiten Buches formuliert Varro den Gesprächseintritt des Lucienus gerade sportlich: „auch ich, der Neuankömmling will nun die Boxen öffnen und die Pferde herauszulassen beginnen", was doppeldeutig ist, zum einen bezüglich des Gesprächsthemas über Pferdehaltung, zum anderen aber bezüglich seiner Einbindung in das Gespräch.

In beiden Situationen zeigt sich somit eine ausgewogene, eine gleichberechtigte Position der angeführten Gesprächspartner.

Als weiteres ist festzustellen, dass eine Beratung unter solchen Gleichen wohl auch gleichgewichtet zu erfolgen hatte: die Erörterung über den Hirtenberuf wird von Varro strukturiert und die unterschiedlichen Teile werden in Kapitel 1,1 des zweiten Buches mehreren Sprechern (ihm selbst und Scrofa) zugeordnet, um die Darstellung einer einseitigen Belehrung zu vermeiden. Dies kann als darstellerisches Mittel angesehen werden. Jedoch ist es nicht unwahrscheinlich, dass es die Gesprächsrealität widergibt. Wichtiger noch ist aber die Bedingung des Scrofa in Kapitel 1,2 des zweiten Buches:

> *Sed haec ita a nobis accipietis* (...) *ut vos* (...) *remuneremini nos ac quae scitis proferatis in medium.*
>
> Doch werdet ihr dies (...) nur unter der Bedingung von mir erfahren, dass ihr (...) euch uns erkenntlich zeigt und eurerseits preisgebt, was ihr wisst.

763 Eine vergleichbare Lehrsituation zwischen Lehrer und Schüler findet sich auch bei Varro rust. 3,2,18.

In dieser gleichberechtigten Konstellation kann ein Beratungsgespräch nicht beendet werden, ehe beide Seiten ihr Wissen preisgegeben haben. Varro formuliert diese gleichberechtigte Beratung, diesen gegenseitigen Informationsaustausch in Kapitel 8,1 des zweiten Buches mit dem Begriff eines ausgleichenden Rückgebens (*reddere*):

> *„Ego vero", inquam, „vos ante ire non patiar, antequam mihi reddideritis tertium actum* (...)"
>
> „Ich für meinen Teil", entgegnete ich [Varro], „will euch nicht eher gehen lassen, als bis ihr mir wie versprochen den dritten Akt (...) abgeliefert habt."

Nach dem Bericht dieser Personen zu ihren Fachthemen folgt dann tatsächlich die Wortwahl eines Versprechens auch im Lateinischen[764]:

> *„Quoniam promissa absolvimus", inquit, „eamus".*
>
> „Da wir ja unsere Versprechungen eingelöst haben", schloss er [Cossinius, einer der Gesprächspartner Varros], „lasst uns gehen!"

Diese Passage lässt erkennen, wie der Austausch von Informationen auf Gegenseitigkeit beruht, nicht nur zwischen zwei Personen, sondern auch innerhalb einer Gruppe mehrerer Gleichgestellter. Sie steht im Kontext einer sozialen Struktur, die auch ein Jahrhundert später in den Texten Columellas (10,praef.,1) vergleichbaren Ausdruck findet:

> *Faenoris tui, Silvine, quod stipulanti spoponderam tibi, reliquam pensiunculam percipe, nam superioribus novem libris hac minus parte debitum, quod nunv persolvo, reddideram.*
>
> Von dem dir zustehenden Zins, den ich dir, Silvinus, auf dein Verlangen zugesagt habe, empfange nun die letzte kleine Rate; denn in den vorangegangenen Büchern habe ich die Schuld, die ich jetzt begleiche, bis auf diesen Teil abgetragen.

Neben der Gegenseitigkeit zeigt diese Passage allein durch die Wortwahl den engen Zusammenhang solchen Wissens und solcher Beratung mit ihrem materiellen Wert. Gegenseitigkeit der Beratung und der Wissensvermittlung wird hier mit einem in Raten zu zahlenden Schuldzins *(faenus)* bezeichnet und verglichen – und Columella bezeichnet das ausgleichende Rückgeben wie Varro zuvor mit dem Wort *reddere*. Eingedenk der Bedeutung ökonomischen Erfolgs und Ertrags in Columellas Schrift ergibt sich mit diesem sprachlichen Vergleich eine umso höhere Bedeutung eines gegenseitigen Wissensaustauschs und gegenseitiger Beratung.

---

764 Varro rust. 2,11,1.

Doch Beratung hat weitere Facetten, wie eine mit einem Augenzwinkern versehene Passage Varros darstellt[765]:

> *Appius subridens „Quoniam ego ignoro", inquit, „quid sit villa, velim me doceas, ne labar in imprudentiam, quod volo emere a M. Seio in Ostiensi villam. Quod si ea aedificia villae non sunt, quae asinum tuum, quem mihi quadraginta milibus emptum ostendebas aput te, non habent, metuo ne pro villa emam Ostia in litore Seianas aedes.*
>
> Appius erwiderte lächelnd: „Da ich offenkundig nicht weiß, was ein Landhaus ist, bitte ich dich, mich aufzuklären, damit ich mich nicht zu einer Unvorsichtigkeit verleiten lasse, weil ich von Marcus Seius in der Gegend von Ostia ein Landhaus kaufen will. Denn wenn diejenigen Gebäude keine Landhäuser sind, die deinen Esel, den du mir als einen Kauf zum Preis von 40.000 Sesterzen bei dir zeigtest, nicht aufweisen, fürchte ich, dass ich statt eines Landhauses in Ostia am Meeresstrand ein ‚Seianisches Haus' erwerbe. (...)"

Ziel der hier erbetenen Beratung ist es, Fehler zu vermeiden. Somit findet sich in diesem Zitat – auch wenn es ein konstruierter oder bestenfalls ein aus einer wahren Unterhaltung in diese Erzählung eingeflochtener Dialog ist – das Eingeständnis von Fehlbarkeit unter den Gesprächspartnern. Dieses Eingeständnis wird gesichtswahrend erst durch die humorvolle Einleitung ermöglicht. Dabei fällt auf, dass die „kundigen Landwirte" in der Konstellation Columellas wie auch schon zuvor im Gespräch Varros jeweils Gleichberechtigte, also Vertreter der gleichen Gesellschaftsschicht sind. Dahingegen findet sich im Werk Catos kein solches Zitat eines gegenseitigen Gedankenaustauschs. Vielmehr wird sein Werk als Belehrung der Vertreter seines Standes verstanden. Plutarch lässt in der Biographie Catos erkennen, dass Cato gerne aus der Menge seiner Gutsnachbarn seine vertrauteren Freunde einlud und diese seine Erfahrung schätzten, was Plutarch in diesem Kapitel auch in Bezug zu Catos Abhandlungen zur Landwirtschaft setzt[766]. Auch hier zeigt sich somit der Austausch von Erfahrung unter Gleichberechtigten der Oberschicht.

Eine Ratsuche bei einem Experten einer unteren Gesellschaftsschicht ist in den Schriften der römischen Agrarautoren nicht dargestellt. Sachkunde und der Austausch mit kundigen Landwirten existiert nicht im Verhältnis zu Untergebenen. In diesem Zusammenspiel erwähnt Columella Beratung nur als mögliches Prinzip in einer anweisenden Art, von oben nach unten. Columella schätzt den Wert von Führung – und Hierarchie – höher ein als die Möglichkeit erkenntnisreicher Beratung durch Vertreter untergeordneter Vertreter in dieser Hierarchie[767]:

> *Nam non est nostri negotii alterum imperare et alterum docere; neque enim recte opus exigere valet, qui quid aut qualiter faciendum sit ab subiecto discit.*

765 Varro rust. 3,2,7.
766 Vgl. Plut. Cato mai. 25.
767 Colum. 1,8,4.

> Denn es ist unserem Interesse nicht förderlich, wenn der eine befiehlt und ein anderer belehrt; denn wer erst von seinem Untergebenen erfahren muss, was man tun muss und wie, der kann auch die Arbeit nicht richtig kommandieren.

Anweisung (*imperare*) und Lehren (*docere*) sollen laut Columella somit in einer Hand liegen. Ein Untergebener darf nicht Lehren oder Beraten, wenn nicht die Hierarchie in Frage gestellt werden solle. Dies deckt sich mit der auch schon von Cato verwendeten Formulierung, dass der Verwalter sich nicht einbilden solle, mehr Kenntnisse als der Herr zu haben[768]. Während dies in den vergleichsweise kleinen Gutsstrukturen, über die Cato spricht, funktioniert und der Besitzer gleichzeitig die landwirtschaftliche Tätigkeit ausführt und somit das Fachwissen besitzt, stellt sich dies 200 Jahre später bei Columella anders dar. Die Wirtschaftskultur und insbesondere auch die Gutsgrößen, über die Columella spricht, haben sich deutlich geändert. Er geht daher differenzierter vor, wenn er darstellt[769], dass zum einen die Landbesitzer ihre „Unwissenheit kennen" und er daher zum anderen dieses Prinzip des Herrschaftswissens auf den Verwalter überträgt. Ein erfahrener Verwalter solle diese Expertise haben und gegenüber seinen Arbeitern entsprechend vertreten. Ein Arbeiter soll nicht schlauer sein als der Verwalter. Damit vertritt er wie auch Cato – aus der Wirtschaftskultur seiner Zeit heraus jedoch übertragen auf den Verwalter – ein hierarchisches Denken und zeigt keine Offenheit für Beratung von anderen als Standesgleichen. Das zuvor benannte Gespräch mit den Sklaven ist nur vordergründig ein Einholen von Ratschlägen, um deren Motivation zu erhöhen.

5.6.1.6 Auftraggeber und individuelle Entscheidungssituation

Neben der Notwendigkeit von Sachkenntnis im Beratungsprozess zeigen die Agrarautoren auch Verständnis für die Situation des Ratsuchenden oder des Auftraggebers. Bei der Betrachtung dieser Rolle ist der Auftraggeber in der Literatur der Agrarautoren klar benannt und dessen Auftrag oft explizit formuliert wie zum Beispiel im Werk Varros[770]:

> *Quare, quoniam emisti fundum, quem bene colendo fructuosum cum facere velis meque, ut id mihi habeam, curare roges, experiar;* (…).

> Deshalb will ich, da du [Fundania] ja ein Gut gekauft hast, das du durch gute Bewirtschaftung ertragreich machen möchtest, weil Du es wünschst und mich bittest, mich diesem Anliegen zu widmen, mein Glück versuchen (…)

768 Siehe dazu die Diskussion in Kapitel 5.4.1 Führung bei den Agrarautoren mit Verweis auf Cato agr. 5,2.

769 Vgl. Colum. 11,1,4.

770 Varro rust. 1,1,2.

In dieser einleitenden Passage seines Werks beschreibt Varro zum einen die Entscheidungsnotwendigkeit, den Erwerb eines Landguts, zum zweiten den Wunsch nach Beratung und als drittes auch die explizite Bitte oder Aufforderung zur Beratung. Diese formelhaft zusammengefasste Aufforderung beantwortet prägnant die Frage nach Auftraggeber und Entscheidungssituation. Sowohl die Relevanz der Beratung als auch die spezifische Situation sind formuliert und werden bei Varro und Columella insgesamt mit ihren Schriften verstärkt. Besonders in der Form der Schrift Varros wird das Beratungsanliegen weiter konkretisiert und mit Anfragen zu einzelnen Sachthemen einzeln aufgenommen[771].

5.6.1.7 Nutzung relevanter Theorien

Bei aller Darstellung vorhandener Rahmenbedingungen einer Entscheidungssituation, lassen die Agrarautoren keine Entscheidungstheorie erkennen. Entscheidungen scheinen sich immer an einer Profitabilitätsbetrachtung auszurichten. Die vorigen Kapitel haben gezeigt, dass Führungsentscheidungen (wie zum Beispiel Varros Empfehlungen zum profitablen Umgang mit Sklaven[772] in Varro rust. 1,17,5) und Wachstumsentscheidungen (wie etwa Columellas Empfehlungen zur Nutzung des Weinbaus[773]) sich nach der Profitabilität richten müssen.

In Ansätzen lässt sich ein Hinweis auf eine Entscheidungstheorie beziehungsweise die Bedeutung der Rendite für das Treffen einer Entscheidung im achten Buch Columellas zur Hühnerhaltung finden, wenn er das seinen Lesern unterstellte Entscheidungsvorgehen an der Schnittstelle von Profitabilitätsbetrachtung und Vorgehensplanung erkennen lässt[774].

> *Huius igitur villatici generis non spernendus est reditus, si adhibeatur educandi scientis,*
> (...)
> *Igitur cui placebit sequi nostra praecepta, consideret oportet primum quam multas et cuiusmodi parare debeat matrices, deinde* (...)
>
> 4. Dieses Haushuhn also wirft dem Hof eine nicht unbeträchtliche Rendite ab, wenn man sich an die Zuchtregeln hält (...)
> (...)
> 6. Wer sich also dazu entschließt, meinen Anleitungen zu folgen, muss sich zunächst überlegen, welche Zahl und Art von Legehennen er anschaffen muss, dann, wie er (...)

771 Siehe dazu nachfolgend Kap. 5.6.2.
772 Siehe zuvor in Kap. 5.4.1.
773 Siehe Kap. 5.5.1.
774 Colum. 13,2,4–6.

Nachdem er ausführlich die Charakteristik unterschiedlicher Hühnerrassen dargestellt und den wirtschaftlichen Nutzen einer bestimmten Art belegt hat, leitet er mit der Formulierung des *igitur cui placebit sequi* – also ohne Verwendung eines festen Entscheidungsbegriffes – zum strukturierten Vorgehen für die Umsetzung über. Das Entscheidungsvorgehen oder der Entschluss, die Anleitungen zu befolgen, ist charakterisiert durch die Sammlung und Prüfung von Sachargumenten und eine klare Profitabilitätsbewertung. Dieses einfache Vorgehen ist weit entfernt von einer modernen Entscheidungstheorie, stellt aber ein konsequentes Vorgehen dar – und überführt im angegebenen Beispiel in die konkrete Vorgehensplanung. Von einer Entscheidungstheorie kann aber nicht die Rede sein. Und genauso wurde einleitend in Kap. 2 auch dargestellt, dass es keine Wirtschaftstheorie gab. Stattdessen kann von einer strukturierten Überlegung gesprochen werden, die durch Beratung reflektiert wird. Und die Grundzüge sinnvoller Beratung in einem Entscheidungsprozess sind den Agrarautoren bekannt, so wie Varro sie in der folgenden Passage erkennen lässt[775]:

> *Axius mihi „Dum diribentur", inquit, „suffragia, vis potius Villae Publicae utamur umbra, quam privati candidati tabella dimidiata aedificemus nobis?"*
> *„Opinor", inquam, „non solum, quod dicitur, ‚malum consilium consultori est pessimum', sed etiam bonum consilium, qui consulit et qui consulitur, bonum habendum."*
>
> Axius: „Willst Du lieber, dass wir, während die Stimmen ausgezählt werden, den Schatten des Staatshauses genießen, als dass wir mit des amtslosen Bewerbers halber Jastimme uns eines bauen?"
> „Ich glaube", erwiderte ich, „nicht nur an das Sprichwort ‚Schlechter Rat ist für den Ratgeber am schlimmsten', sondern meine auch, dass einen guter Rat der, der um Rat fragt, und der, der um Rat gefragt wird, für gut halten muss."

Vordergründig thematisiert diese zu Beginn des zweiten Buchs Varros stehende Passage die Rahmenhandlung im Politischen. Im Zuge stattfindender Wahlen diskutiert Varro mit seinem Gesprächspartner Axius, ob sie den von ihnen unterstützten Bewerber über die Stimmabgabe weiter begleiten sollen und enden mit dem Hinweis auf die Notwendigkeit guter Entscheidungen (*bonum habendum*). Diese Situation, die offenbar mit dem Verbleib im sicheren „Schatten des Staatshauses" entschieden wird, kann auf das Politische und das Landwirtschaftliche bezogen werden. Politisch betrachtet unterstellt Diederich dem Sprecher Varro ein Plädoyer für die offene Verbindung landwirtschaftlicher und politischer Tätigkeit – im Vorgriff auf die „‚restaurative' Politik des Augustus"[776] – während Carin Green vermutet, Varro habe die Meinung vertreten, dass es zur politisch schwierigen Zeit Varros in der ausgehenden Republik „das Sicherste für einen römischen Aristokraten sei, auf dem Land ein unauffälliges Schattendasein zu

775 Varro rust. 3,2,1.
776 Diederich (2007) S. 188, 1. Abs.

führen“[777]. Unabhängig von der heute nicht mehr zu klärenden Intention dieser Passage ist der Wert des Begriffs der Beratung für die weitere landwirtschaftliche Diskussion von höherem Interesse. Wenn Varro anschließend Beratungsgespräche anführt, erwähnt er dabei zwei Facetten von Beratung:

- schlechten Rat (der insbesondere für den Ratgebenden schlecht sei) sowie
- guten Rat (der erst dann Wert besitzt, wenn sowohl der Ratsuchende als auch der Ratgebende ihn für gut erachten).

Landwirtschaftlich betrachtet sind diese beiden Facetten in der Einleitung des dritten Buchs ein Aufruf zur Reflexion der im weiteren Verlauf dieses Buches folgenden Empfehlungen aus den Gesprächen der ausgewählten Protagonisten.

5.6.1.8 Abschließende Betrachtung zu Entscheidungsfindung und Beratungsvorgehen bei den Agrarautoren

Die Schriften der Agrarautoren lassen eine klare Entscheidungsstrukturierung erkennen, wenn auch keinen Entscheidungsprozess, insbesondere keine formulierte Entscheidungstheorie und keine komplexen Entscheidungsheuristiken. Dem Wesen ihrer strukturierten Anleitungswerke gemäß wird jedoch auch der Entscheidungsweg landwirtschaftlicher Fragestellungen strukturiert dokumentiert. Und in ähnlicher Weise wird der Wert von Beratung durch die Agrarautoren wahrgenommen und den Lesern vermittelt – und stellenweise sogar explizit eingefordert – ohne jedoch aus den gesellschaftlichen Konventionen herauszutreten und unabhängige Beratung, die nicht von Standesgleichen und Vertretern der Elite gegeben würde, zu akzeptieren.

Inhaltlich geben die Schriften der Agrarautoren somit einen Einblick, auf welche Weise der römische Unternehmer nach den Empfehlungen der Agrarautoren Entscheidungen vorbereiten und fällen und auf welche Art er Beratung in Anspruch nehmen sollte. Doch anders als bei den anderen Kompetenzbereichen kann die Form der Schrift Varros im Kontext der Kompetenz von Entscheidung und Beratung eine zusätzliche Quelle zum Verständnis der römischen Wirtschaft liefern, die nachfolgend weiter untersucht werden soll.

5.6.2 Beratung in der Form der Schrift Varros

Die Dialogform der Schrift Varros erlaubt, neben der inhaltlichen Sicht mit dem Blick auf die – literarisch gestaltete – Lebenswirklichkeit eine weitere Facette des Vorgehens zu Entscheidungsfindung und Beratung im Rom seiner Zeit zu gewinnen. Während

777 Ebenda, siehe Fußnote 1070 mit Verweis auf C. M. C. Green, *Free as a bird: Varro De re rustica 3*, AJPh 118, 1997, S. 427–448.

Cato und Columella eine in mehrere Kapitel strukturierte Anleitungsschrift gewählt haben, nutzte Varro Dialoge, um die Themen seiner Schrift *De re rustica* zugänglicher zu gestalten:

- das erste Buch über die Landwirtschaft, hier genauer über den Ackerbau, als Unterhaltung mehrerer Gesprächsteilnehmer im Tempel der Erdgöttin Tellus,
- das zweite Buch über die Viehhaltung, als Gespräche, die er während der von ihm kommandierten Seeräuberkriege geführt habe und
- das dritte Buch über die Hoftierhaltung, als Dialog im Staatshaus, wartend auf den Ausgang der Wahl der kurulischen Ädile.

Die scheinbare Herkunft des in seiner Schrift vermittelten Wissens aus diesen Gesprächen ist für den Beratungskontext seiner Schrift bedeutend. Dabei wird die Kompetenz von Varro als Autor zuerst umfangreich belegt. Varro gibt an, dass er es aus unterschiedlichen Quellen erworben habe: dass er sein Wissen selbst festgestellt, erlesen oder von Fachleuten gehört habe[778]. Darüber hinaus werden dann aber auch Gespräche als Quelle von Fachwissen beschrieben, wie bei der Darstellung für Niger Turranius[779], da das Wissen „auf der Grundlage von Gesprächen" erworben sei, die er während der Befehligung von Flottenverbänden im Seeräuberkrieg geführt habe[780]. Meißner unterscheidet Varros Werk grundlegend von dem Catos, indem er Varros Lesern ein Beratungsbedürfnis unterstellt. Während Cato mit seinem Werk noch in erster Linie seine Lebensweise propagieren wollte, „gibt sich Varros Werk als Teil einer beratenden Bemühung, in der die Literatur die Stelle des persönlichen Ratgebers einnimmt"[781].

Die mit der Textgestaltung gewählten Alltagssituationen bilden Gesprächssituationen ab – und durch die dargestellten Fragen und Bitten um Ratschlag ähneln sie alle einer Beratungssituation. Doch bei einigen – oberflächlich betrachtet – nach einer Gesprächssituation aussehenden Konstellationen ist zu untersuchen, ob es sich nicht nur um ein literarisches Modell und ein textliches Gestaltungs- und vor allem Strukturierungsmittel handelt[782]. In Kapitel 7,9 seines ersten Buches zum Beispiel beschreibt Varro Verbesserungen zu Catos Strukturierung von Bodenarten und verwendet ein Gespräch zwischen seinen Figuren Stolo und Scrofa zur Darstellung unterschiedlicher Ansichten vorhandener Quellen. Flach sieht in dieser Literaturgattung einen „Zuschnitt des aristotelischen Dialogs"[783], wie Varros es seine Figur Appius selbst mit dem Begriff des „akademischen Stils" beschreiben lässt[784]:

778 Varro rust. 1,1,11.

779 Varro rust. 2,praef.,6.

780 Varro rust. 3,1,10.

781 Meißner (1999) S. 173, 2. Abs.

782 Siehe beispielhaft die Forderungen in Varro rust. 2,5,2 und 3,16,3 nach weiterer Strukturierung des Themas als Beleg für die klare Strukturierung der Wissensgebiete.

783 Flach (2006) S. 17, 1. Absatz.

784 Varro rust. 3,16,3.

Merula, ut cetera fecit, historicos quae sequi melitturgoe soleant demonstrabit

Merula wird, wie er es sonst getan hat, in akademischem Stil darlegen, welche Regeln die Imker zu befolgen pflegen

Laut Flach versöhnt Varro dabei jedoch die Standpunkte nicht, überwindet Meinungsgegensätze nicht, nimmt somit keine Synthese vor – und verwendet folglich den Dialog nur als Darstellungsform.

Beispielhaft ist die Anmerkung des Agrasius[785], dass er den dritten Teil der Ausführung über die Landwirtschaft dringend erwarte, nur als literarisches Mittel zur Verknüpfung der Buchteile anzusehen und nicht als tatsächliche Beratungsaufforderung[786]. Ax betont diese „pedantisch durchsystematisierte, lehrbuchartige Darstellung" Varros, die über einen Kontrast von „vergleichsweise ‚niedrigem' Sujet (zum Beispiel der Schweinezucht) und hoher literarischer Einkleidung"[787] verfüge. Dass Varro seinen Text durch scheinbare Gespräche weiter systematisiert, fällt auch am Ende seines ersten Buches auf[788]. Dort legt der Sprecher eine Pause ein, stellt dann fest, dass ihm dabei keine weiteren Fragen gestellt wurden und er somit darauf vertrauen könne, dass zum Gesagten nichts vermisst würde. Erst nach diesem dialogartigen Themenabschluss geht Varro zu einem anderen Thema über.

Der literarische Charakter von Varros Werk fällt besonders auch durch spielerische Stilmittel auf wie sie in Kapitel 37,2 des ersten Buches wieder durch Agrasius (bei der humorvollen Übertragung von Ratschlägen zur Feldpflege in bestimmten Mondphasen auf die Pflege seines Haupthaars in diesen Mondphasen) oder in Kapitel 7,1 des dritten Buches (mit dem Erscheinen von Tauben als Anlass zum Themenwechsel auf Taubenzucht) verwendet werden. Generell stellen die Rahmenhandlungen in allen drei Büchern von Varros Schrift ein Mittel dar, um Spannung aufzubauen, bei dem nicht auf Beigeschichten wie Mord (in 1,69,2 mit dem Bericht eines Freigelassenen des gastgebenden Hausherrn dieses Dialogs über einen gerade zuvor beobachteten Mord) und politische Schicksale (in 3,2,1 mit der bereits erwähnten Ädilenwahl) verzichtet wird.

Doch bei Berücksichtigung dieser Stilmittel sind auch eine Vielzahl von Passagen in seiner Schrift erkennbar, die durchaus als lebensnahe – und nicht als Stilmittel eingeflochtene – Beratungssituation gewertet werden können. Die Passage in Kapitel 2,8 des ersten Buches über den Abgleich von Kosten und Erträgen und die für die Gesundheit zuträgliche Lage des Landguts stellt solch ein Beispiel dar, da diese Kriterien explizit als wirtschaftliche Grundprinzipien italischer Menschen beschrieben werden[789]. Ferner stellen einige Dialoge eine begründete Bitte um Sacherläuterung dar. So wird Scrofas

785 Varro rust. 1,23,1.

786 Siehe vergleichbar auch Varro rust. 1,26, wenn Agrius dann den vierten Teil über die Weinlese einfordert.

787 Wolfgang Ax, in: Schwarz (2006) S. 186.

788 Varro rust. 1,49,1.

789 Varro rust. 1,2,8 *Duo in primis spectasse videntur Italici homines.*

Fachwissen in Kapitel 2,10 des ersten Buches explizit beschrieben und dessen Rat erbeten. Auch im folgenden Kapitel 3,1 wird das Fachwissen Scrofas verlangt, da es sich um eine notwendige und bedeutende Kunst handele, für die er das Alter, das Ansehen und die Sachkenntnis habe.

Bei dem Gegenstand der Beratung unterscheidet Varro nach (agrarischem) Fachwissen und ökonomischem Wissen. Im bereits zuvor unter dem Begriff des Transformationsmanagements zitierten Kapitel 12,2 des ersten Buches führt Scrofa zuerst weiter strukturiert agrarisches Fachwissen aus, bevor er von Fundanius und Agrius unterbrochen wird[790]:

> *Fundanius „quid potero", inquit, „facere, si istius modi mi fundus hereditati obvenerit, quo minus pestilentia noceat?"*
> *„Istuc vel ego possum respondere", inquit Agrius: „Vendas, quot assibus possis, aut si nequeas, relinquas."*
>
> „Was werde ich tun können", fragte Fundanius, „um zu verhindern, dass das Sumpffieber schadet, wenn mir ein Gut dieser Art durch Erbschaft zufallen sollte?"
> „Dies kann vielleicht sogar ich beantworten", entgegnete Agrius. „Verkaufe es für so viel As, wie du dafür erzielen kannst, oder verlasse es, wenn es dir nicht gelingt!"

Während im vorigen Kapitel schon auf den konsequenten Transformationscharakter dieser Äußerung hingewiesen wurde[791], nutzt Varro die Gestaltung dieses Dialogs auch zur Kenntlichmachung der Beratung von ökonomischem Wissen. Sie ist ihm einen Wechsel der Sprecherrolle von den ursprünglich agrarischen Ausführungen des Scrofa auf die ökonomische Beratung des Agrius wert. Genauso wechselt Varro auch den Sprecher in Kapitel 5,8 des dritten Buches, wenn er nach einer langen fachlichen Ausführung des Merula dann dem Appius die Darstellung in den Mund legt, wie daraus hohe Einkünfte erzielt werden könnten.

Die besten Beispiele für die Abbildung von Entscheidungsfindung und Beratung in der Schrift Varros zeichnen sich jedoch zweifelsohne durch die Darstellung von kritischer Widerrede und Austausch von Argumenten aus. So ist im bereits zuvor zitierten Kapitel 2,17 des ersten Buches[792] eine Kritik des Agrius an den Ausführungen des Varro dargestellt, die durch Fundanius wieder entkräftet wird. Die beiden Personen diskutieren den Nutzen und Schaden von Pachtverträgen. Der Charakter der Rede und Gegenrede gibt der Beratungssituation und dem Abwägen von Für und Wider besonderes Gewicht.

Vergleichbar ist auch Kapitel 22,6 des ersten Buches, wenn Varro die erste Ausführung des Stolo über die Anzahl der Gerätschaften jäh durch ein *hic haec* („Soweit er.") beendet und Scrofa eine Präzisierung bezüglich Auflistung und Pflege dieser Gerätschaften vornehmen lässt und somit einen weiteren Beratungsaspekt hinzufügt. Und auch in Kapitel 3 des zweiten Buches ergibt sich eine Beratungssituation durch Darstellung

790 Varro rust. 1,12,2.
791 Siehe Kapitel 5.5.3, Fußnote 645.
792 Vgl. die Darstellung dieser Passage in Kap. 5.3.3 „Projekt-Management" (siehe Fußnote 214).

und Gegendarstellung, wenn Cossinius seine Beschreibung der Ziegenhaltung mit der Darstellung des Atticus über Schafhaltung kontrastiert und bei mehreren Aspekten die Besonderheit der Ziegenhaltung betont und den allgemeinen Ratschlägen des Atticus widerspricht. So betont er zum einen den unterschiedlichen Charakter beider Rassen und leitet daraus den für die Zucht zu wählenden Schlag ab[793]. Er empfiehlt zum anderen aber auch die von der Schafhaltung abweichende Vertragsgestaltung beim Erwerb von Ziegen, welche die höhere Fieberanfälligkeit von Ziegen berücksichtigen müsse[794].

Das komplexeste Beispiel einer Beratungssituation stellt Varro im bereits zuvor unter dem Aspekt der Einbeziehung Sachverständiger zitierten Kapitel 2 des dritten Buches dar. Dort bittet Appius den Axius zuerst um Rat für den Kauf eines Landhauses[795]:

> „*Quoniam ego ignoro*", *inquit*, „*quid sit villa, velim me doceas, ne labar in imprudentiam, quod volo emere a M. Seio in Ostiensi villam. Quod si ea aedificia villae non sunt, quae asinum tuum* (...) *non habent, metuo ne pro villa emam Ostiae in litore Seianas aedes.*"
>
> „Da ich offenkundig nicht weiß, was ein Landhaus ist, bitte ich dich, mich aufzuklären, damit ich mich nicht zu einer Unvorsichtigkeit verleiten lasse, weil ich von Marcus Seius in der Gegend von Ostia ein Landhaus kaufen will. Denn wenn diejenigen Gebäude keine Landhäuser sind, die deinen Esel (...) nicht aufweisen, fürchte ich, dass ich statt eines Landhauses in Ostia ein ‚Seianisches Haus'[796] erwerbe."

Diese Passage gibt über den Aspekt der Einbeziehung Sachverständiger hinaus weitere Hinweise auf den Beratungscharakter seiner Schrift. Da die Beratungsanforderung mit mehreren Argumenten begründet wird, unterscheidet sich die Passage von den zuvor dargestellten einfachen Stichwortgebungen und literarischen Stilmitteln. Appius benennt seine Schwächen, darunter – nicht ohne Selbstironie – seine mangelnde Sachkenntnis. Axius hat ihn bereits zuvor (in 3,2,5–6) darüber aufgeklärt, dass sein „mit Gemälden übersähtes Anwesen" außerhalb der Stadtmauern allein durch die Lage noch kein Landgut sei, fehle es ihm doch unter anderem an Nutztieren. Zudem ist die konkrete Erwerbsabsicht des Anwesens des Marcus Seius für Appius ausreichend Motivation für die Einholung dieser Beratung. Inhaltlich entspinnt sich hieraus ein komplexer Dialog zwischen diesen beiden auf der einen Seite sowie Merula und Varro auf der anderen Seite. Nach Austausch unterschiedlicher Standpunkte führt diese Passage dann letztlich wieder in die strukturierte Erörterung des nächsten Sachgebiets, der Hoftierhaltung.

Von der Form der Beratung und Gesprächsführung sind zwei weitere Passagen besonders herauszuheben. Zum ersten betont Varro in Kapitel 3,1 des zweiten Buches,

793 Varro rust. 2,3,3.

794 Varro rust. 2,3,5.

795 Varro rust. 3,2,7.

796 Varro bezieht das methaphorische Bild eines ›Seianischen Pferdes‹, das dafür steht, seinem Besitzer nur Unglück zu bringen, auf das Landhaus.

gesprochen durch Cossinius, den Wert kurzer Ausführungen[797]. Dies könnte vielleicht als Rechtfertigung Varros für eine weniger umfangreiche Darstellung zum Thema der Ziegenhaltung gegenüber der zuvor vorgenommenen ausführlichen Darstellung der Schafzucht anzusehen sein. Doch rückt es dem Leser gleichzeitig den Wert kurzer und knapper Beratung in den Vordergrund. Als zweite nennenswerte Passage fällt im dritten Buch Kapitel 7,11 auf. Dort betont Pica den Wert von Handlungsalternativen. Abseits der üblichen Darstellung erprobter Handlungsweisen ergibt sich hier dialogartig eine Belehrung des Axius, der erprobte Handlungsmuster nachahmen möchte (durch den Kauf fertiger Vogelhäuser), aber noch nicht den Wert weiterer Alternativen erkennt (wie den Erwerb vorhandener Vogelbestände in anderen Unterkünften)[798]. Die konfrontative Belehrung über nicht erkannte Alternativen stellt ebenfalls eine wichtige Beratungsform dar.

5.6.2.1 Handlungsmuster

Eine zusammenfassende Bewertung der Form von Varros Schrift lässt somit mehreres erkennen. Zum einen ist evident, dass die von Varro gewählte Dialogform genutzt wird, um Wissen zu vermitteln. Zum zweiten sind die von ihm literarisch nachgebildeten Gespräche offenbar eine erprobte und anerkannte Form von Wissensaustausch und stellen keine ungewöhnliche Form der Wissensgewinnung dar. Und letztlich zeigt die Synthese daraus, dass diese Dialoge – nicht nur vordergründig – einen Beratungscharakter haben, der verdeutlicht, dass entsprechender Wissensaustausch hilft, um Entscheidungen zu treffen.

Um den so dargestellten Beratungscharakter in einen Kontext zu dessen Anwendung zu setzen, sei abschließend noch der Aspekt der Dringlichkeit solcher Beratung angesprochen. Die Werke der Agrarautoren stellen ein umfangreiches, lexikalisches Wissen dar, das keinerlei Anspruch auf kurzfristige Beratung erhebt. Der Charakter der Schrift Columella als Lehrbuch und Lektüre für „Investoren"[799] umfasst auch eine Beratungsfunktion für eine sorgfältige Planung des landwirtschaftlichen Vorhabens, wenn auch weniger zur Beantwortung kurzfristig aufkommender Fragen. Genauso scheinen die in gelöster Atmosphäre gestalteten Beratungsgespräche Varros keinen kurzfristigen Handlungsbedarf auszudrücken. Verstärken ließe sich diese Hypothese durch die Betrachtung der Ratgesuche des jüngeren Plinius in seinen Briefen. Bei diesen kommt ebenfalls keine Dringlichkeit zum Ausdruck. Doch ist bekannt, dass Plinius d. J. nicht das beste Beispiel unternehmerischen Handelns ist, auf das sich die Analyse hier stützen sollte.

797 *Et quem ad modum oportet breviter oporteat dicere disce.*

798 *E quis alicuius totum emas, censeo, et antequam aedificas rure magnum, condiscas hic in urbe cotidie lucrum assem semissem condere in loculos.*

799 Vgl. Kap. 3.2.4 mit der Anmerkung Diederichs, Columellas Werk richte sich an Investoren.

5.6.2.2 Zusammenfassung

Es ergibt sich somit das Bild strukturierter Informationsaufnahme, eines offenen Wissensaustauchs mit Beratungsanfragen unter Gleichen, die – wohl durch die Schriftform der Lehrwerke – aber nur in Ansätzen einen kurzfristigen Entscheidungsbedarf darstellen. Dieses Bild von Entscheidungsfindung und Beratung unter Vertretern der senatorischen Elite darf aus der Beobachtung der Handhabung in der Landwirtschaft nicht ungeprüft verallgemeinert werden. Es ist daher mit dem Vorgehen im praktischen Wirtschaften – sowohl unter Vertretern der senatorischen Oberschicht als auch zwischen unterschiedlichen Gesellschaftsschichten – abzugleichen.

5.6.3 Entscheidung und Beratung im Wirtschaftsleben Roms

5.6.3.1 Ansätze professioneller Beratungstätigkeit

Um zum Thema der Entscheidungsfindung und der Beratung wieder einen Abgleich der schriftlich verfassten Hinweise aus dem Denken der Agrarautoren mit dem praktischen Wirtschaftshandeln vorzunehmen, sollen diesen Befunden entsprechende Belege praktischer Situationen gegenübergestellt werden. Dabei sollen in diesem Kapitel zuerst Ansätze professioneller Beratungstätigkeit untersucht werden bevor anschließend nichtprofessionelle Beratung im Verhältnis der gesellschaftlichen Schichten untereinander analysiert werden soll.

Soll ein professioneller Bereich für die Untersuchung von Beratung zur Entscheidungsfindung identifiziert werden, drängt sich anders als bei den zuvor betrachteten Kompetenzbereichen keine Branche auf, anhand derer diese Kompetenz augenfällig betrachtet werden könnte – und insbesondere existierte keine Beratungsbranche. So handelt es sich bei solch einer Beratungstätigkeit doch um eine Dienstleistung, die in dieser reinen Form in der römischen Wirtschaft nicht zu finden ist. Stattdessen finden sich aber in der römischen Briefliteratur immer wieder Textstellen, die Hinweise auf Beratungstätigkeit zum Fällen einer wirtschaftlichen Entscheidung geben. So findet sich bei Cicero ein hilfreicher Hinweis zum Verständnis, wie solche Entscheidungsfindung und Beratung abgebildet wurde[800]:

> *M. vero Manilium nos etiam vidimus transverso ambulantem foro; quod erat insigne eum, qui id faceret, facere civibus suis omnibus consili sui copiam; ad quos olim et ita ambulantis et in solio sedentis domi sic adibatur, non solum ut de iure civili ad eos, verum etiam de filia conlocanda, de fundo emendo, de agro colendo, de omni denique aut officio aut negotio referretur.*

800 Cic. orat. 3,133, alle Auszüge übersetzt nach Theodor Nüßlein, s. Kap. 7.3.

> Manius Manilius aber habe ich noch gesehen, wie er quer über das Forum umherging – das war das Zeichen, dass derjenige, der das tat, allen Mitbürgern seinen Rat anbot. Zu diesen Männern ging man einst, sowohl wenn sie in dieser Weise herumgingen, als auch, wenn sie zu Hause in ihrem Lehnstuhl saßen, nicht nur, um sich in Fragen des bürgerlichen Rechts an sie zu wenden, sondern auch wenn es um die Verheiratung einer Tochter, um den Kauf eines Grundstücks, um den Ackerbau, kurz um jede Verpflichtung oder Aufgabe ging.

Diese Darstellung eines als Berater zur Verfügung stehenden Vertreters der Nobilität steht im Kontext seiner Schrift *de oratore*, in der er in drei Büchern die Anforderungen an einen Redner darstellt. Ähnlich wie zuvor Varro nutzt er hier die Form eines Dialogs. Im dritten Buch spricht dann Crassus[801] als einer der Gesprächspartner über die Notwendigkeit universaler Bildung eines Redners. Die hier zitierte und thematisch nicht eigentlich der Rhethorik zugeordnete Passage verwendet Crassus, um einen Vergleich der Rhethorik mit anderen Sachgebieten zu ziehen, in denen ebenfalls eine breite Bildung notwendig sei. So wird Manius Manilius, römischer Politiker, Feldherr und Redner aus dem 2. Jh. v. Chr. zitiert, der diese breite Bildung besaß und sie als Ratgeber anderen Bürgern zur Verfügung stellte – was als Beispiel der zuvor benannten Beratung zu Zeiten der mittleren Republik gelten soll.

Inhaltlich geht es Cicero somit hier nicht eigentlich um die Beratungsfunktion, die er als Ausprägung universeller Bildung darstellt. Tatsächlich ist diese Passage für das Verständnis von Beratungspraxis jedoch sehr hilfreich. Von der Form her stellt er dar, dass Beratung auf dem Forum (*ambulantem foro*) oder bei Hausbesuchen (*in solis sedentis*) stattgefunden habe. Sie habe für alle Mitbürger offen gestanden und schien nicht als zu bezahlende Dienstleistung erfolgt zu sein, sondern eher als Darstellung patrizischer Überlegenheit und persönlicher *gratia*, Gunst und Anerkennung des Beratenen[802], frei und für alle sichtbar auf dem Forum[803]. Wesentlich ist der Gegenstand der Beratung, der sich neben der Rechtsberatung und dem – zuvor schon belegten – Rechtsbeistand in Prozessen auch auf wirtschaftsplanerische Aspekte wie den Kauf von Land (*fundo emendo*) bezogen zu haben schien. Cicero zieht mit den Begriffen *officio* und *negotio* sogar einen noch weiteren Bogen und lässt vermuten, dass es sich um Ratgebung in allen Aspekten von Amts- und (Wirtschafts-) Geschäftsführung gehandelt haben könnte.

Im Kontext dieser Arbeit ist auch die Erwähnung interessant, dass Manius Manilius Rat zur Landwirtschaft *(de agro colendo)* gegeben habe, was einen Bezug zur Ratgebung in Catos, Varros und Columellas Schriften erlauben würde und Beratung in Landwirtschaftsdingen in der Praxis darstellen würde. Doch für eine weitere Untersuchung über diese Mutmaßung hinaus ist diese Quelle nicht ergiebig genug.

801 Gemeint ist Lucius Licinius Crassus, Politiker und Redner der späten Republik.

802 Siehe Weeber (2010) S. 216.

803 Goldbeck (2010) S. 212 f. belegt in seiner Spurensuche der *salutatio*, dass diese Rechtsberatung nicht der Erlangung von Einfluss oder politischen Ämtern diente, da die Ratgebenden ehemalige Konsuln oder Senatoren in hohem Alter waren.

Letztlich ist noch interessant, dass Cicero diese Aussage von Crassus auf eine frühere Zeit beziehen lässt. Cicero lässt Crassus darüber klagen[804], dass zu ihrer Zeit viele „entblößt und ohne Waffen“ (*nudi atque inermes*) kämen, um Ehrenämter und politische Aufgaben zu erhalten, also kein Universalwissen mehr besäßen. Der Rat, den Manius Manilius gegeben habe, wird in dieser Passage mit *consilium* bezeichnet. Eine frühere Erwähnung des Manius Manilius in Ciceros Schrift weist jedoch auf eine weitere Qualität von Beratung hin, die des *iuris consultus*, des Rechtsgelehrten oder besser des Rechtsberaters[805]:

> *Sin autem quaereretur quisnam iuris consultus vere nominaretur, eum dicerem, qui legum et consuetudinis eius, qua privati in civitate uterentur, et ad respondendum et ad agendum et ad cavendum peritus esset, et ex eo genere Sex. Aelium, M. Manilium, P. Mucium nominarem.*
>
> Wenn aber gefragt würde, wer denn wahrhaftig ein Rechtsgelehrter genannt werden könne, würde ich den Mann nennen, der die Gesetze und das Herkommen nach denen sich Privatpersonen im Staat richten, kennt, um Rechtsgutachten zu erteilen, als Anwalt vor Gericht aufzutreten und bei Kautionen Rechtsbeistand zu leisten; aus dieser Gruppe würde ich den Sextus Aelius, Manius Manilius und Publius Mucius nennen.

Diese Passage steht in Ciceros Schrift *de oratore* im Kontext der Darstellung von Einzelkompetenzen, hier der des Wissens über Rechtsgeschäfte. Sie deutet mit der besonderen Auszeichnung der drei benannten Personen an, dass der *iuris consultus* hervorragende Rechtskenntnisse benötigte, für welche nur wenige die nötige umfangreiche Qualifikation besäßen. Cicero bestärkt diese Ansicht, wenn er darauf folgend die Fähigkeiten des *iuris consultus* mit den hoch angesehenen Fähigkeiten des Redners vergleicht[806]. Der Historiker Richard A. Bauman belegt, dass der Rechtsberater, der *iuris consultus*, schon in der Mitte des 3. Jh v. Chr. ein eigenständiger Beruf wurde und bezeichnet Tiberius Coruncanius[807] als ersten „*public consultant*“, als ersten Rechtsberater, der der Öffentlichkeit wie dem Senat zur Ratgebung bereit stand[808]. Inschriftliche Nachweise über die Tätigkeit des *iuris consultus*, unter anderem in einer Aufzählung mehrerer öffentlicher Aufgaben und Ämter, bestärken die Sicht eines anerkannten Berufs[809].

Dabei sind Juristen anerkannte Berater für die ex-post Betrachtung eines Sachverhalts, das heißt für die Bewertung wirtschaftlicher Sachverhalte in Streitfällen. Die Rechtswissenschaftlerin Bettina Wirth-Duncan zeichnet in ihrer Darstellung der Rechtsberatung

804 Cic. orat. 3,136.

805 Cic. orat. 1,48,212.

806 Cic. orat. 1,55,236.

807 Tiberius Coruncanius lebte vom 4. bis 3. Jh. v. Chr.

808 Bauman (1983) S. 78.

809 Siehe CIL 8, 7059 aus Cirta (Constantine) in der Provinz Numidia. Fein sieht die Tätigkeit des *iuris consultus* als senatorische Tätigkeit, mittels derer diese sich für weitere Ämter zu qualifizieren versuchten. Siehe Fein (1994) S. 321.

in der römischen Antike die Professionalisierung der Beratungstätigkeit nach[810]. Demnach erfolgte Rechtsberatung über einen Auftrag *(mandatum)* oder als (unentgeltlicher) Freundschaftsdienst[811], der in der Zeit der mittleren bis in die späte Republik als Ehrentätigkeit aufgefasst wurde[812]. Die Rolle des Rechtsberaters gründete sich bis in die Zeit des Prinzipats auf das individuelle Ansehen des *iuris consultus* und ein Regelungskatalog für die Arbeit des Rechtsberaters wurde erst in der Zeit des Prinzipats entworfen[813]. Damit entwickelte sich zur Zeit des Prinzipats der Beruf des *advocatus*[814]. Dabei ist erkennbar, dass sich der angesehene Beruf des *iuris consultus* zu einer festen Form von Rechtsberatung mit der Erstellung schriftlicher *responsa*, sogenannter Antwortschreiben auf Rechtsanfragen, herausgebildet hatte[815].

Doch in Zusammenhang mit der zuvor zitierten Passage über die Beratungsqualität des Manius Manilius ist erkennbar, dass solches Rechtswissen auch ex-ante für wirtschaftsplanerische Fragestellungen in Anspruch genommen wurde und somit als Beratung erachtet werden kann. Ein Ratsuchender, der *de omni denique aut officio aut negotio* Rat sucht, offenbart seine Problemstellung, sucht einen Sachverständigen und erhält eine Handlungsempfehlung. Beratung erfolgt dabei offenbar spontan, in einem Gespräch auf dem Forum, als Erfahrungsweitergabe – und nicht anhand von ausgearbeiteten Modellen. Auch ein analog zu den *responsa* denkbares Beratungsdokument und eine Erwägung und Bewertung von Alternativen erfolgt nach den uns vorliegenden Quellen in solch einer Beratung nicht.

5.6.3.2 *Formen nicht-professioneller Beratung*

Da es nur Ansätze professioneller Beratung, aber keinen Beraterberuf gegeben zu haben scheint, sollen Formen nicht-professioneller Beratung untersucht werden, die in privaten Beziehungen Anwendung gefunden haben. In der literarischen Darstellung der Agrarautoren und insbesondere Varros wurde solch private Beratung hier zuvor als ein wesentliches Merkmal des Entscheidungsfindungsprozesses erkannt. Doch soll hier in der Untersuchung praktischer Wirtschaftstätigkeit der Blick über Situationen rein innerhalb des Senatorenstandes hinaus auf die Analyse der Interaktion der Gesellschaftschichten untereinander erweitert werden. Wird dann eine standesbezogene Sicht als Grundstruktur verwendet, sind drei Konstellationen relevant:

---

810 Wirth-Duncan (2020).

811 Zur Bedeutung der *amicitia* siehe nachfolgend Kap. 5.6.3.2.

812 Wirth-Duncan (2020) S. 124.

813 Ebenda, S. 127.

814 Ebenda, S. 203.

815 Siehe dazu auch Weeber (2010) S. 134–150. Er beschreibt den *iuris consultus* im Kontext der Rechtfertigung einer Standortentscheidung einer Produktionsanlage.

- horizontale Beziehungen innerhalb des Senatorenstandes, wie zuvor bei Varro,
- vertikale Beziehungen zwischen Adel und unteren Gesellschaftsschichten sowie
- horizontale Beziehungen innerhalb unterer Schichten.

Horizontale Beziehungen innerhalb des Senatorenstandes

Als eine Quelle zum Verständnis horizontaler Beziehungen innerhalb des Senatorenstandes lässt sich die römische Briefliteratur nutzen. Die Briefe des jüngeren Plinius als ein Beispiel dieser Gattung zeigen mehrfach, wie er die Probleme der Führung seiner Landgüter herausstellt[816] und mittels dieser Briefe Beratung oder zumindest Rückversicherung für von ihm getroffene Entscheidungen sucht – oder umgekehrt seinen befreundeten Briefadressaten Rat erteilt. Solch freundschaftlicher Rat unter gebildeten Personen der Oberschicht findet sich zum Beispiel in seinem bereits zuvor zitierten Brief an Calvisius Rufus. Dabei offenbart diese Korrespondenz den Begriff des *consiliums*, der neben Beratung in politischen Angelegenheiten[817] auch auf die Geschäftstätigkeiten des Einzelnen angewendet wird[818].

> *C. Plinius Clavisio suo s.*
> *Adsumo te in consilium rei familiaris, ut soleo.*
> (...)
> (...) *quae velim quam diligentissime examineS. Nam cum in omnibus rebus tum in disponendis facultatibus plurimum tibi et usus et providentiae superset. Vale.*
>
> C. Plinius grüßt seinen Calvisius
> Wie schon so oft, ziehe ich Dich zur Beratung in einer Vermögensangelegenheit heran.
> (...)
> (...) ich möchte, Du prüftest das recht sorgsam. Denn wie in allem andern steht Dir auch in Geldangelegenheiten viel Erfahrung und Voraussicht zu Gebote. Leb' wohl!

Diese Passage ist die klarste Erwähnung und der am direktesten und – mit der Stellung am Eingang des Briefes – offenste Verweis auf Beratung und Beratungsbedarf in wirtschaftlichen Angelegenheiten. Die Übersetzung nach Kasten, in der er das Verb *solere* unpersönlich mit einem „wie so oft" übersetzt, verbirgt mit dem Hinweis auf ein häufiges

816 Vgl. den zuvor zitierten Brief Plin. epist. 9,37 als ausführlichstes Beispiel dazu.

817 Siehe zum erstmals von Augustus eingeführten *consilium principis*, einem mit Senatoren und Rittern besetzten Beratungsgremium des Kaisers, Cass. Dio 56,28,2. Siehe ebenfalls Christ (1988) S. 281 zur Nutzung bei Domitian im 1. Jh. n. Chr. und Heuss (1998) S. 349 zur Nutzung von Hadrian im 2. Jh. n. Chr.

818 Plin. epist. 3,19,1–9, vgl. vorheriges Kapitel.

aber scheinbar zufälliges Nachfragen den Handlungscharakter der Entscheidungsfindung des jüngeren Plinius. Seinem Wort nach „pflegt" er üblicherweise, seinen Freund bei Vermögensangelegenheiten um Rat zu fragen. Und zu Ende seines Briefes betont er die Expertise seines Freundes. Beides deutet auf Nutzung der Beratung als feste Institution in Vermögensangelegenheiten hin, wie es auch aus anderen Quellen erkennbar ist[819].

Der Begriff *consilium,* der ansonsten im Kontext politischer Beratung und insbesondere in der römischen Literatur und der römischen Gesellschaft auch mit juristischer Beratung im Kontext des römischen Privatrechts verbunden wird[820], wird von Plinius häufig angewandt. Tatsächlich finden sich in seinen Briefen allein im ersten Buch zwölf Verwendungen des Begriffs[821], wenn auch oftmals sehr unspezifisch eingesetzt[822] und nicht wie im oben genannten Beispiel direkt auf eine umfangreiche Fragestellung gerichtet. Dabei ist einer seiner Briefe beachtenswert, in dem er das oftmals streitbare Verständnis des Begriffes *consilium* als entweder rechtlichen oder wirtschaftlichen Rat selbst durch zwei Begriffe unterscheidet und guten Rat (*consilium*) von Rechtsbeistand (*advocatione*) unterscheidet[823].

Auch in den Briefen Ciceros wird die Beratung befreundeter Personen erwähnt. Besonders in der Briefkorrespondenz mit seinem Freund Atticus finden sich Hinweise auf Ratschläge wie im nachfolgenden Beispiel[824]:

> (...) *Ut ego, qui in te satis consilii statuerim esse, mallem Peducaeum tibi consilium per litteras quam me dare.*
>
> (...) mir wäre es auch lieber, wenn Du, bei dem ich genügend Einsicht voraussetze, Dir von Peducaeus brieflich Rat erteilen ließest als von mir.

Der Rechtswissenschaftler Hans Hermann Seiler zeichnet in diesem Kontext den Aspekt des Treueverhältnisses unter Freunden nach, die „durch Rat *(consilium)* und Tat" unterstützt werden[825]. Diese Freundschaftsverhältnisse – mit dem Begriff der *amicitia* bezeichnet – bauen auf einem Treueverhältnis *(fides)*, auf. Dieses

819 Vgl. auch Cic. Att. 1,17,6, in dem er eine vergleichbare Ansprache an seinen Freund Atticus hält und die übliche Inanspruchnahme seines Ratschlags *(consilium)* betont.

820 Siehe Kunkel, Schermaier (2001) § 4 I zur Entstehung der *iudicia publica* in öffentlichen Strafverfahren. Dabei beriet ein *consilium* aus Laienrichtern die *tresviri capitales* in Strafprozessen.

821 Beispielhaft insbesondere Plin. epist. 1,9,2 zu täglicher wirtschaftlicher Beratungstätigkeit im Gegensatz zu philosophischer Beschäftigung, 1,21,2 zu Prüfung und Entschluss bei einem Sklavenkauf oder 1,6,10 und 1,6,18 zu Überlegung und Beratung bzgl. seiner Freigebigkeit. Siehe aber auch 1,1,2 Rat für Verfassen seiner Briefe, 1,5,10 und 1,5,17 zu Rat und Entscheidung in politischen Angelegenheiten.

822 Vgl. Plin. epist. 1,9,2.

823 Plin. epist. 1,22,6. Siehe dazu auch zuvor den von Wirth-Duncan (2020) dargestellten Hintergrund des sich im Prinzipat entwickelnden Berufs des *advocatus*.

824 Cic. Att.1,5,4 übersetzt nach Helmut Kasten, s. Kap. 7.3.

825 Seiler (1968) S. 2.

ist jedoch, dass der *patronus* für seine *clientes* eine Schutzfunktion inne hatte und ihnen Rechtsbeistand zu leisten hatte. Im Gegenzug musste der rechtlich Abhängige seinem *patronus* seine Dienste wie Arbeitsleistung und Gefolgschaft im Krieg leisten.

Für die Zeit der mittleren Republik – oder ab dem 3. Jh. v. Chr. –, als die Ständekämpfe abgeschlossen waren und mit den militärischen Eroberungen bald eine alleinige Machtstellung Roms in der Mittelmeerregion erzielt wurde, erfuhr das Klientelwesen eine neue Ausprägung. Wie in der Darstellung der Wirtschaftskultur schon gezeigt, errangen Vertreter weiterer Gesellschaftsschichten und insbesondere Plebejer wirtschaftlichen und sozialen Einfluss. Das Verhältnis von Patron und Klient beschränkte sich nicht mehr rein auf den personenrechtlichen Schutz, sondern auch auf weitere rechtliche und wirtschaftliche Tätigkeiten. Die Anzahl der Klienten und damit die Bedeutung eines Patrons stieg schon in dieser Zeit und stellte ein Kriterium für die Erlangung politischer Ämter dar[837].

Insbesondere durch die Veränderung der politischen Verhältnisse und extreme Machtkonzentrationen auf einzelne Personen degenerierte das Klientelwesen in der Zeit der späten Republik in eine vorwiegend politische Funktion, die dem Patron keinen direkten Bezug mehr zu allen Klienten erlaubte. Die Interaktion zwischen Patron und Klient änderte sich zu Ende der Republik in ihrer primären Wahrnehmung in eine Huldigungsform, die von Goldbeck in seiner Arbeit über die *salutationes* beschrieben wird[838]. Der Klient verlor den direkten Bezug zu seinem Patron und ging in eine unbedeutende und größer werdende Masse von Klienten auf. Für den Patron wurde nicht der persönliche Kontakt, sondern die zahlenmäßige Anwesenheit wichtig.

Ein Großteil der Gesellschaft unterstand somit jeweils dem Schutz eines Patrons und stimmte seine wirtschaftlichen Tätigkeiten mit diesem ab. Für die (späte) Republik bezeichnet Verboven solch eine als asymmetrisch bezeichnete Patronage-Beziehung lediglich als besondere Ausprägung des zuvor beschriebenen *amicitia*-Verhältnisses[839]. In ähnlicher Weise sieht Rollinger *clientela* dort als gegeben an, wo man wegen „unüberbrückbarer Differenzen in Status, materiellem Wohlstand und emotionaler Beteiligung nicht mehr von *amicitia* sprechen kann“[840]. Dieser Analogie folgend wäre für die Zeit der Republik ein Beratungsverhältnis zwischen Patron und Klient genauso anzunehmen wie zuvor zwischen Vertretern der Oberschicht.

Für die Betrachtung ist dabei an dieser Stelle relevant, den Klienten – trotz seines Bezugs zu einem Patron – als denjenigen anzusehen, der seine wirtschaftliche Tätigkeit eigenständig plante und ausführte und gegebenenfalls Beratung seines Patrons einholte. Zahlreiche Erwähnungen oder Grabinschriften erfolgreich wirtschaftender Freigelassener wie zum Beispiel des Acilius Sthenelus[841], die trotzdem noch in einem Treueverhältnis zu

837 Alföldy (2011) S. 51 spricht von „Klientenmassen“, die Vertretern des Patriziats auch im 3. Jh. v. Chr. Wahlstimmen sicherten.

838 Goldbeck (2010).

839 Verboven (2002) S. 346–349 mit dem Hilfsmittel einer Netzwerkgraphanalyse, siehe insb. S. 348.

840 Rollinger (2014) S. 51, 4. Abs.

841 Acilius Sthenelus wird in der Naturgeschichte des älteren Plinius als erfolgreich wirtschaftender Freigelassener beschrieben, der einen Weinberg von 60 *iugera* erworben und später ertragreich verkauft habe, s. Plin. nat. 19,4,48 *Summam ergo adeptus est gloriam Acilius Sthenelus e plebe*

ihrem Patron standen, sind beredtes Beispiel hierfür. Prinzipiell könnte auch die Rolle des Patrons als Finanzgeber und Lenker der Tätigkeiten abhängig wirtschaftender Klienten betrachtet werden. Diese Ausprägung einer Klient-Patron-Beziehung ist für die Untersuchung von Beratung jedoch irrelevant und soll hier nicht betrachtet werden.

In der Kaiserzeit verringerte sich die politische Bedeutung des Klientelwesens, was die soziale und damit insbesondere die wirtschaftliche Bedeutung dieser Beziehung wieder in den Vordergrund rückte. Der *patronus* ist als Verantwortlicher seiner *clientes* für deren wirtschaftliches Gelingen mit verantwortlich. Und auch mit einer sich im Kaiserreich verstärkenden Wirtschaftstätigkeit und höheren Autonomie von Vertretern unterer Schichten wie Freigelassenen bestand die *clientela* weiter und unterstützte der Patron seine Klienten. Brief III 19 des jüngeren Plinius gibt einen Einblick, wie dieser in einer Situation „geringer Leistungsfähigkeit" seiner Pächter in die Wirtschaftstätigkeit dieser eigentlich unabhängigen Pächter einzugreifen gedenkt, indem er erwägt, sie mit Sklaven auszurüsten[842]. Es ist dies ein Beleg dafür, wie diese freien Pächter doch Klienten des Plinius sind und seiner Beratung – oder gegebenenfalls sogar seines Eingriffs – bedürfen. In vergleichbarerer Weise beschreibt Plinius d. J. in Brief VII 18 an Caninius – hier allerdings nicht rein privatwirtschaftlich, sondern in der Rolle als Patron für eine Stadtgemeinde – wie er von der Stadtgemeinde benötigte Finanzmittel effektiv bereitstellen konnte. Seine Lösung war, der Gemeinde ein Grundstück zu übereignen und es gegen eine geringe jährliche Rente, die durch den jährlich zu erzielenden Ertrag weit übertroffen werde, zurückzunehmen[843]. Dadurch vermied er, dass das bereitgestellte Guthaben verplempert wurde, und schaffte eine langfristige Unterstützung. Diese finanzielle Unterstützung als Patron ist auch auf eine rein privatwirtschaftliche Konstellation übertragbar und zeigt ebenfalls, dass er als Patron weiter Einfluss auf die Wirtschaftstätigkeit seiner eigentlich freien Klienten Einfluss nahm. Diese bei Plinius als Förderung öffentlicher Interessen unter Inkaufnahme tatsächlicher wirtschaftlicher Verluste beschriebene Situation soll nur den Aspekt des fortbestehenden Patron-Klient-Verhältnisses in der Kaiserzeit verdeutlichen, steht ansonsten aber in der bereits mehrfach beschriebenen Tradition des jüngeren Plinius als schlechten Beispiels eines Unternehmers und muss durch das in den vorigen Kapiteln mehrfach belegte Denken in Rentabilitäts- und Profitabilitätskategorien wieder zurecht gerückt werden.

Es lässt sich im Verhältnis unterschiedlicher Schichten somit als erstes eine Hypothese über Beratung des Patrons für Klienten aufstellen. Diese soll durch die weitere Untersuchung der gelebten Praxis in der Patron-Klient-Beziehung eingehender verprüft werden, wofür die Praxis der *salutationes* ein möglicher Ansatz ist. In der Untersuchung von Goldbeck über die *salutationes* versucht er, die Herleitung der *salutatio* aus dem Klientelwesen

libertina LX iugerum non amplius vineis excultis in Nomentano agro atque CCCC nummum venumdatis.

842 Plin. epist. 3,19,7.

843 Plin. epist. 7,18,2.

oder allgemeiner gesprochen aus dem römischen Bindungswesen zu führen[844]. Goldbeck stellt in seiner Analyse[845] die *salutationes* dar, die Morgenbegrüßungen und Ehrerweisungen, und insbesondere ihren politischen Faktor. Auch diese Arbeit stellt in weiten Teilen den Zustand eines von jedem Inhalt entleerten Besuchs in den Mittelpunkt der Analyse. Er dient der wirtschaftlichen Unterstützung der Besuchenden und der politisch und gesellschaftlichen Aufwertung der Besuchten. Die Untersuchung geht dabei nur kurz auf die mögliche Entstehung der *salutationes* ein, was eigentlich doch einen Hauptteil der Analyse einnehmen sollte, um zu verstehen, wie eine solch sinnentleerte Handlung entstand, die später sogar täglich stattfand. Sie scheint sich wohl auf die Notwendigkeit zu gründen, sich noch bis zum Ende des 4. Jh. v. Chr. täglich früh im Haus einzelner Oberschichtmitglieder einfinden zu müssen, wenn man in rechtliche Streitfälle verwickelt war und dort erfahren wollte, ob man vor dem Prätor zu erscheinen hatte oder nicht[846]. Erst ab Ende des 4. Jh. v. Chr. wurden dann die *dies fasti*, die Gerichtstage der Prätoren, öffentlich bekanntgemacht. Diese Erkenntnis führt zum Kern des Beratungs- und Entscheidungsfindungsprozesses und der Frage danach. Die leider nur aus wenigen Quellen rekonstruierbaren wahrscheinlichen Wurzeln dieser *salutationes* zeigen den grundlegenden Charakter der später repräsentativ für das Klientelwesen stehenden „Morgenbesuche“: ein morgens von Vertretern unterer Schichten im Haus des Patrons stattfindender Besuch zwecks eines Beratungsgespräches, wie es Goldbeck auch auf Basis der Beschreibung von Valerius Maximus für die Tätigkeit des Konsulars T. Manlius Torquatus belegt[847].

Goldbeck beschränkt seine Untersuchung auf die Zeit der Republik und zeichnet nur kurz instrumentelle und symbolische Aspekte der *salutationes* in der Kaiserzeit nach[848]. Der den *salutationes* zugrundliegende Gedanke eines Beratungsgesprächs zwischen Patron und Klient kann aber – wie zuvor dargestellt – im Kaiserreich gerade wegen des Wegfalls der politisch motivierten Huldigungsform an Bedeutung gewonnen haben.

Zusammenfassend ist davon auszugehen, dass der Vertreter einer unteren Gesellschaftsschicht Beratung durch seinen Patron in Anspruch nahm, weil zum einen der Kern der *salutationes* auf Beratung deutet, weil zum anderen die beschriebene Analogie der *clientela* zum *amicitia*-Verhältnisses nahe legt, dass es dann wie in einer Freundschaft auch Beratung gab, und weil drittens die wenig dokumentierten Beispiele von Interaktion zwischen beiden Schichten (zum Beispiel Plinius d. J.) ebenfalls nahe legen, dass der Patron Rat und Unterstützung bereitstellte.

Offen bleibt die Frage, ob es außerhalb der hier beschriebenen Beratung des Patrons für seinen Klienten weitere Formen von Beratung gab. Eine Zusammenarbeit des wirtschaftlich weitestgehend eigenständig arbeitenden Klienten (und hier insbesondere ein

844 Goldbeck (2010) S. 246 ff. Dabei vermeidet er bewusst den Begriff des Klientelwesens und verwendet den Begriff des Bindungswesens.

845 Goldbeck (2010).

846 Goldbeck (2010) S. 209 f.

847 Ebenda, S. 211 mit Verweis auf Val. Max. 5,8,3.

848 Ebenda, S. 263–280.

Beratungsverhältnis) ist zumindest zu Zeiten der Republik außerhalb einer Patron-Klient-Beziehung nur schwer denkbar und insbesondere nicht dokumentiert[849].

Und von noch höherem Interesse wäre die Frage, ob Beratung von Vertretern unterer Gesellschaftsschichten für Repräsentanten oberer Schichten stattgefunden hätte. Vincenza diskutiert und bestätigt den ökonomischen Wert des *amicitia*-Gedankens[850] und führt hierbei die interessante Diskussion an, dernach Seneca in seinem Werk *de beneficiis*[851] den Gedanken vertrat, dass auch ein Sklave seinem Herrn ein *beneficium* liefern könne[852]. Gemessen an der allgemeinen Ansicht, dass Sklaven nur zu gehorchen hatten und keine Geschenke geben durften (*benefacere*)[853], – und Rat muss hier wie auch in den *amicitia*-Beziehungen innerhalb der Oberschicht als *beneficium* angesehen werden – muss diese Auffassung als liberal angesehen werden und würde eine Offenheit für Beratung durch Untergebene andeuten. Doch scheint dies angesichts vielzähliger Kommentare[854] als theoretisches und philosophisches Konstrukt Senecas. Daher versagen Vincenza und andere Autoren Seneca die Glaubhaftigkeit für solche Aussagen und damit der Idee die Berechtigung[855]. Und da letztlich jedwede Quelle dazu fehlt, liegt es nahe anzunehmen, dass eine Beratung von Vertretern unterer Schichten für Höhergestellte nicht stattgefunden hat.

Horizontale Beziehungen innerhalb unterer Schichten

Als dritte Ebene der Untersuchung praktischer Hinweise sollen Beziehungen innerhalb unterer Schichten untersucht werden. An Quellen zum Austausch über wirtschaftliche Aktivitäten von Vertretern unterer Schichten mangelt es. Es existieren keine Schriften solcher Vertreter, und die in anderem Kontext in dieser Arbeit verwendeten Grabinschriften beziehen sich meist auf das Lob der eigenen Wirtschaftstätigkeit ohne im hier relevanten Kontext Hinweise zu geben. Ein Ansatz zur Untersuchung des Verhältnisses von Vertretern unterer Schichten untereinander bieten lediglich die römischen Kollegien als Berufsverbände.

In der Literatur werden die Aufgaben dieser als *collegia* bezeichneten Berufsverbände zuerst als Gemeinschaften beschrieben, die soziale Aufgaben wahrnahmen, für ihre Mitglieder Mahlzeiten und Feste ausrichteten und Bestattungen organisierten[856]. Auch

849 Siehe unter anderem Jean Andreau zur weiterhin bestehenden strengen Abhängigkeit des Freigelassenen von seinem Patron in Giardina (1989) S. 200–225, Kapitel 6 „Der Freigelassene".

850 Vincenza (2012) S. 25 ff. mit Referenz auf die Analyse von Michel – *gratuité en droit romain*, 1962 sowie Verboven – *The economy of friends*, 2002.

851 Siehe dazu Sen. benef. 3,18.

852 Ebenda, s. S. 35, 3. Abs.

853 Ebenda, s. Anmerkung 86.

854 Vgl. zum Beispiel die schon hier zuvor zitierte Aussage Columellas, dass Rat von einem Untergebenen nicht erteilt werden dürfe.

855 Ebenda, s. Anmerkung 88 mit Verweis auf Paul Veyne – Seneca: The life of a Stoic (2002) S. 159.

856 Alföldy (2011) S. 181/182. Siehe auch De Martino (1991) S. 157 zu den frühen Aufgaben der *collegia* seit Beginn der Republik (und den Wurzeln der *collegia* bei Numa, S. 19 und S. 177).

der deutsche Altphilologe Joachim Ebert[857] beschreibt das soziale Gemeinschaftsdenken und ergänzt Kult- und Rechtspflegeaufgaben der Kollegien. Er weist darauf hin, dass sich diese *collegia* dem Schutz eines Patrons unterstellten. Fellmeth beschreibt den Prozess der Patronatsübertragung, der Kooptation, als Beschluss der *collegia* und stellt dar, wie der Patron mit dieser Ehrung auch Fürsorgeverpflichtungen für das entsprechende *collegium* übernahm[858]. Dies stellt quasi eine Fortführung der zuvor dargestellten vertikalen Beziehungen innerhalb der römischen Gesellschaft dar. Da sich dies jedoch auf das *collegium* als Gemeinschaft bezieht, ist davon auszugehen, dass es eine schwächere Bedeutung und nur eine geringe Bindung des Einzelnen darstellte. Fellmeth beschreibt, dass die Kollegien „durch ihre *patroni* und durch ihren Vorstand oft Beziehungen zu den höchsten gesellschaftlichen Kreisen" hatten. Sie waren von ihrer sozialen Schichtung aus Freien und Freigelassenen daher auch höher gestellt als die von ihrer Vereinsstruktur prinzipiell vergleichbaren privaten und religiösen Vereine *(sodalitates)*[859], welche jedoch vorwiegend Freigelassene und Sklaven umfassten[860].

Wenn auch der Aufbau und die Abläufe der Kollegien stark der Regelung öffentlicher Ämter ähnelten[861] und den Mitgliedern somit die Möglichkeit boten, „die Tätigkeit städtischer Würdenträger nachzuahmen"[862], so stellen doch gerade die Berufskollegien als Zusammenschlüsse von beruflich mit den gleichen Fragestellungen befassten Beschäftigten eine für diese Arbeit interessante Organisation dar. Dabei soll ebenfalls die politische Rolle der Kollegien erwähnt sein. Politische Aktivitäten der Kollegien und *sodalitates* wurden erstmals durch den Senat im 1. Jh. v. Chr., dann durch Cäsar und noch einmal durch Augustus durch das Verbot der Verbände beantwortet, bevor sie noch zur Zeit des August ihre Tätigkeit unter entsprechender Kontrolle wieder aufnehmen konnten. Dabei richteten sich diese Verbote vorwiegend auf die *sodalitates* und Begräbnisvereine während Berufskollegien davon ausgenommen wurden. Diese wurden dann ab dem 3. Jh. n. Chr. durch staatlichen Eingriff – diesmal wirtschaftlich bedingt – zu Zwangsverbänden[863], unter anderem um die Versorgung des Staates sicherzustellen, was den Charakter der *collegia* bedeutend veränderte.

Doch insbesondere die ökonomischen Aufgaben der Kollegien sind weiter zu untersuchen. Drexhage, Konen und Ruffing beschreiben anhand zweier überlieferter

857 Ebert (1984) S. 135.

858 Fellmeth (1987) S. 133–135.

859 Fellmeth (1987) S. 52 als Kurzform privater, religiöser Vereine.

860 Fellmeth (1987) S. 88 und S. 193, s.a. S. 197.

861 Ebenda, S. 139 ff. beschreibt die beamtenähnlichen Verwaltungsstrukturen der Kollegien mit mehreren Ämtern, Hierarchien und unterschiedlichen Aufgaben. Sie hatten somit strukturell eine Anlehnung an öffentliche Vorgaben, taten dies jedoch, ohne das politische Verständnis unreflektiert zu befolgen. Fellmeth beschreibt die Kollegien als politisch anfangs unabhängige Zusammenschlüsse (u.a. S. 195), bevor sie später reglementiert und in die öffentliche Verwaltung integriert wurden (S. 44 f.).

862 Alföldy (2011) S. 181/182. Auch die Übernahme öffentlicher Aufgaben wie die Stellung der städtischen Feuerwehr fällt unter diesen Aspekt.

863 Siehe u.a. Ebert (1984) S. 139.

Dokumente aus der Kaiserzeit die ökonomische Funktion und insbesondere die Machtposition der Kollegien als ökonomische Interessenvertretung ihrer Mitglieder[864]. Dabei nimmt einmal das *collegium* der Salzhändler aus Tebtynis im alten Ägypten mittels einer Verordnung aus dem Jahr 47 n. Chr. Position und die Sicherung von Geschäftsbereichen und Privilegien, auf der anderen Seite aber auch Regulierung für die Geschäftsabläufe ihrer Mitglieder vor. Und einmal nehmen die *collegia* der *navicularii* des antiken Arles im Jahr 201 n. Chr. klar Position für die Interessen ihrer Mitglieder offenbar in einem Rechtsstreit und drohen mit der Einstellung von Getreidelieferungen[865]. Auch wenn diese Quellen wieder nicht aus dem ursprünglich für die vorliegende Arbeit vorgesehenen geographischen Betrachtungsgebiet stammen, stellen sie doch eine repräsentative Quelle für die Arbeit und die ökonomische Bedeutung der Kollegien dar, deren Geltung so auch für Rom und das italische Kernland angenommen werden kann.

Schon frühe Historiker des 19. Jh. wie Jean-Pierre Waltzing[866] zitieren die *lex Metella fullonibus dicta* nach Plinius d. Ä., mit der dem *collegium fullonum* Arbeitsweisen vorgeschrieben und betrügerische Arbeitsweisen untersagt wurden. Auch wenn solch reglementierender Eingriff nicht generelles Anliegen der *collegia* gewesen zu sein scheint[867], ist anzunehmen, dass dieses Gesetz auf Betreiben oder aber mit Zustimmung dieses Kollegiums erlassen wurde, um die Geschäftsausführung zu sichern. Es lässt sich in der Konsequenz vermuten, dass entsprechende Beratung innerhalb der Kollegien stattgefunden hat, wie Waltzing den Kollegien prinzipiell eine Absicht zur Perfektionierung der Arbeitsweisen ihres jeweiligen Berufsstandes unterstellt[868]. Dies muss über Austausch und gegenseitige Beratung erfolgt sein. Auf die ökonomischen Interessen des Einzelnen bezogen beschreibt Waltzing, dass die Kollegien ein alternatives Mittel zur *clientela* gewesen seien, um wirtschaftliche Stärke zu erzielen, und dass es im Kaiserreich mehr in einem *collegium* Assoziierte als Klienten gegeben habe[869].

Doch all diese Quellen geben keinen Einblick in das Innenleben und die ökonomische Diskussion innerhalb der Kollegien. Eine solche Annahme findet sich in der Arbeit des amerikanischen Historikers Cameron Hakwins. Er betont neben den unstrittig vorhandenen formellen Zielen der Kollegien auch die durch die Kollegien gegebene Möglichkeit der Soziabilität[870], also der Interaktion einzelner in einer solchen Gemeinschaft. Es liegt sehr nahe, dass der persönliche Austausch und anzunehmenderweise auch der berufliche Erfahrungsaustausch unter den Mitgliedern wesentliche Merkmale der Kollegien waren, auch wenn es hierfür keine Quellenbelege gibt. Auf dieser Hypothese fußend lässt sich

864 Drexhage, Konen, Ruffing (2002) S. 252–255.

865 Vgl. De Martino (1991) S. 367 f. zu den *collegia* der *navicularii* in Ostia, denen er eine vergleichbare Machtposition und politische Einflussnahme zuschreibt.

866 Waltzing (1895) S. 183 mit Verweis auf Plin. nat. 35,17.

867 Ebenda, S. 194, 2. Abs., womit Waltzing insbesondere eine Abgrenzung der römischen Kollegien von den mittelalterlichen Zünften, welche umfangreiche berufsständische Einflussnahme wahrnahmen, vornehmen möchte.

868 Ebenda, S. 184.

869 Ebenda, S. 189, 2. Abs.

870 Hawkins (2012) S. 190.

eine institutionenökonomische Betrachtung der *collegia* vornehmen. Die Mitglieder konnten ihre Transaktionskosten senken, indem sie durch gegenseitigen Austausch und (informelle) Beratung untereinander Möglichkeiten fanden, etwa Beschaffungskosten zu senken. Die Nutzung solcher Möglichkeiten beim Zusammentreffen von Berufskollegen liegt nahe – und es gibt keinen Grund, die Existenz solcher Beratung auszuschließen. Allein ein Beleg oder ein Briefaustausch wie unter Vertretern der Oberschicht fehlt an dieser Stelle.

5.6.4 Zusammenfassung

Die Untersuchung zum letzten der hier als relevant identifizierten Kompetenzbereiche, der Entscheidungsfindung und Beratung, hat einen vielschichtigen Charakter dieser Kompetenzausübung offengelegt. Während die Analyse der römischen Agrarschriften umfangreiche Hinweise zum Entscheidungsvorgehen offengelegt hat, scheinen *amicitia*, *clientela* und *collegia* Denken und Handeln in diesem Kompetenzbereich strukturiert und den römischen Unternehmer bei der Entscheidungsfindung geleitet zu haben.

Die Analyse der Agrarschriften hat keine Entscheidungstheorie erkennen lassen, jedoch sind Entscheidungsstrukturen entlang der Werke immer wieder erkennbar, wenn eine Buchführung der Geschäftsabläufe als Entscheidungsgrundlage eingefordert wird, das Einholen von Ratschlägen (*consilium*) als essentiell beschrieben wird und generell die Entscheidungswege landwirtschaftlicher Fragestellungen strukturiert dokumentiert werden. Zudem bietet gerade die Dialogform der Schrift Varros – einmal entkernt von aller literarischer Einkleidung – umfangreiche Hinweise auf das Vorgehen zum Treffen von wirtschaftlichen Entscheidungen.

Das Handlungsmuster des römischen Unternehmers scheint aus zwei Aspekten zu bestehen. Zum einen scheint sich Entscheidungsfindung – und Beratung als Spiegel solcher Entscheidungsfindung im Austausch mit einer weiteren Person – immer als Ratschlag zur Ausführung des „Richtigen" ausgeprägt zu haben. Ein Ratgeber schöpft aus seinem Erfahrungsraum und berät den Ratsuchenden entsprechend. Dabei sind die Strukturen moderner Entscheidungsfindung aus den umfangreichen Anmerkungen in den Schriften der Agrarautoren gut erkennbar und den modernen Methoden der Entscheidungsfindung ähnlich. Jedoch findet sich in diesem Ratgeben keine Szenarioanalyse und keine Betrachtung unterschiedlicher Alternativen. Die Analyse der Dialogform der Schrift Varros hat die Erkenntnis dieses Beratens über das „Richtige" vertieft. Ebenso zeigt die Analyse der Tätigkeit angesehener *iuris consulti*, die spontan bei Anfrage wirtschaftlichen Rat erteilt zu haben scheinen, dass aus einem Erfahrungsschatz geschöpft wurde, um Entscheidungen vorzubereiten, ohne diesen strukturiert auszuarbeiten und zu begründen. Während ein *iuris consultus* in einem Rechtsfall ein schriftliches *responsum* erstellt hat, scheint er seinen wirtschaftlichen Rat lediglich informell erteilt zu haben.

Zum anderen ist im Handlungsmuster die reziproke Beratung unter Gleichgestellten oder aber die Beratung für sozial Geringergestellte klar erkennbar. Dabei scheint der Austausch unter Gleichgestellten ein festes Element der Entscheidungsfindung gewesen zu sein, wie die Schriften der Agrarautoren, von Cicero oder die Briefe des jüngeren Plinius gut erkennen lassen. Die Analyse hat die gleichberechtigte und ausgeglichene Beratung in einer *amicitia*-Beziehung dargestellt. Zwischen Vertretern unterschiedlicher Schichten ist mit der *clientela* seit Beginn der Republik ein Beratungsvorgehen des Patron für seinen Klienten dokumentiert. Dieses entwickelte sich von einem anfänglich strikten Weisungsvorgehen des Patrons gegenüber seinen Klienten bis zu einem wahrscheinlich beratenden Charakter in der Kaiserzeit weiter. Dieses Verhältnis lässt somit an die Entwicklung der Wirtschaftskultur angelehntes Verhalten vermuten. Dies lässt sich mit der aufgezeigten Beziehung der *collegia* zu deren Patron und durch die Annahme gegenseitiger Beratung der *collegia*-Mitglieder untereinander verfestigen.

6. Zusammenfassung und Ausblick

Die Praktiken römischer Wirtschaftsakteure werden im breiteren Diskurs zur antiken Geschichte oft als intuitiv und vorwiegend von Erfahrung geleitet angesehen, eingebettet in den Fluss sozialer und politischer Entwicklungen. Ihre wirtschaftliche Leistung erscheint Beifang imperialer Erfolge und mittelmeerweiter Dominanz zu sein und somit eine Zwangsläufigkeit des Lebens in dieser Gesellschaft. Das wirtschaftliche Denken und Handeln dieser Akteure ordnete sich gemäß bestehender Normen und gesellschaftlicher und sozialer Institutionen. Als Ergebnis erlangte eine große Anzahl an Wirtschaftsakteuren bedeutende Reichtümer, die im Einklang standen mit der volkswirtschaftlichen Entwicklung, welche durch einen imposanten reichsweiten (See-) Handel Ausdruck fand.

So lässt sich kontrapunktisch ein oberflächliches Verständnis römischen Wirtschaftens des Einzelnen beschreiben. Dem betriebswirtschaftlichen Denken und Handeln des individuellen römischen Wirtschaftsakteurs wird diese vereinfachte Darstellung genausowenig gerecht wie die durchaus amüsanten Versatzstücke eines Unternehmerbildes in den Komödien des Plautus am Übergang vom 3. zum 2. Jh. v. Chr.[1] oder der Satire des Petronius Arbiter aus dem 1. Jh. n. Chr.[2] Und auch die wachsende Menge an Einzelfallanalysen der wirtschaftshistorischen Forschung der letzten 20 Jahre, die zu Beginn dieser Arbeit zusammengefasst wurde[3], ergibt noch kein ausreichendes Bild. Diese Analysen erklären noch nicht, wie der Einzelne sich im Wettbewerb differenzieren und mehr wirtschaftlichen Erfolg als andere erzielen konnte. Denn natürlich bestand trotz aller Prosperität kein Automatismus geschäftlichen Erfolgs für alle Wirtschaftsakteure im antiken Rom. Wirtschaftliche Misserfolge und die Verarmung ganzer Gesellschaftsteile waren genauso Phänomene der römischen Wirklichkeit wie die gerne angeführten Reichtümer.

Daher war es Ziel dieser Arbeit, die unzureichende Analyse betriebswirtschaftlichen Denkens und Handelns durch ein umfassendes Bild zu ersetzen und damit ein Gesamtverständnis von Wirtschaftsdenken und -handeln zu erlangen, das darstellt, wie der römische Wirtschaftsakteur seine Marktaktivitäten plante und ausführte, wie er Geschäftsstrategien entwickelte und das damit verbundene Risiko steuerte.

Ansatz der Arbeit war es, eine Dekomposition der Kompetenzen betriebswirtschaftlicher Tätigkeit vorzunehmen und die Ausprägung römischen betriebswirtschaftlichen Denkens und Handelns in diesen Kompetenzbereichen zu untersuchen. Dazu hat die

1 Die aus dem Griechischen adaptierte Komödie *Aulularia* des Plautus stellt den Charakter des Euclio als geizigen Reichen dar.

2 Die Satire *Satyricon* des Petronius Arbiter führt im „Gastmahl des Trimalchio" diesen als neureichen Emporkömmling auf, der mit Mut und Glück bedeutende unternehmerische Erfolge für sich beansprucht.

3 Siehe noch einmal die einleitend dargestellte Zusammenfassung dieser Forschung in Kap. 2.2.

Arbeit aus hermeneutischer Sicht die aus der modernen Betriebswirtschaft entlehnten Begriffe auf ihre Bedeutung untersucht und auf ihre Anwendbarkeit für die Wirtschaft des antiken Rom in der hier vorliegenden Analyse geprüft. Das aus den schriftlichen Quellen identifizierbare Denken wurde vorwiegend anhand der strukturierten Schriften der römischen Agrarautoren sowie einzelner unstrukturierter Schriften und Briefe römischer Autoren analysiert. Die gewählte Methodik ermöglichte es, reflektiertes Denken zu erkennen. Zusätzlich wurde versucht, das mittels unterschiedlicher Quellengattungen rekonstruierbare Wirtschaftshandeln in diesen Kompetenzbereichen anhand eines repräsentativen Querschnitts über die bedeutendensten Branchen der römischen Wirtschaft nachzubilden. So wurden beispielsweise unternehmerisches Risikohandeln im Bankgeschäft der *argentarii*, Betriebsplanung im Seehandel der *dolia*-Schifffahrt oder Wachstumsstrategien in der Terra-Sigillata-Produktion Arezzos als relevante und erkenntnisreiche Ausprägungen der einzelnen Kompetenzen identifiziert. Sie helfen, diese jeweils zu analysieren und ihre Charakteristiken zu verdeutlichen. Um eine Allgemeingültigkeit der gewonnenen Erkenntnisse zu erzielen, wurden diese mit den Ergebnissen der im Denken beobachteten Strukturen abgeglichen. Zusätzlich wurden sie durch Bezugsetzung zum Handeln in anderen Branchen validiert. All dieses Bestreben unterlag – insbesondere bei der Untersuchung des Wirtschaftshandelns – der althistorischen Herausforderung, die geringen verfügbaren Details in einen weiter gefassten Kontext zu setzen und relevante Schlüsse daraus zu ziehen, wie es zum Beispiel der Arbeit von David Djaoui und Nicolas Tran über die Bedeutung einer Amphoreninschrift für den provinzialrömischen Weinhandel hervorragend gelungen ist[4].

Die Untersuchung des grundlegenden und personenorientierten Kompetenzbereichs des Unternehmertums lieferte zum einen eine begriffliche Basis zur Definition des römischen Wirtschaftshandelnden als „römischen Unternehmer". Während die heutige altgeschichtliche Literatur den modernen Unternehmerbegriff entweder vermeidet oder einzelne Autoren ihn unreflektiert übernehmen, hat die vorgenommene Analyse erlaubt, die römischen Besonderheiten herauszustellen und zugleich die Parallelen zur modernen Begrifflichkeit und zum modernen Verständnis von Unternehmertum aufzuzeigen. Dabei ist ein ubiquitäres Gewinnstreben bei gleichzeitig kalkulierter Risikonahme konsistent in Denken und Handeln nachgewiesen worden, für das – im Kontext der Debatte zum Innovationsbegriff der Antike und Roms – ein Fokus auf Verfahrensinnovation statt der als fehlend beklagten Technikinnovation feststellbar war. Wesentlich scheint die Feststellung einer Überlagerung der Wahrnehmung vorhandener unternehmerischer Züge durch die Fokussierung der wirtschaftshistorischen Literatur auf soziale Verhältnisse. Die Besonderheit dieser unternehmerischen Charakteristik als „römisches Unternehmertum" definierte den Rahmen der nachfolgend untersuchten sachorientierten Kompetenzbereiche.

Der Kompetenzbereich von Betriebsführung und Projekt-Management hat planvolles Handeln offenbart, das einfache, intuitive Rationalität überstieg. Die Summe der Ratschläge bei den Agrarautoren und die Feststellung eines damit in Einklang

4 Djaoui, Tran (2014).

stehenden komplexen Planungsverhaltens im römischen Seehandel offenbarten einen hohen Grad an Rationalität im römischen Wirtschaften. Die Analyse ergab dabei, dass die im Seehandel beobachtete Flexibilität römischer Wirtschaftsakteure im Agrarwesen zwar einem höheren Beharrungsvermögen, jedoch keiner geringeren Rationalität gegenüberstand. Zusammen mit der Analyse einer detaillierten Risikoplanung im Projekt-Management zeigt sich, dass sich die – seinerzeit und auch in heutigen Analysen – sozial gewünschte Dichotomie von Handel und Landwirtschaft nicht auf den Umfang der Betriebsführungskompetenz übertragen lässt.

Im Bereich von (Personal-) Führung wurde im Denken der Agrarautoren eine klare Entwicklungslinie von Cato über Varro zu Columella, also vom 2. Jh. v. Chr. bis ins 1. Jh. n. Chr., nachgezeichnet, die mit der Entwicklung der römischen Wirtschaft und der Wirtschaftskultur einhergeht. Ein komplexeres Führungssystem scheint eine Zwangsläufigkeit komplexerer Wirtschaftsprozesse zu sein. Dies wirft die Frage nach der Einzigartigkeit moderner Führungssysteme auf – und scheint zu bestätigen, dass der „römische Unternehmer" in einem komplexer werdenden System auch umfangreichere Mittel entwickelte, um seinen Wirtschaftsbetrieb von Seiten der Personalführung zu bewältigen. Die erwähnte Entwicklungslinie im Denken ist gerade am Führungsstil gut erkennbar, wenn der kontrolldominierte Führungsstil Catos zwei Jahrhunderte später bei Columella mit Elementen von Gerechtigkeit und Fürsorge ergänzt wird. In diesem Kompetenzbereich ist es jedoch wegen der schwierigen Quellenlage nicht erreicht worden, im Führungshandeln solche Handlungsmuster zu identifizieren, die in allen Bereichen mit dem Denken in Einklang gebracht werden könnten. Übereinstimmungen finden sich bei Rollen und Entscheidungsstrukturen sowie der Organisation eines Betriebs. Mit wachsender Komplexität und Größe wurden entsprechend angepasste Ausprägungen gewählt. Gerade im Bereich von Führungsinstrumenten und Führungsstil verbietet die Quellenlage jedoch eine über Hypothesen hinausgehende Bewertung. Doch hat ein Vergleich mit dem Führungsdenken des Palladius, eines Agrarautors des 4. Jh. n. Chr. und damit prinzipiell zur Zeit einer entstehenden Zwangswirtschaft außerhalb des Betrachtungszeitraums dieser Arbeit, gezeigt, dass die bis dahin lineare Entwicklungslinie der Führungskonzeption mit dem Zurückdrängen freien Wirtschaftens ebenfalls abfällt. Dies bestätigt noch einmal die Vermutung, dass Führungsdenken und -handeln mit der Komplexität des Wirtschaftens wächst und kein innovativer Akt moderner Wirtschaftstheorie sein muss.

Im Kompetenzbereich von Wachstums- und Transformationsstrategien wiederum sind klare Strukturen identifizierbar – wenn sie auch nie als „Strategie" bezeichnet wurden. Sowohl im Denken als auch im Handeln ist ein Wachsstumsstreben eindeutig erkennbar, das sich im Fall der in jenem Kapitel betrachteten Terra-Sigillata-Produktion Arezzos vorwiegend an einer Strategie zur Produktoptimierung ausrichtet. Klarer noch ist im Bereich von Transformationsmanagement erkennbar, dass solche Strategien existierten, dass sie aber nur an Wendepunkten der Unternehmung ergriffen wurden. Dies zeigt zum einen das hohe Beharrungsvermögen der römischen Wirtschaft (nicht nur in der Landwirtschaft), zum anderen aber auch das konsequente Handeln an solchen Wendemarken. Ein Transformationsdenken ist in den Schriften der Agrarautoren durch ihren idealtypischen Charakter des Entwurfs eines optimalen Betriebes nicht identifizierbar. Stattdessen bietet aber die römische Briefliteratur Ansätze, um einen Vergleich mit dem Transformationshandeln vorzunehmen und Parallelen zu bestätigen. Gerade dieser Blickwinkel erlaubt ein neues Verständnis des Niedergangs der Keramikproduktion Arezzos, der in der Literatur oft besprochen wurde. Durch den Effekt zögerlichen Handelns einerseits, die Bereitschaft örtlich flexiblen Einsatzes an Wendemarken andererseits und die Tatsache, dass diese Produktion personenbezogen und nicht – wie es die immer wieder verwendete Betrachtungsweise der Literatur über die arretinische Keramikproduktion ist – markenbezogen war, ist solche Flexibilität begründet. Ein zu ambitioniertes Wachstum birgt wiederum Gefahren, die der „römische Unternehmer" der arretinischen Keramikbetriebe nicht einging, so dass er sich bei Erreichung eines bestimmten Status mit diesem begnügte.

Die letzte untersuchte Kompetenz von Entscheidungsfindung und Beratung schließlich hat – konsistent in Denken und Handeln – das besondere römische Wirtschaften herausgestellt, das über die Beziehungsstrukturen von *amicitia*, *clientela* und *collegia* geprägt ist. Entscheidungfindung findet stark rational und, wo vorhanden, auf Basis der Daten einer akkuraten Buchführung statt. Weitergehende Vorgehensweisen wie eine Szenarienbetrachtung sind nicht zu erkennen gewesen. Entscheidungsfindung erfolgt in der Beratung mit anderen, wofür der Begriff *consilium* in den Agrarschriften, der Briefliteratur und juristischen Texten eindeutig steht. Diese Beratung erfolgt in einer gleichberechtigten Beziehung streng auf Gegenseitigkeit, in einer Beziehung mit einem Untergebenen ausschließlich als Beratung des Höhergestellten für den Abhängigen. Das römische Wirtschaften begrenzte sich durch seine sozialen Konstrukte somit selbst und ließ sich vorhandene Potenziale entgehen. Die Kompetenz von Entscheidungsfindung und insbesondere Beratung entwickelte sich jedoch – ähnlich wie im Kompetenzbereich der Führung – mit wachsender Komplexität der Wirtschaft und Fortentwicklung der Wirtschaftskultur von einem anweisenden hin zu einem beratenden Vorgehen.

Die Analyse entlang dieser fünf Kompetenzbereiche hat gezeigt, dass mit diesem Analyseansatz über den bisherigen Forschungsstand zum betriebswirtschaftlichen Denken und Handeln hinaus weitergehende Erkenntnisse gewonnen werden konnten. Insbesondere auch die Gesamtschau aller Kompetenzen eines „römischen Unternehmers" ergibt ein komplexeres Bild als die Einzelerkenntnisse vorliegender Arbeiten es erscheinen ließen. Dieses komplexe Bild hilft, die Forschungsfrage zu beantworten, die der Wahrnehmung, der Reflexion, der Strukturierung und, sofern erkennbar, der Theoriebildung über das Wirtschaften in der römischen Antike galt. Die Analyse hat gezeigt, dass der Wissenstransfer gerade durch die Reflexion und die Strukturierung der Agrarautoren in Einklang mit dem oft konsistenten Handeln im praktischen Wirtschaften stand und somit ein bedeutend differenzierteres Bild des römischen Wirtschaftsakteurs ergab. Die Analyse individuellen betriebswirtschaftlichen Handelns hat umfangreich belegt, dass es neben der von Peter Temin geprägten „römischen Marktwirtschaft" ebenfalls ein „römisches" betriebswirtschaftliches Denken und Handeln gegeben hat, das besondere Prägungen, gleichzeitig aber auch umfangreiche Bestätigung der Grundprinzipien von betriebswirtschaftlichem Handeln aufweist. Während die Hypothese, dass die Erkenntnis einer „römischen Marktwirtschaft" auf „römisches" betriebswirtschaftliches Denken und Handeln des Einzelnen übertragen werden könne, mit dieser Arbeit belegt wurde, ist umgekehrt noch wichtiger, dass die so identifizierten Kompetenzen des „römischen Unternehmers“ erst das Fundament für eine „römische Marktwirtschaft“ bilden. Der somit mit dieser Arbeit erbrachte Beleg, dass die Kompetenzen betriebswirtschaftlichen Denkens und Handelns in der Wirtschaft der römischen Antike eine umfangreiche Ausprägung fanden, bestärken den Nachweis, dass marktwirtschaftliche Prinzipien und ein marktwirtschaftlich geprägtes System zur in dieser Arbeit betrachteten Zeit der römischen Antike vorherrschte. Diese Erkenntnis soll die Arbeit und damit auch eine über mehrere Jahre durchgeführte Reise durch die Schriften römischer Autoren und über die Wege und die verbliebenen Spuren der römischen Wirtschaft nun abschließen.

Ein letzter Ausblick auf weitere Forschung zu diesem Sachgebiet bietet drei Aspekte: zum einen öffnet die Analyse dieser Arbeit und das ausgebreitete Gesamtbild die Möglichkeit, ergänzende Beispiele dieser Kompetenzen beizutragen oder ausführlichere Belege von Unterkompetenzen wie der Kompetenzen von Finanzierung oder Marketing vorzunehmen. Dies ermöglichte es, das Gesamtbild individueller betriebswirtschaftlicher Kompetenz im antiken Rom weiter abzurunden. Beispiele wie die in dieser Arbeit schon kurz angeführte Produktwerbung auf den Amphoren des Fischsoßenherstellers A. Umbricius Scaurus im Pompeji des ersten 1. Jh. n. Chr.[5] oder die Untersuchung der amerikanischen Historikerin Rhodora G. Vennarucci zur Evolution der Einkaufstraßen im römischen Ostia liefern mögliche Ansätze dazu[6]. Zum anderen verlangt die Quellenlage im Kompetenzbereich von Führung nach weiterer Forschung, die nach praktischen Beispielen sucht, um die im Denken eindeutig nachweisbare Entwicklungslinie auch im Handeln deutlicher belegen zu können. Die in dieser Arbeit referenzierte Arbeit von Miko Flohr[7] zur Organisation der Walkereibetriebe hat die möglichen Ansätze, aber auch die Vielzahl nötiger Hypothesen aufgezeigt, um Führungshandeln zu rekonstruieren. Eine vergleichende Untersuchung mit anderen Branchen und Gewerben könnte eine Auflösung einiger dieser Hypothesen ermöglichen. Und letztlich ermöglicht die Analyse des Wirtschaftens im antiken Rom einen Ausgangspunkt zur Darstellung individuellen betriebswirtschaftlichen Denkens und Handelns im gesamten Zeitraum der Antike. Eine Arbeit zum griechischen betriebswirtschaftlichen Denken und Handeln würde einen guten Abgleich mit den hier erstellten Ergebnissen im antiken Rom ermöglichen. Ausgehend von Xenophons Schrift *Oikonomikos* müssten Nachweise griechischen betriebswirtschaftlichen Handelns untersucht werden so wie auch die Dialoge Platons und frühgriechische Lehrgedichte als Vorbilder der Dialoge Varros von Interesse sein könnten. Und ebenso würde eine genauere Untersuchung des Übergangs des in dieser Arbeit betrachteten Zeitraums der römischen Wirtschaft hin zur römischen Spätantike – wie mit dem Exkurs zu Palladius schon kurz skizziert – das Gespür für die hier gewonnenen Erkenntnisse schärfen. So ergäbe sich ein Gesamtbild antiken Wirtschaftsdenkens und -handelns, das es so als homogenes Bild nicht gibt und das nicht Gegenstand dieser Arbeit sein sollte.

5 Curtis (1984–86).
6 Vennarucci (2020).
7 Siehe Kap. 5.4.3 und Flohr (2013).

7. Anhang

7.1 Abbildungs- und Tabellenverzeichnis

7.1.1 Abbildungen

7.1.2 Tabellen

7.2 Literatur

Abelshauser, Werner (2012) mit Gilgen, David und Leutzsch, Andreas – Kulturen der Weltwirtschaft, Verlag Vandenhoeck & Ruprecht, Göttingen, 2012 .

Adams, Colin (2012) Transport, in: Scheidel, Walter – The Roman Economy, Cambridge University Press, 2012, S. 218–240.

Albers, Willi (1982) Handwörterbuch der Wirtschaftswissenschaft (HdWW), Verlag Fischer, Stuttgart.

Alföldy, Gésa (2011) Römische Sozialgeschichte, Franz Steiner Verlag, 4., völlig überarbeitete und aktualisierte Auflage, Stuttgart, 2011.

Andreau, Jean (1999) Banking and business in the Roman world, Cambridge University Press, 1999.

Andreau, Jean (2000) Deux études sur les prix à Rome: les „mercuriales" et les taux d'intéret, in: Jean Andreau, Pierre Briant, Raymons Descat (2000) Économie antique. La guerre dans les économies antiques, Entretien d'archéologie et d'histoire, Saint-Bertrand-de-Comminges, Musée archéologique départemental, 2000.

Andreau, Jean (2010) L'économie du monde romain, Ellipses Édition Marketing S.A., 2010.

Andreau, Jean; Descat, Raymond (2014) Gli schiavi nel mondo greco e romano, Il Mulino, 2014.

Askildsen J. E. (2003) Adam Smith und die „Unsichtbare Hand": Der Marktmechanismus. In: Larsen S.U., Zimmermann E. (eds) Theorien und Methoden in den Sozialwissenschaften. VS Verlag für Sozialwissenschaften, 2003. https://doi.org/10.1007/978-3-322-80451-8_11.

Aubert, Jean-Jacques (1994) Business managers in ancient Rome: a social and economic study of Institores, 200 B.C. - 250 A.D., Columbia studies in the classical tradition, 1994.

Aubert, Jean-Jacques; Sirks, Boudewijn (2002) Speculum Iuris: Roman Law as a Reflection of Social and Economic Life in Antiquity, Univ of Michigan, 2002.

Audring, Gert; Brodersen, Kai (2008) Oikonomika – Quellen zur Wirtschaftstheorie der griechischen Antike, Wissenschaftliche Buchgesellschaft, Darmstadt, 2008.

Ausbüttel, Frank M. (1998) Die Verwaltung des Römischen Kaiserreiches: von der Herrschaft des Augustus bis zum Niedergang des Weströmischen Reiches, Wissenschaftliche Buchgesellschaft, 1998.

Babusiaux, Ulrike (2014) Quod Graeci ... vocant - Emblematischer Codewechsel in den Juristenschriften, in: Hallebeek, Jan et al. – Inter cives necnon peregrinos, essays in honour of Boudewijn Sirks, V&R unipress GmbH, Göttingen, 2014.

Badian, Ernst (1997) Zöllner und Sünder – Unternehmer im Dienst der Römischen Republik, Wissenschaftliche Buchgesellschaft, Darmstadt, 1997.

Baltrusch, Ernst (1989) Regimen morum – Die Reglementierung des Privatlebens der Senatoren und Ritter in der Republik und frühen Kaiserzeit, C. H. Beck, München, 1989.

Bang, Peter Fibiger (2012) Predation, in: Scheidel, Walter – The Roman Economy, Cambridge University Press, 2012, S. 197–217.

Bang, Peter Fibiger (2012a) 14C: a forum on trade – Bazaars, empires, and Roman trade, in: Scheidel, Walter – The Roman Economy, Cambridge University Press, 2012, S. 296–303.

Bauman, Richard A. (1983) Lawyers in Roman Republican Politics, A study of the Roman jurists in their political setting, 316–82 BC, Beck Verlag, München, 1983.

Beigel, Rudolf (1968) Rechnungswesen und Buchführung der Römer, Neudruck der Ausgabe 1904, Dr. Martin Sändig oHG, Wiesbaden, 1968.
Bellinger, Bernhard (1967) Geschichte der Betriebswirtschaftslehre, C. E. Poeschel Verlag, Stuttgart, 1967, in: Brockhoff, Klaus (2002) Geschichte der Betriebswirtschaftslehre, 2. Auflage, Verlag Gabler, Wiesbaden, 2002.
Bleicken, Jochen (1998) Gesammelte Schriften, 2. Band Römische Geschichte (Fortsetzung), Stuttgart, Steiner Verlag, 1998.
Bleicken, Jochen (2012) Die Römische Republik, Oldenburg Verlag, 2012.
Bowman, Alan; Wilson, Andrew (2013) The Roman Agricultural Economy: Organization, Investment, and Production, Oxford University Press, 2013.
Brecht, Christoph Heinrich (1962) Zur Haftung der Schiffer im antiken Recht, C. H. Beck'sche Verlagsbuchhandlung, München, 1962.
Bringmann, Klaus (1985) Die Agrarreform des Tiberius Gracchus – Legende und Wirklichkeit, Franz Steiner Verlag, Stuttgart, 1985.
Bringmann, Klaus (2010) Die Geschichte der Römischen Republik – Von den Anfängen bis Augustus, C. H. Beck, 2., durchgesehene Auflage, München, 2010.
Brockhoff, Klaus (2002), Geschichte der Betriebswirtschaftslehre, 2. Auflage, Verlag Gabler, Wiesbaden, 2002.
Cardauns, Burkhart (2001) Marcus Terentius Varro – Einführung in sein Werk, Universitätsverlag C. Winter, Heidelberg, 2001.
Carlsen, Jesper (1995) Vilici and Roman estate managers until AD 284, Bretschneider, Rome, 1995.
Casson, Lionel (1971) Ships and seamanship in the ancient world, Princeton University Press, Princeton, 1971.
Casson, Lionel (1989) Periplus Maris Erythraei – Text with introduction, translation and commentary, Princeton University Press, 1989.
Casson, Lionel (1991) The ancient mariners, Princeton University Press, Princeton, 1991.
Cibecchini, Franca (2013) Das Wrack „Ouest Giraglia 2“ vor Korsika - Zum Phänomen der Tanker in der frühen Kaiserzeit, in: Reinfeld, Michaela (2013) Archäologie im Mittelmeer-Auf der Suche nach versunkenen Schiffswracks und vergessenen Häfen, Verlag Philipp von Zabern, S. 29–38, 2013.
Cifani, Gabriele (2020) The Origins of the Roman Economy - From the Iron Age to the Early Republic in a Mediterranean Perspective, Cambridge University Press, 2020.
Christ, Karl (1984) Die Römer: eine Einführung in ihre Geschichte und Zivilisation, 2., überarbeitete Auflage, Verlag Beck, München, 1984.
Christ, Karl (1988) Geschichte der Römischen Kaiserzeit, Verlag C. H. Beck, München, 1988
Curtis, Robert I. (1984–86) Product identification and advertising on roman commercial amphorae, Ancient Society 15–17 (1984–86), S. 209–228, ch. 4.
Datar, Srikant M.; Garvin, David A.; Cullen, Patrick G. (2010) Rethinking the MBA: Business Education at a Crossroads, Harvard Business Press, 2010.
De Martino, Francesco (1991) Wirtschaftsgeschichte des alten Rom, 2. Auflage, München, Verlag Beck, 1991.
De Martino, Francesco (2010) Antichità & pubblicità, Kleos, 2010.
Diederich, Silke (2007) Römische Agrarhandbücher zwischen Fachwissenschaft, Literatur und Ideologie, Walter de Gruyter, Berlin 2007.

Djaoui, David; Tran, Nicolas (2014) Une cruche du port d'Arles et l'usage d'échantillons dans le commerce de vin romain, Mélanges de l'école francaise de Rome – Antiquité [en ligne], 126–2, 2014, URL: http://mefra.revues.org/2549.

Dohr, Heinz (1965) Die italischen Gutshöfe nach den Schriften Catos und Varros, Köln, 1965.

Drexhage, Hans-Joachim; Konen, Heinrich; Ruffing, Kai (2002) Die Wirtschaft des Römischen Reiches (1.–3. Jahrhundert), Akademie Verlag GmbH, Berlin 2002.

Droß-Krüpe, Kerstin (2011) Wolle – Weber – Wirtschaft: die Textilproduktion der Römischen Kaiserzeit im Spiegel der papyrologischen Überlieferung, Wiesbaden, Harrassowitz, 2011.

Droß-Krüpe, Kerstin; Föllinger, Sabine; Ruffing, Kai (2016) Antike Wirtschaft und ihre kulturelle Prägung – The Cultural Shaping of the Ancient Economy, Philippika/Altertumskundliche Abhandlungen, Band 98, Harrassowitz Verlag, 2016.

Drucker, Peter F. (1985) Innovation and Entrepreneurship, Harper Collins, Neuauflage 2006.

Du Plessis, Paul J. (2012) Letting and hiring in roman legal thought: 27 BCE–284 CE, Mnemosyne, Supplements, History and Archeology of Classical Antiquity, Koninklijke Brill NV, Leiden, 2012.

Duncan-Jones, Richard (1982) The Economy of the Roman Empire – Quantative Studies, 2. Auflage, Cambridge 1982.

Duncan-Jones, Richard (1990) Structure and Scale in the Roman Economy, Cambridge University Press, 1990.

Duncan-Jones, Richard (2016) Power and Privilege in Roman Society, Cambridge University Press, 2016.

Ebert, Joachim (Hg.) (1984) Die Arbeitswelt der Antike, Leipzig/Köln 1984.

Erdkamp, Paul (2009) The Grain Market in the Roman Empire: A Social, Political and Economic Study", Cambridge University Press, Cambridge / New York, 2009.

Erdkamp, Paul (2012) Urbanism, in: Scheidel, Walter – The Roman Economy, Cambridge University Press, 2012, S. 241–265.

Ernstberger, Nico (2014) Die Versorgung Roms mit Wasser, Waren und Energie: Die Infrastruktur der Kaiserzeit, Hamburg, disserta Verlag, 2014.

Feig Vishnia, Rachel (1996) State, society and popular leaders in mid-republican Rome 241–167 BC, Routledge, New York, 1996.

Fein, Sylvia (1994) Die Beziehungen der Kaiser Trajan und Hadrian zu den litterati, De Gruyter, 1994.

Fellmeth, Ulrich (1987) Die römischen Vereine und die Politik, Historisches Institut der Universität Stuttgart, 1987.

Fellmeth, Ulrich (1998): Adsumo te in consilium rei familiaris ... Ein Brief des jüngeren Plinius als Quelle für das ökonomische Denken der römischen Großgrundbesitzer bei Standortabwägungen. in: Ulrich Fellmeth/Holger Sonnabend (Hgg.): Alte Geschichte: Wege – Einsichten – Horizonte. Festschrift für Eckart Olshausen, Hildesheim 1998, 49–61.

Fellmeth, Ulrich (2002) Eine wohlhabende Stadt sei nahe, St. Katharinen: Scripta Mercaturae Verlag, 2002.

Fellmeth, Ulrich (2008) Pecunia non olet – Die Wirtschaft der antiken Welt, Wissenschaftliche Buchgesellschaft, Darmstadt, 2008.

Finley, Moses I. (1977) Die antike Wirtschaft, dtv wissenschaft, München, 2. Auflage Dezember 1980.

Flach, Dieter (1990) Römische Agrargeschichte, Verlag Beck, München, 1990.

Flecker, Manuel (Hrsg.) (2017) Neue Bilderwelten – zu Ikonographie und Hermeneutik Italischer Sigillata, Kolloquium von 16.–18. April 2015 in Tübingen, Verlag Marie Leidorf GmbH, Rahden/Westf. 2017.

Fleckner, Andreas M. (2010) Antike Kapitalvereinigungen – Ein Beitrag zu den konzeptionellen und historischen Grundlagen der Aktiengesellschaft, Reihe: Forschungen zum römischen Recht, Böhlau Verlag, Köln, 2010.

Flohr, Miko (2013) The World of the Fullo – Work, Economy, and Society in Roman Italy, Oxford University Press, 2013.

Flohr, Miko; Monteix, Nicolas (2020) Shops, Workshops and Urban Economic History in the Roman World, Proceedings of the 19th International Congress of Classical Archeology, Mai 2018, Köln/Bonn, Propylaeum, 2020.

Fögen, Thorsten (2009) Wissen, Kommunikation und Selbstdarstellung – Zur Struktur und Charakterisierung römischer Fachtexte der frühen Kaiserzeit, Zetemata Monographien zur klassischen Altertumsgeschichte, Heft 134, Verlag C.H. Beck, München, 2009.

Földi, András (1993) Anmerkungen zum Zusammenhang zwischen der Haftung *ex recepto nautarum cauponum stabulariorum* und der Haftung für *custodia*, in: RIDA 40, Budapest, 1993.

Forschner, Benedikt (2011) Das Schiff des Saufeius, in: forum historiae iuris, 8. November 2011, http://www.forhistiur.de/2011-11-forschner/.

Froesch, Hartmut (2009) Marcus Porcius Cato - De agri cultura, Über die Landwirtschaft, Reclam, Stuttgart, 2009.

Fuhrmann, Manfred (1999) Geschichte der römischen Literatur, Philipp Reclam jun. Stuttgart, 1999.

Fülle, Gunnar (1997) The Internal Organization of the Arretine Terra Sigillata Industry: Problems of Evidence and Interpretation, The Journal of Roman Studies, Vol. 87 (1997), S. 111–155.

Fülle, Gunnar (2000) The organization of mass production of terra sigillata in the Roman Empire, Oxford, 2000.

Gamauf, Richard (2012) Kindersklaven in klassischen römischen Rechtsquellen, in: H. Heinen (Herg.) Kindersklaven – Sklavenkinder. Schicksale zwischen Zuneigung und Ausbeutung in der Antike und im interkulturellen Vergleich, Beiträge zur Tagung des Akademievorhabens Forschungen zur antiken Sklaverei (Mainz, 14. Oktober 2008), S. 231–260, Stuttgart, 2012.

Garnsey, Peter; Hopkins, Keith; Whittaker C. R. (1983) Trade in the Ancient Economy, Chatto & Windus, The Hogarth Press, London, 1983.

Garnsey, Peter; Saller, Richard (1987) The Roman Empire – Economy, Society and Culture, University of California Press, Berkeley and Los Angeles, 1987.

Gehrke, Hans-Joachim; Schneider, Helmut (2013) Geschichte der Antike – Ein Studienbuch, 4., erweiterte Auflage, Verlag J. W. Metzler, Stuttgart, Weimar, 2013.

Geist, Hieronymus (1969) Römische Grabinschriften, Heimeran Verlag, München, 1. Auflage, 1969.

Georges, Karl Ernst (1918) Ausführliches lateinisch-deutsches Handwörterbuch, Hannover, 1918, Nachdruck Darmstadt 1998, Band 2, Sp. 173.

Giardina, Andrea (1989) L'uomo romano, Editori Laterza, Rom, 1989, deutsch: Der Mensch der römischen Antike, Magnus Verlag, Ausgabe 2004.

Goldbeck, Fabian (2010) Salutationes – Die Morgenbegrüßungen in Rom in der Republik und der frühen Kaiserzeit, Akademie Verlag, 2010.

Gummerus, Herman (1906) Der römische Gutsbetrieb, Leipzig, Dieterich'sche Verlagsbuchhandlung, 1906.

Gutenberg, Erich (1957) Betriebswirtschaftslehre als Wissenschaft, Scherpe Verlag, Krefeld, 1957, in: Brockhoff, Klaus (2002) Geschichte der Betriebswirtschaftslehre, 2. Auflage, Verlag Gabler, Wiesbaden, 2002.

Hackworth Petersen, Lauren (2003) The Baker, His Tomb, His Wife, and Her Breadbasket: The Monument of Eurysaces in Rome, The Art Bulletin, Vol. 85, No. 2 (Jun., 2003), pp. 230–257 (28 pages), College Art Association, 2003.

Hackworth Petersen, Lauren (2006) The Freedman in Roman Art and Art History, Cambridge University Press, 2006.

Haferkamp, Hans-Peter; Repgen, Tilman (Hrsg.) (2007) Usus modernus pandectarum: Römisches Recht, Deutsches Recht und Naturrecht, Böhlau Verlag, Köln, 2007.

Hainzmann, Manfred (1975) Untersuchungen zur Geschichte und Verwaltung der stadtrömischen Wasserleitungen, Verband der wissenschaftlichen Gesellschaften Österreichs, 1975.

Harper, Kyle (2011) Slavery in the late Roman world, AD 275–425, Cambridge University Press, 2011.

Hausmaninger, Herbert; Selb, Walter (2001) Römisches Privatrecht, 9. Auflage, Böhlau Verlag, Wien, 2001.

Hawkins, Cameron (2012) Manufacturing, in: Scheidel, Walter – The Roman Economy, Cambridge University Press, 2012, S. 175–194.

Heichelheim, Fritz M. (1938) Wirtschaftsgeschichte des Altertums – vom Paläolithikum bis zur Völkerwanderung der Germanen, Slaven und Araber, Band 1, Verlag Sijthoff, Leiden, 1938.

Heidbrink, Ludger; Seele, Peter (Hg.) (2010) Unternehmertum – Vom Nutzen und Nachteil einer riskanten Lebensform, Campus Verlag, Frankfurt, 2010.

Heitland, William E. (1921) Agricola – A study of agriculture and rustic life in the greco-roman world from the point of view of labour, Greenwood Press, Connecticut, 1921.

Hersey, Paul; Blanchard, Kenneth H. (1993) Management of organizational behavior. Utilizing human resources, 7. A., Englewood Cliffs, 1993.

Heuss, Alfred (1998) Römische Geschichte, Schöningh, 10. Auflage, unveränderter Neudruck der 1998 von Bleicken, Dahlheim, Gehrke überarbeiteten Auflage, Braunschweig, 1998.

Hölscher, Michael (2006) Wirtschaftskulturen in der erweiterten EU, Verlag für Sozialwissenschaften, Wiesbaden, 2006.

Honsell, Dr. Heinrich (1994) Römisches Recht, Springer Verlag, 3. Auflage, Berlin/Heidelberg, 1994.

Hooper, W. D. (1934) Cato, Varro. *On Agriculture.* Übersetzt von W. D. Hooper, Harrison Boyd Ash. Loeb Classical Library 283. Cambridge, MA: Harvard University Press, 1934.

Hopkins, Keith (1980) Taxes and Trade in the Roman Empire (200 B.C.–A.D. 400), The Journal of Roman Studies, Vol. 70, (1980), pp. 101–125.

Hopkins, Keith (2018) Sociological Studies in Roman History, Cambridge University Press, 2018.

Horster, Marietta (1995) Bauinschriften römischer Kaiser, Franz Steiner Verlag, Stuttgart, 1995.

Huld-Zetsche, Ingeborg (2014) Die Lampen aus den römischen Töpfereien von Frankfurt am Main-Nied, Schnell & Steiner Verlag, 2014.

Irmscher, Johannes (2013) Lexikon der Antike, Anaconda Verlag, Köln, 2013.

Jakab, Éva (2009) Risikomanagement beim Weinkauf – Periculum und Praxis im Imperium Romanum, Verlag C. H. Beck, München, 2009.

Johne, Klaus Peter (1983) Die Kolonen in Italien und den westlichen Provinzen des Römischen Reiches, Akademie Verlag, 1983.

Johne, Klaus Peter (1983b) Von der Kolonenwirtschaft zum Kolonat - Ein römisches Abhängigkeitsverhältnis im Spiegel der Forschung, in: Gesellschaft und Wirtschaft des Römischen Reiches im 3. Jahrhundert. Studien zu ausgewählten Problemen", hrsg. von K.-P. Johne, Akademie Verlag Berlin 1993.

Kaltenstadler, Wilhelm (1978) Arbeitsorganisation und Führungssystem bei den römischen Agrarschriftstellern (Cato, Varro, Columella), Verlag Lucius + Lucius, September 1978.

Kaltenstadler, Wilhelm (1986) Betriebsorganisation und betriebswirtschaftliche Fragen im Opus agriculturae von Palladius, in: Kalcyk, Hansjörg (Hrsg.) Studien zur Alten Geschichte, Band II, Roma, Giorgio Bretschneider Editore, 1986.

Keay, Simon; Millett, Martin; Paroli, Lidia; Strutt, Kristian (2005) Portus – An Archeological Survey of the Port of Imperial Rome, Archeological Monographs of the British School at Rome, London, 2005.

Kehoe, Dennis P. (1997) Investment, Profit, and Tenancy - The Jurists and the Roman Agrarian Economy, The University of Michigan Press, 1997.

Kehoe, Dennis P. (2007) Lay and the Rural Economy in the Roman Empire, The University of Michigan Press, 1997.

Klee, Margot (2010) Lebensadern des Imperiums: Straßen im Römischen Reich, Konrad Theiss Verlag, 2010.

Klee, Margot (2012) Römisches Handwerk, Zeitschrift „Archäologie in Deutschland", Sonderheft 01/2012, Konrad Theiss Verlag, Stuttgart, 2012.

Klodt, Claudia (1992) Ciceros Rede Pro Rabirio Postumo: Einleitung und Kommentar, Teubner, Stuttgart, 1992.

Kloft, Hans (2006) Die Wirtschaft des Imperium Romanum, Verlag Philip von Zabern, Mainz, 2006.

Kolb, Frank (2002) Rom – Die Geschichte der Stadt in der Antike, Verlag C. H. Beck, 2002.

Kolb, Gerhard (2008) Wirtschaftsideen: Von der Antike bis zum Neoliberalismus, Oldenbourg Wissenschaftsverlag, München, 2008.

Kreller (1945) formula ad exemplum institoria actionis, in: Leopold Wenger und Mariano San Nicolò, Münchner Beiträge zur Papyrusforschung und antiken Rechtsgeschichte, C. H. Beck'sche Verlagsbuchhandlung, 1945.

Kuchenbuch, Ludolf (2009) Historische Anthropologie, Kultur – Gesellschaft – Alltag, Thema: Wirtschaftsanthropologie, 17. Jahrgang, 2009.

Kunkel, Wolfgang; Schermaier, Martin (2001) Römische Rechtsgeschichte, 13. Auflage, Köln/Weimar/Wien, 2001.

Landels, John G. (1978) Engineering in the Ancient World, University of Reading, University of California Press, Berkeley & Los Angeles, 1978.

Leppin, Hartmut (2005) Einführung in die Alte Geschichte, Verlag C. H. Beck, München, 2005.

Linke, Bernhard (2005) Die Römische Republik von den Gracchen bis Sulla, Wissenschaftliche Buchgesellschaft, Darmstadt, 2005.

Linke, Bernhard; Stemmler, Michael (2000) Mos maiorum: Untersuchungen zu den Formen der Identitätstiftung und Stabilisierung in der Römischen Republik (Historia: Einzelschriften), Franz Steiner Verlag, 2000.

MacLean, Rose (2018) Freed Slaves and Roman Imperial Culture: Social Integration and the Transformation of Values, Cambridge University Press, 2018

Malmendier, Ulrike (2002) Societas publicanorum: staatliche Wirtschaftsaktivitäten in den Händen privater Unternehmer, Böhlau, Köln, 2002.

Manthe, Ulrich (2003) Die Rechtskulturen der Antike – Vom Alten Orient bis zum Römischen Reich, Verlag C.H. Beck, München, 2003.

Manthe, Ulrich (2007) Geschichte des Römischen Rechts, Verlag C.H. Beck, München, 3., durchgesehene Auflage, 2007.

Marlier, Sabrina (2008) Architecture et espace de navigation des navires à *dolia*, Archaeonautica, vol. 15, CNRS Editions, 2008.

Marlier, Sabrina (2020) L'architecture et l'espace de navigation des navires à *dolia*: une synthèse sur la question, in: Charlotte Carrato und Franca Cibecchini, Nouvelles Recherches sur les Dolia, Éditions de l'Association de la Revue archéologique de Narbonnaise, Montpellier, 2020.

Marzano, Annalisa (2007) Roman Villas in Central Italy, A Social and Economic History, Columbia University in the City of New York, Brill, 2007.

MCAW (2014) Konferenz ‚Antike Wirtschaft und ihre kulturelle Prägung (2000 v. Chr. - 500 n. Chr.)', organisiert von Kerstin Droß-Krüpe und dem Marburger Centrum Antike Welt (MCAW), 20.02.2014–22.02.2014; Marburg, Reviewed by Diego De Brasi, Published on H-Soz-u-Kult (June, 2014).

Mees, Allard W. (2001) Die Verbreitung der Terra Sigillata aus den Manufakturen von Arezzo, Pisa, Lyon und La Graufesenque, Verlag des Römisch-Germanischen Zentralmuseums, Mainz, 2001.

Meißner, Burkhard (1997) Berufsausbildung in der Antike (Rom und Griechenland), in: Liedtke, Max (Hrsg.) (1997) Berufliche Bildung – Geschichte, Gegenwart, Zukunft; Klinkhardt, Bad Heilbrunn, 1997.

Meißner, Burkhard (1999) Die technologische Fachliteratur der Antike, Akademie Verlag, Berlin 1999.

Meißner, Burkhard (2000) Über Zweck und Anlaß von Diokletians Preisedikt, Historia: Zeitschrift für Alte Geschichte, Bd. 49, H. 1 (1st Qtr., 2000), pp. 79–100, Franz Steiner Verlag, 2000.

Meyer-Termeer, Apollonia Jozijna Maria (1978) Die Haftung der Schiffer im Griechischen und Römischen Recht, Terra Publiching Co., Zutphen, Holland, 1978.

Millet, Paul (2001) „Productive to some purpose? The problem of ancient economic growth", in: Mattingly David J & Salmon John, Economies beyond agriculture in the classical world, Verlag Routledge, Januar 2001.

Mikl-Horke, Gertraude (1999) Historische Soziologie der Wirtschaft: Wirtschaft und Wirtschaftsdenken in Geschichte und Gegenwart, 1. Aufl., München/Wien, Verlag Oldenbourg, 1999.

Moldaschl, Manfred (2008) Strategisches Management – Ansätze, blinde Flecken, Alternativen, in: Uwe Götze, Rainhart Lang (Hrsg.) Strategisches Management zwischen Globalisierung und Regionalisierung, GWV Fachverlage, Wiesbaden, 2008.

Mommsen, Theodor (2010) Römische Geschichte, Wissenschaftliche Buchgesellschaft, Darmstadt, 2010.

Moneta, Cecilia (2010) Der Vicus des römischen Kastells Saalburg, Mainz am Rhein: Philipp von Zabern [u.a.], 2010.

Morley, Neville (2012) 14E: A forum on trade, in: Scheidel, Walter – The Roman Economy, Cambridge University Press, 2012, S. 309–317.

Mouritsen, Henrik (2011) The Freedman in the Roman World, Cambridge University Press, Paperback 2015, Cambridge, 2011.

Nack, Emil; Wägner, Wilhelm (1976) Rom – Land und Volk der alten Römer, Verlag Ueberreuter, Wien, 1976.

Nehring, Martin (2011) Homo oeconomicus - ein universell geeignetes Modell für die ökonomische Theorie?, Diplomica Verlag, 1. Auflage, 2011.

Nicolet, Claude (2000) Censeurs et publicains: économie et fiscalité dans la Rome antique, Verlag Fayard, 2000.

North, Douglass (1992) Institutionen, institutioneller Wandel und Wirtschaftsleistung, Tübingen, Mohr, 1. Auflage, 1992.

Oehme, Marlis (1988) Die römische Villenwirtschaft. Untersuchung zu den Agrarschriften Catos und Columellas und ihrer Darstellung bei Niebuhr und Mommsen, Bonn, Habelt, 1988.

Pauly, August (1895) Realencyclopädie der classischen Altertumswissenschaft, mehrbändig

Peña, J. Theodore (2007) Roman Pottery in the Archaeological Record, Cambridge University Press, 2007.

Polanyi, Karl (1944) The Great Transformation, New York, 1944.

Pomey, Patrice (2012) Transition from Shell to Skeleton in Ancient Mediterranean Ship-Construction: analysis, problems, and future research. The International Journal of Nautical Archeology (2012) 41.2: 235–314.

Porten Palange, Francesca Paola (2009) La ceramica aretina, in: Arezzo nell'Anticità, Accademia Petrarca di Lettere Arti e Scienze, Giorgio Bretschneider Editore, Roma, 2009.

Prachner, Gottfried (1981) Die Sklaven und Freigelassenen im arretinischen Sigillatagewerbes, Steiner Verlag, Wiesbaden

Pucci, Giuseppe (1973) La produzione della ceramica aretina. Note sulla industria della prima età imperiale romana, in: Dialoghi di Archeologia, rivista quadrimestrale, diretta Ranuccio Bianchi Bandinelli, Anno VII, Numeri 2–3, 1973.

Rahn, Horst-Joachim (2008) Personalführung kompakt – Ein systemorientierter Ansatz, Oldenbourg Wissenschaftsverlag, 2008.

Raphael, Lutz (Hrsg.) (2006) Klassiker der Geschichtswissenschaft, Band 2, Verlag. C. H. Beck, München, 2006.

Rathbone, Dominic (1991) Economic Rationalism and Rural Society in Third-Century A.D. Egypt – The Heroninos archive and the Appianus estate, Cambridge University Press, 1991.

Rathbone, Dominic (2002) The Ancient Economy and Graeco-Roman Egypt, in: Scheidel (2002) S. 155–172.

Reden, Sitta von (2012) Money and finance, in: Scheidel, Walter – The Roman Economy, Cambridge University Press, 2012, S. 266–286.

Reden, Sitta von (2015) Antike Wirtschaft, Walter de Gruyter Verlag, Berlin/Boston, 2015.

Reichert, Dagmar; Fry, Patricia; Heid, Claudia; Steinemann, Ursina (2000) Wissenschaft als Erfahrungswissen, Springer Fachmedien Wiesbaden, 2000.

Reinard, Patrick (2016) Kommunikation und Ökonomie – Untersuchung zu den privaten Papyrusbriefen aus dem kaiserzeitlichen Ägypten, Verlag Marie Leidorf, Rahden/Westf., 2016.

Reusser, Christoph (1993) Der Fidestempel auf dem Kapitol in Rom und seine Ausstattung, L'erma di Bretschneider, Rom, 1993.

Rex, Hannelore (1998) Die lateinische Agrarliteratur von den Anfängen bis zur frühen Neuzeit, Wuppertal, Univ., Diss., Elektronische Ressource, 1998.

Richter, Will (1981) Zwölf Bücher über die Landwirtschaft, lateinisch – deutsch, Artemis Verlag, München, 1981, übersetzt nach Will Richter.

Rickman, G. E. (1980) The Grain Trade under the Roman Empire, Memoirs of the American Academy in Rome, Vol. 36, The Seaborne Commerce of Ancient Rome: Studies in Archaeology and History, University of Michigan Press, 1980, S. 261–275.

Rilinger, Rolf (1985) Die Interpretation des späten Imperium Romanum als „Zwangsstaat" – Friedrich Vittinghoff zum 75. Geburtstag. Geschichte in Wissenschaft und Unterricht, Band 36, Jg. 1985, S. 321–340.

Rohde, Dorothea (2012) Zwischen Individuum und Stadtgemeinde – Die Integration von *collegia* in Hafenstädten, Verlag Antike, Mainz, 2012.

Rohde, Dorothea; Sommer, Michael (2016) Wirtschaft. Geschichte in Quellen – Antike, Wissenschaftliche Buchgesellschaft, 2016.

Rollinger, Christian (2014) Amicitia sanctissime colenda. Freundschaft und soziale Netzwerke in der Späten Republik", Verlag Antike e.K., Heidelberg, 2014.

Rost, Georg Alexander (1968) Vom Seewesen Und Seehandel in Der Antike: Eine Studie aus maritim-militärischer Sicht, Verlag B. R. Grüner, Amsterdam, 1968.

Rostovtzeff, Michael (1929) Gesellschaft und Wirtschaft im Römischen Kaiserreich, Verlag von Quelle & Meyer, Leipzig, 1929.

Ruffing, Kai (2015) Von der primitivistischen Orthodoxie zum römischen Basar, in: Renata Lafer, Karl Strobel (Hrsg.) Antike Lebenswelten – Althistorische und papyrologische Studien, De Gruyter, Berlin, 2015.

Saller, Richard (2002) Framing the debate over growth in the ancient economy, in: Scheidel, Walter und von Reden, Sitta – The ancient economy, Routledge Chapman & Hall, 2002.

Saller, Richard (2012) Human capital and economic growth, in: Scheidel, Walter – The Roman Economy, Cambridge University Press, 2012, S. 71–88.

Schefold, Bertram (2001) Vademecum zu einem Klassiker des römischen Denkens über Staat und Wirtschaft, Kommentarband zum Faksimile-Nachdruck der 1465 in Mainz gedruckten Editio Princeps von Marcus Tullius Cicero De officiis, Verlag Wirtschaft und Finanzen, Verlagsgruppe Handelsblatt, Düsseldorf, 2001.

Scheidel, Walter (1994) Grundpacht und Lohnarbeit in der Landwirtschaft des römischen Italien, Frankfurt am Main, Verlag Peter Lang, 1994.

Scheidel, Walter; Reden, Sitta von (2002) The Ancient Economy, Edinburgh University Press, 2002.

Scheidel, Walter; Morris, Ian; Saller, Richard P. (2007) The Cambridge Economic History of the Greco-Roman World, Cambridge University Press, 2007.

Scheidel, Walter (2012) The Roman Economy, Cambridge University Press, 2012.

Schierl, Thomas (2001) Text und Bild in der Werbung. Bedingungen, Wirkungen und Anwendungen bei Anzeigen und Plakaten, Köln, Halem Verlag, 2001.

Schneider, Helmut (1998) Das Imperium Romanum: Subsistenzproduktion – Redistribution – Markt. In: Imperium Romanum, Festschrift K. Christ, Stuttgart, 1998, 654–673.

Schneider, Ulrich Johannes (2013) Die Erfindung des allgemeinen Wissens, Akademie Verlag, Berlin, 2013.

Schulz, Raimund (2005) Die Antike und das Meer, Wissenschaftliche Buchgesellschaft, Primus Verlag, Darmstadt, 2005.

Schulz-Falkenthal, Heinz (1972) Zur Lehrlingsausbildung in der römischen Antike – discipuli und discentes, in: Klio 54, Beiträge zur alten Geschichte, S. 193–212, Akademie-Verlag, Berlin, 1972.

Schwarz, Christian (Hrsg.) (2006) Text und Stil: Studien zur antiken Literatur und deren Rezeption, Franz Steiner Verlag, 1. Auflage, 2006.

Seiler, Hans Hermann (1968) Der Tatbestand der *negotiorum gestio* im römischen Recht, Böhlau Verlag, Köln, 1968.

Smith, R. Alden (2012) Vergil – Dichter der Römer, Verlag Philipp von Zabern, Darmstadt/Mainz, 2012.

Sombart, Werner (1902) Der moderne Kapitalismus, Duncker & Humblot, unveränderter Nachdruck der ersten Auflage von 1902, Berlin, 1969.

Sombart, Werner (1913) Der Bourgeois. Zur Geistesgeschichte des modernen Wirtschaftsmenschen, Rowohlts Enzyklopädie Kulturen und Ideen, Ausgabe 1993.

Sommer, Michael (2013) Wirtschaftsgeschichte der Antike, C. H. Beck, München, 2013.

Sommer, Michael (2016) Römische Geschichte – Von den Anfängen bis zum Untergang, Kröner Verlag, Stuttgart, 2016.

Sommer, Michael (2021) Schwarze Tage – Roms Kriege gegen Karthago, Verlag Beck, München, 2021.

Sternini, Mara (2012) La fortuna di un artigiano nell'Etruria romana, Verlag C&P Adver Effigi, 2012.

Sternini, Mara (2018) Quando le mani non sanno: approssimazione e imperizia nella produzione aretina di Ateius, Presses universitaire de France, Revue archéologique, 2018.

Stührenberg, Lutz (2003) Professionelle betriebliche Kommunikation. Erfolgsfaktoren der Personalführung, Gabler-Verlag, Wiesbaden, 2003.

Temin, Peter (2012) The contribution of economics, in: Scheidel, Walter – The Roman Economy, Cambridge University Press, 2012, S. 45–70.

Temin, Peter (2013) The Roman Market Economy, Princeton University Press, Princeton/New Jersey, 2013.

Terpstra, Taco (2019) Trade in the Ancient Mediterranean: Private Order and Public Institutions, Princeton University Press, 2019.

Tibiletti, Gianfranco (2007) Studi di storia agraria romana, Dipartimento di Filosofia, Storia e Beni culturali, Trento 2007.

Tietz, Werner (2015) Hirten, Bauern, Götter – Eine Geschichte der römischen Landwirtschaft, C. H. Beck, München, 2015.

Tran, Nicolas (2016) Ars and Doctrina, in: Verboven, Koenraad; Laes, Christian (2016) Work, Labour, and Professions in the Roman World, Leiden/Boston, Brill, 2016, S

Tröger, Tobias (2012) Arbeitsteilung und Vertrag, Reihe Jus Privatum, Verlag Mohr Siebeck, Tübingen, 2012.

Vennarucci, Rhodora G. (2020) From Buyers to Shoppers? The Evolution of Shopping Streets in Roman Ostia, in: Flohr, Monteix (2020).

Verboven, Koenraad (2002) The economy of friends: economic aspects of amicitia and patronage in the late republic, Verlag Editions Latomus, Bruxelles, 2002.

Verboven, Koenraad (2008) Faeneratores, negotiatores and financial intermediation in the Roman World (Late Republic and Early Empire), in: Verboven, Koenraad et al. (Hrsg.) Bankers, Loans and Archives in the Ancient World, Leuven, Studia Hellenistica 44, S. 211–229, 2008.

Verboven, Kornraad (2012) City and Reciprocity: The Role of Cultural Beliefs in the Roman Economy, in: Annales. Histoire, Sciences Sociales Volume 67, Issue 4, 2012, S. 597–627.

Verboven, Koenraad; Leas, Christian (Hrsg.) (2016) Work, Labour, and professions in the Roman World, Leiden, Bosten, Brill, 2016.

Veyne, Paul (2015) La vie privée dans L'Empire romain, Éditions du Seuil, März 2015.

Vittinghoff, Friedrich (1990) Handbuch der Europäischen Wirtschafts- und Sozialgeschichte, Band 1: Europäische Wirtschafts- und Sozialgeschichte in der Römischen Kaiserzeit, Verlag Klett-Cotta, 1990.

Vivenza, Gloria (2012) Roman economic thought, in: Scheidel, Walter – The Roman Economy, Cambridge University Press, 2012, S. 25–44.

Vössing, Konrad (Hrsg.) (2005) Biographie und Prosopographie, Internationales Kolloquim zum 65. Geburtstag von Anthony R. Birley, Franz Steiner Verlag, Stuttgart, 2005.

Walter, Uwe (2017) Politische Ordnung in der Römischen Republik, in: Winterling, Aloys (Hrsg.) Enzyklopädie der griechisch-römischen Antike, De Gruyter/Oldenburg, Band 6, 2017.

Waltzing, Jean-Pierre (1895) Etude historique sur les corporations professionelles chez les Romains, Nachdruck der Ausgabe Brüssel 1895, Georg Olms Verlag, Hildesheim, 1970.

Ward-Perkins, Bryan (2005) The fall of Rome and the end of civilization, dts. Ausgabe „Der Untergang des Römischen Reiches – und das Ende der Zivilisation", Theiss-Verlag, 2005.

Warnking, Pascal (2015) Der römische Seehandel in seiner Blütezeit: Rahmenbedingungen, Seerouten, Wirtschaftlichkeit; Rahden/Westf., VML, Verlag Marie Leidorf GmbH, 2015.

Wawrzinek, Christina (2016) Tore zur Welt – Häfen in der Antike, Verlag Philipp von Zabern, 2016.

Weber, Gregor (2003) Indikatoren für Inflation im Römischen Reich – Einführende Überlegungen, in: Ausstellungen in der Universitätsbibliothek Eichstätt-Ingolstadt, Harrassowitz Verlag, 2003.

Weber, Max (1891) Die römische Agrargeschichte in ihrer Bedeutung für das Staats- und Privatrecht, Tübingen Mohr, Ausgabe 1986, Erstausgabe 1891.
Weber, Max (1922) Wirtschaft und Gesellschaft, Kapitel 3, Die Typen der Herrschaft, 1922.
Weeber, Karl-Wilhelm (2010) Rom sei dank!, Eichborn Verlag, Frankfurt, 2010.
Wilson, Andrew; Flohr, Miko (2018) Urban Craftsmen and Traders in the Roman World, Oxford Studies on the Roman Economy, Oxford/New York, Oxford University Press, De Gruyter Oldenbourg, 2018.
Wirth-Duncan, Bettina (2020) Rechtsberatung in der römischen Antike – Von der Ehrentätigkeit zum Beruf, in: Augsburger Schriften zur Rechtsgeschichte, herausgegeben von Prof. Dr. Christoph Becker, Lit Verlag Dr. W. Hopf, Berlin, 2020.
Wittmann, Waldemar (1982) Mensch, Produktion und Unternehmung: eine historische Nachlese - Tübingen, Mohr 1982.
Wolters, Reinhard (1999) Nummi Signati – Untersuchungen zur römischen Münzprägung und Geldwirtschaft, Beck, München, 1999.
Woolf, Greg (1998) Becoming Roman: The Origins of Provincial Civilisation in Gaul, Cambridge University Press, 1998.
Zamarchi Grassi, Paola; Bartoli, Dario (1993) Museo Archeologico Nazionale g. Clinio Mecenate Arezzo, Istituto poligrafico e zecca dello stato, Roma, 1993.
Zimmer, Gerhard (1982) Römische Berufsdarstellungen, Gebr. Mann Verlag, Berlin, 1982.
Zimmermann, Reinhard (1996) The Law of Obligations: Roman Foundations of the Civilian Tradition, Oxford University Press, New York, überarbeitete Auflage, 1996.
Zimmermann, Reinhard (2007) Die Geschichte der Gastwirtshaftung in Deutschland, in: Hans-Peter Haferkamp und Tilman Repgen, Usus modernus pandectarum – Römisches Recht, Deutsches Recht und Naturrecht in der Frühen Neuzeit, Böhlau Verlag, Köln, 2007.
Zoepffel, Renate (2006) Aristoteles, Oikonomika. Schriften zu Hauswirtschaft und Finanzwesen. Übersetzt und erläutert. Berlin, 2006.

7.3 Quellen

Die Arbeit verwendet die Schriften der Agrarschriftsteller Cato, Columella und Varro. Wegen der Vielzahl der zitierten Passagen erfolgt im Quellenregister keine vollständige Auflistung. Dies entsprechende Referenzierung ist den Fußnoten im Haupttext zu entnehmen.

Cato agr.	Marcus Porcius Cato, De agri cultura, übersetzt nach: Hartmut Froesch, Über die Landwirtschaft, Reclam, Stuttgart, 2009 Hinweis: Die Zählung der Kapitel bei Cato richtet sich nach der Abschnittsnummerierung des Werks, nicht nach der im Text aufgeführten Nummerierung der Überschriften.
Colum.	Lucius Iunius Moderatus Columella, De re rustica – libri duodecim, übersetzt nach: Will Richter, Zwölf Bücher über die Landwirtschaft, lateinisch – deutsch, Artemis Verlag, München, 1981.

Varro rust.	Marcus Terentius Varro, De re rustica, übersetzt nach: Dieter Flach, Über die Landwirtschaft, Wissenschaftliche Buchgesellschaft, Darmstadt, 2006.

Neben den Quellen aus den Schriften der Agrarautoren werden in dieser Arbeit folgende Quellen verwendet:

App. civ.	Appian von Alexandria, Römische Geschichte, übersetzt nach: Otto Veh, Römische Geschichte, Zweiter Teil: Die Bürgerkriege, Verlag Anton Hirsemann Stuttgart, 1989.
Cic. Att.	M. Tullius Cicero, Atticus-Briefe, übersetzt nach: Helmut Kasten, lt.–dts., 3., unveränderte Auflage, Heimeran Verlag, München, 1980.
Cic. Cato	M. Tullius Cicero, Cato Maior de senectute, übersetzt nach: Max Faltner, Cato Maior de senectute – Cato der Ältere über das Alter, lat.–dt., 2. Verb. Auflage, Heimeran Verlag, München, 1980.
Cass. Dio	Cassius Dio, Römische Geschichte, übersetzt nach: Metzler/Möller, in: Leonard Tafel, Cassius Dio: Römische Geschichte, Marix Verlag, Wiesbaden 2012.
Cic. fam.	M. Tullius Cicero, epistulae ad familiares, ohne Übersetzung.
Cic. imp. Cn. Pomp.	M. Tullius Cicero, De Imperio Cn. Pompei, ohne Überstzung.
Cic. off.	M. Tullius Cicero, De officiis, übersetzt nach: Heinz Gunermann, De officiis – Vom pflichtgemäßen Handeln, Reclam, Stuttgart, 1976, 150–151.
Cic. orat.	M. Tullius Cicero, de oratore, übersetzt nach: Theodor Nüßlein, de oratore - Über den Redner, lt.–dts., herausgegeben und übersetzt von Theodor Nüßlein, Artemis & Winkler, 2007.
Cic. Verr. II	M. Tullius Cicero, In C. Verrem, übersetzt nach: Manfred Fuhrmann, Reden gegen Verres, In C. Verrem, Band I, Lateinisch-deutsch, Artemis & Winkler, Zürich, 1995.
	M. Tullius Cicero, In C. Verrem, übersezt nach: Gerhard Krüger, Reden gegen Verres IV, Lateinisch-deutsch, Reclam Verlag, Stuttgart, 1990.
	M. Tullius Cicero, In C. Verrem, übersetzt nach: Manfred Fuhrmann, Die Reden gegen Verres, In C. Verrem, Band II, Lateinisch-deutsch, Artemis & Winkler, Zürich, 1995.
Dig.	Digesten nach Ulpian, übersetzt nach: Carl Friedrich Sintenis, Erster Theil der Pandecten, Leipzig, 1832.
	Corpus Iuris Civilis, übersetzt nach: Okko Behrens et al., Text und Übersetzung, II, Digesten 1–10, C. F. Müller Verlag, Heidelberg, 1995.
Lact. mort. pers.	Laktanz – Von den Todesarten der Verfolger, übersetzt nach: Aloys Hartl Laktanz – Von den Todesarten der Verfolger (De mortibus persecutorum), 2015.
Liv.	Livius, ab urbe condita, übersezt nach: Hans Jürgen Hillen, Römische Geschichte, Buch I - III, Artemis Verlag, München, 1987.

	Livius, ab urbe condita, übersetzt nach: Hans Jürgen Hillen, Römische Geschichte, Buch XLV, Artemis & Winkler Verlag, Düsseldorf/Zürich, 2000.
Onas.	Onasandros, Strategikos, übersetzt nach: Kai Brodersen, Gute Führung – Strategikos, zweisprachige Ausgabe, Marix Verlag, Wiesbaden, 2018.
Pall. agric.	Palladius, opus agriculturae, übersetzt nach: Kai Broderson (Hrsg.), Palladius, Das Bauernjahr, lt.–dts., Walter de Gruyter, Berlin/Boston, 2016.
Petron.	Petronius, Satyrica, übersetzt nach: Otto Schönberger, Petronius – Satyrgeschichten, Akademie Verlag, Berlin, 1992.
Plin. epist.	Gaius Plinius Caecilius Secundus, Epistularum libri decem, übersetzt nach: Helmut Kasten, Briefe – Epistularum libri decem, Artemis Verlag, München und Zürich, 1990.
Plin. nat.	C. Plinius Secundus, Naturalis Historia, übersetzt nach: Roderich König, Naturkunde, Wissenschaftliche Buchgesellschaft, Darmstadt, 1981.
Plut. Cato mai.	Plutarch, Doppelbiographien: Aristeides/Cato der Älter, übersetzt nach: Eduard Eyth, Die großen Griechen und Römer, Doppelbiographien, Band I, Wunderkammer Verlag, Neu-Isenburg, 2008, S. 281–314.
Sen. benef.	Seneca, de beneficiis, mit eigener Übersetzung.
Sen. brev. vit.	Seneca, de brevitate vitae, übersetzt nach: Franz Peter Waiblinger, Die Kürze des Lebens, dtv, 2003.
Sen. epist.	Seneca, epistulae morales ad Lucilium, übersetzt nach: Michael von Albrecht, Seneca – Eine Einführung, Reclam, Ditzingen, 2018.
Sen. tranq.	Seneca, de tranquillitate animi, übersetzt nach: Michael von Albrecht, Seneca – Eine Einführung, Reclam, Ditzingen, 2018.
Verg. georg.	Vergil, Georgica, übersetzt nach: Cornelius Hatz, in: Smith (2012)
Vitr.	Marcus Vitruvius Pollio, De architectura libri decem, übersetzt nach: Jakob Prestel, Zehn Bücher über Architektur, Heitz & Mündel, Straßburg, 1912.
Xen. oec.	Xenophon, Oikonomikos, übersetzt nach: Klaus Meyer, Xenophons „Oikonomikos“ – Übersetzung und Kommentar, Res – Philologische Beiträge zur Realienforschung im antiken Bereich, herausgegeben von Walter Wimmel, Band I, Buchdruckerei und Verlag P. Kaesberger Westerburg, Marburg, 1975.

7.4 Register

7.4.1 Quellenregister[1]

1 Das Quellenregister nimmt die sehr häufig zitierten Passagen Catos, Columellas und Varros nicht auf.

7.4.2 Begriffsregister